最高の家具をつくる方法

HOW TO DESIGN THE ULTIMATE BUILT-IN FURNITURE

材料からプランニング、ディテール、実例まで

X-Knowledge

1章 工事・材料・金物

工事の流れ、材料・金物の種類と使い分け方

2章 基本ディテール

家具を美しく見せるための部位別・種類別ディテール

本書籍は、「改訂版 最高の家具をデザインする方法」と建築知識2014年7月号特集（一部分）を元に、大幅に加筆・再編集したものです。

3章 部屋別 設計ポイント

部屋ごとの設計ポイントとすっきり見せるコツ

4章 キッチン

プランニングからディテールまで

ブックデザイン：chichols
DTP：竹下隆雄（TKクリエイト）
印刷・製本：シナノ書籍印刷

1章

工事・材料・金物

工事の流れ、
材料・金物の
種類と使い分け方

1 家具は箱からできている（箱組みの基本と接合方法）

❶基本の箱組み

造付け家具は箱組みが基本となる。箱の主なパーツは天板・地板・側板（方立または帆立ともいう）・裏板（背板）である。そこに中仕切板や可動棚・固定棚を取り付ける。側板や底板の下面が見える吊り戸棚の場合は、化粧板の勝ち負けや小口の見せ方、出隅の納め方が、家具の美観を大きく左右する

● 表面

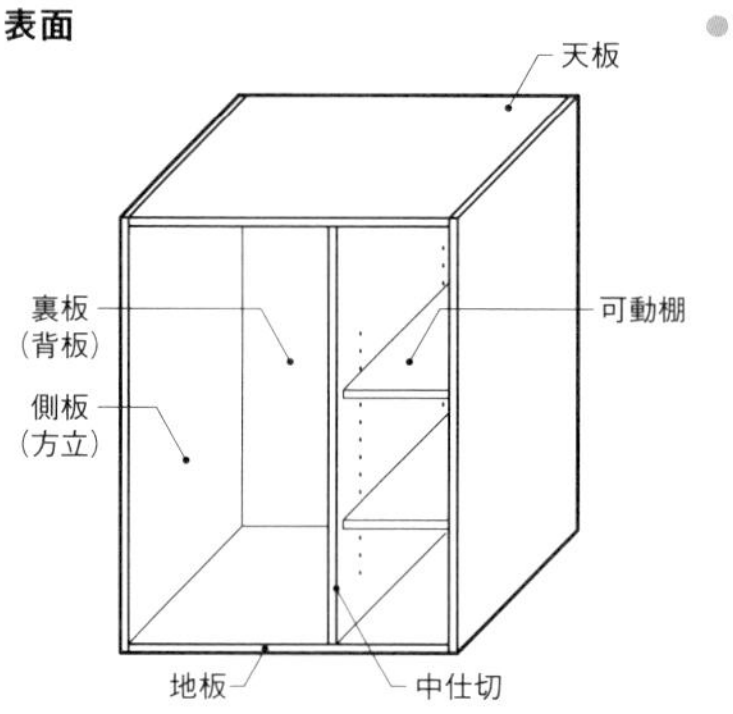
天板
裏板
（背板）
可動棚
側板
（方立）
地板
中仕切

● 裏面

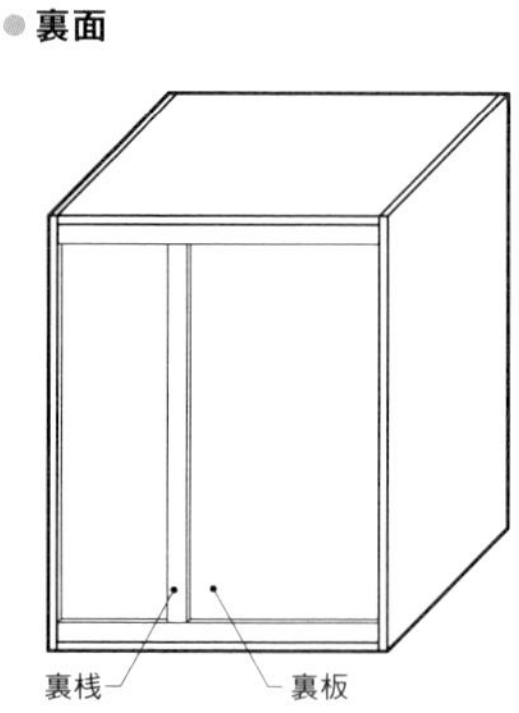
裏桟
裏板

箱を構成するパーツにはソリッドパネルや練芯合板、フラッシュパネルなどのパネル材を使う［18頁］

❷パネルの接合

パネルを組んで箱をつくっていく。パネルどうしの接合方法には右図のような種類があり、必要に応じて適切に使い分ける。小穴ホゾやビンタで接合すると垂直荷重に強くなる

● イモ接合

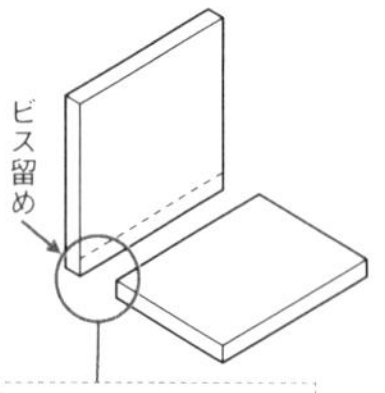
ビス留め

最も単純な接合方法。ビス留めと接着のみで固定

● 留め接合

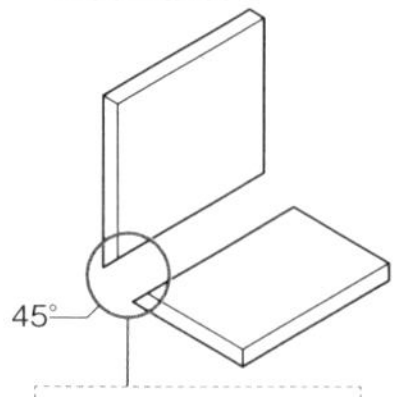
45°

45°にカットした部材どうしを接合。ピン角がつくれる

● 小穴ホゾ接合

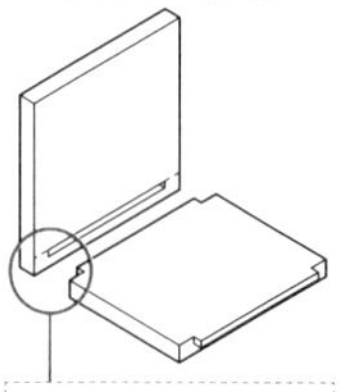

垂直の力に強く、ホゾの固さと接着剤で強度が決まる

● ダボ接合

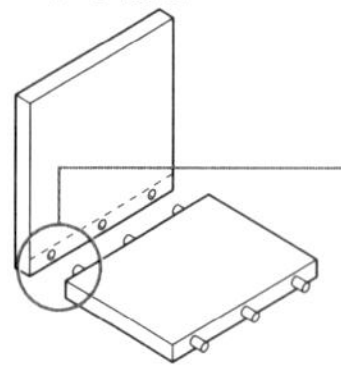

ダボ穴の加工精度が必要なため、専用の工作機械で加工する

● ビンタ接合

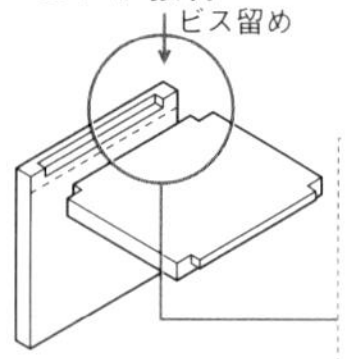
ビス留め

上部に仕上げが不要な天板と側板などの接合に用いる。上からの力に強い

造付け家具の構造は、パネルの接合によって成り立つ。その仕口は、強度や見え方によって使い分けるのが一般的だ。ここでは必要となる強度や見せ方ごとに、「家具工事でつくる家具」の納まりを図解する［1・2、8頁3、9頁4］。

複雑な形状の家具でも分割することで、いわば「箱」単位の組み合わせとなり、製作しやすくなる。家具の設計では、与えられた空間のなかに納めるために「外寸」から寸法を追っていくことと同時に、特定の物を収納するために、「内寸」を押さえることも求められる。そのためには板厚や構造を把握していないと、納まる物も納まらないことや、構造として成り立たないこともあるので注意したい。

量産家具と違い、造付け家具の大半は一点ものである。そのため全体コストのなかで加工手間の占める割合が大きい。そこで、いかにシンプルな構造にするかが重要となる。つくりやすい構造にすることは、コストダウンにもつながるポイントである。［間中治行］

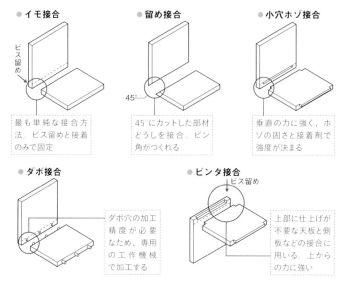

2 複雑な家具も「箱の組み合わせ」

複雑な要素が求められる家具とはいえ、いかにシンプルな構造にするかがポイント。箱単位で考えれば製作もしやすく、コストダウンにもつながる。

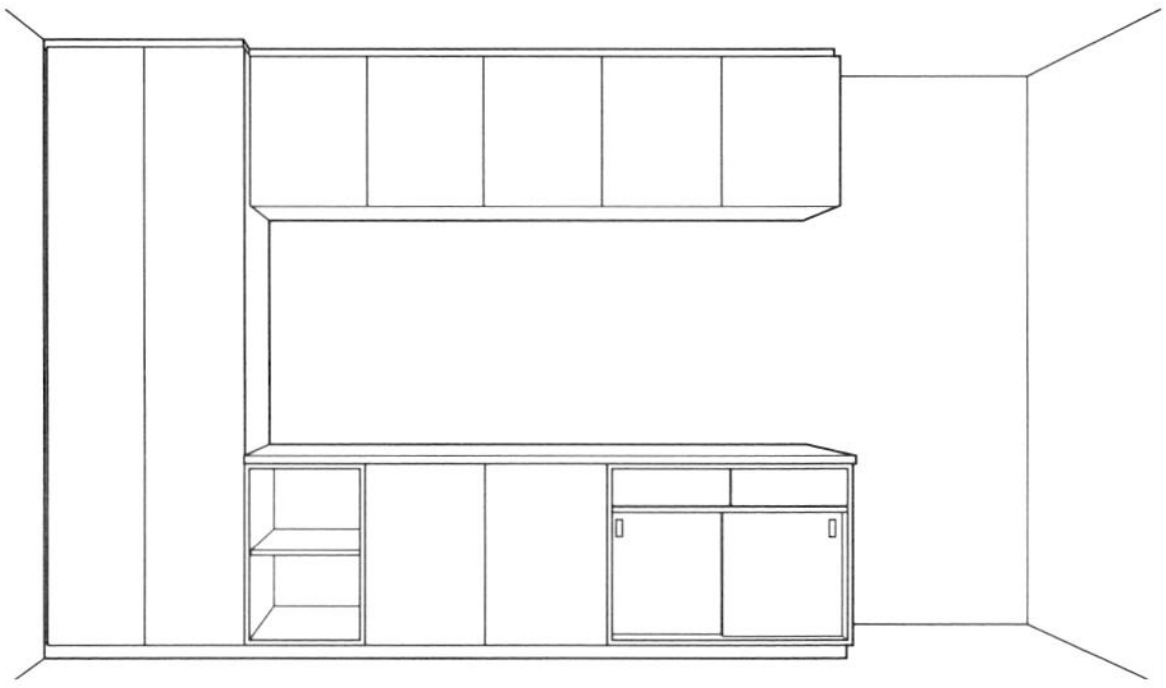

Point

家具据付け時には、床に台輪《だいわ》を設置し、その上に箱（家具本体）を載せ、天井や壁との隙間を支輪《しりん》でふさぐ。建物と家具との隙間は、床は台輪（幅木）、壁はフィラー、天井は支輪（幕板）などの調整用部材を現場で埋めながら納める

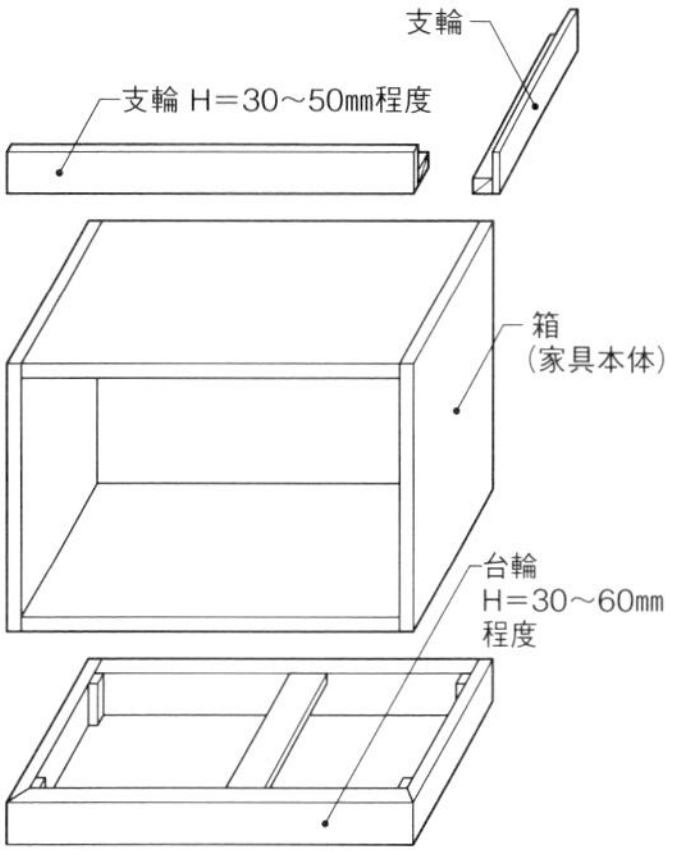
支輪
支輪 H=30～50mm程度
箱
（家具本体）
台輪
H=30～60mm
程度

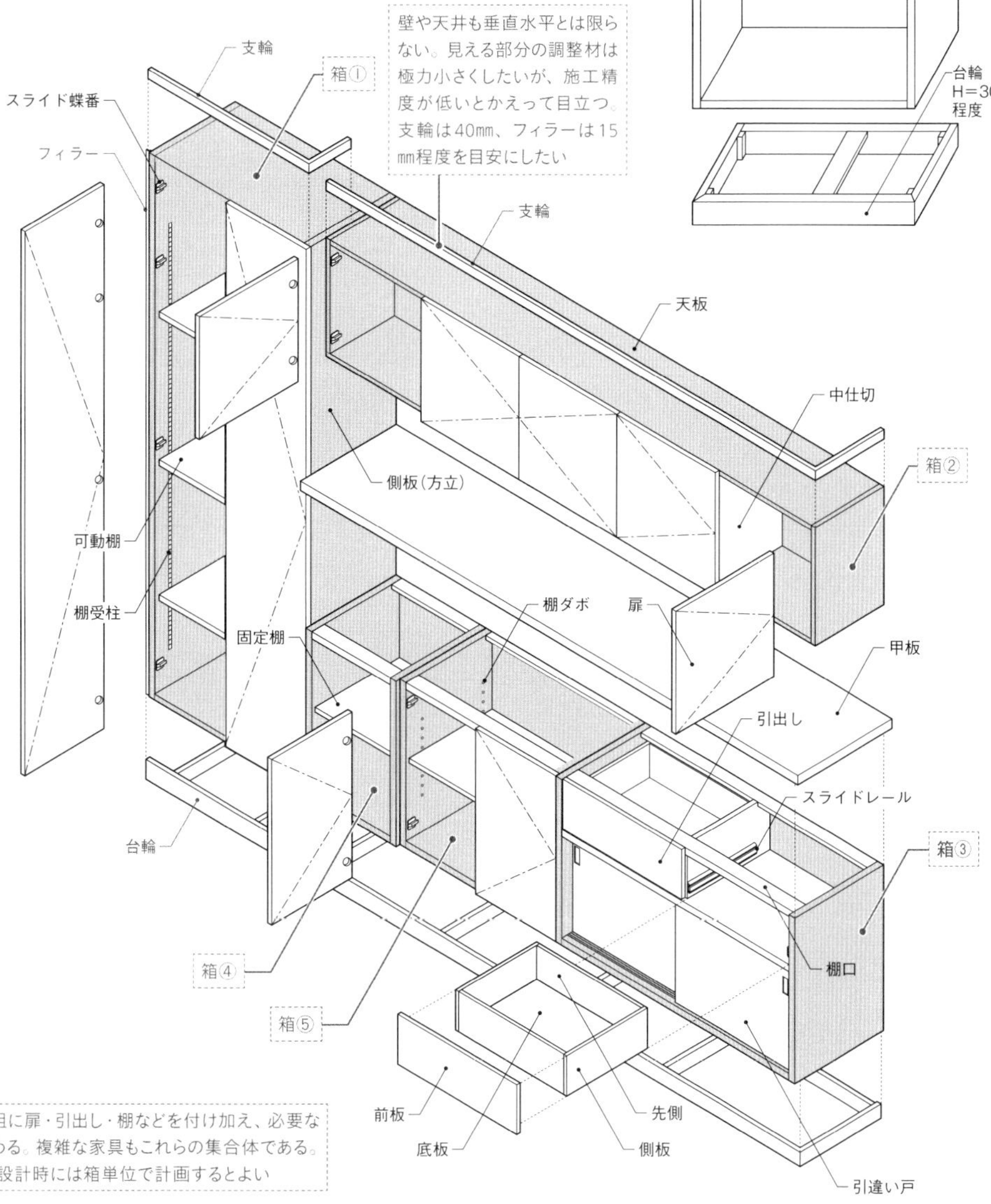
壁や天井も垂直水平とは限らない。見える部分の調整材は極力小さくしたいが、施工精度が低いとかえって目立つ。支輪は40mm、フィラーは15mm程度を目安にしたい
支輪
箱①
スライド蝶番
フィラー
支輪
天板
中仕切
箱②
側板（方立）
可動棚
棚受柱
棚ダボ
扉
固定棚
甲板
引出し
スライドレール
台輪
箱③
棚口
箱④
箱⑤
前板
底板
先側
側板
引違い戸

基本の箱組に扉・引出し・棚などを付け加え、必要な要素が加わる。複雑な家具もこれらの集合体である。このように設計時には箱単位で計画するとよい

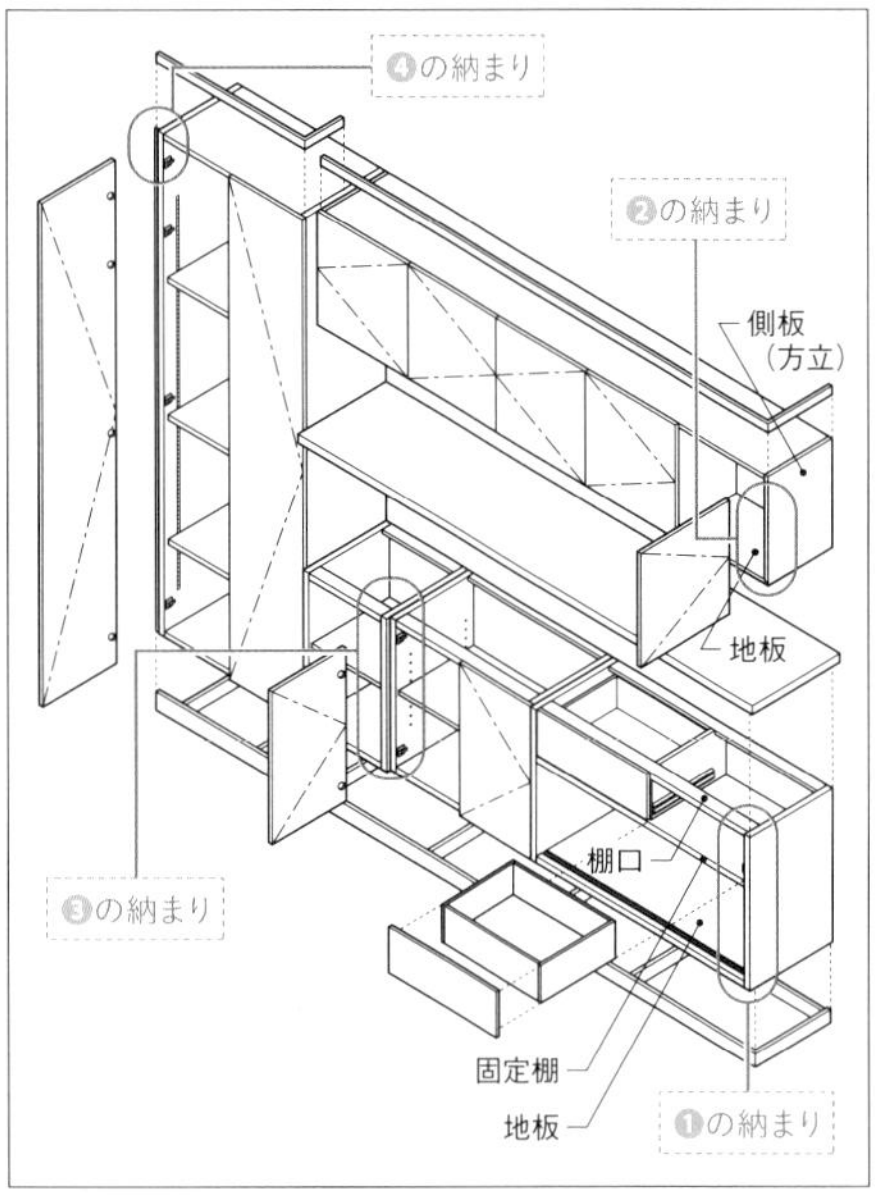
④の納まり
②の納まり
側板
（方立）
地板
棚口
③の納まり
固定棚
地板
①の納まり

ここでは家具の各部分がどのように納まっているのか、代表的なものを紹介する。

①箱内部の納まり

●小穴ホゾ加工

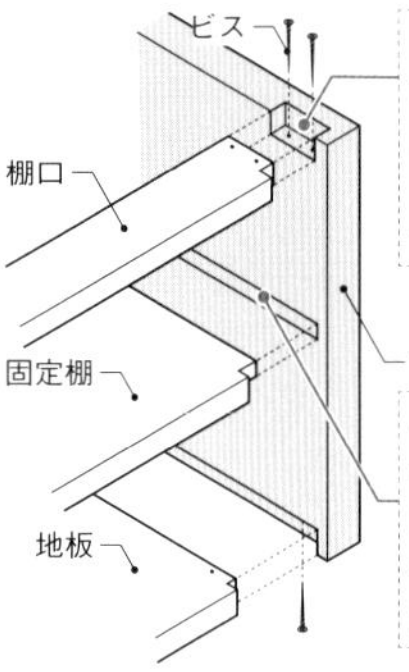
ビス
棚口
固定棚
地板
側板（方立）

ピンタ接合
方立の外側にビスを見せない方法。上からビス留めする。加工、位置合わせが容易

小穴接合
垂直荷重に強い。固定棚の場合に用いる。棚板厚の半分程度の溝穴とする

オーダー家具向けの加工。小規模工場でよく使われる仕口で、一般的な加工方法

●ダボ加工

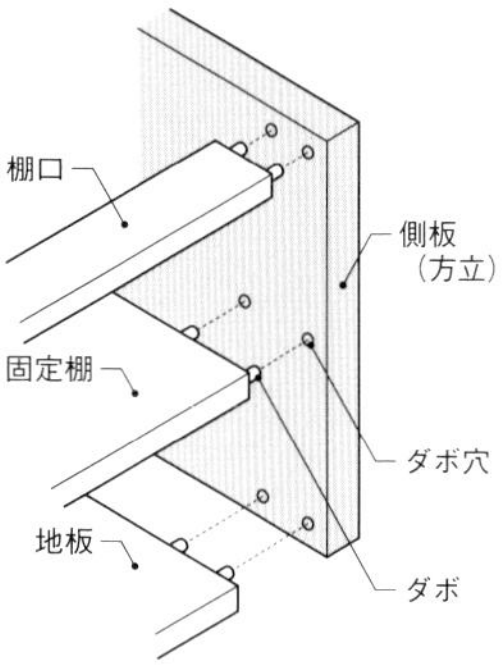
棚口
側板
（方立）
固定棚
ダボ穴
地板
ダボ

ダボ加工機、NC加工機を用いた量産家具などに多く見られる仕口。寸法精度が要求される

②箱外部の納まり（地板・側板が見える）

●メラミン後張り

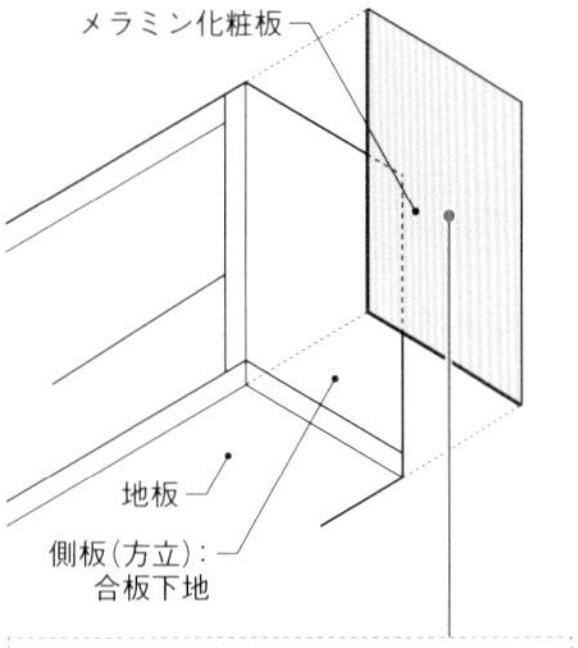
メラミン化粧板
地板
側板（方立）：
合板下地

メラミン化粧板の小口が見えるので、面材と同色にする場合はコア材を使う。大きな面取りは下地がでるので、不可

●後張り留め加工

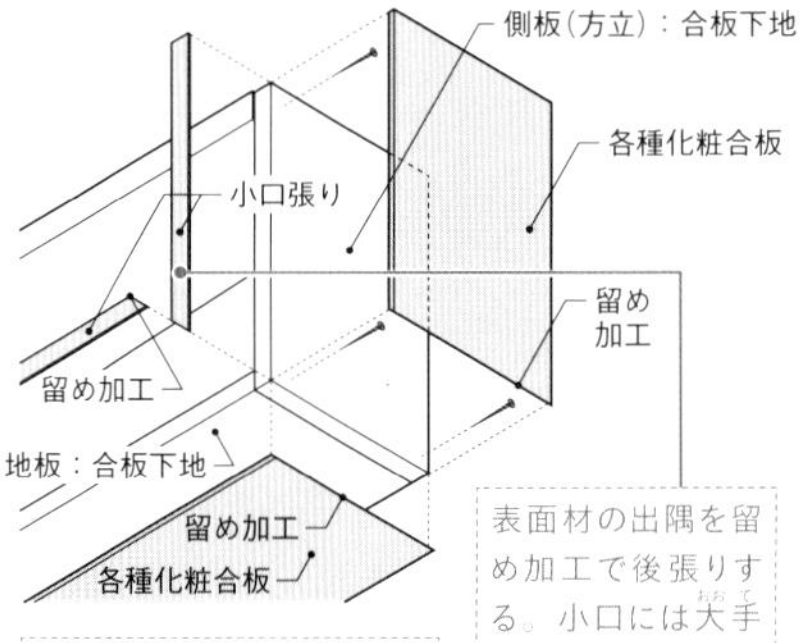
側板（方立）：合板下地
各種化粧合板
小口張り
留め
加工
留め加工
地板：合板下地
留め加工
各種化粧合板

出隅がピン角となるため、ぶつかりやすい箇所や面取りが必要な場合には不向き

表面材の出隅を留め加工で後張りする。小口には大手材［※］を張る。寸法精度と留め加工の技術が必要

③見え隠れ部分

●箱どうしの連結部

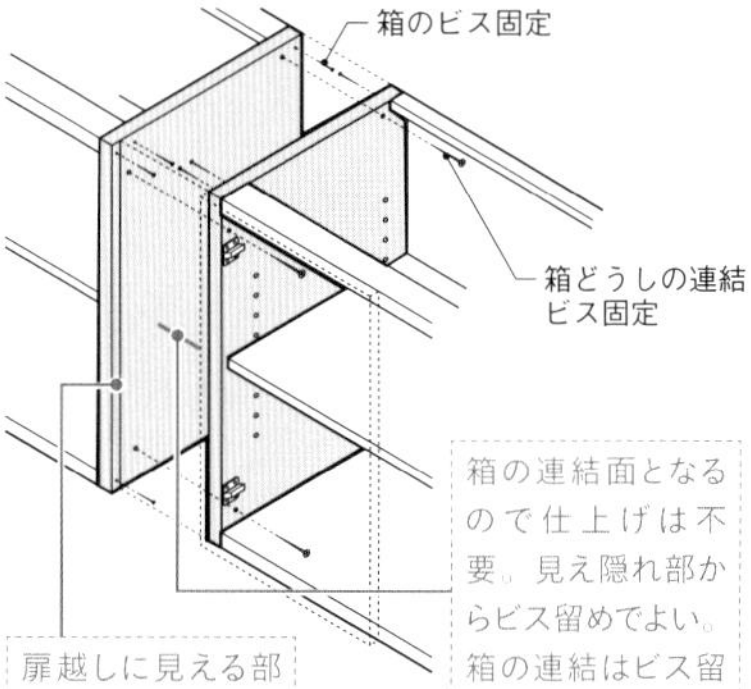
箱のビス固定
箱どうしの連結
ビス固定

扉越しに見える部分は、ビス留め後、仕上げ材を張る

箱の連結面となるので仕上げは不要。見え隠れ部からビス留めでよい。箱の連結はビス留めもしくはジョイントで固定

●ひも加工

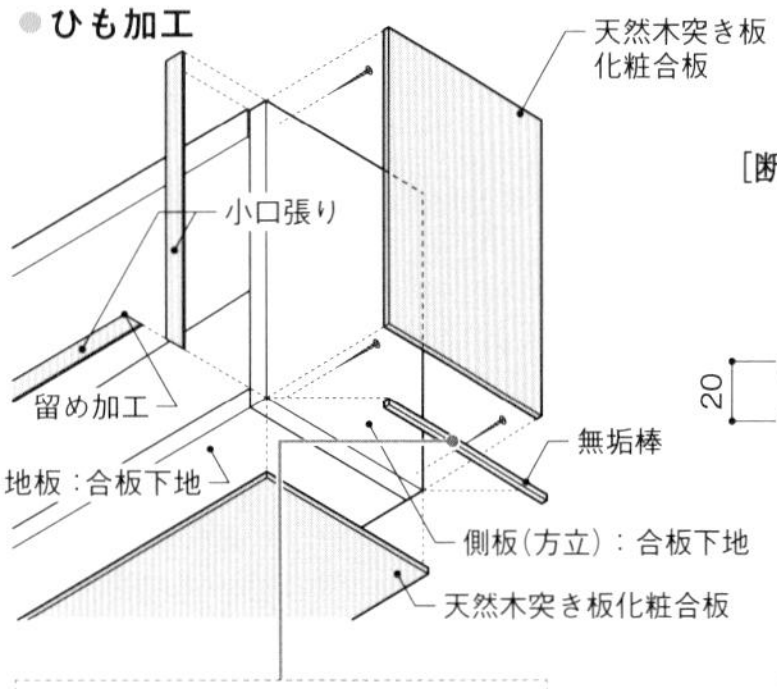
天然木突き板
化粧合板
小口張り
留め加工
地板：合板下地
無垢棒
側板（方立）：合板下地
天然木突き板化粧合板

突き板張りで出隅部に面取りをする場合には、コーナーに無垢棒を張る

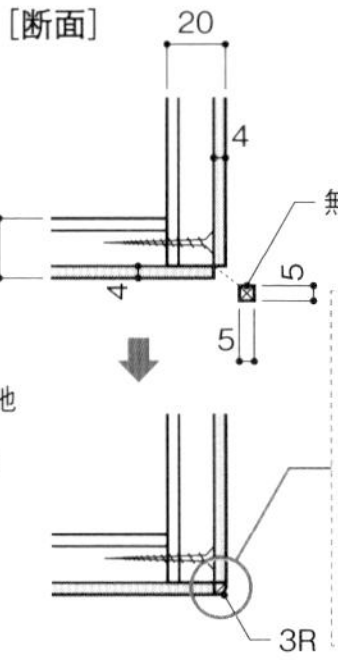
［断面］
20
4
無垢棒
20
4
5
5
3R

目違いを払い、コーナーの面を取る。図は、4㎜厚の化粧合板に対し、5㎜角の無垢棒を張り、1㎜分削った後、面取りをした例

④現場で箱組み

●ノックダウン金物

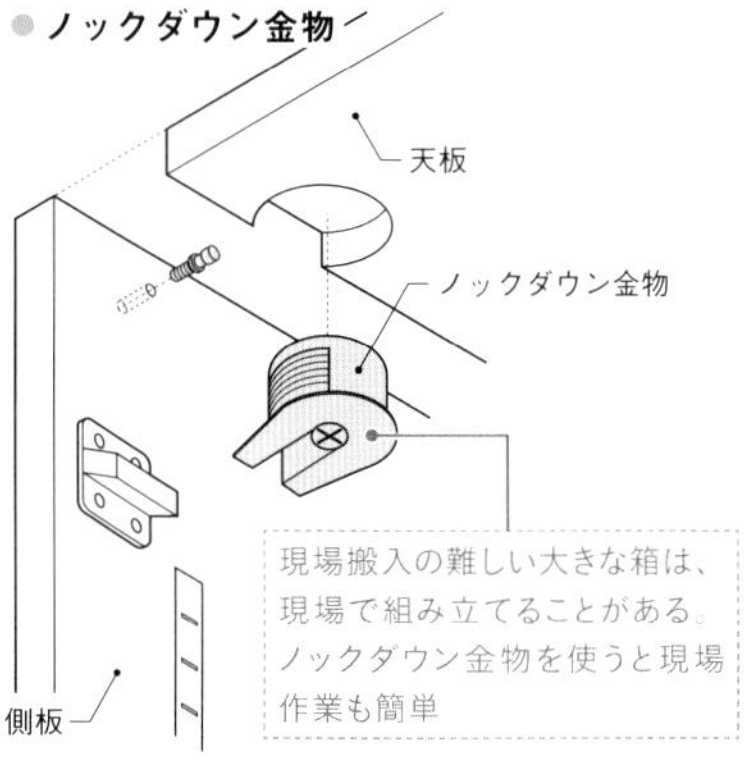
天板
ノックダウン金物
側板

現場搬入の難しい大きな箱は、現場で組み立てることがある。ノックダウン金物を使うと現場作業も簡単

※ 側面に張る、細長い板状の化粧材

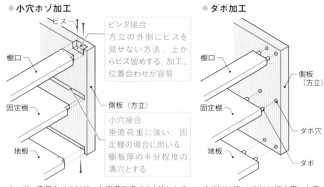

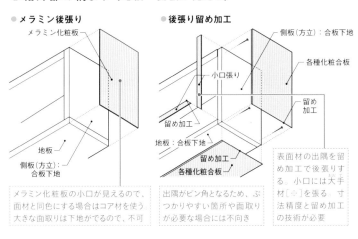

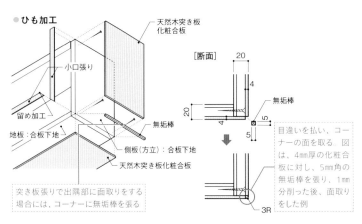

4 建物との取合いを押さえる

現場でつくる建物の施工精度は、ミリ単位で工場製作される家具工事の家具と比べると低い。建物と家具との取合いは、その誤差を補うものだ。現場で家具を削り合わせるのは大変なので、調整材として台輪《だいわ》、支輪《しりん》、フィラーが必要となる。

❶現場での取り付けはまず「台輪」から

現場での家具取り付け作業として、はじめに行うのが台輪の取り付け。台輪の上端で水平を出すのが基本だ。台輪が水平でないとその上に据え付ける箱本体が傾く。扉や引出しの目地がそろわなくなるほか、場合によっては扉どうしが干渉してしまうこともあるので注意する。

台輪を納めたら次に箱を設置する。箱が複数ある場合はビスなどで連結していく

● 各調整材の名称

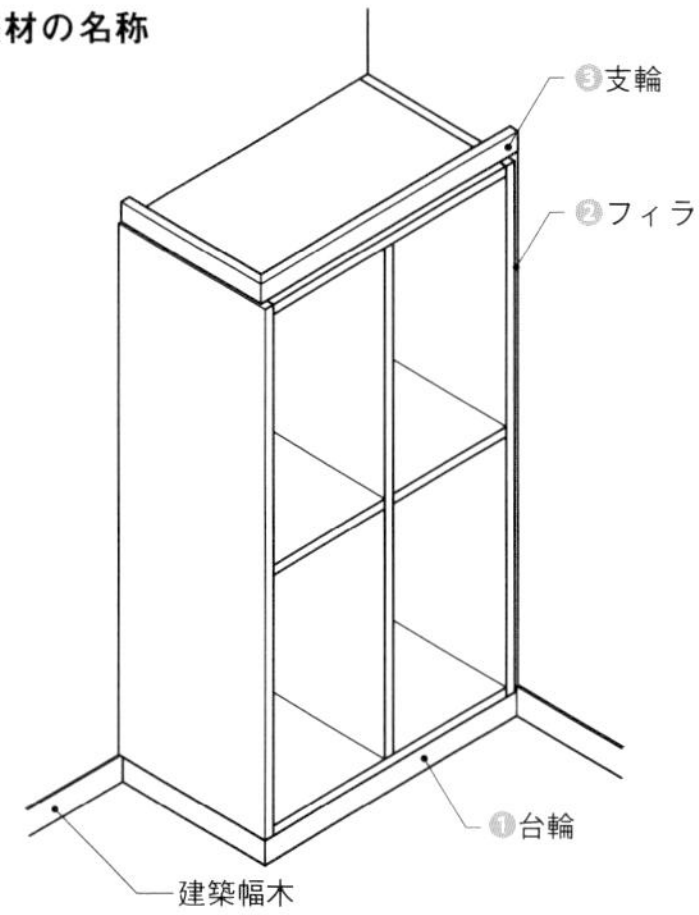
❸支輪
❷フィラー
❶台輪
建築幅木

家具と床との調整材「台輪」、壁との調整材「フィラー」、天井との調整材「支輪」。当然ながら調整材は極力少なくした納まりが望ましい

● 床張り後の台輪設置

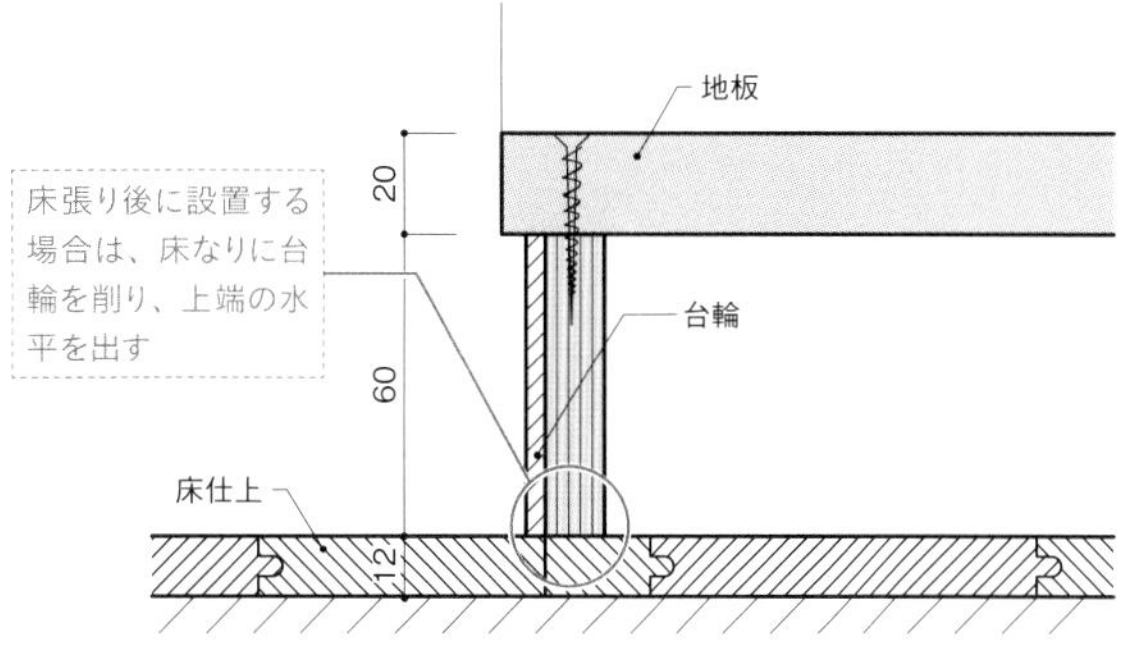
地板
20
床張り後に設置する場合は、床なりに台輪を削り、上端の水平を出す
台輪
60
床仕上
12

● 床張り前の台輪設置

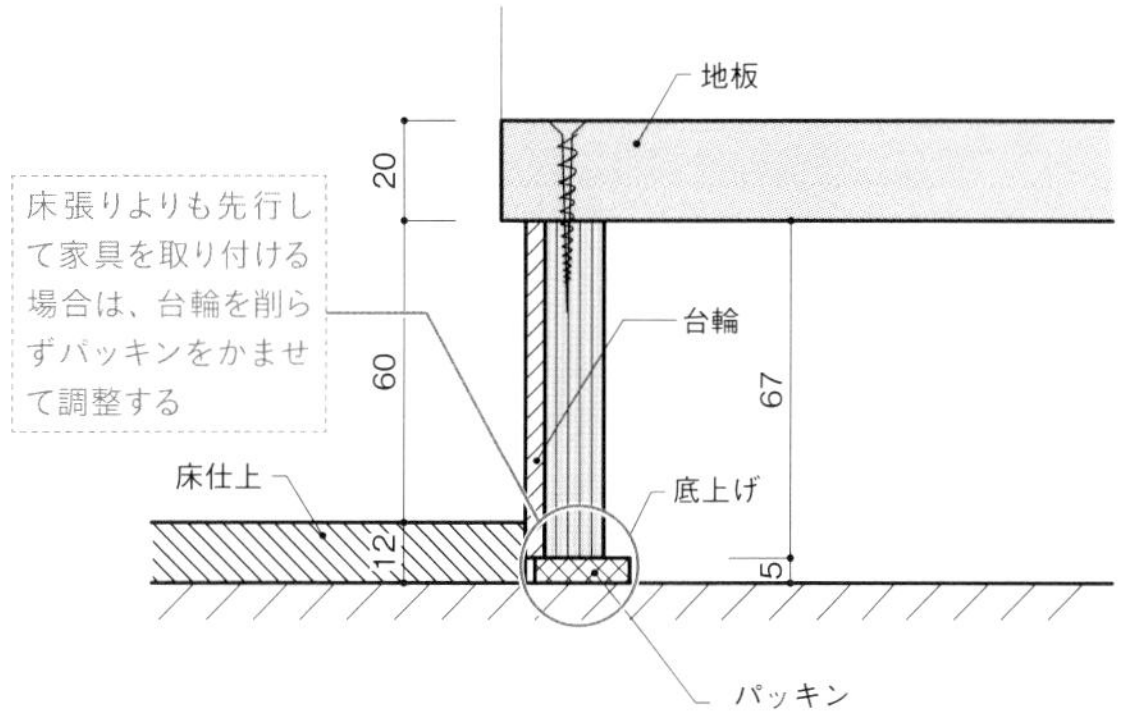
地板
20
床張りよりも先行して家具を取り付ける場合は、台輪を削らずパッキンをかませて調整する
台輪
60
67
床仕上
底上げ
12
5
パッキン

❷壁との隙間は「フィラー」で

壁との取合い部分にフィラーを取り付ける。フィラーがあることで、扉を開閉する際の壁との干渉を防ぐことができる

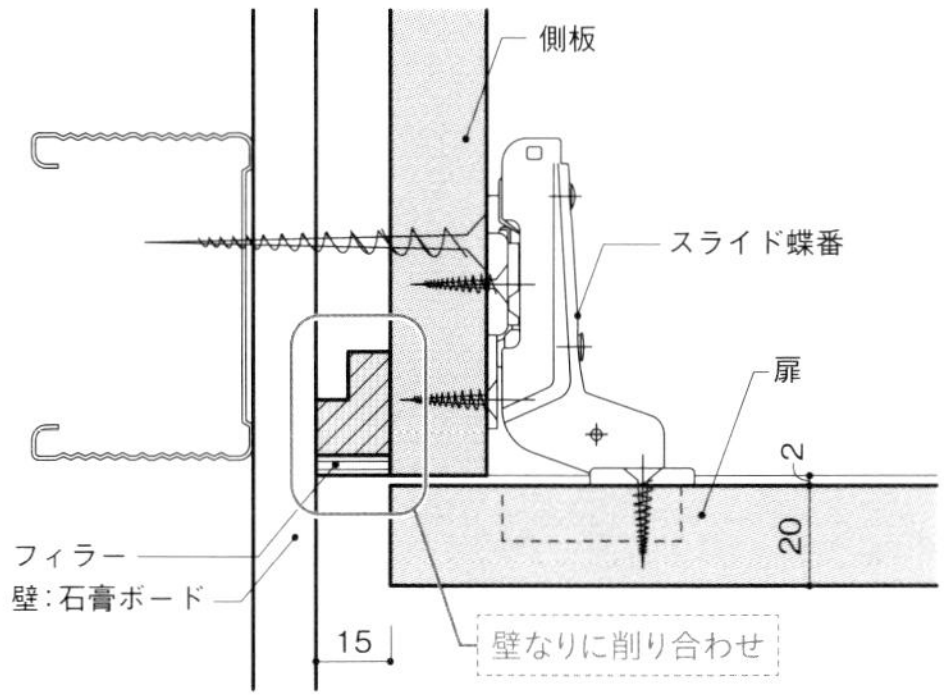
側板
スライド蝶番
扉
2
20
フィラー
壁:石膏ボード
15
壁なりに削り合わせ

❸天井との隙間は「支輪」で

最後に支輪を天井なりに削り合わせ、取り付ける。固めに入れ込み、接着材のみで固定することが多い。より強固に固定する場合にはビス留めする

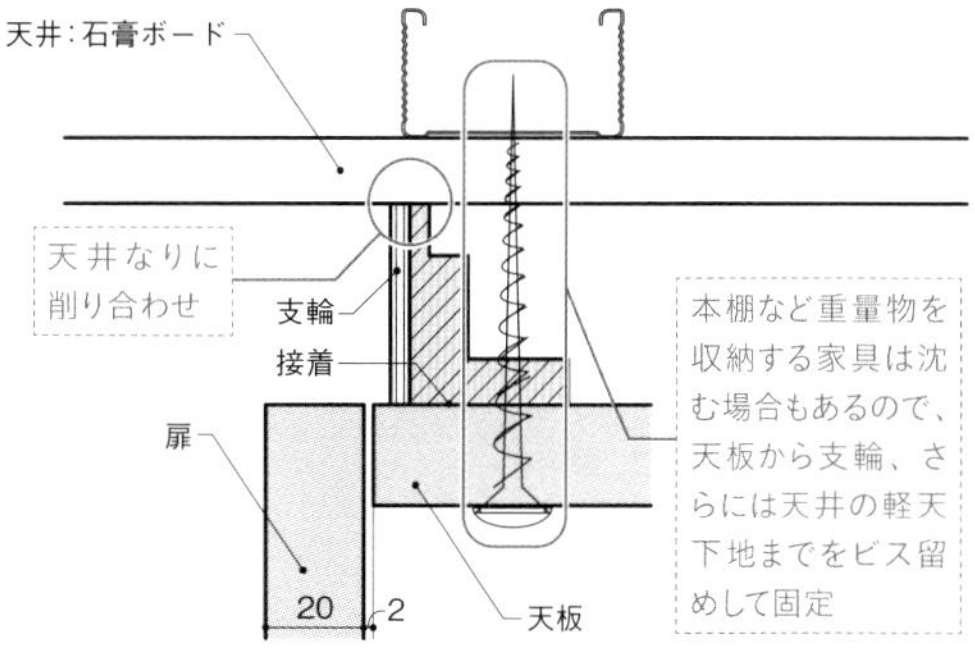
天井:石膏ボード
天井なりに削り合わせ
支輪
接着
本棚など重量物を収納する家具は沈む場合もあるので、天板から支輪、さらには天井の軽天下地までをビス留めして固定
扉
20
2
天板

家具工事・大工工事の使い分け方

1 家具工事・大工工事別　家具製作の流れ

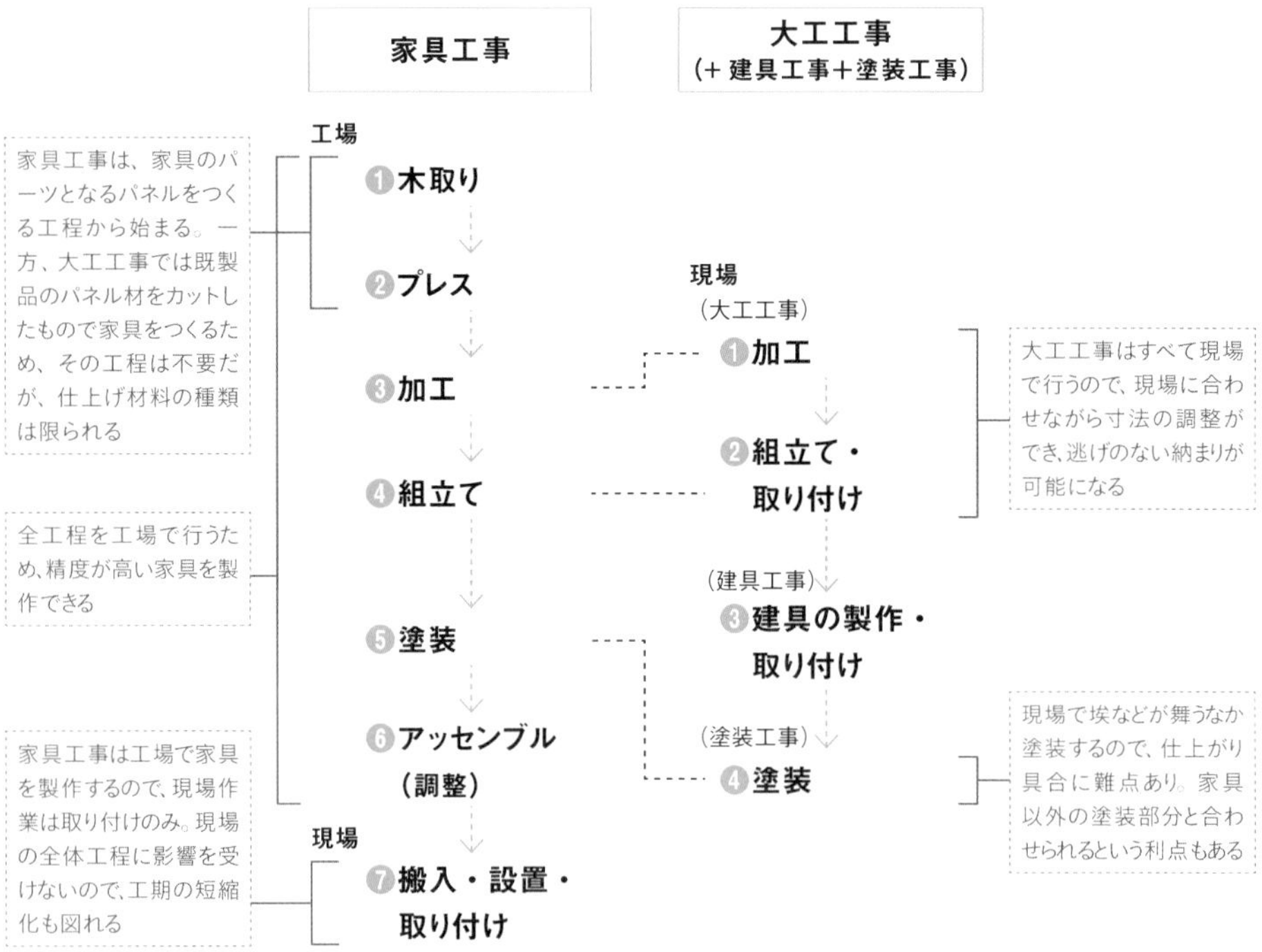
家具工事
大工工事
（＋建具工事＋塗装工事）
工場
1 木取り
2 プレス
3 加工
4 組立て
5 塗装
6 アッセンブル（調整）
現場
7 搬入・設置・取り付け
現場
（大工工事）
1 加工
2 組立て・取り付け
（建具工事）
3 建具の製作・取り付け
（塗装工事）
4 塗装
家具工事は、家具のパーツとなるパネルをつくる工程から始まる。一方、大工工事では既製品のパネル材をカットしたもので家具をつくるため、その工程は不要だが、仕上げ材料の種類は限られる
全工程を工場で行うため、精度が高い家具を製作できる
家具工事は工場で家具を製作するので、現場作業は取り付けのみ。現場の全体工程に影響を受けないので、工期の短縮化も図れる
大工工事はすべて現場で行うので、現場に合わせながら寸法の調整ができ、逃げのない納まりが可能になる
現場で埃などが舞うなか塗装するので、仕上がり具合に難点あり。家具以外の塗装部分と合わせられるという利点もある

設計者が家具の図面を描くとき、家具屋に依頼する家具工事（以降、家具工事）とするか、大工造作による家具工事（以降、大工工事）とするか悩むことも多いだろう。予算内に見積り金額を納めるには、両者の違いを押さえたうえでうまく使い分けることが重要となる［1］。家具工事では家具を工場（木工所）でつくるが、大工工事では現場でつくる。その違いは、使える材料や納まりなどの違いにも関係する。それらを踏まえて計画しておかないと、着工後に設計変更を迫られることもあるので注意しよう。

仕上げ材で使い分ける

家具工事では、家具のパーツとなるパネルから工場でつくり上げる。そのため仕上げ材・芯材とも自由に選ぶことができる。家具の部位や機能に応じ、芯材を決め、その上に仕上げ材を張ったものを切断・加工して使うのが基本だ［2❶］。

一方、現場にはパネルを一からつくり上げるための加工機械がない。そのため大工工事では、製品化されたパネル材をその場で切り出して家具のパーツとする［2❷］。主にシナ合板やポリ合板で仕上げられたランバーコアや、集成材など表面が仕上がっている練芯《ねりしん》やベタ芯の材など、表面材の選択肢が非常に少ないことに注意する。

納まりは調整かぴったりか

家具工事では、工場で家具を製作後、現場に搬入・取り付けという工程を踏む。搬入のタイミングは造作工事後となることが多いため、設置スペースより小さく家具をつくるのが基本だ。床・天井・壁との隙間は、台輪・支輪・フィラー［※］などの調整材でふさぐ必要がある。それらは現場精度で歪んでいる床・壁・天井に、工場精度でつくられた家具を合わせる役割も果たしている。一方大工工事の場合、現場で採寸しながら製作するので、建物の歪みの調整を含めて家具をつくれる。そのため、逃げのない納まりが可能になる。

※ 壁と家具との隙間を埋める部材

2 家具職・大工が扱う材料の違い

❶家具工事の場合

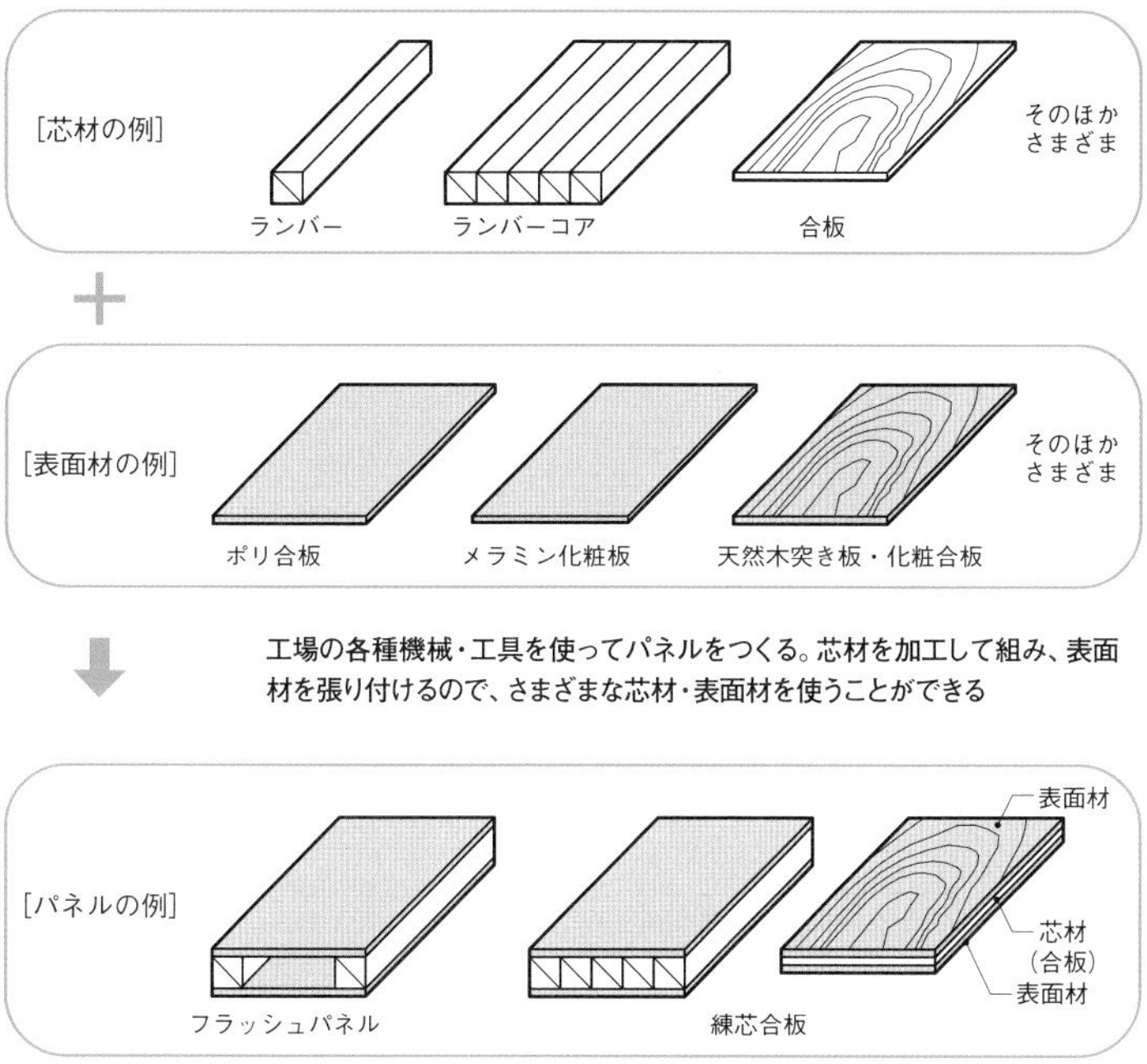
[芯材の例]
ランバー
ランバーコア
合板
そのほか
さまざま
＋
[表面材の例]
ポリ合板
メラミン化粧板
天然木突き板・化粧合板
そのほか
さまざま
工場の各種機械・工具を使ってパネルをつくる。芯材を加工して組み、表面材を張り付けるので、さまざまな芯材・表面材を使うことができる
[パネルの例]
フラッシュパネル
練芯合板
表面材
芯材
（合板）
表面材

❷大工工事の場合

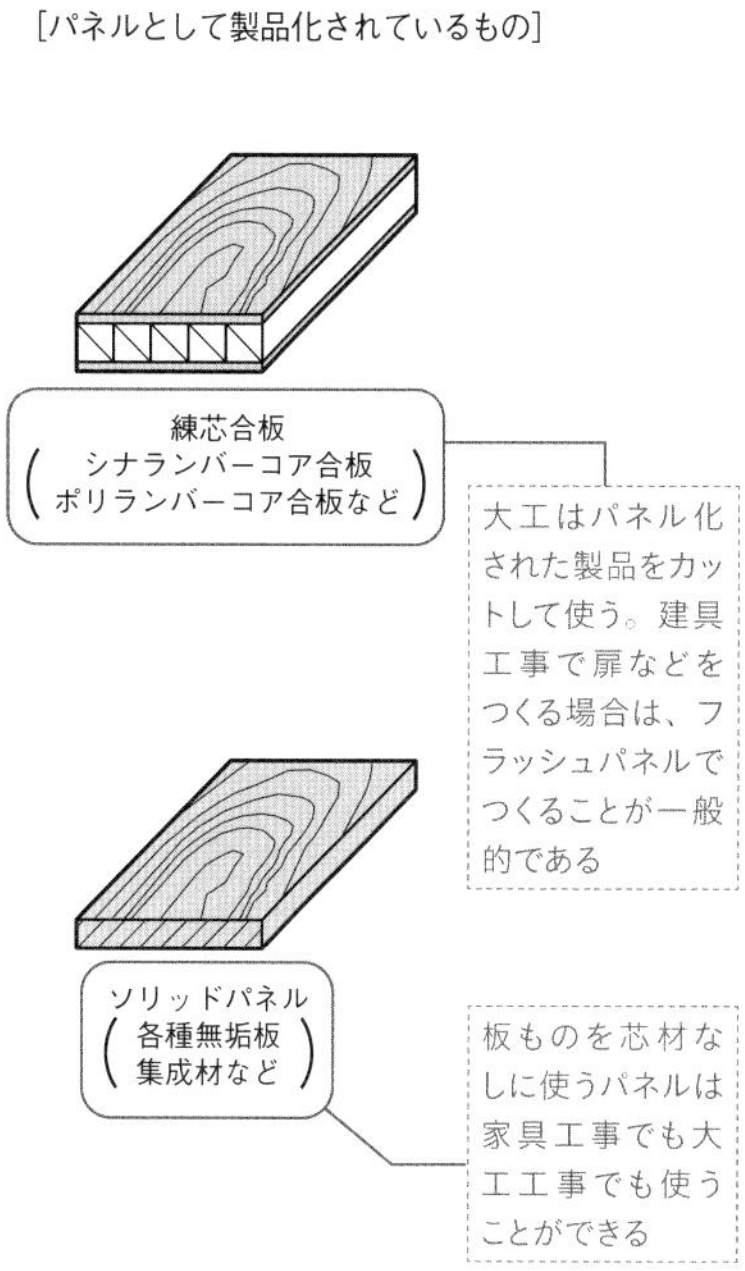
[パネルとして製品化されているもの]
練芯合板
（シナランバーコア合板
ポリランバーコア合板など）
大工はパネル化された製品をカットして使う。建具工事で扉などをつくる場合は、フラッシュパネルでつくることが一般的である
ソリッドパネル
（各種無垢板
集成材など）
板ものを芯材なしに使うパネルは家具工事でも大工工事でも使うことができる

精度の違いは工具の違い

家具工事でつくる家具の精度が高いのは、工場で製作するからである。工場ではプレス機・治具など加工機械が完備しており、職人が使用する昇降丸鋸・自動鉋などの精度も現場とは違う。そのため、現場で加工したものとは完成精度が異なるのだ。

家具工事の場合には、出来上がりの良し悪しは、指示図面によるところが大きい。一方、大工工事の場合は、大工（個人・会社）の技量によるところが大きい。工務店によっては技術不足や手間の考え方から、大工工事で家具をつくるのを敬遠するところもある。無理に押し付けてもよいものはつくれないので、事前に工務店の意向や施工例を確認しておくとよいだろう。

塗装は吹付けか刷毛塗りか

家具工事の場合、工場での吹付け塗装が基本だ。専用の作業スペースがあり、埃も少ないなかで施工できるため指定どおりの塗装仕上げが期待できる。

大工工事の場合は、塗装は塗装職人による現場塗装となる。吹付け塗装はきれいに仕上がるが、養生の手間が掛かるうえ、コストアップの原因にもなる。そのため基本は刷毛塗りだ。現場塗装では、木製建具などと同質の塗装仕上げができるので、家具工事でつくる家具にも現場塗装を指定する場合もある。ただし刷毛塗りには塗装職人の技量差が大きくでるので注意したい。

適材適所に使い分ける

大工の職能も考える必要がある。なんでも大工に押し付けるのは間違いで、家具金物類の取り付け・調整などが絡む扉や引出しの製作は建具工事や家具工事に任せるのが基本だ。コスト管理のために家具工事と大工工事を使い分けるなら、押入れなどを造作していく要領で製作できるものは大工に任せてよいだろう。家具を壁など内装に絡ませて組み込む納まりなどでは、大工造作にしたほうがよい場合もある。

一般に、家具は家具工事より大工工事でつくるほうがローコストだと認識されているが、材料費・金物費・製作手間はほぼ同じだ。ただし、大工工事の場合は、一連の造作工事のなかの1つとして家具の製作も作業できれば、製作手間が作業費の一部に組み込まれて、コストダウンになる可能性もある。

〔河合孝〕

写真で学ぶ！

家具工事の流れ

■ 家具工事の流れを知る

住宅の造付け家具の製作は家具工事が基本だ。各種機械を完備した工場（木工所）でつくられる家具は精度が高く、パーツからつくるので仕上げ材・下地材ともバリエーションが豊富である。ここでは家具工事で家具がどのようにつくられ、現場でどう取り付けられるのかを紹介する。

工場

1. **木取り** 家具に必要な材料を切り出す
2. **プレス（練り）** 家具に必要なパーツ（扉・天板・棚板など）のもとになるパネルをつくる
3. **加工** ❷でパネルにしたものをカットなどする
4. **組立て** パーツを組み立てる
5. **塗装** 吹付け塗装を行う
6. **アッセンブル**［※1］ 扉や金物類の取り付け・調整を行う

現場

7. **搬入・設置・取り付け**

■ 家具工事では家具を工場で製作する

家具工場（木工所）
工場は機械もそろってるし、作業がしやすいね
昇降盤

家具工事での造付け家具の製作は工場（木工所）で行い、現場に搬入・取り付けされる。そのため取り付けスペースよりも家具を若干小さめにつくっておくのが基本

芯を組んでます
ラワン材などを使う
フラッシュの芯

家具は軽くて狂わないフラッシュパネル［※3］でつくるのが基本。フラッシュの芯となる材を組む（芯組み）ことも木取り工程の一部

パネルソー

❶**木取り** 規格サイズの材をパネルソー［※2］でカットし部材を切り出す

※1 引出しの調整やレール取り付け、扉の吊り込みなどを行う工程
※2 合板や樹脂の板材や角材を直線切断するための機械。精度は非常に高い
※3 サンドイッチ構造の一種で周囲と芯に幅の狭い板を使い、両面に合板を接着した中空構造板

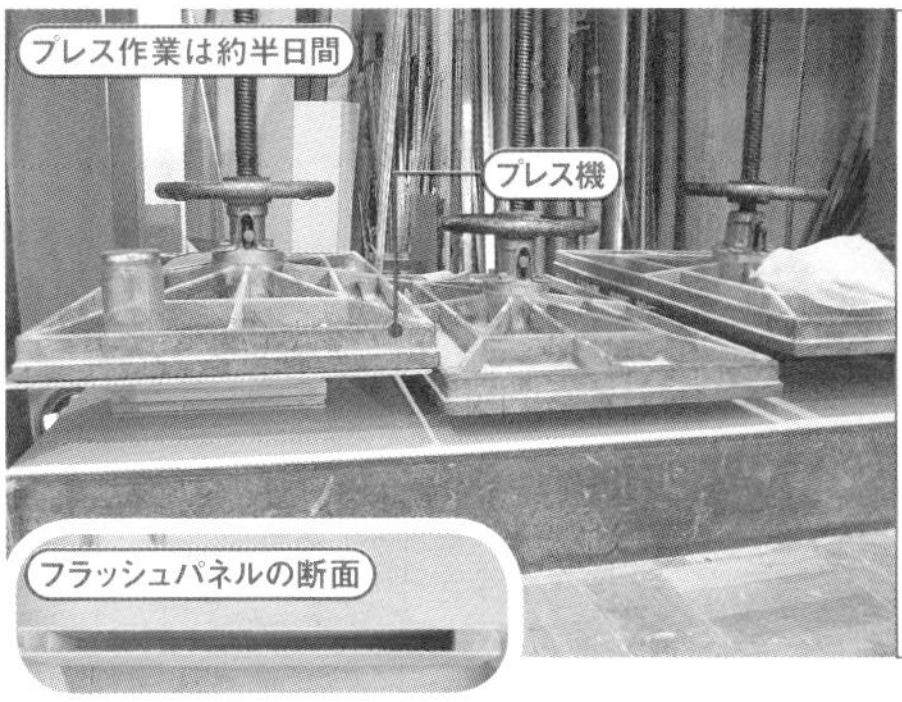
プレス作業は約半日間
プレス機
フラッシュパネルの断面

❷プレス 芯材に接着剤をローラーで塗ったあと、プレス機などで圧をかけながら表面材などを張り付け［※1］、フラッシュパネルをつくる

❸加工 パネルを昇降盤で正寸にカットし加工する

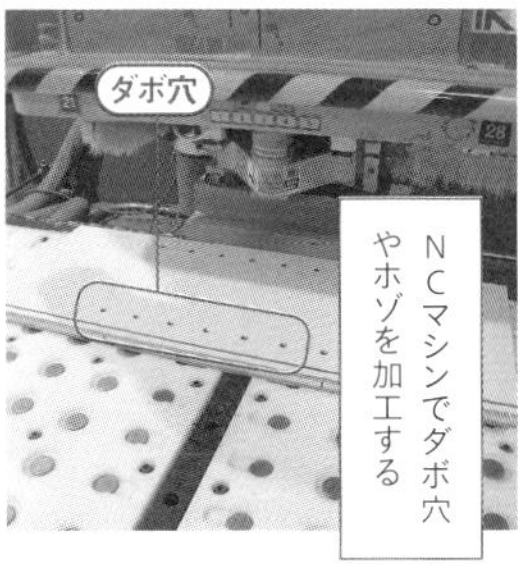
ダボ穴

NCマシンでダボ穴やホゾを加工する

ダボ孔や小孔に
木工用の接着剤を
入れ、固定します

❹組立て 加工されたパネルを組み立てる。組立て時には大矩［※2］を使って箱の直角を出す

❺塗装 塗装はエアーによる吹付けが主。専用の作業場は換気設備も整い、埃もないので塗装に最適

吹付けは刷毛と違って平滑に塗れるね

❻アッセンブル 引出しの調整やレール付け、扉の吊り込みなどを行う

家具金物は調整が肝心だよ

家具本体が完成

見え隠れ部分のフラッシュパネルは片面だけ仕上げればOK

養生された家具

現場の工程に合わせ、工場で搬入時期を待つ。養生しておくのを忘れずに

※1 「練り」ともいう
※2 L型の大きな直角定規

❼搬入・設置・取り付けの日。

まず現場に搬入する。取り付けまで含め現場での作業は2～3人で、1日くらいみておく

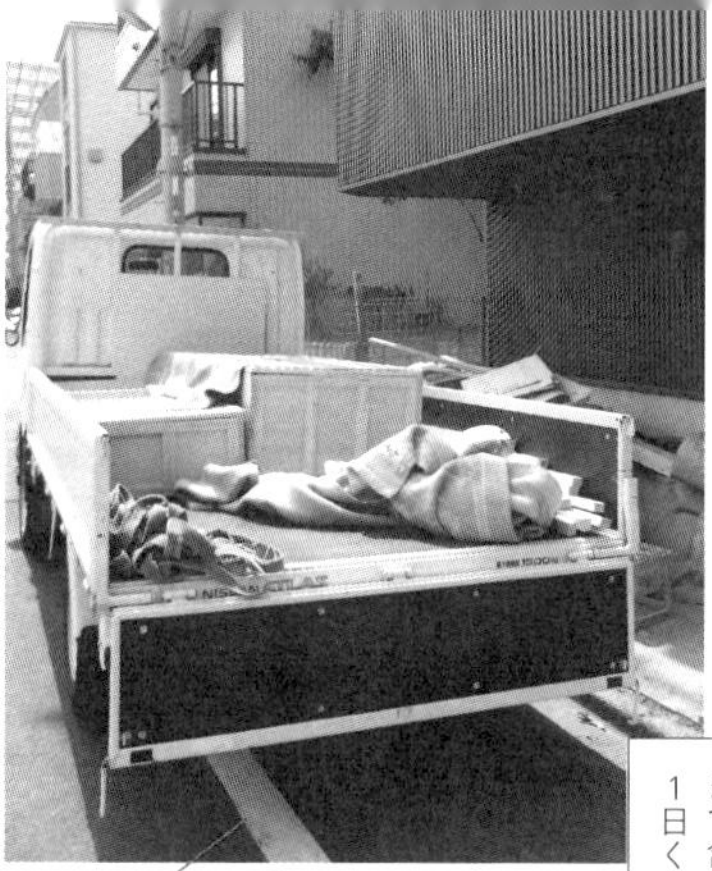

傷つけないように……

搬入には細心の注意を払う。階段などは取り回しが大変

搬入経路は事前に確認し、必要に応じて家具を分割しておく。入らないと大ごと！

工場でつくってきた台輪

家具は台輪《だいわ》［※1］の上に設置・取り付ける。現場では2～3㎜の誤差は当たり前、それを解消するのがこの台輪だ。下部は床に合わせて鉋を掛けて調整する

壁にぴったり合わせるため長めに出しておいた部分をカット

フローリングの床に金物を使ってビスで留める

分割してつくった家具の1つを設置

2つめを設置

2つの家具をビスで留める

完成

支輪

天井との隙間は支輪《しりん》［※2］で調整する。現場の状況に合わせ削り合わせの作業を行う

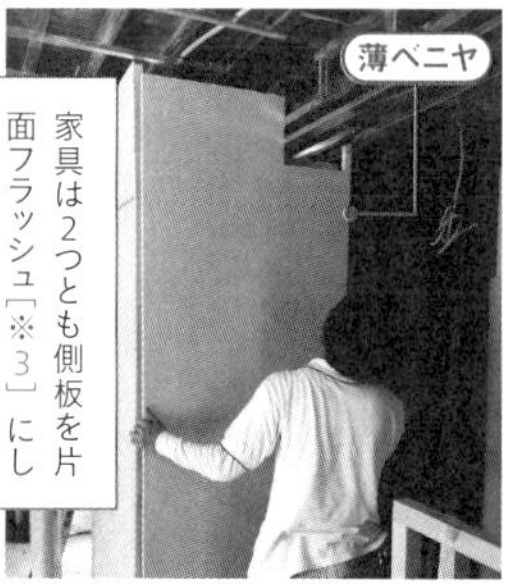
薄ベニヤ

家具は2つとも側板を片面フラッシュ［※3］にしておいたので、仕上げに薄ベニヤを張って完成させる

家具の設置完了！ 薄ベニヤを張ったので家具どうしの継ぎ目もなくなり、1つの家具にみえる

※1 箱物家具の構成部材のひとつ。床に接する部分にあって家具を支える枠組みの台木　※2 箱物家具と天井との空間をふさぐための部材
※3 木材を桟組みしたもの（芯）に片面だけ合板を張ったパネル
解説：間中治行

■大工工事で家具をつくるには

最近、造付け家具を家具工事でなく大工工事でつくるケースが増えている。比較的ローコストに押さえられるなどメリットもあるが、現場製作ならではの特徴を押さえて設計に臨みたい。ここでは家具工事との違いを明らかにしながら、大工による家具のつくりかたを紹介する。

1 **加工** ランバーコア合板［※］などの製品化されたパネルを切り出し、そのまま家具本体のパーツ（天板・側板など）として使う

2 **組立て** パーツを組み立てる

3 **取り付け** 家具本体を取り付ける

4 **建具の製作・取り付け** 建具類の製作、金物類の取り付け・調整

5 **塗装**

大工工事（1〜3）　建具工事（4）　塗装工事（5）

現場（建具製作のみ工場）

■現場でつくるのが大工工事

家具工事とココが違う！

工場製作の家具工事と違い、家具のパーツは両面がシナで仕上げられているシナランバーコア合板をカットしたものを使う

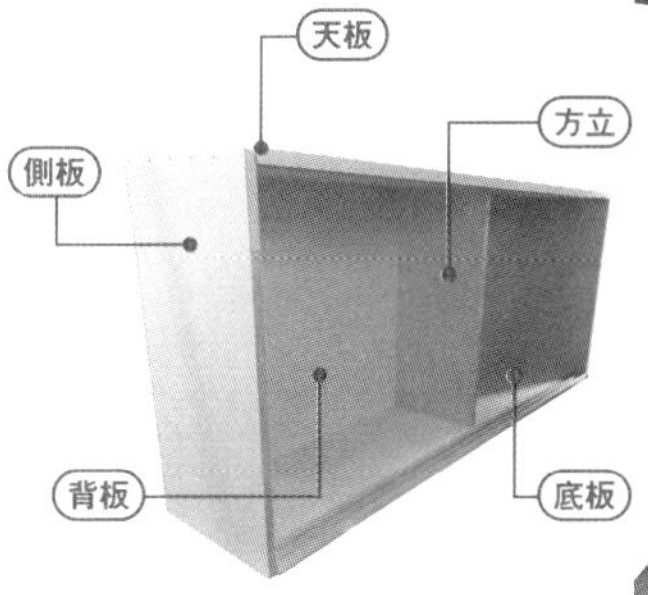

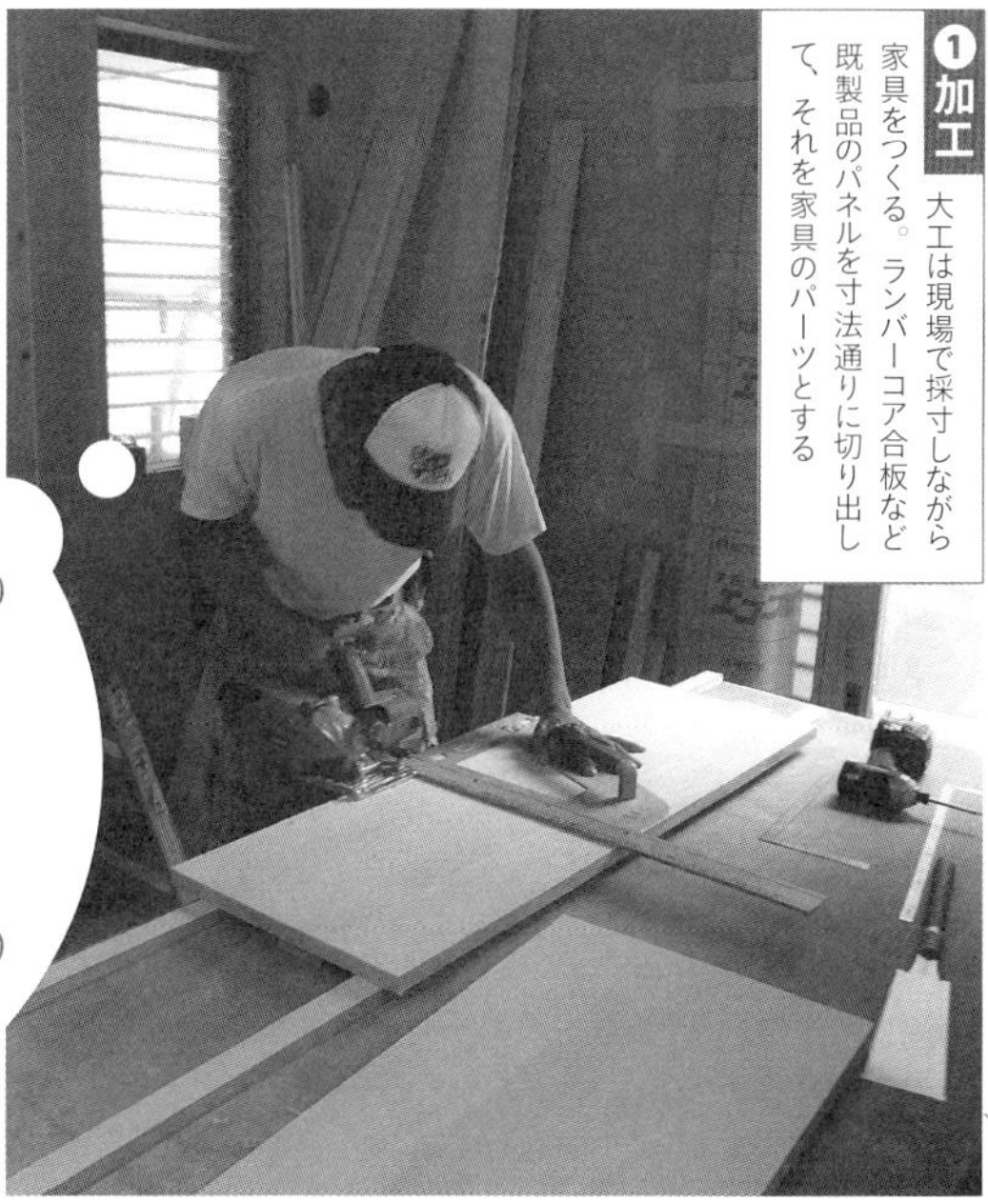

1 加工 大工は現場で採寸しながら家具をつくる。ランバーコア合板など既製品のパネルを寸法通りに切り出して、それを家具のパーツとする

採寸後、丸鋸《まるのこ》でカットするよ

天井・壁にもぴったり

床にもぴったり

家具工事とココが違う！

現場に合わせてつくるから、台輪や支輪を必要としない「逃げのない」納まりが可能

※ 小角材を寄せ集めた芯材（コア）の両面にシナやラワンなどの合板を張った3層構造のパネル

❷組立て

切り出したパーツを組み立てる箱組みの作業。板どうしの接合方法は大きく以下の3つがあり、適材適所で使い分ける

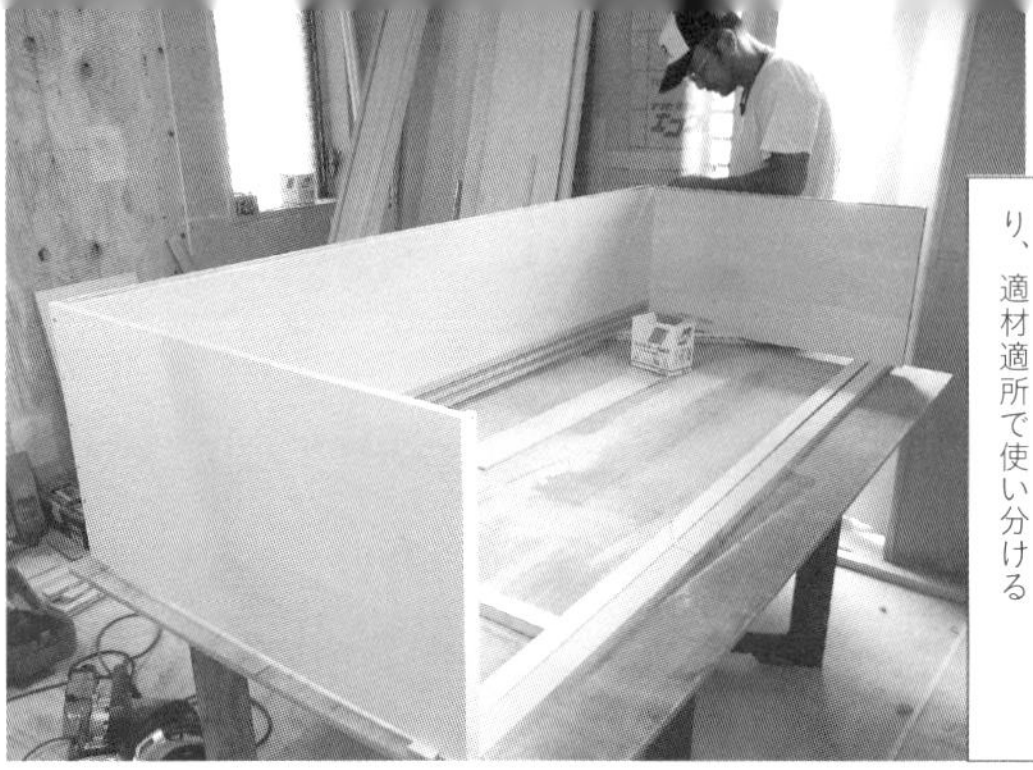

ビスの長さは40㎜程度

インパクトドリル

接合❶。インパクトドリルでビス留め。見え隠れ部分などに使う

接合❷。溝を突いた追入れ継ぎ。棚板を側板や方立にビスなしで留めることができる

ビスケット

接合❸。ビスケットジョイント。パネルに溝を彫り、ビスケット（木片）を差し込みボンドで固定する

パネルの溝彫りはジョイントカッターを使うよ

ジョイントカッター

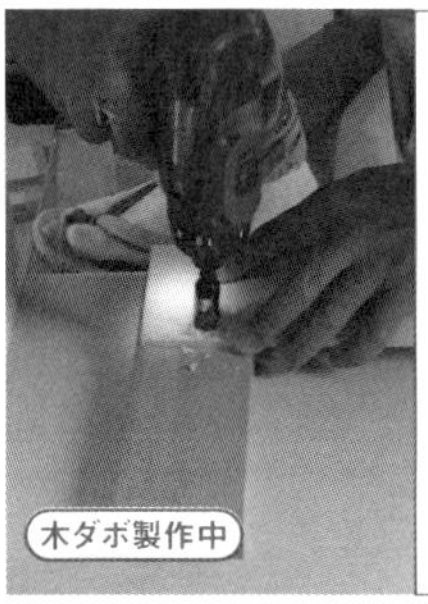
木ダボ製作中

見え掛かりでビス穴が目立つ部分は化粧して納める。ビス穴に木ダボをはめ込み目立たなくさせるのもひとつの方法

木ダボを押し込む

穴が目立たない

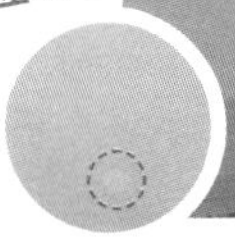

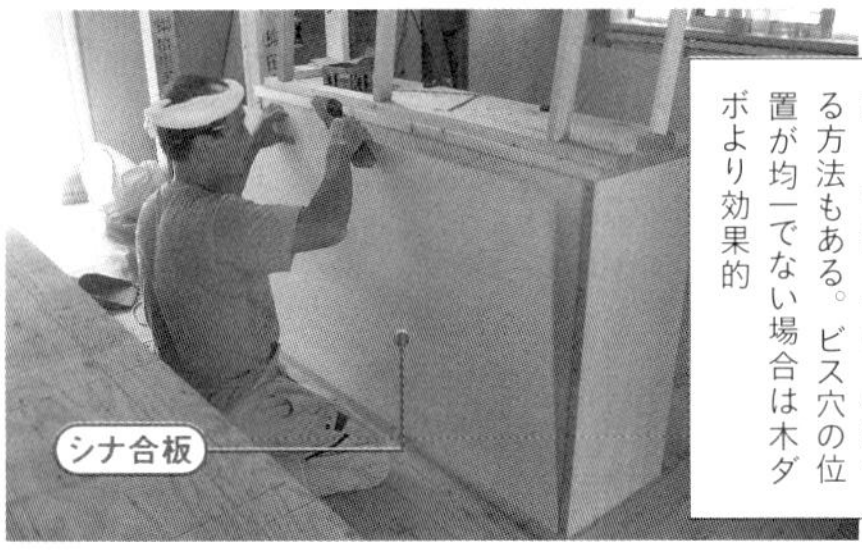
シナ合板

厚さ4㎜前後のシナ合板をボンドで張り付け、化粧する方法もある。ビス穴の位置が均一でない場合は木ダボより効果的

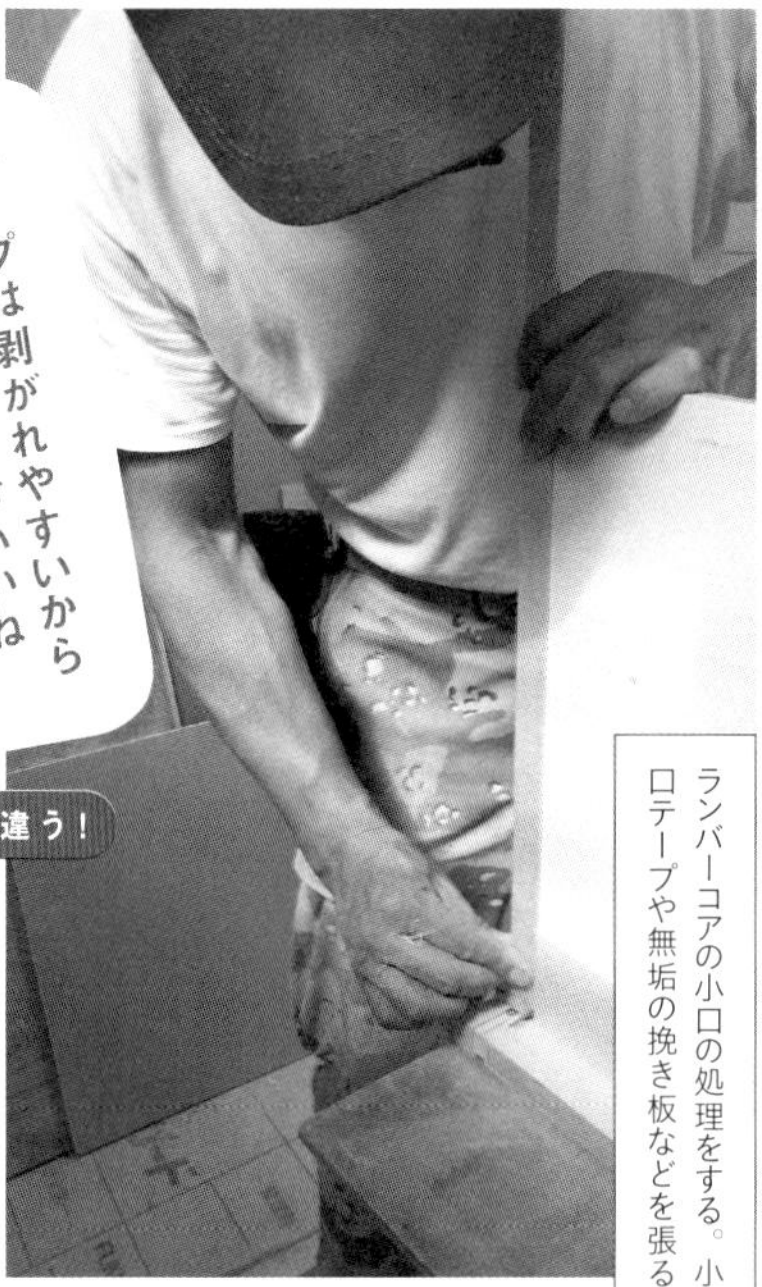

ランバーコアの小口の処理をする。小口テープや無垢の挽き板などを張る

テープは剥がれやすいから挽き板のほうがいいね

家具工事とココが違う！

大工工事では家具を現場で製作するため使える機械も限られ、精度が出にくい点は承知しておく。大工家具をいかにきれいに見せるかは小口や端部の処理にかかっている

家具の本体ができた

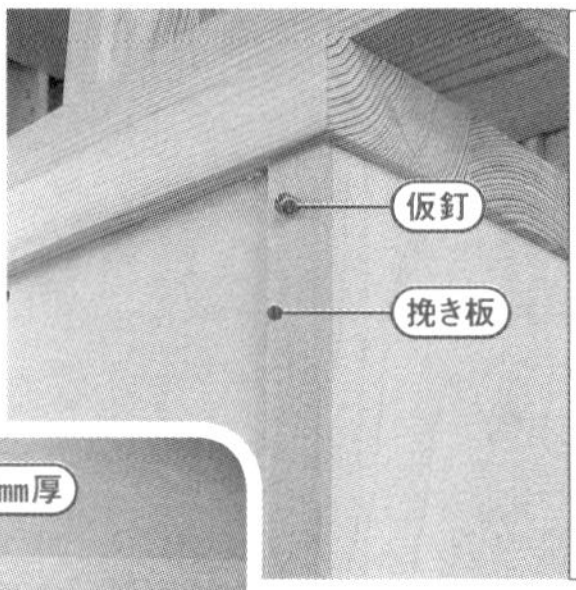
仮釘
挽き板

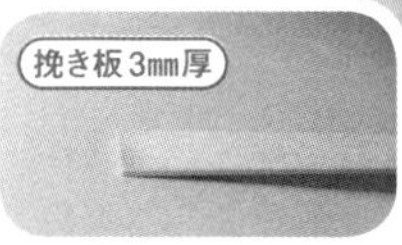
挽き板3㎜厚

挽き板はボンドで接着し、仮釘で固定しておく

❸取り付け

設置場所に取り付けて大工の作業が終わる

❹建具の製作・取り付け

引き続き、建具職人が箱を採寸し建具の製作・取り付けを行う。その後、塗装工事にバトンタッチ

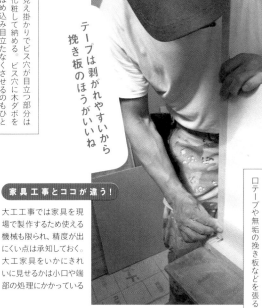

番外編 箱がなくても家具はつくれる

採寸中です

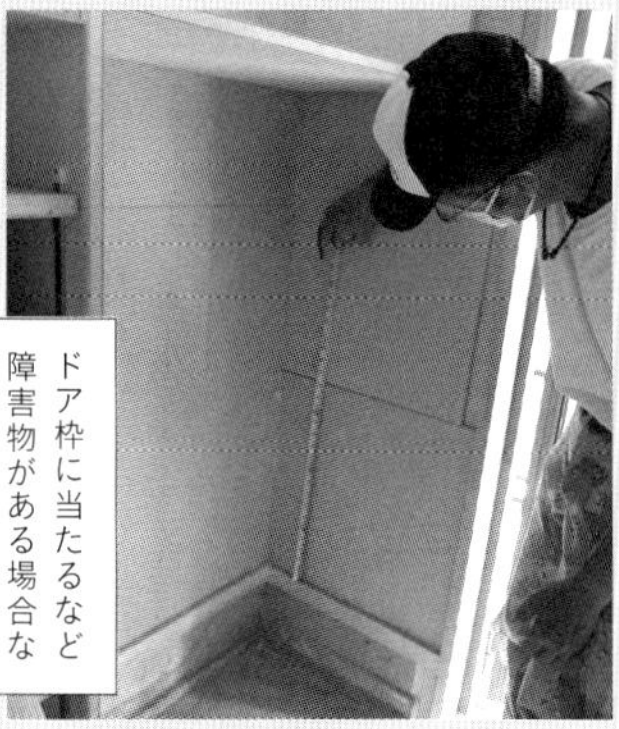

ドア枠に当たるなど障害物がある場合などは、先に箱をつくって取り付けるのではなく、現場に合わせて1枚ずつパネルを建て込んで家具をつくる

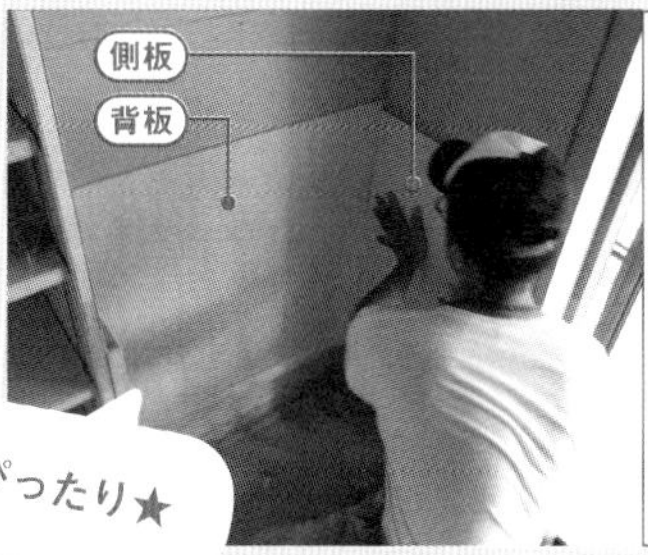
側板
背板
ぴったり★

ぴったり合わせるために少し大きめにつくって鉋掛けしながら建て込む。パネルを石膏ボードに接着し間柱などにビス留め

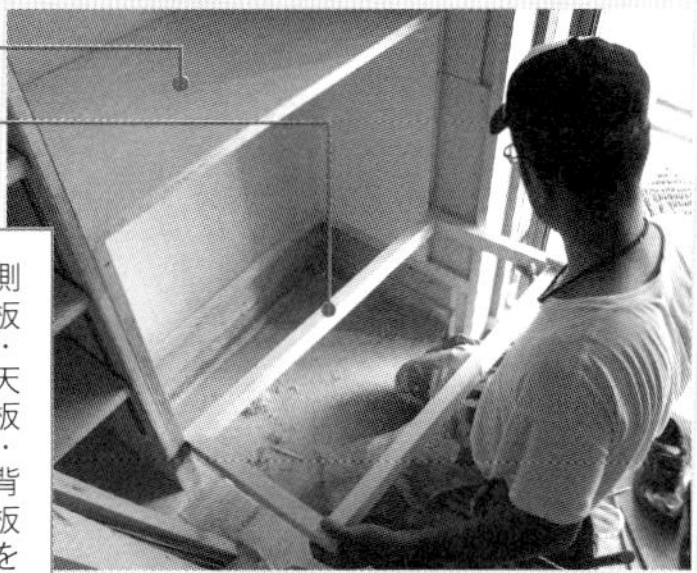
天板
框組

側板・天板・背板を施工し終えたところで、底板を載せるための框組を取り付ける

そして大工は去ってゆく……

家具本体の出来上がり！あとは建具と塗装待ち

まずは養生から

養生シート

5 塗装 数日後……、塗装職人による塗装。カウンターや水廻りは木部保護のためウレタン塗装を行うとよいが、現場での吹付け施工は養生・換気の問題もあり、手間がかかる

スプレーガン
換気のために窓は開けてね
2液混合中

ウレタン吹付け塗装中。塗装時は埃厳禁。なるべく塗装工だけで仕事ができるよう全体工程の管理が重要だ。ウレタンは中塗り2回→上塗り。塗装ごとにヤスリをかける

ウレタン塗料は2液を混合して使う。ロスがないよう使い切る分だけつくる［※］

カウンターや水廻り以外は木材保護塗料を刷毛で塗る

家具工事とココが違う！

一般に塗装の吹付け施工は換気設備のない現場では難しく、刷毛塗りが主流。吹付け塗装に比べると、仕上がりの均一感は少ない

完成

家具の完成。大工と建具工と塗装工が協力し現場でつくるので、内装部分と仕上げや納まりを合わせられるのが魅力だ

※ ウレタン樹脂塗料には1液性のものもある

解説：田中健司

パネル材は適材適所で選択する

1 パネル材を選択する

家具工事の場合	**フラッシュパネル** 桟材を井桁に組み、両面または片面に合板を張ったパネル。一般に仕上げ材が必要	化粧合板張り（ポリ、メラミンなど）フラッシュ、練付け合板（突き板張り）フラッシュなど
建具工事の場合	**框組みパネル** 框で組んだ枠に鏡板、ガラスなどをはめ込んだもの	
大工工事の場合	**練芯合板** 芯材を並べたものに合板を張ったもの。仕上げ材として使うことも、仕上げ材を張る場合もある	（シナ）ランバーコア合板など
天板、重量のかかる棚板など	**ソリッドパネル（ベタ芯）** 板ものを芯材なしにそのまま使う。仕上げ材として使うもの、一般に仕上げが必要なものがある	無垢板（接ぎ板など）、集成材、合板（シナ、ラワンなど）、MDF、共芯（積層）合板、パーティクルボードなど

●フラッシュパネル

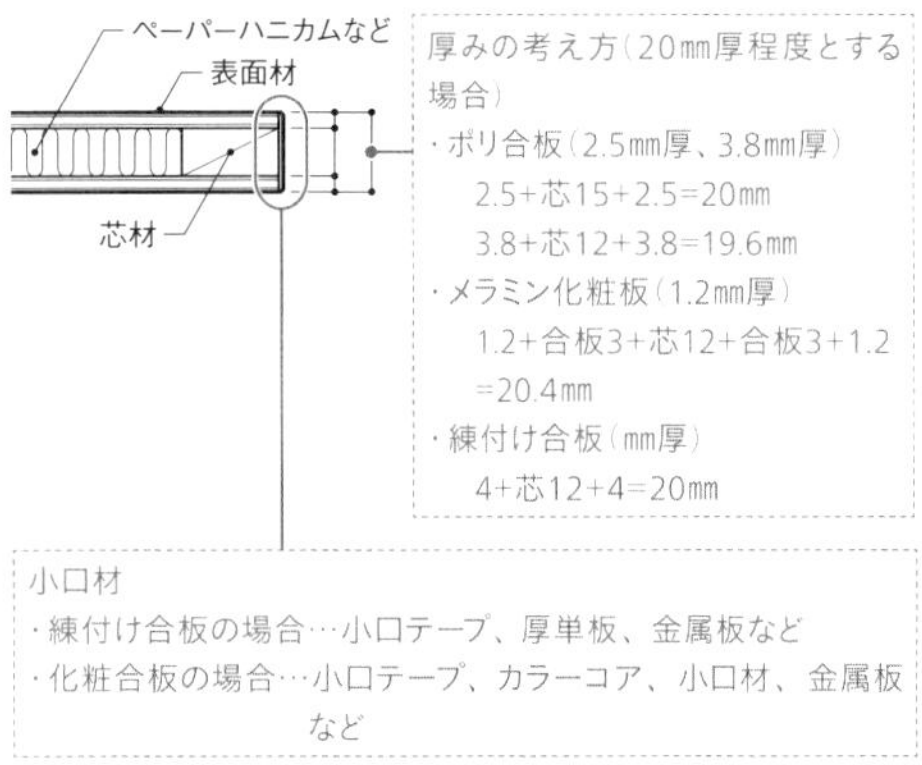

ペーパーハニカムなど
表面材
芯材
厚みの考え方（20㎜厚程度とする場合）
・ポリ合板（2.5㎜厚、3.8㎜厚）
2.5+芯15+2.5=20㎜
3.8+芯12+3.8=19.6㎜
・メラミン化粧板（1.2㎜厚）
1.2+合板3+芯12+合板3+1.2=20.4㎜
・練付け合板（㎜厚）
4+芯12+4=20㎜
小口材
・練付け合板の場合…小口テープ、厚単板、金属板など
・化粧合板の場合…小口テープ、カラーコア、小口材、金属板など

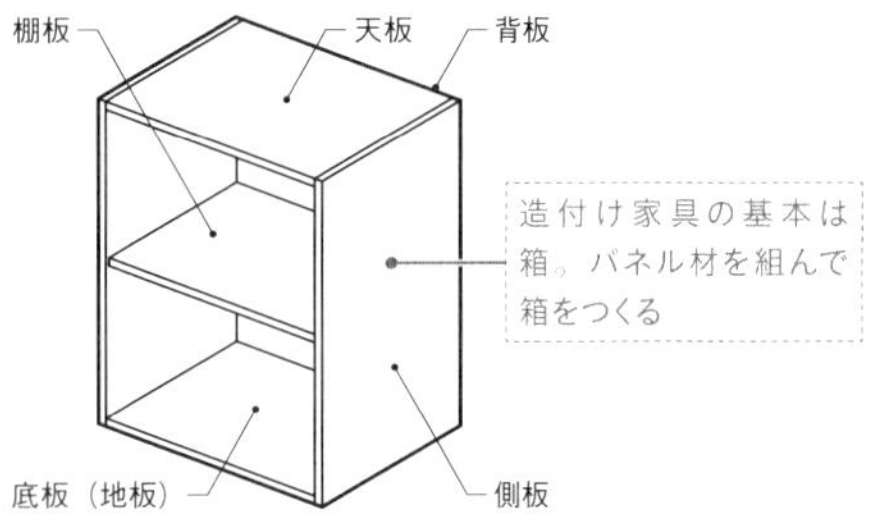

棚板
天板
背板
造付け家具の基本は箱。パネル材を組んで箱をつくる
底板（地板）
側板

●ランバーコア合板（練芯合板）

表面材
小口材
12、15、18、21、24、30㎜を使い分ける

●積層合板（ソリッドパネル）

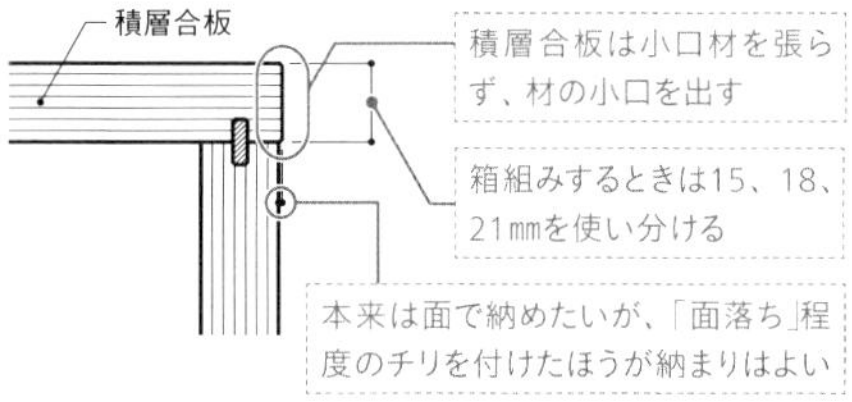

積層合板
積層合板は小口材を張らず、材の小口を出す
箱組みするときは15、18、21㎜を使い分ける
本来は面で納めたいが、「面落ち」程度のチリを付けたほうが納まりはよい

●MDF（ソリッドパネル）　●低圧メラミンパネル

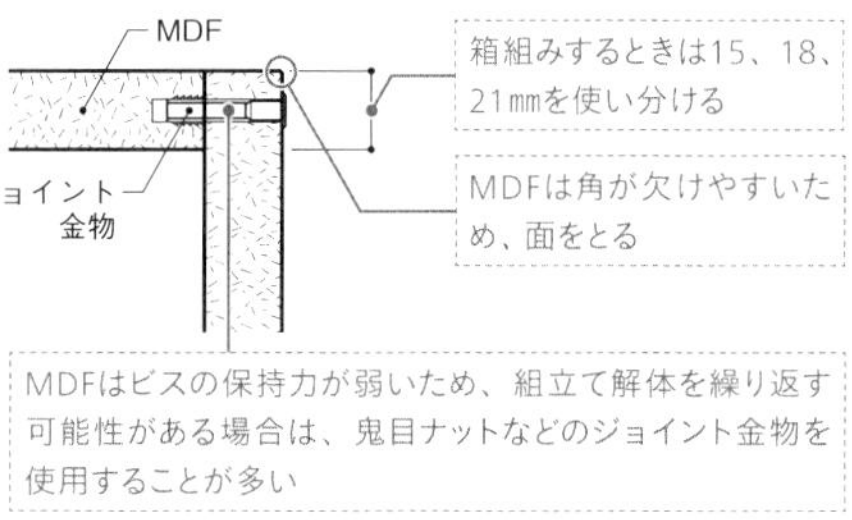

MDF
ジョイント金物
箱組みするときは15、18、21㎜を使い分ける
MDFは角が欠けやすいため、面をとる
MDFはビスの保持力が弱いため、組立て解体を繰り返す可能性がある場合は、鬼目ナットなどのジョイント金物を使用することが多い

造付け家具は、パネルどうしを組み合わせた箱組みが基本となる。パネル材を適材適所に使い分けることで、重量や耐荷重など求められる機能を備えた家具を、コストを適正に抑えてつくることができる。ここではパネル材の選択と厚みの設定方法を紹介する［1］。

工種によって使うパネル材が異なる

パネルは、フラッシュパネル、框組みパネル、練芯合板、ソリッドパネルの4種類に分類される。このうち、フラッシュパネルと框組みパネルは木工所などで一から製作されることが多い。家具工事や建具工事で家具をつくる場合に使われ、フラッシュパネルは軽量で寸法の安定性に優れる。

一方、大工工事による家具製作では、あらかじめパネル状になったものを現場で切り回し、組み立てるのが基本である。そのためランバーコア合板などの練芯合板やシナ合板・ラワン合板などのソリッドパネルを使用する。これらのパネルは家具工事でも使われる。

2 パネル材の厚みを決める

❶キャビネットのパネル厚目安（フラッシュパネル）

部位	厚さ（mm）		備考
	扉付き	オープン	
側板	16～20	18～70	扉が付く場合、パネルの厚さはヒンジなどの金物に左右されることが多く、オープン棚の場合はデザインによって決められることが多い
天板	16～45	18～70	側板より少し厚くすると構造的にもよいが、同じ厚みにすることが多い。また手掛けなどの形状や甲板の素材（固定方法）などにより決まることもある
地板	16～45	18～70	側板と同じ厚みにすることが多い。オープン棚の場合は、デザインを重視して決めたい
背板	8.5～20	8.5～20	奥行きを少しでも稼ぎたい場合は、6mm合板にポリ合板を張ることがある。また、壁にぴったり付けるときは片面フラッシュにすることが多い
棚板	18～25	18～70	想定される積載重量に左右される。可動棚の場合は棚板そのものの重量も考慮して厚みを決めたい

❷金物でもパネル厚が決まる

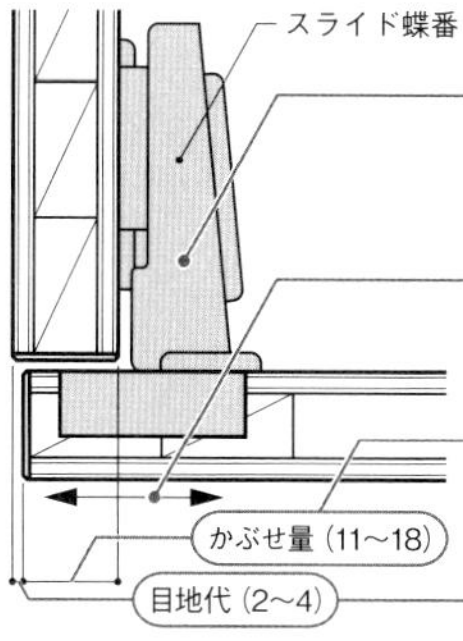

①全かぶせ、②半かぶせ、③インセット、の3種類の納まりがある

スライド蝶番は扉の位置を左右に調整することができる

メーカーや商品によって違うので要確認

少ないほうがきれいに見える

スライド蝶番は、種類により彫込み深さなどが違い、品番によって推奨扉厚が異なる

❸パネル材の設計価格（参考）

（単位：円）

厚み	2.5mm	3mm	4mm	5.5mm	9mm	12mm	15mm	18mm	21mm	24mm	25mm	30mm
3×6判（910×1,820mm）												
シナ共芯合板	—	—	6,620	8,400	12,520	15,320	19,840	23,280	—	—	—	—
シナ合板	—	2,800	2,830	3,690	5,970	7,600	9,640	11,770	13,700	16,150	—	19,300
MDF	960	1,260	1,540	2,060	2,700	3,500	4,400	5,400	6,800	8,000	—	10,400
パーティクルボード	—	—	—	—	1,980	2,050	2,380	2,990	—	—	4,250	4,800
シナランバーコア	—	—	—	—	—	6,000	6,300	6,750	7,500	8,250	—	11,250
ラワン合板	1,500	1,920	2,240	3,000	4,200	5,940	6,450	7,730	9,000	12,000	—	20,000
ポリランバーコア（5414色）	—	—	—	—	—	10,520	11,680	12,600	13,000	14,480	—	18,660
ラーチ合板	—	—	—	—	3,170	4,000	5,170	6,500	8,250	8,340	—	10,750
3×7判（910×2,120mm）												
シナ合板	—	3,750	4,040	5,320	8,750	11,100	—	—	—	—	—	—
4×6判（1,220×1,820mm）												
MDF	1,200	1,700	2,040	2,760	3,660	4,770	6,000	7,300	8,400	9,600	—	12,300
4×8判（1,220×2,440mm）												
シナ共芯合板	—	—	—	—	24,920	30,640	38,400	46,840	—	—	—	—
シナ合板	—	5,550	5,740	7,400	13,180	16,900	18,750	23,200	25,800	29,800	—	35,600
MDF	1,740	2,700	2,700	3,700	5,000	6,200	7,900	9,500	11,600	13,600	—	21,600
パーティクルボード	—	—	—	—	—	4,100	4,750	5,980	—	—	8,500	—
シナランバーコア	—	—	—	—	—	11,200	11,750	12,540	13,900	15,200	—	20,540
ラワン合板	2,840	3,000	4,980	6,490	8,700	11,650	14,620	17,620	20,600	23,600	—	44,300
ポリランバーコア（5414色）	—	—	—	—	—	20,780	22,860	24,240	25,400	28,880	—	35,820
ラーチ合板	—	—	—	—	5,920	7,750	9,600	11,700	13,750	15,700	—	—
6×9判（1,820×2,730mm）												
低圧メラミン化粧合板（単色）	—	—	14,800	—	18,900	21,300	21,300	23,100	—	—	31,250	35,250

注：金額は2022年7月時点。世界情勢や流通ルート、メーカー、問屋、取引形態などにより大きく変動するため、上記の金額はあくまで参考程度にとどめること。フラッシュパネルは、表に挙げたパネル材と違って一般的に規格品ではなく、また枚数や表面材によっての変動が大きい。製品としての価格はないので、各工場に確認すること

仕上げに適したパネル材を選ぶ

また、仕上げの種類によっても下地となるパネルを使い分ける。

たとえば、塗りつぶし塗装の場合はMDF［※］がよい。研磨の手間が少ないだけでなく、端部をR面取りできるので、塗装の剥がれも防げる。ただしMDFは重いので、サイズの大きな扉などにはMDFでフラッシュパネルに加工することもある。

ローコストにするため、構造用合板として使われるラーチ合板を仕上げを兼ねて利用する場合も多い。ダイナミックな木目を逆手に取り、クリア塗装でより木目を際立たせ、意匠上のポイントとするとよい。

パネル厚は機能から決める

一般にパネル材は、仕上げを兼ねる場合以外、施工者（製作者）が機能面とコストなどを勘案し、決定することが多い［2］。しかし、下地となるパネル材の種類や厚みは、機能性を担保するものでもあるため、設計者が事前に指示するか、もしくは施工前に確認しておきたい。［和田浩一］

※ 木材などの植物繊維を原料とし、合成樹脂接着剤を加え成型熱圧した板

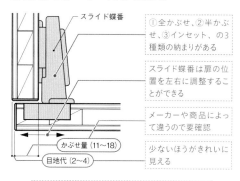

1 家具の表面材・選択の基本

❶表面材は歩留まりも考える

3×6判や4×8判が使える寸法か、ロスは少なくてすむかなど、家具寸法を決める際は歩留まりも考えておくとよい

●3×6判

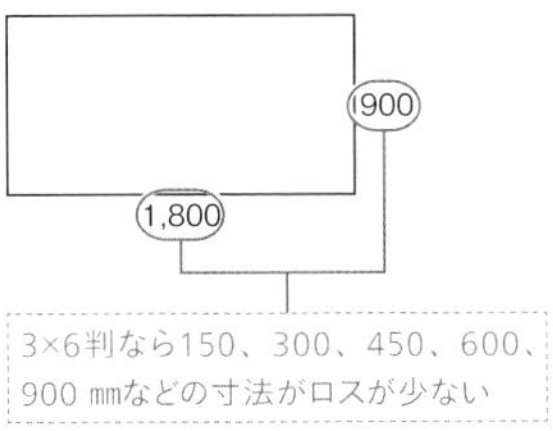
900
1,800
3×6判なら150、300、450、600、900㎜などの寸法がロスが少ない

●4×8判

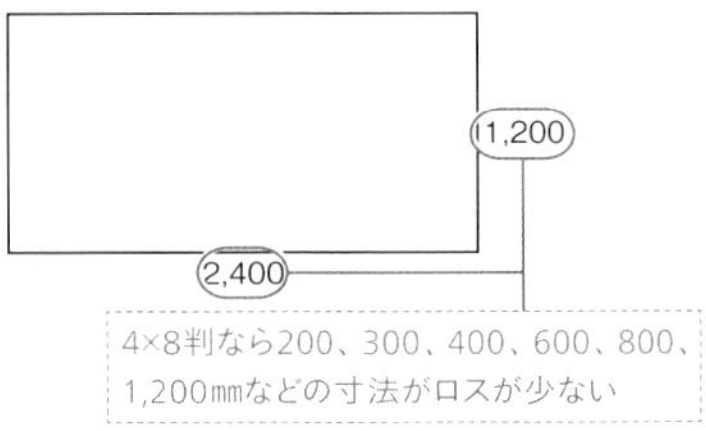
1,200
2,400
4×8判なら200、300、400、600、800、1,200㎜などの寸法がロスが少ない

❷部位に合った面材を知る

部位／材料	メラミン化粧板	ポリ合板	シナ合板	オレフィンシート	無垢材（堅木）	天然木突き板化粧合板	電子線硬化樹脂化粧板	カラーウレタン塗装（MDF下地）
甲板	●	△	△	×	●	○	●	○
扉ほか垂直面	●	△	○	○	○	●	○	●
棚	●	●	●	●	○	●	○	○
内部	●	●	●	●	×	●	×	○

凡例　●：よく使われ適している　○：よく使われるが使い方に注意が必要　△：使えない事はないが不向き　×：強度面、コスト面で不向き

家具を設計するうえで、まず「材料の規格サイズ」は押さえておきたい。建物や家具に使う合板や化粧合板などは、3×6判（900×1千800㎜）もしくは4×8判（1千200×2千400㎜）が一般的である［※1］。規格のサイズの約数で割り出した寸法は歩留まり［※2］がよく［1❶］、コストダウンにつながることが多い。特に表面材は下地や芯材などと違って継ぎ接《は》ぎできないので、材を選ぶ際には注意しよう。

適材適所に材を使い分ける

家具の表面材（化粧材）は、部位で使い分ける。キャビネットの場合、扉などの表面材は天然木突き板化粧合板で仕上げ、内部の仕上げは比較的安価なシナ合板やポリ合板を使う。普段見えない内部の仕上げにまで高価な材を使うと、材料費がかさむ。同様に、壁に接する部分や箱どうしの連結部など隠れる部分は仕上げをしない。ただし、大きな扉などは表面と裏面で仕上げを変えないほうがよい。収縮率の違いから反りが生じることもあるからだ。塗装で仕上げる場合も、表裏同じ回数だけ塗装する。コストダウンを図るなら磨き回数を減らすとよい。これらを踏まえ［1❷］では各種面材が家具のどのパーツに向くか、一般的な使い方の例をまとめている。ただし使い方次第では不向きな材が適材となることもあるので、設計者の判断と工夫が試される。

材料選びはトータルに考える

使用材料をコストから選ぶ際に、材料の㎡当たり単価だけで比較するのは正しくない。天然木突き板化粧合板などには安価なものもあるが、塗装費用がかかる。また小口処理の仕方によって加工手間はさまざまだ。つまりコストを選択のポイントとする場合には、加工工程も踏まえる必要がある。

同時に、カラーバリエーションなど種類も選択の重要な要素である。強度、コストパフォーマンス、汎用性、加工性などトータルに考えることが望ましい［2］。

［間中治行］

※1　材料によっては3×8判（900×2,400㎜）、4×6判（1,200×1,800㎜）などもある
※2　現場で消費する各種材料と、切り無駄などのロスを省いて実際に使用した数量との比率をいう

2 表面材はトータルに考えて選ぶ

家具に代表的な表面材の特徴。レーダーチャート方式で表示しているので、材料選定時の目安にしてほしい。

メラミン化粧板

家具の面材としてさまざまな機能を満たす材。カラーバリエーションも豊富で、小口を共材にできるなどの利点もある。エンボス加工や鏡面仕上げなど、質感も選べる。メタル箔をラミネートしたものは高価なので注意

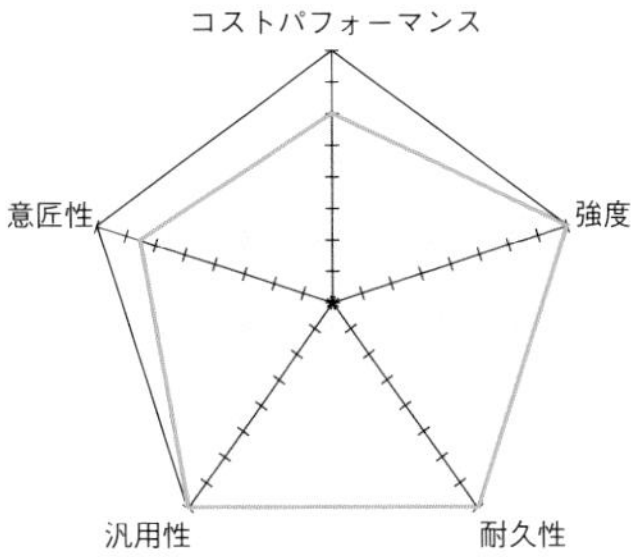

シナ合板

家具の内部仕上げによく用いる。水を吸いやすく、汚れも付着しやすいので塗装して使う。広く建材として使われるが、表面強度に乏しいので、天板などに用いる場合には塗装皮膜で保護をする必要がある。昨今のウッドショックの影響で価格変動が激しいため、注意が必要

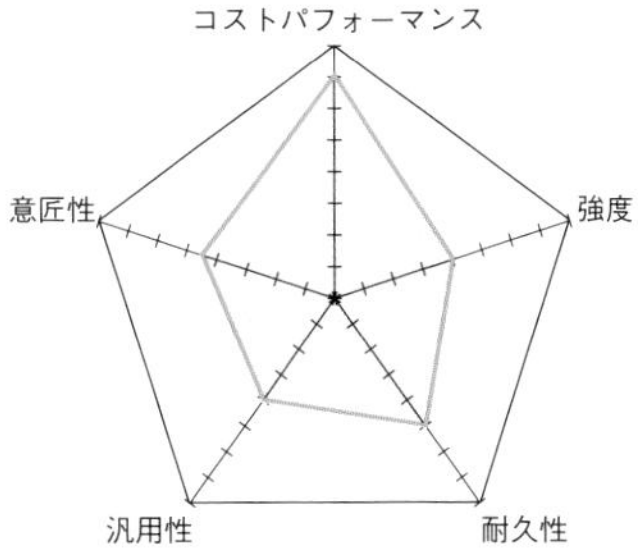

無垢材（堅木）

カウンターや天板類に用いる。強度があり、木の風合いや重厚感を必要とする部分に最適。反りやねじれが出やすく、加工に経験と技術を要する。パネル材としては、寸法安定性の面から適材とはいえない。高価な材も多く、歩留まりが大きくコストに影響するので注意

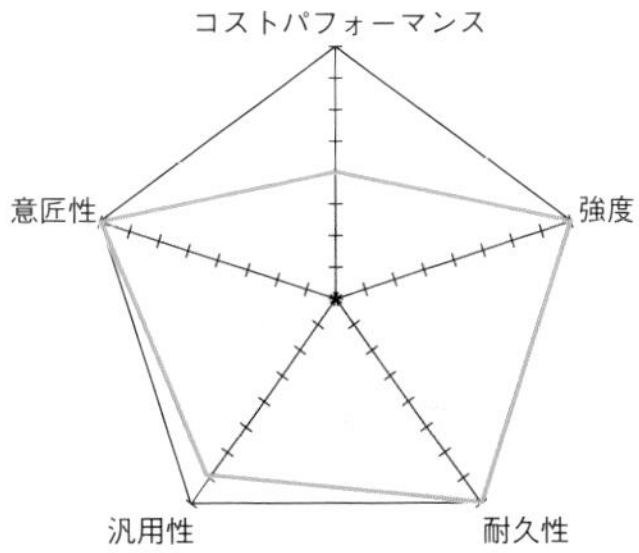

電子線硬化樹脂化粧板

光の反射を抑えた、超マットで滑らかな質感。指紋が付きにくく、メンテナンス性に優れた新素材。高価であること、カラーバリエーションが少ないのが欠点

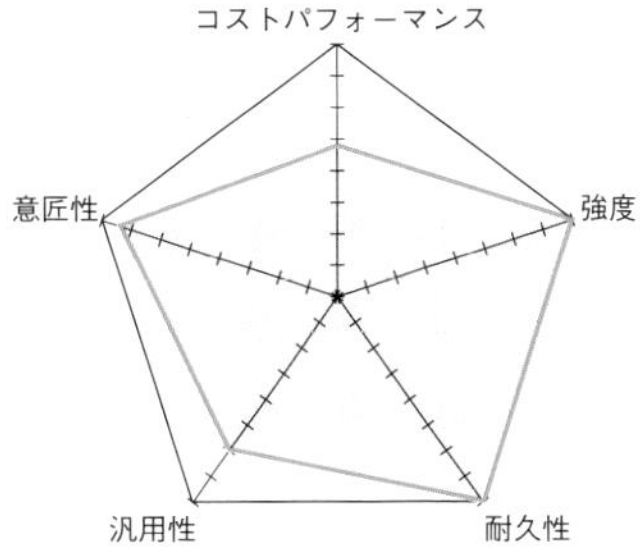

ポリ合板

メラミン化粧板と同様、カラーバリエーションが豊富。メラミン化粧板よりも強度、耐久性の面で劣る。特に単色の白系は、紫外線により退色しやすい。小口には別途メラミン化粧板、DAPなど別素材を張る。昨今のウッドショックの影響で価格変動が激しいため、注意が必要

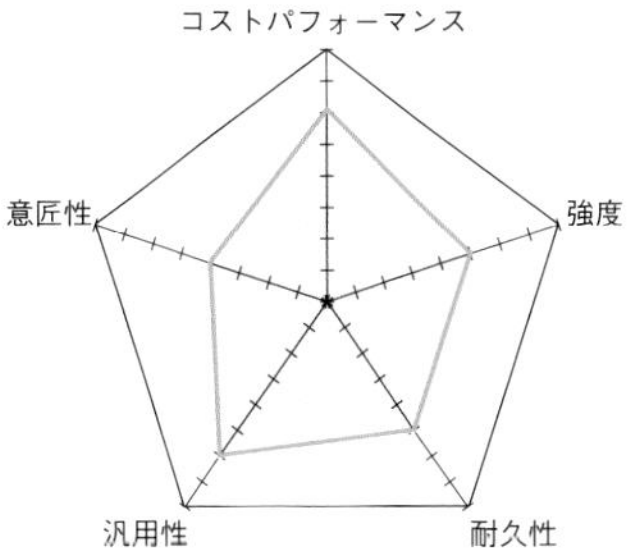

オレフィンシート

ダイオキシンの問題により、塩ビシートに代わる素材として一般的に使用。木目をリアルに再現したものが多い。造付け家具には合板にオレフィンフィルムを張ったものを使う。安価で量産向き。ポリ同様基材が合板のため、メラミンに比べてコストメリットが少なくなってきた

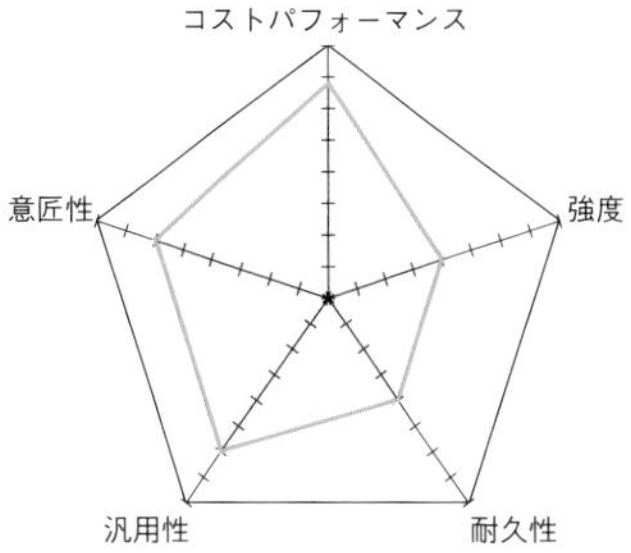

天然木突き板化粧合板

無垢材を薄くスライスして合板に張ったもの。豊富な材種と天然木の風合いで、広く家具に使われる。塗装を施すのが一般的。小口には突き板テープや無垢の挽き板を張る。甲板や階段の踏み板など強度が要求される部分には厚くスライスした「厚突き」のものを使う。昨今のウッドショックの影響で価格変動が激しいため、注意が必要

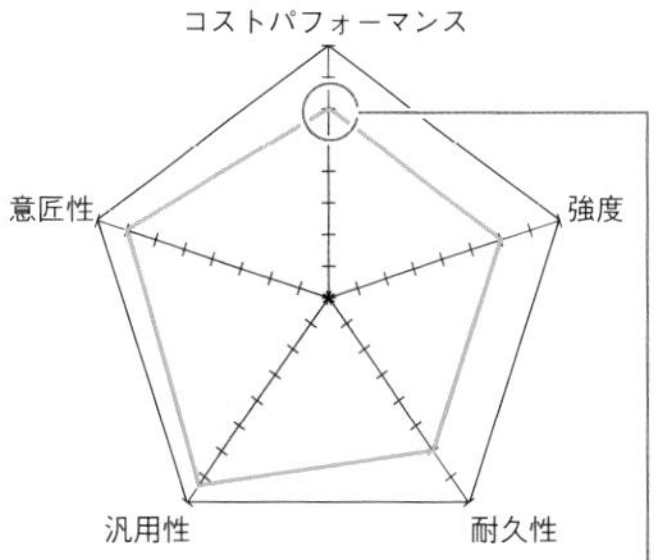

天然木突き板化粧合板は、樹種によって大きくコストパフォーマンスが異なるので注意。木目を合わせ、節や斑を避けて木取るため、癖のある木目をもつ樹種の場合、材料にロスが多くなるからだ。同様に木目方向がある仕上げ材は木目で材の縦横が決まるので、単色に比べ歩留まりが悪い

注：金額は2022年7月時点

1 木材の部位名称

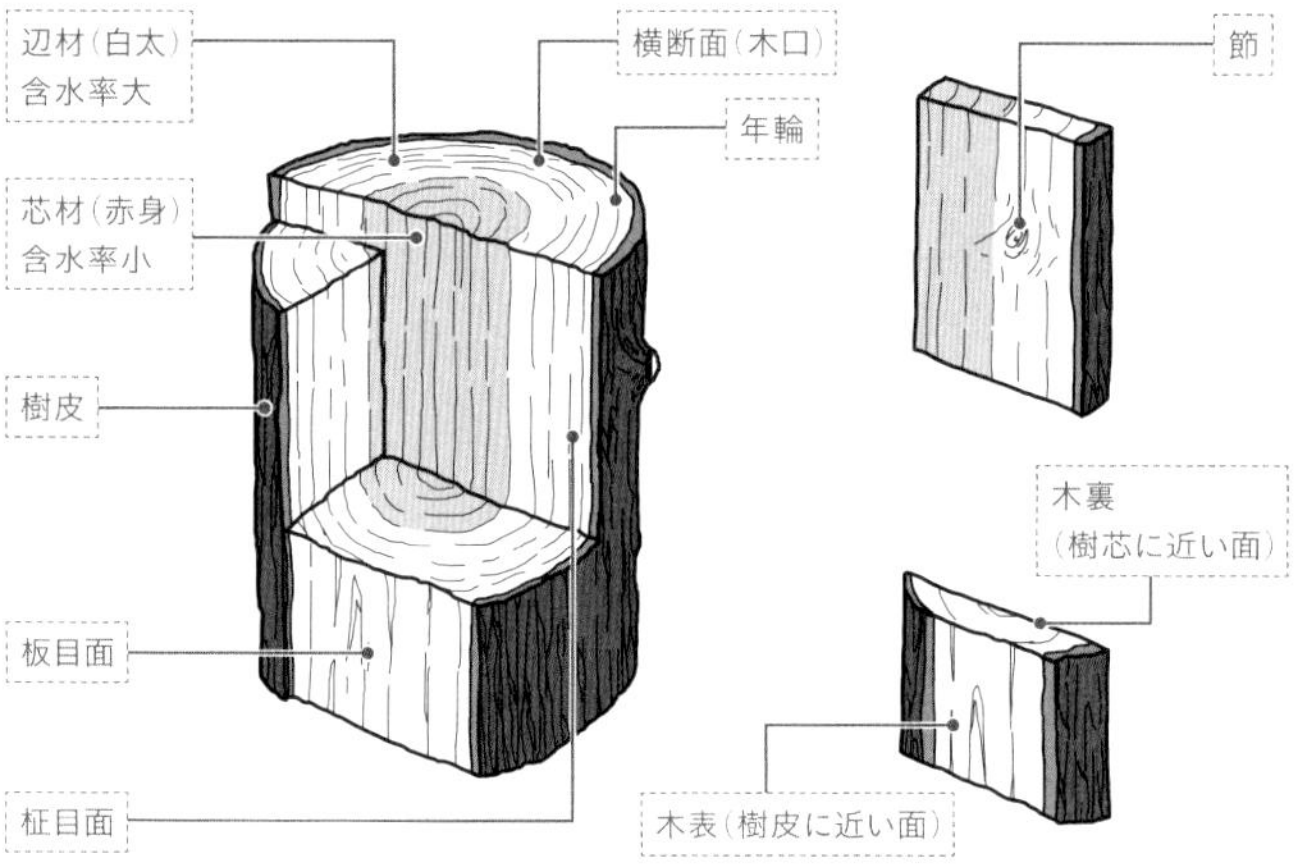
辺材（白太）
含水率大
横断面（木口）
年輪
芯材（赤身）
含水率小
樹皮
板目面
柾目面
節
木裏
（樹芯に近い面）
木表（樹皮に近い面）

丸太から芯持ち構造材を取り、外側の辺材を造作材に利用し、歩留まりをよくする。樹芯から遠いほど含水率が高く、材は伸縮する。幅広な板ほど曲がり、反るので要注意

● 柾目

収縮後

樹芯から遠いほど含水率が高く、乾燥が進むにつれ収縮が起こる

● 板目

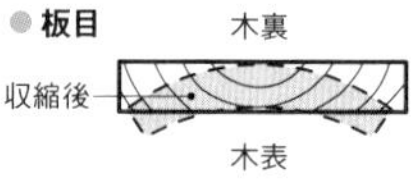
木裏
収縮後
木表

樹皮に近い面を木表、反対側を木裏という。乾燥して収縮すると木表側に反る

2 無垢材の種類

❶幅はぎ材

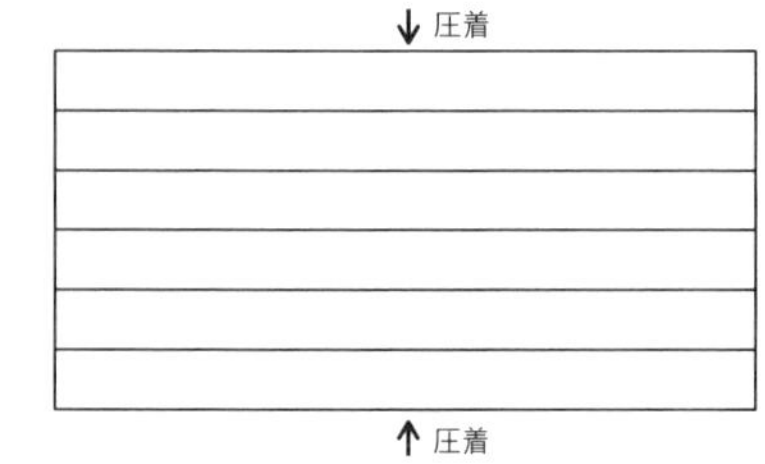
圧着
圧着

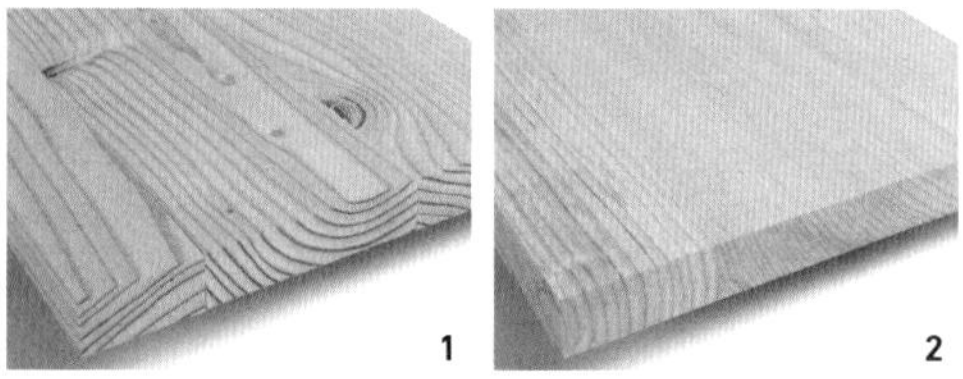
1
2

左：パイン（節有り）。軟らかめ。淡白黄色で年輪が明瞭｜右：クリ。灰色がかった茶系で重厚感がある。いずれも板厚30㎜

❷集成材

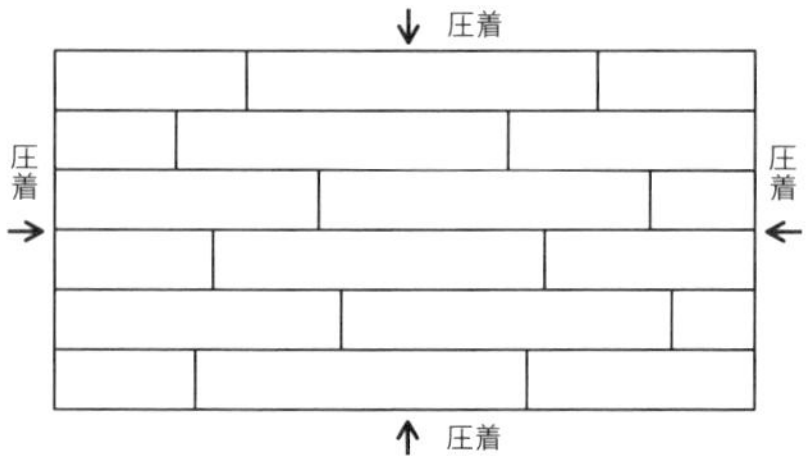
圧着
圧着
圧着
圧着

3
4

左：メルクシパイン。淡白黄色で明るい印象｜右：タモ。塗装により茶色に深みがでる。いずれも木片の縦方向をフィンガージョイントで接合。板厚25㎜

無垢板の使い方

無垢材とは、樹木から製材して1枚の板に加工した自然素材のことで、単板を複数枚重ねた合板と区別される。

無垢材の良し悪しを見極めるには経験が問われる。乾燥状態によって狂いや割れなどが発生することも多く、扱いが難しい［1］。加工にも手間がかかるが、本物の木ならではの味わいは、ほかの材に代えがたい。比較的高価なため［3］、無垢材を素材にして加工された幅はぎ材や集成材が、木の家具では多く使われる。特に、1枚板に近い表情となる幅はぎ材は、使う場面が多い。

手触りに最も温かみがある樹種はスギである。針葉樹で比較的軟らかい。タモ（アッシュ）は白みがかった茶色系の広葉樹で、モダンな雰囲気のインテリアにもよく合う。スタンダードな家具材であり、比較的廉価なため、どこの材木店でも入手可能だ。ウォルナット、クリなどの広葉樹も人気だ。

撮影：猿山知洋

3 各材料の価格の目安 [*] [2022年7月現在]

	樹種	寸法（㎜）	価格（円）
無垢材	ウォルナット（上小節）	2,000×300×45	29,000
	ナラ（上小節）	2,000×300×45	32,000
	タモ（上小節）	2,000×300×45	14,000
	スギ（上小節）	2,000×300×45	18,000

＊表はマルトクショップWEB上の販売価格（税別、設計上代価格）

	樹種	寸法（㎜）	価格（円）
幅はぎ材	タモ（柾目）	2,000×1,000×30	61,200
	クリ（板目）	2,000×1,000×30	52,000
	カラマツ（特1等）	1,820×910×30	17,000
集成材	タモ	4,200×600×25	30,000
	メルクシパイン	4,200×600×25	20,000

4 異樹種の幅接ぎ材を使い分ける方法

食器棚の側板には赤白の差が明瞭なスギの幅はぎパネルを用いている

テーブル一体型キッチン収納における使い分け例。調理作業に使う食器棚は安価なスギ、カウンターやテーブルの天板は手触りのよいクリと使い分けた。幅はぎ材は加工が容易であるため、大工が現場で切り回して造作した

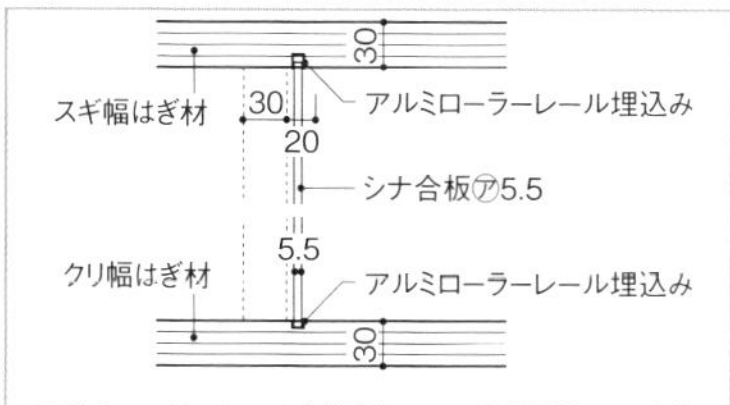

30
スギ幅はぎ材
30
アルミローラーレール埋込み
20
シナ合板㋐5.5
5.5
クリ幅はぎ材
アルミローラーレール埋込み
30

アルミローラーレールを使うと5～6㎜厚と見込みの少ない建具が製作可能。収納の奥行きが十分確保できる

建具詳細図[S=1:10]

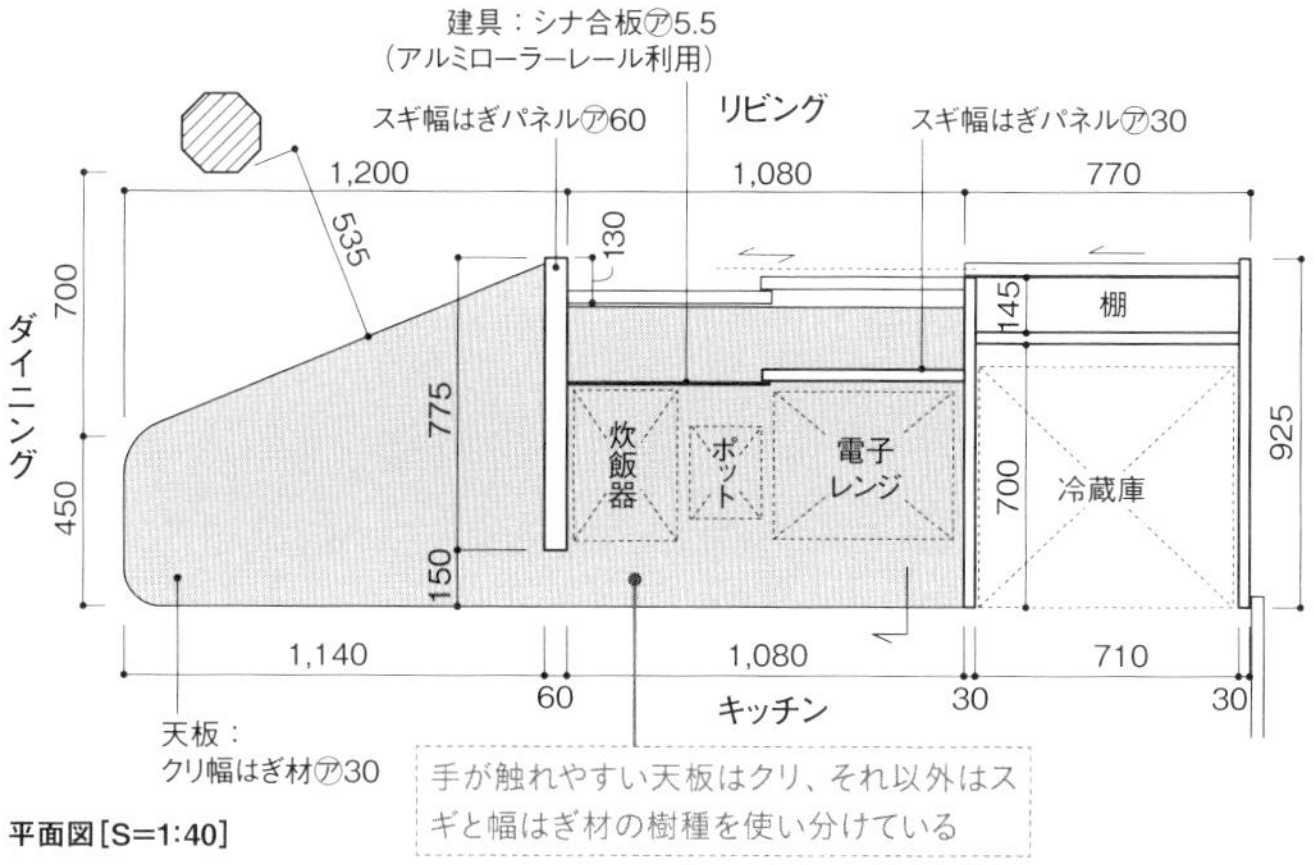

建具：シナ合板㋐5.5
（アルミローラーレール利用）
スギ幅はぎパネル㋐60
リビング
スギ幅はぎパネル㋐30
1,200
1,080
770
535
130
145
棚
700
775
炊飯器
ポット
電子レンジ
700
冷蔵庫
925
ダイニング
450
150
1,140
1,080
710
60
30
30
キッチン
天板：
クリ幅はぎ材㋐30
手が触れやすい天板はクリ、それ以外はスギと幅はぎ材の樹種を使い分けている

平面図[S=1:40]

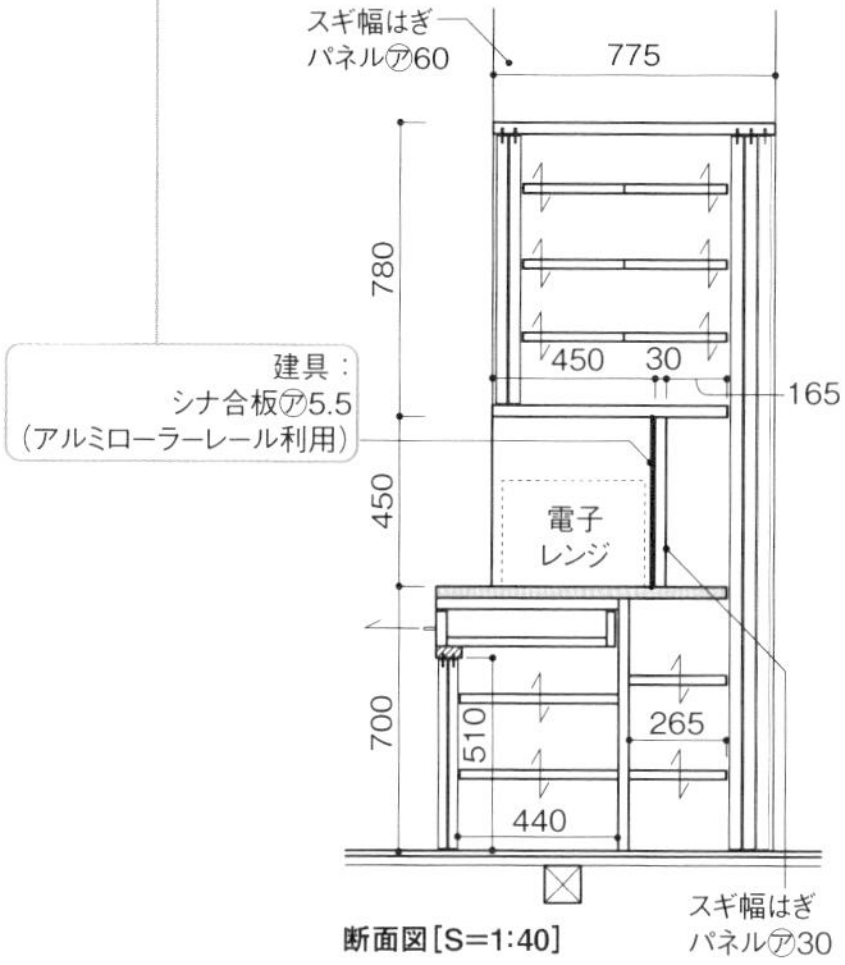

スギ幅はぎパネル㋐60
775
780
建具：
シナ合板㋐5.5
（アルミローラーレール利用）
450
30
165
450
電子レンジ
700
510
265
440
スギ幅はぎパネル㋐30

断面図[S=1:40]

最も高級感がある樹種はチークである。多少の油気があり、年月を経るほどに磨き込まれた風合いがでる。ブラックウォルナットも色の濃さに魅了される。

幅はぎ材の使い方

幅の広い一枚板を用いると豪快な印象になるが、高価となるため、幅はぎ材が開発された。幅10～20㎝程度の板を平行に並べ、長手の小口部分に接着剤を施し圧着したものだ[2❶]。幅1m、長さ4m程度の幅広板で一枚板の風格に近い材が取れる。表面の仕上げがサンダー処理されているので鉋をかける手間が必要ない。無垢板のような反りや曲りの心配がないので、大変使い勝手がよい。

集成材の使い方

集成材とは、3㎝角程度の木片を組み合わせて圧着した板をいう[2❷]。狂いが少なく、キッチンカウンターや机の天板のほか、造作に多用される。幅はぎ材よりも安価だが、幅はぎ材のように1枚板に見えるということはなく、多少チープ感が出てしまう。［三澤文子］

I house、設計：Ms建築設計事務所

さまざまな合板・パネルを使い分ける

1 合板とランバーコア合板

❶合板の構成

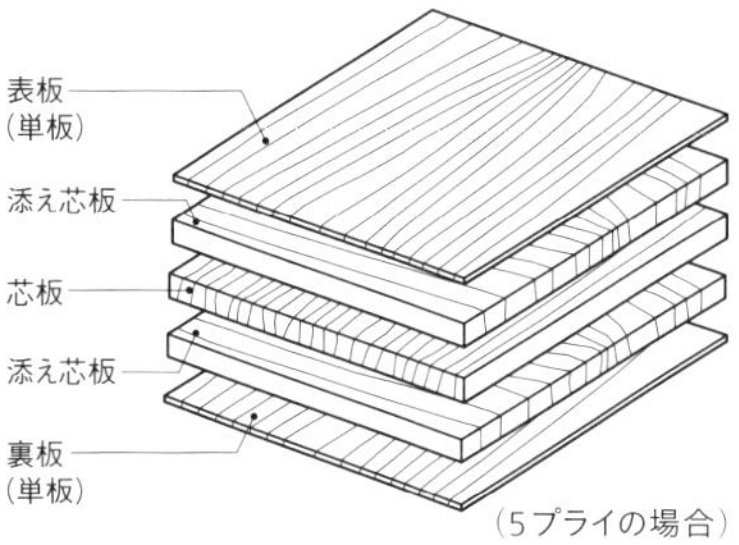
表板
(単板)
添え芯板
芯板
添え芯板
裏板
(単板)
(5プライの場合)

0.6〜3㎜厚の薄い単板の繊維方向を直交させて奇数枚張り合わせたもの。表板はシナかラワンが主流

❷ランバーコア合板の構成

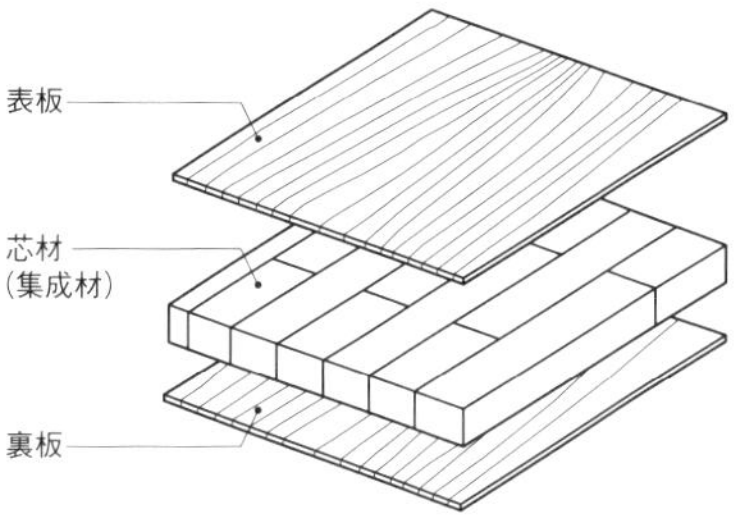
表板
芯材
(集成材)
裏板

芯材には軽くて安価なファルカタなどを使う。断面が美しくないので、見える部分には小口材を張る。表板はシナやラワン合板、ポリ合板が多い

2 断面に特徴がある3層パネルと中空パネルの一例

❶道南杉三層パネル

木目が詰まっているため粘りがあり、折れにくいといった特徴を持つ、北海道南部に育つスギの間伐材を、繊維方向を直交させて3層に重ねたもの

❷飫肥杉中空パネル

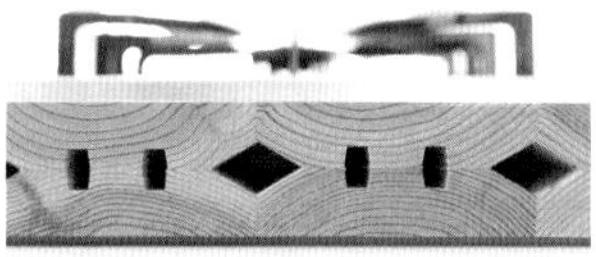

樹脂を多く含んでいるため弾力性があり、湿気に強く腐れにくく、曲げに耐え加工しやすいといった特徴を持つ、宮崎県の飫肥《おび》杉を使用した中空パネル

合板の使い方

合板とは、0.6〜3㎜厚の薄い単板の繊維方向を直交させて奇数枚張り合わせたものである【1❶】。単板の枚数によって3プライ、5プライといった種類がある。規格寸法は、3×6判（910×1千820㎜）、4×8判（1千220×2千440㎜）が基本だ。張り合わせに用いる接着剤により、特類・1類・2類・3類と分かれており、必要となる耐水性能に応じて使い分ける。

合板に似た材として、コンパネもある。コンクリートの型枠に使われ、耐水性が高く、安価だ。規格寸法は、910×1千820㎜（12㎜厚）が主流である。一方の面が塗装されているが、建物の下地には未塗装のものを使う。

合板の表面材はシナかラワンが多い。芯材には安価な南洋材が使われ、端部は小口テープを張るなどして、隠ぺいすることが多い。シナ合板や針葉樹合板は内部建具の仕上げとしても使える。ラワン合板は木目の凹凸が大きく、か

3 その他の造作家具に適した合板・パネル

❶カラマツ合板
明瞭な年輪と節が特徴。強度があり、収縮や反りが出にくい。まれに樹脂が滲むので注意。主に下地材だが、独特な表情を意匠的に使うこともある

❷キリ合板
色白で木肌が滑らか。吸水性にも優れ、防虫効果もある。熱伝導率が低いため燃えにくい。押入やクロゼットの内部などに張る

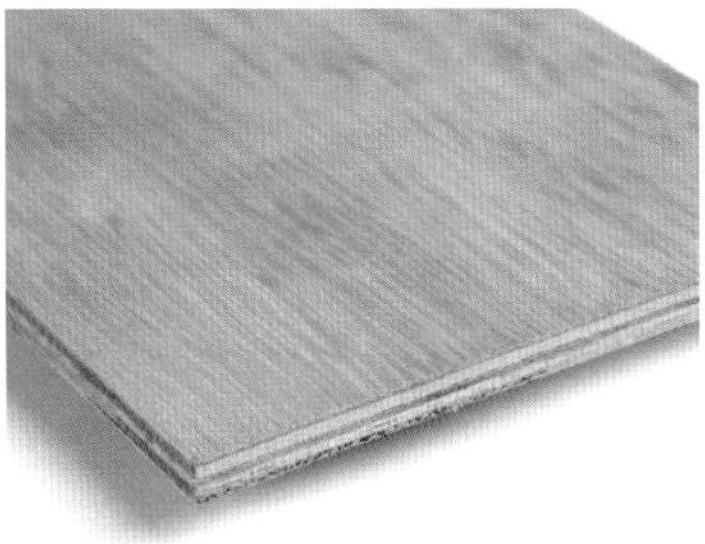

❸キリ×ポプラの合板
特殊な加工でキリの表板に柾目風の表情と光沢感をもたせたもの。繋ぎ目がなく滑らか。「2」同様、押入やクロゼットの内部などに張る

❹共芯積層合板
心材・表板共にシナを用いたもの。小口の縞模様がおとなしく、品のある表情

❺シナ×アピトン積層合板
色味の異なる樹種の組み合わせで、小口の縞模様を明瞭にしたもの

❻シナ×アピトン積層合板
数種類の色紙とシナを張り合わせたもの。断面を積極的に見せたいデザインに適する

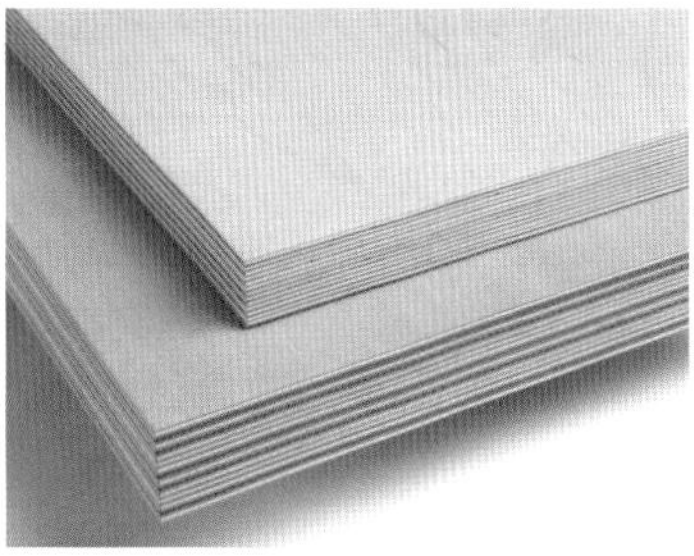

❼ランバーコア合板（両面ポリ合板）
集成材の両面にポリ合板を張ったもの。安価で加工が容易。キャビネットの材として使える

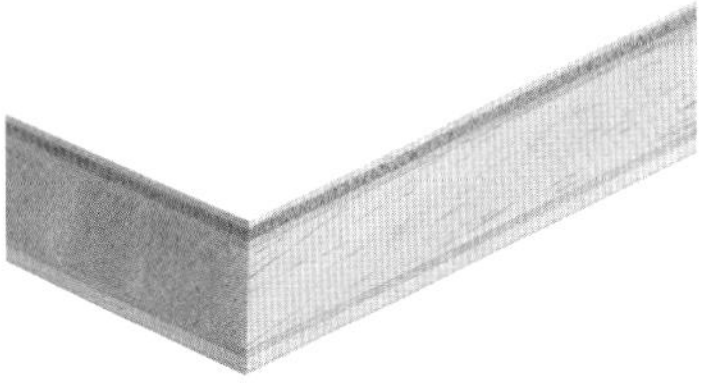

❽構造用3層パネル（上：ヒノキ、下：スギ）
幅接《は》ぎした挽き板の繊維方向を直交させて3層に重ねたもの。強度があり寸法安定性も高い

❾造作用3層パネル（上からカラマツ、源平、トドマツ）
表裏板と芯材の繊維方向を直交させて3層に重ねたもの。面が仕上がっていて木目がきれい

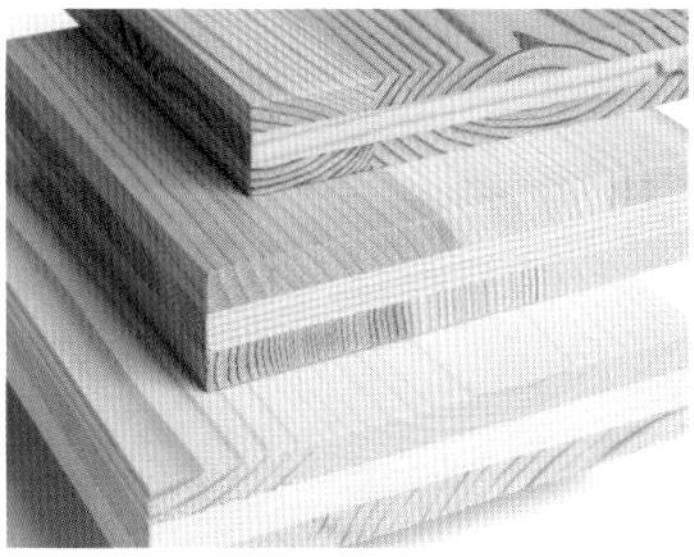

つ地色が濃いため、薄い色の着色には不向きだが、逆に濃い色を塗布すると高級感さえ漂う仕上がりも可能だ。共芯積層合板は、芯材と表板に同等の木材を用いるため、断面が美しい。

硬質材を芯材にしたものは明瞭な縞模様がでる。同樹種で積層した共芯材は色の差が小さく、無垢材のような断面となる。小口のストライプを強調したデザインになる。

大工造作に便利な合板

合板の芯材部分に木片を用いたランバーコア合板は、一般的な合板に比べて軽くて反りにくく、比較的安価であることから大工の造作工事に多く使われる［1❷］。しかし、芯材がブロック状なため部分的に隙間が生じ、この部分にはビスが効きにくい。スライド蝶番などの金物の固定には注意が必要だ。シナやラワン以外の樹種を表面材にしたランバーコア合板を独自に製作している突き板工場もある。ウォルナットやマホガニーなど高級な突き板でもB級部分を使ったものは、高級感のある見た目に比べ安価に入手できる。

このほか、化粧合板や構造用合板、3層パネルなどが家具造作に使われる［2・3］。〔和田浩一〕

3❶～❸佐久間木材、❹・❺ニッタクス、❻滝澤ベニヤ、❼アルプス、❽レングス、❾木童
写真：猿山知洋

突き板の木目を生かす

1 突き板の取り方

原木を荒切りした状態（フリッチ）から切削機械でスライスして取る。ナイフで水平に削っていく方法（スライサー）と、大根のかつら剥きのように丸太を削る方法（ロータリー）がある。表皮に近い部分は最終的に削り落とす。

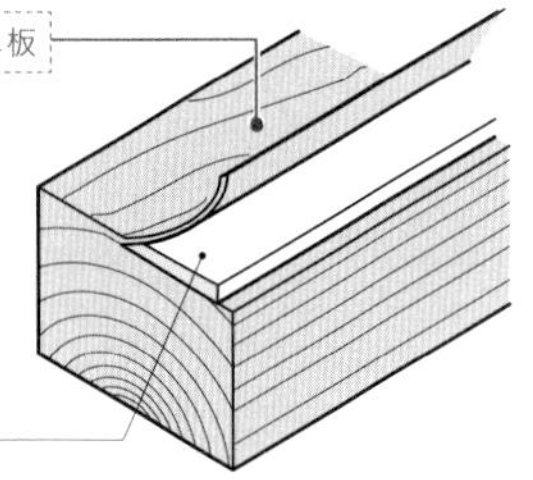

一般的な方法。同じ材でも削る方向により柾目・板目など違う表情を出すことができ、木目の同じパターンも取れる

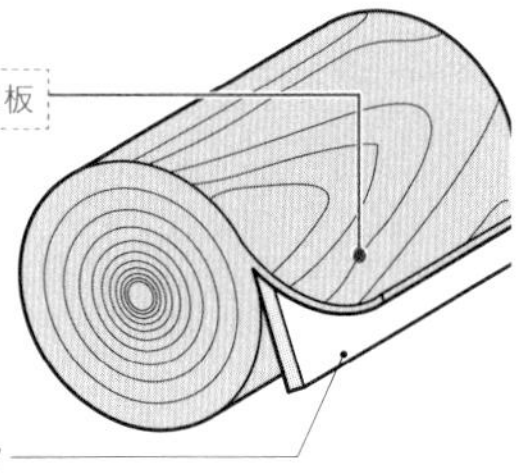

主に合板の基材を取る。幅の広い板が取れる。化粧材としては、メープルなど美しい杢を取る場合にはこの方法となる

2 主な突き板の張り方

● **スリップマッチ**
柾目を同方向に並べて張る。最も一般的。端から木取りでき、歩留りがよい。柄を合わせやすく、木目を通したい場合に適する

● **ブックマッチ**
よれた木目や一癖あるような材でも自然な流れに見せる。大柄になるため、家具の各部位ごとにバランスの検討を要する

● **ランダムマッチ**
無垢材のような雰囲気。数種類のロット（板目）の木表・木裏を変えたり、元追い（根元方向）や末追い（先端方向）から取った材を混在させたりする

3 意匠的な張り方

● **枡張り**
つながった木目が枡目状になるように張る

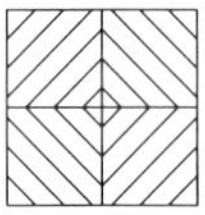

● **逆枡張り**
木目の方向を枡張りと逆にして張る。中心に隙間が出やすい（枡張りも同様）

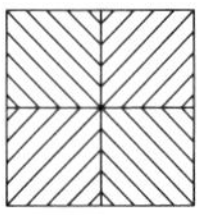

● **市松張り**
木目を直交させて組み合わせた張り方。接ぎ合わせ部に塗装ムラが出やすい

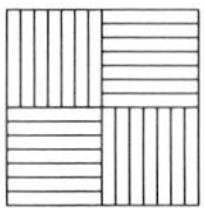

● **矢羽根張り**（2本矢）
木目を斜めに組み合わせた張り方。1本矢もある。ヘリンボーンともいう

● **杢4枚張り**
特徴的な杢の柄を中心から対称的に組み合わせて張る。個性が強調される

● **サイコロ張り**
平行四辺形の材を組み合わせて張る。色違いの木目を使うと立体感がでる

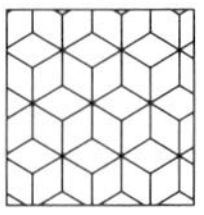

● **クモの巣張り**
放射状に木目（柾目）をつなげて張る。濃い木目や白太部分を使うと面白い

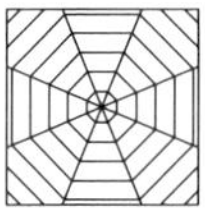

● **クジャク張り**
中心から放射状に木目（板目）を並べて張る。色の諧調で変化を付けられる

合板の使い方

突き板とは、原木を荒切りした状態（フリッチ）から、0.2～0.6㎜ほどの薄さでスライスして取った単板を指す［1］。材によって異なるが、幅100～200㎜程度の単板ができる。

単板は、薄いままでは扱いにくい。そこで、家具材に用いる場合は、合板やMDFなどの基材に並べて張り付けた練付け合板を使う。ここまでの作業は、突き板合板メーカーに依頼する。

突き板選びのポイント

木目は小さなサンプルでは把握しにくい。材種によっては同じロットでも木目や色のばらつきがあり、完成品の印象を大きく左右するので、要注意だ。メーカーのショールームに足を運び、材種ごとに見たり触れたりして比較しながら選定するとよい。違法伐採規制や輸入制限などがあり、以前に比べて入手困難な材料が増えているので、面

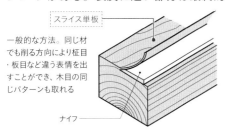

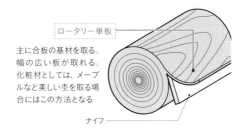

5 突き板張りの家具の見せ方

● **天板・地板勝ち**
天板・地板の長手方向と短手方向の小口の木目が直交するので、天板と側板はチリを取り、上下の板で挟んだように見せる

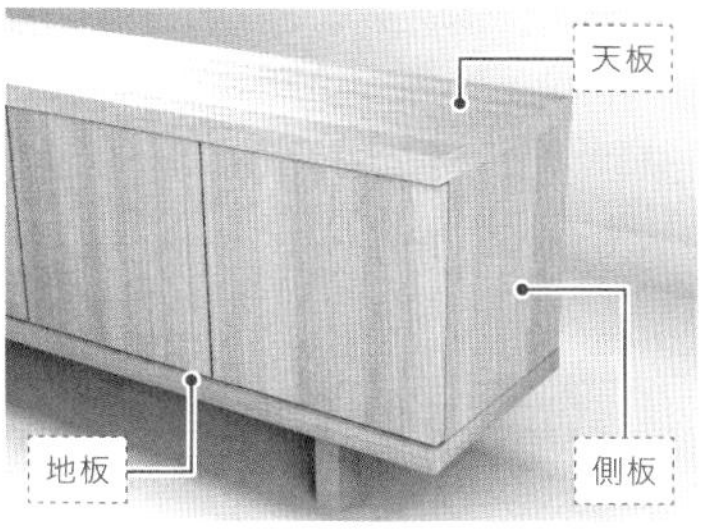
天板
地板
側板

● **天板・地板・側板勝ち**
出隅や見付けなど角を出す納まり。部材どうしの見切がないので、木目が自然に通るようにする。留めの納め方は6参照

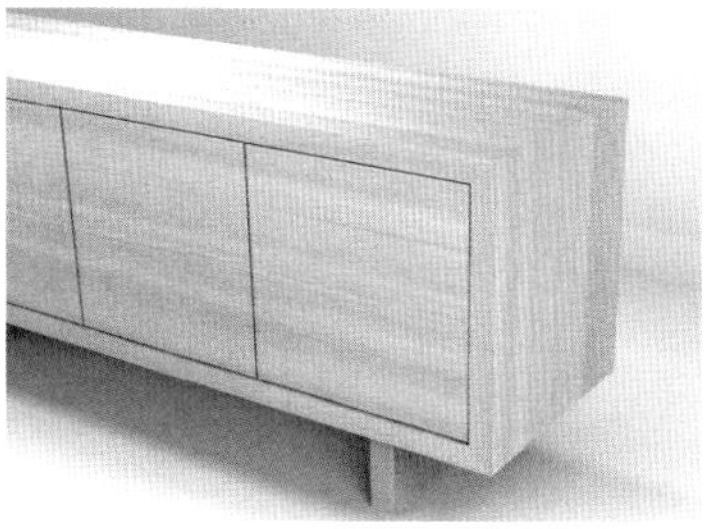

4 小口の違い

無垢材は表面が板目であれば木端は柾目、小口には年輪がでる

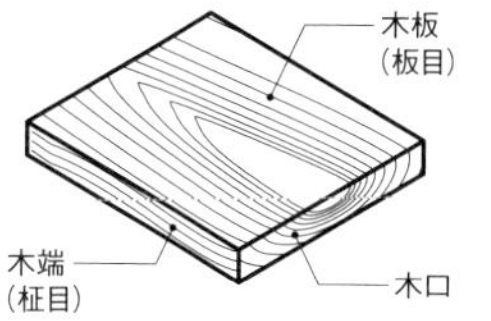
木板
（板目）
木端
（柾目）
木口

各面が同柄となり、目方向が通らず、木目が直交する箇所が必ずできる

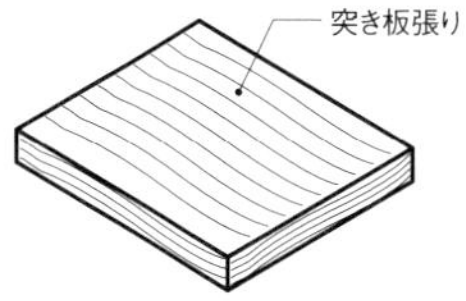
突き板張り

6 出隅のきれいな納め方

● **留め接合**
練付け合板を突き板メーカーに注文する。高い加工精度を要し、反りや微妙な誤差を吸収できないので、大きな家具には不向き

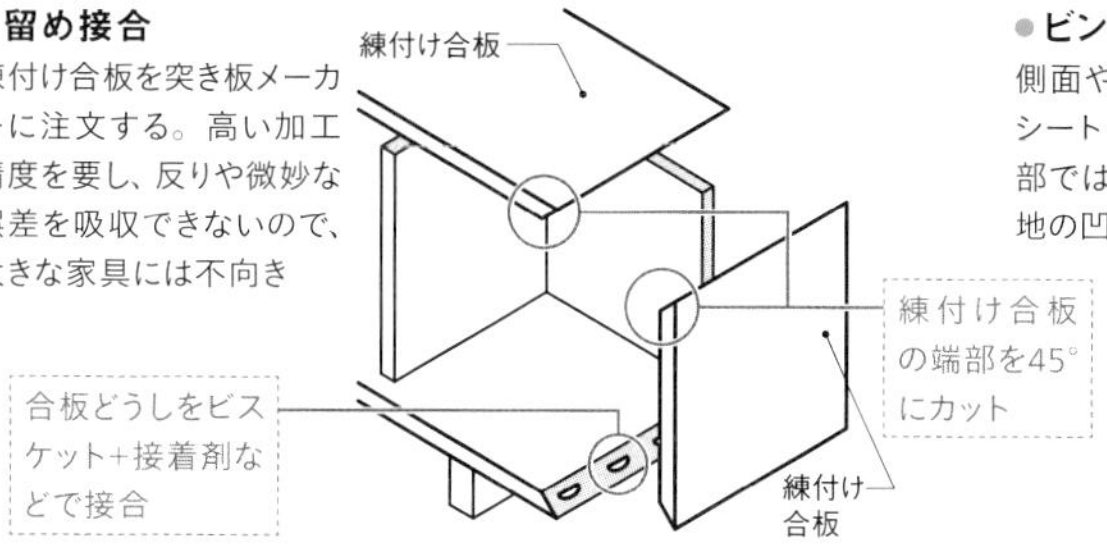
練付け合板
練付け合板の端部を45°にカット
合板どうしをビスケット+接着剤などで接合
練付け合板

● **ビンタ接合**
側面や見付けには3プライシート［※2］を張る。出隅部では木目を通すこと。下地の凹凸を拾うので注意

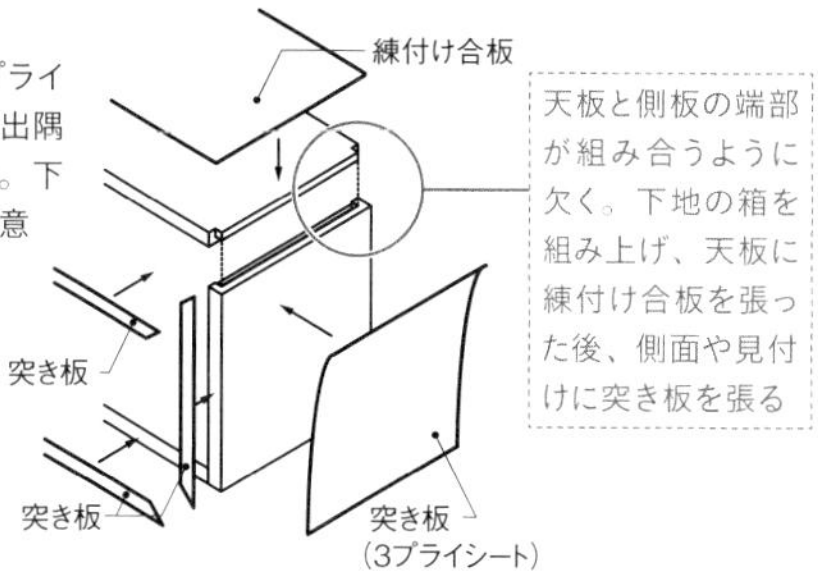
練付け合板
天板と側板の端部が組み合うように欠く。下地の箱を組み上げ、天板に練付け合板を張った後、側面や見付けに突き板を張る
突き板
突き板
突き板
（3プライシート）

7 癖のある木目の張り方

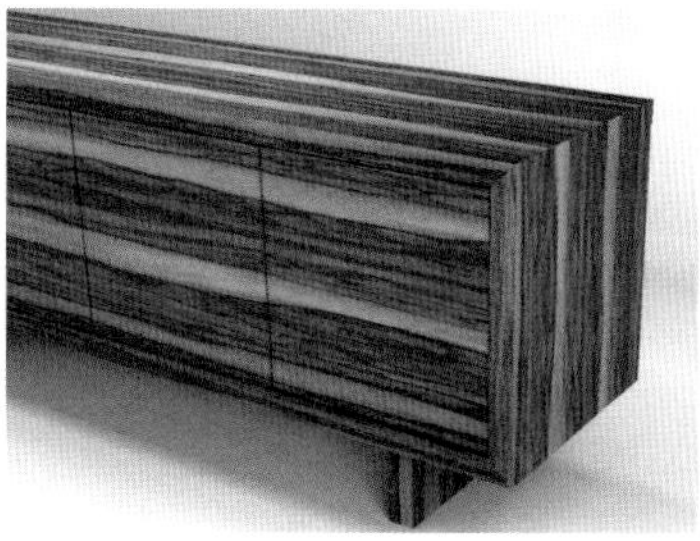

色の濃淡が激しいなど存在感のある木目を選んだ場合には、各部位の中心に柄を配置するなど、最終的な木目合わせが大切だ

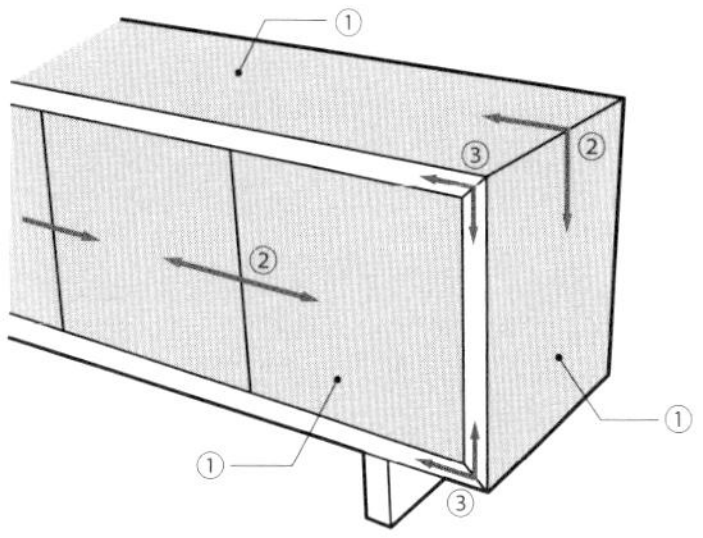
①
②
③
②
①
①
③

①広い面に張る場合は、濃淡や木目のバランスを考えて割り付ける。よれた木目や白太などは両端に配置しない。②出隅は特に目立つので、優先的に木目を合わせる。③留めの木目が通るように、見付けにはおとなしい木目部分を使う

積が広い造作に使う場合は、納品の可否を事前に確認したい。

材の種類だけでなく、板目か柾目かによっても価格が異なる。節や、癖のある木目、色味の部位が使えない場合などは、歩留りが悪くなり、高価になる。サイズは基材の寸法（3×6判、4×8判）で考える。8尺を超える場合も基材さえあれば、長い材を調達できる。カウンター天板の一枚物は、3m程度までは製作可能だ。

張り方を決める

突き板はリピート［※1］の張り方によって印象が変わる。スリップマッチ、ブックマッチ、ランダムマッチが代表的。ほかに、意匠的にさらに凝った張り方もさまざまある［2・3］。

家具をきれいに仕上げるには、細部の見え方も重要だ。まず、無垢材と突き板張りでは小口の見え方が違うことに注意したい［4］。突き板をより自然に張るには、木目方向を設計時に考える必要がある。また、天板、側板、地板、戸の各部位の納まりや勝ち負け、木目の張り方も考える［5・6・7］。納め方は家具全体の構造にもかかわるため、家具職人と打ち合わせして決めるとよい。［間中治行］

3Dパース：間中治行

※1 リピートとは柄の反復のこと。突き板は、ロット内で同様の柄（木目）を採取でき、組み合わせにより表情のバリエーションが生まれる

※2 突き板のみでは扱いにくいため、3枚ほど張り合わせた薄いシートを製作して使う。練付け合板は3×6や4×8など規格サイズで注文するが、シートは歩留りを含めたサイズで指定する。既製の小口テープもあるが、特徴的な木目を選んだ場合は、見付け材も3プライシートを注文して全体を統一するとよい

木質系パネルの種類と使い方

1 MDF

木質繊維を原料とする成形板（ファイバーボード）の一種。中程度の密度をもつパネル

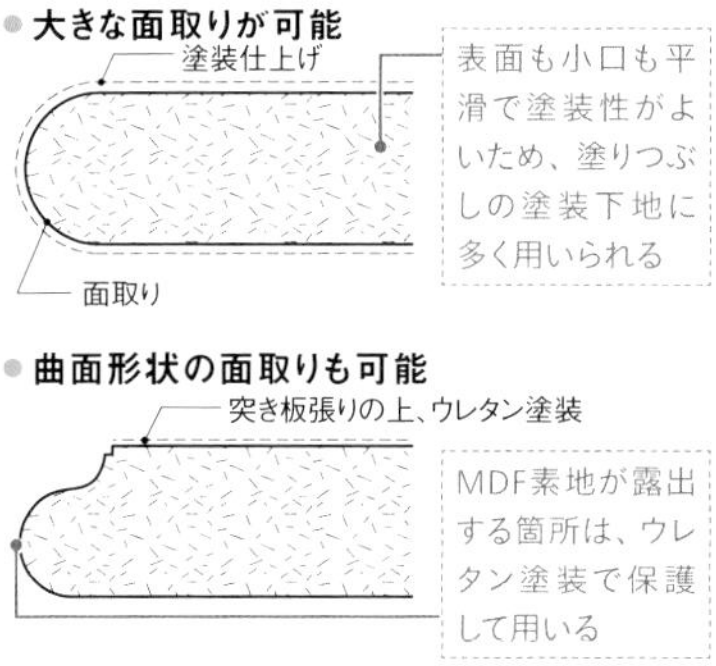

大きな面取りが可能
塗装仕上げ
表面も小口も平滑で塗装性がよいため、塗りつぶしの塗装下地に多く用いられる
面取り
曲面形状の面取りも可能
突き板張りの上、ウレタン塗装
MDF素地が露出する箇所は、ウレタン塗装で保護して用いる

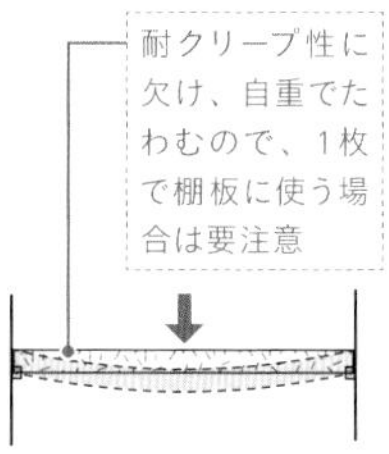

使用上の注意
耐クリープ性に欠け、自重でたわむので、1枚で棚板に使う場合は要注意

2 パーティクルボード

粉砕した木材チップと接着剤を混合し、熱圧加工したパネル

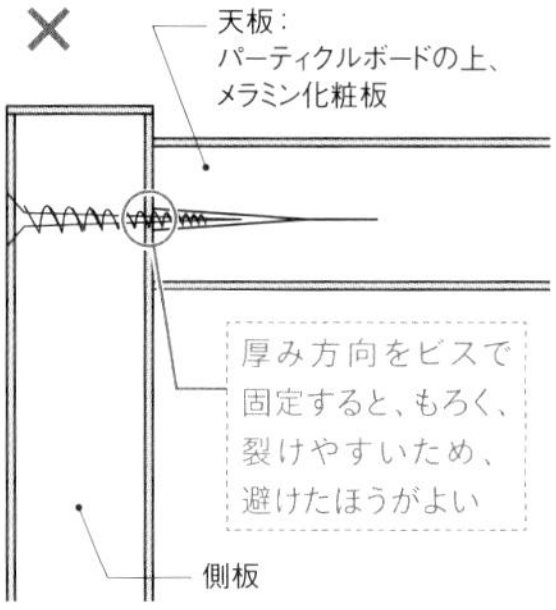

×
天板：パーティクルボードの上、メラミン化粧板
厚み方向をビスで固定すると、もろく、裂けやすいため、避けたほうがよい
側板

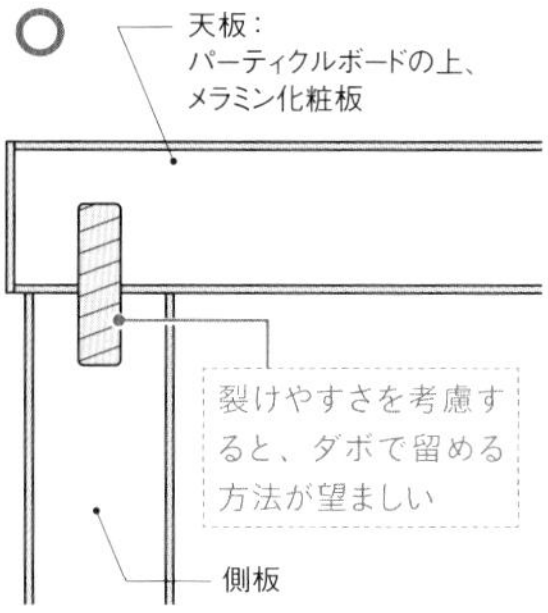

○
天板：パーティクルボードの上、メラミン化粧板
裂けやすさを考慮すると、ダボで留める方法が望ましい
側板

3 LVL

単板を繊維方向に、平行に張り合わせたパネル。平行合板とも呼ばれる

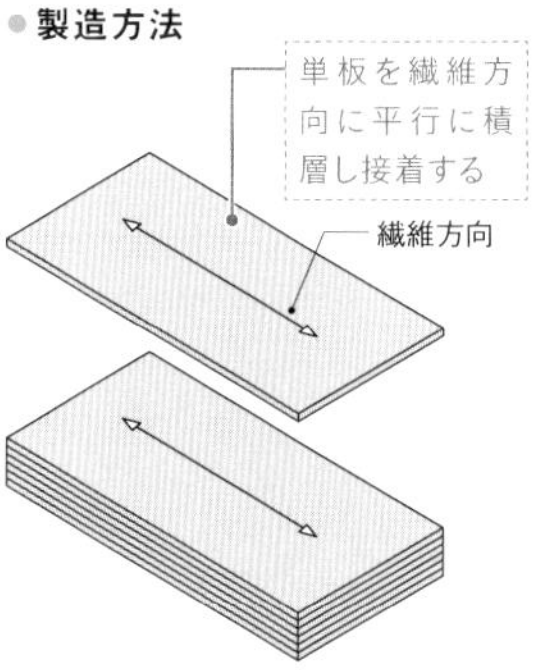

製造方法
単板を繊維方向に平行に積層し接着する
繊維方向

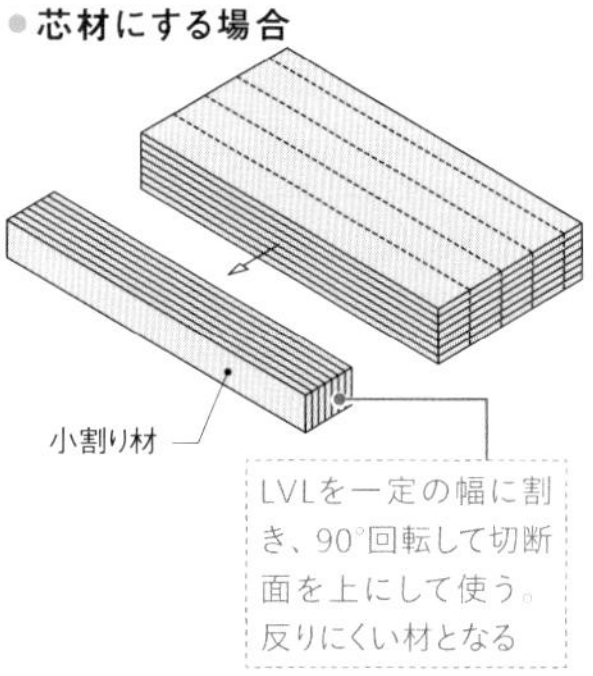

芯材にする場合
小割り材
LVLを一定の幅に割き、90°回転して切断面を上にして使う。反りにくい材となる

特徴を知って使い分ける

無垢材や合板以外にも、家具の材料として使える木質系パネルがある。

ＭＤＦは、木質繊維を原料とする成形板で、比重が一般的な木材に近い。均質で加工性もよく、規格品の厚みも豊富で安価なため、家具では塗装の下地材として多用される［1］。水や湿気に弱く、耐クリープ性に欠けるため、棚板や水廻りの天板下地には不適だ。

パーティクルボードは縦横の方向性がない平滑な板である。木の廃材を原料とするため、安価に手に入る。切断面が粗く、厚み方向の剥離には弱いため、仕口を検討する必要がある［2］。比重が高いため、密度や重さが必要な部位に用いられる。

ＬＶＬは、単板を同じ方向に張り合わせたパネルだ。一定方向の曲がりには強い。反りにくく、強度もある。切断面を上にして、箱や戸、長い棚板をつくるフラッシュパネルの芯材として用いる［3］。

〔間中治行〕

メラミン化粧板とポリ合板の使い分け方

1 メラミン化粧板の構成

基材（コア）はクラフト紙にフェノール樹脂を含浸させたもの。非常に硬い。表面は化粧紙にメラミン樹脂を含浸させて積層している。価格は練付け合板と同等だが、塗装仕上げが不要な分、コストメリットがある

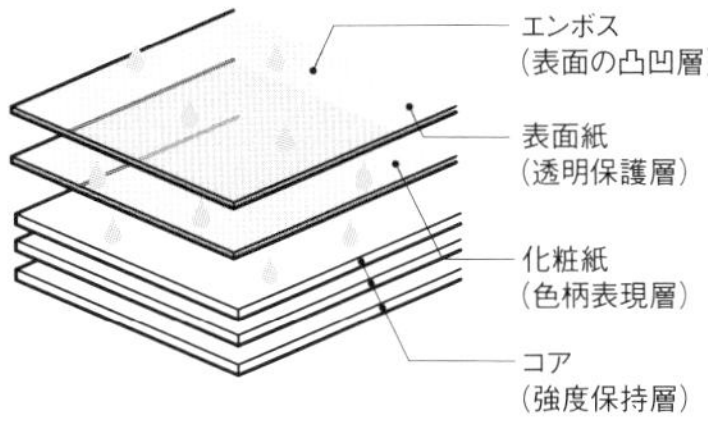
エンボス
（表面の凸凹層）
表面紙
（透明保護層）
化粧紙
（色柄表現層）
コア
（強度保持層）

2 ポリ合板の構成

化粧紙を張った基材の上にポリエステル樹脂を0.3㎜厚ほど塗布してフィルムで覆い、ロールで樹脂を延ばし、硬化させたもの。メラミンよりも加工性がよい。強度は弱く天板には不向き。紫外線による褪色や変色が起こることもあるので、特に白系は、場所や条件の検討を要す

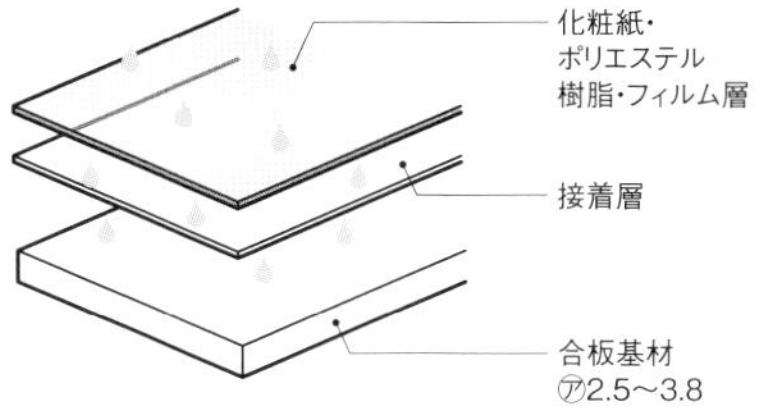
化粧紙・
ポリエステル
樹脂・フィルム層
接着層
合板基材
㋐2.5〜3.8

3 メラミン化粧板とポリ合板の適材適所［※2］

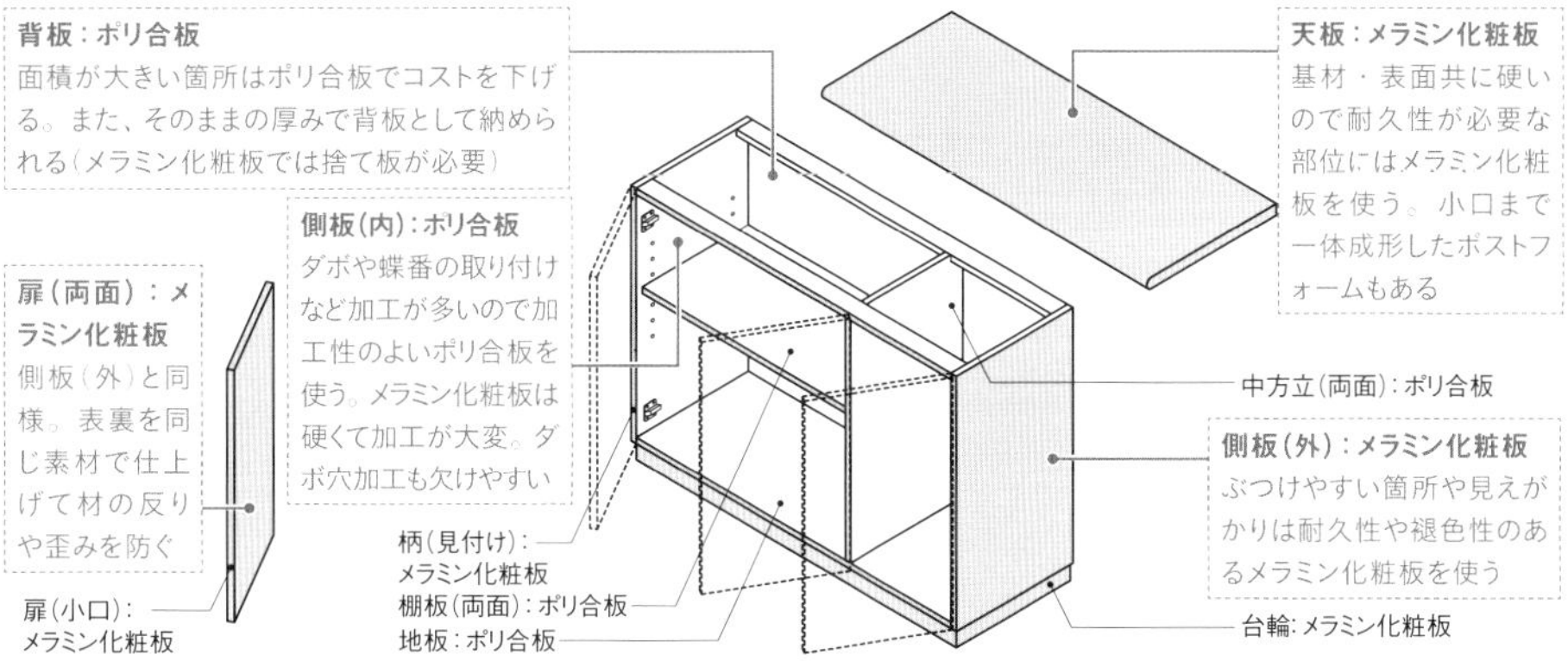
背板：ポリ合板
面積が大きい箇所はポリ合板でコストを下げる。また、そのままの厚みで背板として納められる（メラミン化粧板では捨て板が必要）
天板：メラミン化粧板
基材・表面共に硬いので耐久性が必要な部位にはメラミン化粧板を使う。小口まで一体成形したポストフォームもある
側板（内）：ポリ合板
ダボや蝶番の取り付けなど加工が多いので加工性のよいポリ合板を使う。メラミン化粧板は硬くて加工が大変。ダボ穴加工も欠けやすい
扉（両面）：メラミン化粧板
側板（外）と同様。表裏を同じ素材で仕上げて材の反りや歪みを防ぐ
扉（小口）：
メラミン化粧板
中方立（両面）：ポリ合板
側板（外）：メラミン化粧板
ぶつけやすい箇所や見えがかりは耐久性や褪色性のあるメラミン化粧板を使う
框（見付け）：
メラミン化粧板
棚板（両面）：ポリ合板
地板：ポリ合板
台輪：メラミン化粧板

❶ポストフォーム［※3］

見付けから前垂れ、天板、立上りまで合板やMDFの基材で成形し、表面をメラミン化粧板で覆う。シームレスな納まりが可能

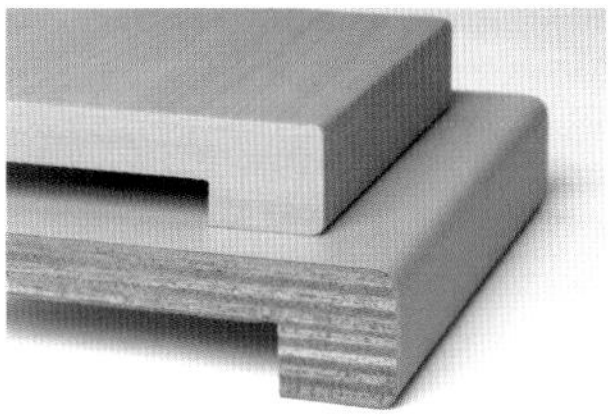

❷性能を加えたメラミン化粧板［※4］

右側が指紋が付きにくい製品。扉や天板に適する。低反射な表情も特徴的

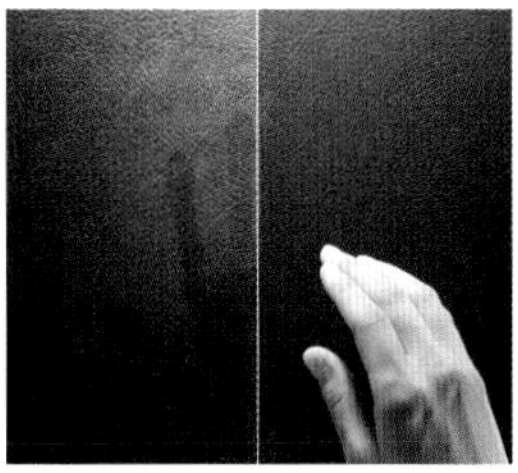

右側が擦りキズが付きにくい製品。耐久性に優れる。艶有り、艶消しのタイプがある

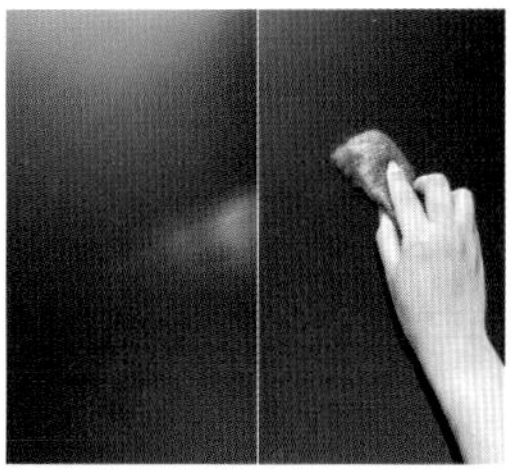

耐久性で張り分ける

メラミン化粧板は1㎜程度の薄い板だ［1］。フラッシュに用いる際は、合板やMDFなどの捨て板を裏面に張る。表面硬度があり、耐熱性や耐水性、加工性にも優れ、家具の表面材に適している。天板や戸の材として一体成形されたポストフォームなどもある［3❶］。

ポリ合板［※1］は、合板やMDFを基材としているため、メラミン化粧板よりも厚みがある［2］。フラッシュの芯材にそのまま張ることも可能だ。メラミン化粧板に比べて、耐久性や摩耗性はやや劣る。以前に比べて、コストメリットは少なくなってきたが、加工性がよく扱いやすい。収納内部や手が触れにくい部分に使うことが多い。メラミン化粧板よりもさらに高強度と滑らかな質感を持った「電子線硬化樹脂化粧板」や、柄と凹凸がシンクロした「同調エンボス加工メラミン」など、新たな性能やテクスチャーを付加した化粧板も登場している。［間中治行］

※1 ポリエステル化粧合板の略称
※2 樹脂系化粧板は、3×6判や4×8判などの規格寸法で入手する。1枚単位で仕入れるため、使用量が少ないとロスが多くなる。コストを抑えるには歩留りをよく検討する
※3 カウンター用ポストフォーム ※4 左からセルサス（指紋レスメラミン化粧板）、スクラッチレス（耐擦り傷性メラミン化粧板）［すべてアイカ工業］

金属素材は表面加工で美しく見せる

1 主なステンレスの表面加工

● **鏡面仕上げ（No.8）**

研磨目がなく、最も反射率の高い仕上げ。粒の細かい研磨材で研磨した後、鏡面用バフで磨き上げる

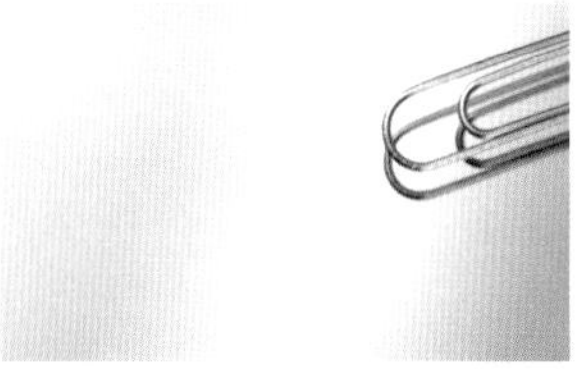

● **ヘアライン仕上げ（HL）**

反射に方向性がある仕上げ。中程度の粒度の研磨ベルトで髪の毛のように長く連続した研磨目をつける

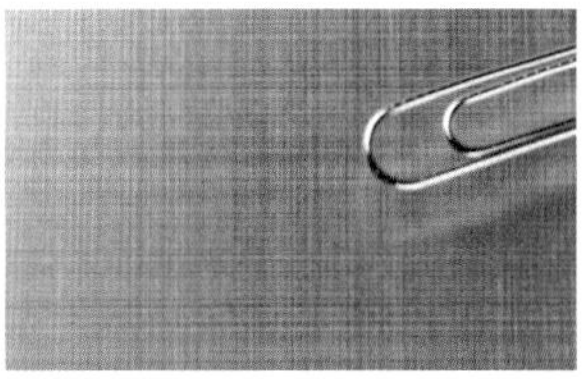

● **バイブレーション仕上げ**

方向性のないヘアライン仕上げ。円弧状の研磨目をつける。反射率の低いソフトな風合いが木などの自然素材と合う

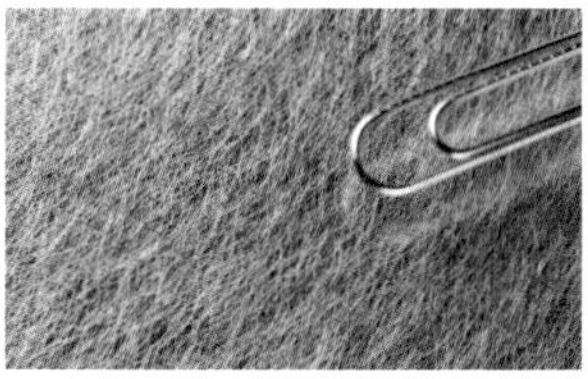

2 さまざまな金属仕上げ

❶カラーステンレス

表面を酸化・イオン化させて塗膜を形成。多彩な色がつくれる。表面への研磨やエッチングなどにより模様が豊富

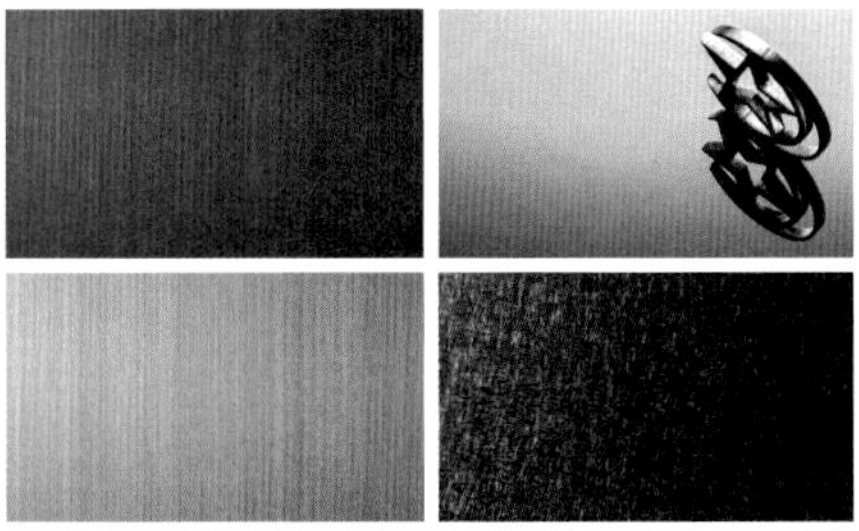

❷耐候性鋼

普通鋼に銅、クロム、リンなど数種類の合成元素を添加した合金で、錆に浸食されない。仕上げが多彩

❸ホットバイブレーション（ステンレス）

バイブレーション仕上げよりも細かくランダムに表面を研磨しているため、マットで光の反射も少ない。指紋も付きにくく温かみのある印象

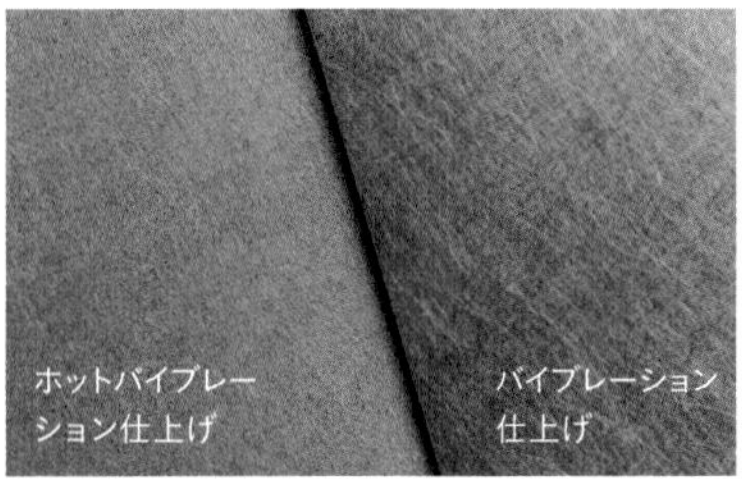

❹スズ

融点が低く加工しやすい。柔らかさゆえ、さまざまな表情を付けることができる

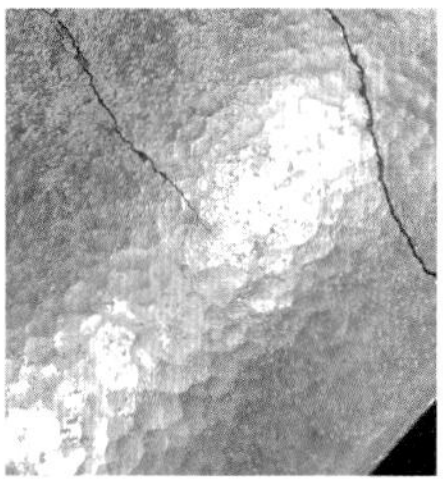

❺ヴェロメタル［※3］

金属粉末によるコーティング技術。あらゆる素材に対応が可能で、金属種類・仕上げ方も豊富

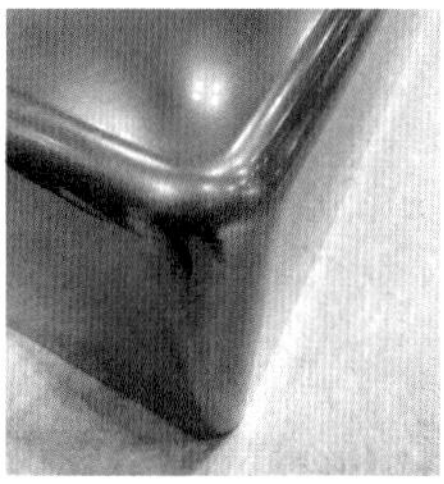

家具に使う金属素材の特徴

家具の材料として最も使われている金属はスチールである。純鉄に炭素を含有したもので、鋼板や丸鋼などさまざまな形状で流通している。加工性に優れ、強度もある。家具の構造や脚、鋳造してつくる装飾金物などの材料となっている。現場ではSOP塗装［※1］で仕上げるが、使用頻度が高い箇所にはあらかじめ工場でメラミン焼付け塗装や亜鉛めっきを施すこともある。

ステンレスも家具に適した金属である。炭素の割合が低いため耐食性に優れる。仕上げに使われることが多く、表面加工により反射率や光沢感、質感などが変わる［1］。なかでもSUS304［※2］が一般的。塗装する場合は、工場で焼付けを行う。脱脂処理をした後、表面を荒らし、プライマーを塗りフッ素樹脂やアクリル系樹脂の塗装、セラミック塗装などで仕上げる。〔和田浩一〕

※1 合成樹脂調合塗料を用いた仕上げ　※2 鉄とクロム、ニッケルの合金。非磁性で磁石が付かないという特性があるので要注意。業務用厨房機器によく使われるSUS430は鉄とクロムの合金。SUS304より安価で加工性がよいが、もらいさびが発生しやすい。塗装せずに用いることが多い。なお、価格の目安はスチールを1とした場合、ステンレスは3.5程度である　※3 ドイツ VeroMetal 社の金属粉末によるコーティング技術

1岩崎商店、2❶日鉄ステンレスアート、❷三秀工業（Front ART STEEL-3e）、❸松岡製作所、❹秦錫工房、❺アイチ金属

写真：1猿山知洋、2❷❹❺STUDIO KAZ、③松岡製作所

ガラスは透過性を生かす

1 ガラスの小口処理

●面取り

天板に用いる際は必ず糸面またはC1かC2の面を取る［※1］

糸面～C1かC2

●カマボコ摺り

切断面を丸く磨く。厚みは6mm程度必要。やや高価だが、最も安全で高級感もある

磨き加工艶出し

●幅広面磨き

糸面よりも高級感が増す。切断面が薄くなるため、面取り幅は厚みの1／3程度とする

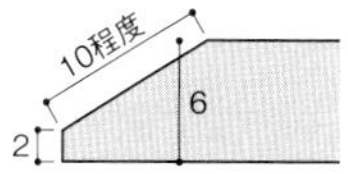
10程度
6
2

2 知っておきたいガラスの使い方

●主なガラスの特徴と厚みの目安

種類	フロートガラス	摺り板ガラス	フロストガラス	強化ガラス
特徴	平面が平滑で一番使われているタイプ。ほぼ透明だが、緑がかっている	フロートガラスの片面を砂で摺り、艶を消して不透明にしたガラス。衝撃強度はフロートガラスの2／3程度	摺り板ガラスと似ているが透け感が大きく手垢などがつきにくい。摺り板ガラスより高価	フロートガラスの3～5倍の曲げ強度・衝撃強度
適用	扉や棚板など			店舗の陳列棚やテーブルトップ

用途・部位	テーブルトップ		戸・扉			棚板	
納め方	直置き	部分置き（四方）	埋込みレール	戸車付き袴金物	上吊りレール	開口600mm程度	開口900mm程度
厚さ（mm）	5～	5～	4～6	3～8	6～10	5～6	6～8

注：フロートガラスの場合。摺り板ガラス・フロストガラスは上記と同厚か1つ上の厚みを使用（摺り板ガラスは2・3・4mm厚のみ、フロストガラスは5mm厚から）

3 ガラス扉をきれいに見せるテクニック

●カラーガラス扉

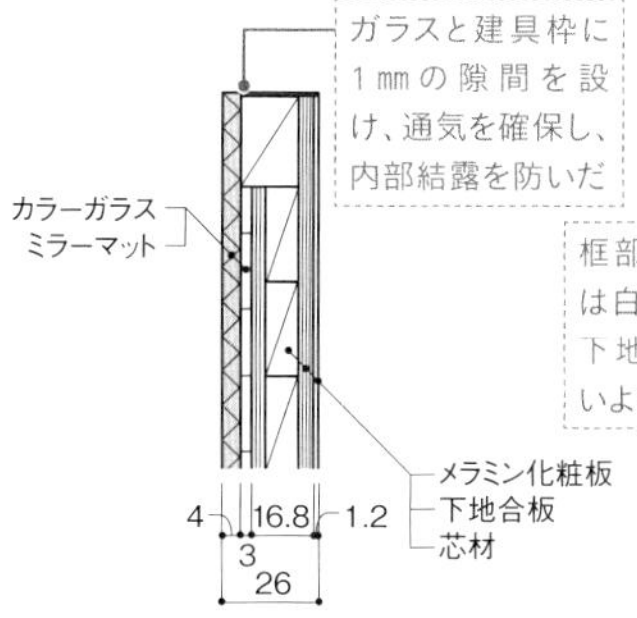
ガラスと建具枠に1mmの隙間を設け、通気を確保し、内部結露を防いだ
カラーガラス
ミラーマット
メラミン化粧板
下地合板
芯材
4
16.8
1.2
3
26

断面図［S=1:4］

●高拡散乳白ガラス扉

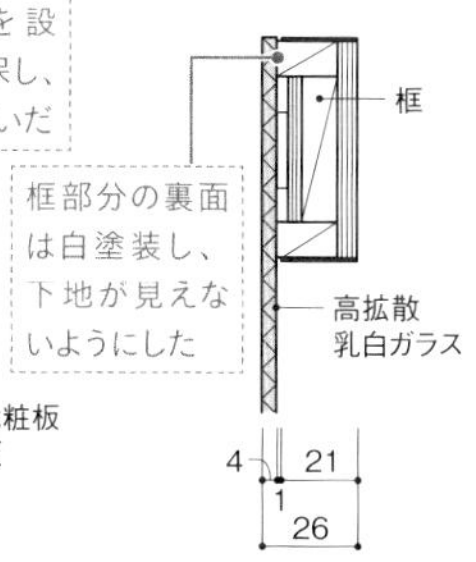
框
框部分の裏面は白塗装し、下地が見えないようにした
高拡散乳白ガラス
4
21
1
26

断面図［S=1:4］

●クリアガラス扉

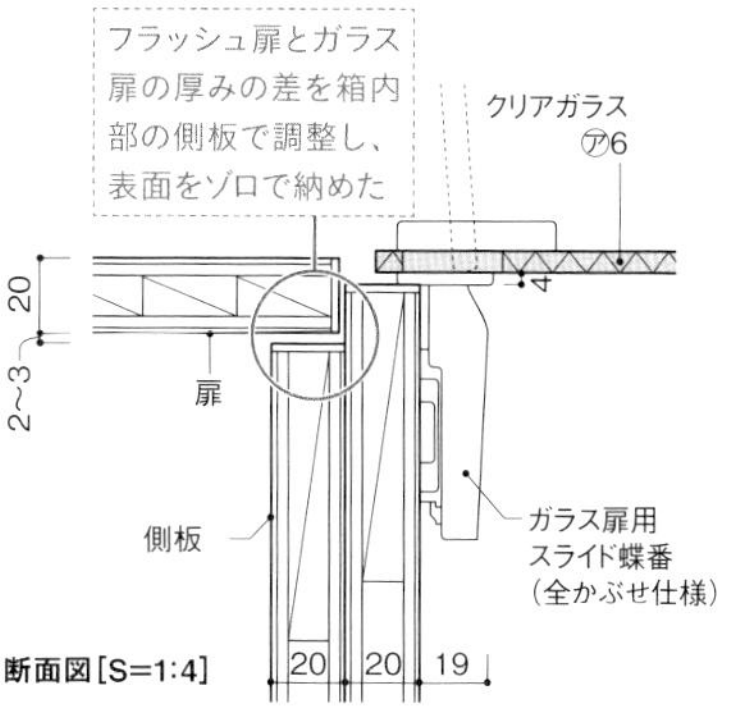
フラッシュ扉とガラス扉の厚みの差を箱内部の側板で調整し、表面をゾロで納めた
クリアガラス
㋐6
4
20
2～3
扉
側板
ガラス扉用
スライド蝶番
（全かぶせ仕様）
20
20
19

断面図［S=1:4］

家具に使われるガラスの種類

家具におけるガラスの用途は、主に扉、棚板、天板である。天板に用いる際は小口処理を施し［1］、棚板に用いる際はガラスの強度と寸法を考慮する［2］。最も多く使われているフロート板ガラス［※2］は、平滑性が高く、ガラス面方向はほぼ透明だが、小口側から見ると緑色をしている。この表面にサンドブラスト加工を施し、不透明にしたものがフロストガラスである。フッ素化学処理で手垢が付きにくい。また、裏面に特殊な塗料を焼き付けて着色したカラーガラスもある。

フロート板ガラスの3～5倍の曲げ・衝撃強度をもつ強化ガラスは、割れても破片が粒状になり、安全なことから、天板に用いることが多い。板ガラス特有の緑色がない高透過ガラスもある。透明感もあり、色が忠実に再現される。透過性の違いを利用し、グラフィカルな収納面のデザインも可能だ［3］。

［和田浩一］

※1 C面取りとは、交差する面部分を45°でカットする加工のこと。カットした面の幅を1mmとする場合をC1という
※2 板ガラスは、1,219×610（2mm厚）～5,996×2,898（19mm厚）など寸法の種類が豊富

1 ベタ芯とフラッシュパネルの違い

ベタ芯構造

ベタ芯は強度の必要な部位や、重量が必要な箇所に用いられる。枠を組む手間が省けるため、コストを抑えられる場合がある

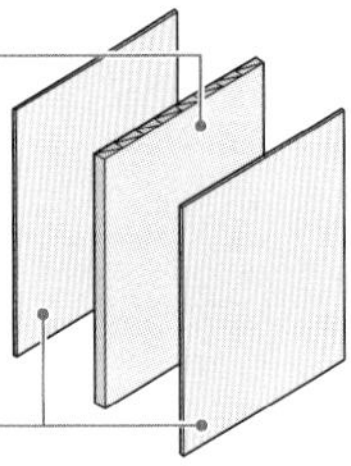
芯材：ラワンランバーコアまたはラワン合板、LVLなど
面材：メラミン化粧板、ポリ合板、板張り合板など

フラッシュ構造

ポリ合板や突き板など、厚みが3～4㎜ある表面材を使用すると、桟材にそのまま張ることができる

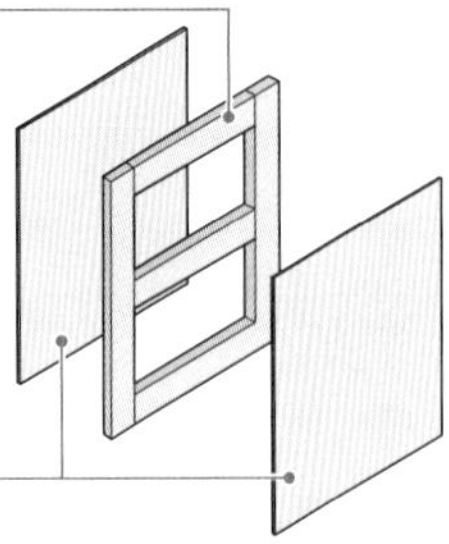
桟材：ラワンランバーコアまたは積層合板、LVLなど框の幅は、ダボや蝶番など金物の取り付け位置により決める。中桟の数量や位置は、強度に応じ必要な箇所に入れる
面材：ポリ化粧板、突き板張り合板（3～4㎜厚程度の場合）

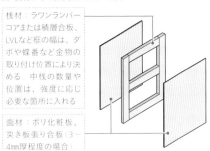

フラッシュ構造（メラミン化粧板）

メラミン化粧板など厚みが1㎜程度の薄い表面材を使用する場合は、芯材との間に捨て板を挟み、強度を出す

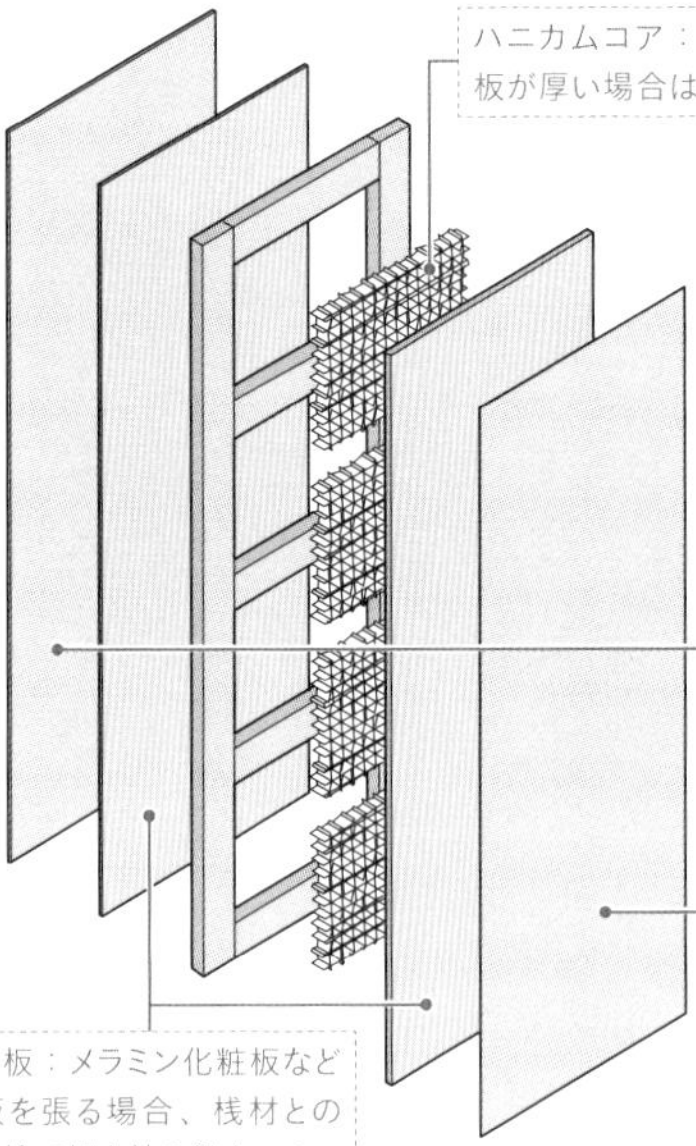
ハニカムコア：捨て板が厚い場合は不要
捨て板：メラミン化粧板など薄板を張る場合、桟材との間に捨て板を挟み込む。3～4㎜厚程度。天板として使う場合は、9㎜厚以上は必要
表面材：メラミン化粧板

2 フラッシュパネルの製作工程

材をパネルソーでカットし、芯となる部材を組む。木取りともいう

桟材（ジェルトン材、ベルボック材など）

強度を出すには中桟の隙間にハニカムコアを敷き詰める

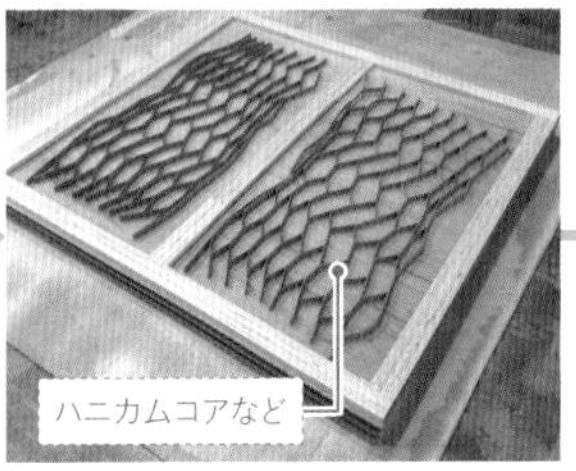
ハニカムコアなど

芯材に表面材を接着剤で張り付け、プレス機で約半日間圧をかける

プレス機

ベタ芯とフラッシュパネル

家具工場で製作するパネルには、ベタ芯構造のものとフラッシュ構造のものがある。ベタ芯構造とは、芯材を詰めて表面材を張り付けることを指し、フラッシュパネル構造とは、桟材を井桁に組み、両面または片面に表面材を張ることを指す［1］。

　フラッシュパネルは中空部ができるため軽く、材料コストを抑えられる。天板などの強度が必要な部位にはベタ芯のパネルを用いるほうがよいが、30㎜以上など厚みがある場合は必要以上に重くなるので、フラッシュパネルを用いるほうがよい。軽さを維持しつつ強度がほしい場合は、中空部にハニカムコアなどを敷き詰める［2］。

　スライド蝶番やダボなどの金物類を付ける箇所や、表面材の連結部分には、芯材を入れて補強する必要があるので要注意。また、パネルの反りやねじれを防ぐには、両面に同じ化粧板を張るなどの配慮が必要だ。［間中治行］

写真 間中木工所

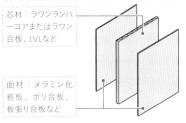

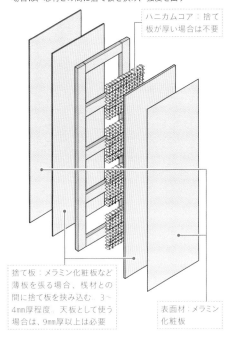

框組パネルでデザインを高める

1 框組パネルの基本的な納まり

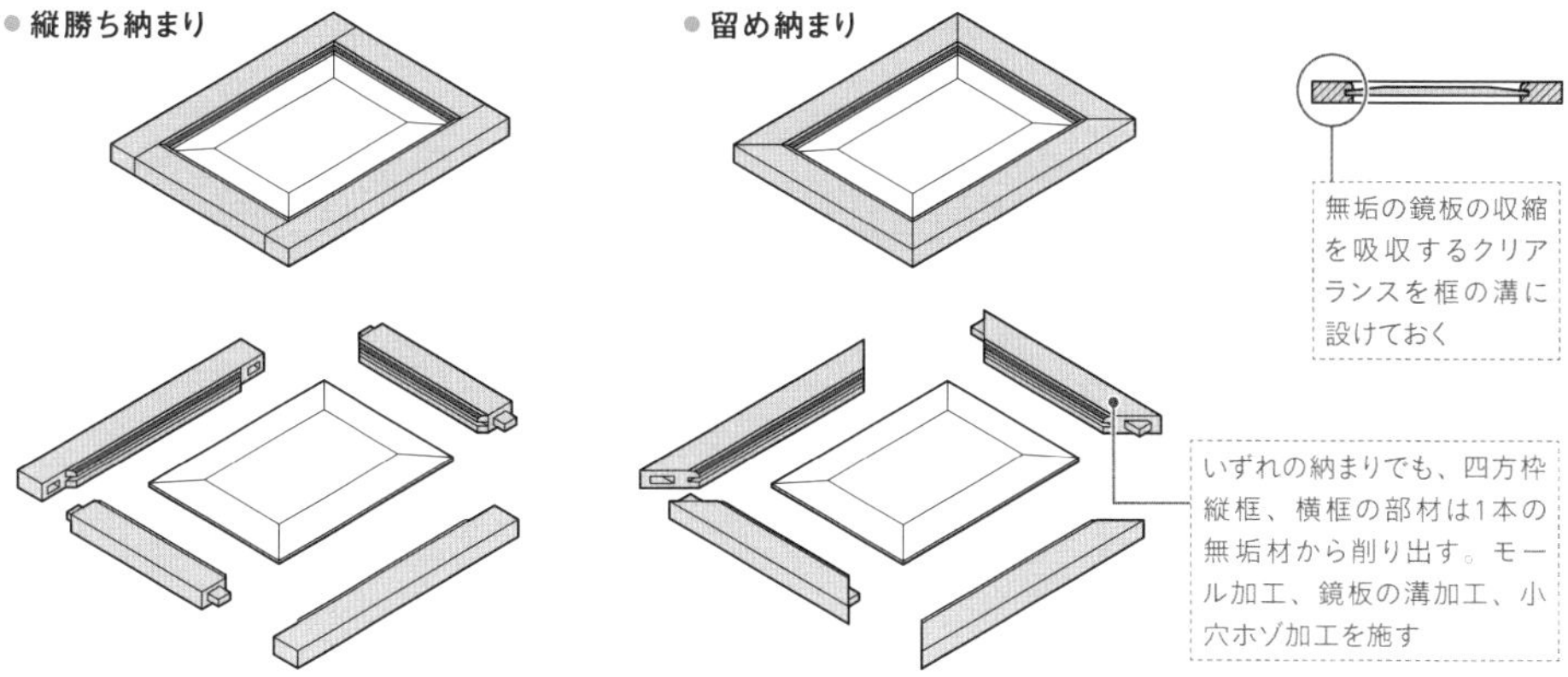
縦勝ち納まり
留め納まり
無垢の鏡板の収縮を吸収するクリアランスを框の溝に設けておく
いずれの納まりでも、四方枠縦框、横框の部材は1本の無垢材から削り出す。モール加工、鏡板の溝加工、小穴ホゾ加工を施す

2 框と鏡板の納まり例

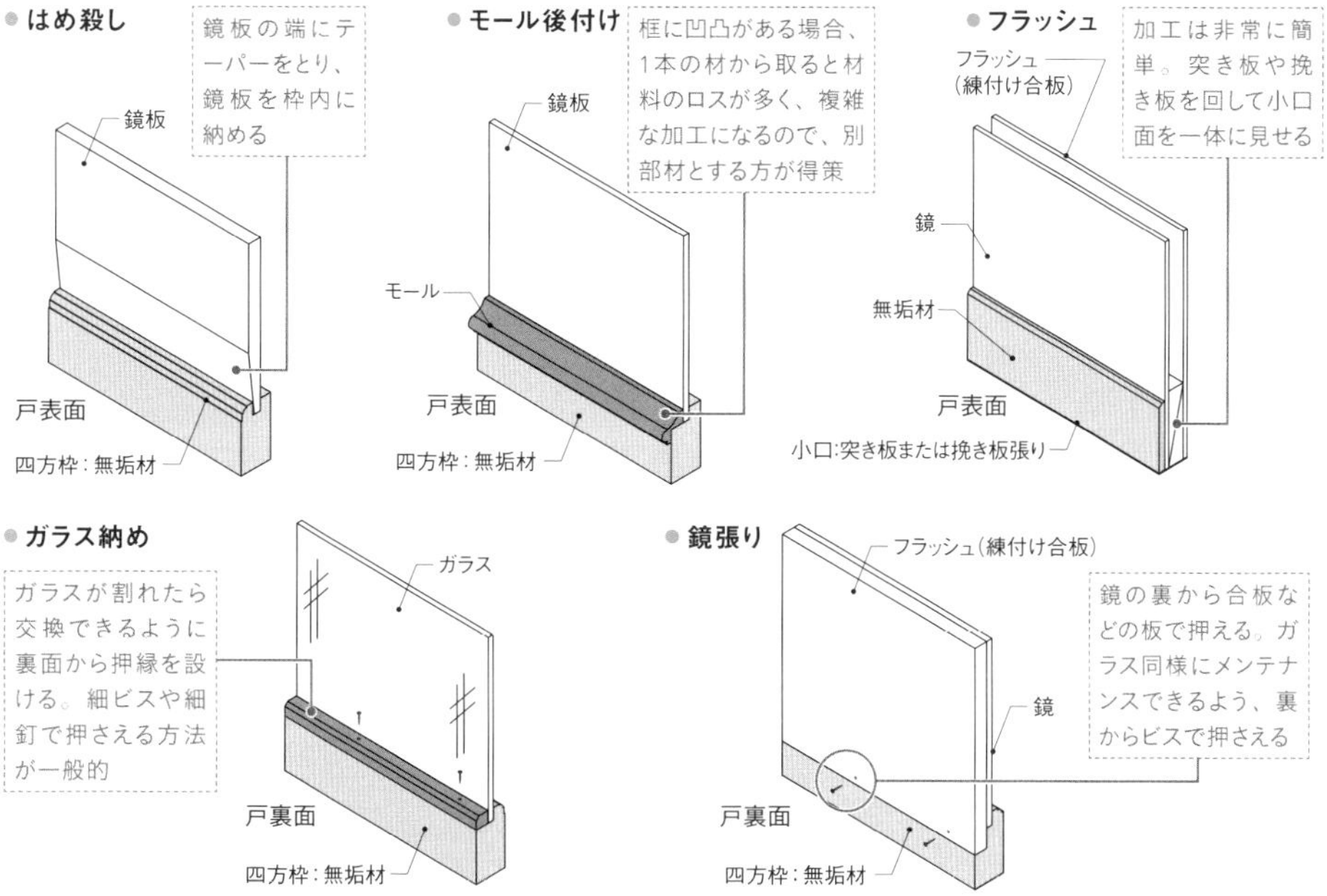
はめ殺し
鏡板の端にテーパーをとり、鏡板を枠内に納める
鏡板
戸表面
四方枠：無垢材
モール後付け
框に凹凸がある場合、1本の材から取ると材料のロスが多く、複雑な加工になるので、別部材とする方が得策
鏡板
モール
戸表面
四方枠：無垢材
フラッシュ
加工は非常に簡単。突き板や挽き板を回して小口面を一体に見せる
フラッシュ（練付け合板）
鏡
無垢材
戸表面
小口：突き板または挽き板張り
ガラス納め
ガラスが割れたら交換できるように裏面から押縁を設ける。細ビスや細釘で押さえる方法が一般的
ガラス
戸裏面
四方枠：無垢材
鏡張り
フラッシュ（練付け合板）
鏡の裏から合板などの板で押える。ガラス同様にメンテナンスできるよう、裏からビスで押さえる
鏡
戸裏面
四方枠：無垢材

框《かまち》と鏡板の納まりがポイント

框組パネルとは四周に枠組みをつくり、内側に面材（鏡板）をはめ込んだパネルのことで、主に扉や引戸の部材として用いる。枠材の部材強度と仕口の接合強度だけで、パネル全体の強度を保持している[1]。

框組パネルの戸は、無垢材で組んだ框に鏡板をはめ込み、鏡板側の框にモールディング[※]を設けて見切るのが一般的。フラッシュ戸に比べ、反りのリスクがあるため、平蝶番を使用する場合は、質のよい無垢材で四方枠をつくるとよい。框と鏡板との接合部の納まりは、デザイン意図と鏡板の材質で変わるので、検討が必要だ[2]。戸全体の縦横比と框の幅、戸が並んだ面全体のバランスとを同時に考慮する。

框と鏡板やモールの間に奥行きの差があると立体感がでるが、蝶番の取り付けを考慮すると、一定の厚みが必要である。断面詳細図を描きながら納め方を検討するとよい。［間中治行］

※ レリーフや面取りを施した見切材。木製や硬質発泡ポリウレタン製、ポリスチレン製などがある

1 パネルの適材適所表

○：適している／頻繁に使う、△：使い方により適する／理由があれば使う、×：不適応

	ソリッドパネル		フラッシュパネル		框組パネル
	無垢材	ベタ芯、積層合板、3層パネル	フラッシュパネル（ハニカムコアなし）	フラッシュパネル（ハニカムコアあり）	
地板・側板（箱組み・構造）	△ 無垢材ならではのあばれに注意。集成材を使うなどして反りに対応する	○ 強度が必要な場合に使う。全体の自重に影響するので、必要以上に重くならないよう厚みにも注意	○ 芯のない部分は、衝撃に弱い。外力がかかる部位は、芯の本数と表面材の厚みに注意してつくる	○ 金物を付けるなど加工を要する部分には、芯を入れること。手間との兼ね合いも要検討	△ 側板など意匠的な框を組んで見せたい場合に使う
天板	○ 材の収縮を吸収できる構造にすること	○ 練付けや積層のベタ芯は、厚み調整や密度の調整ができる	△ ベタ芯が望ましいが、厚みがある場合はフラッシュのほうがよい。その場合は表面から12㎜以上をベタ芯とする	△ 左に同じ。ハニカムを入れると強度は増すが、中空なので叩くと空洞だと分かる。安っぽくならないよう注意する	△ 枠にガラスを落とし込んで用いる場合がある
棚板	△ 反りやねじれにより棚のがたつきが出ないよう留意する	○ スパンの長い棚は自重でたわむおそれがあるので、MDFやパーティクルボードは避ける	○ たわみの応力に強い芯材を選ぶ。スパンの長い棚はたわみ強度のある芯材とする	○ 左に同じ。軽くて丈夫な棚をつくることができる	○ 枠にガラスを落とし込み、ガラス棚として用いる場合がある
扉	△ 最もシビアな部位なので避けたほうがよい。框組［*］にするなど工夫が必要	△ 芯材に切れ目を入れるなどして、反りやねじれ対策をしておく。化粧板は両面同条件で張ること	○ 軽量なので最適。中空であるため、衝撃を受けない箇所がよい	○ 軽く丈夫なので最適。金物への負担も軽い	○ 最も多い用途。面積が大きい場合は、反りやねじれに注意したい
引出し前板	○ 十分に乾燥させたできるだけ素性のよい材を選ぶ	○ 小口に取手の手決《しゃく》り（R加工）を施す場合は、内部の芯が見えないように無垢材を入れておくとよい	△ 比較的面積が小さいので、フラッシュをつくるメリットが少ない	△ 左に同じだが、大きな引出しの材としては有効	○ 扉と同様、意匠としての框組みによく用いる

＊ 框扉は、四方枠で組む方法とパネルをルーター［✣］で切り抜く方法とがある。いずれの場合も、枠としての接合強度や材の素性により、反りやねじれが生じることがある。精度が必要な扉には、材料選びから加工技術、仕上げに至るまで細心の注意が必要である。同時に設計上の「逃げ」を確保しておくことも大切だ

パネルの特徴を把握して決める

パネルは用途や部位ごとに適切に選びたい［1］。材料の歩留りや、手間によるコストを踏まえてパネルの構成を考えるとともに、強度や加工性も考慮して決める。工場が有する設備によって可・不可はあり得るが、家具の用途や必要な機能は製作者にきちんと伝えることが大切である。

ソリッドパネルには、無垢材やランバーコアなどのベタ芯、積層合板などがあり、パネルが中空でないので重量も増す。無垢板は反りやねじれ、収縮が起こるので、精度を要する構造や扉には不適。どうしても無垢にしたい場合は代わりに集成材を使う。

一方、フラッシュパネルは、桟材で枠を組んで中空にしてコストダウンと軽量化を図ったものだ。強度を要する場合はベタ芯がよいが、重い分、加工・搬入・組み立てに手間がかかる。面積が小さいものはフラッシュ構造にする利点があまりない。［間中治行］

✣ ルータービットと呼ばれるドリルのような棒状の錐を用いて切り抜く工具

石材系素材を使いこなす

1 天板に適した石材系素材

❶**御影石（天然石）**
硬質で耐久性に優れる。磨く、凹凸を出すなどの加工性もよい

❷**大理石（天然石）**
1枚ずつ異なる石目模様が特徴。磨き加工で使うことが多い。酸に弱いので注意

❸**人工大理石**
メタクリル系の樹脂が主成分のものは、耐摩耗性に優れ、加工性がよい。継ぎ目は分かりにくい

❹**クォーツストーン**
天然の水晶を混合して樹脂で成形したもの。継目は接着剤を使用

❺**セラミック**
耐熱性、耐久性、耐擦傷性、防汚性に優れる。継目は接着剤を使用

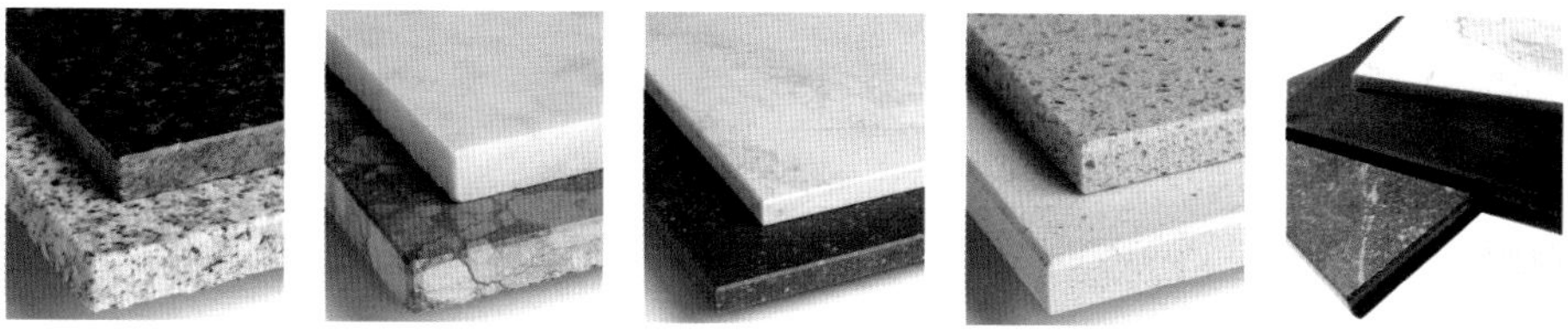

2 小口の加工

石材系素材は、エッジが立っていると割れの原因になるので、多少でも面取りをする必要がある。デザインを左右する大きな要素だ

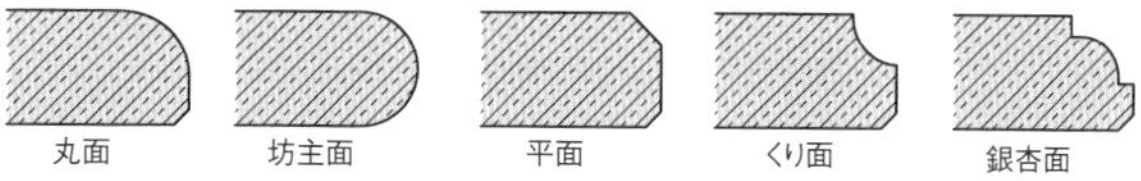
丸面
坊主面
平面
くり面
銀杏面

3 基本的な納まり

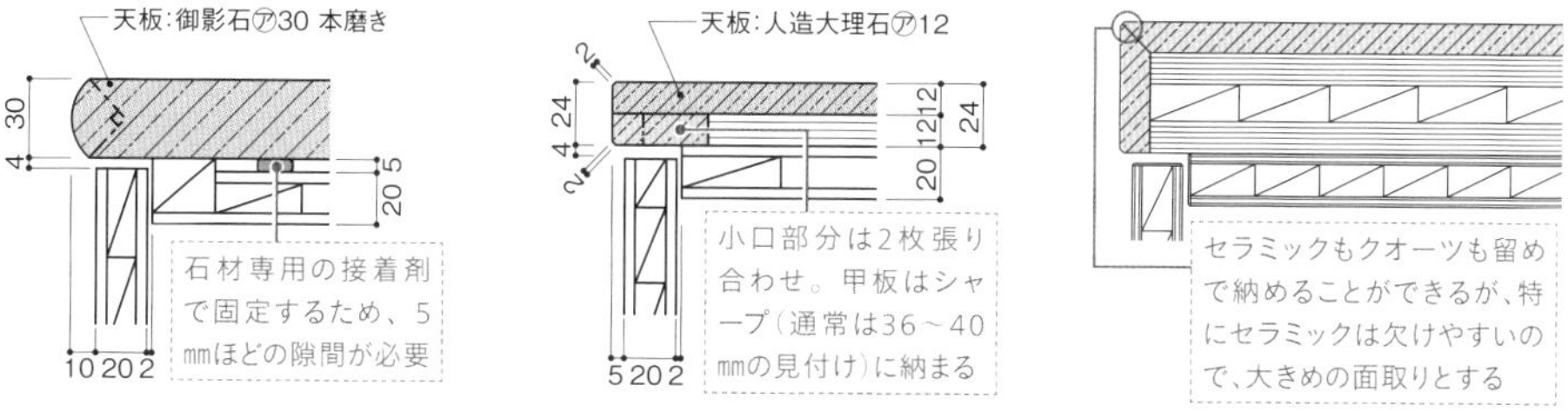
天板:御影石㋐30 本磨き
30
4
5
20
石材専用の接着剤で固定するため、5㎜ほどの隙間が必要
10 20 2
天板:人造大理石㋐12
2
24
4
2
12
12
24
20
小口部分は2枚張り合わせ。甲板はシャープ（通常は36～40㎜の見付け）に納まる
5 20 2
セラミックもクオーツも留めで納めることができるが、特にセラミックは欠けやすいので、大きめの面取りとする

4 重量感のある人造大理石の小口

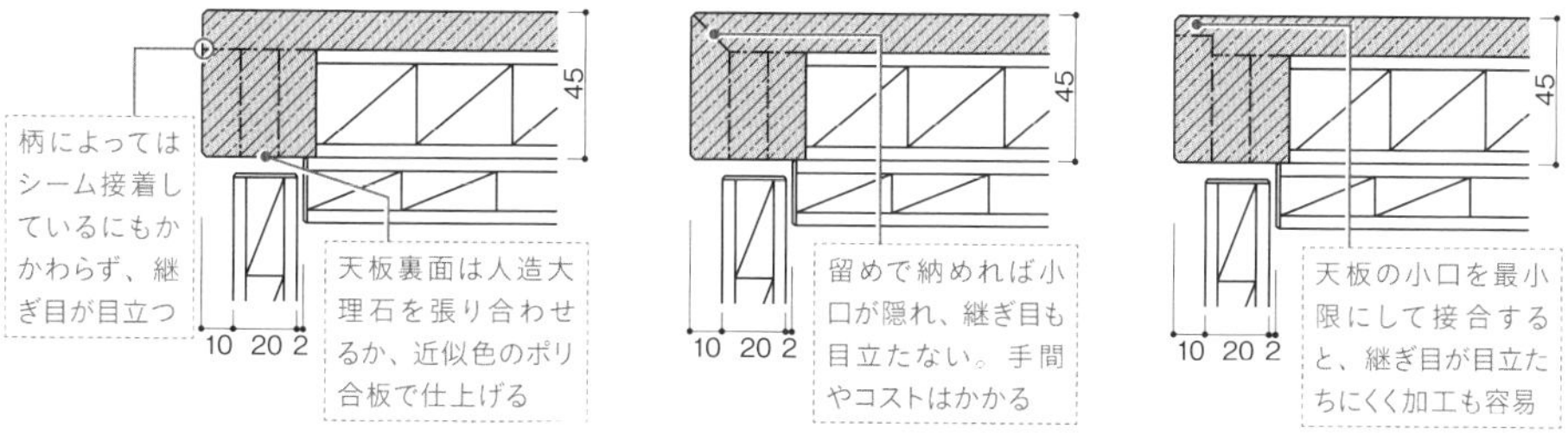
45
柄によってはシーム接着しているにもかかわらず、継ぎ目が目立つ
天板裏面は人造大理石を張り合わせるか、近似色のポリ合板で仕上げる
10 20 2
45
留めで納めれば小口が隠れ、継ぎ目も目立たない。手間やコストはかかる
10 20 2
45
天板の小口を最小限にして接合すると、継ぎ目が目立ちにくく加工も容易
10 20 2

石材系素材の特徴

石材系素材は耐久性や耐水性、耐摩耗性に優れ、強度もあるため、水廻り家具の天板に用いることが多い。また、家具に高級感をもたせたい場合にも最適で、住宅の中心であるキッチンの天板に使うとよい。天然石と人造石に大別され、近年では、その種類やメーカーが増え、色・柄・性能・コストなど選択の幅が広がった［1］。

石材系素材は、小口の見せ方が重要である。エッジ部分は欠けやすいので、基本的にはピン角にせず、1～2㎜の糸面を取る。丸面加工は石厚の半分程度までがバランスがよく、テーブルなど手が頻繁に触れる部分は20㎜程度のR加工をしてもよい［2］。人造大理石は天然石よりも薄く使えるので、シャープな印象の家具にも向いている［3］。また、同材をシーム接着［※］して小口に厚みを出せるが、種類によっては断面と表面の柄が異なるので注意したい［4］。〔和田浩一〕

※ メタクリル系人造大理石どうしを特殊な接着剤を用いて継目が分からないほどきれいに接ぐ方法
1❶・❷：サンワカンパニー、❸：デュポン・MCC、❹：アイカ工業、❺：コセンティーノ・ジャパン
撮影：猿山知洋

1 塗装仕上げを決める

家具塗装では木目や木の風合いを生かすことに主眼をおく場合が多いため、透明塗装（無着色透明仕上げ・着色透明仕上げ）が中心になる。ここでは透明塗装を中心に解説する。

❶基本の箱組み

塗膜系
木部表面を保護したい（耐汚性、耐水性）

→ **ラッカー塗装（ニトロセルロースラッカー）**
透明度が高い。塗り直しなどメンテナンスが可能。価格はウレタン塗装より安いが塗る回数が多く、面当たりのコストは高い

→ **ウレタン塗装（ポリウレタン系塗料）**
塗膜が硬く、耐汚性・耐熱性が高い。突き板の割れを防ぐ。メンテナンスは難しい。カウンター・テーブルトップなどに向く

含浸系
木部表面のテクスチュアを生かしたい

→ **オイルフィニッシュ（植物油：乾性油）**
オイルを使った塗装。いわゆる自然系の木材保護塗料の仕上げも含む。造膜しないので木材そのものの触感が残る。施工は簡単。定期的なメンテナンスが必要

注：木地を塗りつぶす不透明塗装に使う塗料は、ラッカーエナメル・ウレタンエナメル・エマルションペイント・油性ペイントなどがある

❷塗装仕上げを詳細に決める

ラッカー塗装、ウレタン塗装 →
- **着色の有無（素地着色、塗膜着色）**
- **木目処理の度合い（木目の見せ方）**
- **上塗りの光沢の程度（艶消しの程度）**
- **塗膜の厚さ（塗り回数）**

オイルフィニッシュ →
- **着色の有無（素地着色）**

❸塗装の手順を知る（素地着色クリアラッカー塗装の場合）

素地調整	粗いサンドペーパー掛けのうえ水引き研磨。その後、細かいサンドペーパー掛けして木地をつくる
着色・色押さえ	素地着色をして木材の木目や色調を引き立たせる。染料をスプレーガンなどで吹き付け、その後樹脂材を薄めたものを吹き付けて色を押さえる
目止め	木材表面に目止め剤をスプレーや刷毛で塗布し、ウエスなどで摺り込み、導管を埋める
下塗り・中塗り・上塗り	下塗り・中塗り・上塗りは、塗料の種類と粘度、サンドペーパーの種類と粒度が異なるが、工程はほぼ同じ。下塗材をスプレーガンで塗布し、塗膜が乾燥後、研磨。その後、中塗材を塗布後、研磨。上塗りはクリアラッカー（艶消しの場合、フラットラッカー）を塗布

家具塗装の種類を選ぶ

なぜ家具に塗装が必要なのか、その目的としては「機能」「意匠」の2つが挙げられる。塗装により表面材を保護（塗膜性能など）し、より美しくみせる（着色・光沢など）。同時にそれらは家具の塗装仕上げを決めるときのポイントともなる。塗装仕上げは多岐にわたるが、必要としている機能を整理することで適切な仕上げを選択できるようになる［1］。

どこで塗装するかで仕上げも違う

家具の設計時、家具の塗装を工場で行うか（家具工事）、現場で行うか（塗装工事）迷うことが多い。これは塗装方法の違いといってもよく、吹付け塗装か刷毛塗りかを選ぶことでもある。工場と現場では作業環境がまったく異なり、塗装の方法によっては適さない塗料・塗装仕上げもあるので、計画時には注意する［2］。一般に工場塗装は、

2 工場塗装と現場塗装

工場では塗装用の専用スペースに設備・工具などが完備され、施工性がよい。現場塗装は下記のような作業環境なので使える塗装方法・塗料が限られてしまう。

❶塗装方法を確認する

工場塗装（家具工事）
精度のよい仕上がりがほしい
→ **主に吹付け塗装**
ラッカー、2液型ポリウレタン塗料、オイルフィニッシュなどが適する

現場塗装（塗装工事）
建物の内装仕上げと家具の塗装を合わせたい
→ **主に刷毛塗り**
オイルフィニッシュ、油性ワニス、水性塗料などが適する

❷工場塗装と現場塗装の作業環境

工場塗装（家具工事）	現場塗装（塗装工事）
・工場内に塗装室が完備されている	・すでに取り付けられた家具の塗装になるため、設置場所ごとに移動しなければならない
・採光や換気が考慮されている	・照明は仮設、換気は蛇腹のダクトに頼ることとなり、作業がしにくい
・吹付け塗装用のブースやコンプレッサーなどが完備されている	・密閉空間ではないので埃などが舞いやすく、刷毛塗りが中心となる
・熟練工と非熟練工とが仕事の難易度に応じて分担できる	・人数が限られるため、簡単な作業も難しい作業も、同じ人がこなさなければならない
・現場の進行と別工程なので乾燥時間などが多く取れる	・塗装面積が少なくても乾燥に時間を要するので、現場での拘束時間はあまり短縮されない

どの仕上げにも対応できるといってよいだろう。一方、現場で塗装する場合は材色が均一な木材を使用し、オイル系の塗料で塗装（オイルフィニッシュ）するのが簡単である。ただし針葉樹にオイル塗装すると濡れ色になるので厳禁。ソープフィニッシュ［※1］や蜜蝋ワックス［※2］などで仕上げるとよい。そのほかのお薦め塗料は、水性塗料［※3］の木地色仕上げ。現場での塗装工事は全体工程のなかの最終段階なので、臭いが残留しない水性塗料は最適だ。ただし木地が毛羽立ちやすいのでサンドペーパー掛けが必須となる。

塗装を決めるテクニック

塗装の工程は、①塗る、②拭く、③乾かす、④研ぐの4つで、この工程を必要に応じて反復して行う。

写真　塗装屋が現場で建具をオイルステインで着色したが、濃いしみが出てしまった例。搬入時、建具に雨が掛かったらしい。見た目が乾いていても1度濡れると塗装はうまくのらない。水引き・乾燥のうえサンドペーパーをかけて着色をすれば問題は起きない

「塗りは木地なり」という言葉がある。どんなに腕のよい職人が塗装しても、よくない木地はきれいには塗れない。よい木地とは、逆目・刃こぼれ・打痕・擦り傷・手垢・接着剤の付着などないこと、またサンドペーパーで仕上げた毛羽が押し込まれていないことである。つまり、うまく塗装するには塗装に入る前処理の素地調製いかんにかかっているということだ。

塗装職が行う素地調整の1つに水引き研磨がある。スポンジなどを使い、ぬるま湯を木地に塗布すると軽い擦り傷、打痕などは復元する。毛羽が立ち、塗装の大敵である接着剤も白く目立つので、ブラシなどで取り除き、よく乾燥させ、下ろし立てのよく切れるサンドペーパーを掛ける。このような処理をしてから塗装に入る。

高級材に見せる着色法を知る

家具の塗色はマホガニー色・ウォルナット色・チーク色など、高級材といわれる樹木の色で呼ばれることも多い。比較的安価な材を塗装で高級材に見せるには、木理が類似したもので淡い黄白色の材、または同系色の色相で若干淡い色の材を選び、色調を高級材に似せて着色を行う。〔戸山顕司〕

※1 木部にせっけん水を染み込ませて軽い汚れを防ぐ手法
※2 オイルフィニッシュなどの塗装面にも使う。防汚性・撥水性を与え、木部の表面を保護する
※3 水性のウレタン塗料やアクリル塗料

イメージどおりの塗装を発注する

1 家具工場で使われる主な木工塗料

種類（通称）	頻度	性能	木目の見せ方
ポリウレタン樹脂塗料（ウレタン）	よく使う	家具塗装の約8割以上で使われている。作業性がよいうえ、塗膜も強く、耐薬品性、耐水性、耐候性、耐摩耗性のいずれにも優れ、バランスがよい［※1］	色ムラのない均一な表情をつくる。下地で色を付けた後、塗膜で再度着色する。大きな面積、材色の違い、異なる部材でも同じ色合いに統一しやすい
ニトロセルロースラッカー（ラッカー）	↑	柔らかな質感の塗膜をつくる。シンナーで希釈すれば使用できるので、補修もしやすい	クラシック調や民芸調の家具など時代感を表現できる。無垢材でつくった椅子などに耐久性をもたせつつ木質感を出したい場合にも適する
オイルフィニッシュ塗料（オイル）	↕	木地の表層に浸透させる無垢材用塗料。最も自然な木肌感を出すことができるが、汚れや傷に対しては弱い	素地の色が濃く濡れたようになる。木目が明瞭にでるため広葉樹に適する。しっとりと温かい手触り。無垢の家具に最適
不飽和ポリエステル樹脂塗料（ポリ）	↓	木目の表面にガラスのような透明感のある厚い塗膜をつくる	木質感よりも塗膜の輝きや透明感を出したい場合に適する。ピアノ、仏壇、銘木の厚板テーブルなどに使われる
紫外線硬化型塗料（UV）	稀に使う	硬化時間が秒単位という最先端の木工塗料。高光沢仕上げなども短納期でできる。硬度が高いものばかりではないので要注意	特注に対応できる塗装工場がほとんどないため、一点生産品には向かない。キッチンの扉や建築部材、フローリングなど大量生産に適する

3 塗装の仕上がりのチェックポイント

ポイント	内容
道管の出具合い	木地表面の凹凸をどの程度生かすか。浸透仕上げ、オープンポア、セミオープンポア、クローズポアなどを指示する［2］
艶の度合い	艶の有無と程度をどうするか。全消し、3分消し、5分消し、7分消し、全艶有り、鏡面などを指示する［4］
着色の有無	素地のままの色か、色を加えるのか。無着色はクリア仕上げ、着色する場合は素地着色と塗膜着色を指示する［5］
木地の透け感	塗膜を通して木地をどの程度見せるか。透明（クリア）仕上げ、半透明仕上げ、不透明仕上げを指示する
上塗りの種類	トップコートに何を使うか。塗膜の耐久性を優先するならウレタン、自然な風合いを求めるならラッカーかオイルを指示する

2 道管の出具合い

● **オープンポア**

表面の道管が鋭角に開いている。触ると凸凹がはっきり感じられる

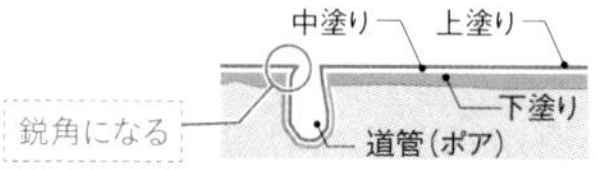

● **セミオープンポア**

オープンポアとクローズポアの中間的な状態。触ると凹凸が微妙に分かる

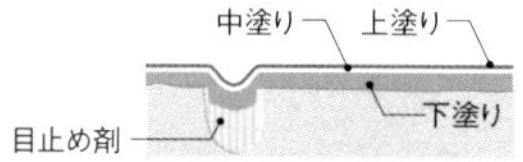

● **クローズポア**

表面の道管を塗料や目止め剤で埋めて平面にした状態。見た目も手触りも平滑

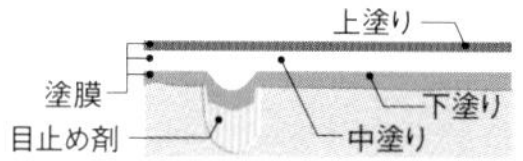

工場塗装ではウレタンが主流

工場で家具を塗装する場合は、主にウレタン塗料が用いられる。塗膜性能のバランスに優れ、発注者の要望に最も応えやすいからだ［1］。

作業性のよさも大きなメリットである。素地の着色から下塗り、中塗り、補色、上塗りに加え、各工程の間に必要な研磨作業など多岐に渡る塗装工程は、時間との勝負である。2液型であるウレタン塗料では、AとB両液を混合した際の化学反応で硬化が始まるため、ほかの塗料よりも乾燥時間が短く、次の工程に進むまでの待ち時間が少なくて済む［※1］。下地で着色するだけでなく色の付いた塗膜で着色の不備を補うことができ、塗膜の厚みや艶の表情などの変化も付けやすい。

木の魅力を引き出す方法

塗装で表情をつくるには、木地の見え方、立体感の出し方、艶の具合を操

※1 ウレタン塗料は2液型。化学反応で硬化するため、一度固まったらシンナーなどを付けても溶けない。塗装の作業時間が短く、修正する場合は手間がかかる。一方、ラッカーは溶剤揮発型硬化塗料。シンナー（溶媒）で樹脂（塗料）を溶かしたもの。塗装直後から溶媒が揮発して樹脂だけが残り硬化する。再びシンナーを付けると溶ける。テーブルの輪染みなどの原因となる

4 艶の度合い（ウォルナットの例）

● **全消し**
最も木質感がでる。さらっとした仕上がり感

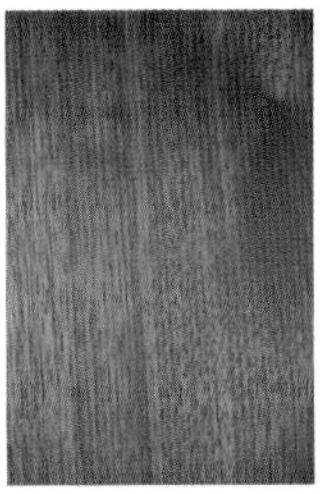

● **5分消し**
自然な塗装の艶具合い。うっすらと映り込みがある

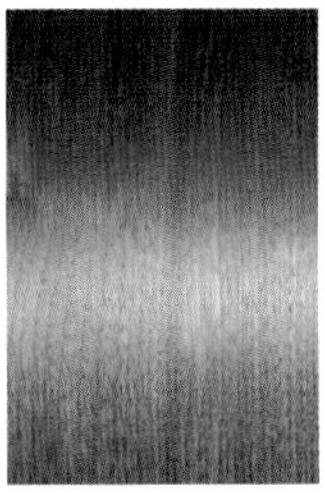

● **全艶有り（0分消し）**
木目の濃淡が強調され、塗膜の厚みも感じられる

● **鏡面**
ガラス質のような塗膜の下に木目が輝く印象

5 素地の色合いを引き立てる着色の例

素地の色調に合った塗装色を選ぶと素材のよさがさらに引き立つ。反対に、濃い色調の素地に淡い色を着色するなど相性を間違えると台無しになることもあるので要注意。

❶オーク

素地は灰白色で、木目・道管共に強い印象

白色で木目を強調した

オークの定番ともいえる濃い茶色で素材感を強調した

❷カバ

素地は薄いピンク色

赤みがかった白で優しい表情とした

❸シナ

素地は薄いベージュ。均一で癖がない

クリアは黄色が強くでる。白で押さえた

❹ウォルナット

素地は暗褐色。木目に重量感がある

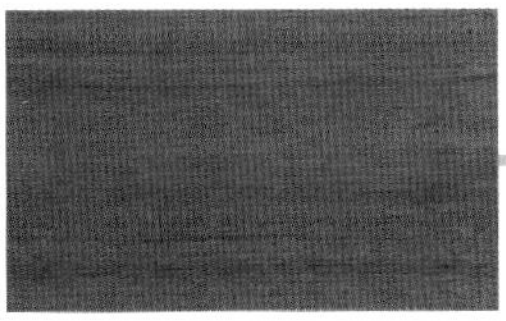

明るめの赤茶色で高級感を強調した

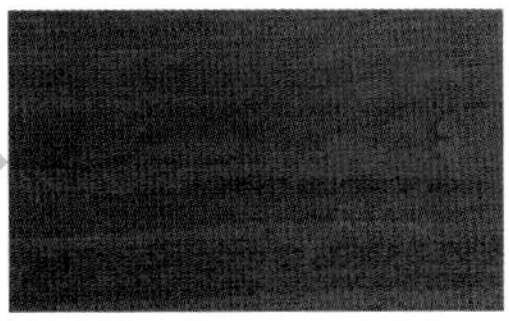

❺チーク

素地は明瞭な縞模様をもつ薄茶色

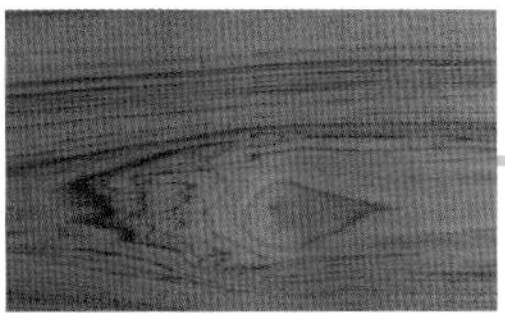

赤みがかった茶色で木目を強調した

作する［4］。木地に色を加える場合は、下地と塗膜のどちらに着色するのか、または両方を組み合わせるのかを選ぶ。下地着色だけでは色ムラが出やすい材種もあるので、その場合は、塗膜着色に重点を置くとよいが、その代わりに木目が見えにくくなる。木地の透け具合の確認も忘れてはならない。

　表面に浮きでる道管の出具合を、どのように見せたいのかも重要。特に、濃色は同じ色で指定しても艶の度合いによって色が違って見えるので要注意だ［4］。木目や杢、色調など本来の魅力を引き立てるには、クリア塗装がよい。一方、材種に合う着色をすることで趣を変えることもできる［5、※2］。

　塗装を指示する際は、数値で置き換えられない微妙なニュアンスを伝えるために、塗装見本を製作してチェックしたい。過去の案件で使った見本ではなく、実際に発注する工場の塗装職人に改めて製作してもらうとよい。

塗装のトレンド

　近年、家具・塗装のキーワードは「塗膜感のない表情」。木材を保護する塗膜性能を持ちつつ、自然な風合いも残せる塗装方法が求められている［※3］。

〔西崎克治〕

※2　5の塗見本はすべて全消し、オープンポア仕様。色は筆者のイメージを表現した色名。❶左から：素地／シルクホワイト／チョコレート　❷左から：クリア／パステルホワイト　❸左から：クリア／チタニウムホワイト　❹左から：素地／ローヤルブラウン　❺左から：素地／レッドアース

※3　筆者は艶消し塗料を組み合わせて表現している。ウレタン塗料と同等の耐久性を確保しつつ、木肌の素材感を残すオイルフィニッシュの仕上がりに近づけたもの

1 現場塗装に向く仕上げ

塗装の種類	適正	理由・対策
オイルフィニッシュ	○	・含浸系塗料は塗りムラが分かりにくいため、工場でも現場でもあまり差が出ない ・現場塗装にするほうが安価に納まる。見積りを工場塗装としておき、工場と現場どちらでも対応可能にしておくとよい ・工期に余裕がなければ工場で行うほうがよい場合もあるので、現場監督と相談して決める
アクリルエマルション塗装（AEP）	△	・壁や天井の仕上げに多用するが、家具塗装としては耐久性に欠け、汚れも付きやすいため不適合と考えてよい ・建物と近い雰囲気に仕上がるというメリットがある。艶消しではなく艶有りを選ぶことや、手が触れやすい箇所には色番号を合わせたウレタン塗料を併用することなど、工夫が必要
ウレタン塗装	△	・乾燥時間が短いため、霧吹きなどを使って作業環境を整えれば現場でも不可能ではないが、埃が付着すると目立ちやすい。塗装職人の技量にも個人差がある ・工場塗装で主流の方法。現場でその精度に合わせるのは難しい
ポリエステル塗装 ラッカー塗装	×	・鏡面塗装やピアノ塗装は表面に塗膜をつくるため、塗り・乾燥・研磨の工程を重ねる工期が必要 ・乾燥時間が長く、埃が大敵なので現場では作業環境を確保できない

2 現場塗装のチェック項目

- 依頼した工務店の塗装工事技術に問題がないか
- 施工現場の作業環境を整えることが可能か
- 現場塗装に合った塗料を選んでいるか
- 施工の順番は適正か。家具廻りの仕上げを要確認
- 塗料の乾燥期間を十分に確保できるか（季節により異なるので注意）
- 実際に施工する職人がサンプルを製作しているか
- 塗り見本は実際の仕上がりをイメージできるサイズか

現場塗装で仕上げた例

連続して納まる壁と建具、家具を現場塗装（オイル）で仕上げた。色や質感が均一で一体感がある。大工と建具屋、家具屋が同じロットの突き板を用いて仕上げることもポイント

塗装は工場・現場いずれも可能

家具屋がつくる家具は、工場で吹け塗装を行い、箱本体と仕上げの精度をそろえることが多い。一方、大工がつくり付ける家具や建具屋が持ち込む戸などは、主に刷毛やローラーを使って現場塗装で仕上げる。現場塗装には作業上の制約がさまざまあり、工場塗装ほどの仕上がり精度は望めない。

　家具をつくり付けるタイミングは、内部造作、仕上げ、設備の配管・配線工事など、複数の職方が出入りする時期と重なる。そのなかで高い精度の塗装を望むなら、養生シートを張り巡らせ、塗装工以外は立ち入り禁止にする必要さえある。その分コストがかかり、工期も長めに確保しなければならない。

現場塗装の注意点

　これらの条件を踏まえ、どこで塗装するのかを適切に判断することが、造作家具と建物を一体化させるポイントである。基本的には、内装塗装を基準として家具塗装の仕様を選定するとよい［1］。現場塗装の依頼に際しては、工務店の施工事例で塗装工事の技術を確認しておきたい。塗装屋の技術しだいで、やはり工場塗装にするなどの判断もできる。

　現場での施工順序は重要なので、工務店が作成した工程表に間違いやズレがないか、早い段階で確認する。たとえば、壁の左官仕上げよりも後に家具塗装をすると、左官材が塗料を吸い上げてしまうこともある。タッチアップも可能だが、やはり痕跡が残る。また、夏期であれば即日乾燥が可能な塗料でも、梅雨時や冬期には乾燥期間が倍以上かかることがあるので注意。

　なお、塗り見本の作成は実際に作業する職人に依頼すること。建具が連続するような大きな面で使用する場合は、塗り見本も大きく作成して現場に持ち込み（900㎜角程度）、実際に家具を据える環境下で照合するとよい［写真］。

　チェック項目を挙げておくと失敗を防止できる［2］。［片岡大］

駒場の家、設計：山崎壮一建築設計事務所、施工：青、写真：小川重雄

TOPICS

塗装はあえて現場で行う

メンテを考え現場塗装

頻繁に開閉する家具の扉は、指先が迷いながら触れるため、取手や引手の周辺が手垢で汚れてしまう。それだけでなく、取手廻りの塗装や木部は指先で引っ掻かれ少しずつ削られる。家具は手に触れる機会が多い分、メンテナンスが重要だ。そこで筆者は家具工事、大工工事いずれも家具は刷毛で塗る現場塗装で仕上げ、将来の塗り直しに対応できるようにしている。

　仕上げの色構成は空間の質に大きく影響するので、家具は家具、建具は建具、枠は枠といった部位ごとに色を決めるのではなく、家全体のバランスを検討しながら決める。図面の段階では、塗装色を見越した材料の選択と納まりを検討。すべての枠や家具が取り付けられた時点で、現場監督・塗装職人と共に現場で「この枠はオイルペイントの白、この家具扉は木材保護塗料のクリア……」と一つひとつ決めていく。

　このような色分けの作業は、現場が乱雑な状態だとデザイン上の正しい判断が難しいので、すべての壁が見渡せるように整頓されている状況下で行う。そのためには家具工事と塗装工事とを並行して進めなくても間に合うよう、工期に余裕をつくることが重要となる。

　また、塗り間違いを防ぐために、塗り分けを決定する際に色違いの養生テープをちぎって部材に張り付けておくとよい。〔齋藤文子〕

1 空間に合わせ色を塗り分ける

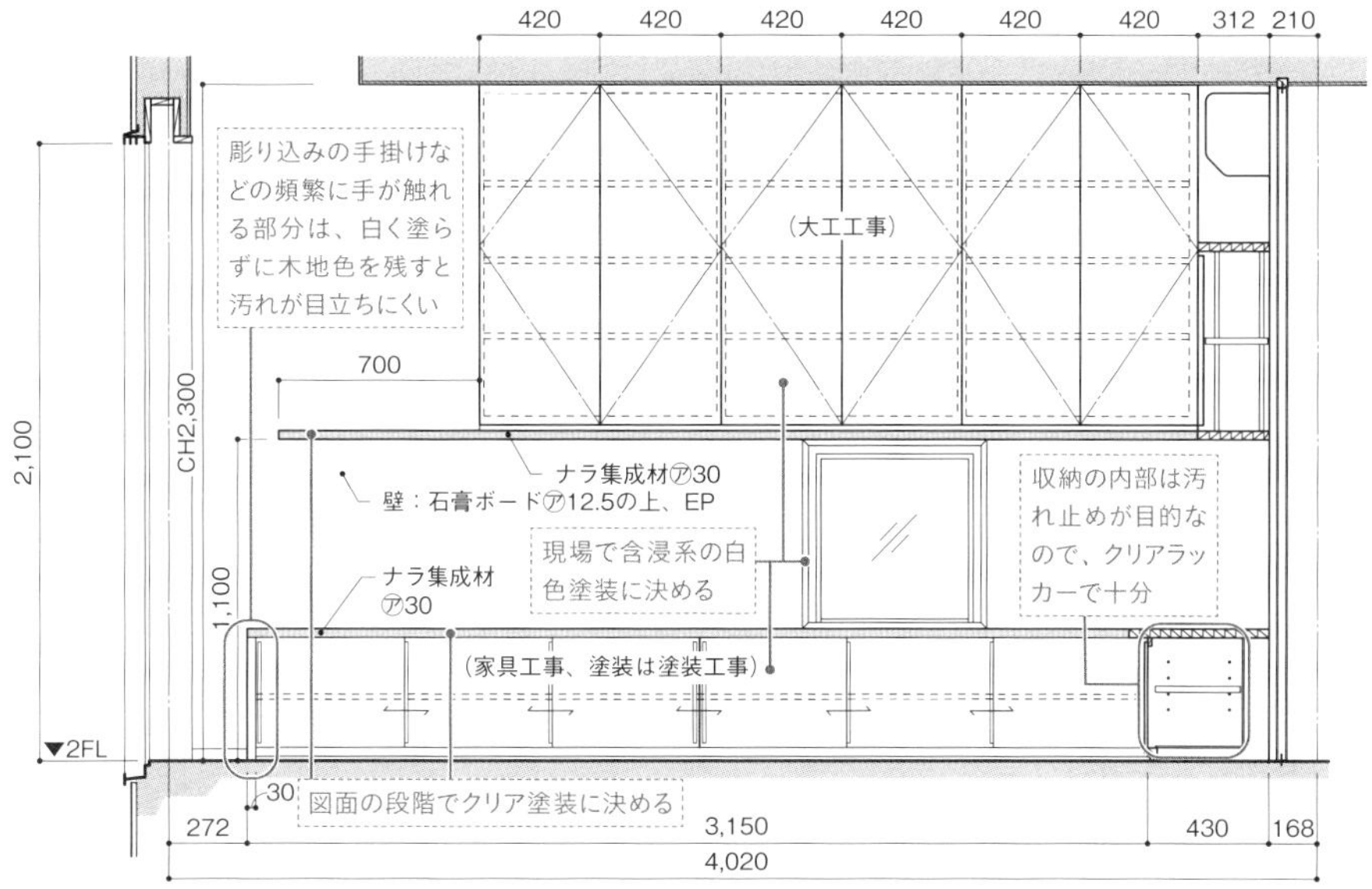
420
420
420
420
420
420
312
210
彫り込みの手掛けなどの頻繁に手が触れる部分は、白く塗らずに木地色を残すと汚れが目立ちにくい
（大工工事）
700
2,100
CH2,300
ナラ集成材㋐30
壁：石膏ボード㋐12.5の上、EP
現場で含浸系の白色塗装に決める
収納の内部は汚れ止めが目的なので、クリアラッカーで十分
1,100
ナラ集成材㋐30
（家具工事、塗装は塗装工事）
▼2FL
30
図面の段階でクリア塗装に決める
272
3,150
430
168
4,020

展開図[S=1：40]

❶図面の段階

家具の面材はシナ、デザイン上強調したいライン（カウンター材）と引手をナラに決定。ナラは木目を生かし木材保護塗料のクリア、シナは現場でクリアかペイントか決定する

❷現場での段階

明るく柔らかい雰囲気を室内にもたせ、そのなかでナラのラインを効かせるように、シナの部分（扉面材）と額縁は壁に合わせ白色のオイルペイントに決定

横のラインを木目で強調しそのほかを白く塗り分け

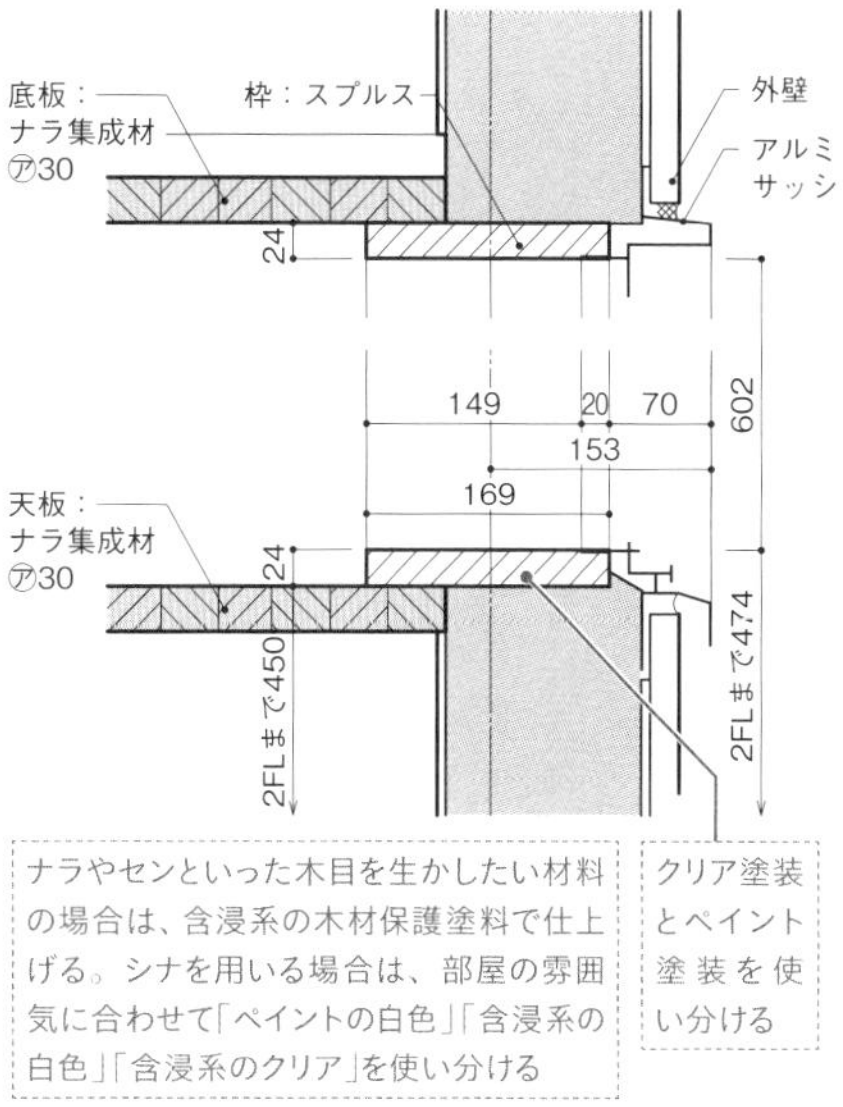
底板：ナラ集成材㋐30
枠：スプルス
外壁
アルミサッシ
24
149
20
70
153
602
169
天板：ナラ集成材㋐30
24
2FLまで450
2FLまで474
ナラやセンといった木目を生かしたい材料の場合は、含浸系の木材保護塗料で仕上げる。シナを用いる場合は、部屋の雰囲気に合わせて「ペイントの白色」「含浸系の白色」「含浸系のクリア」を使い分ける
クリア塗装とペイントを使い分ける

窓部断面詳細図[S=1：10]

写真提供：プライシュティフト、写真：冨田治

1 開き戸用金物の基本はスライド蝶番

スライド蝶番は座金と本体をそれぞれ箱と扉に設置する。取り付けた後に扉の位置を調整でき、施工性に優れる。

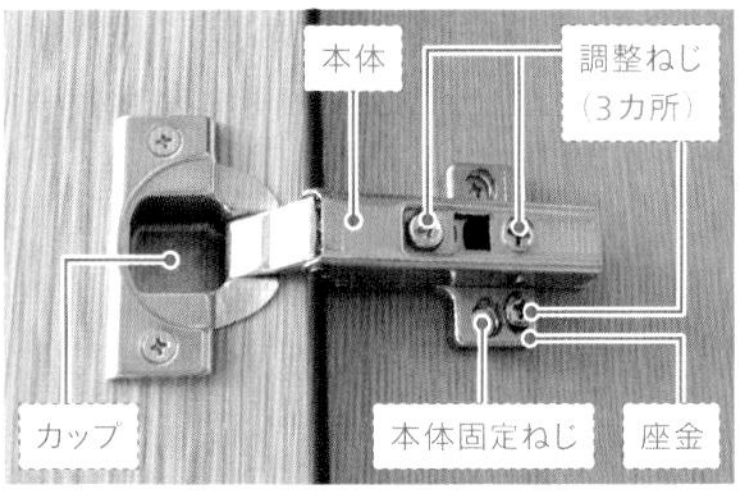
本体
調整ねじ
（3カ所）
カップ
本体固定ねじ
座金

●座金と本体をワンタッチで取り付けられる。本体と扉を分解して搬入できる

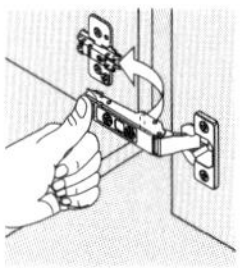

●扉の設置後に調整ねじで三次元方向に微調整できるのが最大のメリット

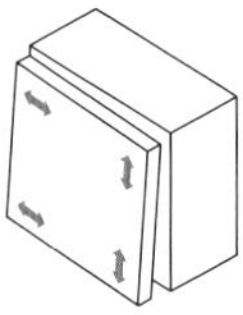

●現在の主流は、ゆっくり閉まる（ソフトクローズ）機構が組み込まれたもの

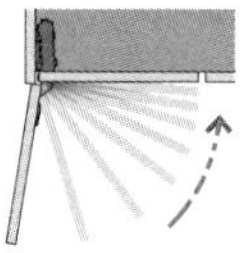

2 スライド蝶番は扉の付き方で使い分ける

スライド蝶番は扉と側板の取合いにより3種類を使い分ける。全かぶせは、アウトセットの扉に用いる。側板の小口に扉が被さるのですっきりと見える。半かぶせはアウトセットの扉が連続する場合に用いる。インセットは側板で扉を囲う納まりである。カラーバリエーションもある。

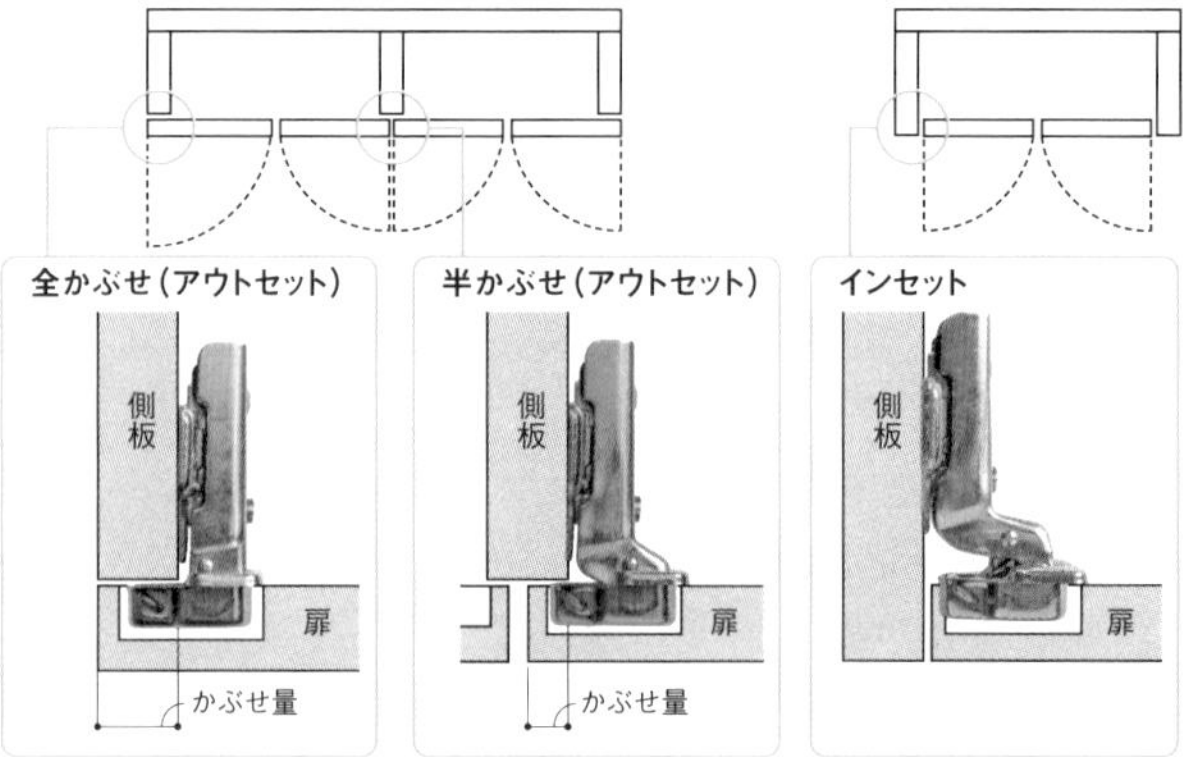
全かぶせ（アウトセット）
側板
扉
かぶせ量
半かぶせ（アウトセット）
側板
扉
かぶせ量
インセット
側板
扉

3 そのほかの開き戸用金物

①平蝶番
現場で取り付けられるので大工が使う。軸芯が扉の外にでる。厚みにより彫込み加工が必要

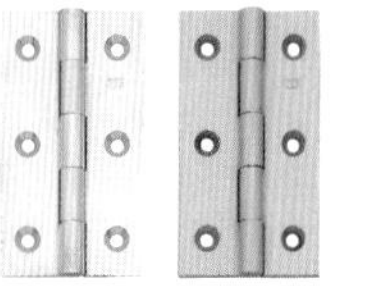

②フランス蝶番
扉を締めると軸芯が見える。装飾目的で使われる。建具に使うことが多い

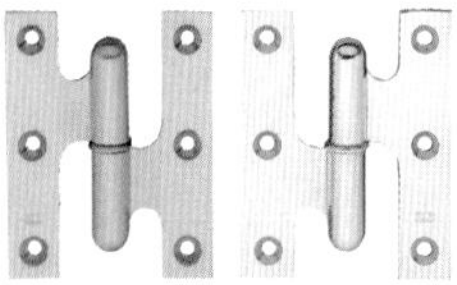

③ Air ヒンジ
細いフレームの中でヒンジが納まり、外側からは見えないデザイン。飾り棚など内部を見せる場合に使用

④木製用フラップヒンジ
フラップダウン扉で使い、開くと底板と扉がフラットになる。扉の位置を調整できるものもある

ニッケルメッキ

ナイト

⑤隠し蝶番
側板と扉の小口に埋める。折れ戸など多目的に使う。精密部材なので高価

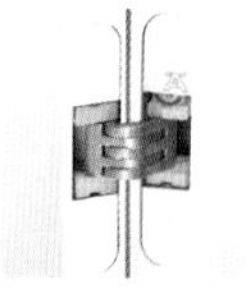

⑥マイター蝶番
スライド蝶番の仲間。側板と扉を留めで納める場合に使う

⑦ガラス扉用蝶番
中の物をきれいに見せたい場合、金物はシンプルなほうが好まれる。写真はインセット用

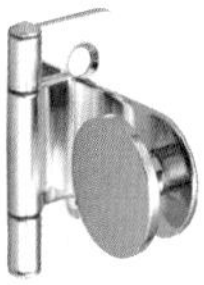

⑧ガラス扉用スライド蝶番
扉の施工後に調整ができる。⑦の蝶番よりも金物が目立たない。カバーの色に種類がある

⑨扉一体型蝶番
細いアルミ枠と一体化したもの。扉面がガラスでも外側から見えない。飾り棚などで使う

執筆：宮木克典
3 ①・②・⑦・⑧スガツネ工業、③〜⑥ハーフェレ、⑨シモダイラ

1 引出し用金物の基本はスライドレール

引出しには動作が軽く音も静かなボールベアリング式のスライドレールを用いることが多い。2段引きと3段引きの種類があり、箱の寸法と内容物の重量とを考慮して選ぶ。また、引出しの幅が広いと左右のブレが大きくなりやすいので、補助材などを使用する。

❶ 2段引き

3／4スライドタイプともいう。引き残しができるため、箱の奥まで見通せないが、頑丈。重量がある引出しにはこちらを選ぶ。引出し自体を取り外しやすい

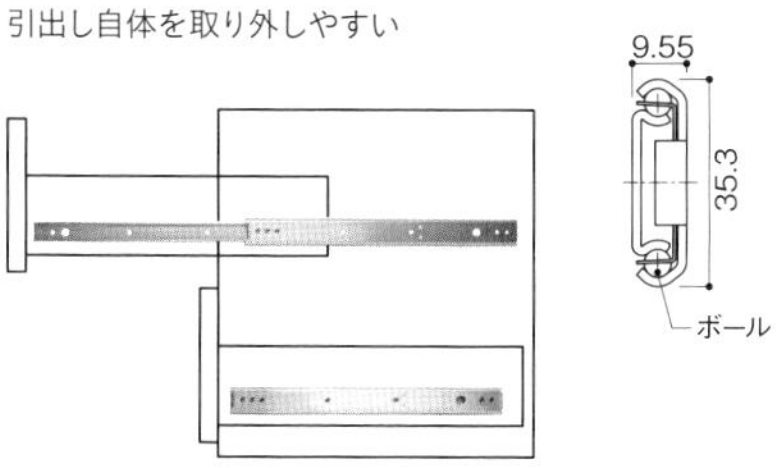
9.55
35.3
ボール

❷ 3段引き

完全スライドタイプともいう。引き残しがないため、箱の内容物を見やすく、取り出しやすい。重量が45kg以下であればこちらを選ぶことが多い。2段引きよりも取り外しがやや難しい

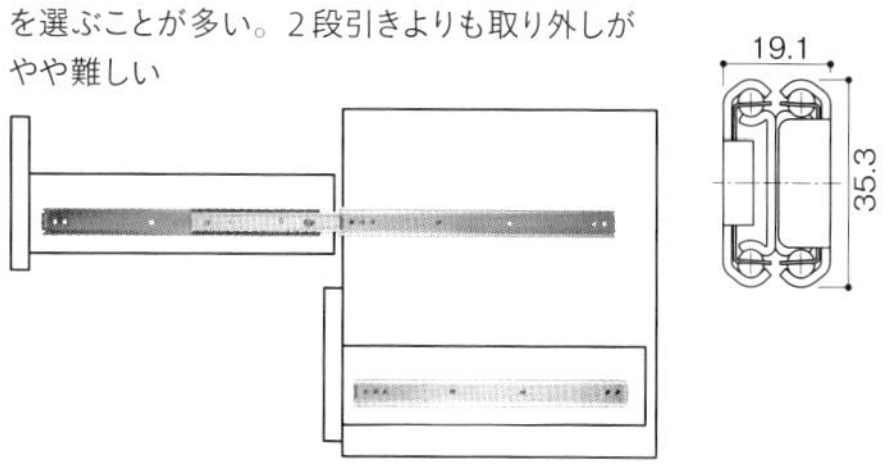
19.1
35.3

2 主流の付属機能

❶ソフトクロージング機能

レールの奥側に内蔵されたストッパーにより、閉める際の勢いを吸収し、ゆっくりと閉まる。音が静かで内容物も動かないという利点がある

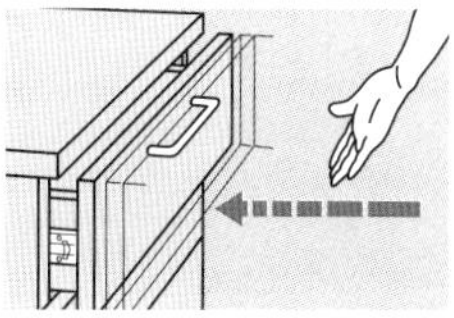

❷プッシュオープン機能

レールの奥側に内蔵されたバネ機構により、前板を押すと引出しがでる。ハンドルやつまみが不要なため、フラットなデザインに適する

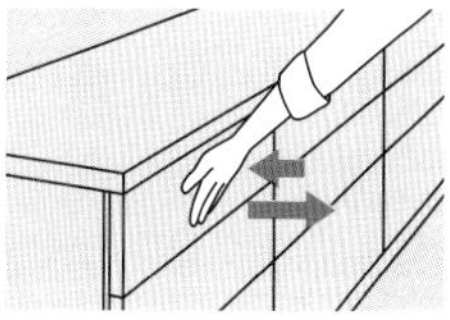

3 そのほかの便利な引出し用金物

❶ローラー式

ボールベアリング式より構造が単純で安い。2段引きタイプが多く、脱着が容易。最後まで引き出しても脱落しないので安全

25
12.3
15
引出しの傾きを調節できる機構付きが多い
ローラー

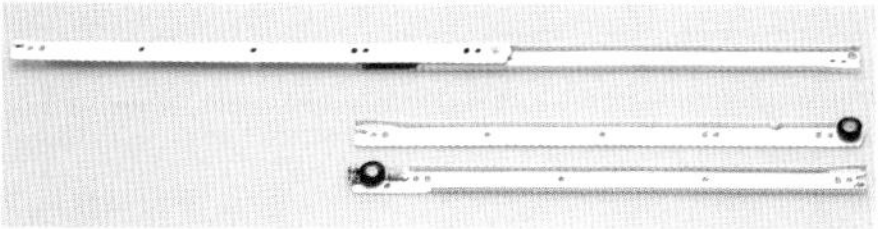

❷吊《つ》り桟《さん》

一方は引出しに溝を彫って埋め、もう一方は側板に設置する。スライドレールよりも引出しがコンパクトに納まる。内引出しなど、本体を取り外して使うことが多い場合には便利。木製の摺り桟よりも手軽で滑りもよい

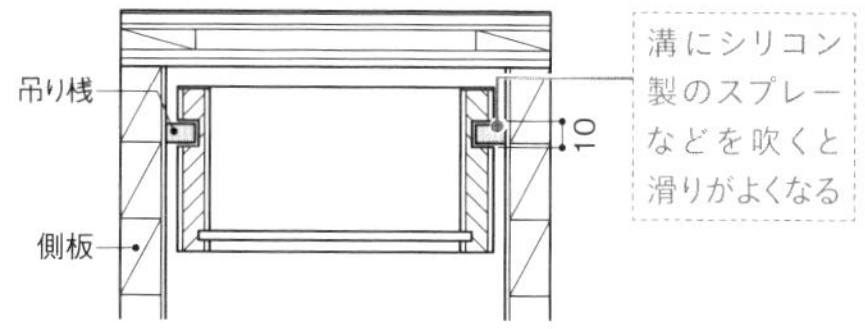
吊り桟
側板
10
溝にシリコン製のスプレーなどを吹くと滑りがよくなる

❸底付け式

引出しの底板に設置した部品を、家具本体の側板（または方立）に設置したレールに載せる。引出しの側板にレールが付かないため、引き出した際にすっきりとして見える

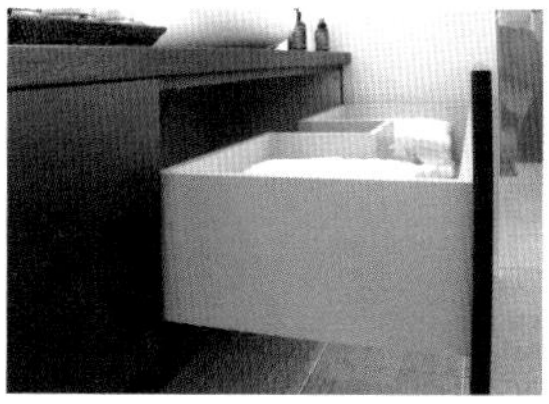

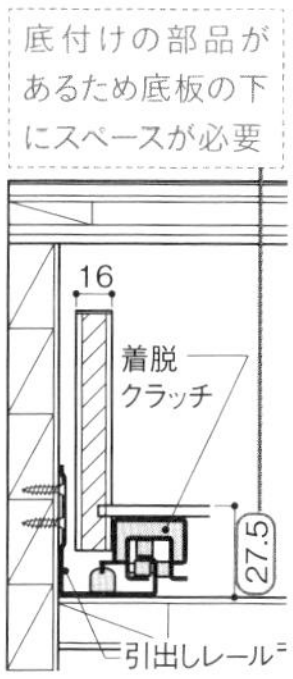
底付けの部品があるため底板の下にスペースが必要
16
着脱クラッチ
27.5
引出しレール

❹側板一体型

引出しの側板の形状が家具本体に設置したレールに組み合わさるようになっている。底板と背板用意するだけで簡易に製作できる

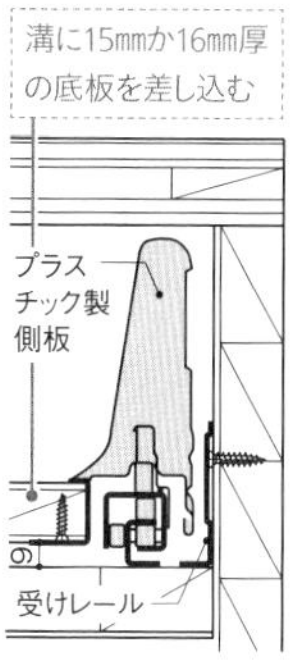
溝に15mmか16mm厚の底板を差し込む
プラスチック製側板
9
受けレール

執筆：宮木克典
1❶・❷スガツネ工業、3❶❷スガツネ工業、3❸・❹ブルム

1 引戸用金物の基本はインセットの吊りレール

家具の引戸は部品の小ささと動作の軽さを重視して吊りレールを用いる。近年はゆっくり閉まるダンパー機能（ソフトクロージング）付きが主流だ。

● ストッパー
上レールの端に設置しローラーを止める部品

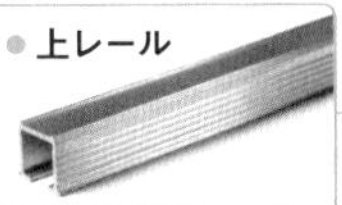

● 上レール
天板に埋め込んでローラーを吊り、走らせる

● ローラー
上レールにはめ込む。これにより戸が滑らかに動く。ダイヤルを回して高さ調整が可能

● ベース
戸の上部に埋め込んでローラーを納めるケース。これにより戸の取り付け・取り外しが容易

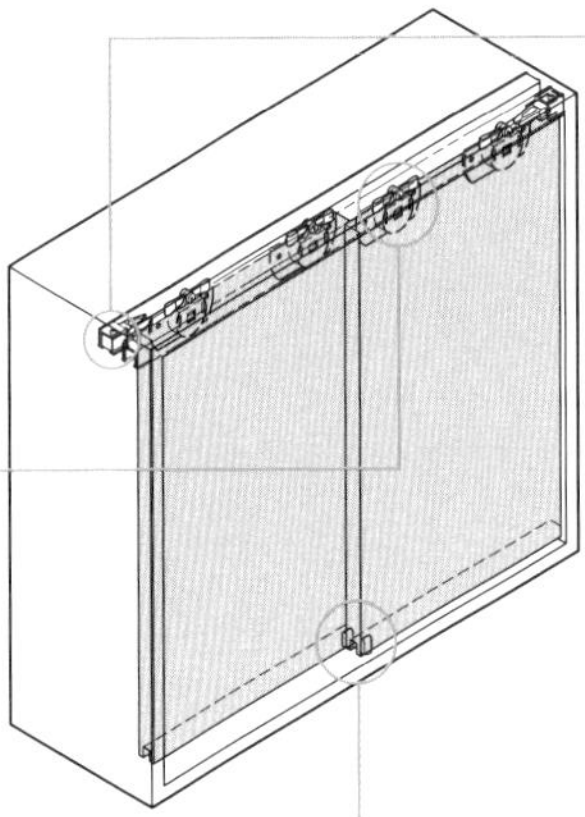

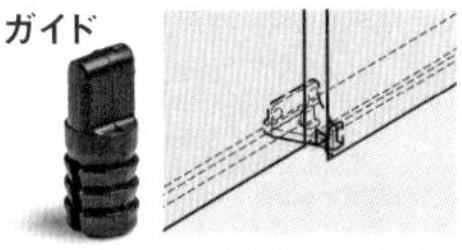

● ガイド
地板に設置し戸のブレを防ぐ。小さいので戸に隠れる。部品を変えると下部のみかぶせ仕様にできる

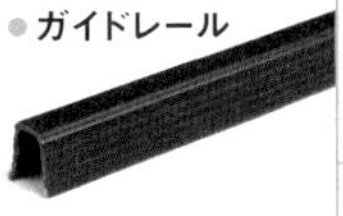

● ガイドレール
戸の下端に溝を彫って埋め込む

● 断面

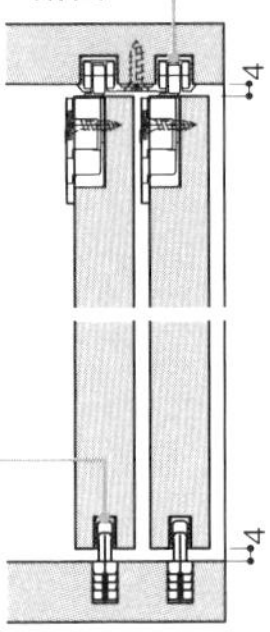
4
4

インセット仕様の場合、戸を滑らかに動かすため、上下に4mm程度の隙間が必要

2 そのほかの主なレール仕様

❶かぶせ仕様

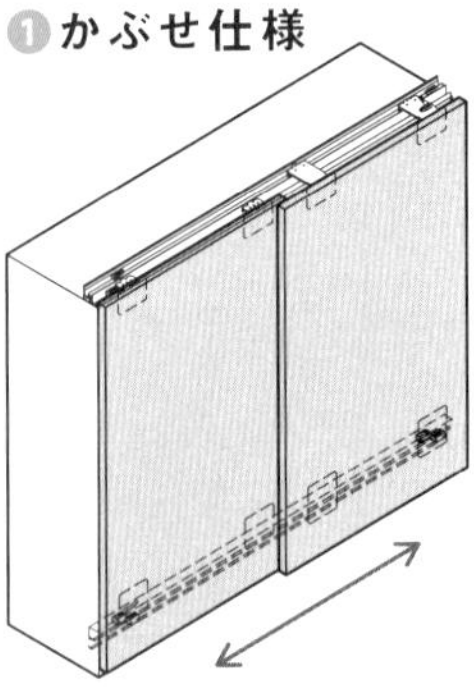

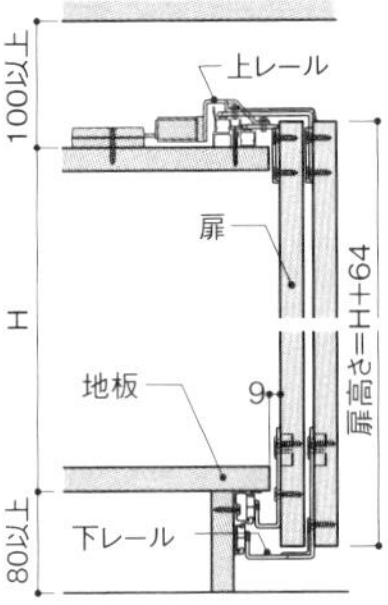
100以上
上レール
扉
H
扉高さ＝H＋64
地板
9
80以上
下レール

戸が連続する場合は、箱の小口を隠すかぶせ仕様のほうがすっきりする。引違いなのでフラットには閉まらない。箱の上下にスペースが必要

❷重量戸用

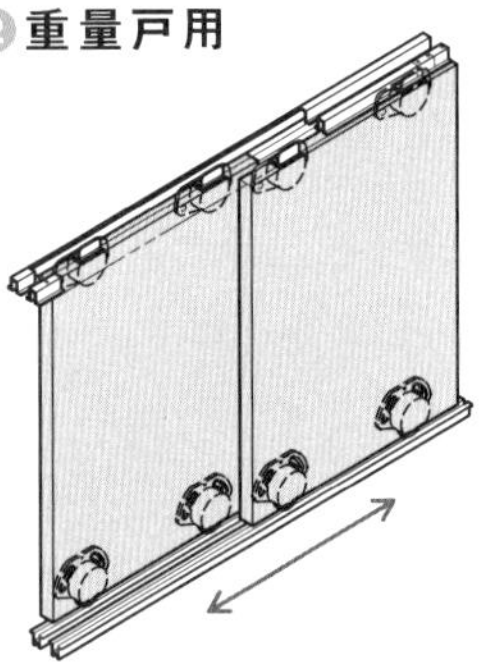

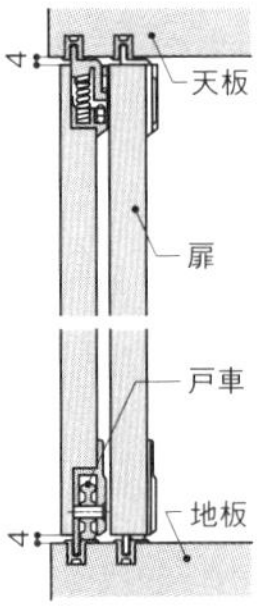
4
天板
扉
戸車
地板
4

戸に鏡を張るなどして重くなる場合は、下部に戸車が付いたものを選ぶ。ただし、地板にレールが露出し、埃などが溜まりやすくなる

❸段差なく閉じる戸

● フラット戸

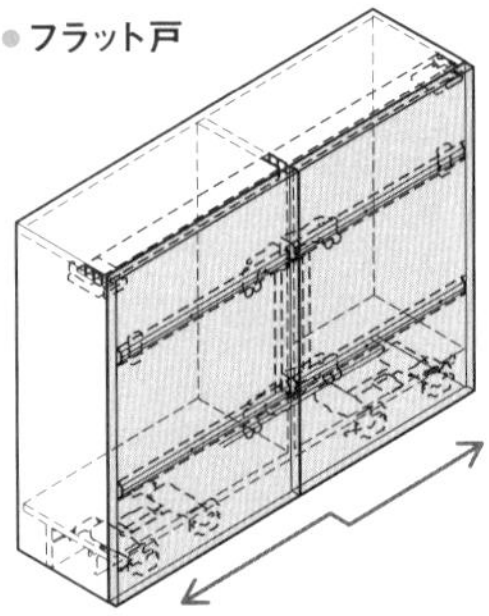

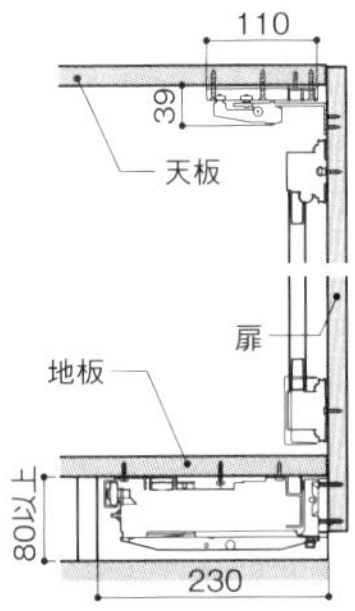
110
39
天板
扉
地板
80以上
230

省スペースで用いるのに便利。連続した戸をきれいに見せ、突き板の木目を通すようなデザインにも適する。箱の内外、扉の裏など取り付ける部品が多いので、内部の有効寸法には要注意

● 折戸

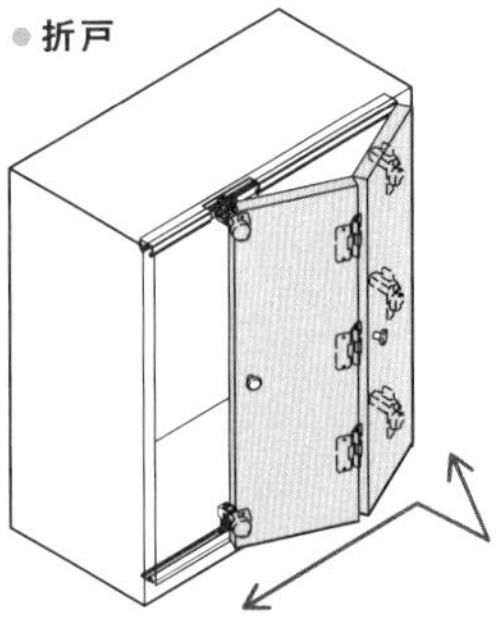

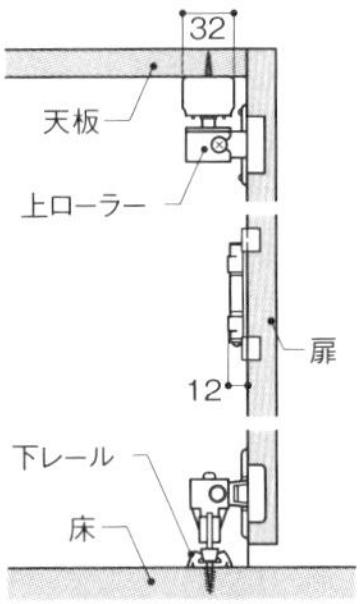
32
天板
上ローラー
扉
12
下レール
床

一度に大きな開口を得ることができ、閉めるとすっきりと見える。天板と地板にレールを設置し、扉の上下にローラー付きの蝶番、扉の召合わせ部にも蝶番を取り付けて動かす

執筆：宮木克典
1・2スガツネ工業

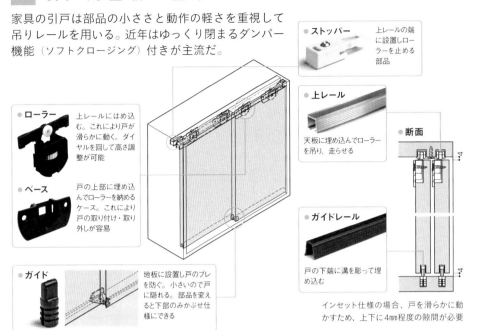

1 フリッパー扉（上下開き戸・引込み戸）に用いる金物

戸を開いたまま利用したい収納家具は、上下開きの戸や、箱の内側に引き込める戸を設けると便利だ。一般に、これらをフリッパー扉という。上下開きの戸はスライド蝶番やドロップ蝶番にステー（支柱）などの補助金物、上下左右への引込み戸はスライド蝶番とスライドレールを組み合わせる。

❶ダンパー機構付きステー
大きな上開き戸が軽く開く補助し、傾斜した位置でも扉を保持する。閉まる際もゆっくりで、静か。高い位置の扉に使うと手が届かなくなるので注意

❷フリーストップ機構付きステー
小さめの上開き戸の開閉を補助するタイプ。既定の重量を超えた扉は保持できないので要注意

❸水平折戸ユニット
上方へ扉を折り上げて開く。高い位置に設けてもハンドルが手に届きやすい。ダンパー機構付きが多い

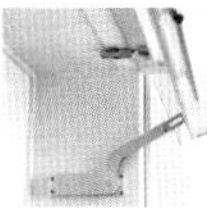

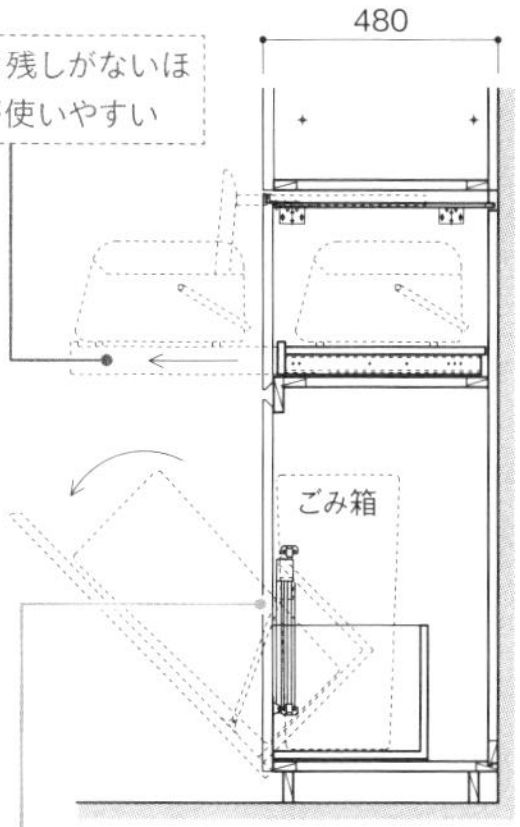
480
引き残しがないほうが使いやすい
ごみ箱

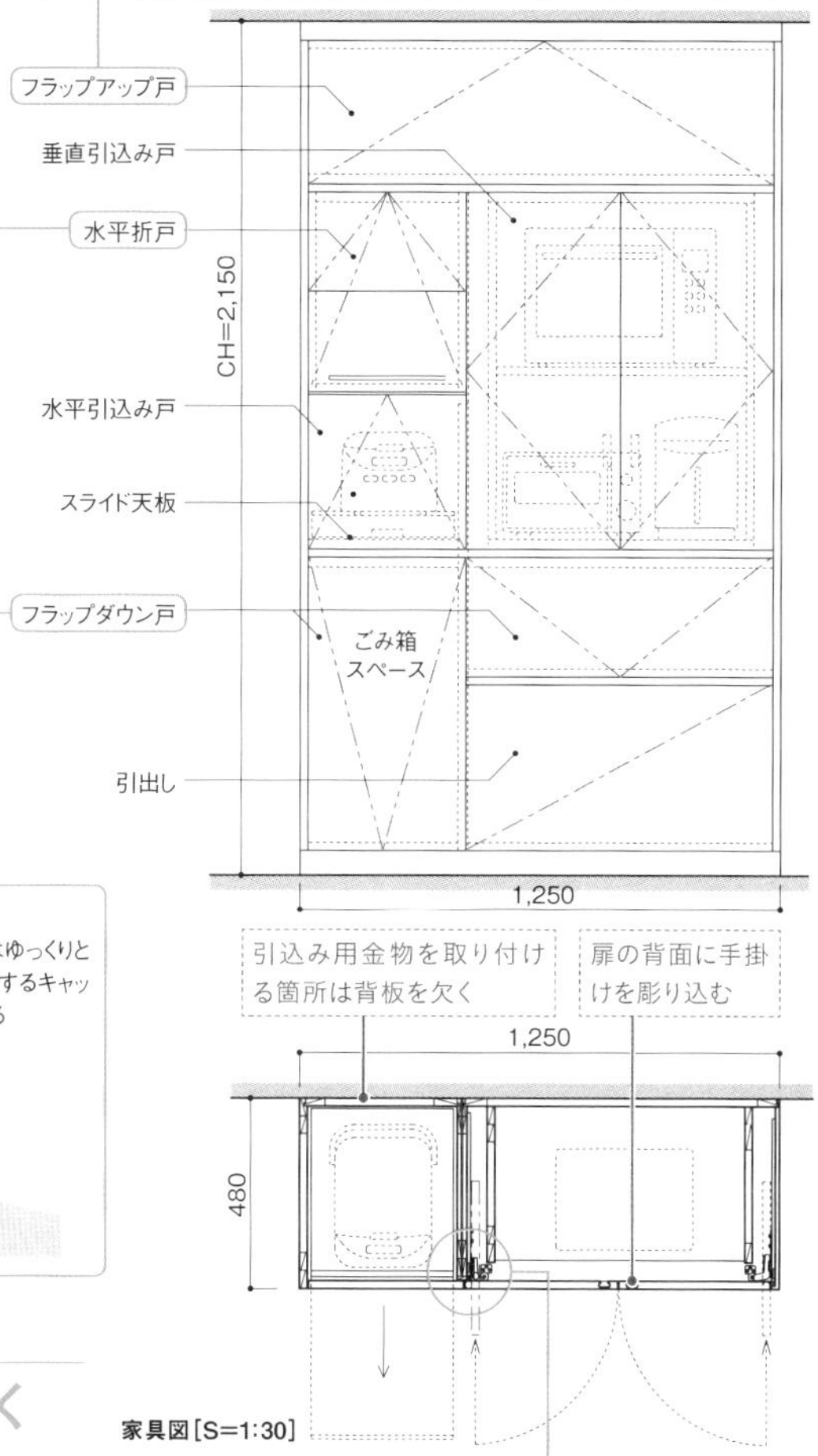
フラップアップ戸
垂直引込み戸
水平折戸
水平引込み戸
スライド天板
フラップダウン戸
引出し
ごみ箱スペース
CH=2,150
1,250
引込み用金物を取り付ける箇所は背板を欠く
扉の背面に手掛けを彫り込む
1,250
480

家具図［S=1:30］

❹ワイヤー式フラップステー
下開き（フラップダウン）の扉に用いる。開く速さを調整。ブレーキ機構付きもある

❺ソフトダウンステー
下開き扉に用いる。扉はゆっくりと開く。閉じた状態を保持するキャッチを組み込んだものもある

❻垂直収納扉金物
扉を全開した状態から箱の側板（または方立）の内側に引き込む。スライドレールと座金、スライド蝶番（インセット）の組み合わせで設ける。キッチンの背面収納など開いた状態が多い戸に適する。同様の仕組みで水平収納扉も可能

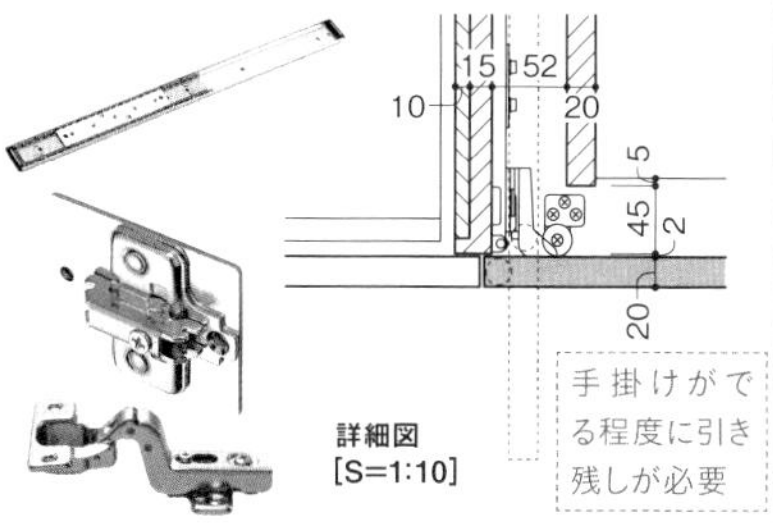
15
52
10
20
5
45
2
20
手掛けができる程度に引き残しが必要

詳細図［S=1:10］

2 戸を持ち出して開くアーム式金物

軌道が小さい扉用の金物も多数登場している。ダンパー機構付きで、大きめの扉でも軽く操作できるタイプが多い。

❶スイング左右開き金物
横方向へ開く。引戸のような使い勝手だが、扉はフラットに閉じる

❷スイングリフトアップ金物（左）、スイングリフトダウン金物（右）
扉をスライドさせて開く。ダンパー機構により操作が容易。扉の出寸法に注意

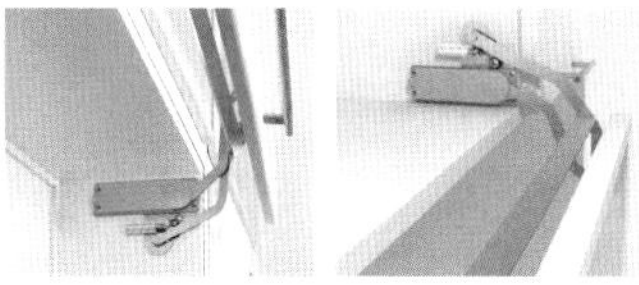

執筆：宮木克典
1・2スガツネ工業

1 棚用の金物の基本は棚柱＋棚受けと棚ダボ

可動式の棚板は棚柱と棚受けの組み合わせか、棚ダボで支持することが基本だ。いずれもさまざまな種類があるが、オープン棚やガラス棚では金物を目立たせないことに配慮して金物を選びたい。代表例を挙げてポイントを解説する。

棚柱・棚受け

①エンドキャップ
棚柱の端部に取り付けて端部を隠す。黒色もある

②薄型の棚受け
目立たず、収納する物の邪魔にもならない

③滑り止め付きの棚受け（棚板を挟むタイプ）
ガラス棚などに使用する

④棚柱
側板に取り付ける。面付けと彫込み付けがある

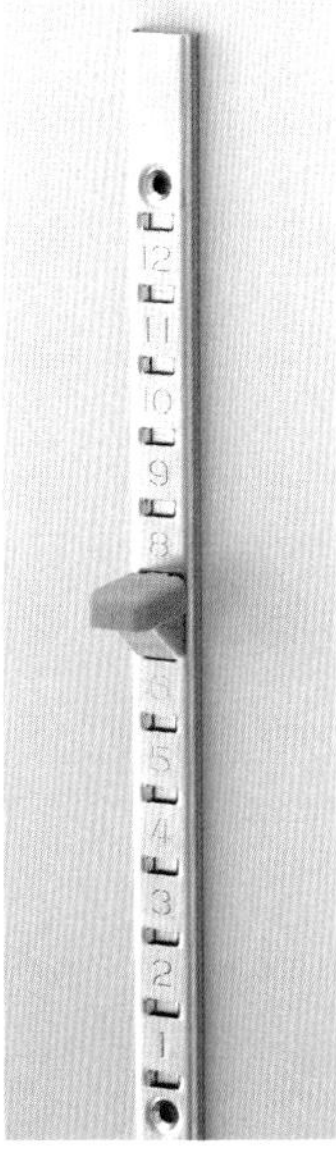

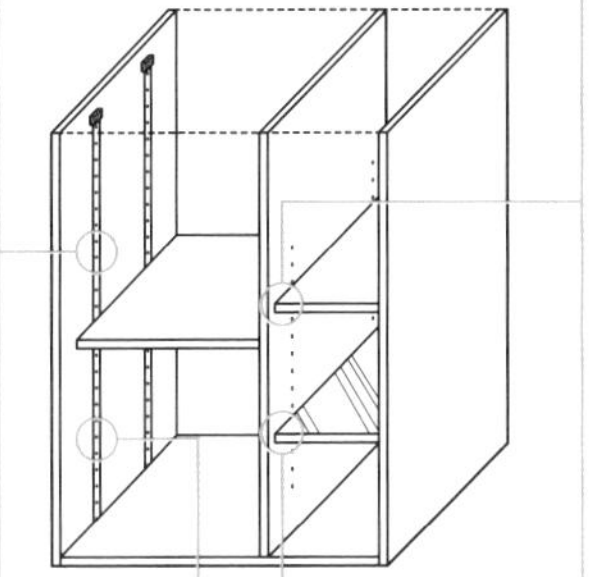

棚ダボ

⑤雌ねじとセットの棚ダボ
一般によく使う。必要なピッチで側板に埋め込む。木目調の家具にはブロンズ色を使うと目立たない

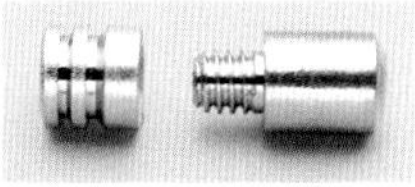

⑥ピンで差し込む棚ダボ（木製用棚ダボ）
雌ねじが不要。取り付けは容易。棚裏に穴加工をするとズレ防止になる

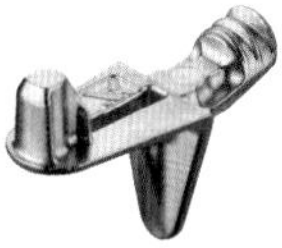

棚柱の取り付け方

●面付け取り付け

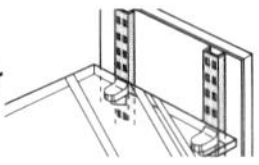

側板に直接取り付ける。手間はかからないが、棚柱が目立つ

●彫込み取り付け

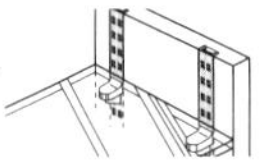

彫込み取り付けは側板に埋め込む。棚柱は目立ちにくい

ガラス用棚ダボ

⑦樹脂製パッキン付きのシンプルな棚ダボ
棚の奥側の見えにくい個所のみに用いてもよい

⑧透明の軟質樹脂が付いた棚ダボ
滑りづらく目立たない。雌ねじとセットで使う

2 棚用の金物のバリエーション

①カバー付き棚柱
棚受けの穴が正面から見えないシンプルなデザイン

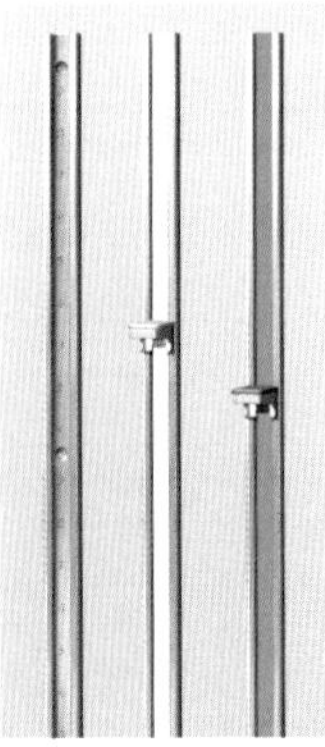

②スリム型棚柱
厚みが薄いタイプ。側板と棚板の隙間を小さくできる

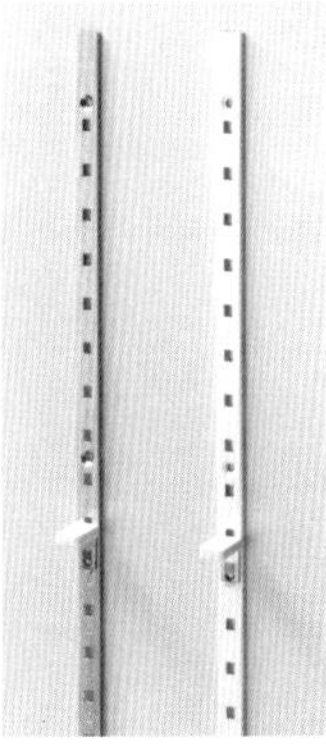

③L形棚受け
柱などの幅の狭い箇所にも設置できるスリムな固定棚受け

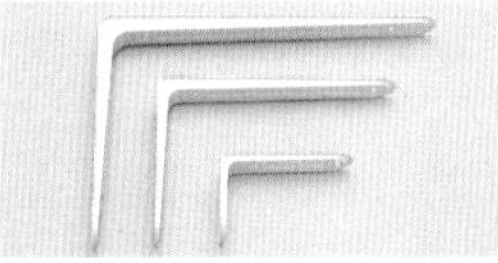

④補強付きL形棚受け
L形棚受けを補強したもの。大きめで重量のある棚にも対応する

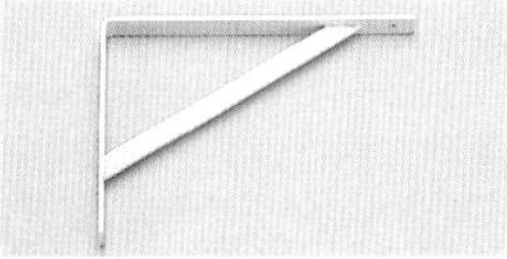

⑤簡易固定棚ダボ
側板に棚ダボを埋め込み、棚板にカップ（写真右）を設置する

⑥埋込み棚受け
棚受けに棚板を差し込んで固定する。金物本体を見せずに納められる。設置する壁は強固な材にする必要がある。上下・左右の位置や角度の調整が可能

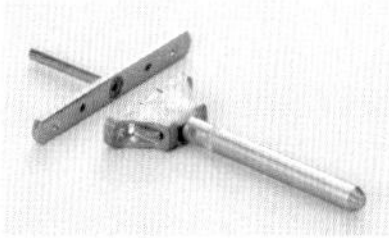

執筆：宮木克典
1⑥ハーフェレ、⑧シモダイラ、それ以外スガツネ工業

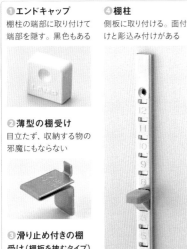

1 ラッチとキャッチは保持力と見た目で決める

ラッチおよびキャッチとは、扉が自然に開くことを防止する、ロック機能をもった金物のこと。ラッチとは一般的に、ばねの跳ね返りなどを用いた作動機構を備えたものをいう。一方キャッチとは、マグネットなどの力で扉の閉鎖状態を専ら保持するなど、作動機構のない単純な仕組みのものを指す。いずれも多くの種類があり、造作家具のデザインや使い勝手、安全性にかかわる。最適なものを選択したい。

❶プッシュラッチ（つまみ型）

つまみとラッチが一体化したもので、扉を閉めた際につまみを押し込むと施錠される仕組み。取手が不要になるため、扉の面がフラットになる。開閉の頻度が高い扉への使用は避けたほうがよい。地震などの揺れ対策としても使われる

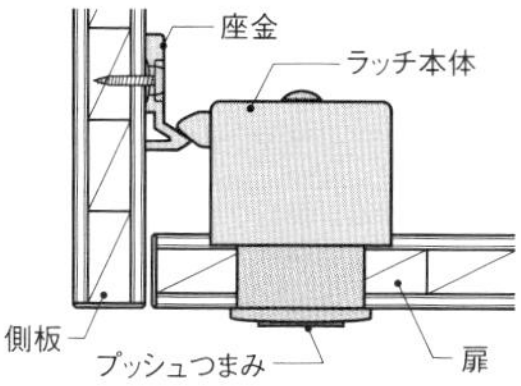

❷プッシュラッチ（棒型）

先端を押すと芯棒が伸びる仕組み。箱の内側に設置し、扉を軽く押すと開くようにする。箱の小口に埋込むタイプやスライド蝶番に取り付けるタイプもある。目立たないので、意匠性もよい。先端にマグネットが付いたタイプを使うことが多い

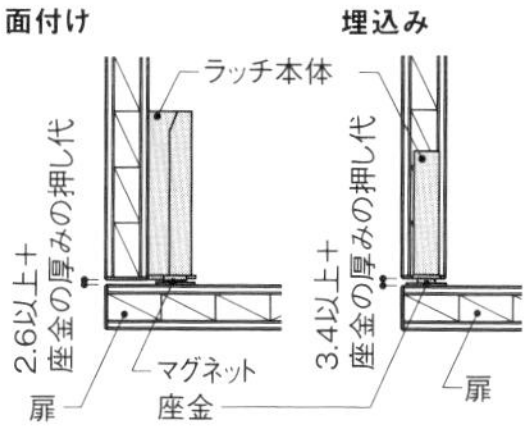

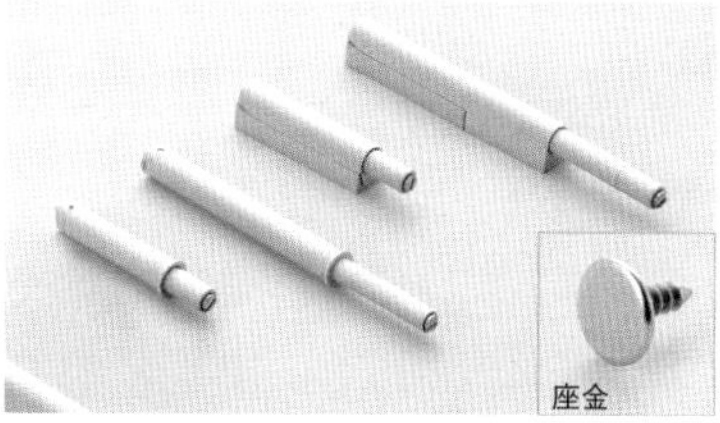

❸レバーラッチ

アウトセットにした吊り戸棚に使うことが多い。地板の裏面と扉の下端に取り付けるため、扉を地板よりも下に延ばしておくことが必要。手掛けと一体の簡易錠となる

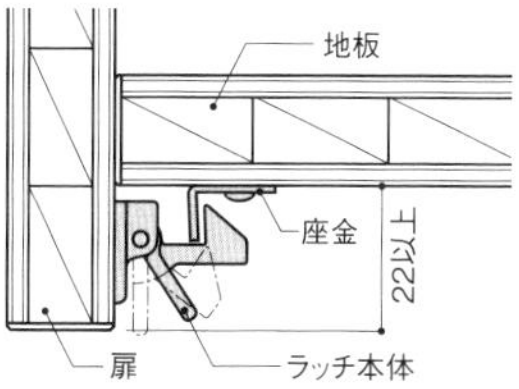

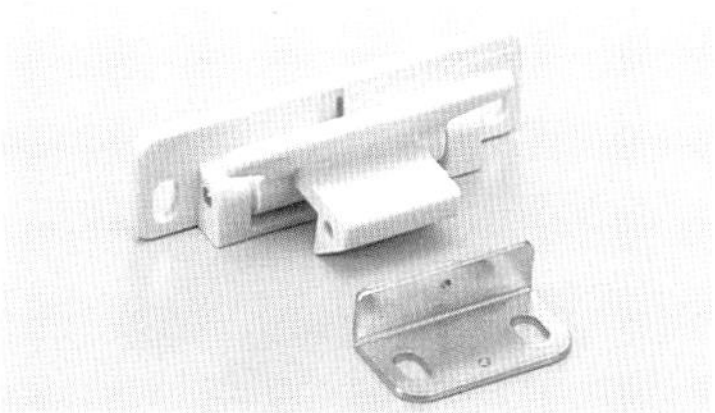

❹耐震ラッチ

地震などの揺れにセンサーが反応するとロックがかかり、扉の開放を防止する。揺れが止むとロックが解除される仕組み。キッチンの吊り戸棚などに使用する。本体を水平に取り付ける必要があり、家具に歪みがあると取り付けられないため、製作精度が求められる

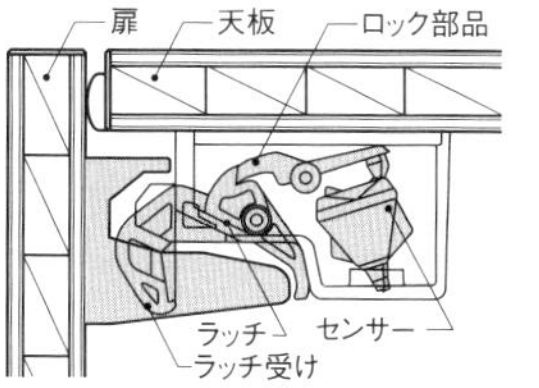

❺マグネットラッチ

軽く押すと、ばねが跳ね返る仕組み。箱と扉の内側に設置して使う。プッシュ開放のため、吸着強度はあまり強くない。つまみやハンドルなどの取手が不要。AV機器の収納やキッチンの吊り戸に使用する

❻マグネットキャッチ

磁石の力で扉を固定する単純な仕組み。磁石の強度により扉と家具本体との吸着度が変わるため、用途によって使い分ける。壊れにくく、開閉頻度の高い箇所の使用に適する

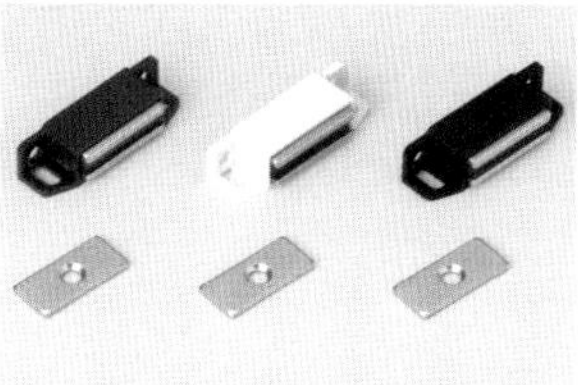

❼ボールキャッチ

ボールを仕込んだキャッチ本体を箱に、T字型座金を扉に設置する。マグネットキャッチよりも堅く閉じる。配線BOXを隠すフタやエアコン用のガラリなど、普段は開閉しない扉に使用する

執筆：宮木克典
❶❹ムラコシ、それ以外スガツネ工業

1 取手・引手・つまみは操作方法と見た目で決める

取手や引手、つまみは扉や引戸に設置し、開閉を補助する部材である。取手は指を引っ掛け、引手は指を指し込み、つまみは指先で保持して扉を操作する。主な素材は金属や樹脂、木材である。家具にとってのアクセサリーであり、雰囲気やグレード感を左右する大事な部材である。扉の大きさや重さに合わせ、使い勝手も考慮する。

取手

❶天端埋込みタイプ
扉の天端を部材の幅と厚み分欠いて納めるタイプ。薄い板が載ったような見え方。扉勝ちのデザインに映える

❷突出タイプ
扉の裏側からビスで取り付けるタイプ。写真は、内側に手掛けの彫込みがあるが、無垢材のようなすっきりした見え方のもの。重厚感のある家具になじむ

❸円形タイプ
引出しの前板に取り付ける。立体的で装飾性が強い。真鍮やロートアイアンなどでつくられたレトロな風合いのものが多い。モールディングを廻すようなアンティーク調の家具に合う

❹丸釻《まるかん》タイプ
指を掛ける部分が輪状の取手を丸釻という。強度に欠けるので主に装飾目的。クラシカルな印象で、金めっきを施したものなどは高級感がある

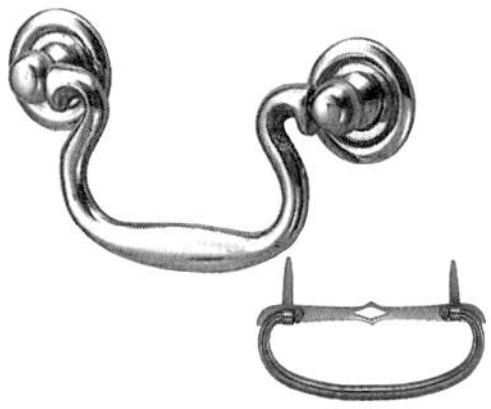

引手

❺天端埋込みタイプ
扉の天端内側を欠いて納める。表側からはほとんど見えないので、扉をすっきり見せることが可能

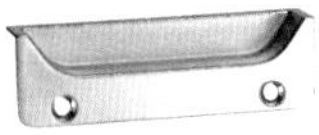
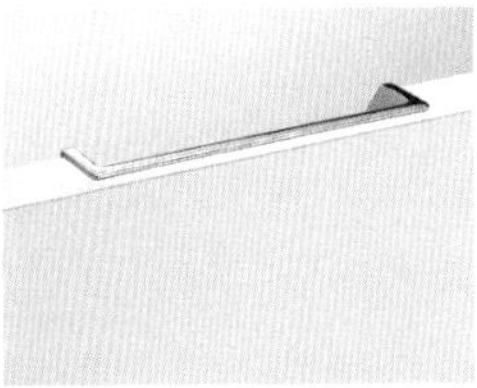

❻天端載せタイプ
扉幅に長さをそろえて天端の小口に設置する。棒状タイプで扉とフラットに納まる。強度があり、開閉もしやすい

❼小穴彫込みタイプ
小さめの引戸の開閉用に設置する。開口がφ26mm程度あれば指を掛けることが可能。写真のように内部が黒いタイプは穴の存在感がなく、シンプルに納まる

❽楕円形埋込みタイプ
大きめの引戸の開閉用に設置する。開口には指を数本掛けることが可能。写真は木製（白木）のもの。塗装をして用いることが多い

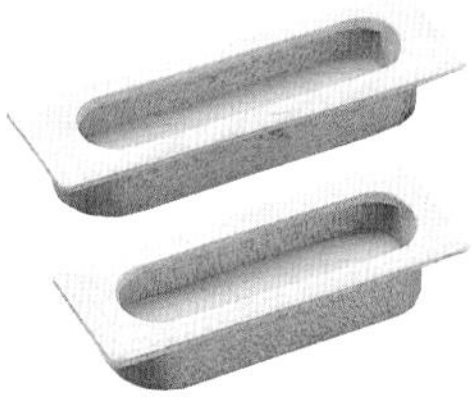

つまみ

❾プッシュタイプ
つまみを押し込むとフラットになるタイプ。扉にザグリ加工（段付き加工）を施し、本体を埋め込んでねじで締める。扉の突起物がなく安全。プッシュラッチが効かない大きめの扉に使う

❿突出タイプ
最もシンプルなつまみの形状。扉に直付けする。写真は木製（白木）のタイプ。塗装をして用いることが多い。やや強度に欠けるので、開閉頻度の高い扉には不向き

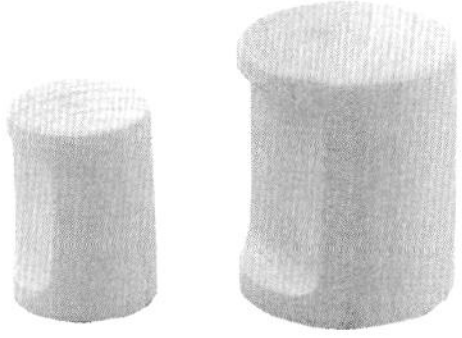

⓫突出タイプ
❿のタイプよりつまみやすい形状。主に引出しに用いる。写真は真鍮製のもの。木製やガラス製、陶器製などデザインが豊富で、アンティークな雰囲気のものも多い

⓬ブラ釻《かん》タイプ
指でつまんで開閉するため、小さめの引出しや扉に装飾的に用いる。丸釻と同様、使用頻度の高い箇所での使用には適さない

執筆：宮木克典
1❶・❷・❺・❻カワジュン、❸・❼～⓫スガツネ工業、❹・⓬シロクマ

TOPICS

家具職人が教える家具の実測法

室内の床・壁・天井は必ずしも垂直とは限らず、寸法も数ミリの誤差は生じるものである。

一方、家具工事による家具は工場で製作され、寸法精度は非常に高い。この工場生産品を「誤差が当たり前」の現場に持ち込み、問題なく取り付けるには、台輪《だいわ》や支輪《しりん》といった調整部材を使うほか、家具職人のひと手間が欠かせない。それが製作前の現場実測と状況確認だ。正確に実測し、状況に応じた対応策をとっておくことで、すっきりと家具が納まるのである。

現場実測は正確さが肝心

家具工事のための実測は「とにかく正確に」現場の寸法を拾う。設置予定の家具の特徴や形を意識しながら、重要と思われる部分を入念に実測する。

メジャーの使いかた1つをとってもコツがある。目盛りを読むには「真正面から」が基本中の基本だ。天井付近を測る際にも必ず脚立に乗るなどして、常に目線の位置で目盛りを読む［1］。長いスパンを測る際は、メジャーがたるまないように2人での実測を徹底する。レーザー距離計［※1］や、壁の垂直や床の水平などを見るレーザー墨出し器［※2］を併用することも多い。

現場の状況確認も重要

家具職人にとって、現場の状況確認も重要だ。図面では確認できないことも多いので、これを怠ると、家具を搬入できないなど取り返しのつかないことにもなる。

搬入経路をくまなく確認し、手前に枠などがある場合は、枠のチリ分を製作寸法から差し引いておく。設置スペース廻りには、扉や引出しの障害物となる煙感知器やコンセント類などがないかを確認し、必要に応じて対応策を練る。

家具の分割方法を決める際にも現場での確認が重要になる。搬入経路にクランクした廊下や階段がある場合には、通常より小さめに分割する必要が生じることもあるからだ。［間中治行］

1 家具職人直伝！ 実測のポイント

❶正確に測るコツ

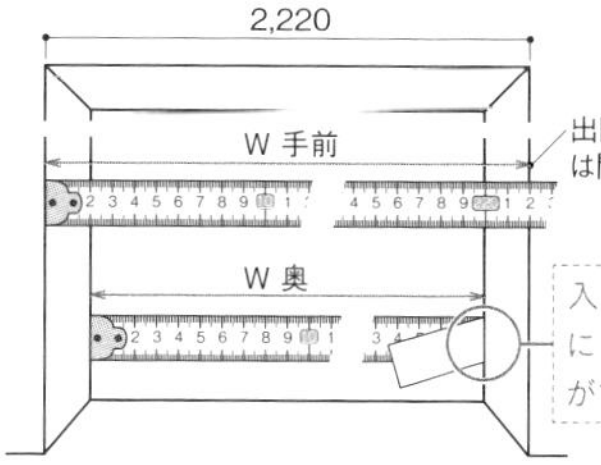
2,220
W 手前
W 奥
出隅の実測は問題ない
入隅は正確に測ることができない

メジャーの先端は壊れていることも多い。そんな場合は100mm返りといって100mm線を基点にして対象物を測るとよい。100mm多く採寸するため、メモする際に差し引くことを忘れずに。初歩的ではあるがこのミスは意外に多い

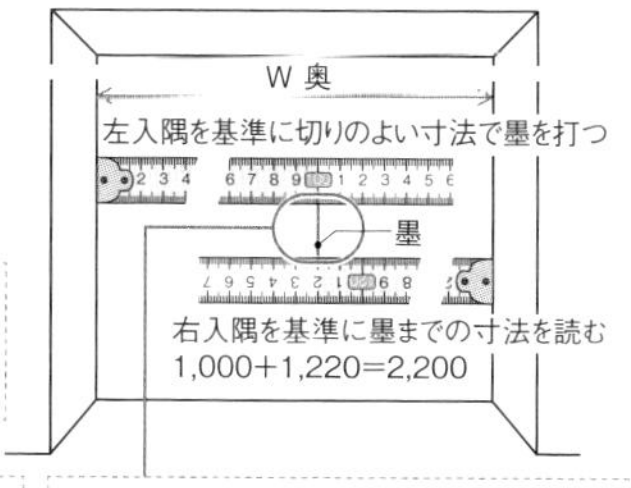
W 奥
左入隅を基準に切りのよい寸法で墨を打つ
墨
右入隅を基準に墨までの寸法を読む
1,000+1,220=2,200

床、壁、天井に囲われた空間の採寸は、奥の入隅部分は測りにくい。まず切りのよい寸法で墨を打ち、次に反対側から墨までを測り合計すれば正確な採寸が可能である

❷箱物のための実測

間口、高さを測る場合には、必ず複数カ所を測り、数字の読み違いを防ぐ。また家具を設置する空間のゆがみを把握するためレーザー水平器や下げ振りなどを使い、壁や枠などの「立ち」を見ておく

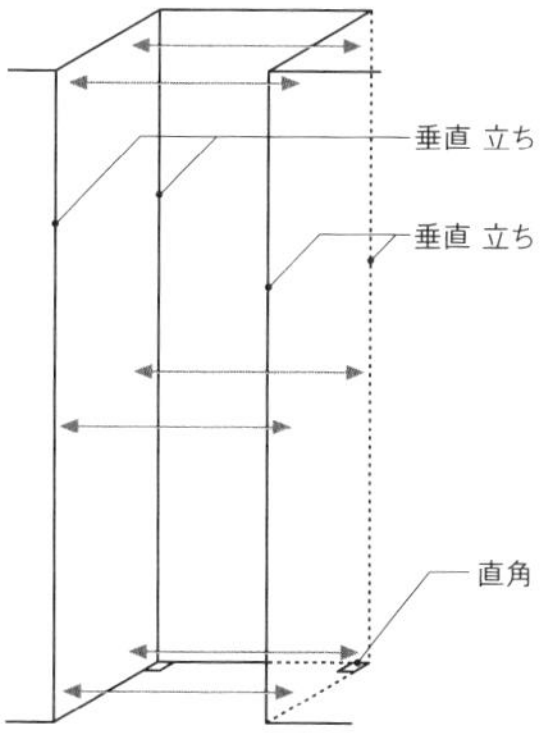
垂直 立ち
垂直 立ち
直角

床から天井、壁から壁いっぱいに取り付ける家具は特に実測が肝心

❸カウンターのための実測

(1) 実測時のポイント

床から700mmの高さに設置する場合、700mm付近の間口を重点的に実測する。その際、サシガネなどで、壁の「カネ（矩）」を把握しておく

(2) 製作時のポイント

カウンターと壁の間に隙間がでないよう、実測結果のうち一番大きい数字をもとに製作し、現場で削り合わせる。ジャスト寸法につくりたい場合や変形の壁や複雑な形状の場合には、型取り［＊］をする

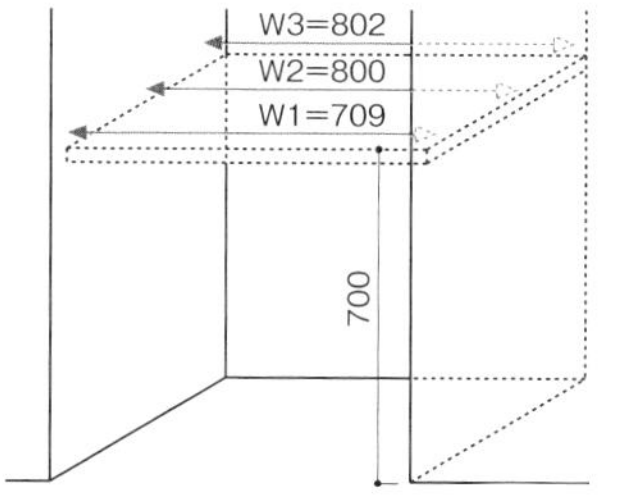
W3=802
W2=800
W1=709
700

奥行き方向は手前、中、奥と3カ所実測する

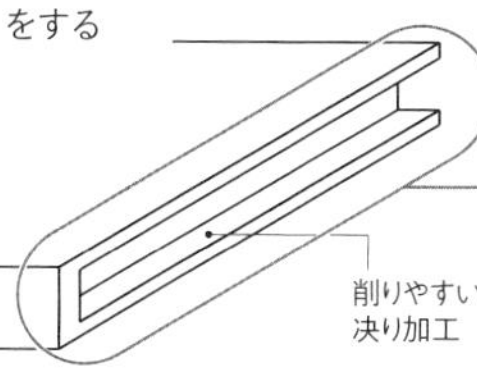
削りやすいよう
決り加工

W=802で製作し、手前は3mm分だけ現場にて削り合わせる

＊：現場で薄い合板を壁なりに削り合わせて形を写し取ること

※1 目標物に赤外線レーザーを照射し反射して戻ってくる時間から、目標地点までの距離を瞬時に測定するもの
※2 線状の真っ直ぐなレーザービームを照射するもの

2章

基本ディテール

家具を美しく
見せるための
部位別・種類別
ディテール

1 垂直方向の逃げ

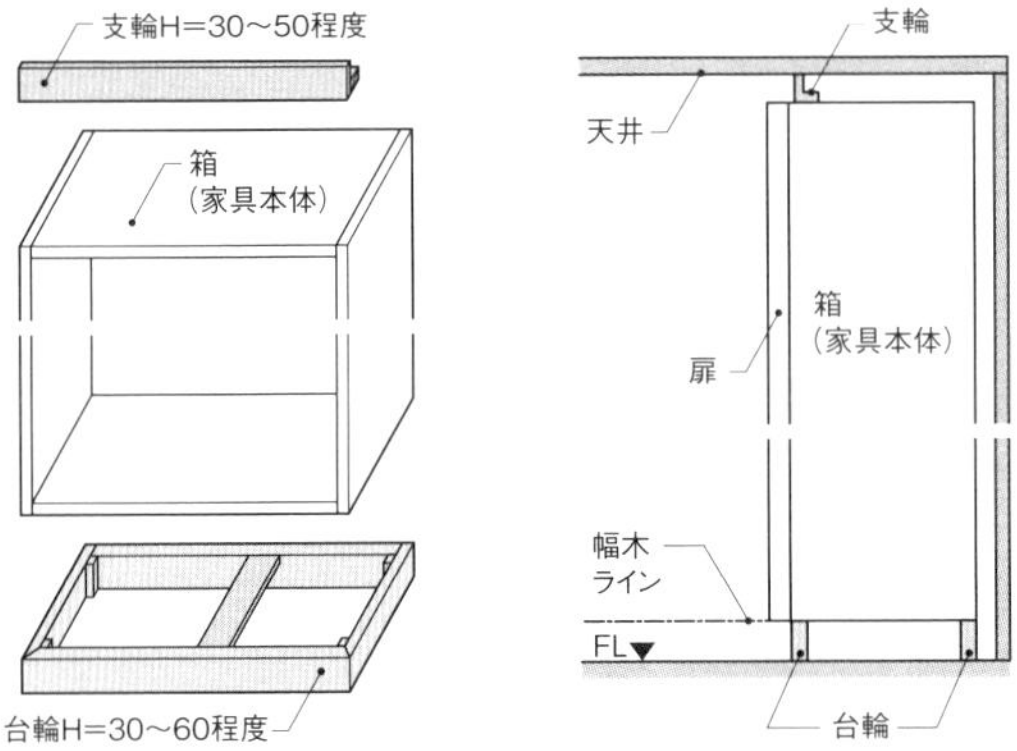
支輪H=30～50程度
箱
（家具本体）
台輪H=30～60程度
支輪
天井
箱
（家具本体）
扉
幅木
ライン
FL▼
台輪

2 水平方向の逃げ

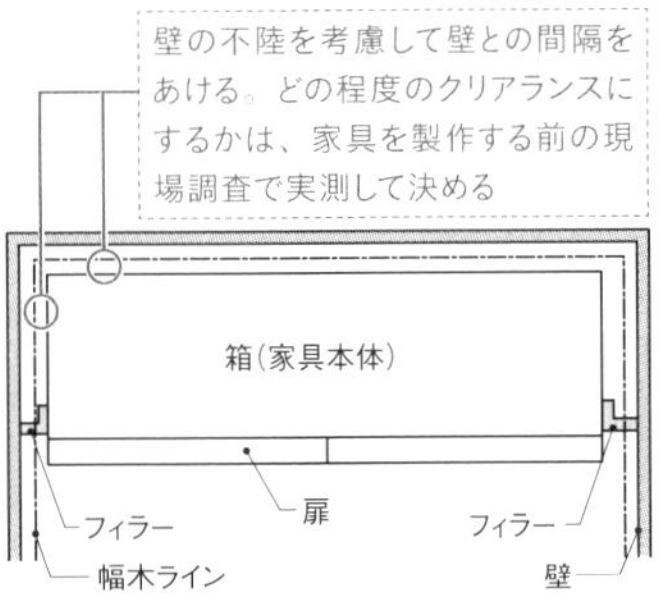
壁の不陸を考慮して壁との間隔をあける。どの程度のクリアランスにするかは、家具を製作する前の現場調査で実測して決める
箱（家具本体）
フィラー
扉
フィラー
幅木ライン
壁

逃げを埋める部材は少し大きめにつくり、現場で削り合わせながら納める。家具の背面と建物の壁の間にも隙間を設けて、床から天井にかけての歪みを吸収する

3 支輪の納まり（天井）

❶基本

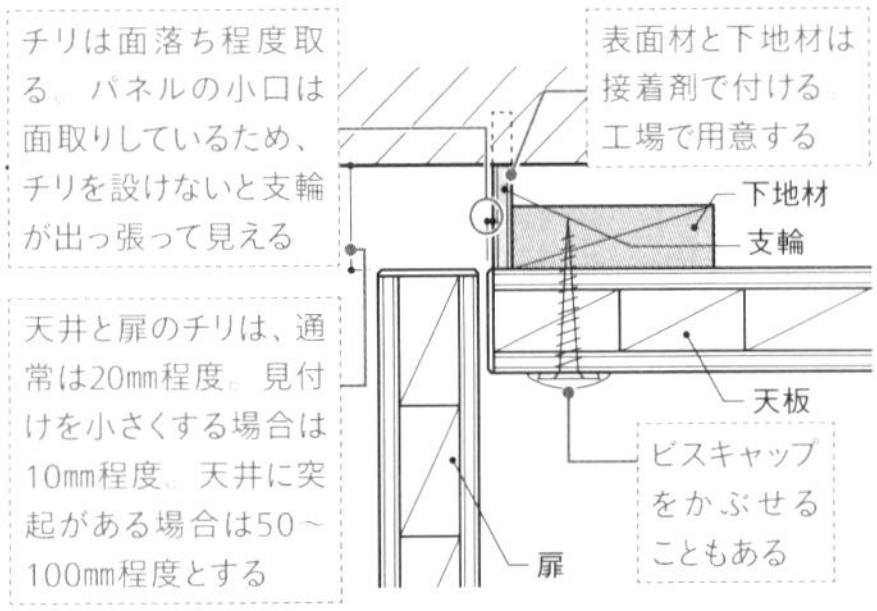
チリは面落ち程度取る。パネルの小口は面取りしているため、チリを設けないと支輪が出っ張って見える
天井と扉のチリは、通常は20㎜程度。見付けを小さくする場合は10㎜程度。天井に突起がある場合は50～100㎜程度とする
表面材と下地材は接着剤で付ける。工場で用意する
下地材
支輪
天板
ビスキャップをかぶせることもある
扉

梁や壁と家具との隙間を支輪やフィラーで埋めた例。逃げの見え掛かりをそろえるときれいな収納となる

❷応用

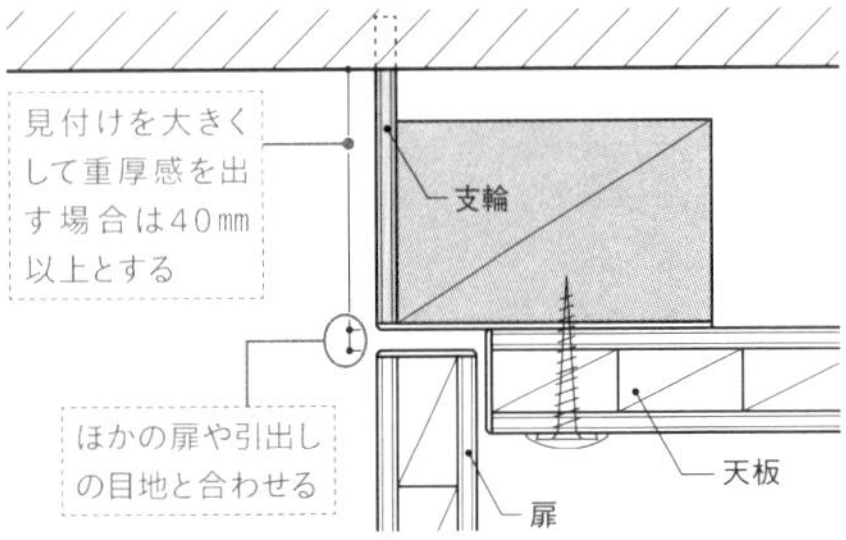
見付けを大きくして重厚感を出す場合は40㎜以上とする
支輪
ほかの扉や引出しの目地と合わせる
天板
扉

❸支輪なし

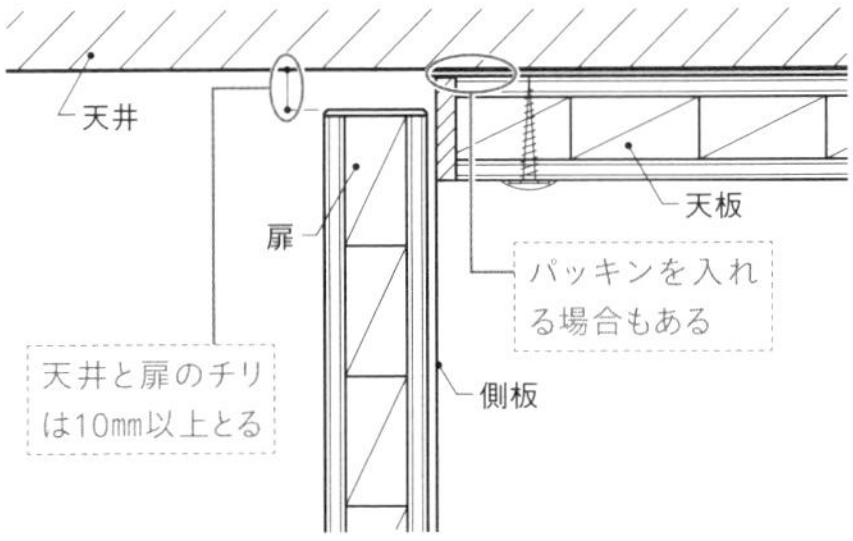
天井
扉
天板
パッキンを入れる場合もある
天井と扉のチリは10㎜以上とる
側板

建物と造作家具を一体化する

家具工場で製作した家具を設置する際、建物と一体化する作業が必要になる。工場で製作した家具は寸法や水平垂直などの精度が非常に高い。一方、現場の施工精度は家具ほど高いとはいえない。そのため、家具を少し小さめに製作し、支輪《しりん》（幕板）や台輪《だいわ》（幅木）、フィラーといった部材を家具屋が現場で削り、間を埋める。この隙間を家具の「逃げ」という［1～5］。

大工工事で家具をつくり付ける場合は、逃げは取らない。ただし、使う家具金物の動き方（軌跡）によっては必要となる場合もあるので注意したい。

また、建物の壁・天井にはコンセントや照明器具などさまざまなものが設置されるし、建物の幅木も、通常は壁より張り出す。家具工事、大工工事のいずれで家具を製作しても、それらを避けるために逃げは不可欠である。

逃げの寸法は設計者のデザイン意図によるところが大きく、筆者は10～15

4 台輪の納まり（床）

①基本

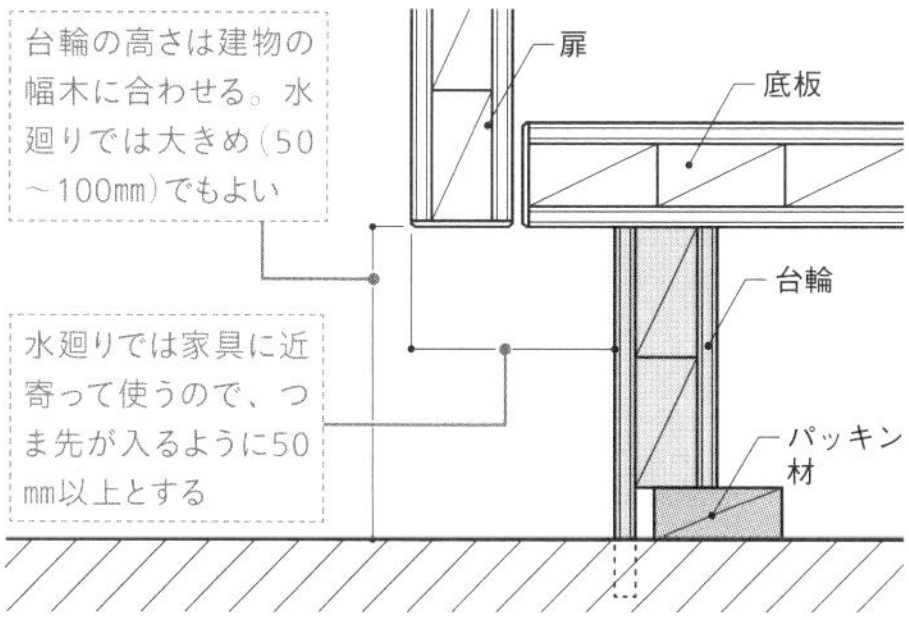
台輪の高さは建物の幅木に合わせる。水廻りでは大きめ（50〜100㎜）でもよい
水廻りでは家具に近寄って使うので、つま先が入るように50㎜以上とする
扉
底板
台輪
パッキン材

建物の幅木と台輪の見え掛かりをそろえている

②幅木との取合い

● **出幅木の場合**

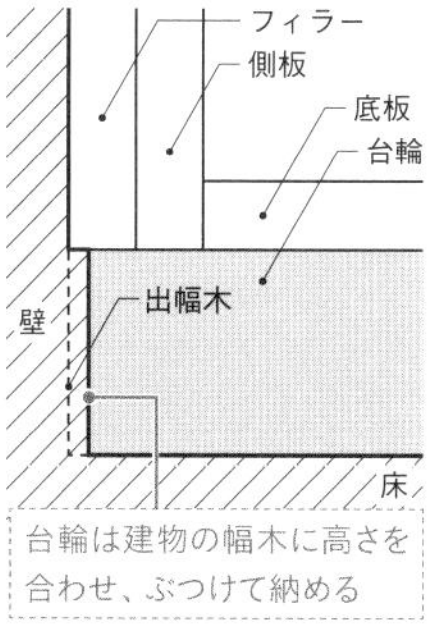
フィラー
側板
底板
台輪
壁
出幅木
床
台輪は建物の幅木に高さを合わせ、ぶつけて納める

● **入幅木の場合**

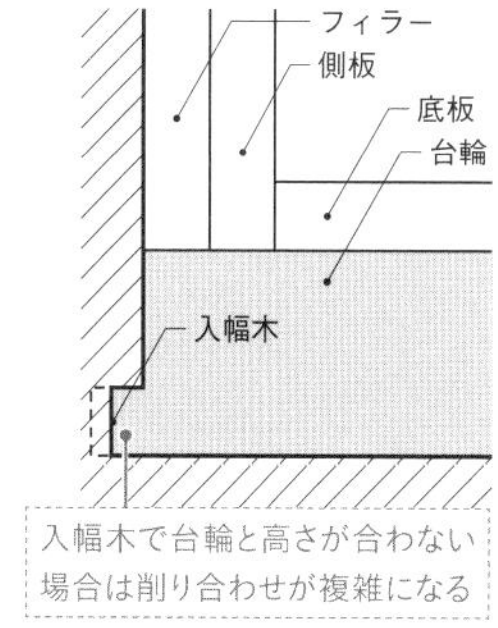
フィラー
側板
底板
台輪
入幅木
入幅木で台輪と高さが合わない場合は削り合わせが複雑になる

ほかの収納家具とも台輪の高さをそろえる

5 フィラーの納まり（壁）

①基本

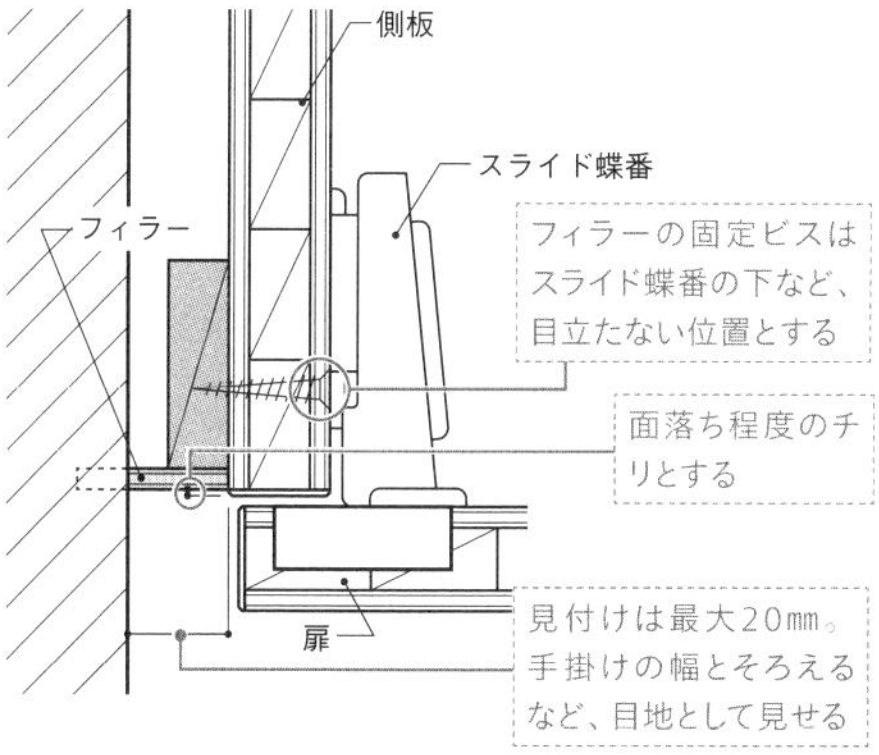
側板
スライド蝶番
フィラー
フィラーの固定ビスはスライド蝶番の下など、目立たない位置とする
面落ち程度のチリとする
扉
見付けは最大20㎜。手掛けの幅とそろえるなど、目地として見せる

②応用

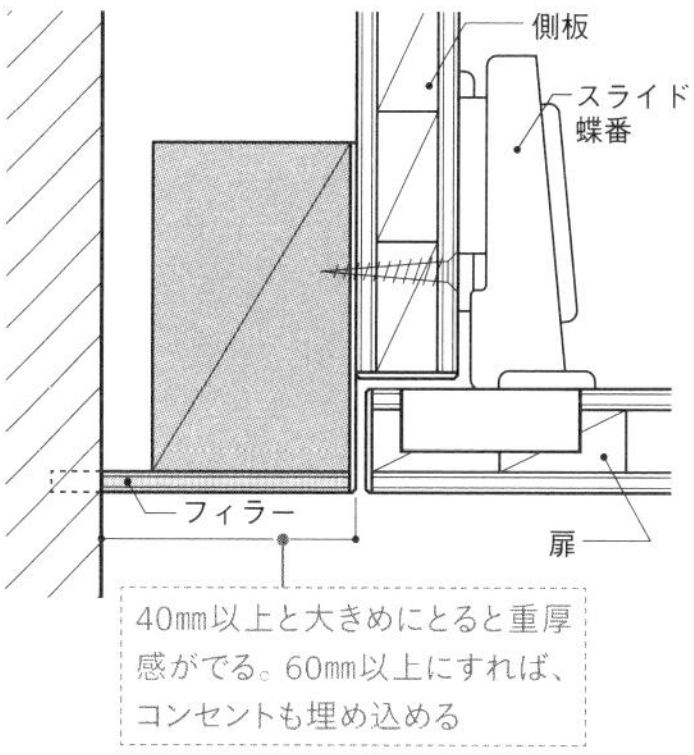
側板
スライド蝶番
フィラー
扉
40㎜以上と大きめにとると重厚感がでる。60㎜以上にすれば、コンセントも埋め込める

③フィラーなし

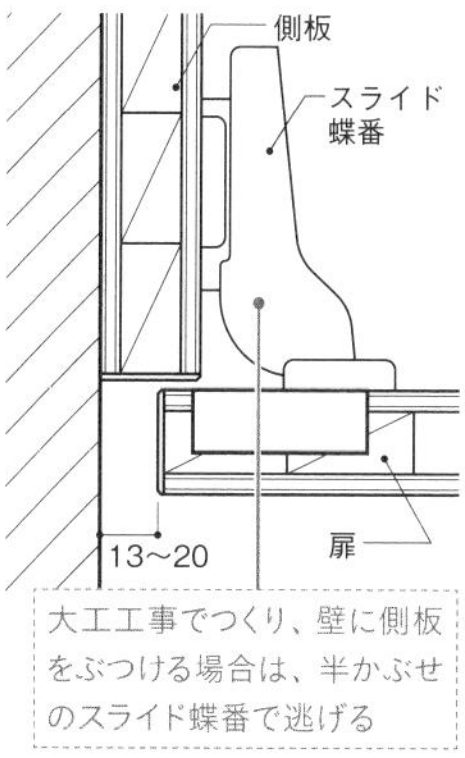
側板
スライド蝶番
13〜20
扉
大工工事でつくり、壁に側板をぶつける場合は、半かぶせのスライド蝶番で逃げる

㎜程度を目安にしている。すっきりと見せるには、逃げは小さいほうがよい。

逃げを逆手に取る方法

壁と家具の間に納めるフィラーの上下の見え掛かりに5㎜以上の差が生じては、美しい納まりではない。また、扉や引出し前板にハンドルを設けず手掛けとする場合には、目地を20㎜程度設ける必要がある。こういった押さえるべき寸法をそろえて設計すると、逃げがデザインの一部として成立する。

台輪の高さを建物の幅木とそろえると空間の一体感が増す。高さは抑えたほうがモダンな印象になる。台輪を扉面からどの程度セットバックさせるかも見え方を左右するが、キッチンや洗面台など家具に寄って作業する場合は、奥行きを深くしたほうが使いやすい。台輪を大きく取って間接照明を仕込み、浮遊したように見せると、家具の圧迫感を軽減できる。フィラーや支輪を50㎜以上にして扉面と面一《つらいち》で納めると、全体的にどっしりとした高級感がでる。その部分に溝や象嵌《ぞうがん》などを施せば、クラシカルな印象にもなる。大きめのフィラーを扉面よりへこませて納めると、見苦しくなるので注意したい。〔和田浩一〕

家具設計：STUDIO KAZ

1 パネルの接合方法（一例）

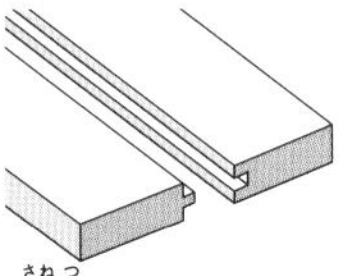

● 実《さね》接《つ》ぎ
板どうしの接合部に凹凸を設けて組み合わせる。図は本実（ほんざね）加工。凸側を雄実（おすざね）、凹側を雌実（めすざね）という

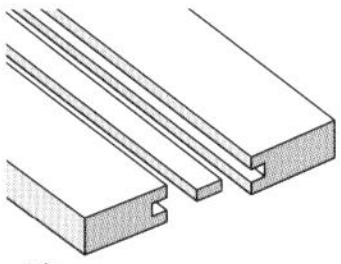

● 雇《やと》い実接ぎ
接合部の両側に溝を突き、細い木片（雇い実）を噛ませて組む。強固な接合となる

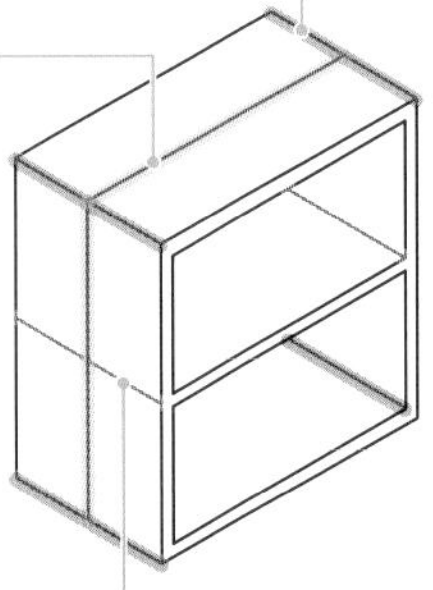

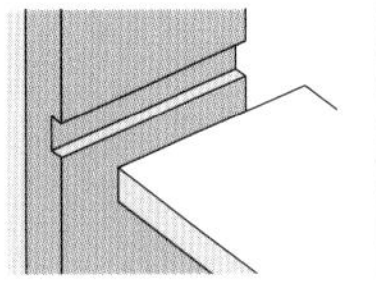

● 通し追い入れ接ぎ
板厚分の溝（深さ5mm程度）を彫り、もう一方の板を納める

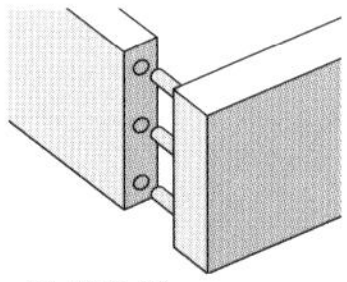

● ダボ接ぎ
ダボ穴をあけて木ダボを埋め込む。接着剤との併用で強固な接合となる。箱組で最も多用される

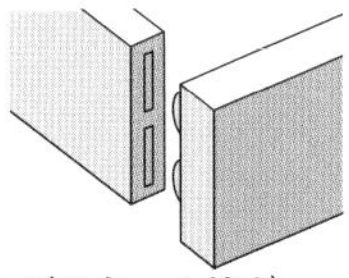

● ビスケット接ぎ
半円形の穴をあけてビスケットという楕円形の木片を埋め込む。長径10か12mmのものが多い。現場で接合することもある

ビスケットは、接着剤の水分を含むと膨張する

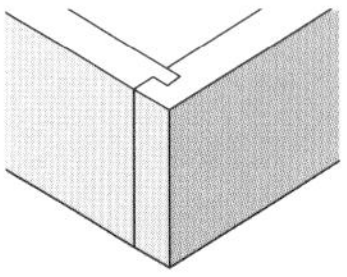

● 片胴付き追入れ接ぎ
一方の板に溝を突き、もう一方の板を欠いて組む

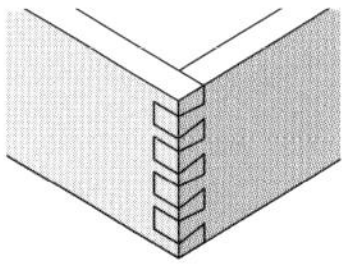

● 通し蟻組接ぎ
両方の木端に台形のホゾを欠き込んで組む

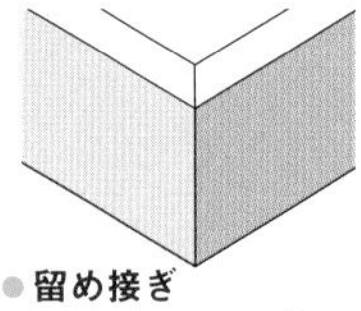

● 留め接ぎ
両方の木端を45°に切削して直角に組み合わせる。見え方が最もシンプル

2 パネル組の基本

❶勝ち負けを付ける

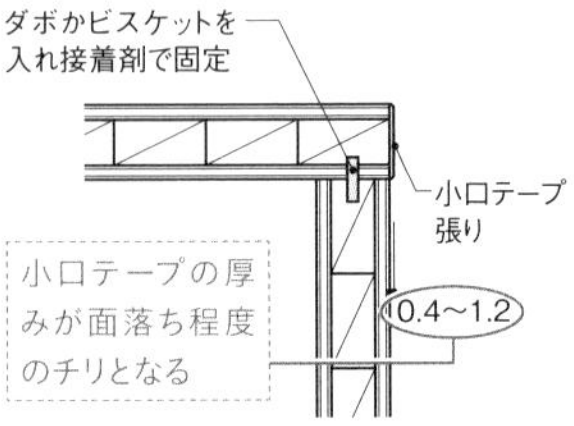
ダボかビスケットを
入れ接着剤で固定
小口テープ
張り
0.4〜1.2
小口テープの厚
みが面落ち程度
のチリとなる

❷ヒモ材を入れる

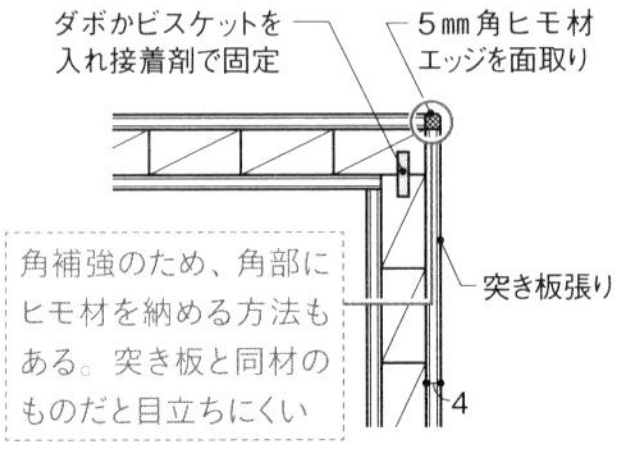
ダボかビスケットを
入れ接着剤で固定
5mm角ヒモ材
エッジを面取り
突き板張り
4
角補強のため、角部に
ヒモ材を納める方法も
ある。突き板と同材の
ものだと目立ちにくい

❸留め納まり

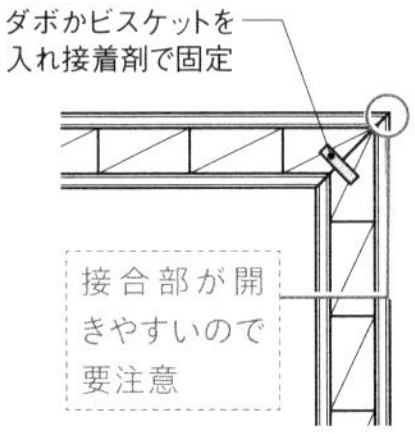
ダボかビスケットを
入れ接着剤で固定
接合部が開
きやすいので
要注意

❹積層合板の接合部

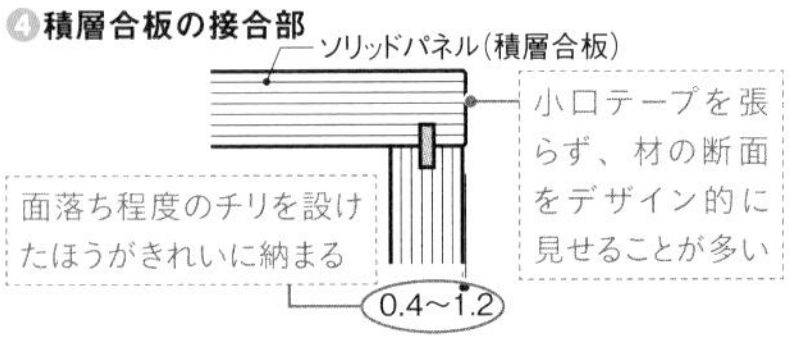
ソリッドパネル（積層合板）
小口テープを張
らず、材の断面
をデザイン的に
見せることが多い
面落ち程度のチリを設け
たほうがきれいに納まる
0.4〜1.2

❺MDF の接合部

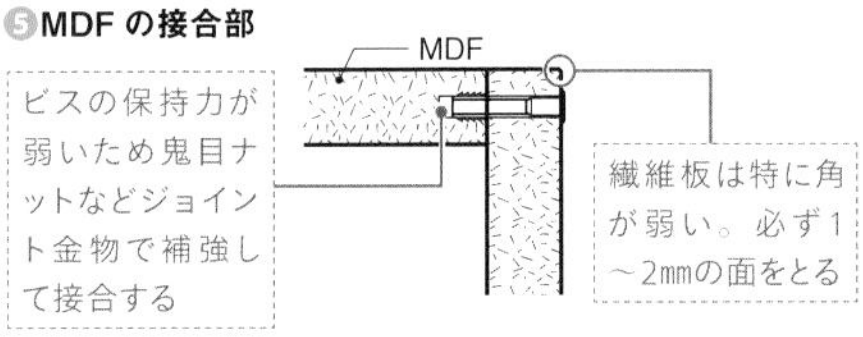
MDF
ビスの保持力が
弱いため鬼目ナ
ットなどジョイン
ト金物で補強し
て接合する
繊維板は特に角
が弱い。必ず1
〜2mmの面をとる

接合部はディテールの要

造作家具を家具工事、大工工事どちらで製作する場合も、構成の基本はパネル材の組み立てである。パネルの接合部の納め方が家具全体の仕上がりを左右するので、しっかり検討したい。

家具職人は主に、継手によって接合する。継手には種類が多くあり、外側からの見え方や用いる部位、強度、手間、職人の技量などによって決める。

また、工場には小穴を加工する専用工具［※］があるため、ダボやビスケットを用いて接合することも多い。精密さを要する留め加工も可能である［1・2］。現場でも不可能ではないが、小さな穴を垂直にあけることは難しいため、あまり行われない。

接合部が発生するのはパネルどうしだけではない。大きな収納家具の場合、工場でつくったキャビネット（箱）を個々に分割して搬入し、現場で一体化する。こういった箱どうしの組み合わせも接合部である。

※ ダボ穴はNCルーターや専用のドリル（ダボ錐）で、ビスケットを埋める穴はビスケットジョイナーなどを用いてあける

3 箱どうしの接合方法

● 複数の箱の接合

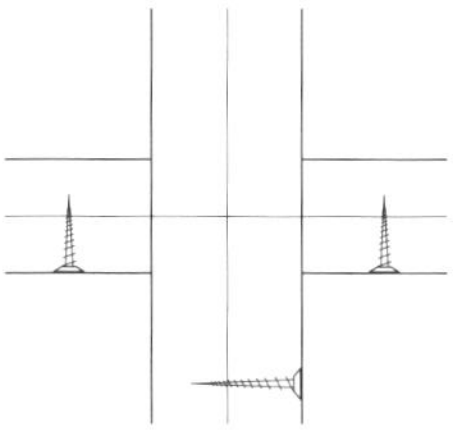

ビスは見えない箇所に打つ。塗りつぶしで仕上げる場合でもビス頭が段差やクラックの原因となるため、できるだけ隠す

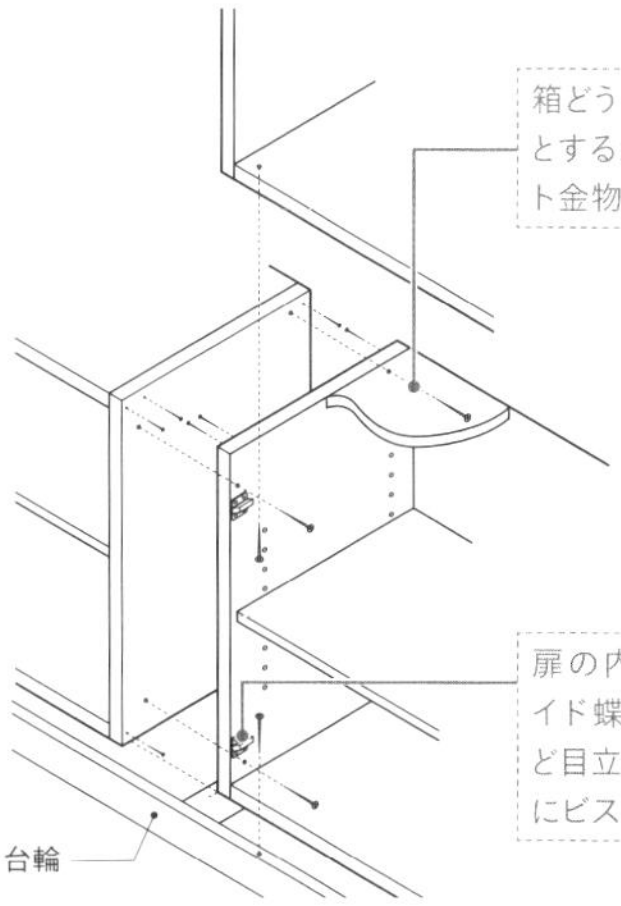
台輪

箱どうしはビス留めとするか、ジョイント金物で連結する

扉の内側でもスライド蝶番の下部など目立ちにくい箇所にビスを打つ

● 連結金物

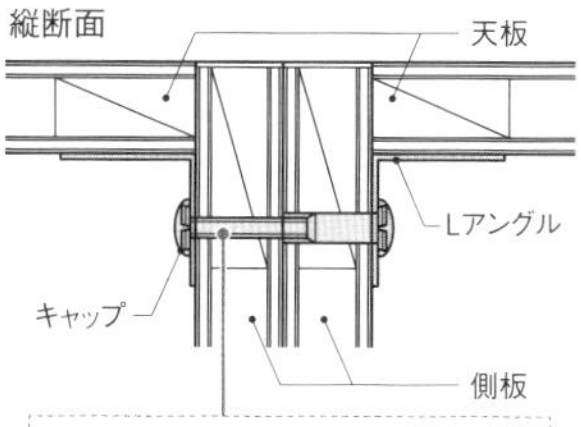
縦断面
天板
Lアングル
キャップ
側板

連結金物を使うと、箱と箱を組み合わせたり分解したりできる。連結ボルトの頭部はキャップを被せて隠す

各箱の共通箇所に連結金物を埋め込んだ収納ボックス。しっかり固定しつつ、組み合わせを自由に変えられる

4 オープン棚の場合

❶接合部の仕上げ方

● 扉が付く場合

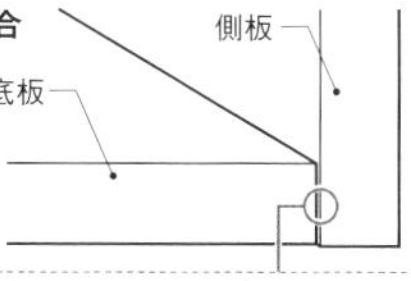
側板
底板

パネルの接合部は、小口テープ0.4～1.2㎜分のチリを設けると継目が割れにくい

● オープン棚の場合

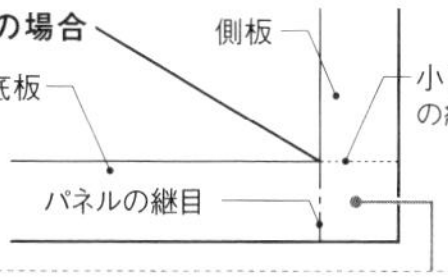
側板
底板
小口テープの継目
パネルの継目

扉がなく塗りつぶし仕上げをする場合、小口テープでパネルの継目を覆うようにすれば割れにくい

樹脂製の小口テープ。色柄や幅の種類が豊富。糊付きタイプと糊なしタイプがある

❷オープン棚の接合部を隠す

● 平・断面

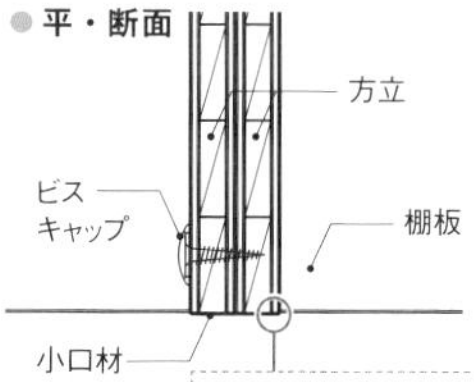
方立
ビス
キャップ
棚板
小口材

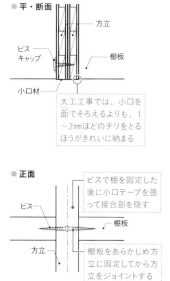

大工工事では、小口を面《つら》でそろえるよりも、1～2㎜ほどのチリをとるほうがきれいに納まる

● 正面

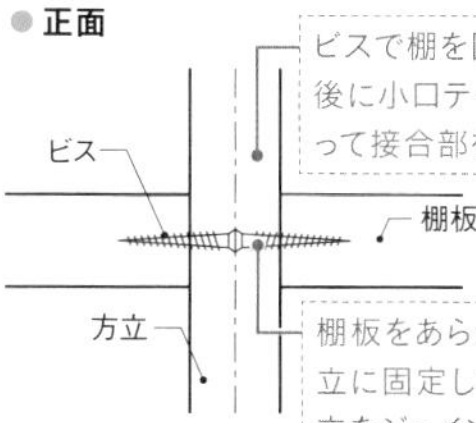
ビス
棚板
方立

ビスで棚を固定した後に小口テープを張って接合部を隠す

棚板をあらかじめ方立に固定してから方立をジョイントする

左図の接合方法で壁面いっぱいにつくり付けた棚。方立の縦のラインを強調した

大工の場合は主に、ビス留めで接合する。パネルの勝ち負けやビスを打つ順番・位置が重要なので、細心の注意を払って設計し、図面に表記して伝える。ビスはできる限り見えない箇所に打つことが大前提だ。指定をせずに意図と違う納まりになった場合は、自らの責任と認識すべきである。

小口の納め方

パネルの端部で見え掛かる箇所は小口テープなどで仕上げる。小口テープには木製（突き板を裏打ちしたもの）や紙製、樹脂製などの種類がある。既製の木製テープの場合、パネルに張る突き板よりも樹種の選択肢が少ないので、木目が近い樹種のテープを選ぶ。

小口の木目を横にしたい場合や既製のテープにないほどの厚みにしたい場合は単板を張る。手間はかかるが、きれいに仕上がる。塗りつぶし仕上げには、色の薄いシナの小口テープを張るか、パネル自体をMDFで製作する。また、クラックを防ぐ工夫も必要である［4❶］。オープン棚など小口が直交する家具では、棚板と方立のどちらを通すかで見え方が大きく変わる。チリを設けて方向性を強調する方法もある［4❷］。 ［和田浩一］

家具設計：STUDIO KAZ

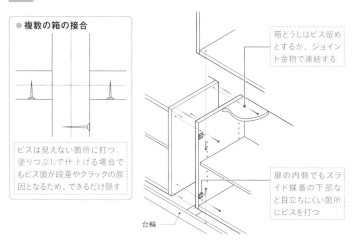

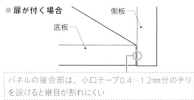

1 棚板をすっきり見せる納め方

棚を美しく見せるには、棚板を支える金物を側板や背板に埋め込み、露出させないようにする。なお、棚板の幅は一般の収納で900mm、本棚などでは600mm程度がよい。それ以上になる場合は側板の4カ所に加え、背板でも支える。また、通常、棚板の厚みは18～20mmにするが、本など重いものを載せる場合は25mmとし、ベタ芯でつくるとよい。

❶棚の構成

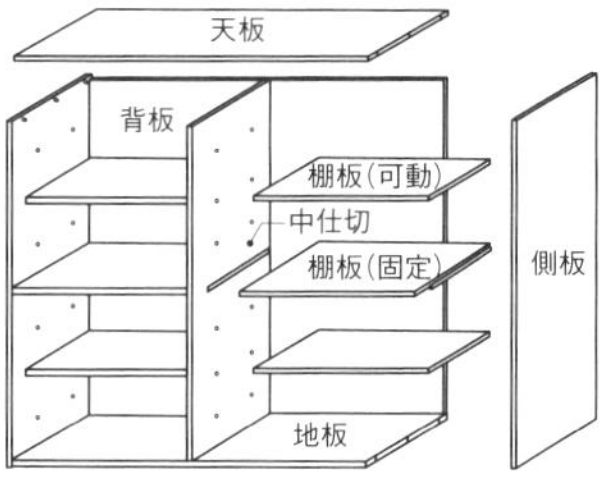
天板
背板
棚板(可動)
中仕切
棚板(固定)
側板
地板

❷可動棚の接合部

棚ダボ

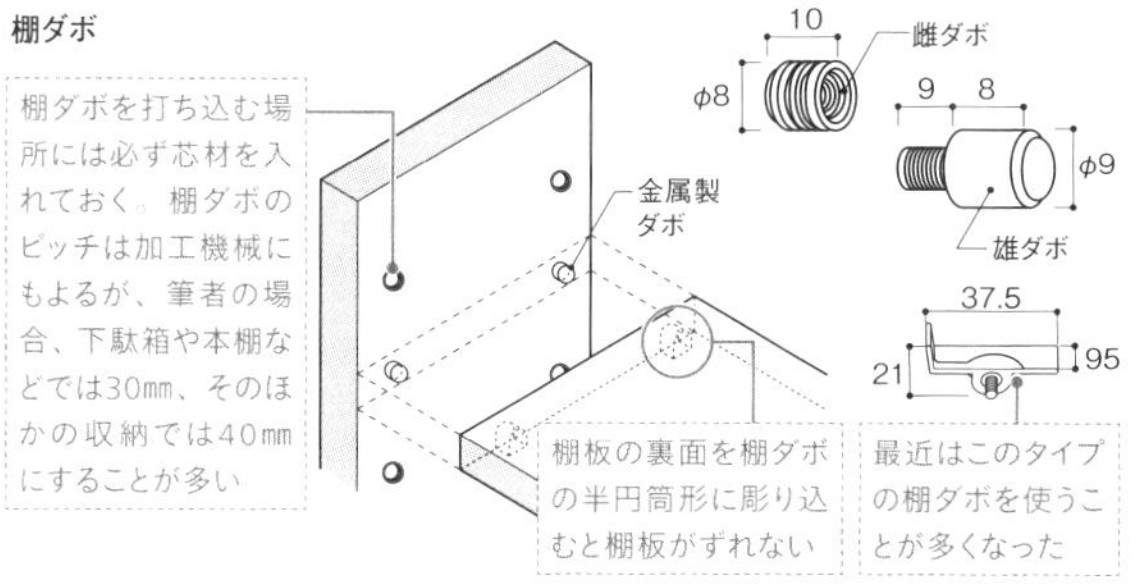
棚ダボを打ち込む場所には必ず芯材を入れておく。棚ダボのピッチは加工機械にもよるが、筆者の場合、下駄箱や本棚などでは30mm、そのほかの収納では40mmにすることが多い
10
雌ダボ
φ8
9 8
φ9
金属製ダボ
雄ダボ
37.5
21
95
棚板の裏面を棚ダボの半円筒形に彫り込むと棚板がずれない
最近はこのタイプの棚ダボを使うことが多くなった

❸固定棚の接合部

追入れ(大入れ)

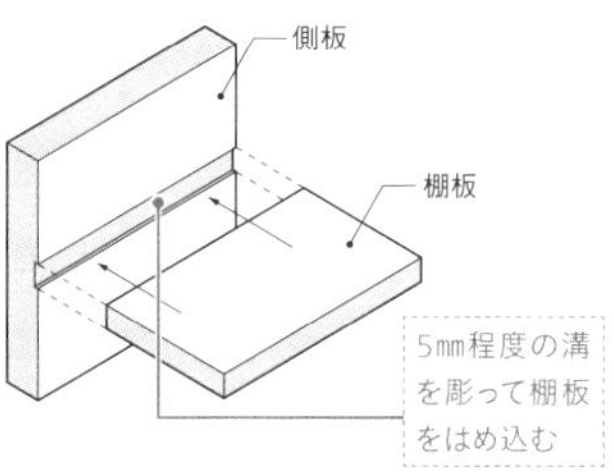
側板
棚板
5mm程度の溝を彫って棚板をはめ込む

棚柱

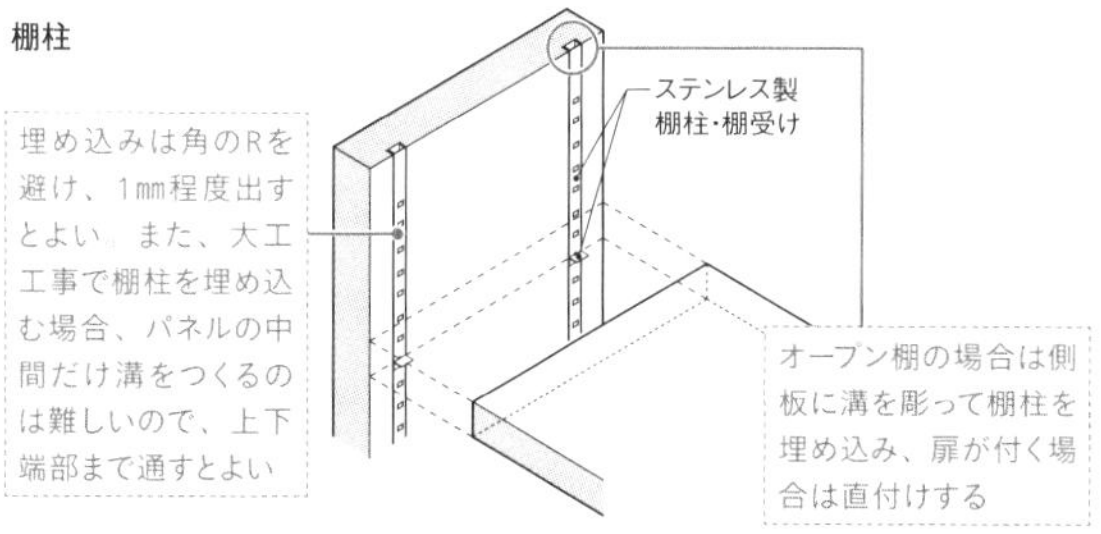
埋め込みは角のRを避け、1mm程度出すとよい。また、大工工事で棚柱を埋め込む場合、パネルの中間だけ溝をつくるのは難しいので、上下端部まで通すとよい
ステンレス製棚柱・棚受け
オープン棚の場合は側板に溝を彫って棚柱を埋め込み、扉が付く場合は直付けする

2 片持ち棚の納め方

❶ビスで留める

棚板
AL.L-35×35×2
棚の位置が目線よりも上になる場合は、あらかじめ壁にアングルを取り付けて、アングルの厚み分彫り込んだ板を載せて固定するとよい

断面図[S=1:5]

❷柱間に差し込む

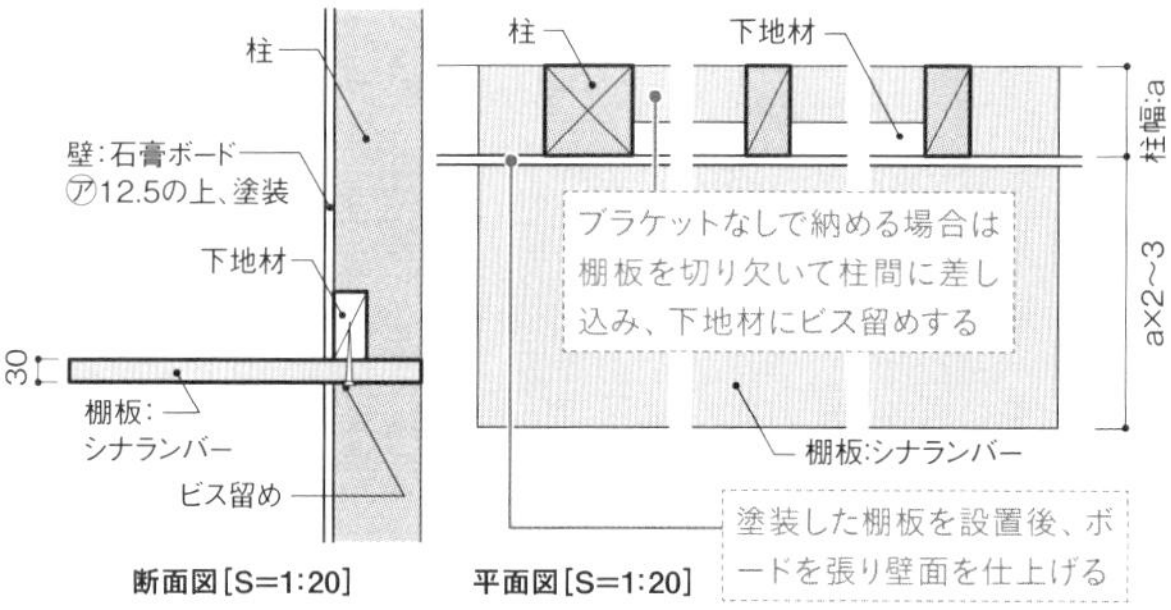
柱
壁:石膏ボード㋐12.5の上、塗装
下地材
30
棚板:シナランバー
ビス留め
柱
下地材
柱幅:a
a×2～3
ブラケットなしで納める場合は棚板を切り欠いて柱間に差し込み、下地材にビス留めする
棚板:シナランバー
塗装した棚板を設置後、ボードを張り壁面を仕上げる

断面図[S=1:20]　平面図[S=1:20]

❸棚受けのパイプを埋め込む

背板部分にオープン棚を設けたキッチンカウンター。スチールパイプで支えられた厚みのある片持ち棚がアクセントになる

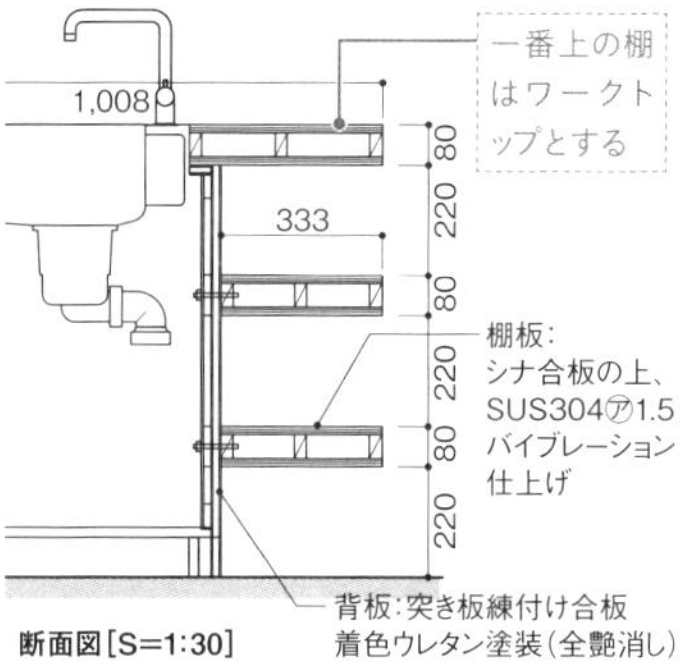
1,008
一番上の棚はワークトップとする
80
220
333
80
220
80
220
棚板:シナ合板の上、SUS304㋐1.5バイブレーション仕上げ
背板:突き板練付け合板着色ウレタン塗装(全艶消し)

断面図[S=1:30]

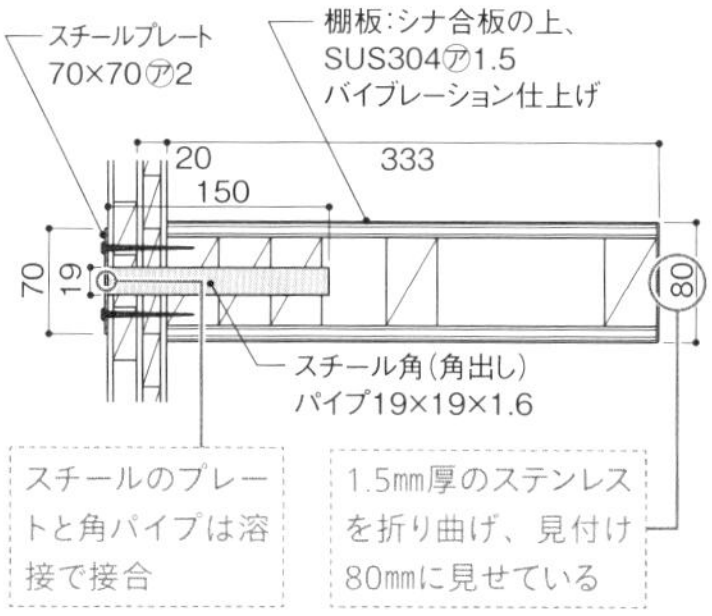
スチールプレート70×70㋐2
棚板:シナ合板の上、SUS304㋐1.5バイブレーション仕上げ
20
333
150
70
19
80
スチール角(角出し)パイプ19×19×1.6
スチールのプレートと角パイプは溶接で接合
1.5mm厚のステンレスを折り曲げ、見付け80mmに見せている

断面詳細図[S=1:10]

執筆:和田浩一
kitchen/ha　設計:STUDIO KAZ　写真:垂見孔士

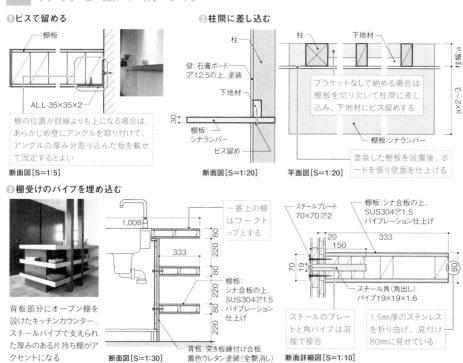

1 天板は側板や戸との取合いが肝心

天板は家具の個性を表現する重要な部位だ。表面だけでなく小口も目に付きやすいため、素材感を生かす納め方をよく検討する。手が触れやすい部位なので、耐久性も重視する。

天板と側板の接合部

●ビスケットジョイント

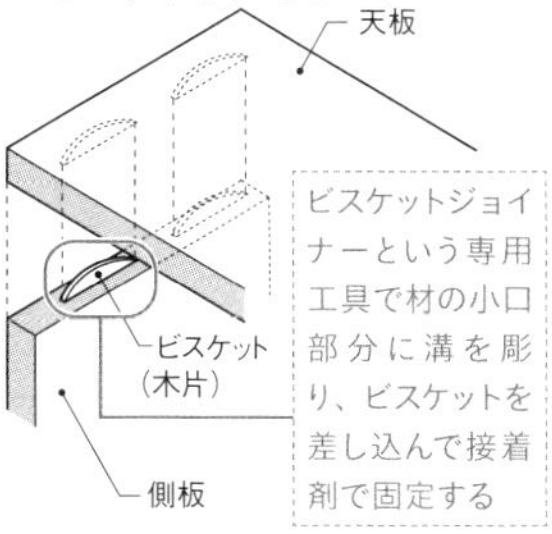
天板
ビスケット（木片）
側板
ビスケットジョイナーという専用工具で材の小口部分に溝を彫り、ビスケットを差し込んで接着剤で固定する

●木ダボ

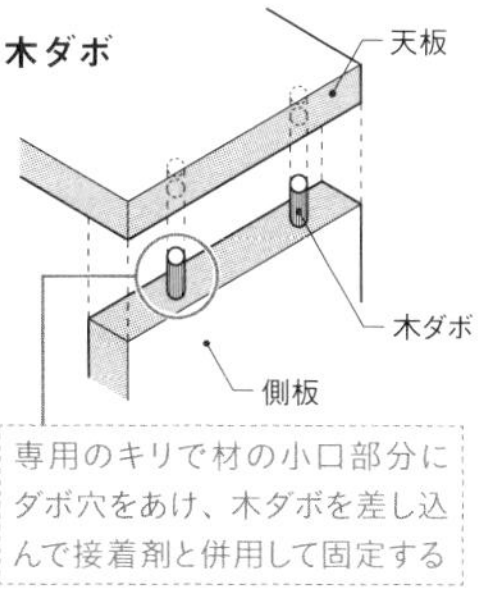
天板
木ダボ
側板
専用のキリで材の小口部分にダボ穴をあけ、木ダボを差し込んで接着剤と併用して固定する

●ビス留め

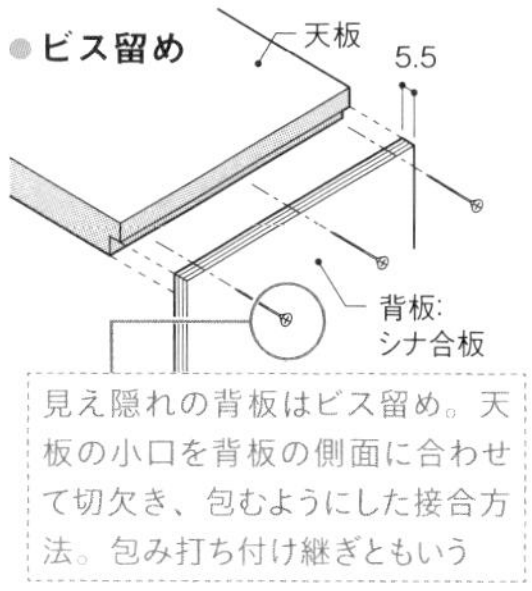
天板
5.5
背板：シナ合板
見え隠れの背板はビス留め。天板の小口を背板の側面に合わせて切欠き、包むようにした接合方法。包み打ち付け継ぎともいう

2 天板と各部材との納まりポイント

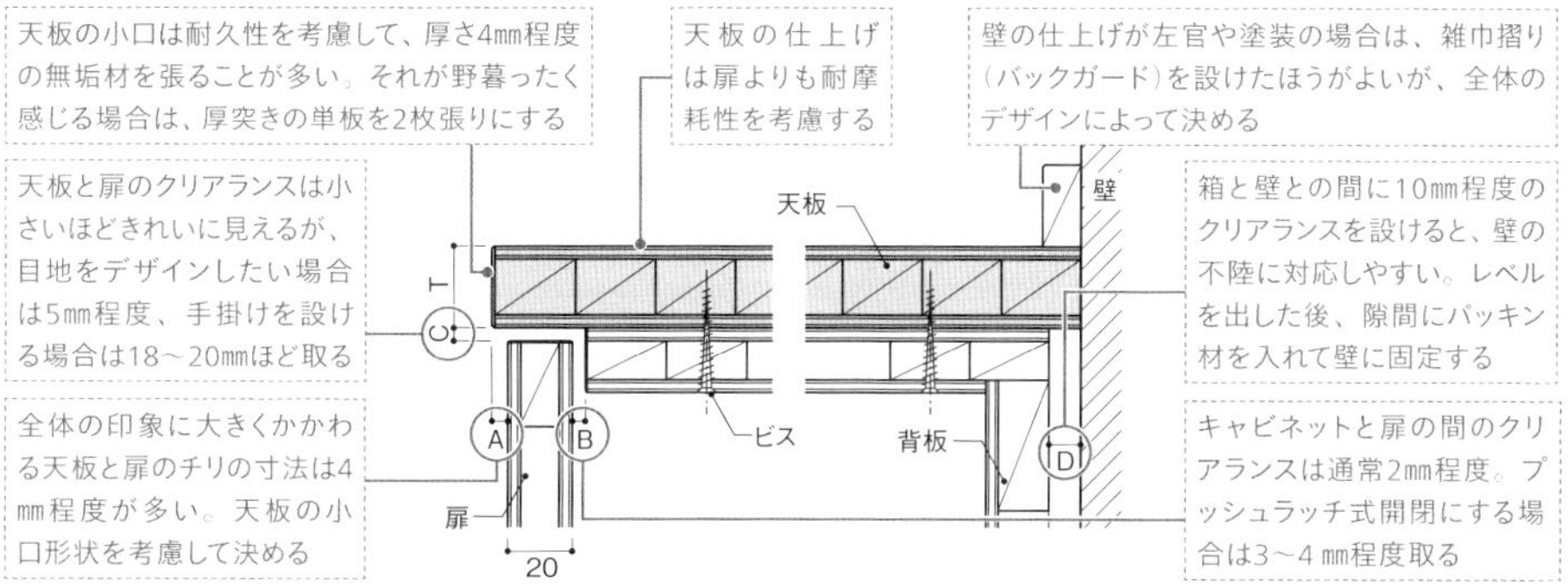
天板の小口は耐久性を考慮して、厚さ4mm程度の無垢材を張ることが多い。それが野暮ったく感じる場合は、厚突きの単板を2枚張りにする
天板の仕上げは扉よりも耐摩耗性を考慮する
壁の仕上げが左官や塗装の場合は、雑巾摺り（バックガード）を設けたほうがよいが、全体のデザインによって決める
天板と扉のクリアランスは小さいほどきれいに見えるが、目地をデザインしたい場合は5mm程度、手掛けを設ける場合は18〜20mmほど取る
全体の印象に大きくかかわる天板と扉のチリの寸法は4mm程度が多い。天板の小口形状を考慮して決める
箱と壁との間に10mm程度のクリアランスを設けると、壁の不陸に対応しやすい。レベルを出した後、隙間にパッキン材を入れて壁に固定する
キャビネットと扉の間のクリアランスは通常2mm程度。プッシュラッチ式開閉にする場合は3〜4mm程度取る
天板
壁
T
C
A
B
D
ビス
背板
扉
20

3 素材に合わせた天板の納まり

❶集成材

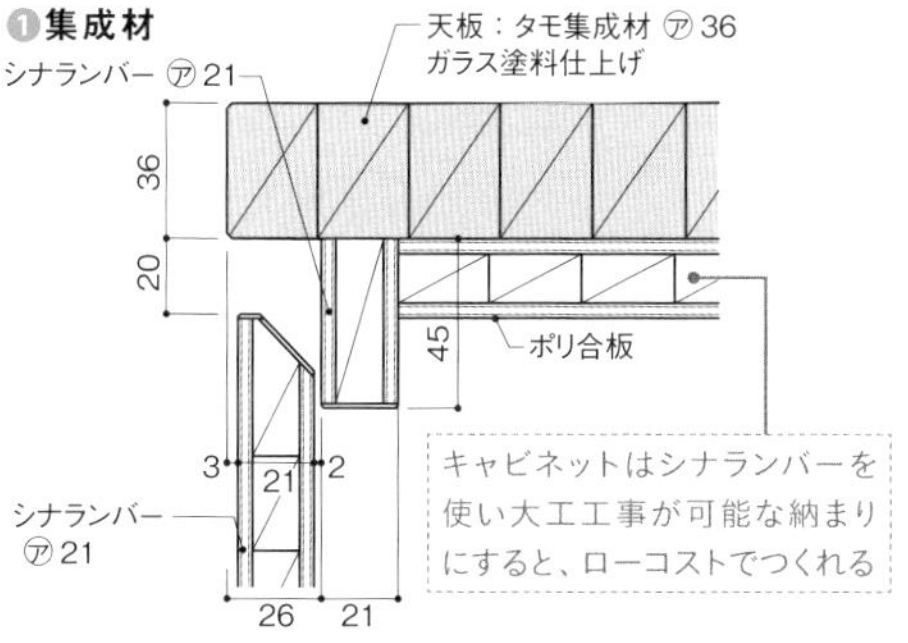
天板：タモ集成材 ㋐36
ガラス塗料仕上げ
シナランバー ㋐21
36
20
45
ポリ合板
3
21
2
シナランバー ㋐21
26
21
キャビネットはシナランバーを使い大工工事が可能な納まりにすると、ローコストでつくれる

❷ポストフォーム

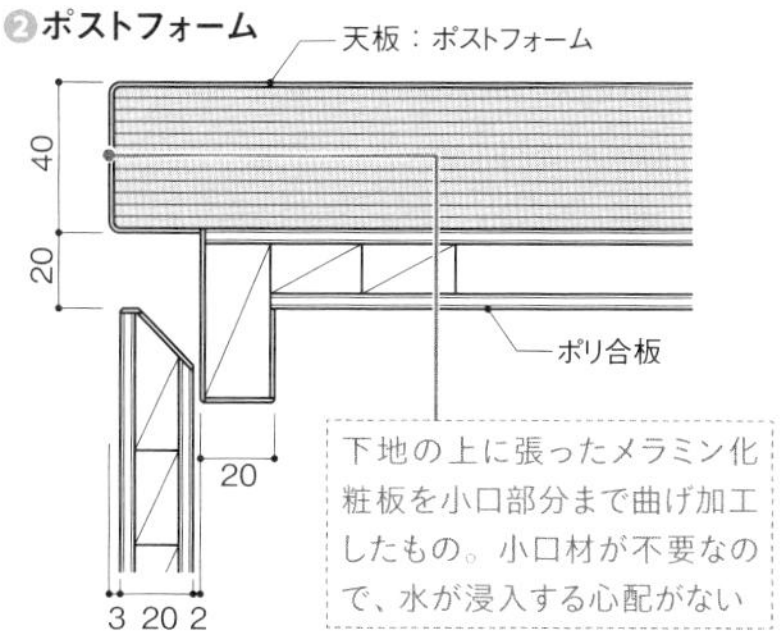
天板：ポストフォーム
40
20
ポリ合板
20
3 20 2
下地の上に張ったメラミン化粧板を小口部分まで曲げ加工したもの。小口材が不要なので、水が浸入する心配がない

❸ベタ芯＋メラミン化粧合板

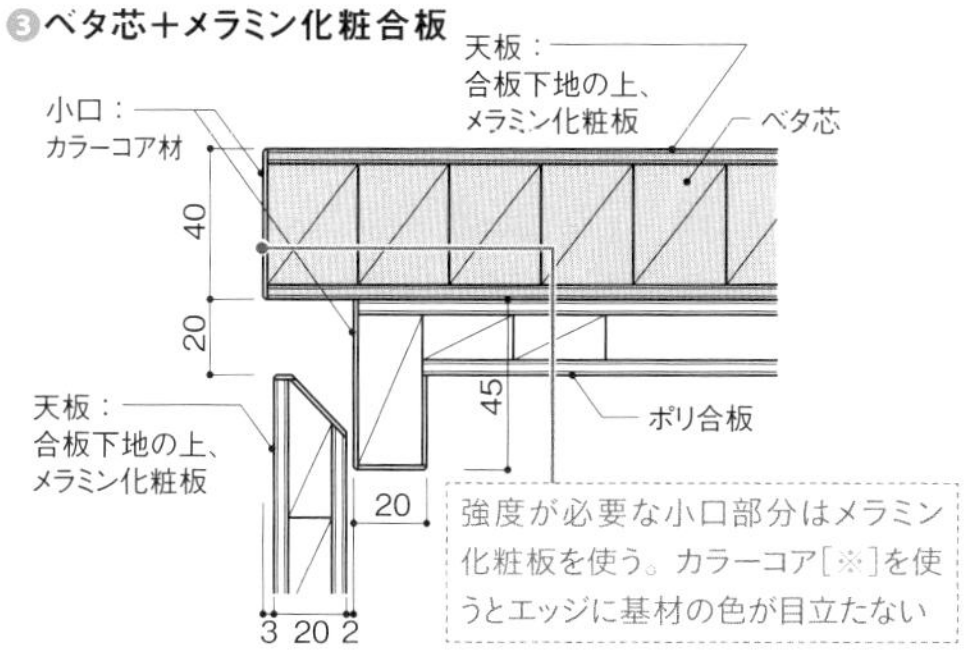
天板：合板下地の上、メラミン化粧板
ベタ芯
小口：カラーコア材
40
20
45
ポリ合板
天板：合板下地の上、メラミン化粧板
20
3 20 2
強度が必要な小口部分はメラミン化粧板を使う。カラーコア[※]を使うとエッジに基材の色が目立たない

❹タイル

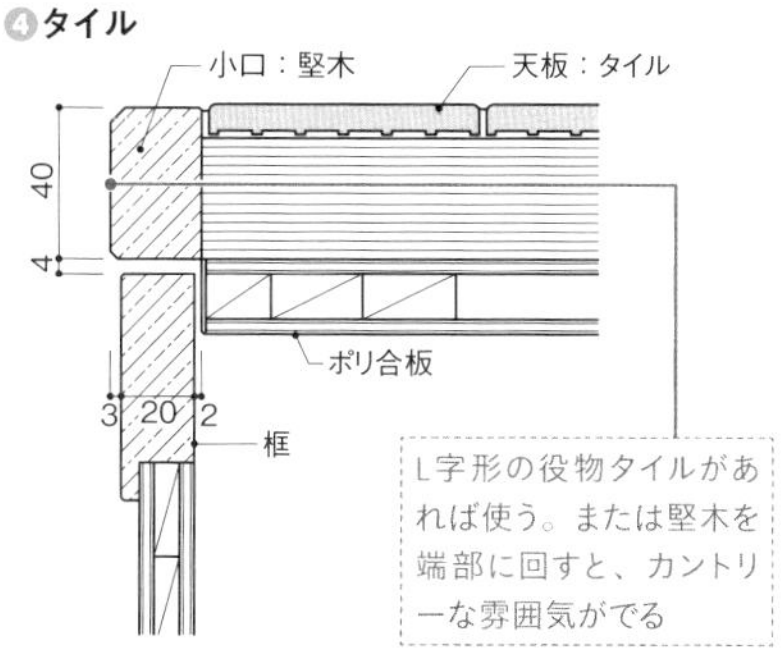
小口：堅木
天板：タイル
40
4
ポリ合板
3 20 2
框
L字形の役物タイルがあれば使う。または堅木を端部に回すと、カントリーな雰囲気がでる

執筆：和田浩一

※ 表面の色調に合わせたメラミン樹脂を含浸させた特殊なコア紙を重ね、高温・高圧で積層形成した化粧板。通常のメラミン化粧板は基材の断面が黒っぽいが、カラーコアは表面と断面の色調がそろっている［62頁］

1 スライド蝶番を用いた扉の納まり

インセットかアウトセット（全かぶせ・半かぶせ）かは主にデザインで決まる。半かぶせは製作上、2枚の扉で1枚の方立を共有するときに採用するが、木工所によっては全かぶせと半かぶせを混在させることを嫌うところも。その場合は方立の厚みを倍にして全かぶせに統一する。ただし内部の有効幅が厚み分（約20㎜）狭くなるので、収納する物によっては注意が必要である。

❶インセット扉（かぶせなし）

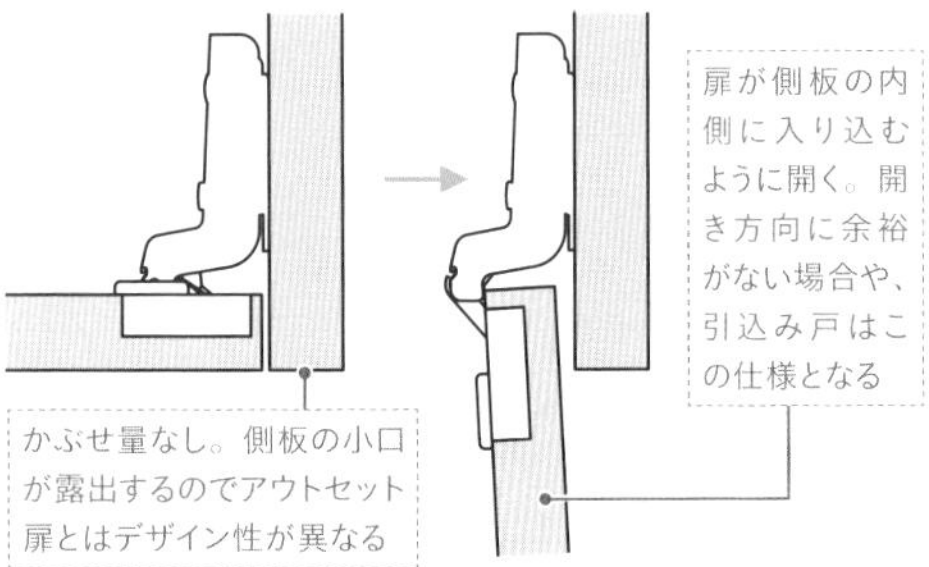
扉が側板の内側に入り込むように開く。開き方向に余裕がない場合や、引込み戸はこの仕様となる
かぶせ量なし。側板の小口が露出するのでアウトセット扉とはデザイン性が異なる

インセット扉の例。扉にフレーム（箱の小口や壁）が回る。アウトセット扉と混在する場合はバランスに注意。開いた戸を箱の内側に収納する（引込み戸）場合は必然的にインセット扉となる

❷アウトセット扉（全かぶせ）

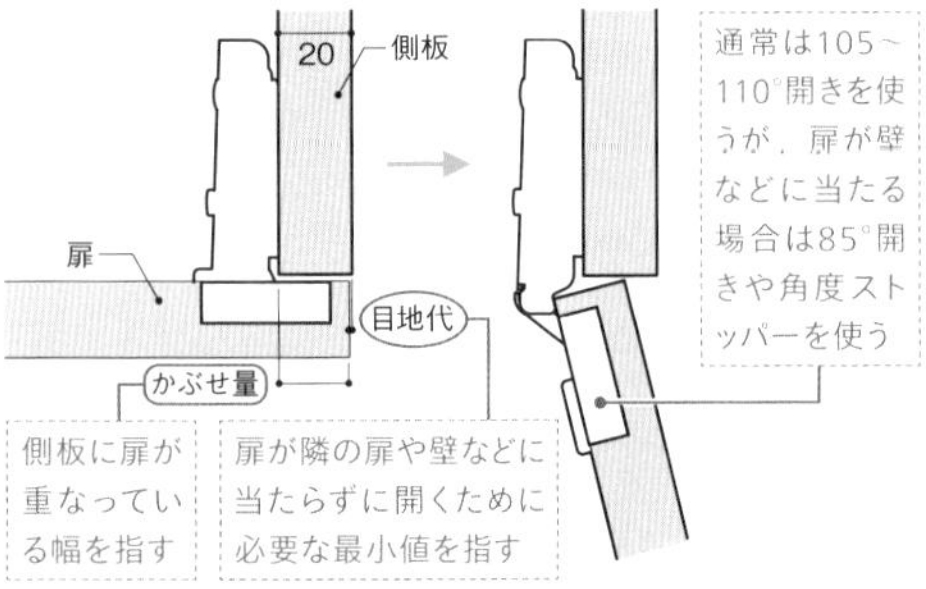
20
側板
扉
目地代
かぶせ量
通常は105～110°開きを使うが、扉が壁などに当たる場合は85°開きや角度ストッパーを使う
側板に扉が重なっている幅を指す
扉が隣の扉や壁などに当たらずに開くために必要な最小値を指す

アウトセット扉の例。扉だけが連続する納まりですっきり見える。蝶番の回転軸が2つになるので、耐荷重は大きくない。横長の扉には不向き

❸アウトセット扉（半かぶせ）

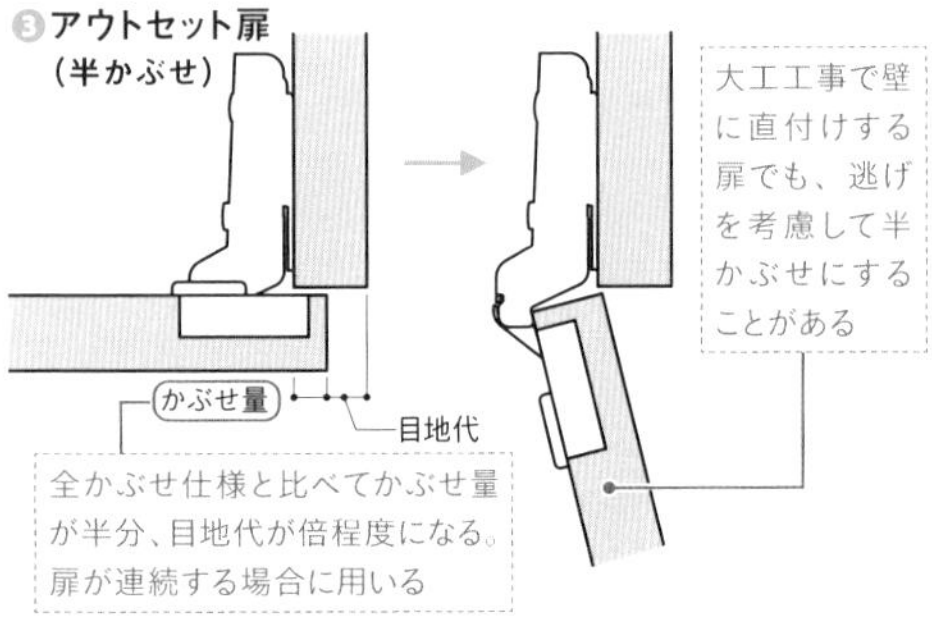
大工工事で壁に直付けする扉でも、逃げを考慮して半かぶせにすることがある
かぶせ量
目地代
全かぶせ仕様と比べてかぶせ量が半分、目地代が倍程度になる。扉が連続する場合に用いる

2 スライド蝶番の耐荷重

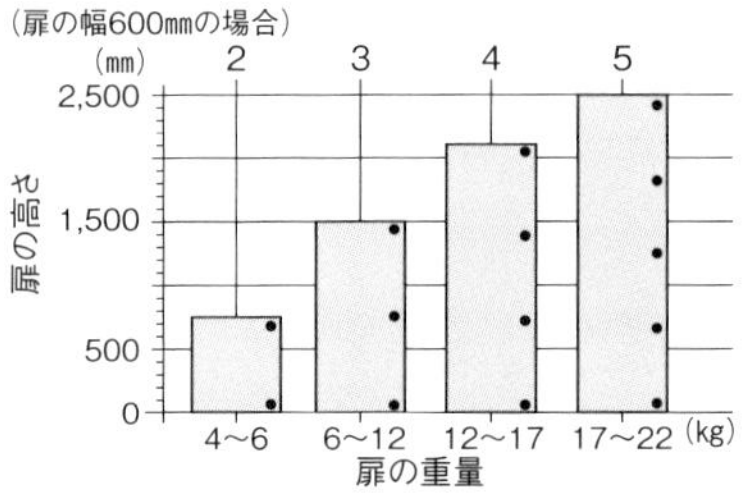
（扉の幅600㎜の場合）
(㎜)
2
3
4
5
2,500
1,500
500
0
扉の高さ
4～6
6～12
12～17
17～22
(kg)
扉の重量

開き戸は金物選びが命

家具において、戸は顔ともいうべき大事な存在である。きれいに納まるかどうかは金物選びにかかっている。開き戸は、基本的には左右や上下に開く動き（軌道）に対して金物を選定する。左右に開く場合は主にスライド蝶番を用い、開く角度と扉をどう納めるかにより使い分ける［1］。扉1枚当たりに設置する数は、扉の高さに応じて決定する［2］。多く使えば荷重負担は減るものの、扉の微調整を行う手間は増える。

扉と扉の中心部（召合わせ）は、通常3～4㎜のあきを取るが、家具全体のデザインと合致する納まりを工夫したい［3］。

近年、さまざまな軌道を描く家具金物が開発され［4］、プッシュオープンやソフトクローズなど開き方や閉じ方の種類も増えた。使い方に合わせて適切に選ぶ。

収納を設計する際に見落としがちな

設計：STUDIO KAZ　写真：（上）re-kitchen／ka、写真：垂見孔士、（下）HOMA-RE、写真：山本まりこ

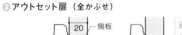

3 召合わせの工夫

❶突付け

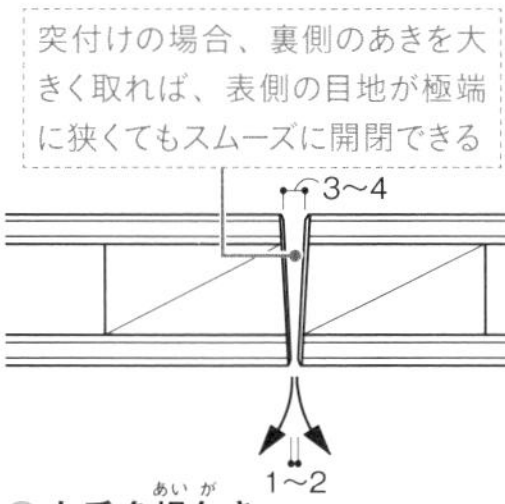
突付けの場合、裏側のあきを大きく取れば、表側の目地が極端に狭くてもスムーズに開閉できる
3〜4
1〜2

❷召合わせ

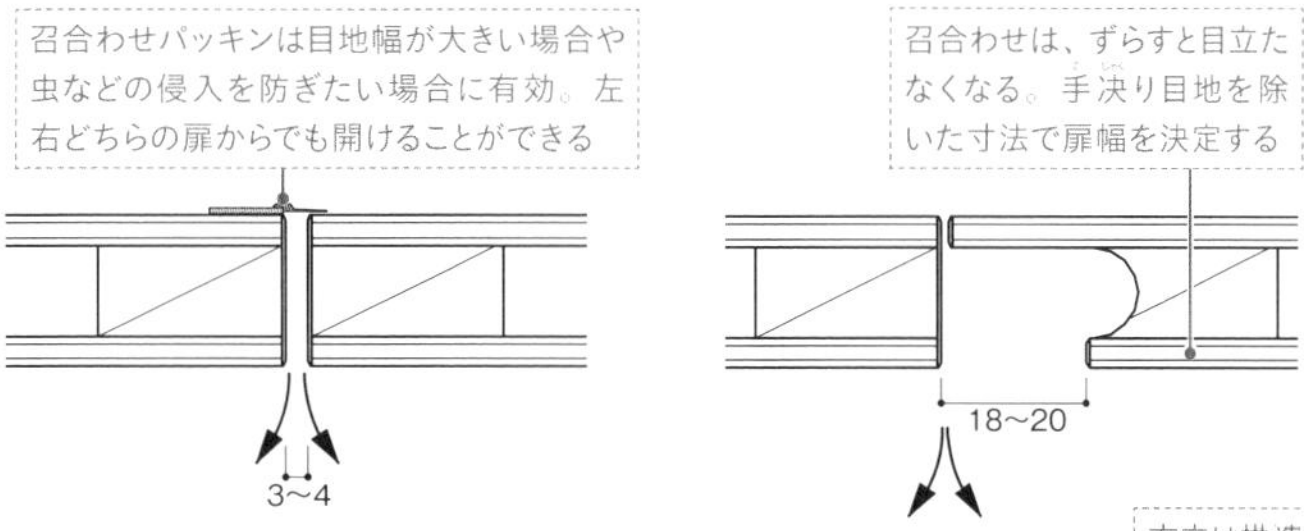
召合わせパッキンは目地幅が大きい場合や虫などの侵入を防ぎたい場合に有効。左右どちらの扉からでも開けることができる
3〜4
召合わせは、ずらすと目立たなくなる。手決り目地を除いた寸法で扉幅を決定する
18〜20

❸大手を相欠《あいが》き

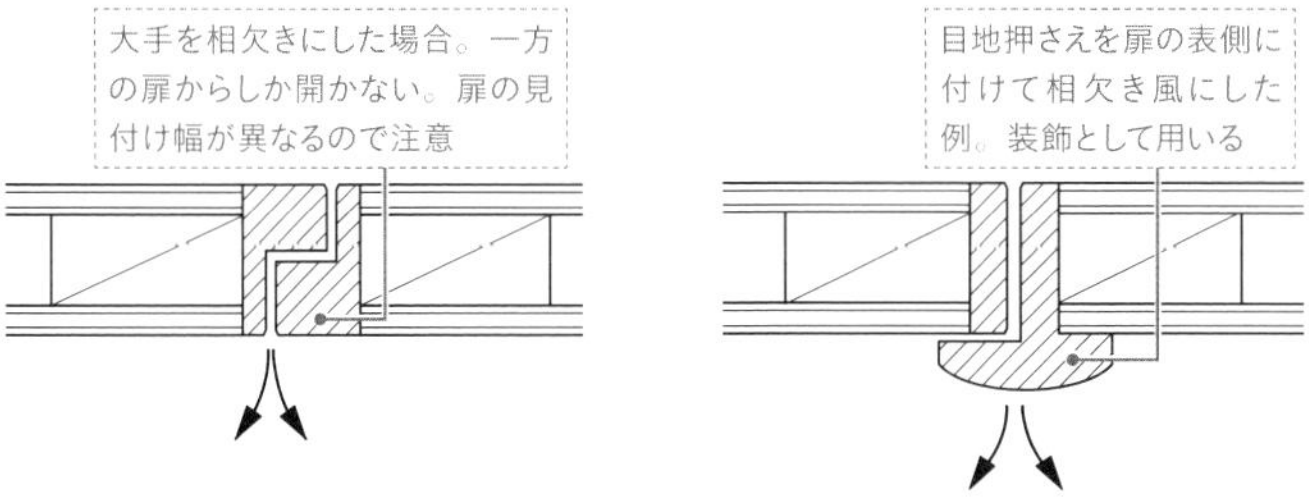
大手を相欠きにした場合。一方の扉からしか開かない。扉の見付け幅が異なるので注意
目地押さえを扉の表側に付けて相欠き風にした例。装飾として用いる

❹方立を利用

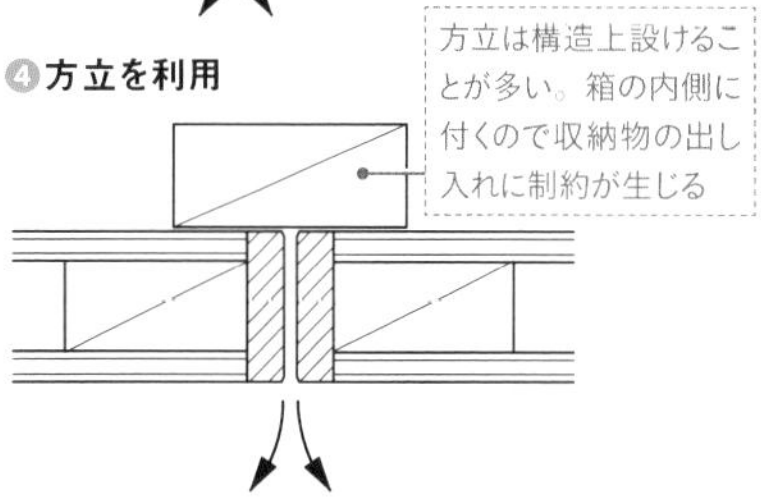
方立は構造上設けることが多い。箱の内側に付くので収納物の出し入れに制約が生じる

4 開き方のバリエーション

❶上開き（フラップアップ）［※1］

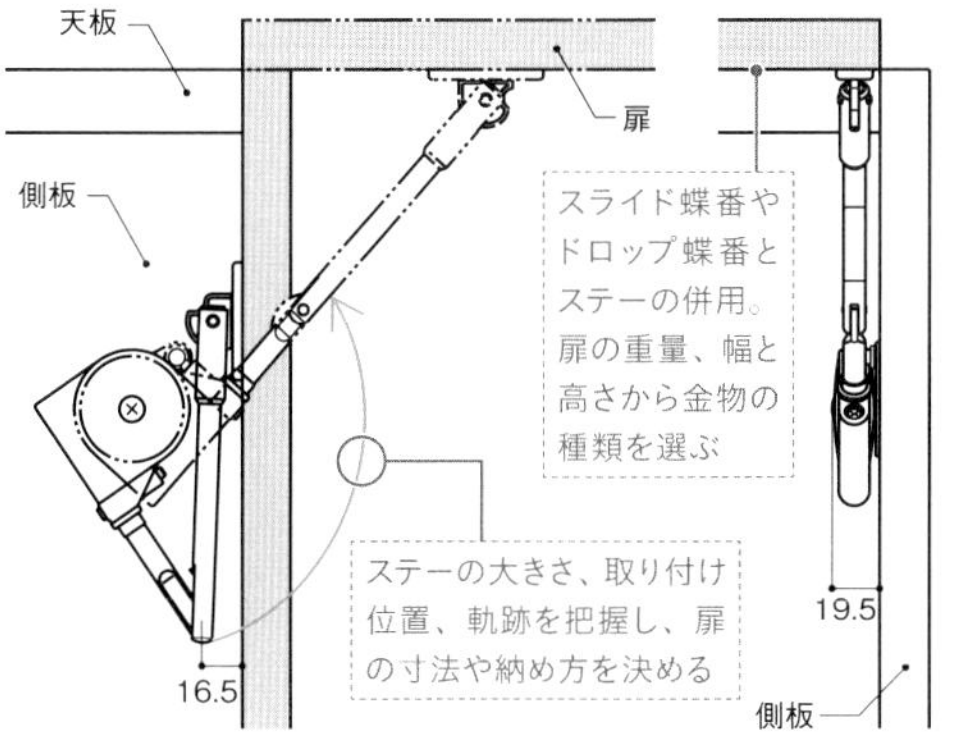
天板
扉
側板
スライド蝶番やドロップ蝶番とステーの併用。扉の重量、幅と高さから金物の種類を選ぶ
ステーの大きさ、取り付け位置、軌跡を把握し、扉の寸法や納め方を決める
16.5
19.5
側板

❷垂直上開き（スイングリフトアップ）［※2］

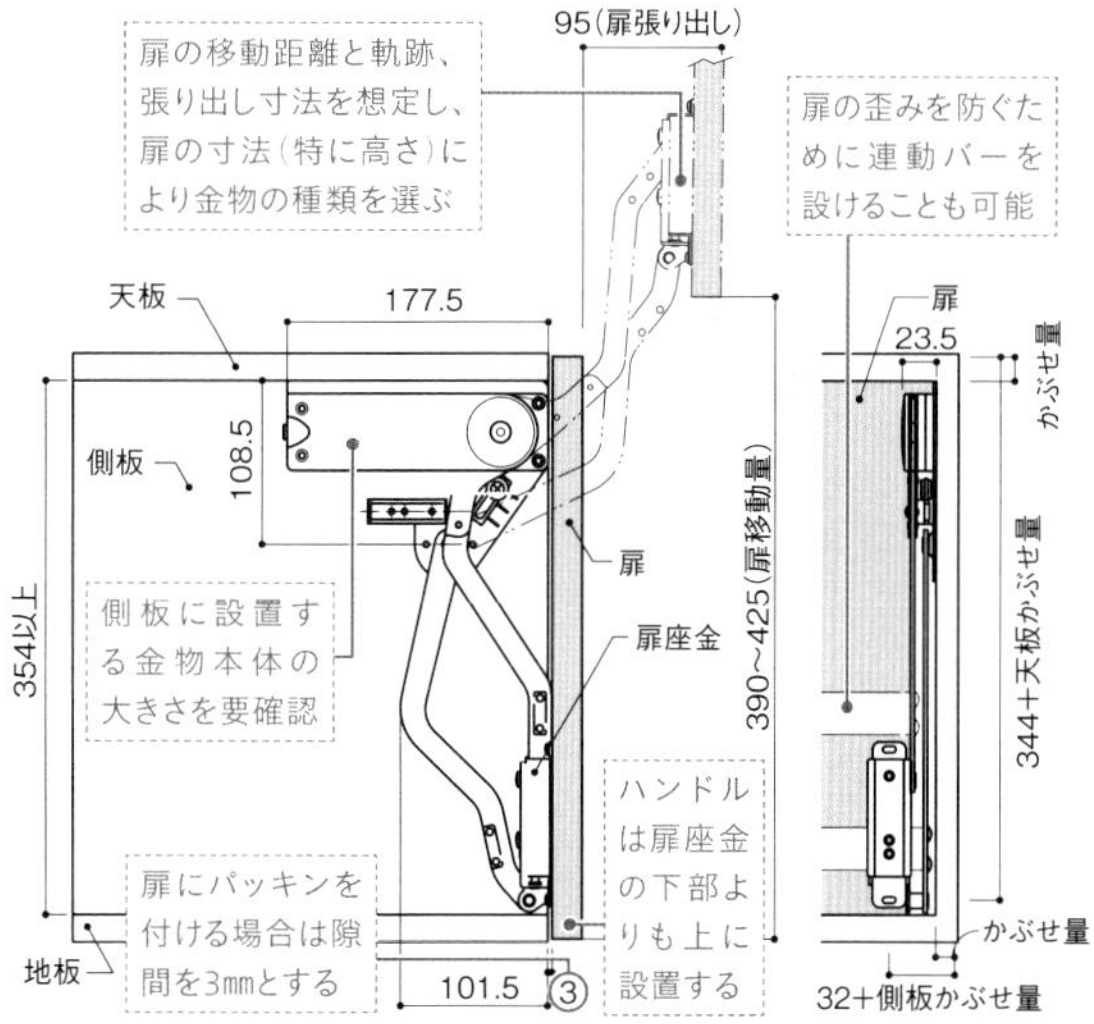
95（扉張り出し）
扉の移動距離と軌跡、張り出し寸法を想定し、扉の寸法（特に高さ）により金物の種類を選ぶ
扉の歪みを防ぐために連動バーを設けることも可能
天板
177.5
側板
108.5
扉
23.5
かぶせ量
側板に設置する金物本体の大きさを要確認
扉
扉座金
390〜425（扉移動量）
354以上
344＋天板かぶせ量
ハンドルは扉座金の下部よりも上に設置する
扉にパッキンを付ける場合は隙間を3㎜とする
地板
101.5
3
かぶせ量
32＋側板かぶせ量

❸垂直引込み開き

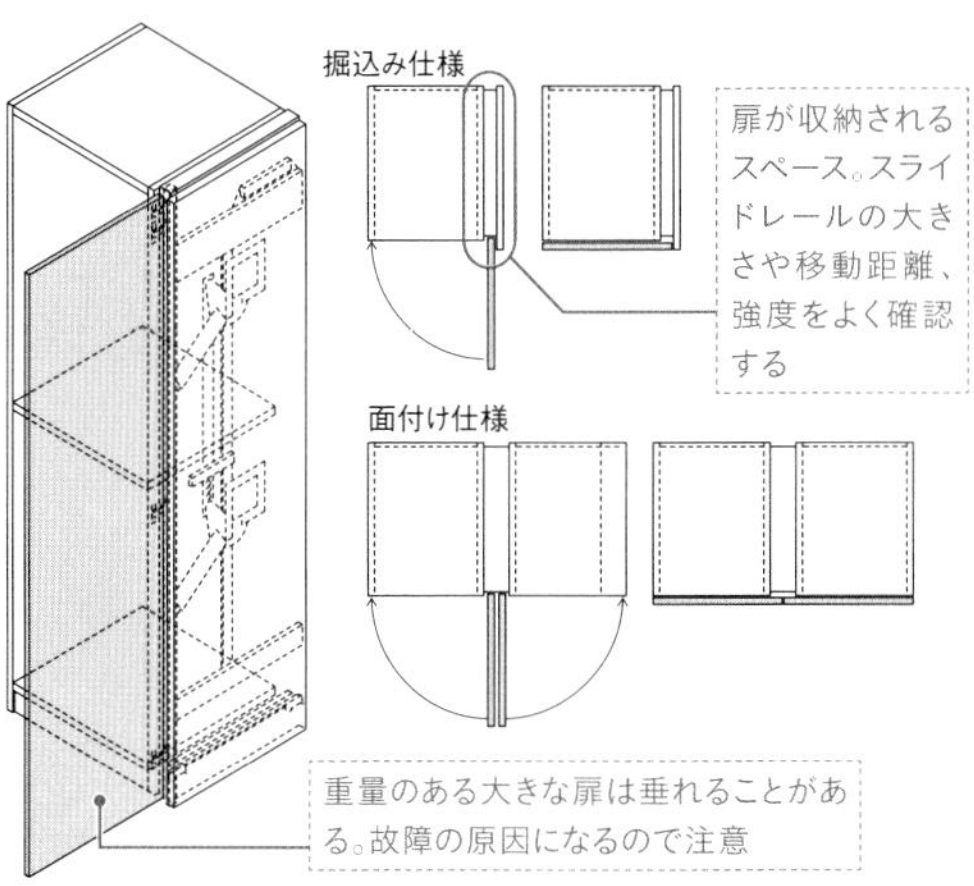
掘込み仕様
扉が収納されるスペース。スライドレールの大きさや移動距離、強度をよく確認する
面付け仕様
重量のある大きな扉は垂れることがある。故障の原因になるので注意

のが、金物自体の大きさと動きである。入れたい物が入らない、扉が何かに当たって開かない、使いにくい位置で保持されるといった失敗例は多く見掛ける。回避策として、金物の承認図で確認したり、金物メーカーが提供しているCADデータを家具詳細図に描き入れておく、などの方法がある。

国内外の複数のメーカーが、同様の動作をする金物を販売しているので、価格だけでなく、機構の違いや調整のしやすさ、耐久性、動きの滑らかさといった特徴を見極めて選ぶ。日頃から木工所や家具の取り付け職人、金物屋などの評判を積極的に得るようにするとよい。〔和田浩一〕

※1 下開き（スイングダウン）もある　※2 垂直下開き（スイングリフトダウン）もある
4❶・❷：参考図（スガツネ工業）、❸：参考図（SALICE）

1 引戸をすっきり見せる方法

引戸は主に上吊りレールを用いたインセット仕様で設ける。戸の吊り元や下端、引違いの段差を違和感なく見せたい。

❶木製引戸

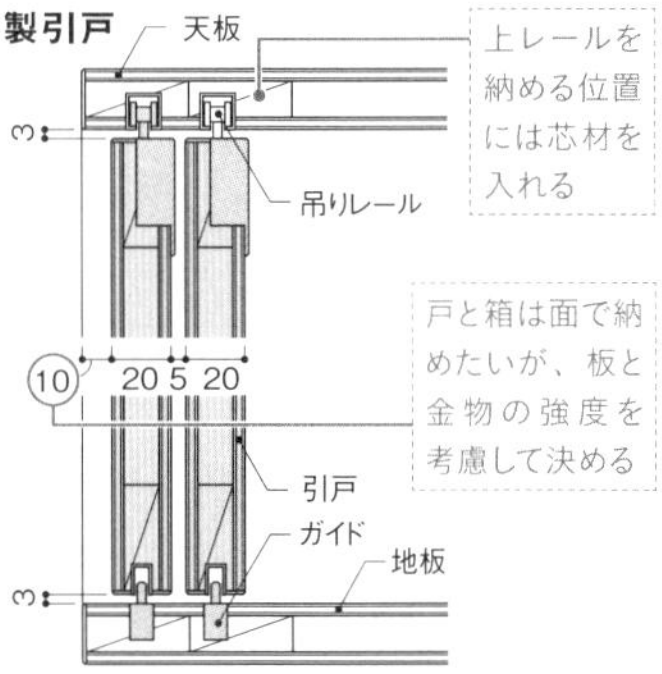
天板
上レールを納める位置には芯材を入れる
吊りレール
戸と箱は面で納めたいが、板と金物の強度を考慮して決める
10
20 5 20
引戸
ガイド
地板
3
3

❷ガラス製引戸

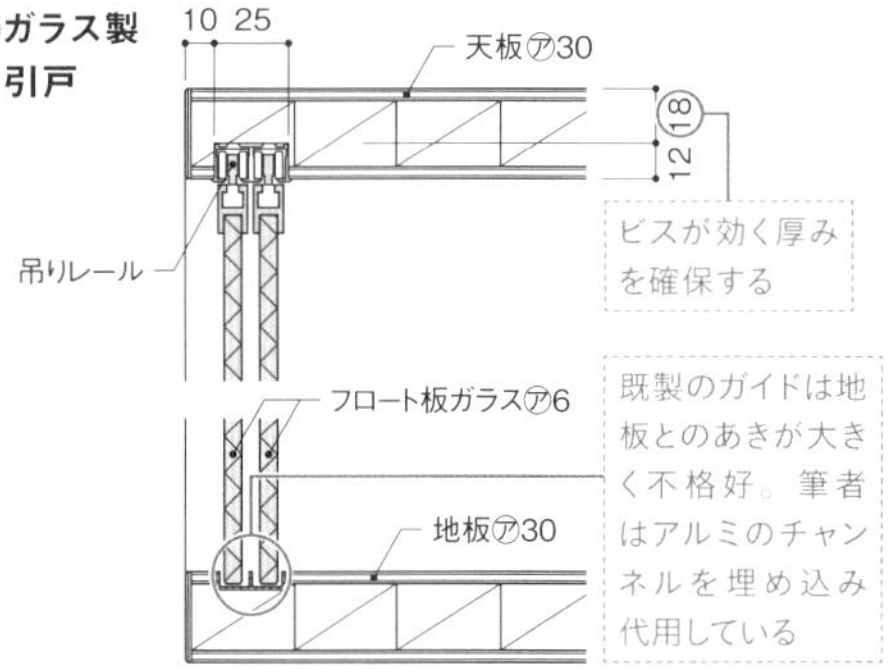
10 25
天板㋐30
18
12
ビスが効く厚みを確保する
吊りレール
フロート板ガラス㋐6
既製のガイドは地板とのあきが大きく不格好。筆者はアルミのチャンネルを埋め込み代用している
地板㋐30

❸アルミ枠引戸

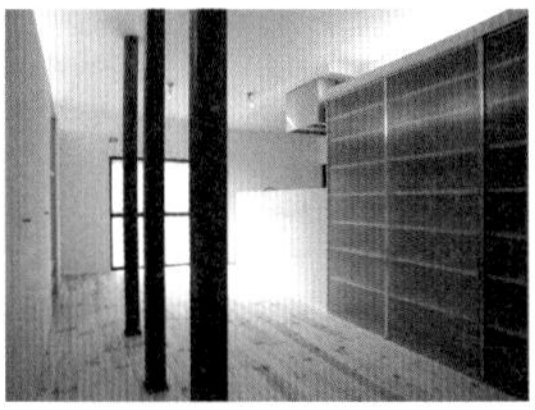

アルミ製の枠に中空ポリカーボネート板を納めた上吊り式引戸。下部には振れ止めを設置。手掛けはアルミの片長チャンネル、召合わせはアングルを廻して破損を防止

❹吊りレールを使わない

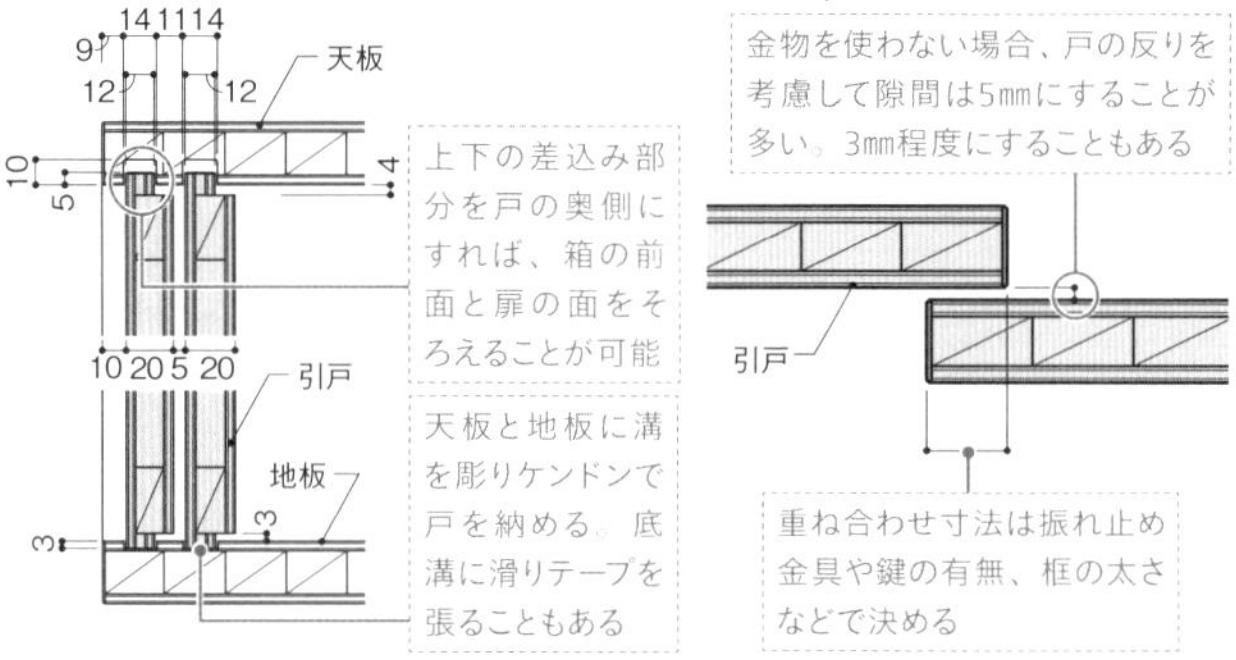
9 14 11 14
12 12
天板
10
5
4
上下の差込み部分を戸の奥側にすれば、箱の前面と扉の面をそろえることが可能
10 20 5 20
引戸
地板
3
3
天板と地板に溝を彫りケンドンで戸を納める。底溝に滑りテープを張ることもある
金物を使わない場合、戸の反りを考慮して隙間は5mmにすることが多い。3mm程度にすることもある
引戸
重ね合わせ寸法は振れ止め金具や鍵の有無、框の太さなどで決める

2 引戸をフラットに見せる

❶折戸にする

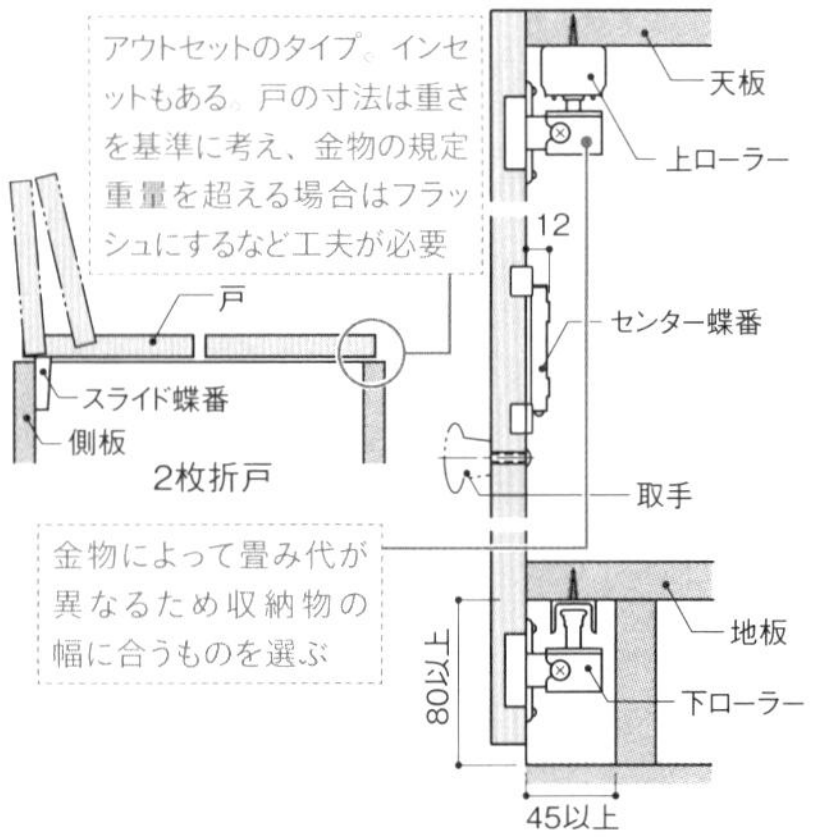
アウトセットのタイプ。インセットもある。戸の寸法は重さを基準に考え、金物の規定重量を超える場合はフラッシュにするなど工夫が必要
戸
スライド蝶番
側板
2枚折戸
金物によって畳み代が異なるため収納物の幅に合うものを選ぶ
天板
上ローラー
12
センター蝶番
取手
地板
下ローラー
80以上
45以上

❷アーム式スイング戸にする

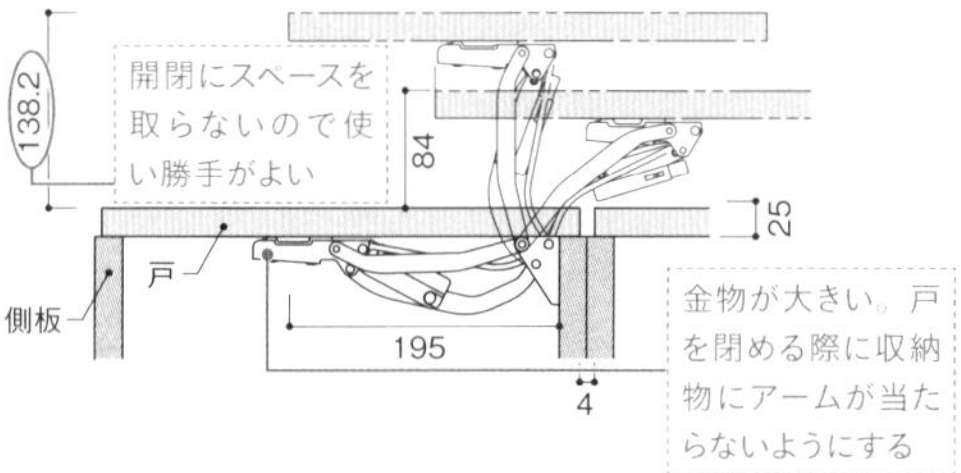
138.2
開閉にスペースを取らないので使い勝手がよい
84
25
戸
側板
195
4
金物が大きい。戸を閉める際に収納物にアームが当たらないようにする

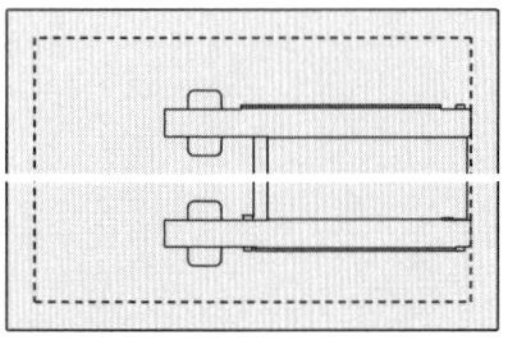

開き戸と引戸の中間的な存在。スペースをとらない開閉方式とフラットな面構成が特徴。レール式よりは設置が容易

❸レール式フラット引戸にする

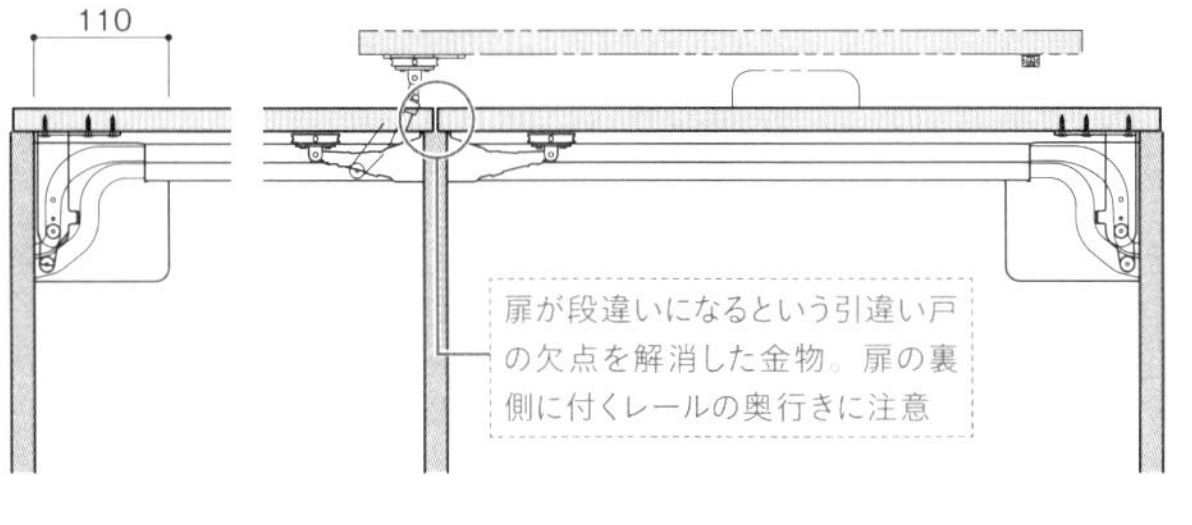
110
扉が段違いになるという引違い戸の欠点を解消した金物。扉の裏側に付くレールの奥行きに注意

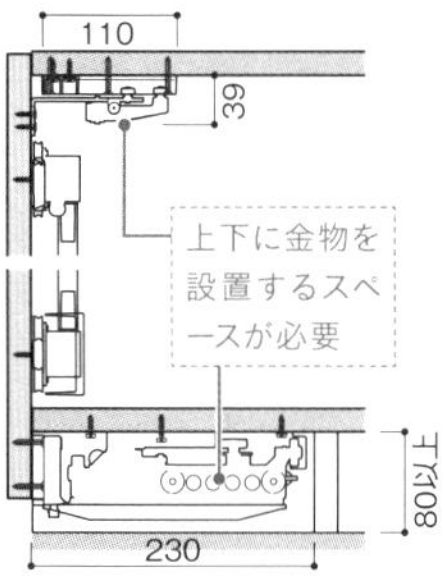
110
39
上下に金物を設置するスペースが必要
80以上
230

執筆：和田浩一
re-house／i　設計：STUDIO KAZ　写真：垂見孔士
参考図：スガツネ工業

1 引出しの基本的な納まり

引出しはアウトセットで設けることが多く、化粧前板廻りの目地が通っていると美しく見える。金物の設置箇所や寸法（厚み）を踏まえて納まりを決める。

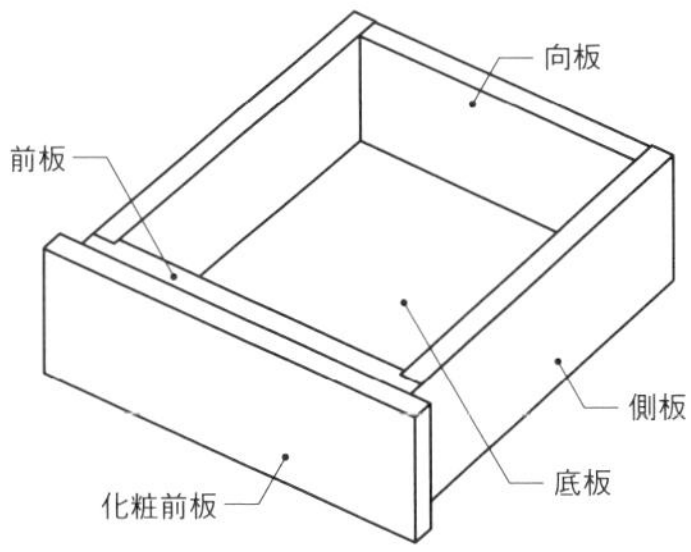

向板
前板
側板
底板
化粧前板

各板の接合には、ビスで留める打ち付け継ぎやダボ継ぎ、あられ組継ぎ、包み蟻組継ぎなどのさまざまな方法を用いる。アウトセットの納まりにする場合は化粧前板が必要

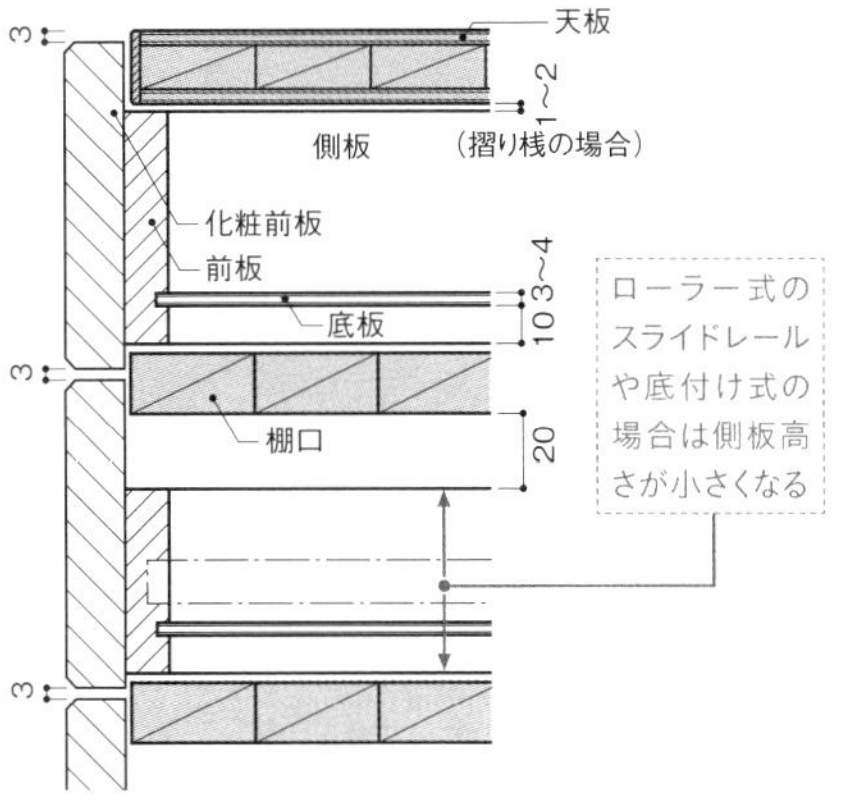

3
天板
1~2
側板
（摺り桟の場合）
化粧前板
前板
底板
10
3~4
3
棚口
20
3
ローラー式のスライドレールや底付け式の場合は側板高さが小さくなる

2 引出しの納まりと有効寸法

❶吊り桟

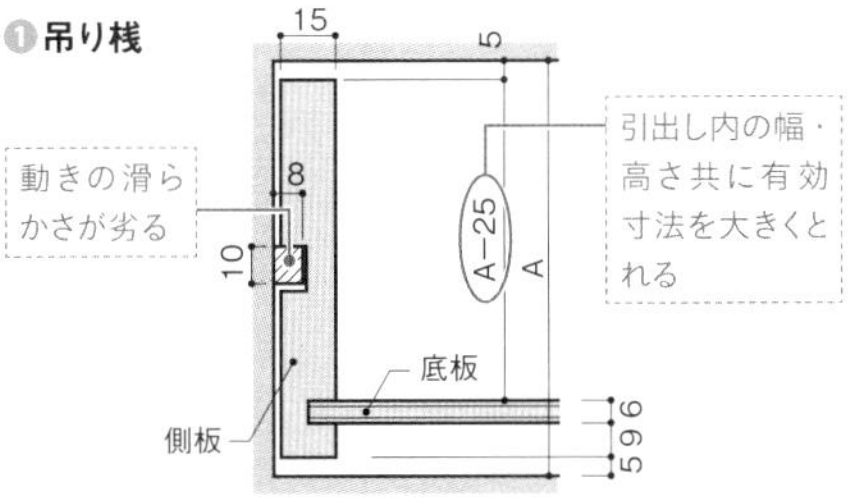

15
5
動きの滑らかさが劣る
8
10
A−25
A
引出し内の幅・高さ共に有効寸法を大きくとれる
底板
側板
9
6
5

❷ボールベアリング式スライドレール

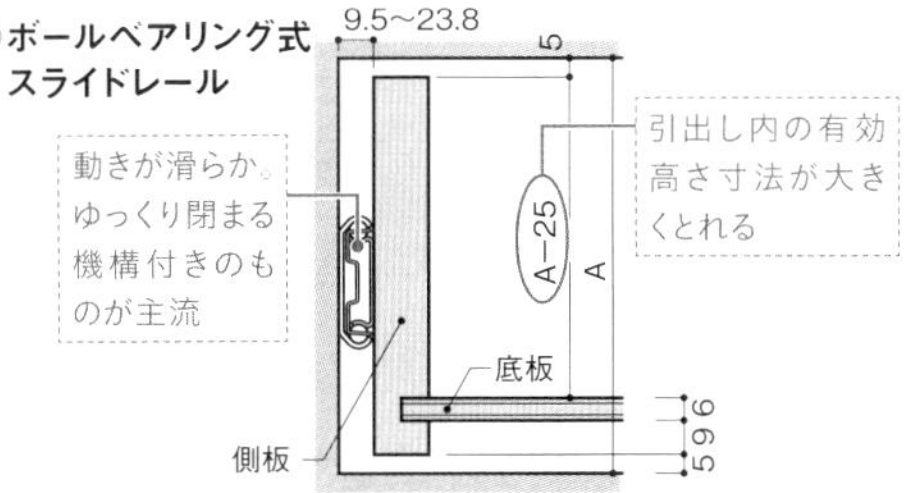

9.5~23.8
5
動きが滑らか。ゆっくり閉まる機構付きのものが主流
A−25
A
引出し内の有効高さ寸法が大きくとれる
底板
側板
9
6
5

❸セルフ・ソフトクローズ式スライドレール

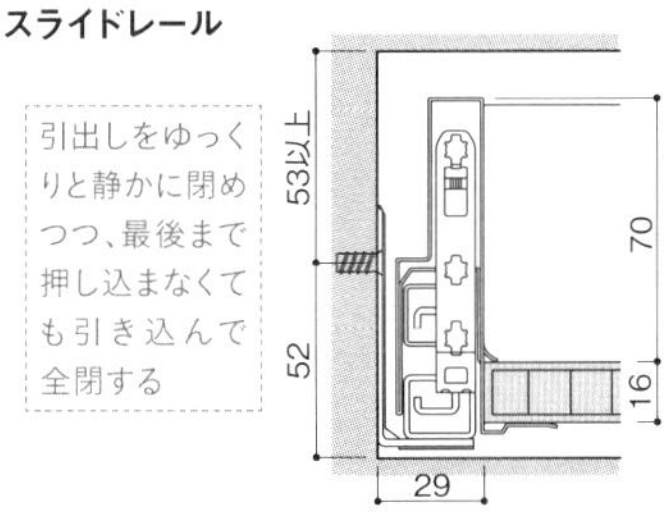

引出しをゆっくりと静かに閉めつつ、最後まで押し込まなくても引き込んで全閉する
53以上
70
52
16
29

❹底付け式スライドレール

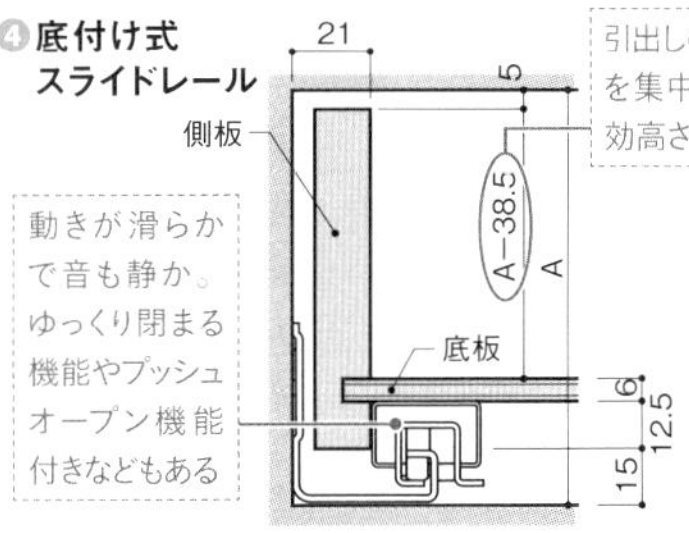

21
5
側板
引出しの下部に機構を集中させるため有効高さ寸法が小さい
動きが滑らかで音も静か。ゆっくり閉まる機能やプッシュオープン機能付きなどもある
A−38.5
A
底板
6
12.5
15

3 手掛けの設け方

❶テーパー加工

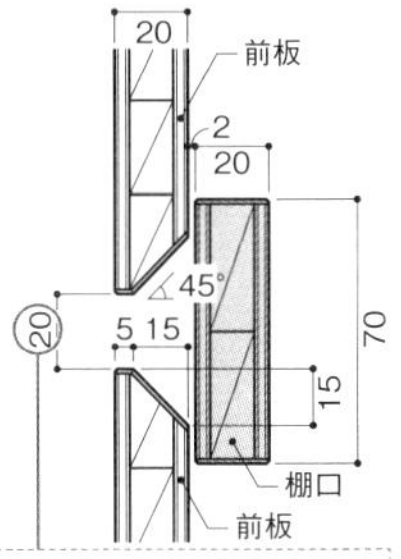

20
前板
2
20
45°
20
5 15
70
15
棚口
前板

テーパーを取った基本の納まり。指を入れるための隙間は16mmほどでもよいが、高さによっては開けにくい

❷手決《てじゃく》り加工

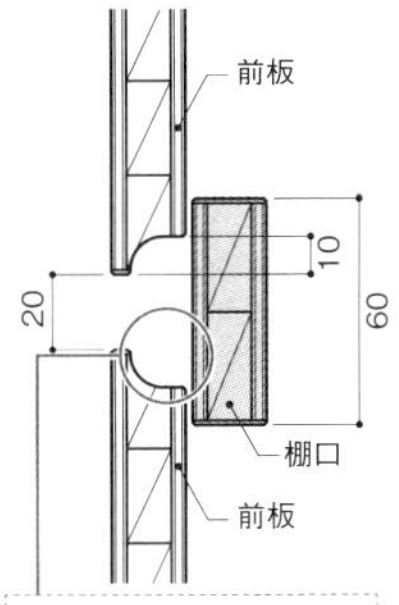

前板
10
20
60
棚口
前板

手を掛ける部分に決り加工を施した例。テーパーよりも開けやすい

❸手決り加工（棚口なし）

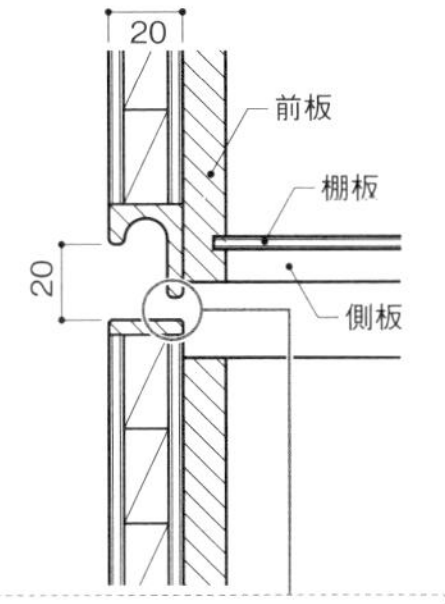

20
前板
棚板
20
側板

棚口を設けない納まり。内側の前板、側板を利用して手掛け材の薄い部分を補強している

❹手掛けなし

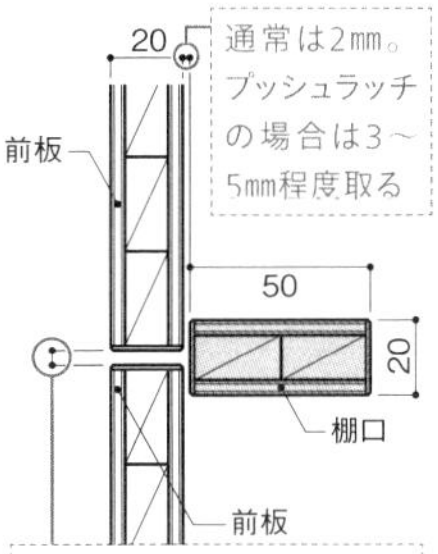

20
通常は2mm。プッシュラッチの場合は3~5mm程度取る
前板
50
20
棚口
前板

手掛けを設けない納まり。隙間は小さいほどきれいだが、開閉時のがたつきでぶつからないよう4mm程度取る

執筆：和田浩一

1 小口材は耐久性と素材感で決める

小口材は、表面材の種類、求める耐久性、見た目、コストから選定する。0.5㎜厚以下のテープであれば、大半のものは手張りが可能で加工が容易。以下、素材と厚み別に分類し解説する。

0.5㎜以下

❶ DAPテープ

厚みは0.3～0.45㎜。基材が紙なので加工性がよい。断面に紙が見える。耐久性は低く、水廻りでの使用には向かない

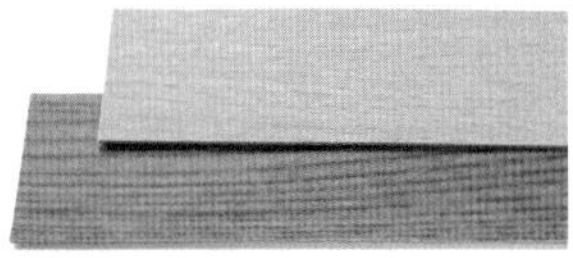

❷非塩ビテープ

厚みは0.45～0.5㎜。色柄が豊富で最も多用される。加工性がよく切断面がきれい。メラミンほどの強度はないが、価格は安い

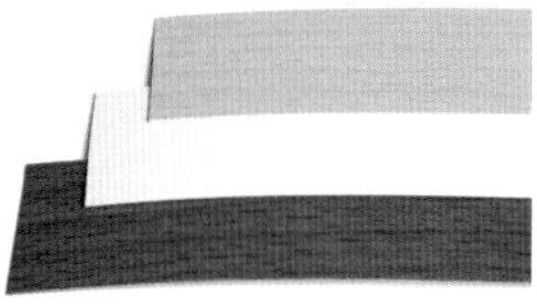

❸突き板テープ

厚みは0.45㎜以上。突き板をテープ状に長くつないで裏打ちしたもの。シナやラワンランバーの小口に張ることが多い

1㎜厚以上

❹カラーコアメラミン化粧板［※］

厚みは1.2㎜程度。非常に硬い。通常のメラミン化粧板の基材は黒っぽいが、表面の化粧材と同色のものもある（カラーコア）

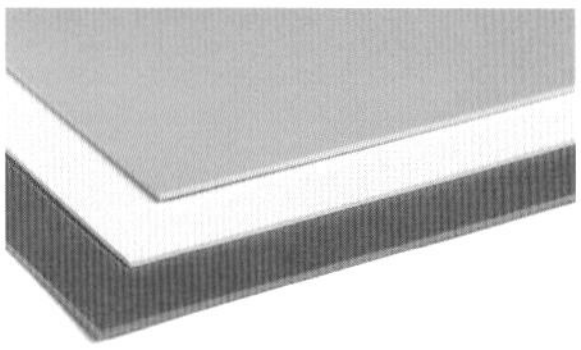

❺樹脂厚物エッジ

厚みは2㎜。厚みがあるので小口のR加工が可能。耐久性が高い。色柄の特注ができるものもある。主に機械で張る

❻挽き板（木縁材）

厚みは3～5㎜程度以上。突き板よりも丈夫。表面の天然木突き板と同色のコア材を用いた「天然木積層小口材」もある

2 小口の納め方

天板など小口が目立つ箇所で納まりが甘いと、家具の全体的な印象に影響する。基本的に、表面材と小口材は色柄を合わせ、一枚物のように納めることがポイントだ。

❶無垢材（船底）

厚みのある無垢材をシャープに見せる方法。板の下端を斜め45°に切削する

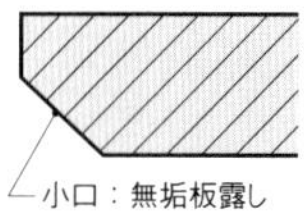
小口：無垢板露し

❷ 3層パネル

3層とはいえ無垢材。36㎜ほどの厚みがあれば小口の存在感を強調してもよい

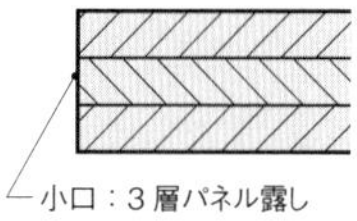
小口：3層パネル露し

❸共芯積層合板（フラッシュ）

フラッシュの小口面の芯材に同じ合板を用いて積層面を見せる。コストダウンも図れる

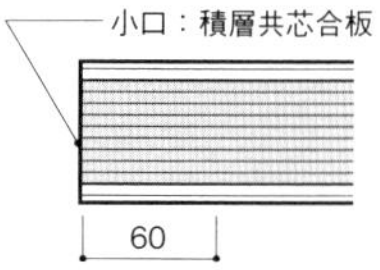
小口：積層共芯合板
60

❹木縁

材に厚と幅があるので立体感のある深い彫りを施して多様な断面形状がつくれる

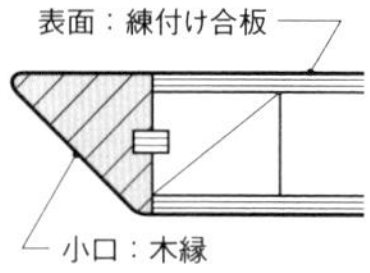
表面：練付け合板
小口：木縁

❺挽き板

突き板より強度があり面取りが可能。木目や色味を表面材に合わせると一枚板に見える

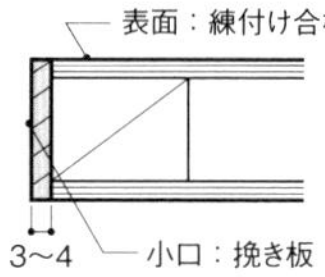
表面：練付け合板
3～4
小口：挽き板

❻厚突き

表面材と小口を同材にして一体に見せることが可能。挽き板ほどの強度はない

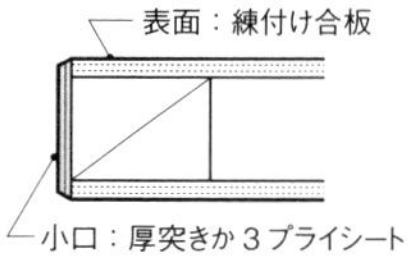
表面：練付け合板
小口：厚突きか3プライシート

❼メラミン化粧板（共材かコア材）

表面材を後張りすると接着ラインが目立たない。カラーコアを使うとより一体感がでる

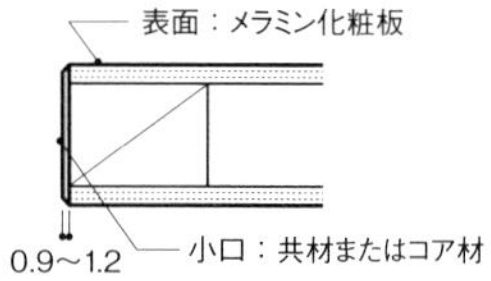
表面：メラミン化粧板
0.9～1.2
小口：共材またはコア材

❽ DAPテープ・非塩ビテープ

種類が豊富。糊付きタイプは簡単で現場での手張りにも適する。薄いので表面強度は低い

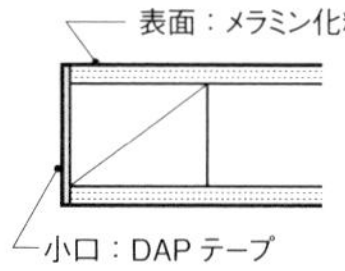
表面：メラミン化粧板
小口：DAPテープ

❾樹脂製埋込みエッジ材

内部が空洞でクッション性がある。単色のほか木目調や金属調などの種類がある

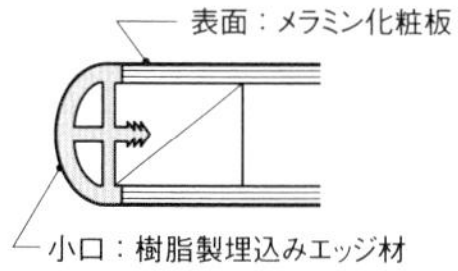
表面：メラミン化粧板
小口：樹脂製埋込みエッジ材

協力：間中治行

※ 化粧面の色調を特殊コア層に反映させるメラミン化粧板。化粧面と小口の色調をそろえることができる

1 ❶・❸・❹アイカ工業、❷・❺パネフリ工業、❻間中木工所

1 目地はクリアランスと一体で考える

扉や引出しを開閉するには隙間（目地）が必要だ。徹底的に通し、見付けをそろえることで家具に一体感が生まれる。

❶立面のポイント

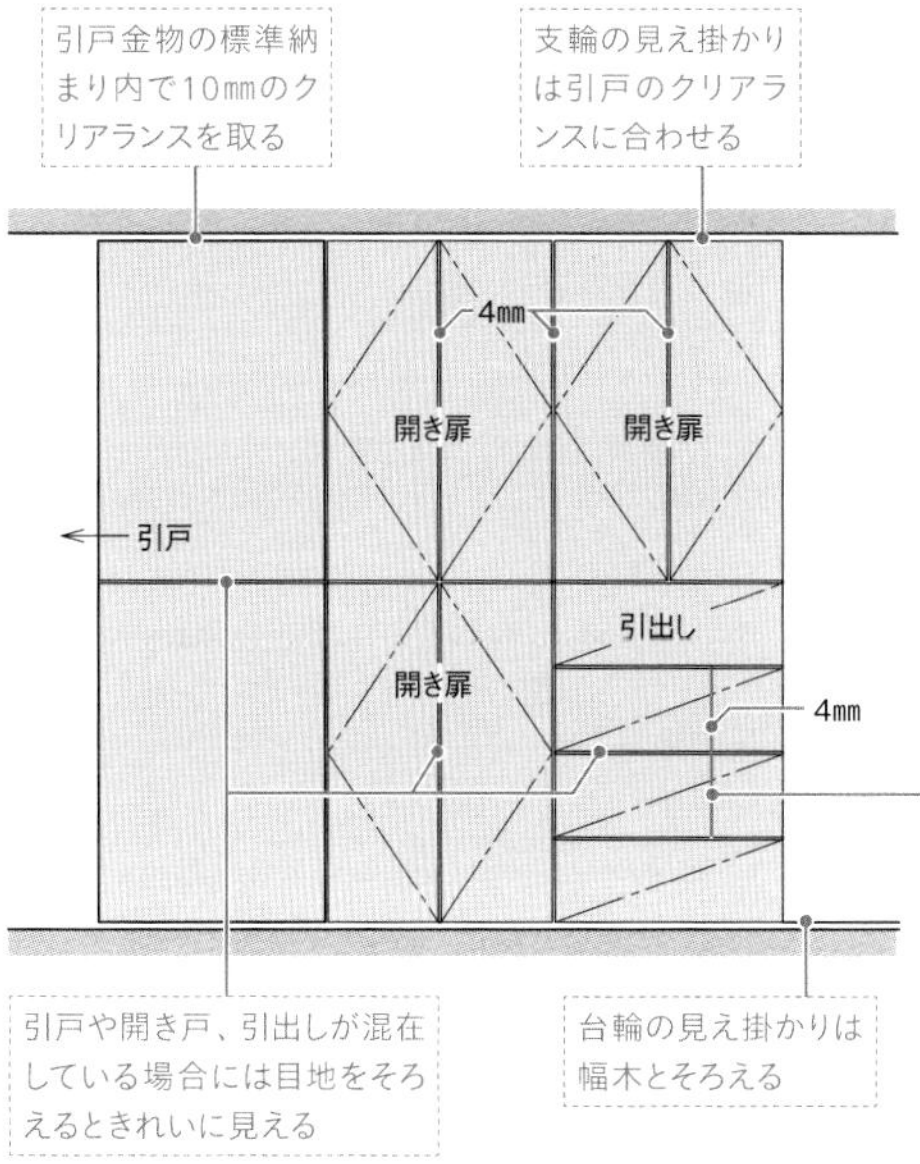

引戸金物の標準納まり内で10㎜のクリアランスを取る
支輪の見え掛かりは引戸のクリアランスに合わせる
4㎜
開き扉
開き扉
引戸
引出し
開き扉
4㎜
引戸や開き戸、引出しが混在している場合には目地をそろえるときれいに見える
台輪の見え掛かりは幅木とそろえる

❷平面のポイント

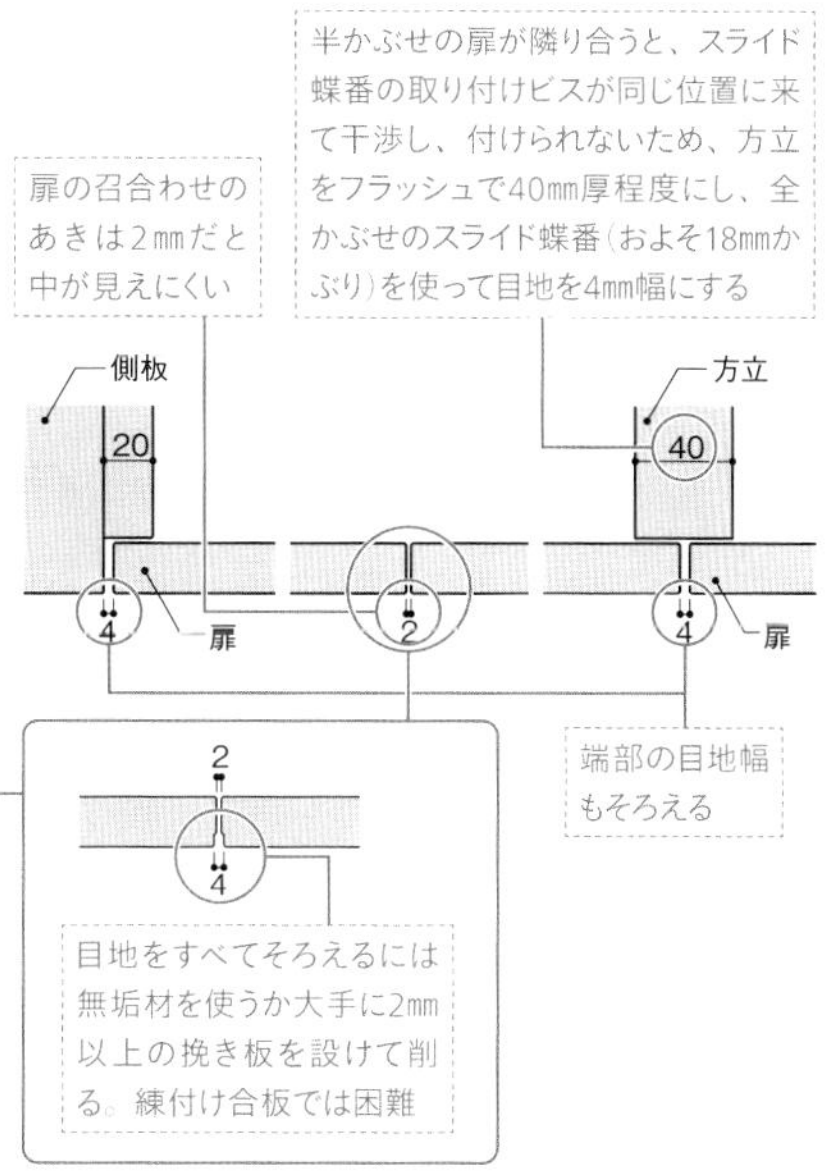

扉の召合わせのあきは2㎜だと中が見えにくい
半かぶせの扉が隣り合うと、スライド蝶番の取り付けビスが同じ位置に来て干渉し、付けられないため、方立をフラッシュで40㎜厚程度にし、全かぶせのスライド蝶番（およそ18㎜かぶり）を使って目地を4㎜幅にする
側板
20
方立
40
4
2
4
扉
扉
端部の目地幅もそろえる
2
4
目地をすべてそろえるには無垢材を使うか大手に2㎜以上の挽き板を設けて削る。練付け合板では困難

2 カウンターの目地を回す

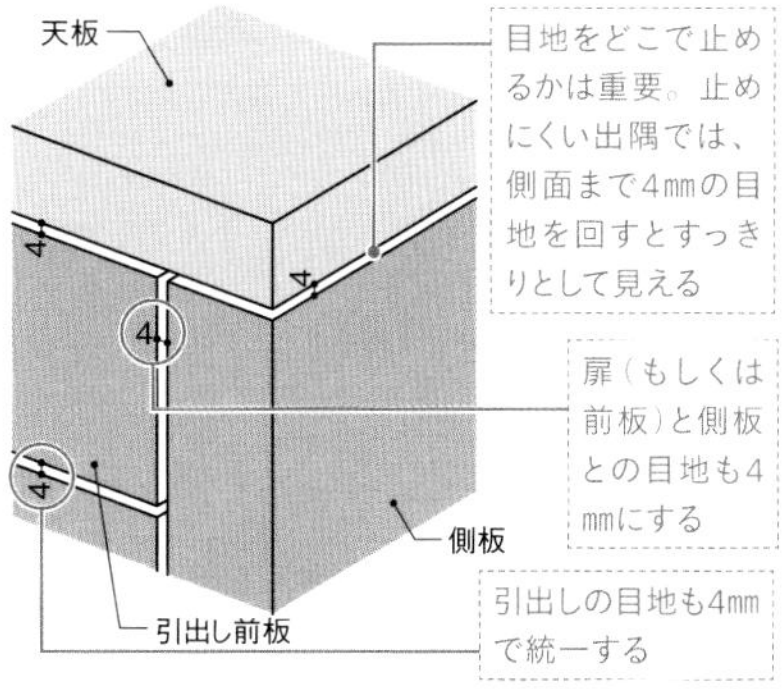

天板
目地をどこで止めるかは重要。止めにくい出隅では、側面まで4㎜の目地を回すとすっきりとして見える
4
4
4
4
扉（もしくは前板）と側板との目地も4㎜にする
側板
引出し前板
引出しの目地も4㎜で統一する

3 引出しと扉の目地を合わせる

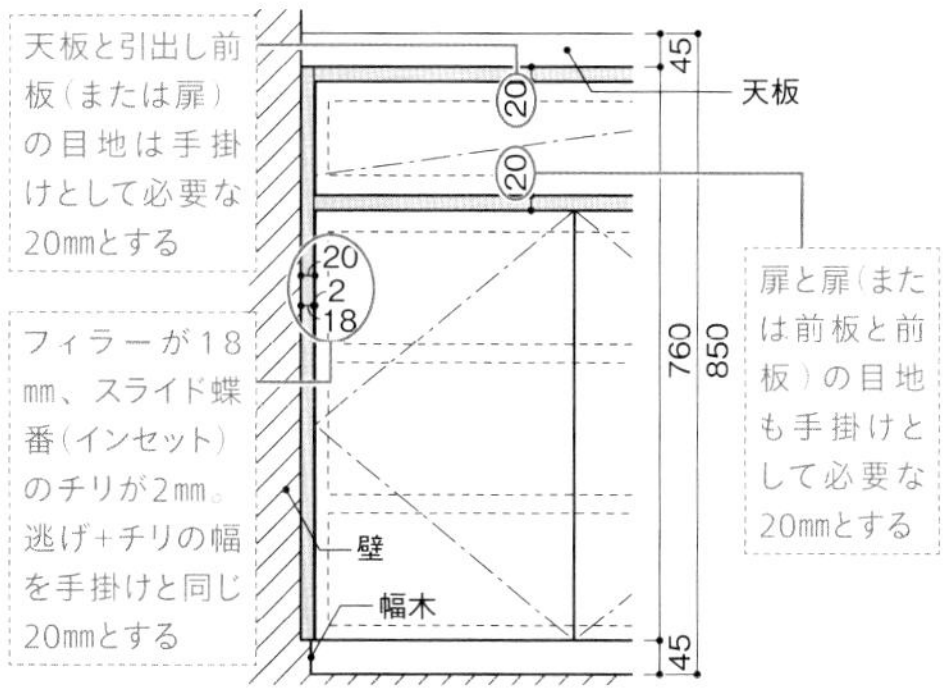

天板と引出し前板（または扉）の目地は手掛けとして必要な20㎜とする
45
20
天板
20
20
2
18
フィラーが18㎜、スライド蝶番（インセット）のチリが2㎜。逃げ+チリの幅を手掛けと同じ20㎜とする
760
850
扉と扉（または前板と前板）の目地も手掛けとして必要な20㎜とする
壁
幅木
45

4 取手の有無による目地デザインの違い

❶取手あり

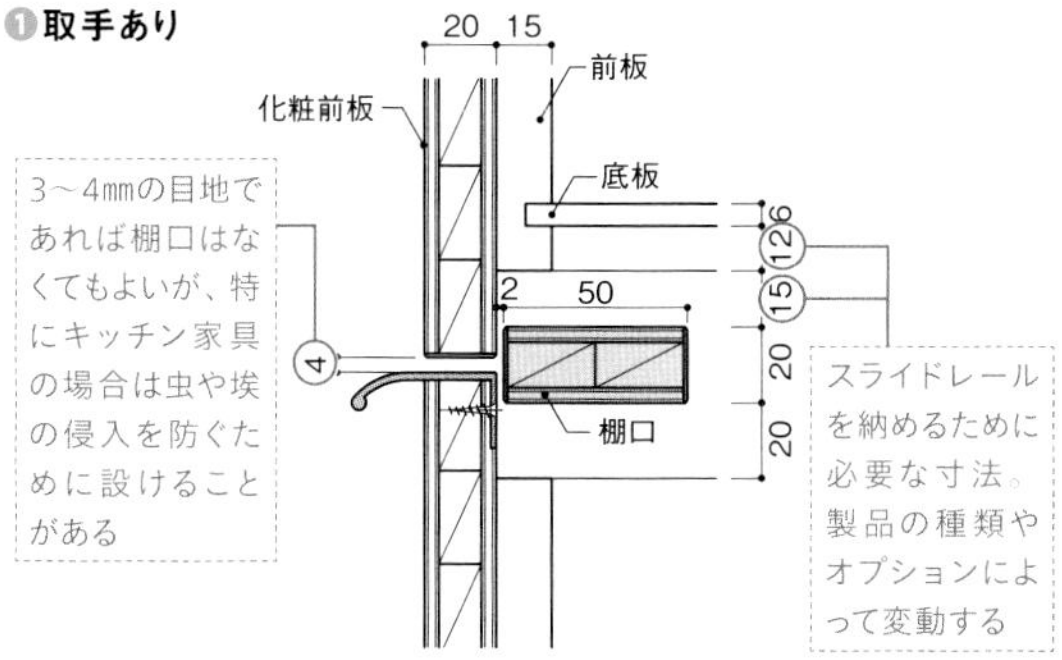

20 15
前板
化粧前板
底板
3〜4㎜の目地であれば棚口はなくてもよいが、特にキッチン家具の場合は虫や埃の侵入を防ぐために設けることがある
6
12
15
2
50
4
20
20
棚口
スライドレールを納めるために必要な寸法。製品の種類やオプションによって変動する

❷取手なし

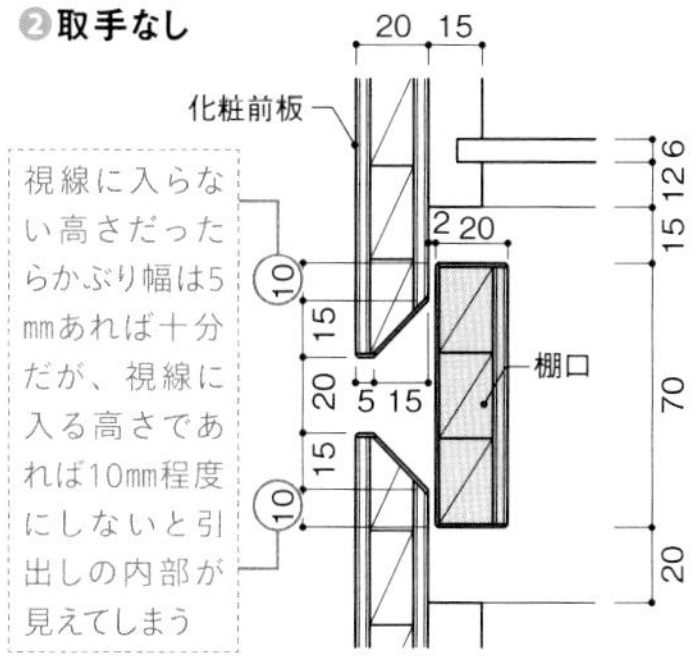

20 15
化粧前板
視線に入らない高さだったらかぶり幅は5㎜あれば十分だが、視線に入る高さであれば10㎜程度にしないと引出しの内部が見えてしまう
6
12
15
2 20
10
15
20
5 15
15
10
棚口
70
20

執筆：和田浩一

1 大工の家具はシナランバーの箱が基本

❶基本の箱組み

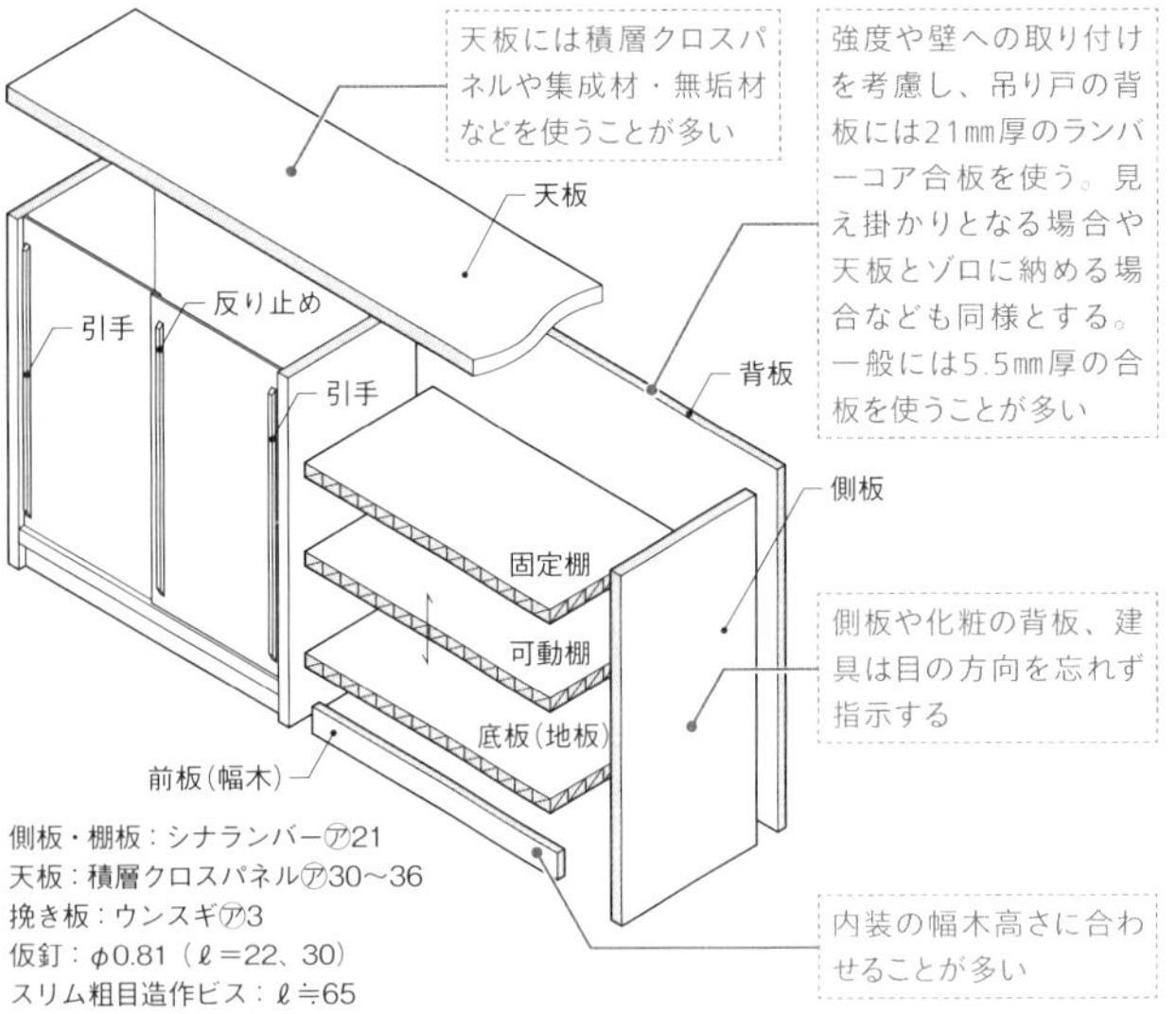
天板には積層クロスパネルや集成材・無垢材などを使うことが多い
天板
反り止め
引手
引手
強度や壁への取り付けを考慮し、吊り戸の背板には21mm厚のランバーコア合板を使う。見え掛かりとなる場合や天板とゾロに納める場合なども同様とする。一般には5.5mm厚の合板を使うことが多い
背板
側板
固定棚
可動棚
底板(地板)
側板や化粧の背板、建具は目の方向を忘れず指示する
前板(幅木)
内装の幅木高さに合わせることが多い

側板・棚板：シナランバー㋐21
天板：積層クロスパネル㋐30〜36
挽き板：ウンスギ㋐3
仮釘：φ0.81（ℓ＝22、30）
スリム粗目造作ビス：ℓ≒65

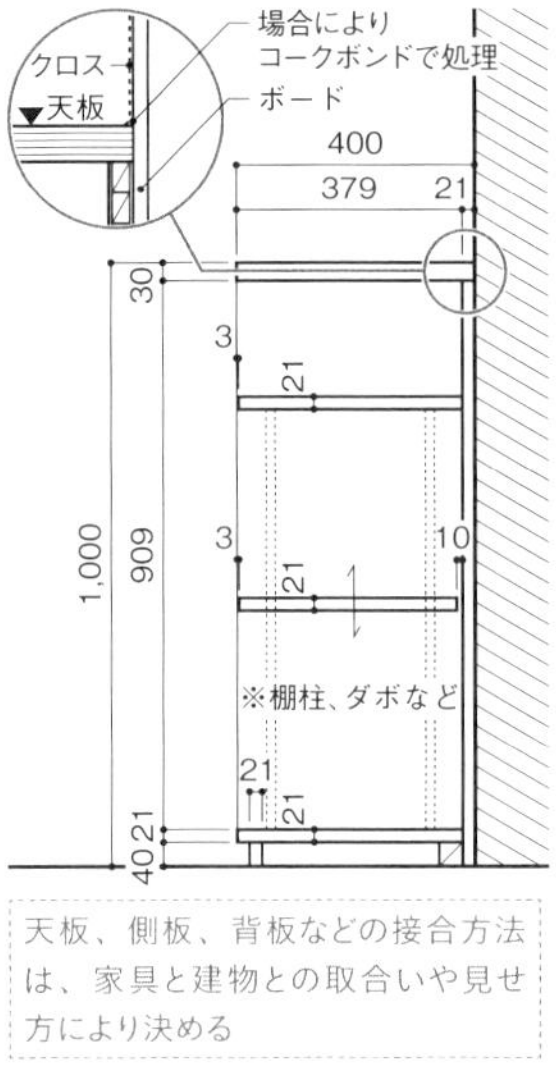
場合により
コークボンドで処理
クロス
天板
ボード
400
379
21
30
3
21
3
10
21
1,000
909
※棚柱、ダボなど
21
21
40
21

天板、側板、背板などの接合方法は、家具と建物との取合いや見せ方により決める

❷箱組みの接合部

● ビスケットジョイント

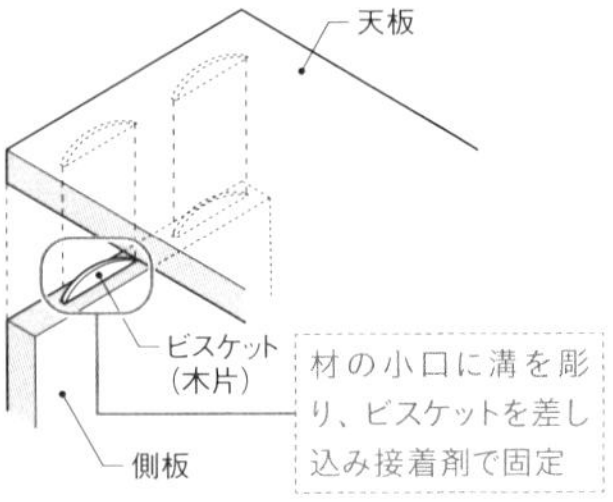
天板
ビスケット
(木片)
材の小口に溝を彫り、ビスケットを差し込み接着剤で固定
側板

● 木ダボ

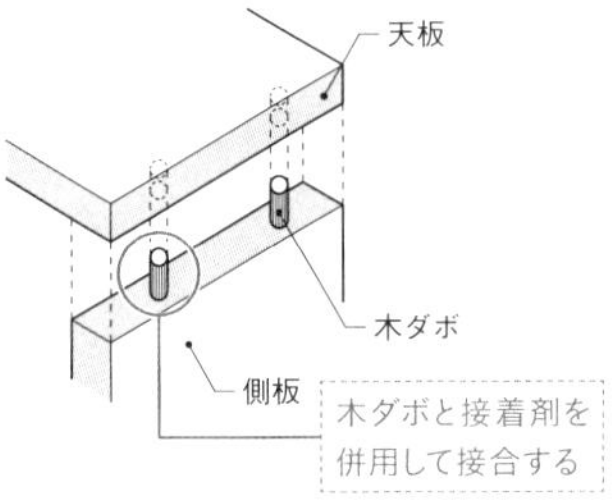
天板
木ダボ
側板
木ダボと接着剤を併用して接合する

● 追入れ（大入れ）

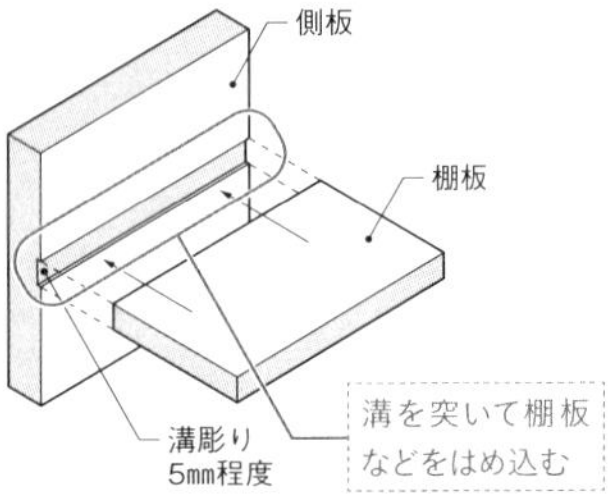
側板
棚板
溝彫り
5mm程度
溝を突いて棚板などをはめ込む

● ビス留め

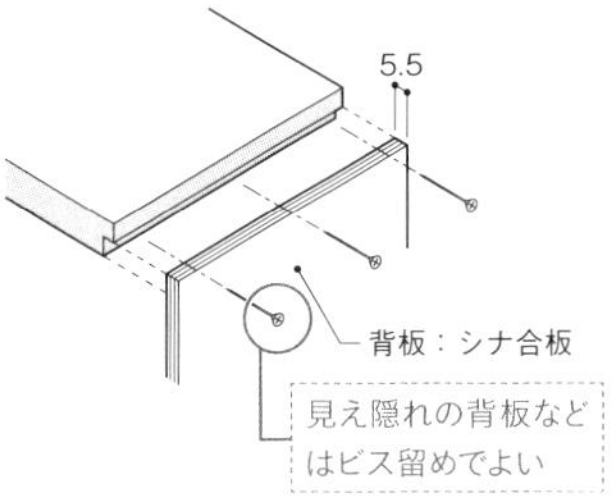
5.5
背板：シナ合板
見え隠れの背板などはビス留めでよい

❸ランバーの端部

● シナテープ張り

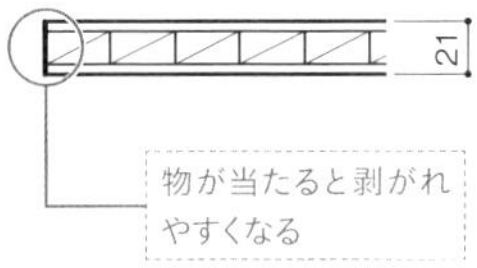
21
物が当たると剥がれやすくなる

● 挽き板接着剤張り

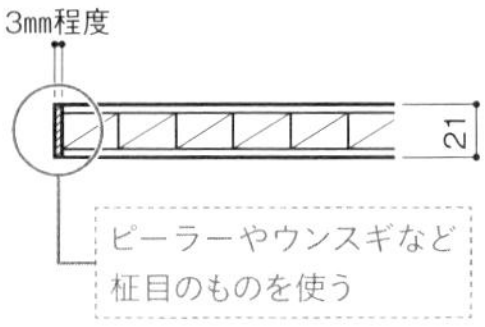
3mm程度
21
ピーラーやウンスギなど柾目のものを使う

● 無垢材雇い留め（鴨居・敷居）

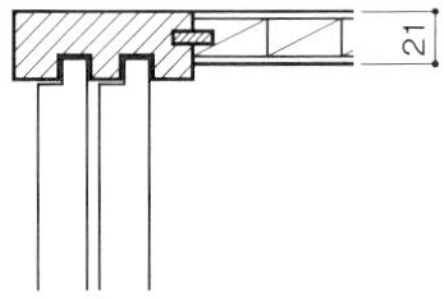
21

❹天板の接ぎ合わせ

● ビスケットジョイント

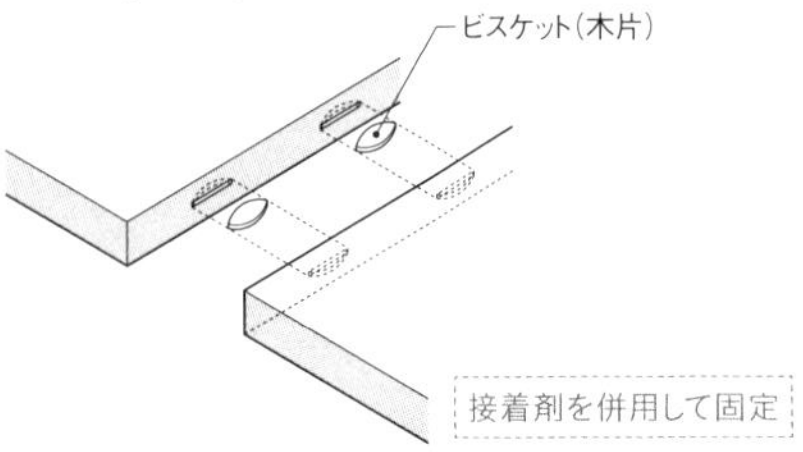
ビスケット(木片)
接着剤を併用して固定

● 雇い実［※］

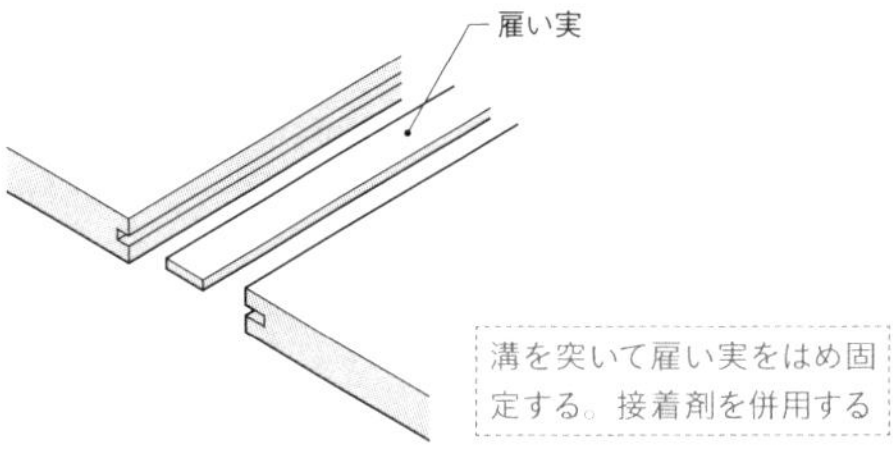
雇い実
溝を突いて雇い実をはめ固定する。接着剤を併用する

※ 木材接合の1つで、接合面の両方を凹形に彫り込んで、その溝に別に加工した実を入れて接合するもの

2 接合部はエッジをキメる

❶化粧合板で隠す

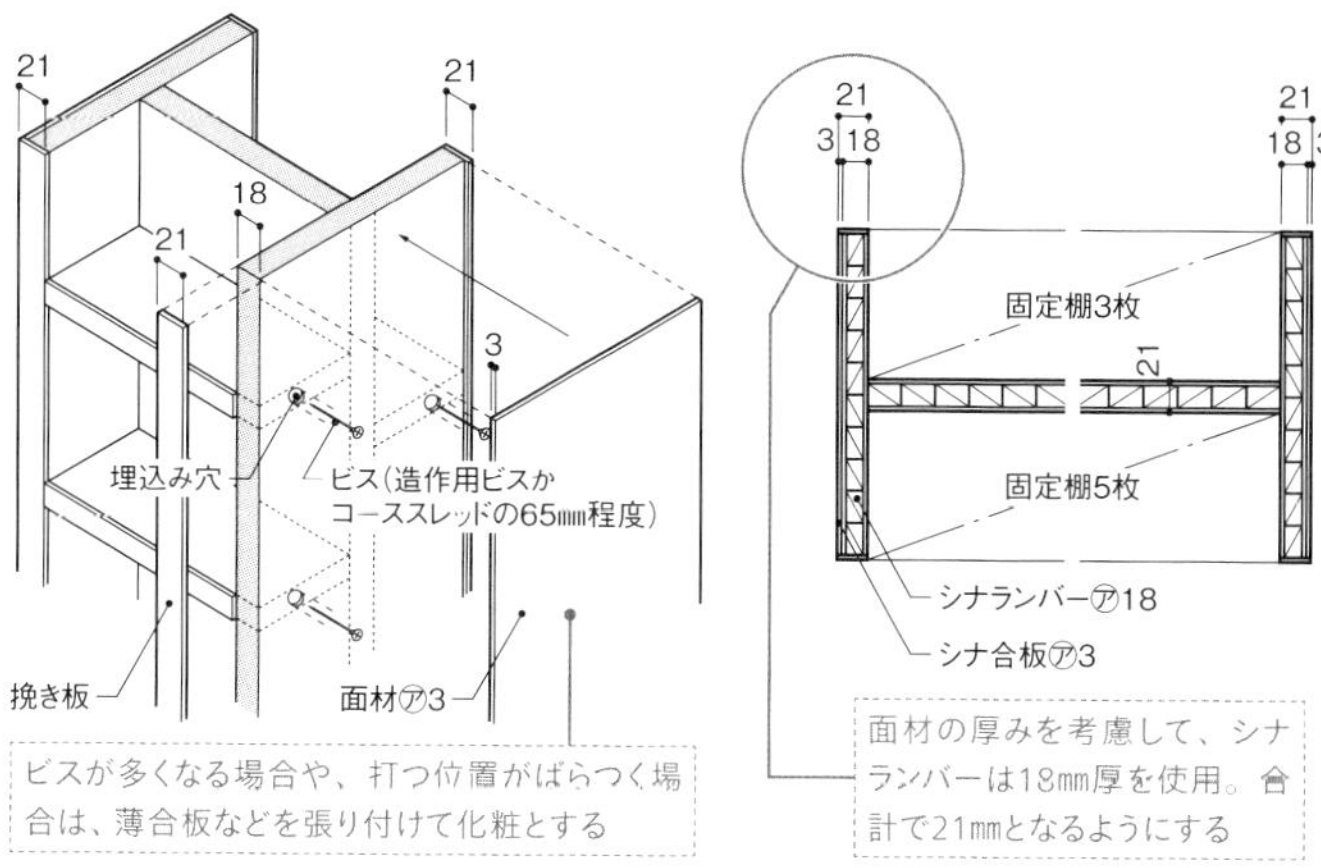
21
21
18
21
3
埋込み穴
ビス(造作用ビスかコーススレッドの65㎜程度)
挽き板
面材㋐3
ビスが多くなる場合や、打つ位置がばらつく場合は、薄合板などを張り付けて化粧とする
21
3 18
21
18 3
固定棚3枚
21
固定棚5枚
シナランバー㋐18
シナ合板㋐3
面材の厚みを考慮して、シナランバーは18㎜厚を使用。合計で21㎜となるようにする

❷化粧合板で隠す

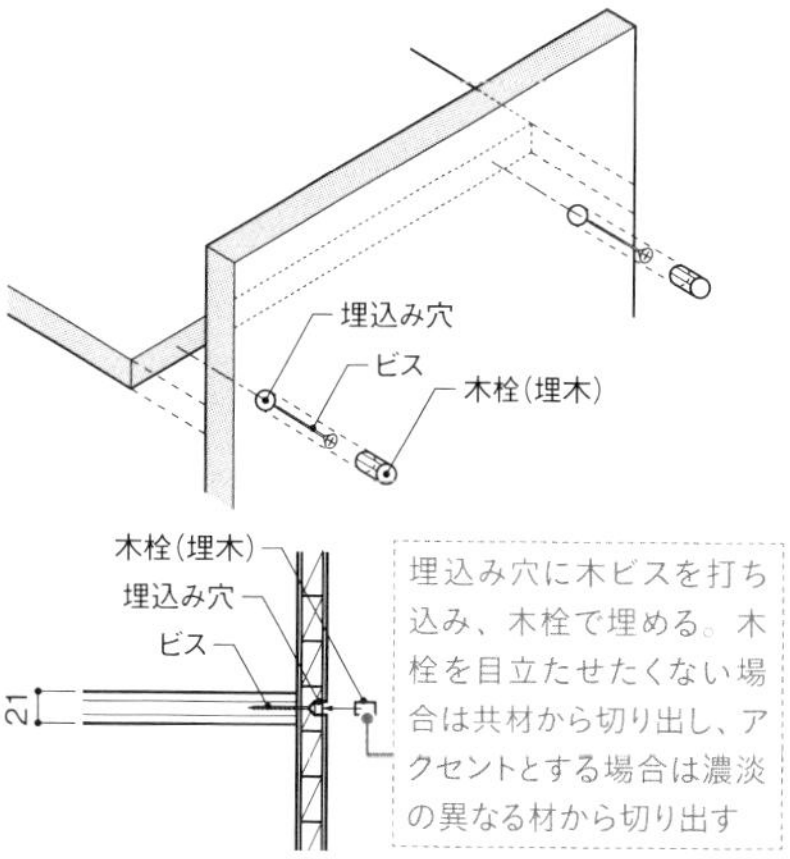
埋込み穴
ビス
木栓(埋木)
木栓(埋木)
埋込み穴
ビス
21
埋込み穴に木ビスを打ち込み、木栓で埋める。木栓を目立たせたくない場合は共材から切り出し、アクセントとする場合は濃淡の異なる材から切り出す

❸ビスで留めない工夫

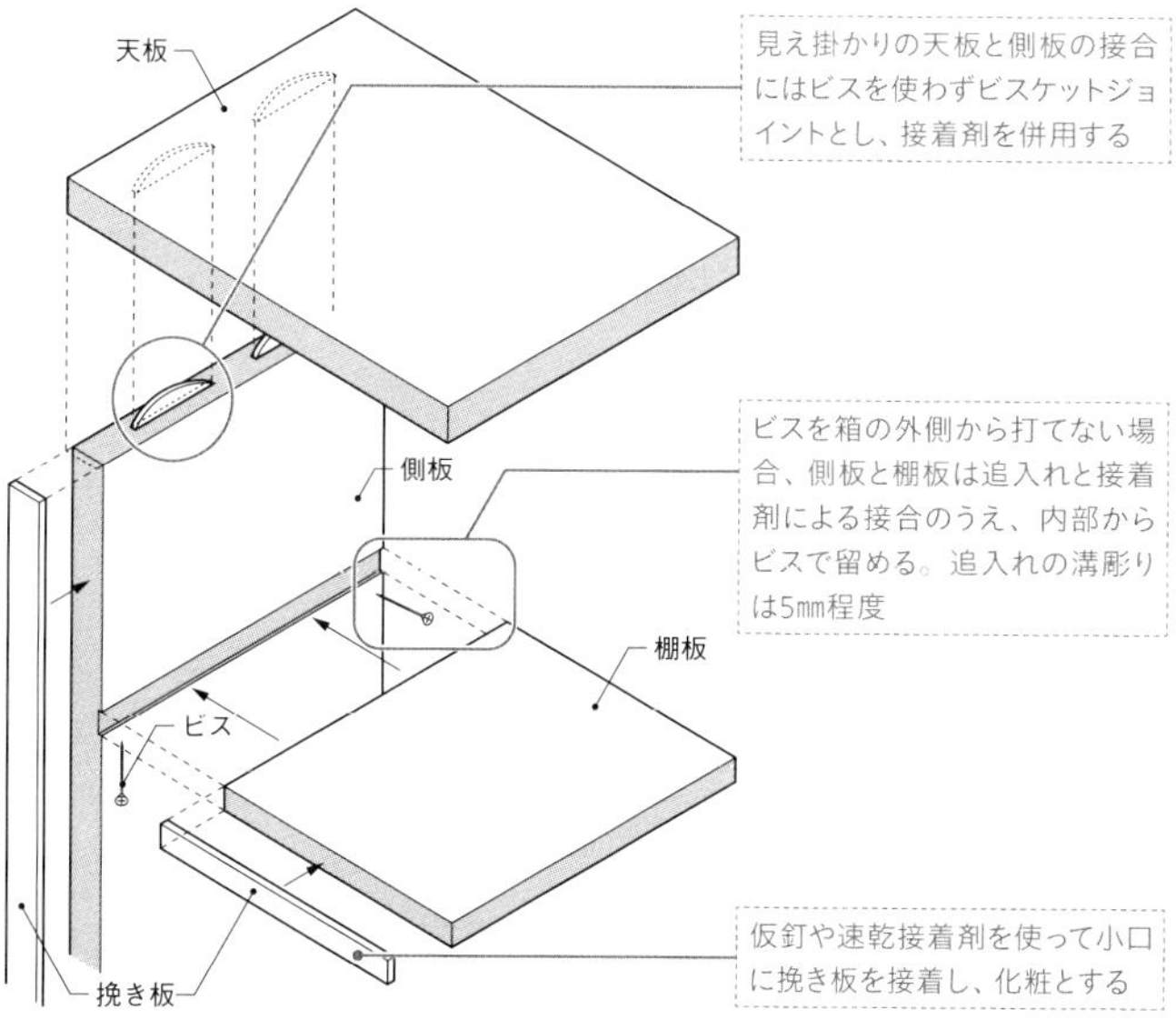
天板
見え掛かりの天板と側板の接合にはビスを使わずビスケットジョイントとし、接着剤を併用する
側板
ビスを箱の外側から打てない場合、側板と棚板は追入れと接着剤による接合のうえ、内部からビスで留める。追入れの溝彫りは5㎜程度
棚板
ビス
挽き板
仮釘や速乾接着剤を使って小口に挽き板を接着し、化粧とする

❹横から背板が見えるかどうか

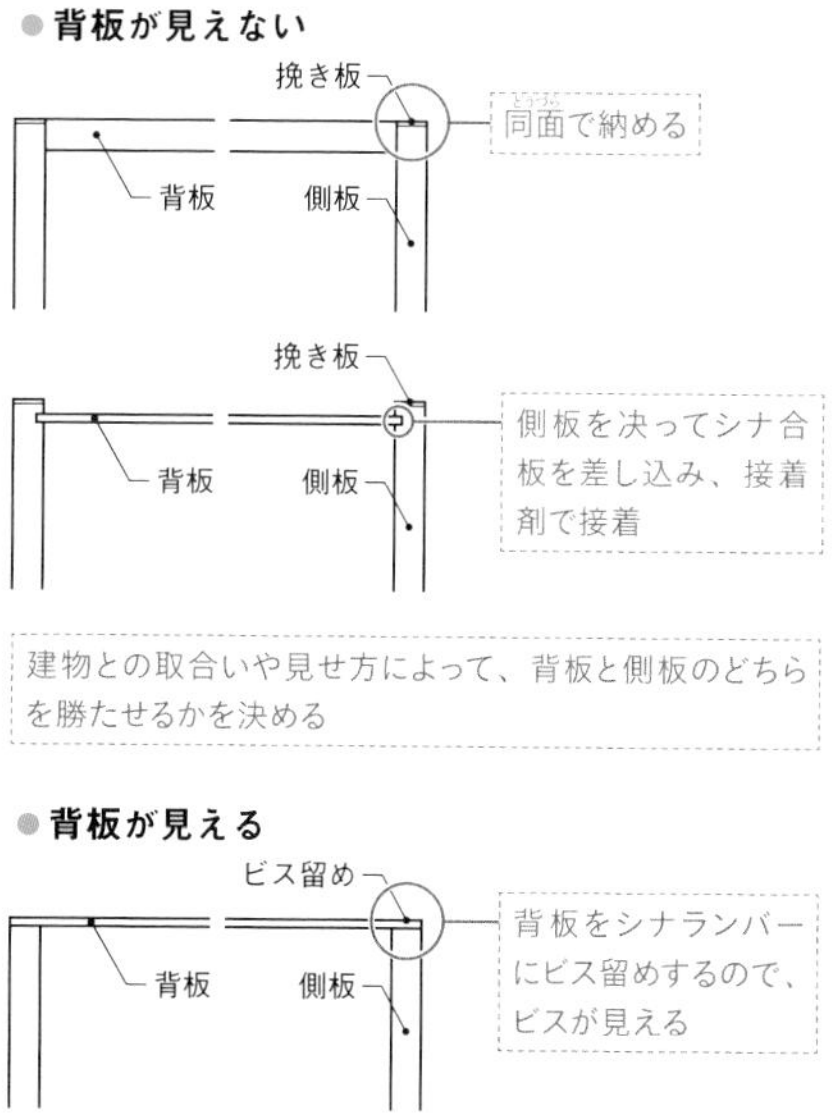
●背板が見えない
挽き板
同面で納める
背板
側板
挽き板
背板
側板
側板を決ってシナ合板を差し込み、接着剤で接着
建物との取合いや見せ方によって、背板と側板のどちらを勝たせるかを決める
●背板が見える
ビス留め
背板
側板
背板をシナランバーにビス留めするので、ビスが見える

大工がつくる家具の基本

いわゆる造作家具とは、大工が現場でつくる造付け家具をいう。大工は造作木工時、つまり下地の段階で、仕上げ寸法を考慮しながら家具製作を行う。材料を現場に合わせミリ単位で調整できるので、隙間なく納められる。これは大工が家具をつくる最大のメリットである。そのため支輪、台輪、フィラーを使わないことが多い[1・2、66頁3]。

工事は大工が組み立て設置した箱物に、建具職人が引出しや扉を取り付け、塗装職人が塗装して完成させるという流れが一般的である。引出し類は大工でも製作可能だが、スライドレールや蝶番などの金物の取り付け・調整には、専用の道具や施工の慣れが必要なので、建具工事と併せて建具職人に依頼することが多い。塗装工事では、天板には汚れや水掛かりに強いウレタンクリア塗装、側板などには自然系の木材保護塗料を塗ることが多い。

大工が扱える材料

大工が家具をつくる場合は主にランバーコア合板を使う。シナランバーコ

3 開口廻りのディテールを押さえる

❶天板は小口を見せる（積層クロスパネル）

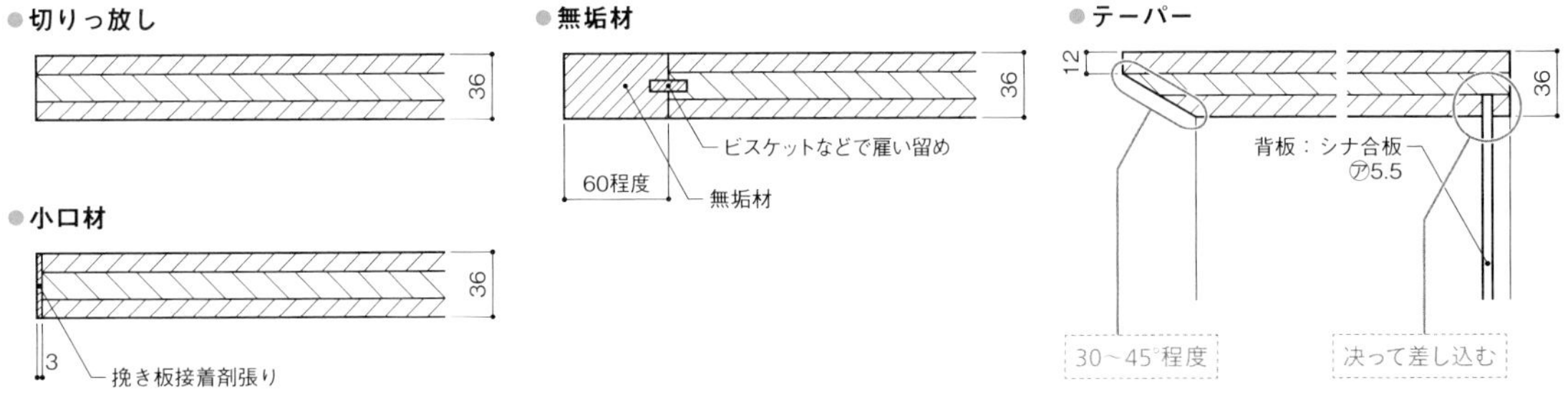
●切り放し
36
●無垢材
36
ビスケットなどで雇い留め
60程度
無垢材
●テーパー
12
36
背板：シナ合板
㋐5.5
30～45°程度
決って差し込む
●小口材
36
3
挽き板接着剤張り

❷建具を納める

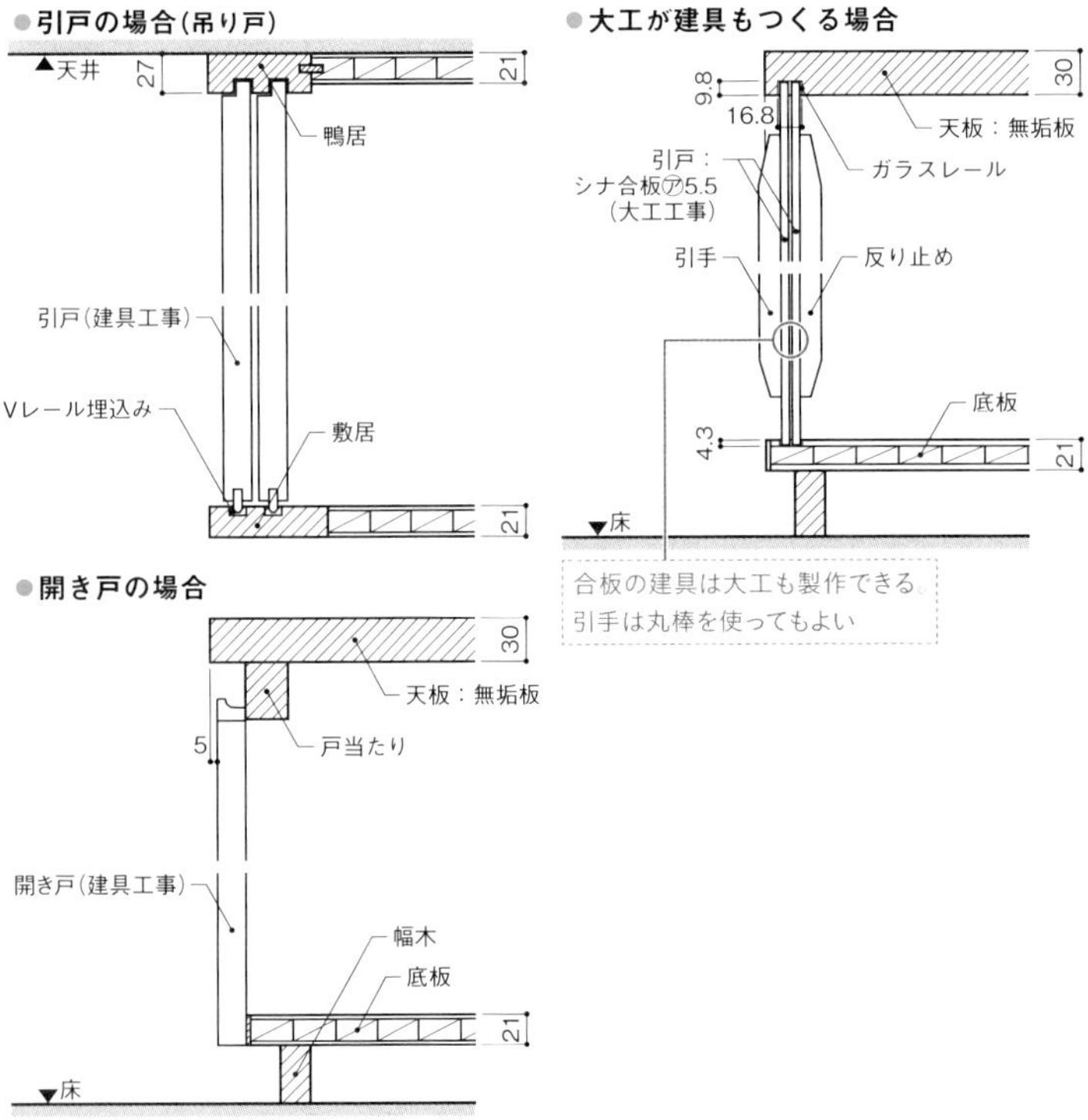
●引戸の場合(吊り戸)
天井
27
21
鴨居
引戸(建具工事)
Vレール埋込み
敷居
21
●開き戸の場合
30
天板：無垢板
5
戸当たり
開き戸(建具工事)
幅木
底板
21
床
●大工が建具もつくる場合
9.8
30
16.8
天板：無垢板
引戸：
シナ合板㋐5.5
(大工工事)
ガラスレール
引手
反り止め
底板
4.3
21
床
合板の建具は大工も製作できる。
引手は丸棒を使ってもよい

❸可動棚を納める

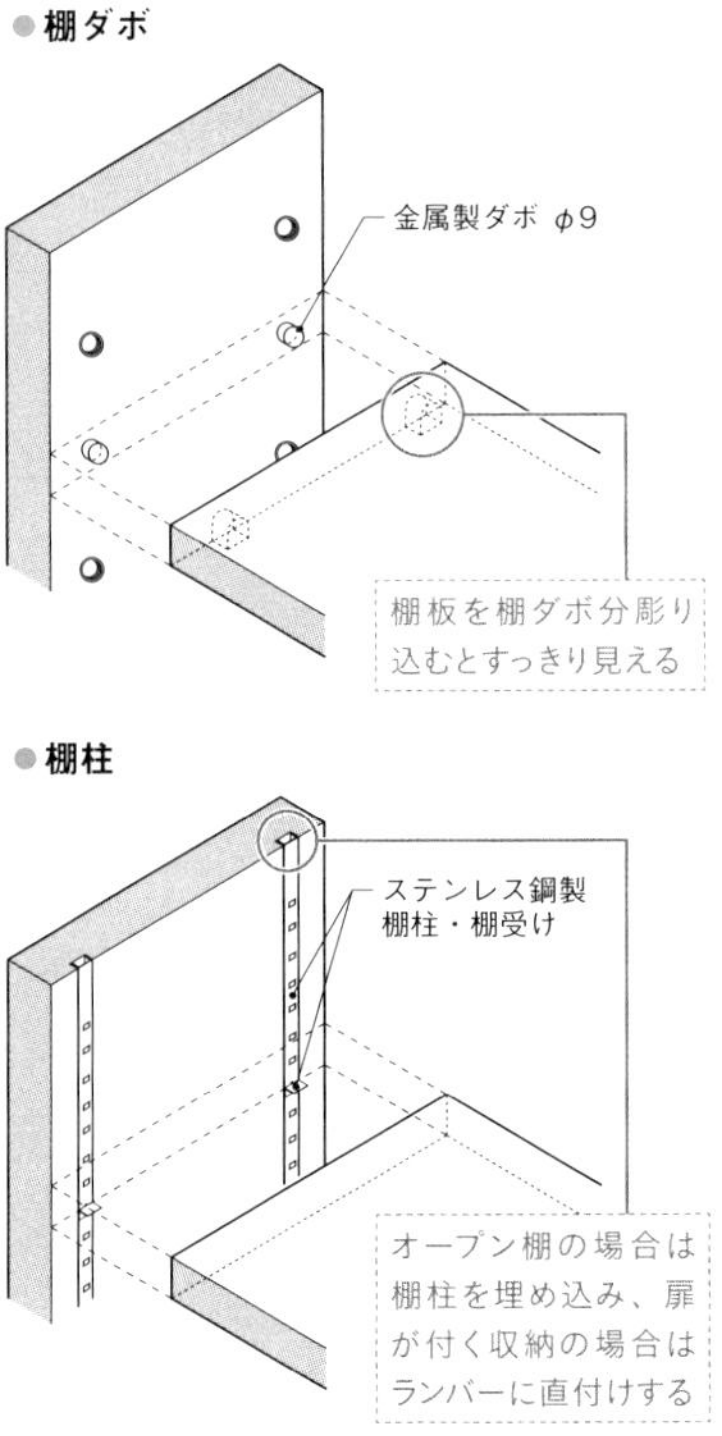
●棚ダボ
金属製ダボ φ9
棚板を棚ダボ分彫り
込むとすっきり見える
●棚柱
ステンレス鋼製
棚柱・棚受け
オープン棚の場合は
棚柱を埋め込み、扉
が付く収納の場合は
ランバーに直付けする

ア合板（以下、シナランバー）は既製のパネル材で、両面が仕上がっているため、現場でカットし組み立てるだけで箱物が出来上がる。重量も同厚の合板に比べると軽いので取り回しが楽で、大きさや厚みなどの種類が豊富なので大工にとって扱いやすい材だ。3×6、3×8、4×8判の21㎜厚のものを主に使用するが、天井いっぱいに家具をつくる場合には4mの長尺ものも使う。

そのほか造作家具に使う材料としてシナ合板がある。吊り戸を除き主に見え隠れの背板に使う。一方、見え掛かりの天板には各種集成材、積層クロスパネルや接ぎ板・無垢板などを使うことも多い。小口やビス跡を隠す3㎜厚程度の挽き板や木栓も欠かせない材料だ。

違いはエッジにでる

造作家具は大工の腕の差が出やすい。うまく見せるポイントは、強度を保ちながらもビス跡などが見えぬように、きれいに納めることだ。逃げをとらずに納めていてもエッジ（小口）の処理がシャープでない場合や、内装仕上げとの取合い（通りやチリなど）が一定にならず水平・垂直が出ない場合は、きれいに見えないので注意したい。

［田中健司］

図面・協力：西廣愛

1 下地の時点で細工をしておく

❶オープン棚は柱に差し込む

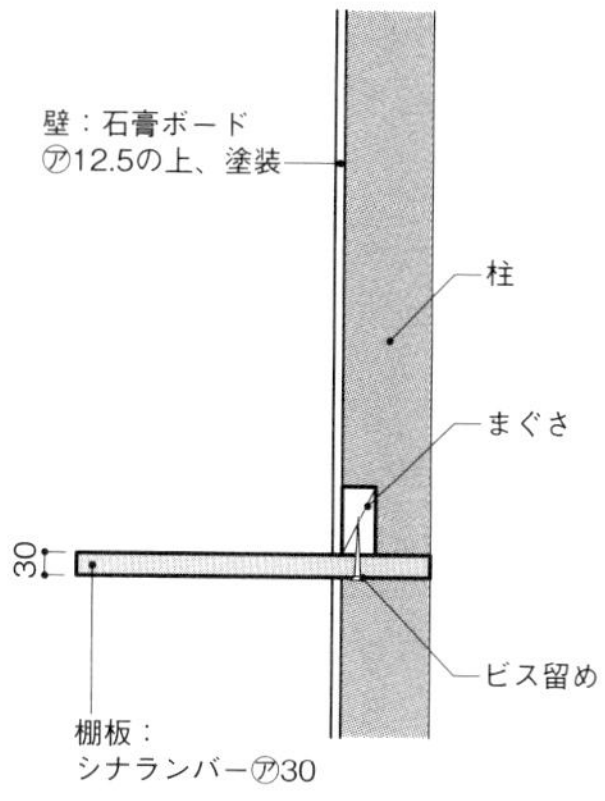

壁：石膏ボード
㋐12.5の上、塗装
柱
まぐさ
30
ビス留め
棚板：
シナランバー㋐30

断面図[S=1：20]

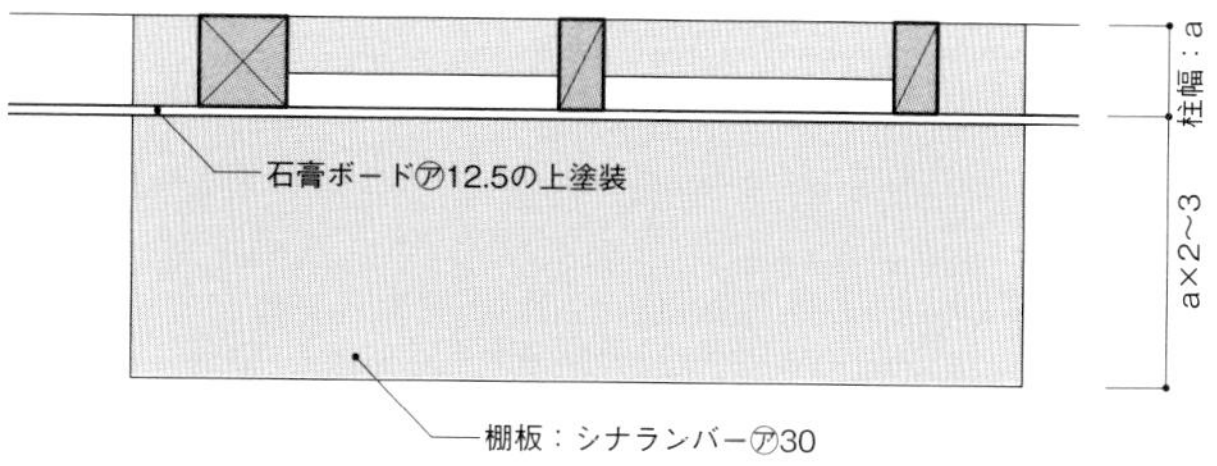

石膏ボード㋐12.5の上塗装
柱幅：a
a×2〜3
棚板：シナランバー㋐30

塗装した棚を設置後、ボードを張り壁面を仕上げるという手順となる

平面図[S=1：20]

補強を見せないオープン棚

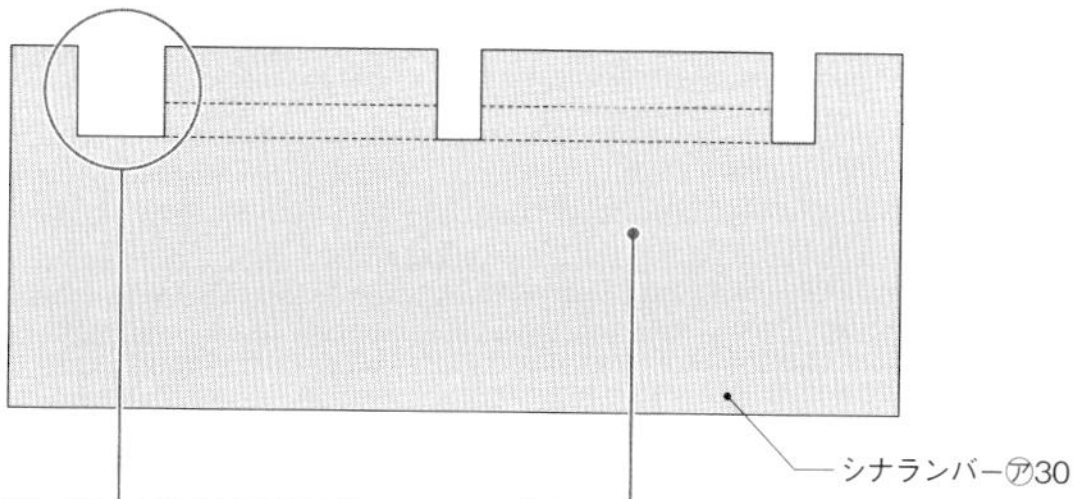

シナランバー㋐30

ブラケットなしで納めるため、棚板を切り欠き柱間に差し込みまぐさにビス留めする

棚板はランバーコア合板。木材の小片を芯材に用い、両面に合板を張った製品で、狂いが少ない。同厚の合板と比べると軽く施工もしやすい

棚板平面図[S=1：20]

❷浮かせる収納は下地補強が重要

収納の基本となる箱はランバーコア合板の歩留まりを考える。箱に扉と化粧天板を施工して完成となる

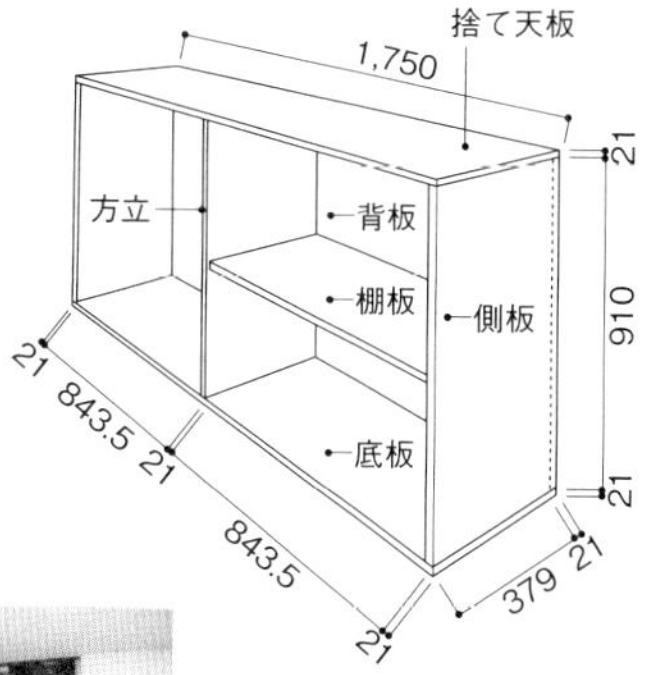

捨て天板
1,750
21
方立
背板
棚板
側板
910
底板
21
21
843.5
21
843.5
21
379
21
21

箱パース

化粧天板を設ければ、箱を連結させても継目が見えない

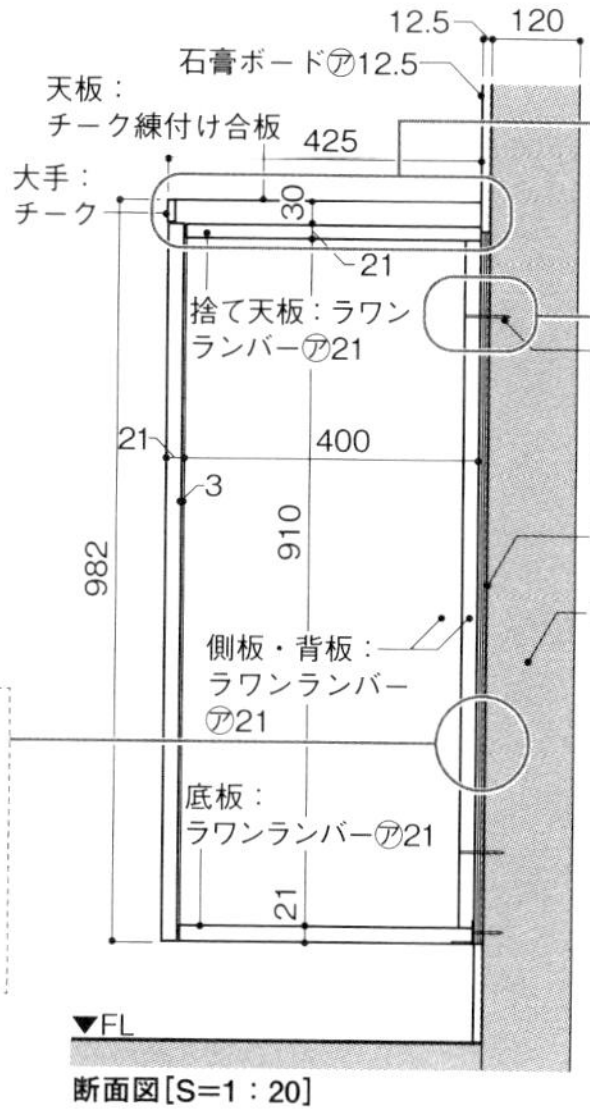

12.5
120
石膏ボード㋐12.5
天板：
チーク練付け合板
425
大手：
チーク
30
21
捨て天板：ラワンランバー㋐21
ビス
21
400
3
982
910
下地合板㋐12
柱・間柱
側板・背板：
ラワンランバー
㋐21
底板：
ラワンランバー㋐21
21
▼FL

天板は捨て天板の裏側からビス留め+接着

柱・間柱には長いビスで留める

通常背板は薄い合板などを使用するが、背で支持することを考え側板同様に21mm厚のランバーコア合板を使用。壁面にもボードと同じ厚さの合板を使用しビスを効かせる

断面図[S=1：20]

図・解説：藤井徳昭

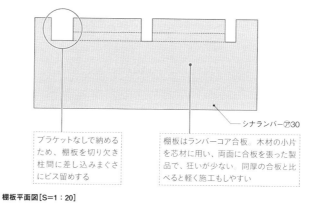

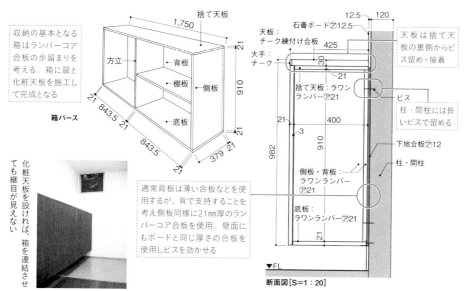

1 吊り戸棚に照明を仕込む

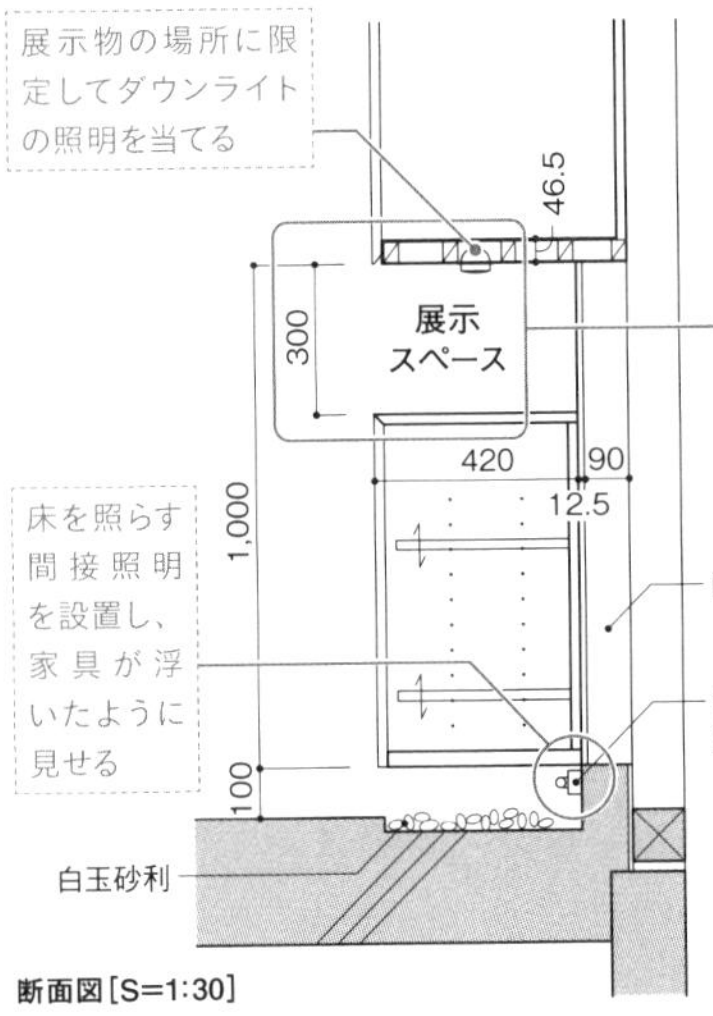
展示物の場所に限定してダウンライトの照明を当てる
46.5
展示スペース
300
420
90
12.5
1,000
床を照らす間接照明を設置し、家具が浮いたように見せる
配線スペース
シームレスライン照明
100
白玉砂利
断面図［S=1:30］

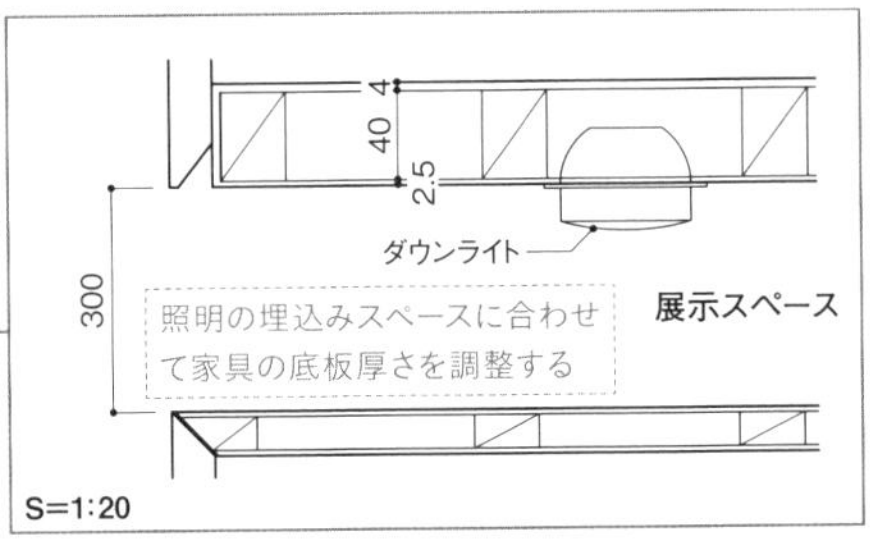
4
40
2.5
ダウンライト
300
照明の埋込みスペースに合わせて家具の底板厚さを調整する
展示スペース
S=1:20

下部のキャビネットを照らす照明を吊り戸棚に設置。棚下灯は展示物が映えるよう、集光のダウンライトを等間隔に配置した

2 AVボードに照明を仕込む

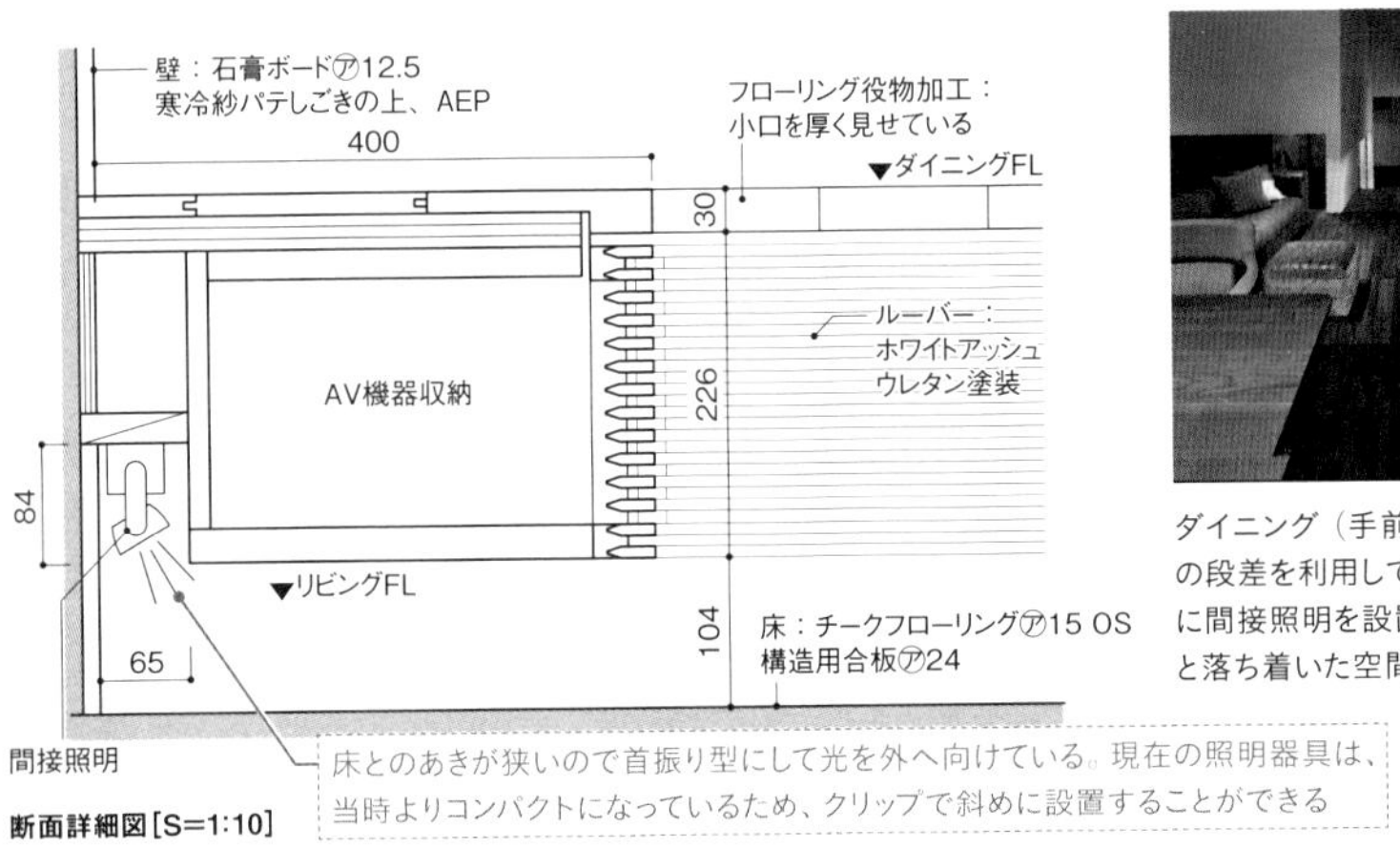
壁：石膏ボード㋐12.5
寒冷紗パテしごきの上、AEP
400
フローリング役物加工：小口を厚く見せている
▼ダイニングFL
30
ルーバー：ホワイトアッシュウレタン塗装
AV機器収納
226
84
▼リビングFL
104
床：チークフローリング㋐15 OS
構造用合板㋐24
65
間接照明
床とのあきが狭いので首振り型にして光を外へ向けている。現在の照明器具は、当時よりコンパクトになっているため、クリップで斜めに設置することができる
断面詳細図［S=1:10］

ダイニング（手前）とリビング（奥）の床の段差を利用して収納をつくり付け、下部に間接照明を設置。明かりの重心が低いと落ち着いた空間となる

間接照明を効果的に用いる

照明器具を家具に埋め込む目的は2つに大別される。対象物を照らしたい場合と、家具の照明で室内の照度基準を確保したい場合である。

対象物が明確な照明の代表例が、飾り棚のディスプレイ照明だ［1・2］。必要な箇所に照明を集中させることで、適切な光源や照度、色温度などを細かく調整できる。室内全体への光の影響を最小限にすれば、メリハリの効いた落ち着きのある空間を演出することができる。ただし、近接距離からの照明なので、光源の種類や位置によっては影が出て作業や展示を邪魔することもある。光が生み出す影も考慮して計画したい。

照明で空間と家具を一体化

間接照明を壁や天井に設置するには、懐を設けて柱や梁をかわす必要があるが、造付け家具に仕込めば、構造材の

1「鋸南の家」、2「守屋の家」設計：石井秀樹建築設計事務所、写真：鳥村鋼一

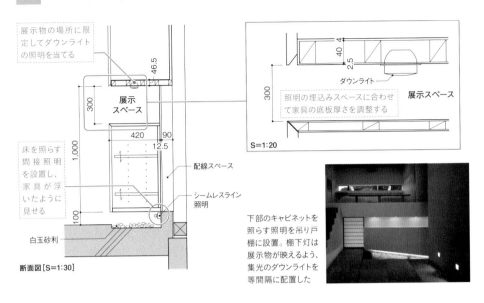

3 キッチンを造作家具として魅せる

照明器具は集光型と拡散型に分けて考える。部屋にメリハリを付けるため、ベースは集光型、収納内など機能的な部分は拡散型で考える。家具組込みの間接光やスタンド照明は拡散型で考えるとよい。

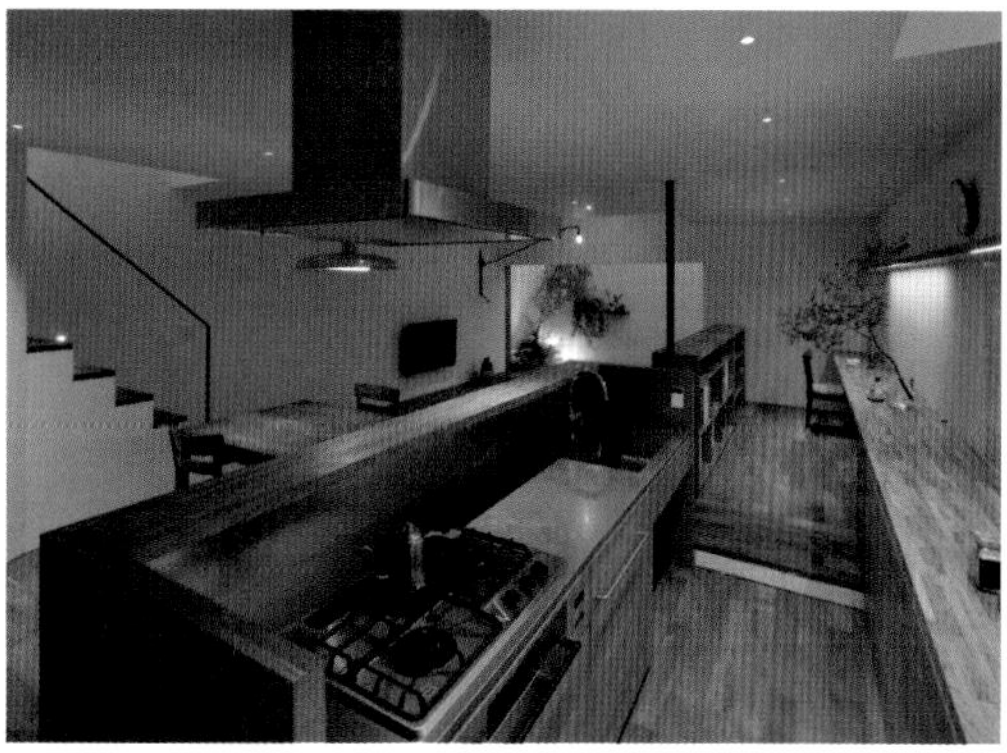

オープンなLDKの点灯時。ダウンライトや間接光などで照明器具の存在感をなくしつつ、必要な場所に必要な照度を確保している

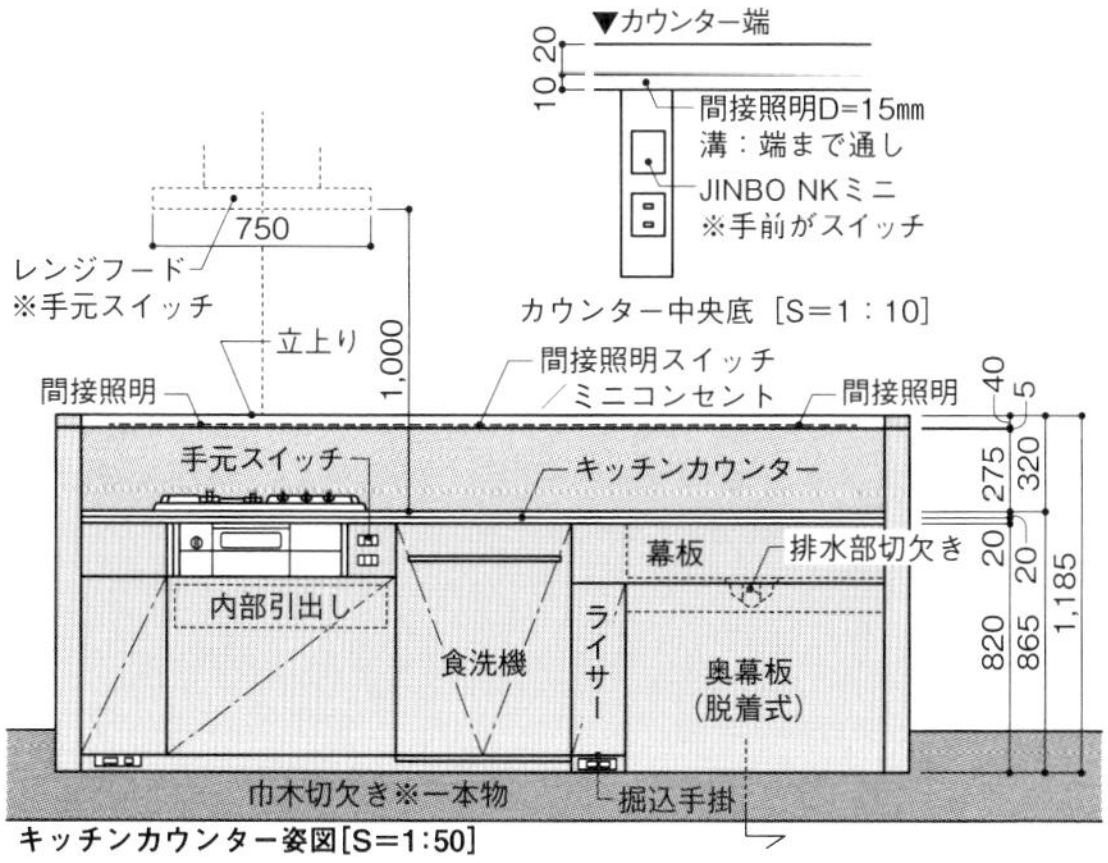

キッチンカウンター姿図[S=1:50]

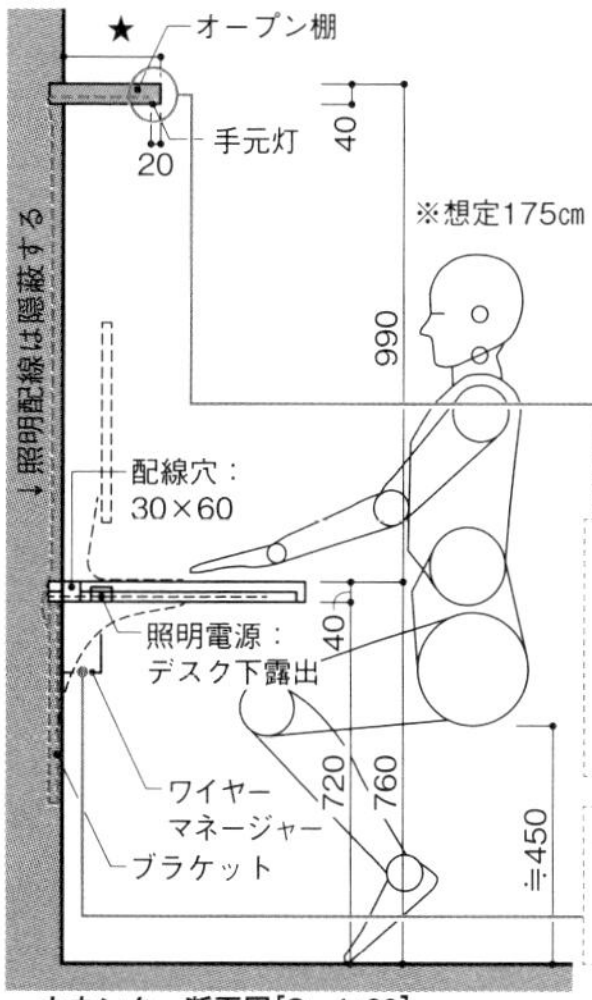

カウンター断面図[S=1:30]

アイランド型キッチンの場合、照明や換気扇のスイッチは設置位置に悩むもの。ここではコンロパネル脇に集約しているため、作業しながらON／OFFができる

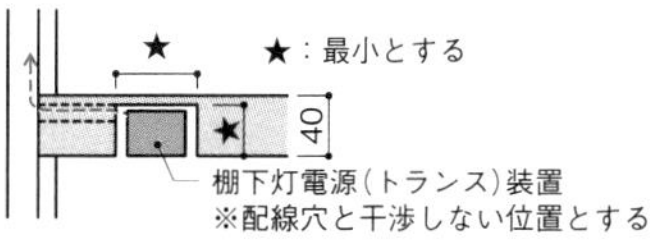

カウンタートランス廻り断面図[S=1:10]

キッチン後ろのデスクワーク部分の手元灯を、オープン棚下に組込み。このトランスは、カウンター下部に埋め込んでいる。手元灯からの配線は壁下を通してトランスとつなぐので、大工との意思疎通を図っておくこと

パソコン廻りのコードを隠せるよう、カウンター下部にワイヤーマネージャーを設置

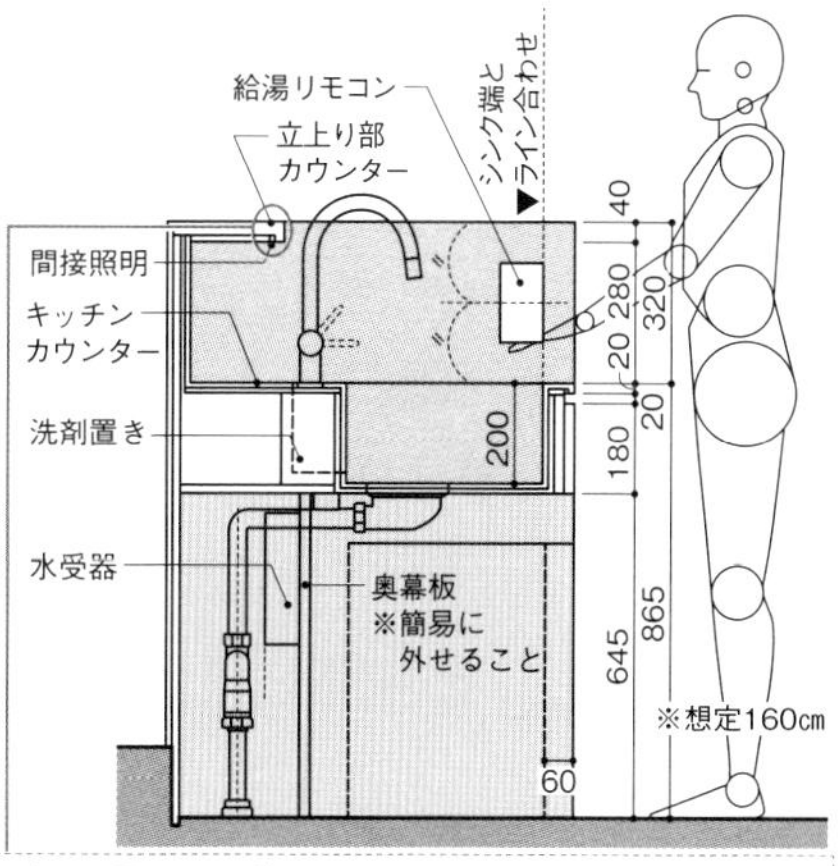

キッチンの手元灯は、器具を天井に設置すると手元に影ができやすい。ここではキッチン天板から320mmの立上りをつくり、そこに間接照明を組み込んでいる。拡散型のため、洗い物をする際も手元は明るい

キッチンカウンター断面図[S=1:30]

キッチンと後ろのカウンター、オープン棚はライン状に配置して、遠近感のあるすっきりした空間を演出

制約を受けずに照明器具を隠すことができる[3]。底板の裏面に照明を設置すれば家具本体に浮遊感も生まれる。照明で家具の魅力を引き立てることも可能だ。ただし、家具の端部に照明が足りていなかったり、光が途切れたりしてしまうと、両者が分離して見える。間接照明と家具の長さをそろえ、ダウンライトの照射角度を検討するなど、一体で設計したい。

小さなスペースにも設置できるLED照明や特注で長さの調整が可能なLEDライン照明もあるので、必要な照度や光の質を確認しつつ利用するとよい。〔石井秀樹〕

「下目黒の家」設計：石井秀樹建築設計事務所、写真：鳥村鋼一

1 製作者との打ち合わせ時のポイント

家具工事と大工工事の打ち合わせ項目には大きな違いはないが、肝心なのは、誰がつくるかを明確にしたうえで、できるかどうかを判断しながら打ち合わせを進めることである。

打ち合わせ内容	家具工事	大工工事
①小口の処理方法	□	□
②塗装の種類・色・艶	□	□
③突き板・化粧板などの種類・色など	□	―
④手掛け・つまみ、ハンドル類	□	□
⑤逃げの取り方、寸法	□	―
⑥目地の寸法	―	□
⑦ジョイントの処理	□	□
⑧施工（取り付け）のタイミング	□	―
⑨ディテール	□	□
⑩使用する金物	□	―
⑪詳細図面（施工図）の確認	□	―

扉状に加工したサンプル。小口の仕上げなどが分かる。上からパープルウッド練付け、塗りつぶし（全艶あり）、メラミン化粧板（写真：STUDIO KAZ）

❶家具工事の家具

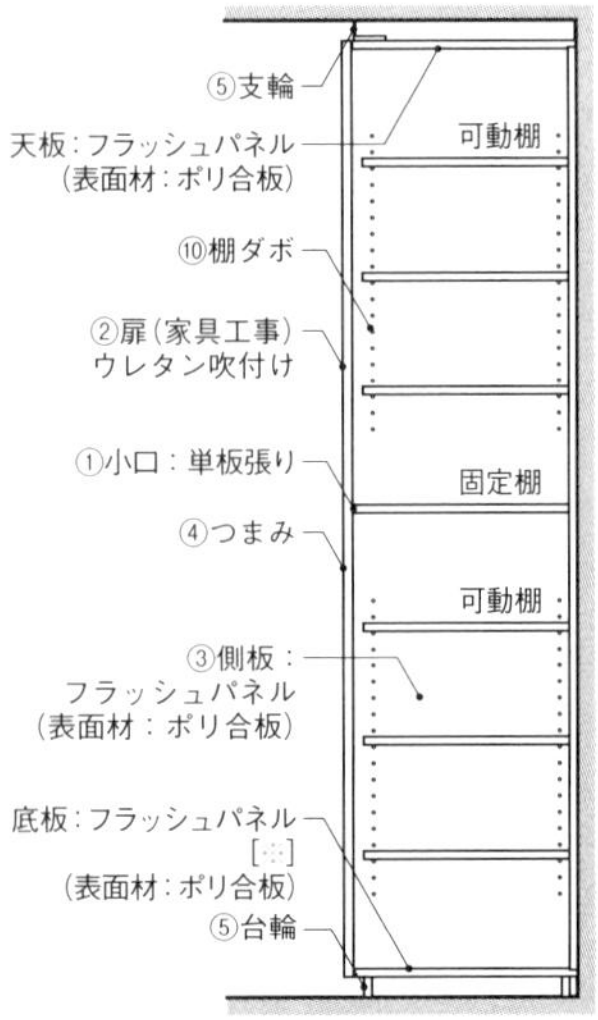
⑤支輪
天板：フラッシュパネル
（表面材：ポリ合板）
⑩棚ダボ
②扉（家具工事）
ウレタン吹付け
①小口：単板張り
④つまみ
③側板：
フラッシュパネル
（表面材：ポリ合板）
底板：フラッシュパネル
[※]
（表面材：ポリ合板）
⑤台輪
可動棚
固定棚
可動棚

❷大工工事の家具

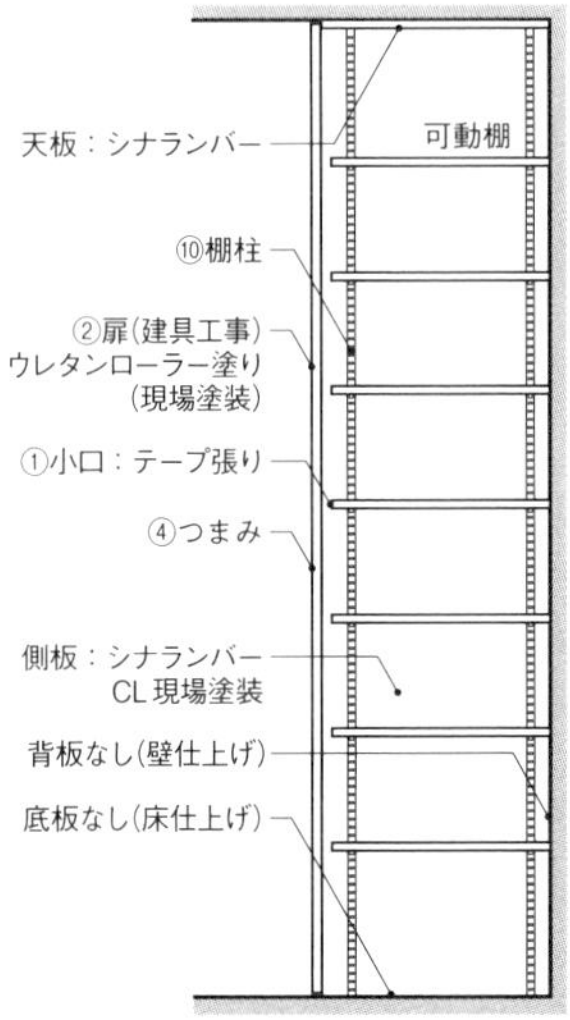
天板：シナランバー
⑩棚柱
②扉（建具工事）
ウレタンローラー塗り
（現場塗装）
①小口：テープ張り
④つまみ
側板：シナランバー
CL現場塗装
背板なし（壁仕上げ）
底板なし（床仕上げ）
可動棚

家具工事では事前に採寸した寸法で工場製作し、現場寸法との相違をフィラーなどで調整する（逃げ）。そのため工程管理が重要で、取り付け時期から製作期間を逆算して現場採寸し、最終寸法を決定する

大工工事の場合、扉は建具工事が多い。ただし、家具工事でつくるそのほかの家具があり、面材に使う突き板の種類を合わせるときなどは、扉だけ家具工事にする。材料を建具屋に支給することも考えられるが、塗装や端部の仕上がりが異なるので違和感を生じることが多い

造付け家具には、建て主のこだわりや主張が込められるだけに、不満が残る場合には、クレームとなるケースも多い。そのため、建て主との打ち合わせを十分に行い、デザイン・色・仕上げ・素材・機能・寸法・コスト・納期を常に整理しておく必要がある。

また、そのうえで製作を担う工種（家具工事・大工工事）を決める。家具工事と大工工事ではつくり方・精度・色・仕上がり・コスト・納期などが異なるためだ。

一方、製作者との打ち合わせも重要だ[1]。同じ図面・工種でも担当者によって印象の異なる家具に仕上がるからだ。特に家具工事はその傾向が顕著である。詳細な図面で検討・確認し、端部や接合部の処理まで含めたサンプルの提出を依頼したい。

また、これらの打ち合わせは納期やコストにかかわり、工事全体に影響を及ぼす可能性もあるため、工務店などの現場監督立ち会いのもとで行うように注意する。〔和田浩一〕

※ 使い方によってはベタ芯とする

家具・大工事で異なる見積りのポイント

1 家具工事と大工工事のコスト（目安）比較

［家具の概要］［仕様］
本棚（可動棚）W900×H2,400×D350㎜
棚板20枚（中間棚板は補強のため固定、そのほかは可動棚）

［仕様］
シナランバー合板24㎜厚
小口ベイツガ6㎜厚張り（棚板とも）
木材保護塗料2回塗り

姿図［S=1:80］

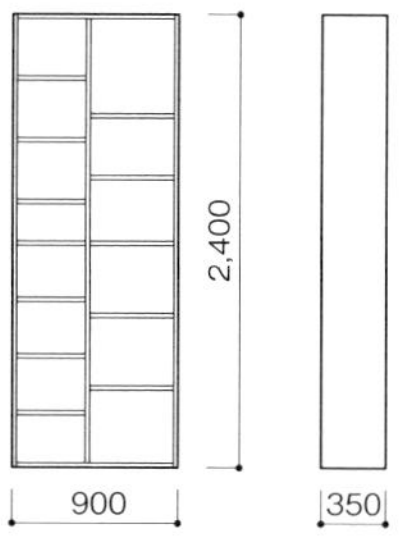

❶家具工事の場合

製品価格	226,500円
（材料費［※1］	50,000円）
（製作費（工場損料とも）	65,000円）
（塗装費［※2］	82,500円）
（家具会社諸経費	17,000円）
（配送費	12,000円）
搬入据付け費	20,000円
合計	246,500円

見積りには内分けがないのが一般的

工場製作ならではの費用

❷大工工事の場合

材料費［※1］	50,000円
大工手間（2～3人）	50,000円
塗装費	82,500円
合計	182,500円

家具工事と比較する際は大工手間を必ずみておく

シンプルなつくりの家具で25%程度割安。複雑な家具ほど工種が増え、その割合が減る

※1 家具工事・大工工事とも下記の材料で製作したものとする
・シナランバー合板24㎜厚（4×8判）1枚…側板・棚板
・シナランバー合板24㎜厚（3×6判）4枚…棚板
・シナ合板5.5㎜厚（3×6判）2枚…裏板
・ベイツガ挽き板6㎜厚（27×3,000㎜）10本、棚受け金物
近年は材料費が値上がりしているため、金額は仮の目安
※2 2,500円／㎡で換算

家具の製作を家具工事から大工工事へと変更することで、コストダウンが図れると考える設計者は多いだろう。注意したいのは、変更してコストダウンできるのは、主にオープン棚などがメインになる場合だという点である［1］。扉や引出しがある場合は簡便なものを除き、大工工事とは別に、建具工事や家具工事が発生するため、さほど減額にならない。大工工事にすることで大幅なコストダウンを図るには、大工だけで工事を完結させる必要がある。

工場か現場か、そこに差がでる

家具工事もしくは大工工事でつくる家具におけるコストの差は、家具を製作する場所の違いにあり、同時に製作する家具の精度の違いにもつながる。

家具工事の場合は工場で製作するので、製作費のほかに製品の配送費用と搬入据付けの費用が必要になる。一方、大工工事の場合は、現場で製作し取り付けるので、それらの費用は不要だ。また家具工事の場合、工賃に工場経費（光熱費・機械損料含む）が含まれる。それに比べて大工の手間賃に含まれる経費は微々たるものだ。その結果、大工工事では家具工事よりもローコストに家具をつくれる、という結論になる。

見積書の読み方

家具工事で製作する場合、見積書では家具工事という項目に、製品価格と搬入据付け費が計上されることが多い。一方、大工工事で見積る場合は、まず木工事で家具に必要な材料が計上される。扉などがある場合は建具工事で、塗装は塗装工事で計上される。これらに大工手間を加えたものが大工工事でつくる家具の価格となる。しかし見積書では大工手間は家具製作も含めた木工事一式として算出されるため、実際に家具製作にいくらかかるのかは見えてこない。家具工事と比較する場合は必ず大工手間も考えたうえで検討すべきである。見積りに明示された数値だけを見て「大工工事は安い」と考えるのは早計だろう。［河合孝］

1 大工工事で製作する家具の図面

大工工事で家具をつくり付ける場合は、展開図で指示する。大工が取り扱いやすい材料を選び、単純な納まりとする。

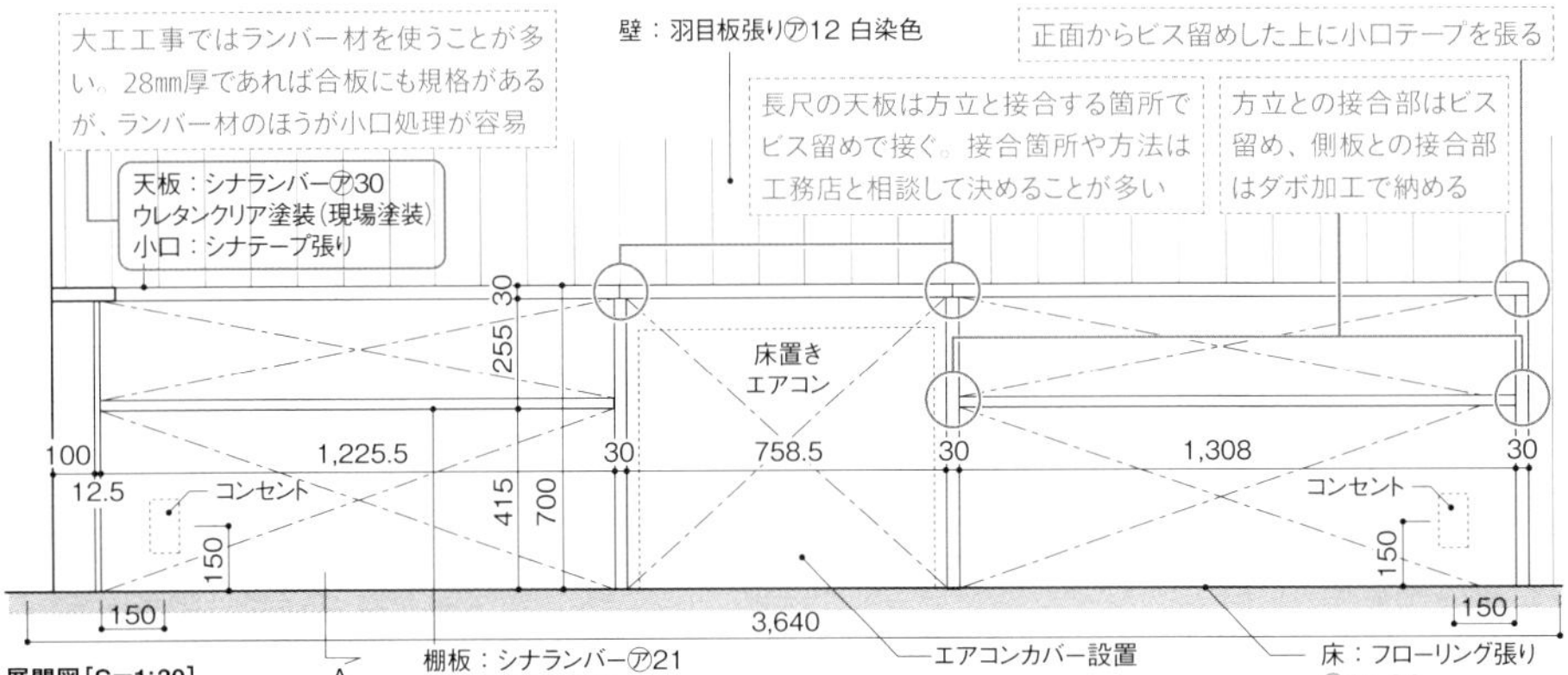
大工工事ではランバー材を使うことが多い。28㎜厚であれば合板にも規格があるが、ランバー材のほうが小口処理が容易
壁：羽目板張り㋐12 白染色
正面からビス留めした上に小口テープを張る
長尺の天板は方立と接合する箇所でビス留めで接ぐ。接合箇所や方法は工務店と相談して決めることが多い
方立との接合部はビス留め、側板との接合部はダボ加工で納める
天板：シナランバー㋐30
ウレタンクリア塗装(現場塗装)
小口：シナテープ張り
床置き
エアコン
30
255
100
1,225.5
30
758.5
30
1,308
30
12.5
コンセント
415
700
150
150
150
3,640
150
A
棚板：シナランバー㋐21
ウレタンクリア塗装
エアコンカバー設置
床：フローリング張り
㋐21 OS
展開図[S=1:30]

子ども室のデスク。パネル材をシンプルに組み合わせて大工がつくり付けた。壁や床と馴染んでいる

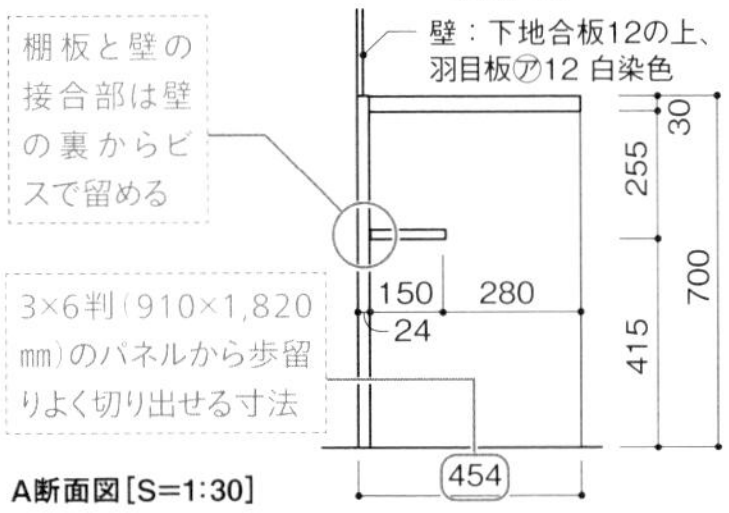
壁：下地合板12の上、
羽目板㋐12 白染色
棚板と壁の接合部は壁の裏からビスで留める
30
255
700
415
150
280
24
3×6判(910×1,820㎜)のパネルから歩留りよく切り出せる寸法
454
A断面図[S=1:30]

要望は最小限にまとめる

家具をつくり付ける際は、基本設計の段階で工務店に図面を出し、概算見積りを依頼する。家具工事でも大工工事でも、必要な情報が図面に過不足なく記載されていると工務店が見積りしやすく、最終金額との差も小さい正確な見積りが取れる。大前提として、家具製作をどこに依頼するかを工務店と相談する。一般に、戸のない収納棚などシンプルなものは大工工事とし、戸や引出しなどの金物が複数取り付くような複雑なものは家具工事とする[1・2]。以下、仕様を図面に記載する際の注意点をまとめた。

寸法の注意点

家具の寸法は、材料の歩留りを念頭に寸法を記載することが重要である。たとえば開き戸収納で全体の高さが1千㎜の場合、天板の厚み30㎜、扉の高さ920㎜、台輪の高さ50㎜と図面に記載するよりも、天板の厚み30㎜、手掛けの隙間20㎜、扉の高さ900㎜、台輪の高さ50㎜と記載するほうが割安になる。扉をつくるパネル材を3×6判(1千820×910㎜)[※]から効率的に切り出せ、歩留りがよいためである。一般的に、詳細に書かれていない場合の見積りは割高になる傾向があるので注意したい。

パネル材と塗装の注意点

家具の主な材料は箱を構成するパネル材である。無垢板や集成材、幅はぎ板、ランバーコア、合板などの種別を明確に指示し、前述のように、材の規格寸法と歩留りを確認しておく。小口は大手、テープ張り、仕上げないなどの処理方法を指示するほか、特殊形状に加工したい場合は詳細図も用意する。

一般的に、無垢材の売買は時価で行われ、樹種や等級によって価格は大きく異なる。「一枚板で」と伝えないと、気を利かせて安価な幅はぎ材で算出してくる場合もあるので注意が必要だ。

※ 1,820×910㎜

2 家具工事で製作する家具の図面

家具屋に製作を発注する場合は、家具図も描く。仕上げ材や金物などの要望があれば、あらかじめ記入しておく。

洗面脱衣室の化粧台と引出し収納。濃色のフローリングや、まっ白な浴室と素材感を合わせつつ、家具としての存在感も出している

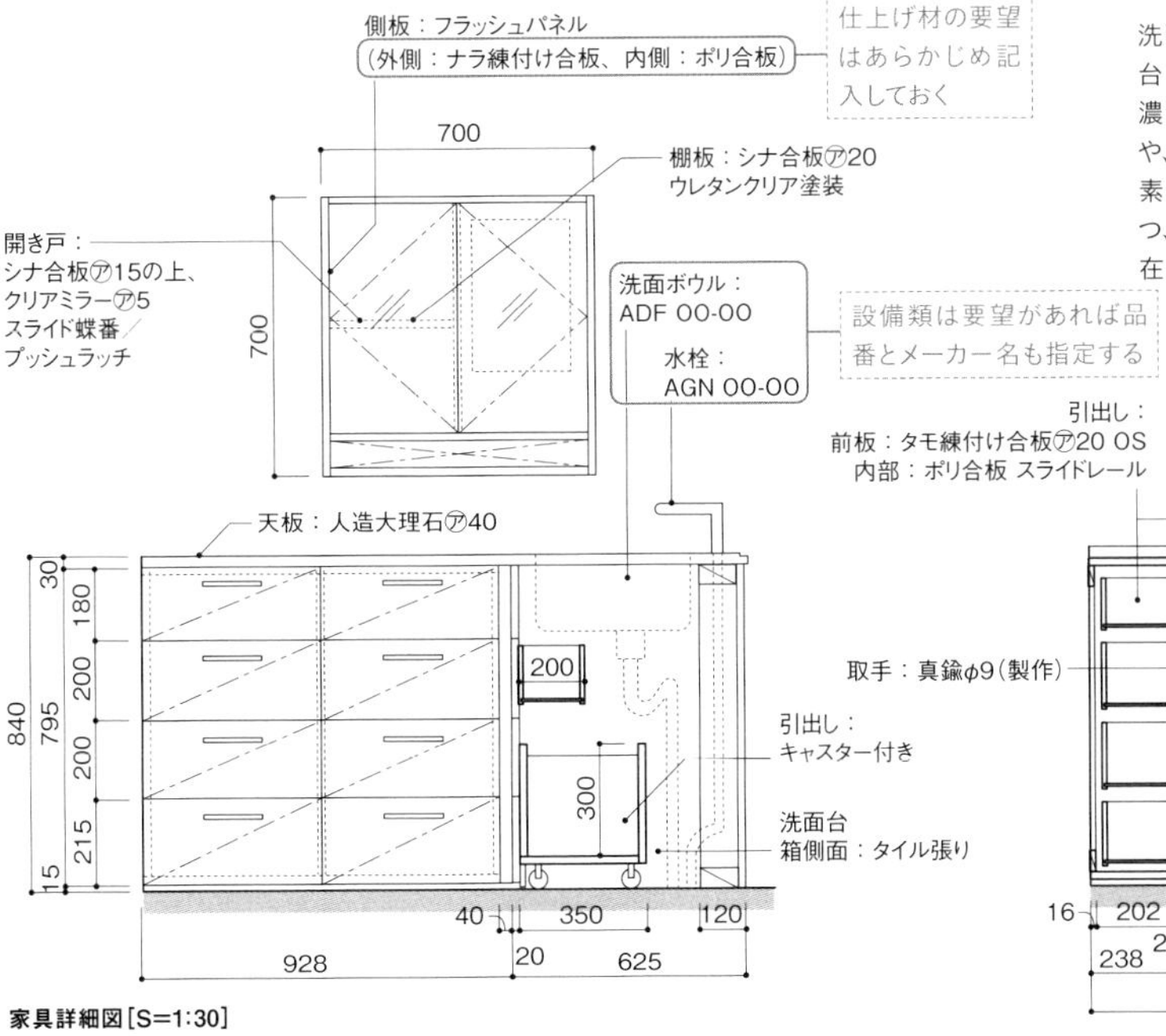
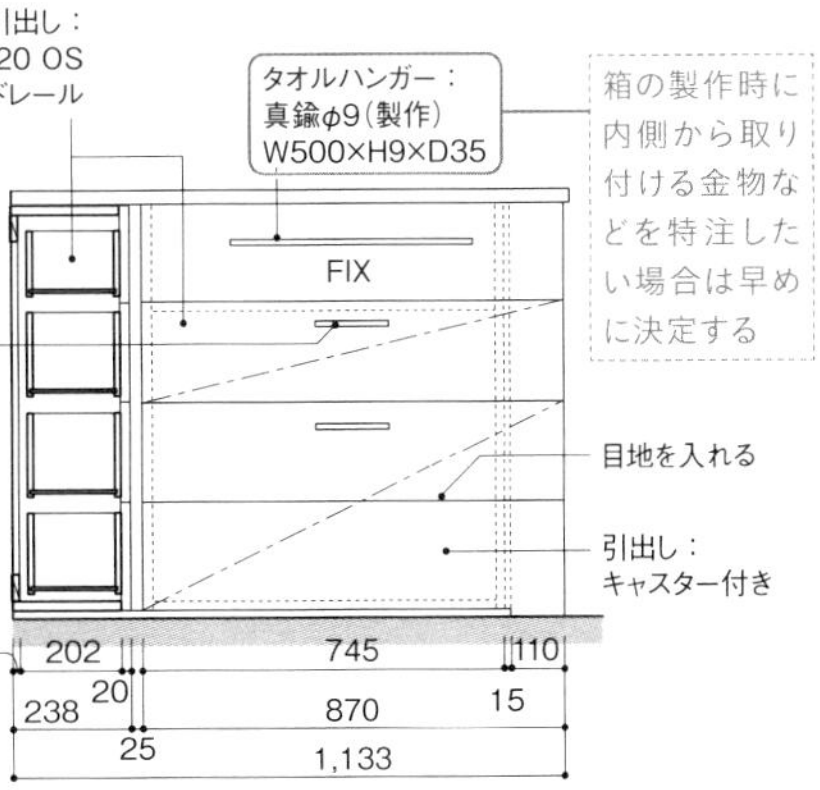

側板：フラッシュパネル
（外側：ナラ練付け合板、内側：ポリ合板）
仕上げ材の要望はあらかじめ記入しておく
700
棚板：シナ合板㋐20
ウレタンクリア塗装
開き戸：
シナ合板㋐15の上、
クリアミラー㋐5
スライド蝶番／
プッシュラッチ
700
洗面ボウル：
ADF 00-00
水栓：
AGN 00-00
設備類は要望があれば品番とメーカー名も指定する
引出し：
前板：タモ練付け合板㋐20 OS
内部：ポリ合板 スライドレール
タオルハンガー：
真鍮φ9（製作）
W500×H9×D35
箱の製作時に内側から取り付ける金物などを特注したい場合は早めに決定する
天板：人造大理石㋐40
30
180
200
200
215
15
840
795
200
300
引出し：
キャスター付き
洗面台
箱側面：タイル張り
40
350
120
20
625
928
FIX
取手：真鍮φ9（製作）
目地を入れる
引出し：
キャスター付き
16
202
745
110
238
20
870
15
25
1,133

家具詳細図［S=1:30］

合板に突き板を張る場合は、板目、柾目、杢目などの種類に加え、縦か横など張る方向を記載する。突き板業者に歩留りよく張ってもらうには大切な指示である。

積層合板は断面のストライプ模様を見せるデザインに用いることが多い。小口の見せ方が同じでも、以下のような仕様によってコストは変わる。①一枚で使う＝高い、②積層合板を芯材にしたフラッシュとして使う＝中間、③積層合板を加工したテープをフラッシュの小口に張る＝安い。したがってやはり明確な指示が必要である。

木部の塗装仕上げは、工場でのウレタン塗装やラッカー塗装か、現場でのウレタンやオイルフィニッシュなのかを指示する。現場塗装のほうが安くあがるが、養生や乾燥期間が必要となるので注意したい。

金物と設備の注意点

安価に納めたい場合、金物は工務店や家具屋に任せ、図面には詳細に書かない方法もある。しかし、機能やデザインに要望がある場合は品番まで明記すべきだ。特注製作や輸入品の金物は、取り付け方や納期が見積りに影響するので、詳細図や承認図を用意する。

キッチンや洗面台など設備が絡む場合は機器の品番まで明記する。設備機器は見た目で選びがちなためか、変更も多い。洗面カウンターの奥行きが狭いなど、家具の寸法を考慮して代替案を探すとよい。

強度や耐久性および材料決定の注意点

家具工事の場合は、フラッシュパネルを製作して箱や戸を組み上げ、蝶番など力が掛かる箇所には適切な芯木を用いて補強している。一方、大工工事では、既製のランバーコアで製作し、特別な補強は行わないことが多い。ただし、ランバーコアは中空でない分重く、芯材には空隙もある。蝶番を取り付けると長期の荷重に耐えられないこともあるので、家具の寸法を小さくする、または蝶番の数を増やすなどの対処が必要だ。大工工事は安価、家具工事は高価と一概に考えず、経年で生じる変化も考慮して仕様を決めてほしい。

また、従来の家具は使用する材料の決定が遅れて、工事契約しても発注は工事直前になりがちだった。しかし昨今の資材の枯渇状況や価格高騰を鑑みると、工事契約後に速やかに発注ができるように、前もって材料を確定しておくべきであろう。〔片岡 大〕

house I 設計：日吉坂事務所、写真：阿野太一

家具設計の工程と打ち合わせのポイント

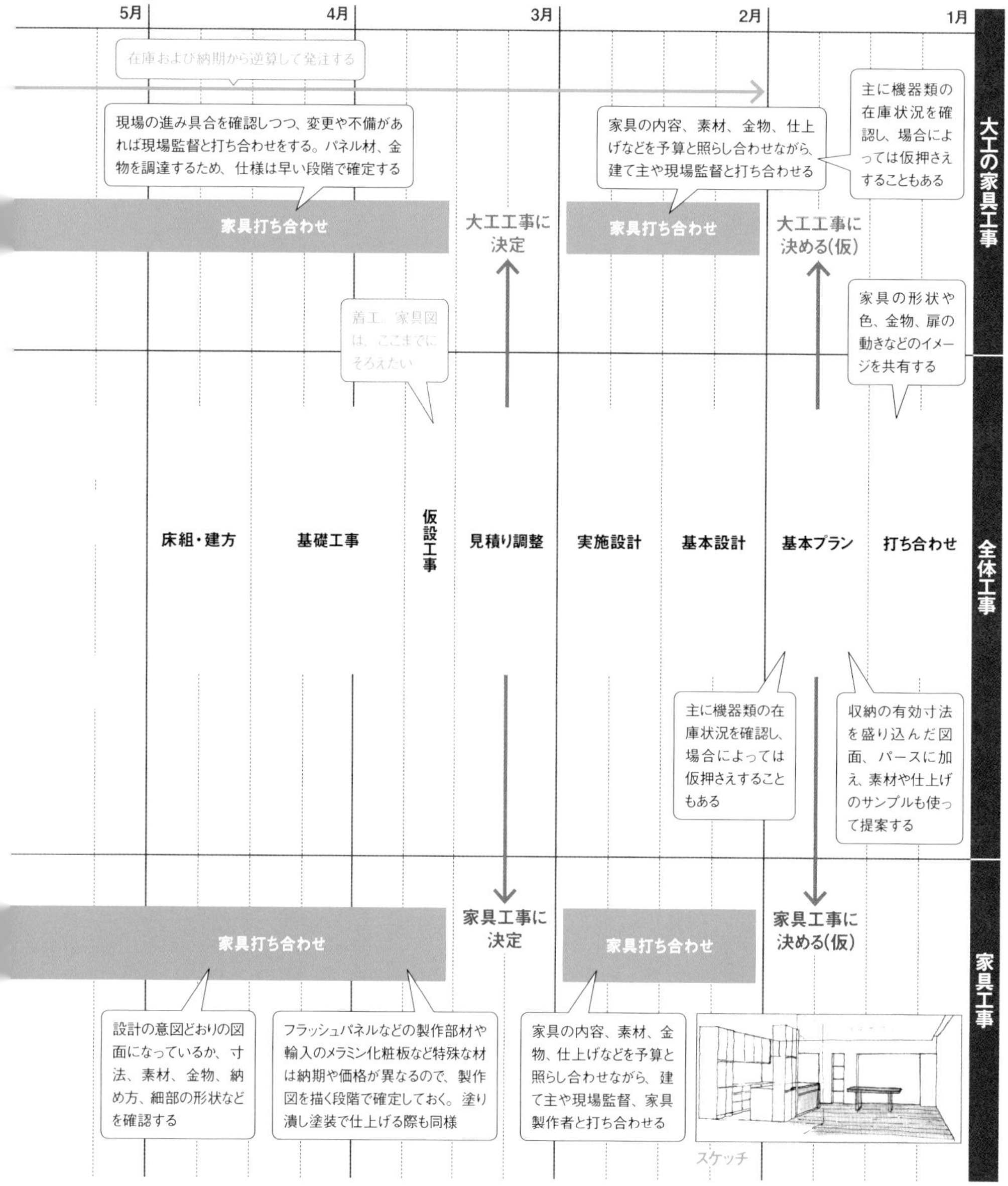

5月
4月
3月
2月
1月
大工の家具工事
在庫および納期から逆算して発注する
現場の進み具合を確認しつつ、変更や不備があれば現場監督と打ち合わせをする。パネル材、金物を調達するため、仕様は早い段階で確定する
家具打ち合わせ
着工、家具図は、ここまでにそろえたい
大工工事に決定
家具の内容、素材、金物、仕上げなどを予算と照らし合わせながら、建て主や現場監督と打ち合わせる
家具打ち合わせ
大工工事に決める(仮)
主に機器類の在庫状況を確認し、場合によっては仮押さえすることもある
家具の形状や色、金物、扉の動きなどのイメージを共有する
全体工事
床組・建方
基礎工事
仮設工事
見積り調整
実施設計
基本設計
基本プラン
打ち合わせ
主に機器類の在庫状況を確認し、場合によっては仮押さえすることもある
収納の有効寸法を盛り込んだ図面、パースに加え、素材や仕上げのサンプルも使って提案する
家具工事
家具打ち合わせ
家具工事に決定
家具打ち合わせ
家具工事に決める(仮)
設計の意図どおりの図面になっているか、寸法、素材、金物、納め方、細部の形状などを確認する
フラッシュパネルなどの製作部材や輸入のメラミン化粧板など特殊な材は納期や価格が異なるので、製作図を描く段階で確定しておく。塗り潰し塗装で仕上げる際も同様
家具の内容、素材、金物、仕上げなどを予算と照らし合わせながら、建て主や現場監督、家具製作者と打ち合わせる
スケッチ

家具の仕様と発注先を決める

造作家具は、建物の設計・施工のスケジュールに合わせ、タイミングを見計らって設計・発注・製作を進める[1]。基本は、全体の工程を睨み、逆算して工程を組み上げることである。

まず、建て主に建物の基本プランを提案する際に、家具についても打ち合わせ、所有物の種類や量、素材の質感や色の好みなどを丁寧にヒアリングする。この段階で家具の使い方や建て主が要求する仕上がり（デザイン・精度・機能）、コスト、工期の余裕などを考慮し、家具工事と大工工事のいずれで製作するかを決める。

コストを下げる代案として、家具工事から大工工事に変更する場合もあるが、使う素材だけでなく納め方も変更になることを念頭に置いて検討する。

家具製作に取り掛かる

製作開始に際し、設計者が家具図を

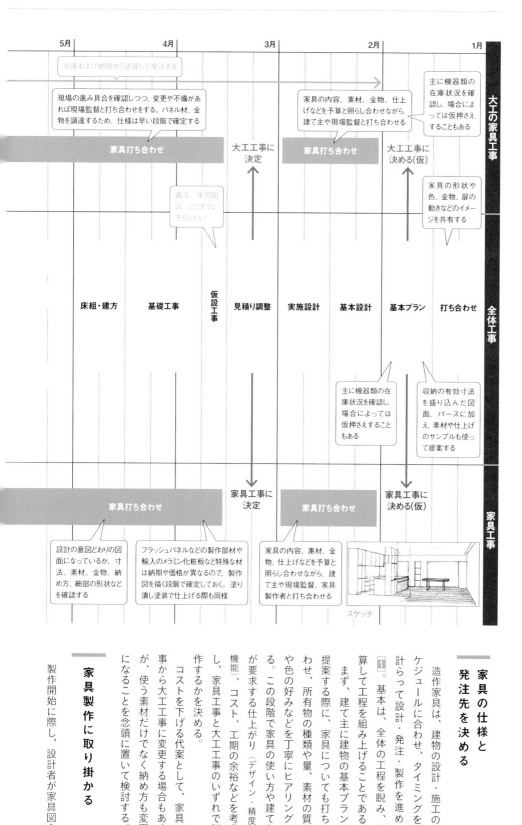

1 家具設計のスケジュール

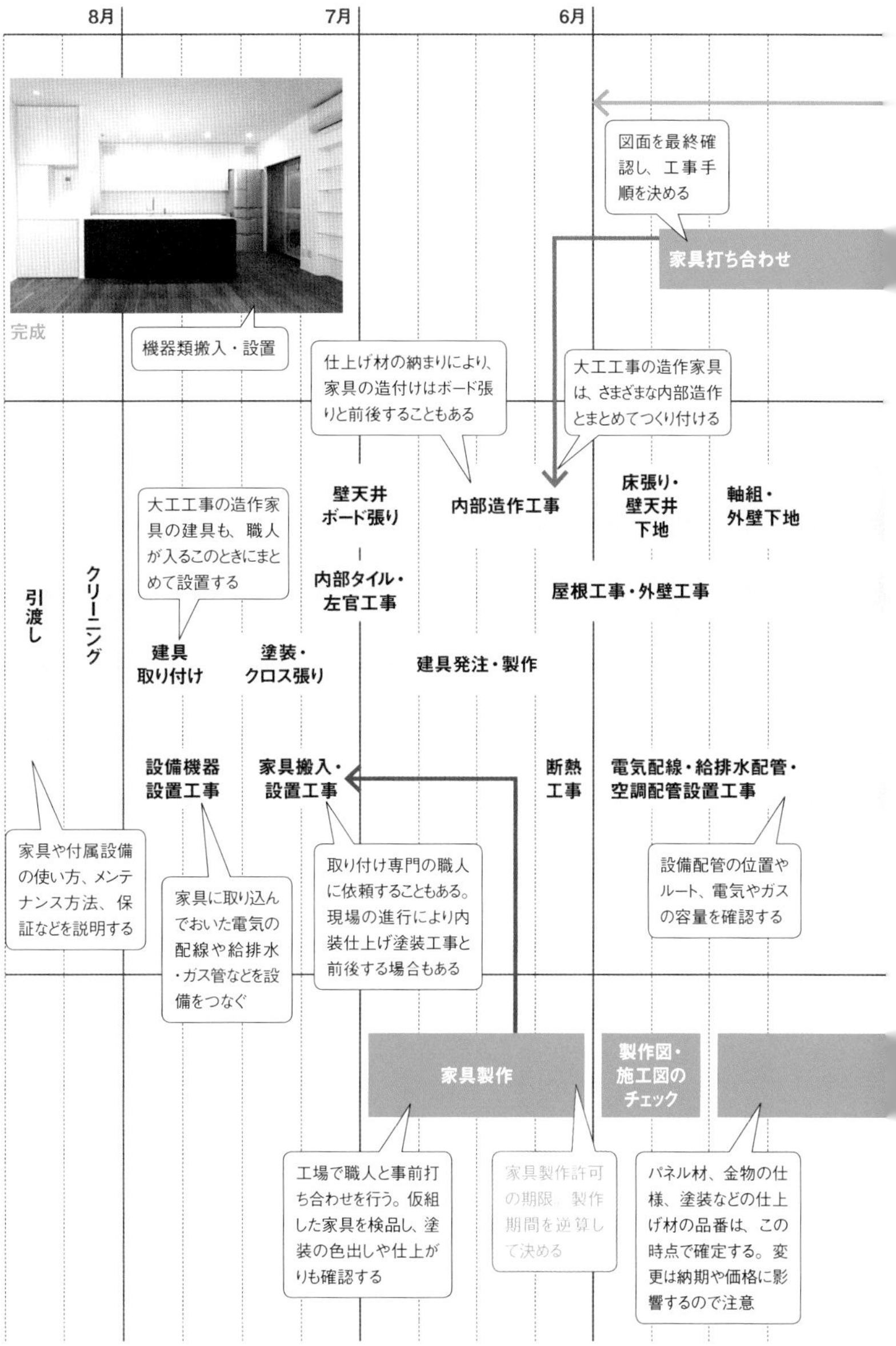
8月
7月
6月
完成
図面を最終確認し、工事手順を決める
家具打ち合わせ
機器類搬入・設置
仕上げ材の納まりにより、家具の造付けはボード張りと前後することもある
大工工事の造作家具は、さまざまな内部造作とまとめてつくり付ける
大工工事の造作家具の建具も、職人が入るこのときにまとめて設置する
壁天井ボード張り
内部造作工事
床張り・壁天井下地
軸組・外壁下地
引渡し
クリーニング
内部タイル・左官工事
屋根工事・外壁工事
建具取り付け
塗装・クロス張り
建具発注・製作
設備機器設置工事
家具搬入・設置工事
断熱工事
電気配線・給排水配管・空調配管設置工事
家具や付属設備の使い方、メンテナンス方法、保証などを説明する
家具に取り込んでおいた電気の配線や給排水・ガス管などを設備をつなぐ
取り付け専門の職人に依頼することもある。現場の進行により内装仕上げ塗装工事と前後する場合もある
設備配管の位置やルート、電気やガスの容量を確認する
家具製作
製作図・施工図のチェック
工場で職人と事前打ち合わせを行う。仮組した家具を検品し、塗装の色出しや仕上がりも確認する
家具製作許可の期限。製作期間を逆算して決める
パネル材、金物の仕様、塗装などの仕上げ材の品番は、この時点で確定する。変更は納期や価格に影響するので注意

確認して製作許可を出す。家具の基本プランは設計者が作成し、製作図は家具屋が描くことが多い。製作図にある寸法や素材、金物、納まりなどをチェックし、家具屋と工務店も同席のうえ細部まで打ち合わせをし、製作許可に至る。

建物着工時にすべての図面が完壁にそろっているとよいが、施工が始まってから図面を用意する場合は、現場監督と十分に打ち合わせをして提出のタイミングを決める。施工がある程度進むと、家具図面を提出するリミットがやって来る。たとえば、引出しや建具が複数取り付き、鏡面塗装で仕上げるようなオーダーキッチンは、製作に1カ月以上を要することもある。輸入品の設備機器や特注の金物など特殊なものも納期まで時間がかかる。

また、キッチンのみのリフォームなど、小規模な工事は工期が2週間程度と短いことが多い。その場合、着工よりも前に家具の発注リミットが来るので注意したい。

造作家具の設置工事

工場で製作する家具でも大工がつくる家具でも、現場では多くの内装工事と絡む。床のフローリングやタイル張り、石工事、壁・天井の塗装工事、照明の取り付け工事などがある。搬入・設置工事のタイミングを計るには現場監督を介した打ち合わせが欠かせない。

特に、キッチンや洗面台など水廻りの造作家具は、水道、電気、ガス機器を取り込むことが多い。給排水やガスの配管は比較的早い段階で施工されるので、配管の位置や仕様、品番などは漏れなく把握しておくべきである。

家具製作を失敗しないために

初めての家具屋に製作を依頼する場合は、現場への搬入前に工場で仮組みした状態を確認する。図面への記載漏れがあった箇所を修正でき、現場でのスムーズな設置工事が可能となる。また、手戻りを最小限に抑えることで、工程やコストの無駄を省ける。

家具を塗装で仕上げる場合は、設計時に決めた色が現場の環境下では違って見えることがあるので要注意だ。家具の色や艶は空間の印象を大きく左右する要素の1つであると認識し、工場でも現場でも、色出しには必ず立ち会って確認する。色番号で指定しても安心せず、たとえイメージと異なる仕上がりになっても施工者に責任を押し付けるべきではない。〔和田浩一〕

1 意匠上・製作上の最終チェックポイント

❶材料を確認し、下地の位置を指示

仕上げ材や小口材、下地材の確認をする。指定した仕上げに合う下地材になっているか、小口材との取り合わせが問題ないかチェックを行う。吊り戸などの場合は、施工図上で下地(建築工事)の指示をしておく

❷突き板の剥ぎ寸法とピッチの確認

施工図には描かれないことが多いので、チェック時に申し送り事項として挙げておく。また突き板に関する依頼(目の合わせ方など)があれば同様に施工図に書いておく

❸家具の分割位置を確認

家具の分割位置はデザインに大きく影響する。設計時にもある程度、搬入経路を検討し、家具の分割を考慮しておく。施工図で最終チェックする

見え掛かり部分をメラミン化粧板で仕上げる場合、下地によっては微妙な凹凸を拾うのでMDF下地とする。また、メラミン化粧板は、ロットによる色違いがあるので施工者に注意を促しておく

逃げのない家具は内装仕上げ前に搬入・取り付けとなるが、工期や取り付け後の養生など十分に打ち合わせが必要。取合い部分の建物の施工精度を厳格にする指示も不可欠である

意匠上逃げの寸法を少なくした場合には特に高級家具は大型になりやすく、搬入経路を考慮しながら分割位置をチェックする

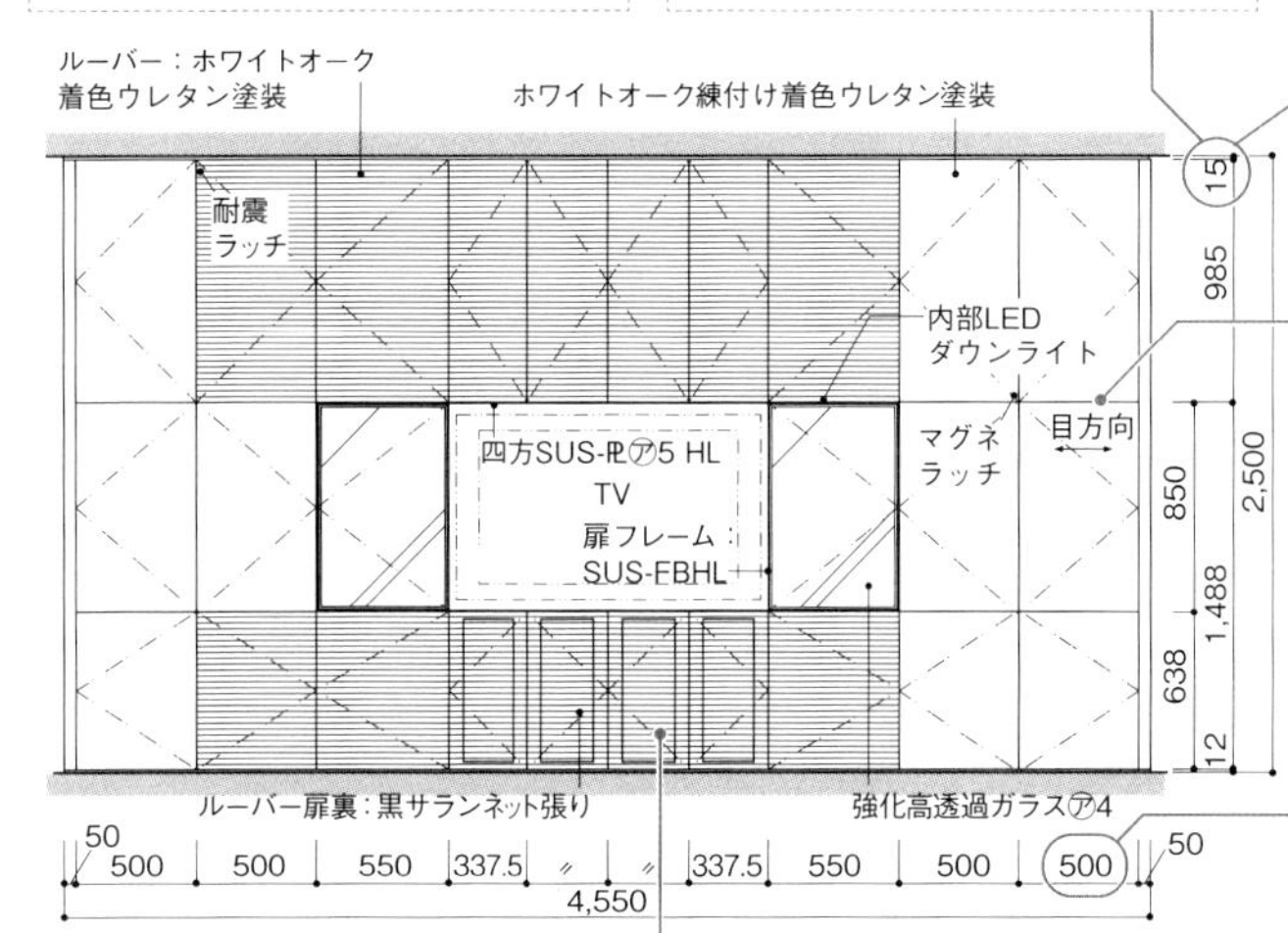

ルーバー:ホワイトオーク着色ウレタン塗装
ホワイトオーク練付け着色ウレタン塗装
耐震ラッチ
内部LEDダウンライト
マグネラッチ
目方向
四方SUS-PL⑦5 HL
TV
扉フレーム:SUS-FBHL
ルーバー扉裏:黒サランネット張り
強化高透過ガラス⑦4
15
985
850
638
12
1,488
2,500
50
500
500
550
337.5
337.5
550
500
500
50
4,550

AVキャビネット姿図[S=1:60]

木材を剥いで突き板にしたときの残りを背と呼ぶが、この背を加工し扉の小口材に用いるよう依頼しておくと、扉と同材でつくれるので、より自然な感じに仕上がる

突き板合板は通常100㎜前後の幅の突き板を合板に張り合わせてつくられる。扉寸法によっては端の部分に小さいものが入らないよう、施工図で確認してから依頼する

木製ガラリは練付けもお薦め。無垢だと設置場所によっては、反りや狂い出やすく逆目など色のバラツキも出やすい

突き板を透明塗装で仕上げる建具と家具が並ぶ場合、建具職に材料を支給するよう指示しておく。柄合わせのほか突き板の下地も合わせられ、塗装の仕上がりがそろいやすい

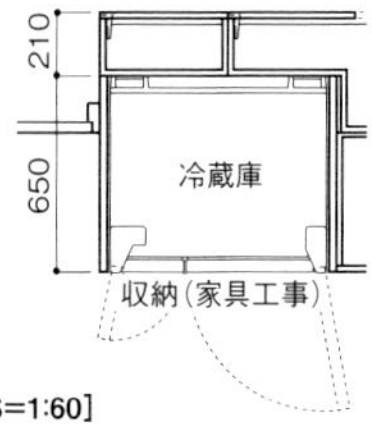

210
650
冷蔵庫
収納(家具工事)

キッチンキャビネット平面図(一部)[S=1:60]

直射日光が当たる場所に家具を設置する場合、その旨を施工者に伝える。下地の引き具合の違いや色の発色・退色などの問題が生じやすく、仕上げ・下地共、より入念な調整が必要になるためである

❹建物の設備器具と家具が干渉しないかを確認

扉や引出しなどが、壁に付く器具(スイッチ・コンセント類、扉の枠やヒンジ)や天井に付く器具(ダウンライト・換気扇・エアコン・点検口)と干渉しないか、施工図で十分に確認する。意匠上、フィラーや支輪など、逃げをなるべくとらない納まりの場合は特に注意

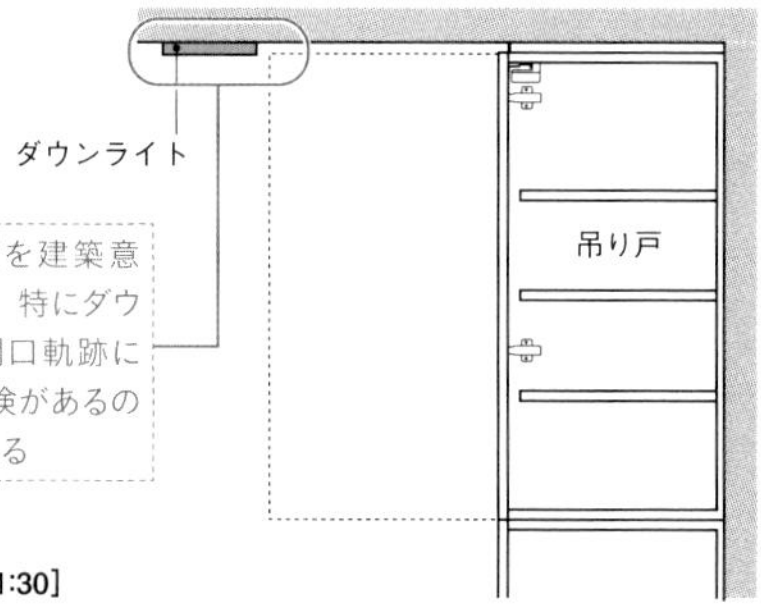

ダウンライト
吊り戸

天井付け器具の位置を建築意匠図・設備図で確認。特にダウンライトが開き扉の開口軌跡にある場合、火災の危険があるので十分な空き寸法をとる

吊り戸断面図(一部)[S=1:30]

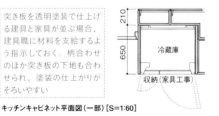

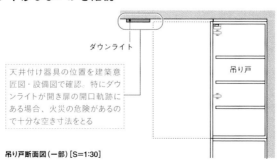

2 使い勝手の最終チェックポイント

❶有効寸法を確認

内引出しは見かけよりも有効寸法が小さい。レールの取り付け位置、手掛けの有無、内引出しか否かで大きく変わるので収納物が決まっている場合などには注意。また、設備機器をビルトインする場合は、可能な限り将来変更しやすいデザインと構造にしておく

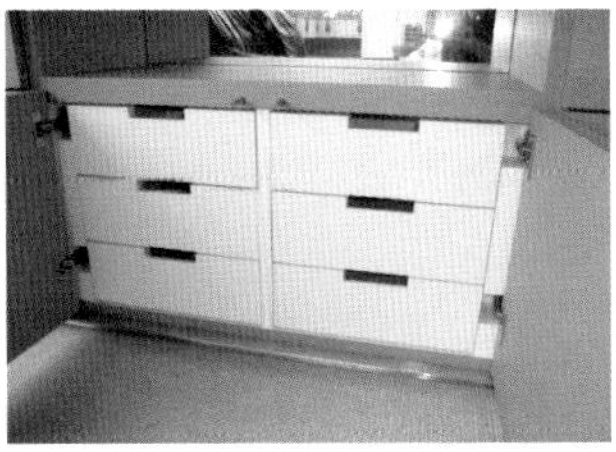

● 内引出し

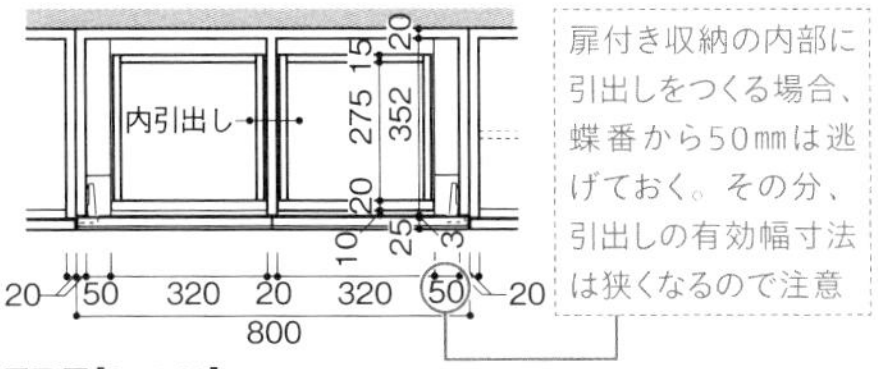

内引出し
20
15
275
352
20
10
25
3
20 50 320 20 320 50 20
800
扉付き収納の内部に引出しをつくる場合、蝶番から50㎜は逃げておく。その分、引出しの有効幅寸法は狭くなるので注意

平面図［S=1:30］

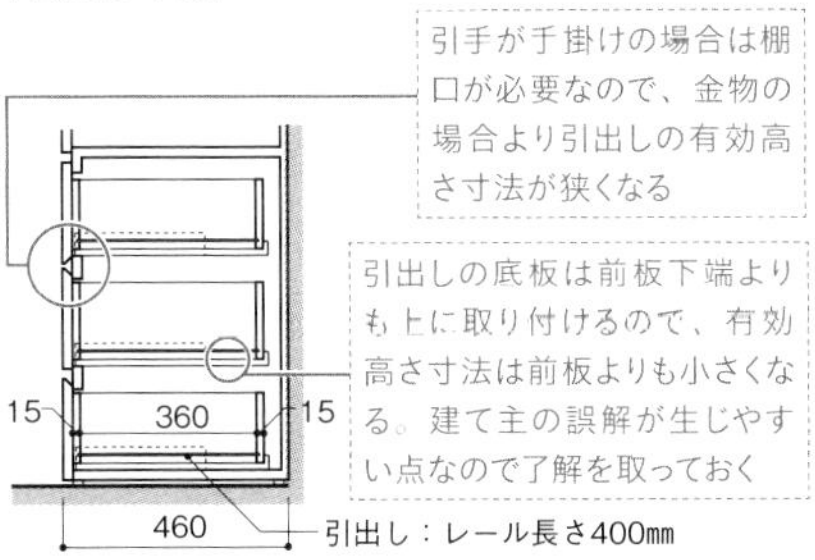

引手が手掛けの場合は棚口が必要なので、金物の場合より引出しの有効高さ寸法が狭くなる
引出しの底板は前板下端よりも上に取り付けるので、有効高さ寸法は前板よりも小さくなる。建て主の誤解が生じやすい点なので了解を取っておく
15
360
15
460
引出し：レール長さ400㎜

断面図［S=1:30］

● AV収納

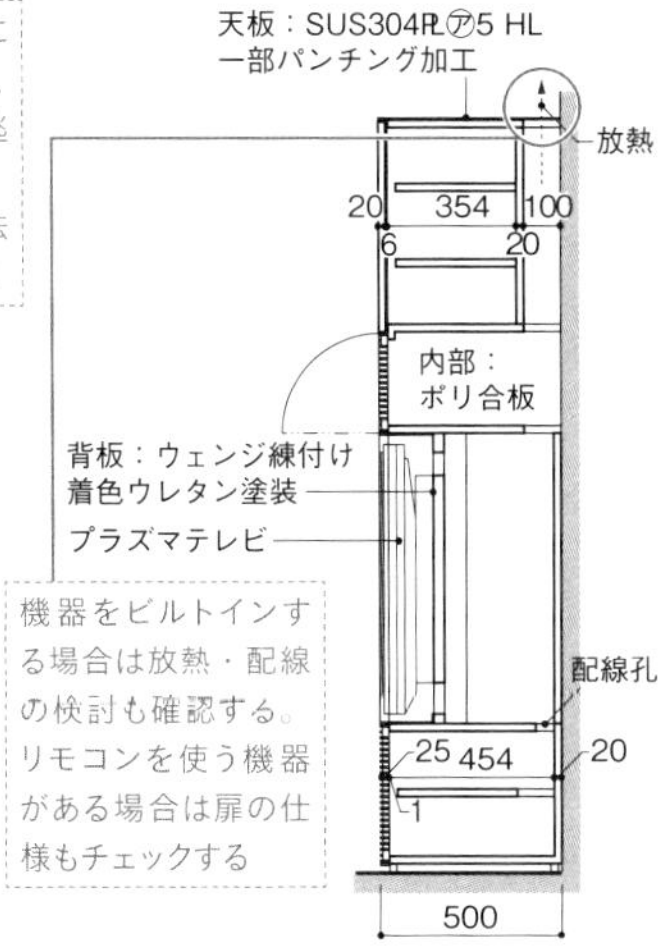

天板：SUS304ℓ⑦5 HL
一部パンチング加工
放熱
20
354
100
6
20
内部：
ポリ合板
背板：ウェンジ練付け
着色ウレタン塗装
プラズマテレビ
機器をビルトインする場合は放熱・配線の検討も確認する。リモコンを使う機器がある場合は扉の仕様もチェックする
配線孔
25
454
20
1
500

断面図［S=1:40］

❷高さ方向の寸法を目線と合わせて確認

収納開口と目線の関係を再チェックする。扉を開けたときの目線と収納物の関係や、扉を開けたときの有効寸法が、収納する器具の使い勝手などに問題を生じさせることがないか十分に検討する

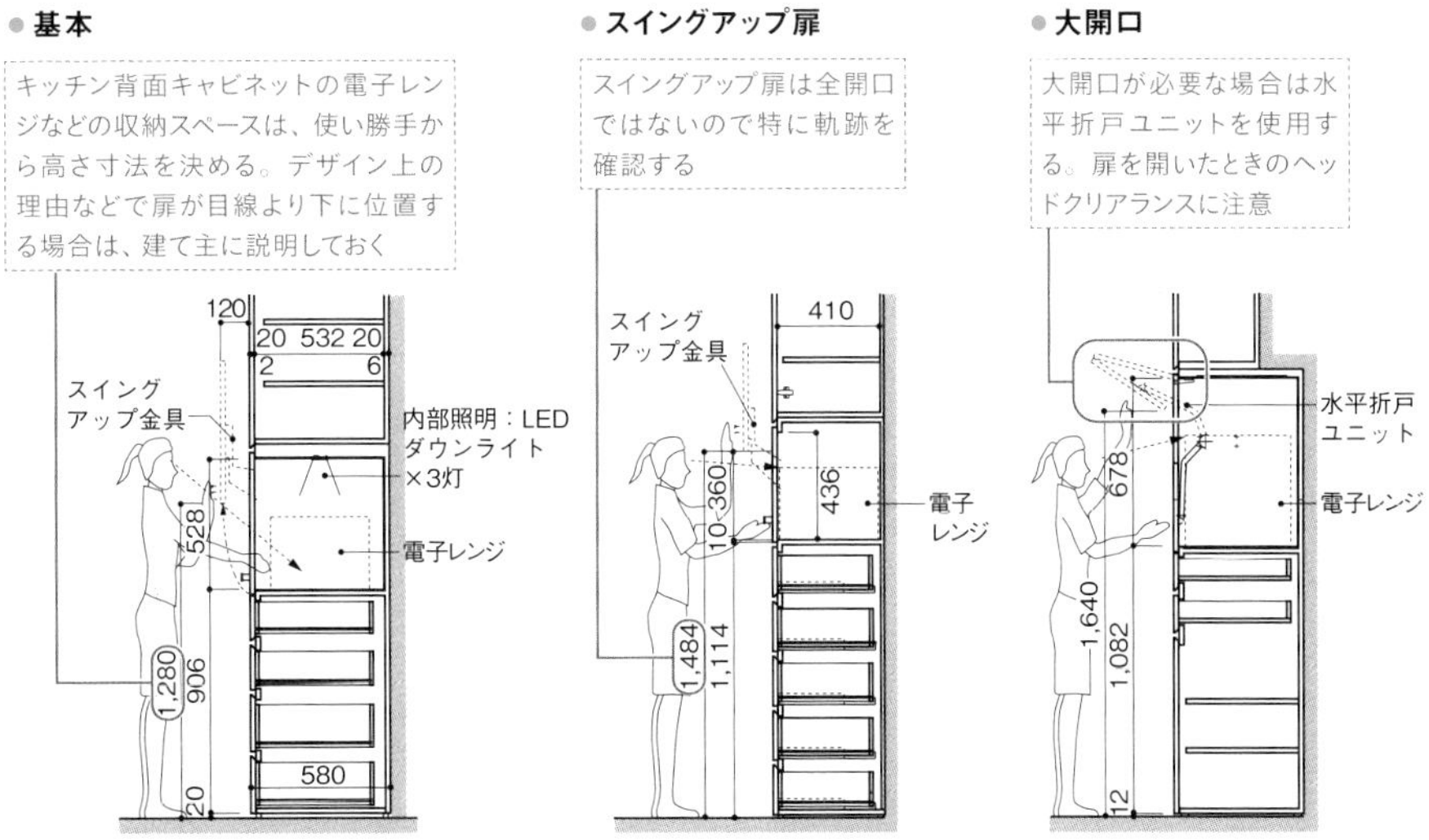

● 基本
キッチン背面キャビネットの電子レンジなどの収納スペースは、使い勝手から高さ寸法を決める。デザイン上の理由などで扉が目線より下に位置する場合は、建て主に説明しておく
120
20 532 20
2
6
スイング
アップ金具
内部照明：LED
ダウンライト
×3灯
528
電子レンジ
1,280
906
580
20
● スイングアップ扉
スイングアップ扉は全開口ではないので特に軌跡を確認する
スイング
アップ金具
410
10
360
436
電子
レンジ
1,484
1,114
● 大開口
大開口が必要な場合は水平折戸ユニットを使用する。扉を開いたときのヘッドクリアランスに注意
水平折戸
ユニット
678
電子レンジ
1,640
1,082
12

キャビネット断面図［S=1:50］

❸台輪の高さと位置を確認

一般的な家具の台輪の高さは100㎜程度が標準。壁の幅木と台輪の高さをそろえる場合は寸法を確認しておく。また、キッチンや洗面化粧台など、使用時に前傾姿勢をとる家具では、少なくとも高さ60㎜以上とり、蹴込み寸法を100㎜以上確保したほうが使いやすい

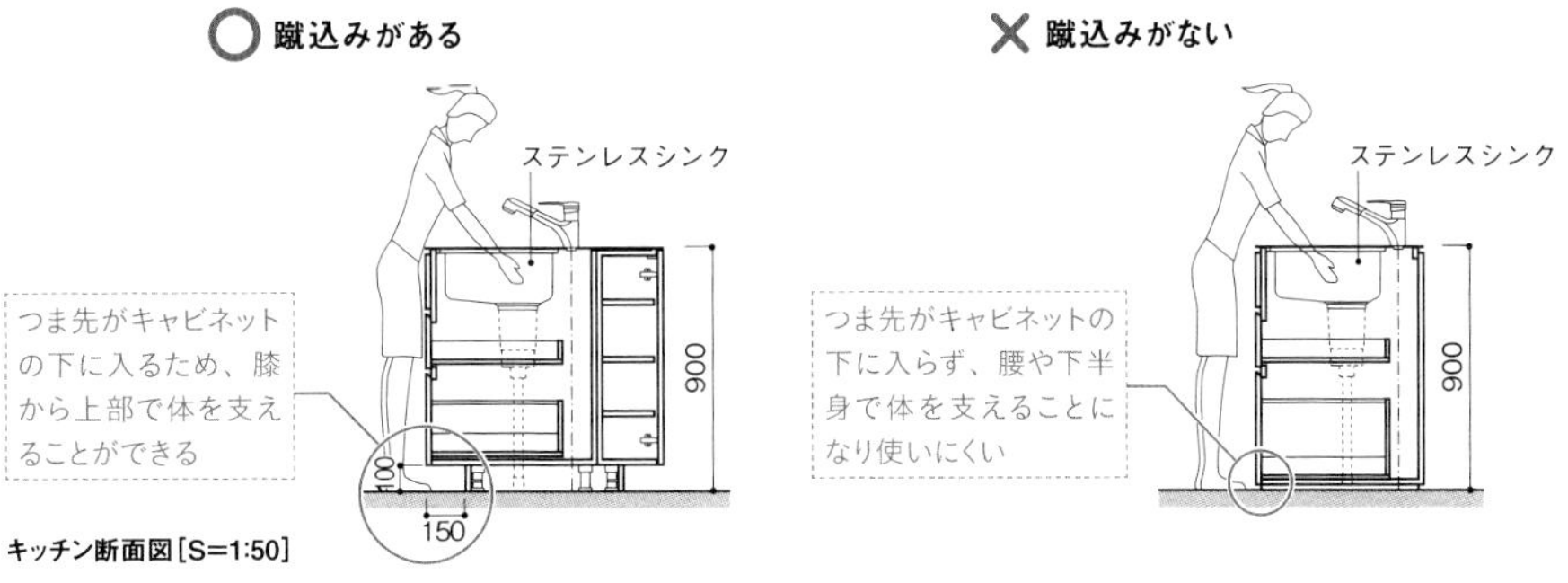

○ 蹴込みがある
ステンレスシンク
つま先がキャビネットの下に入るため、膝から上部で体を支えることができる
900
100
150
× 蹴込みがない
ステンレスシンク
つま先がキャビネットの下に入らず、腰や下半身で体を支えることになり使いにくい
900

キッチン断面図［S=1:50］

図・解説：藤吉秀樹
協力：ニシザキ工芸

家具採寸時の現場調査のチェックポイント

1 現場で確認するポイント

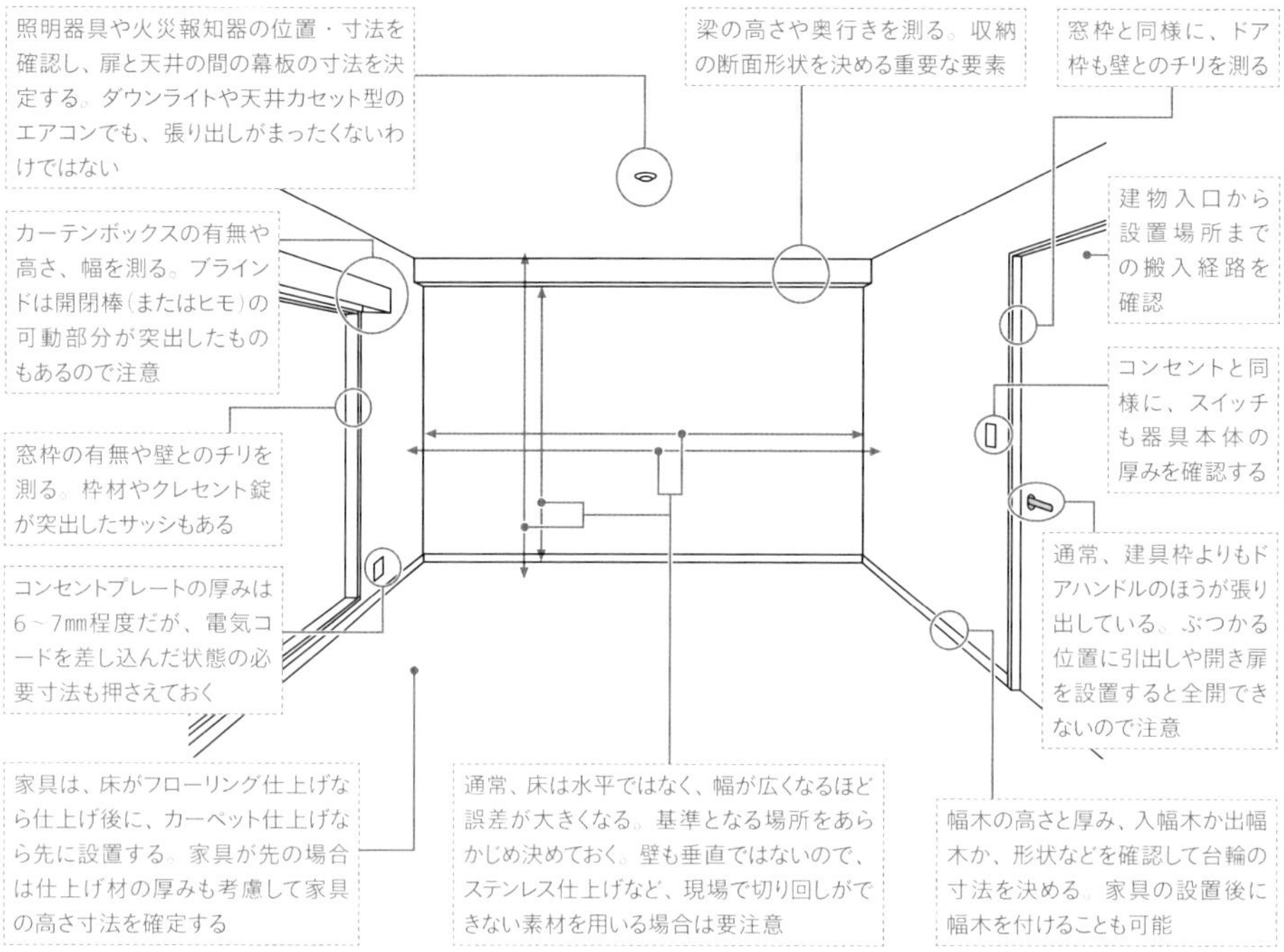

照明器具や火災報知器の位置・寸法を確認し、扉と天井の間の幕板の寸法を決定する。ダウンライトや天井カセット型のエアコンでも、張り出しがまったくないわけではない
梁の高さや奥行きを測る。収納の断面形状を決める重要な要素
窓枠と同様に、ドア枠も壁とのチリを測る
カーテンボックスの有無や高さ、幅を測る。ブラインドは開閉棒（またはヒモ）の可動部分が突出したものもあるので注意
建物入口から設置場所までの搬入経路を確認
コンセントと同様に、スイッチも器具本体の厚みを確認する
窓枠の有無や壁とのチリを測る。枠材やクレセント錠が突出したサッシもある
コンセントプレートの厚みは6～7mm程度だが、電気コードを差し込んだ状態の必要寸法も押さえておく
通常、建具枠よりもドアハンドルのほうが張り出している。ぶつかる位置に引出しや開き扉を設置すると全開できないので注意
家具は、床がフローリング仕上げなら仕上げ後に、カーペット仕上げなら先に設置する。家具が先の場合は仕上げ材の厚みも考慮して家具の高さ寸法を確定する
通常、床は水平ではなく、幅が広くなるほど誤差が大きくなる。基準となる場所をあらかじめ決めておく。壁も垂直ではないので、ステンレス仕上げなど、現場で切り回しができない素材を用いる場合は要注意
幅木の高さと厚み、入幅木か出幅木か、形状などを確認して台輪の寸法を決める。家具の設置後に幅木を付けることも可能

2 採寸のポイント

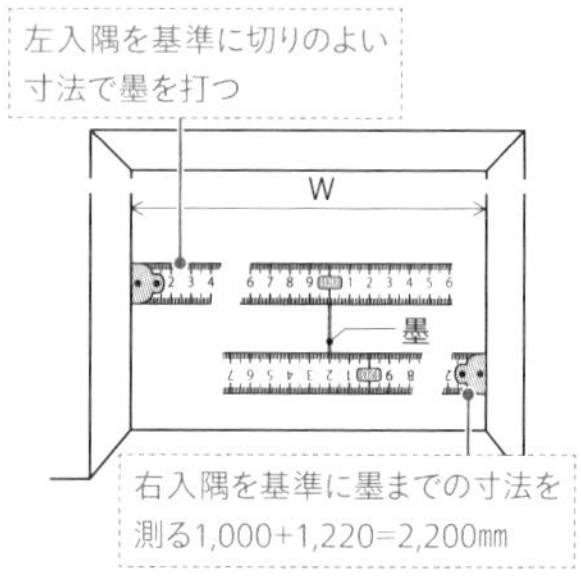

左入隅を基準に切りのよい寸法で墨を打つ
W
墨
右入隅を基準に墨までの寸法を測る1,000+1,220=2,200mm

囲われた空間の採寸は、奥の入隅が特に測りにくい。メジャーを使い正確な採寸を行いたい。切りのよい寸法で墨を打ち、反対側から墨までを測り合計する方法がある

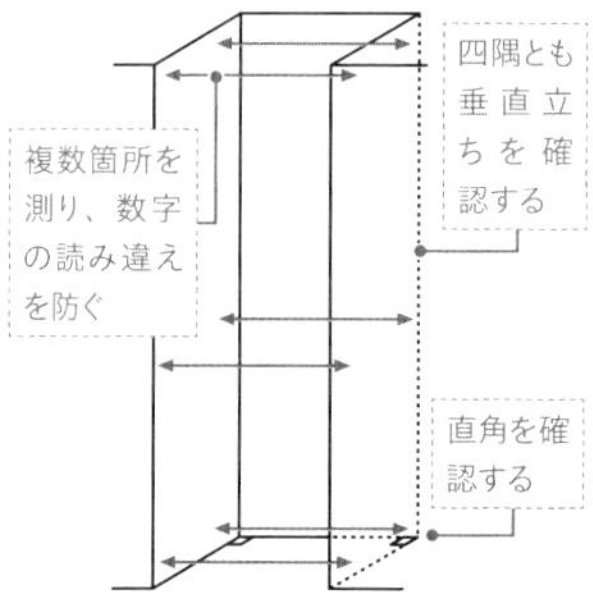

四隅とも垂直立ちを確認する
複数箇所を測り、数字の読み違えを防ぐ
直角を確認する

床から天井、壁から壁いっぱいに取り付ける家具は、特に実測が重要。必ず複数カ所を測ること。レーザー水平器や下げ振りなども使い、床や壁、天井の歪みを把握する

●レーザー距離計

レーザー距離計は入手しやすい価格になっている。細かいところはスケールを使っての測定になるが、利用すると便利だ

確認と採寸は細かく行う

スケルトン状態の室内で、採寸できる段階になったら現場調査を行う。現場では、家具を据える場所の寸法はもちろん、搬入口や通路の幅と高さ、曲り角の有無、その他要点を確認。マンションの場合は搬入がエレベータか階段かにより、現場の作業量やスケジュール、工事費用にも大きくかかわるので注意する。

壁や天井には、エアコンや火災報知器、照明器具など、さまざまな張り出しがあり、事前に図面で位置を判断しておく。現場調査では、実際の張り出しの位置や大きさを確認する［1］。

採寸はできるだけ細かく行い、同じ間口や高さでも複数カ所を測る［2］。納まりがシビアになるほど、事前採寸の重要度は増す。レーザー距離計はそろえておきたい工具の1つだ［写真］。また、レーザー水平器を使って壁や床の歪みも確認しておくとよい。〔和田浩一〕

写真：レーザー距離計　GLM 7000型［BOSCH］

3 リノベならではの家具をつくる

❶壁を利用してベンチを設ける

ソファをあまり使用しない生活スタイルでも、ダイニングチェアとは別に、気分を変えてくつろげる場は欲しいもの。壁に囲まれた部分を利用してベンチを設ければ、腰掛けて本を読んだり、小物を飾ったり活用でき、空間を広く見せることもできる

ベンチの座面には床と同じ杉のフローリングを使用し、空間における一体感をもたせている。また、住まい手が定期的に再塗装のメンテナンスを行えるように、オイル塗料仕上げを採用

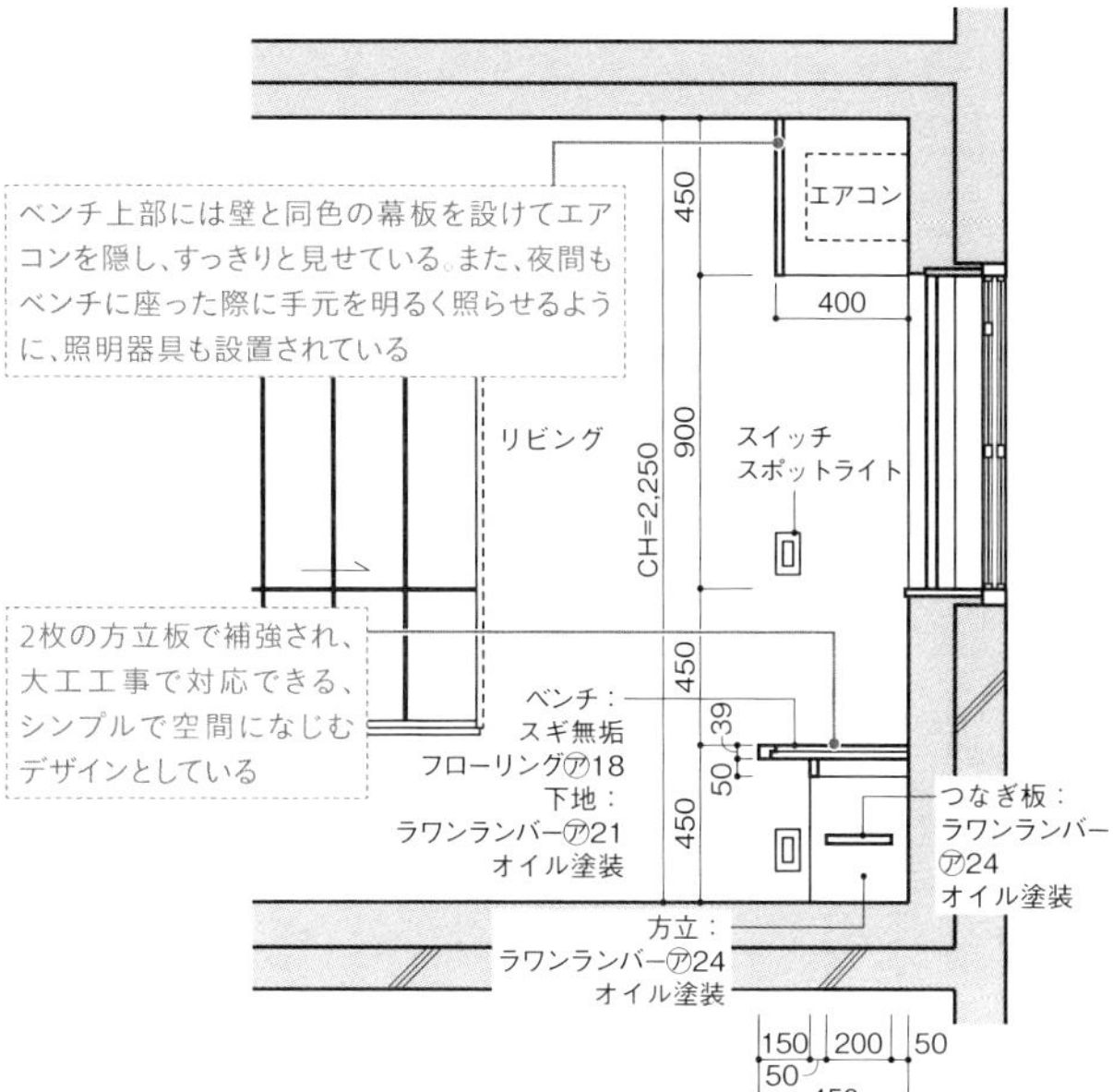

ベンチ上部には壁と同色の幕板を設けてエアコンを隠し、すっきりと見せている。また、夜間もベンチに座った際に手元を明るく照らせるように、照明器具も設置されている
エアコン
450
400
リビング
900
CH=2,250
スイッチ
スポットライト
2枚の方立板で補強され、大工工事で対応できる、シンプルで空間になじむデザインとしている
450
ベンチ：
スギ無垢
フローリング⑦18
下地：
ラワンランバー⑦21
オイル塗装
39
50
450
つなぎ板：
ラワンランバー
⑦24
オイル塗装
方立：
ラワンランバー⑦24
オイル塗装
150
200
50
50
450

断面図［S=1：40］

❷壁と天井を利用して家具を設ける

リノベーションの場合、コストを抑えるため、既存部分をできるだけ利用して計画することも多い。ここでは既存の敷設された床暖房をそのまま利用。家具を固定する際に床暖房を損傷しないよう、壁と天井だけで固定して造作している

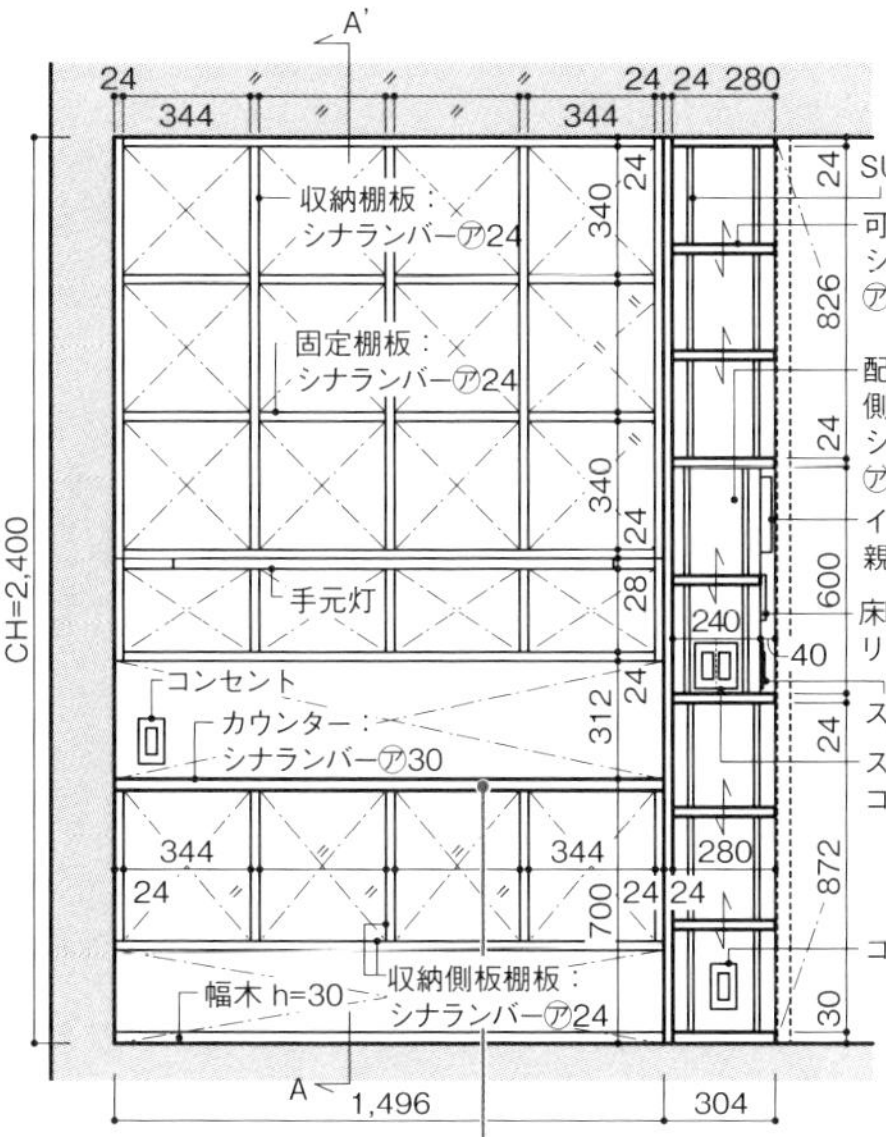

A'
24
344
344
24 24 280
収納棚板：
シナランバー⑦24
固定棚板：
シナランバー⑦24
手元灯
コンセント
カウンター：
シナランバー⑦30
SUS棚柱
可動棚板：
シナランバー
⑦24
配線スペース
側板：
シナランバー
⑦15
インターフォン
親機(既存)
床暖房
リモコン(既存)
スイッチ
スイッチ・
コンセント
コンセント
CH=2,400
24
340
340
24
28
24
312
700
826
24
600
240
40
24
872
30
280
344
344
24
24
24
幅木 h=30
収納側板棚板：
シナランバー⑦24
A
1,496
304

展開図［S=1：40］

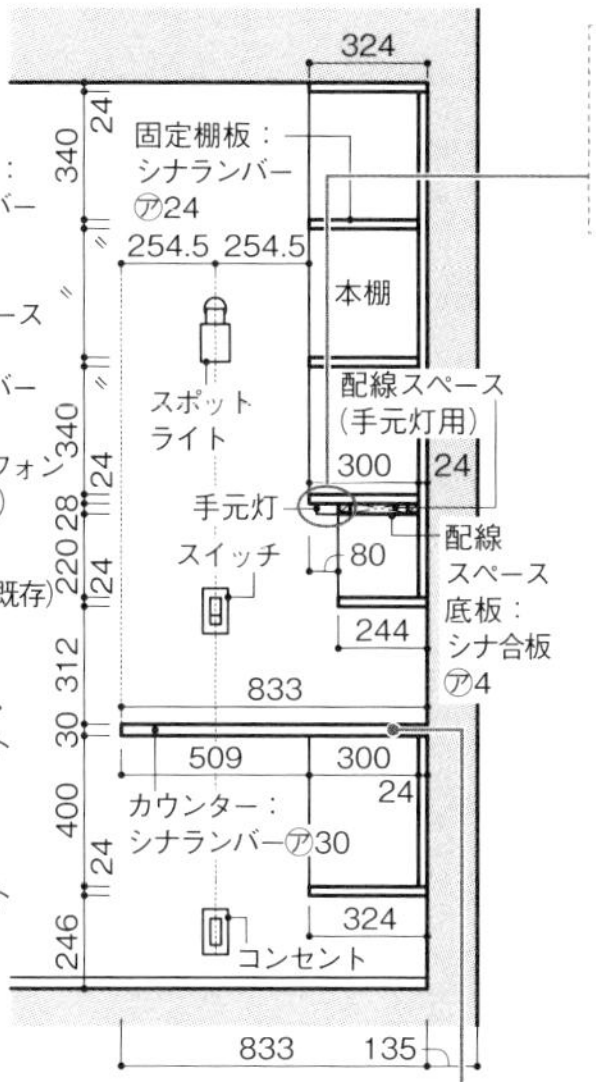

324
固定棚板：
シナランバー
⑦24
254.5 254.5
本棚
スポット
ライト
配線スペース
(手元灯用)
300 24
手元灯
スイッチ
80
配線
スペース
底板：
シナ合板
⑦4
244
833
509
300
24
カウンター：
シナランバー⑦30
324
コンセント
24
340
340
28
220
24
312
30
400
24
246
833
135
照明は、壁のブラケット照明のほか、上部棚の下部に設置した手元灯で、作業時の照度を確保している

A-A'断面図［S=1：40］

床から70cmの高さに、作業を行うためのスペースとして広いカウンターを設置。カウンターの上下には収納棚を設け、コンパクトな場所ながら充実した収納量を確保している

リビングの一角に設けているので、できるだけ圧迫感を感じないよう、樹種は明るい色のシナを選定。塗装は全面にオイル塗装を施している

リノベーションの場合、住まい手からの要望は具体的なものになりやすい。ここでは新聞の切り抜きとスクラップが趣味で、そのための広い作業スペースが欲しいという要望により家具がつくられている

上：「鎌倉の住戸」設計：デザインライフ設計室、写真：中村晃
下：「石川町の改装住宅」設計：デザインライフ設計室、写真：中村晃

3章

部屋別設計ポイント

部屋ごとの
設計ポイントと
すっきり見せるコツ

造付け収納家具を計画するポイント

1 住宅の造付け収納家具の配置例

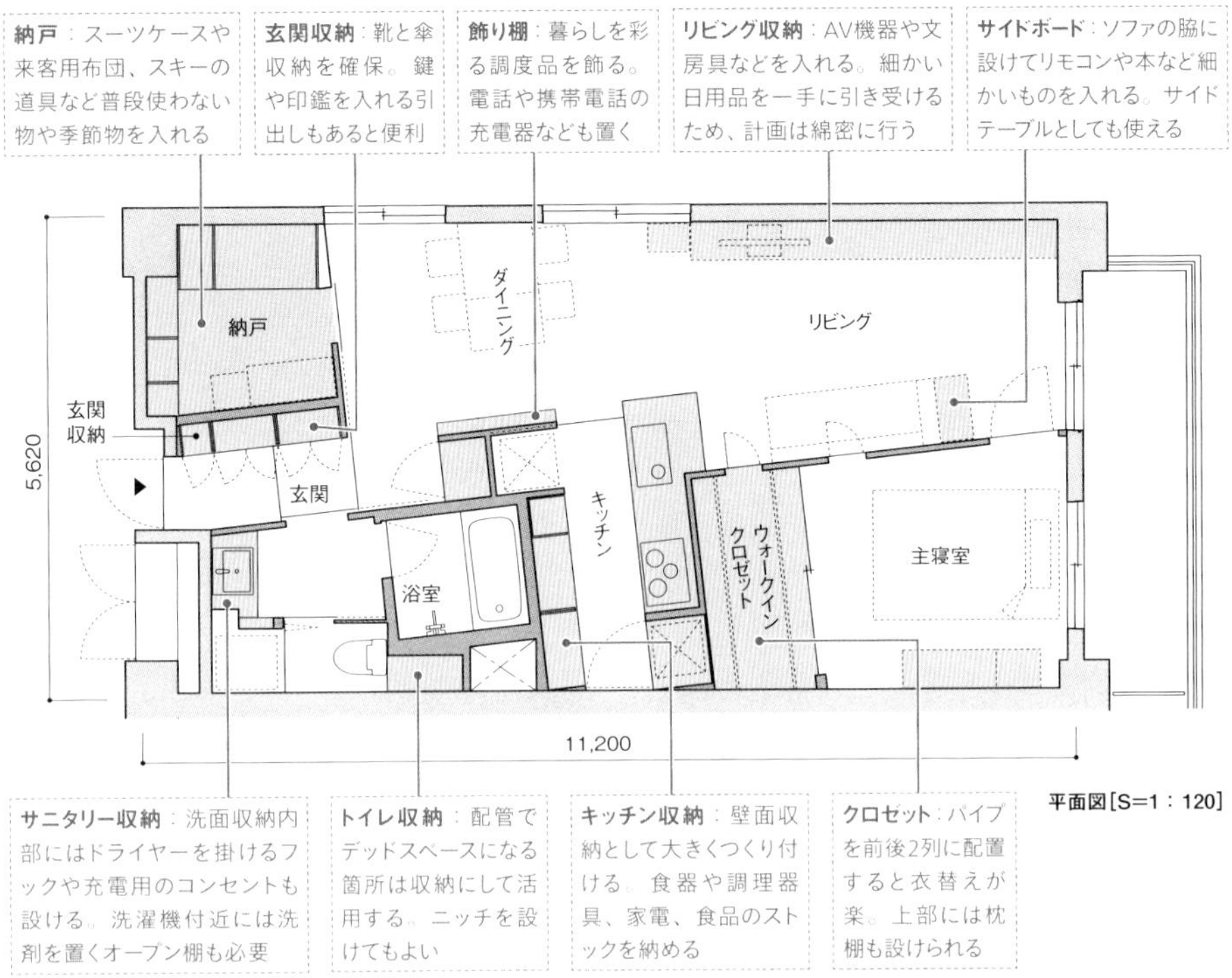
納戸：スーツケースや来客用布団、スキーの道具など普段使わない物や季節物を入れる
玄関収納：靴と傘収納を確保。鍵や印鑑を入れる引出しもあると便利
飾り棚：暮らしを彩る調度品を飾る。電話や携帯電話の充電器なども置く
リビング収納：AV機器や文房具などを入れる。細かい日用品を一手に引き受けるため、計画は綿密に行う
サイドボード：ソファの脇に設けてリモコンや本など細かいものを入れる。サイドテーブルとしても使える
納戸
ダイニング
リビング
玄関収納
玄関
キッチン
ウォークインクロゼット
主寝室
浴室
5,620
11,200
サニタリー収納：洗面収納内部にはドライヤーを掛けるフックや充電用のコンセントも設ける。洗濯機付近には洗剤を置くオープン棚も必要
トイレ収納：配管でデッドスペースになる箇所は収納にして活用する。ニッチを設けてもよい
キッチン収納：壁面収納として大きくつくり付ける。食器や調理器具、家電、食品のストックを納める
クロセット：パイプを前後2列に配置すると衣替えが楽。上部には枕棚も設けられる

平面図［S=1：120］

造作家具を設ける理由

家具をつくり付ける最大の目的は「物を収納する場所を確保すること」である。子ども室や書斎ではデスクに収納を組み合わせるなど、機能を複合化する場合もある。

収納家具は、壁に固定するだけの棚板や簡易な箱収納から、クロゼットやパントリーなど収納スペースの可動棚、壁面収納やオーダーキッチンのように構成が複雑なものまで、種類が多い。たとえば、1は平均的なマンションの一室（約60㎡）だが、色を付けた部分が収納スペースであり、延床面積に占める割合は約22%にも及ぶ。造作家具が住空間全体の印象や使い勝手に与える影響はそれほど大きい。

使いやすさを計画する

収納家具は物を出し入れしやすいことが重要で、基本的には収納物の寸法に合わせて設計する。靴や衣類など身に付ける物はサイズや所持量の個人差が大きく、収納方法もさまざま。たとえば、防寒用のコートをクロゼットにしまうか玄関付近に置くかなどは、個人の好みが分かれる事項の1つだ。

使いやすい家具の高さは、身体の動きで大まかに決まる［2］。たとえば、キッチンなどの作業台は高さ850〜900㎜である。その高さからプラス550〜600㎜上方が、自然に手を伸ばして届く範囲であり、最も物を出し入れしやすい収納場所となる。物を使用頻度で分類し、適切な高さに収納を計画するとよい。

なお、使いやすい収納では、「大は小を兼ねない」ことが多いので注意したい。また、高さと奥行きは一体で考えるべき要素だ。玄関収納やリビング収納のように奥行きが深く、高さもある家具は空間全体に圧迫感を与えることが多いため、ボリューム感も慎重に計画すべきである。たとえば、玄関やリビングの壁面収納は、床や天井から離し、さらに上下に間接照明を設けると、より圧迫感を軽減できる［3］。

〔和田浩一〕

2 高さと使い勝手

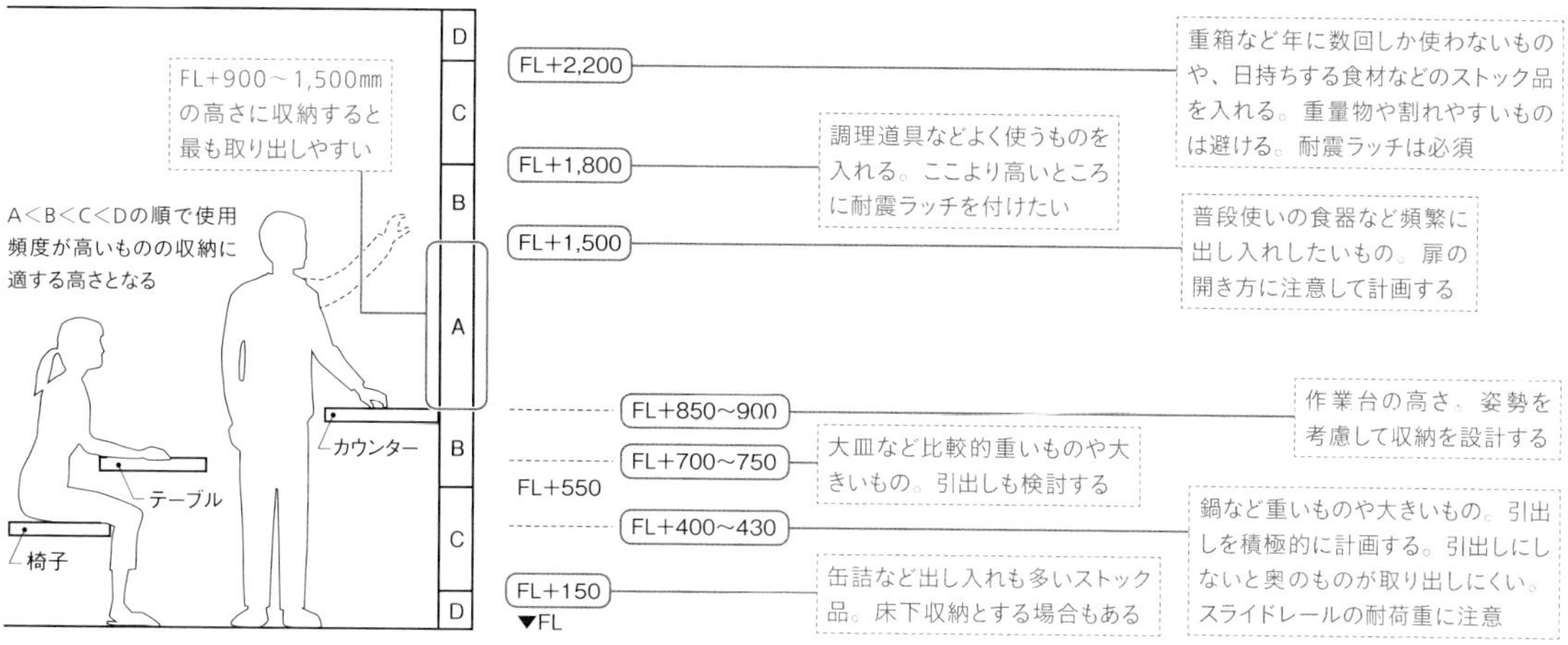
FL+900～1,500㎜の高さに収納すると最も取り出しやすい
A＜B＜C＜Dの順で使用頻度が高いものの収納に適する高さとなる
カウンター
テーブル
椅子
D
C
B
A
B
C
D
FL+2,200
FL+1,800
FL+1,500
FL+850～900
FL+700～750
FL+550
FL+400～430
FL+150
▼FL
重箱など年に数回しか使わないものや、日持ちする食材などのストック品を入れる。重量物や割れやすいものは避ける。耐震ラッチは必須
調理道具などよく使うものを入れる。ここより高いところに耐震ラッチを付けたい
普段使いの食器など頻繁に出し入れしたいもの。扉の開き方に注意して計画する
作業台の高さ、姿勢を考慮して収納を設計する
大皿など比較的重いものや大きいもの。引出しも検討する
鍋など重いものや大きいもの。引出しを積極的に計画する。引出しにしないと奥のものが取り出しにくい。スライドレールの耐荷重に注意
缶詰など出し入れも多いストック品。床下収納とする場合もある

3 断面に見る使い勝手とボリューム感

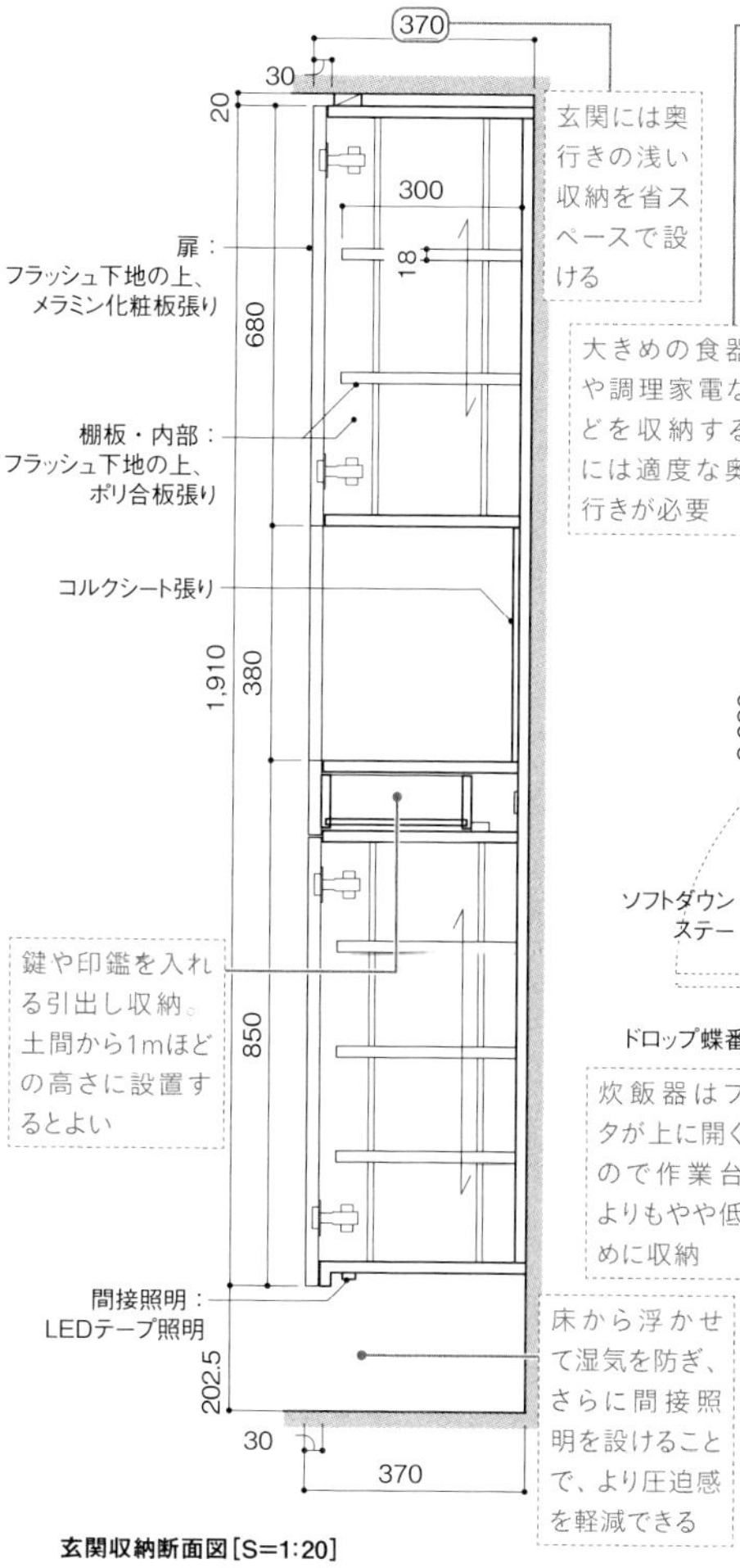
370
30
20
300
18
680
380
1,910
850
202.5
30
370
扉：フラッシュ下地の上、メラミン化粧板張り
棚板・内部：フラッシュ下地の上、ポリ合板張り
コルクシート張り
鍵や印鑑を入れる引出し収納。土間から1mほどの高さに設置するとよい
間接照明：LEDテープ照明
玄関には奥行きの浅い収納を省スペースで設ける
床から浮かせて湿気を防ぎ、さらに間接照明を設けることで、より圧迫感を軽減できる

玄関収納断面図[S=1:20]

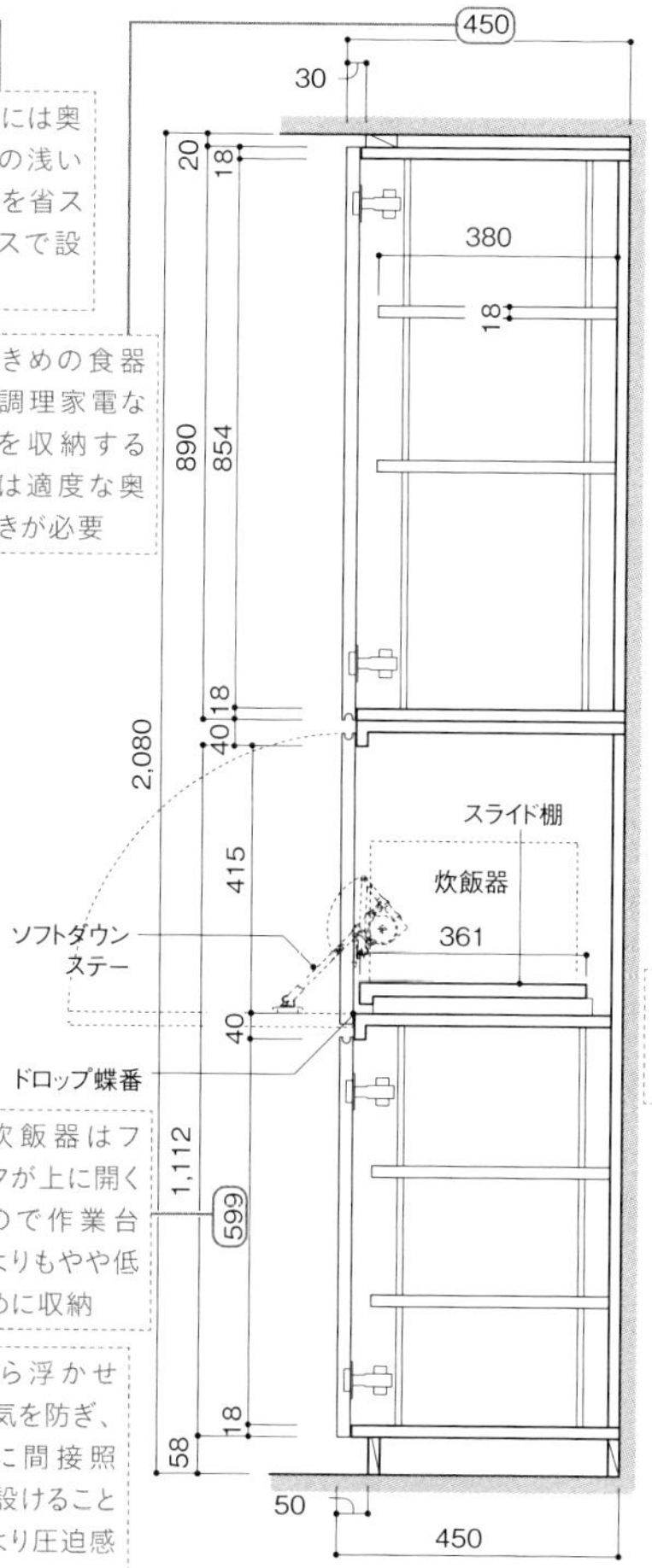
450
30
20
18
380
18
890
854
2,080
18
40
415
40
1,112
599
18
58
50
450
スライド棚
炊飯器
361
ソフトダウンステー
ドロップ蝶番
大きめの食器や調理家電などを収納するには適度な奥行きが必要
炊飯器はフタが上に開くので作業台よりもやや低めに収納

キッチン収納断面図[S=1:20]

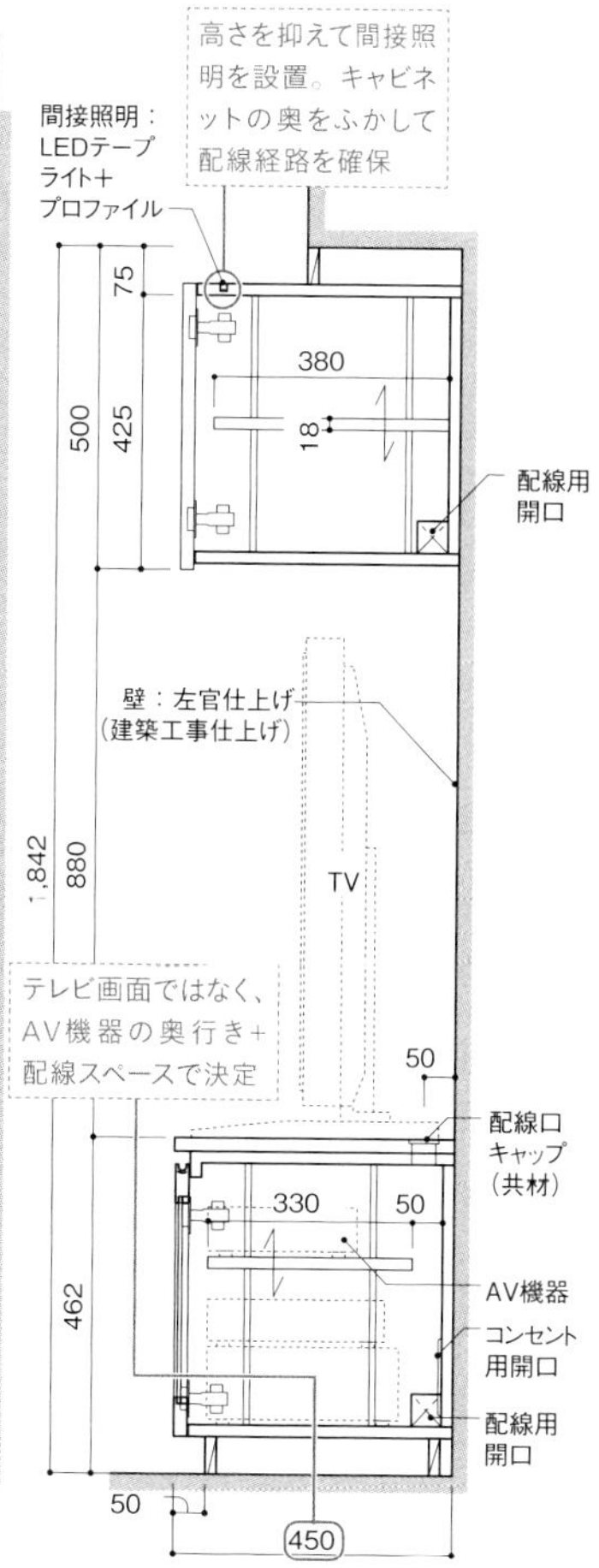
高さを抑えて間接照明を設置。キャビネットの奥をふかして配線経路を確保
間接照明：LEDテープライト＋プロファイル
75
380
500
425
18
配線用開口
壁：左官仕上げ（建築工事仕上げ）
TV
1,842
880
テレビ画面ではなく、AV機器の奥行き＋配線スペースで決定
50
配線口キャップ（共材）
330
50
AV機器
462
コンセント用開口
配線用開口
50
450

リビング収納断面図[S=1:20]

家具設計：STUDIO KAZ

1 家具の仕上げの選び方

定番の材料を系統立てて数種類ラインナップしておくと、仕上げに関する失敗が防げ、業務の効率化にも一役買う。

❶化粧材（突き板）と塗装を選ぶ

化粧材（価格）		塗装
高	ナラ	木目を生かすため、木材保護塗料を使ったオイルフィニッシュのクリア塗装を用いる。はっきりとした木目はうるさく感じられるので、小空間には向かない
	セン	木目を生かし、木材保護塗料を使ったオイルフィニッシュのクリア塗装とするか、木目を生かしつつ染色クリア塗装
低	シナ	木材保護塗料を使ったオイルフィニッシュのクリア塗装か塗りつぶしのOP（白かアクセントカラー）。木目が少ないので家具の存在感を控え目にできる

❷内部材と塗装などを選ぶ

内部材（価格）		塗装など
高	ポリ合板	塗装は不要。メーカーの品番で色を指定する。白であればRK-6000［H-5414］（アイカ工業）の在庫を抱える職人が多い
低	シナ合板	塗装が前提。汚れ止めが目的であるため、塗りつぶしのOPではなくF☆☆☆☆のクリアラッカー塗装とする

2 家具工事・大工工事スーパーチャート

家具工事と大工工事のどちらで施工するかは、収納内部の仕上げが1つの目安となる。

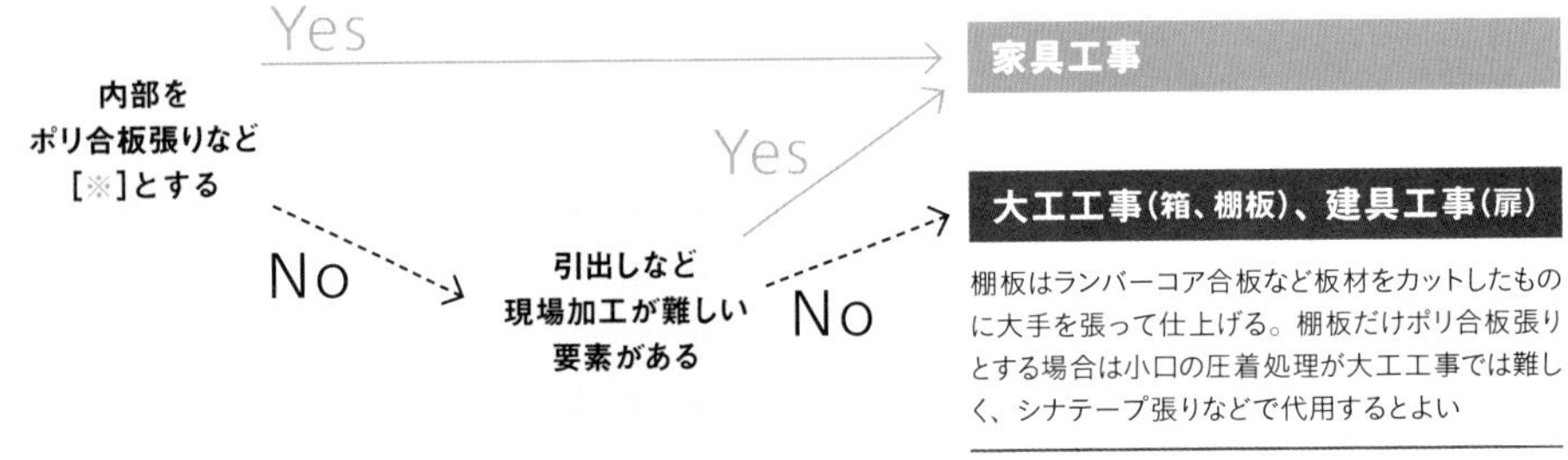
内部をポリ合板張りなど［※］とする
Yes
家具工事
No
引出しなど現場加工が難しい要素がある
Yes
No
大工工事（箱、棚板）、建具工事（扉）
棚板はランバーコア合板など板材をカットしたものに大手を張って仕上げる。棚板だけポリ合板張りとする場合は小口の圧着処理が大工工事では難しく、シナテープ張りなどで代用するとよい

※：ポリ合板、メラミン化粧板など樹脂系化粧板で仕上げたもの

収納家具を設計する際には「どの部屋に設置するのか」、そしてその部屋で「何を収納するのか」を考えると、おのずとその部屋に必要な家具のかたちや寸法・機能がみえてくる。

材料はどう選ぶ？

設計事務所のプライシュティフトでは長年の経験から、住宅の造付け家具に使う仕上げ材を数種類に絞っている［1］。化粧材は空間のボリュームやコスト面から決定し、内部材は収納に必要な機能面から決定する。こうして必要な機能と材料が決まれば、家具工事と大工工事のどちらでつくるかも決まる［2］。すべて家具工事としたいところだが、予算の都合上そうもいかない。適材適所に使い分け、工種の違いを踏まえた納まりとすることが重要だ。

玄関収納のつくり方

玄関における収納の設計・計画上のポイントは以下である［3］。

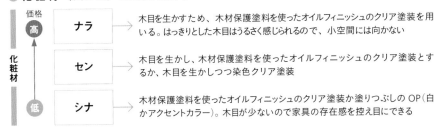

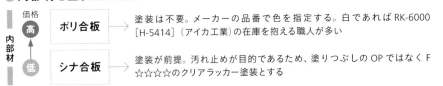

3 玄関収納はスリッパや小物の場所も忘れずに

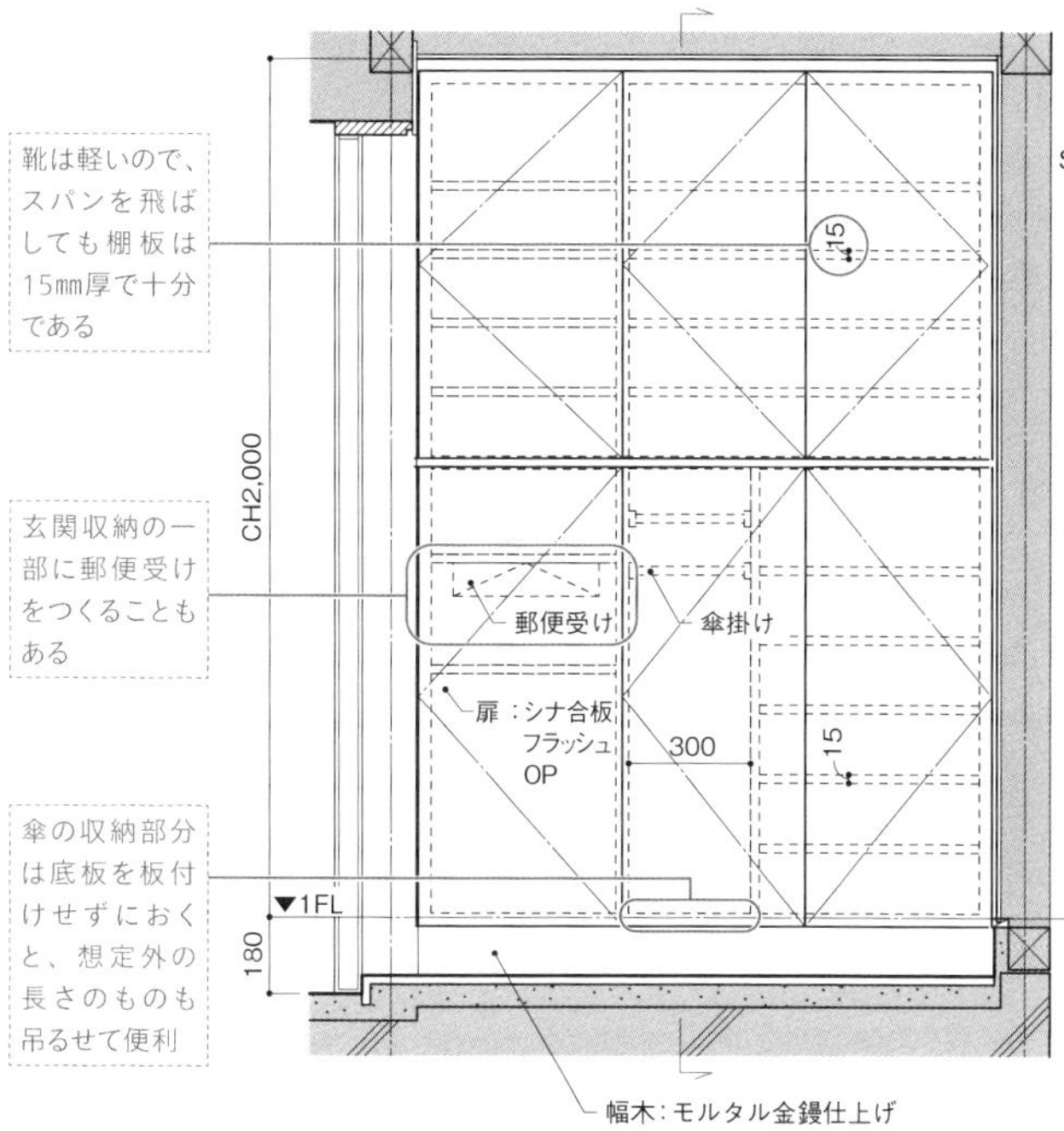

靴は軽いので、スパンを飛ばしても棚板は15㎜厚で十分である
玄関収納の一部に郵便受けをつくることもある
傘の収納部分は底板を板付けせずにおくと、想定外の長さのものも吊るせて便利
CH2,000
15
郵便受け
傘掛け
扉：シナ合板フラッシュOP
300
15
▼1FL
180
幅木：モルタル金鏝仕上げ

展開図[S=1:30]

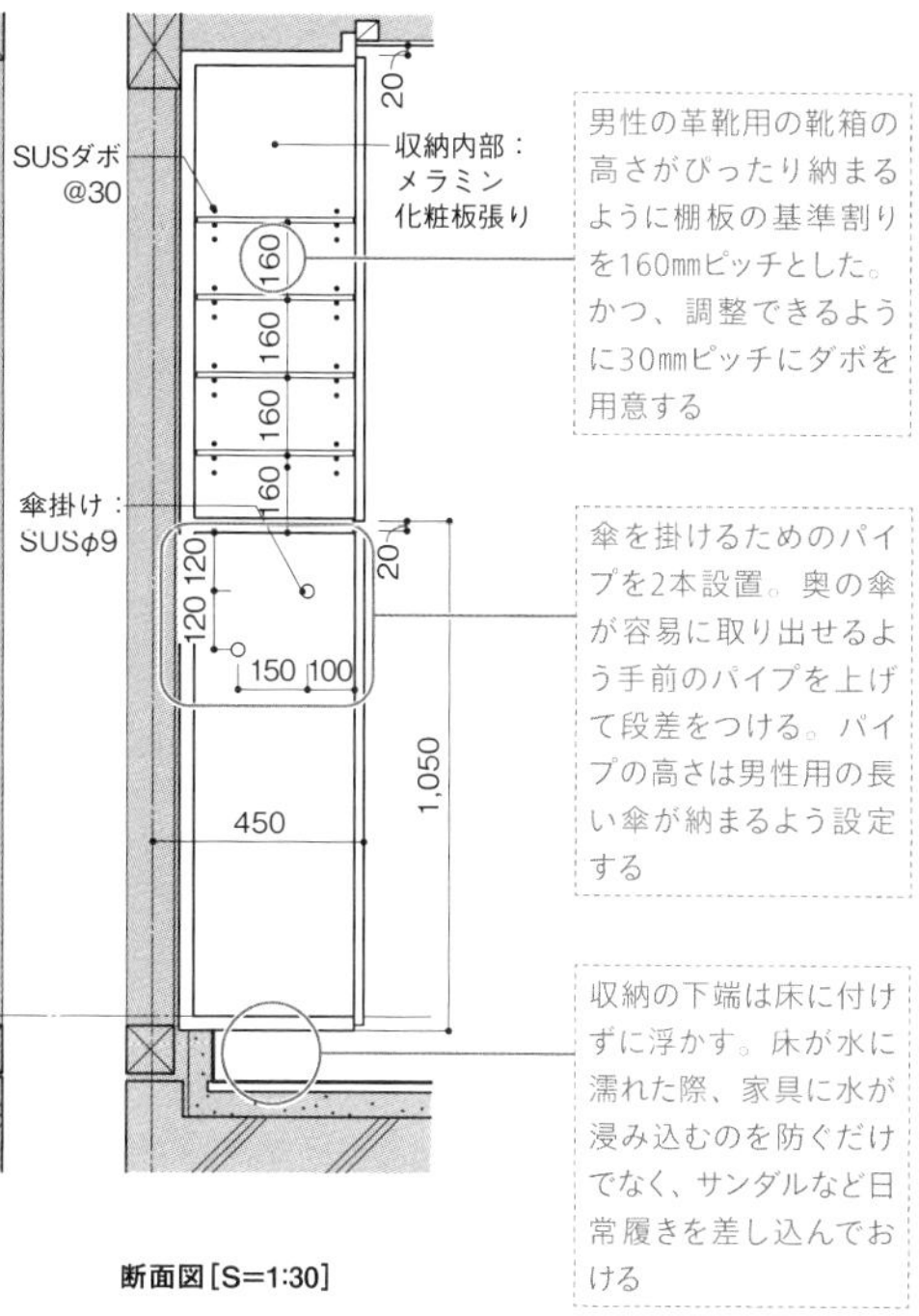

SUSダボ@30
収納内部：メラミン化粧板張り
20
160
160
160
160
傘掛け：SUSφ9
20
120
120
150
100
1,050
450
男性の革靴用の靴箱の高さがぴったり納まるように棚板の基準割りを160㎜ピッチとした。かつ、調整できるように30㎜ピッチにダボを用意する
傘を掛けるためのパイプを2本設置。奥の傘が容易に取り出せるよう手前のパイプを上げて段差をつける。パイプの高さは男性用の長い傘が納まるよう設定する
収納の下端は床に付けずに浮かす。床が水に濡れた際、家具に水が浸み込むのを防ぐだけでなく、サンダルなど日常履きを差し込んでおける

断面図[S=1:30]

靴スペースを多くとり、それ以外の収納は集約

収納を浮かせると土間からの湿気を吸わない

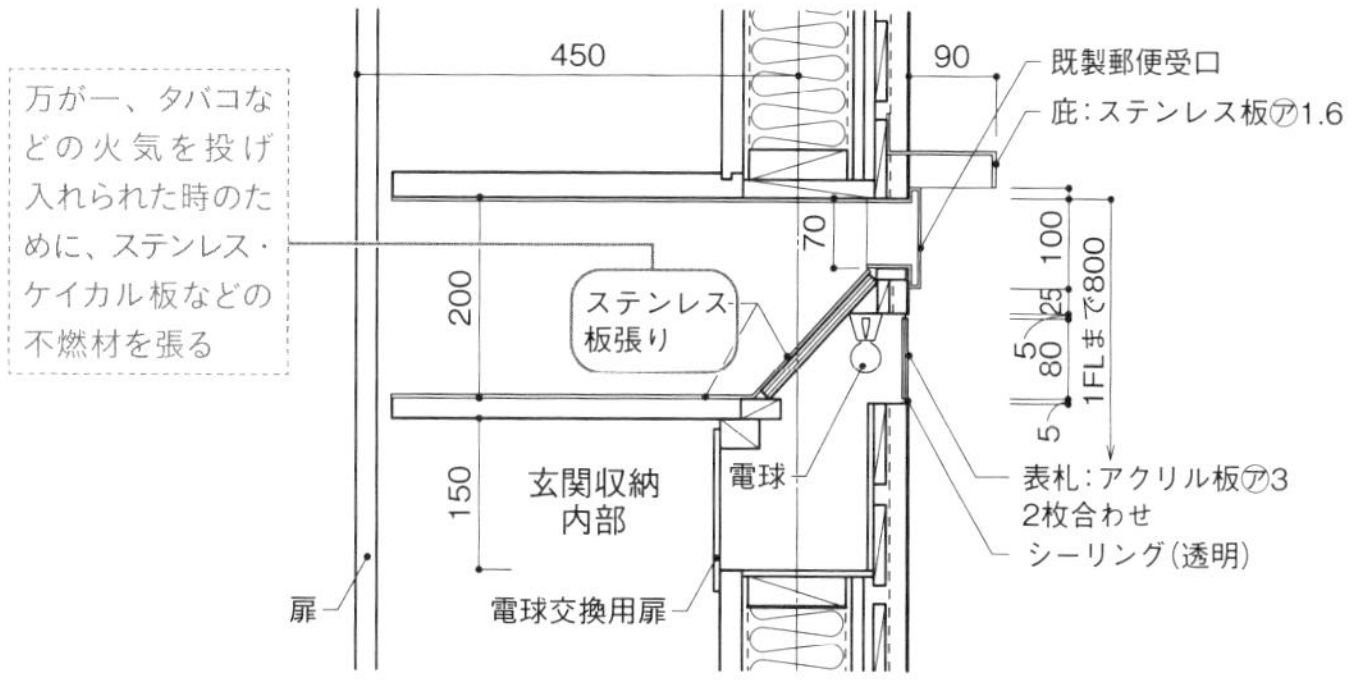

万が一、タバコなどの火気を投げ入れられた時のために、ステンレス・ケイカル板などの不燃材を張る
450
90
既製郵便受口
庇：ステンレス板⑦1.6
70
200
ステンレス板張り
100
25
80
5
5
1FLまで800
150
玄関収納内部
電球
表札：アクリル板⑦3 2枚合わせ
シーリング（透明）
扉
電球交換用扉

郵便受口詳細図[S=1:15]

玄関に収納したいものは、靴・靴箱・傘である。靴や靴箱の種類はさまざまなので、最もかさばる男性用革靴の靴箱を基本サイズ（幅22×奥行35×高さ13㎝）とし、ブーツの箱は基本サイズの3個分と考えて寸法を決めていく。折畳み傘は一般に靴箱より長いが、収納に押し込みがちなので、吊るして収納できるようにする。

そのほかスリッパ・小物（靴磨き・防水スプレー・ボールペン・印鑑など）も玄関にしまっておきたい。それぞれの収納スペースを確保すると引出し、仕切、扉・蝶番などの要素・製作手間が増え、コストアップにつながる。バスケットなどを用いてまとめるほうが、メインの収納物である靴の増加などに対応しやすい。

感染症の影響により、最近では玄関周辺や玄関収納内の手洗いスペースを希望する建て主が多い。また防災対策やまとめ買い・宅配傾向によりダンボールごみが増え、玄関収納に求められる要素が増加しているため、生活習慣の変化やモノの増加に対応した工夫が求められる。

個室としての玄関収納

土足のままで出入りできる玄関脇の

4 玄関脇に玄関収納という個室をつくる

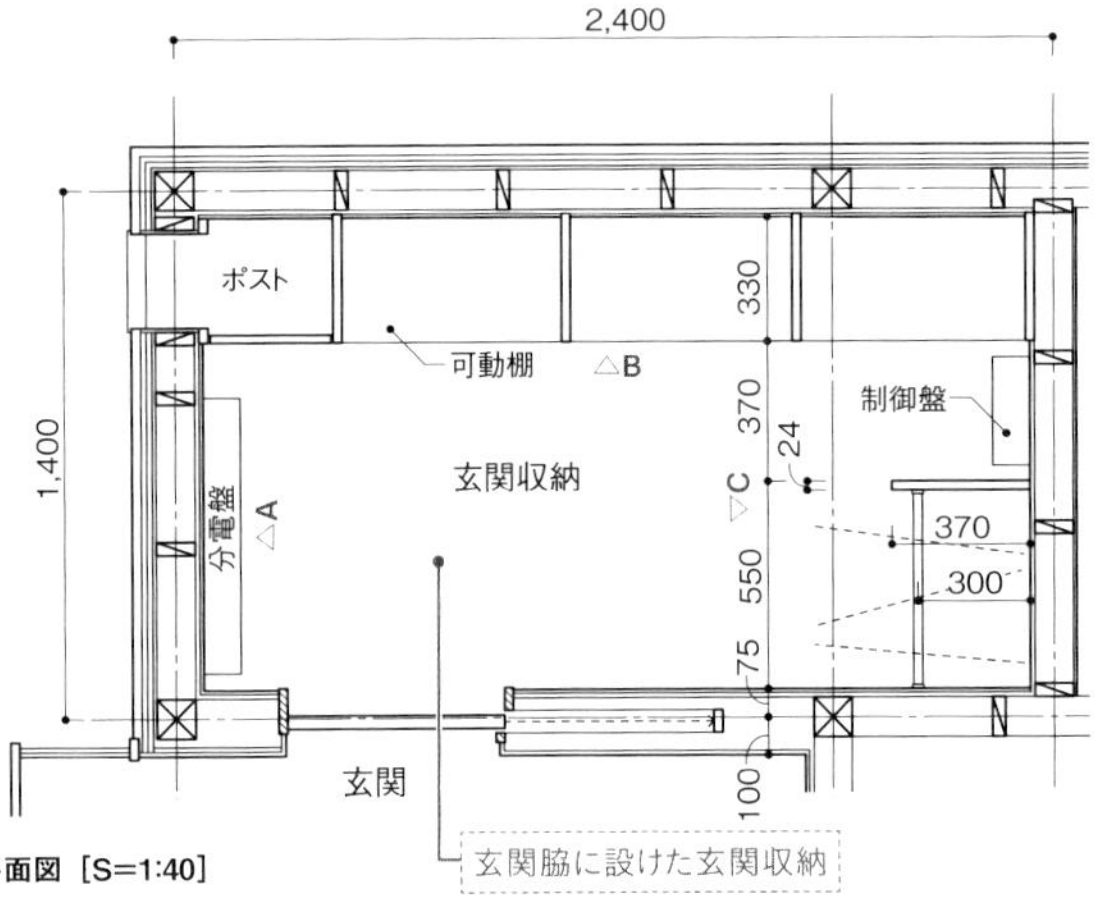
2,400
1,400
ポスト
可動棚
△B
330
370
24
制御盤
玄関収納
▽C
分電盤
△A
370
550
300
75
100
玄関
玄関脇に設けた玄関収納
平面図［S=1:40］

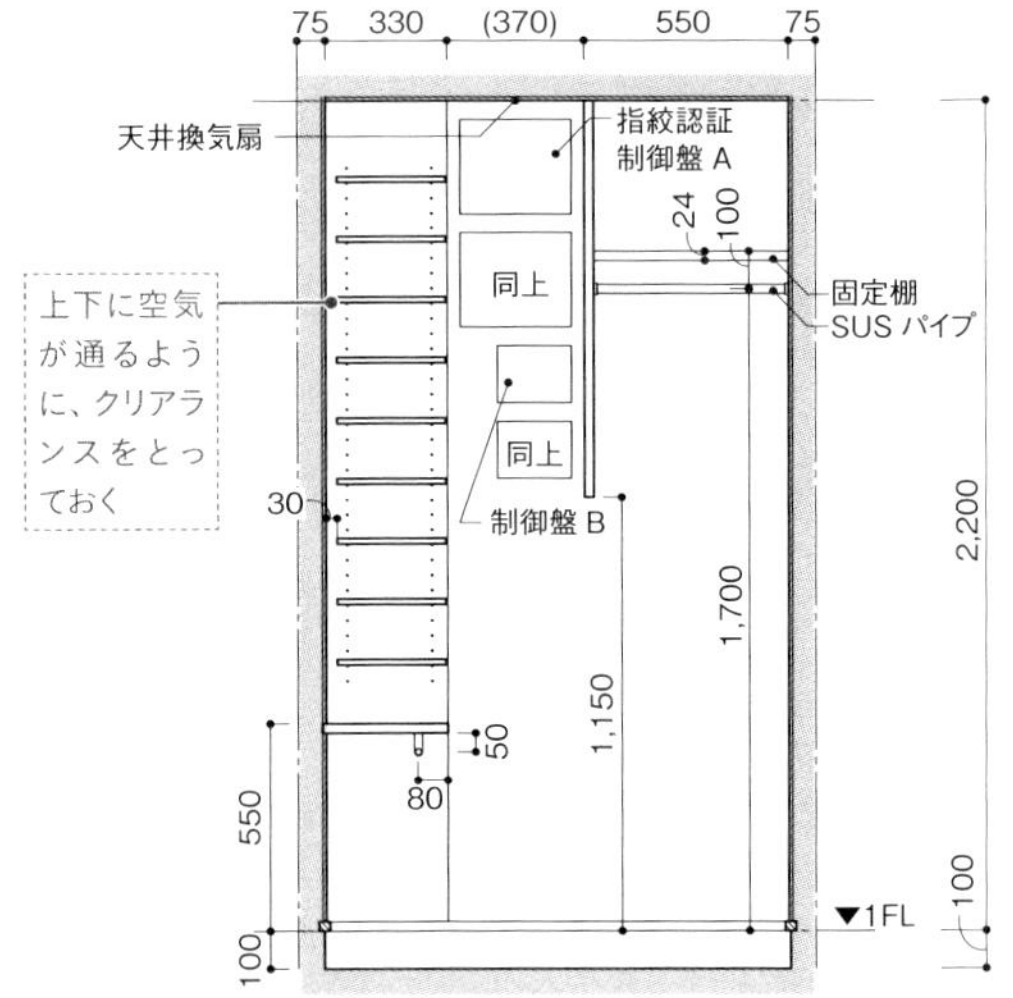
75 330 (370) 550 75
天井換気扇
指紋認証
制御盤 A
24
100
同上
固定棚
SUS パイプ
上下に空気が通るように、クリアランスをとっておく
同上
30
制御盤 B
2,200
1,700
1,150
50
80
550
100
▼1FL
100
C展開図［S=1:40］

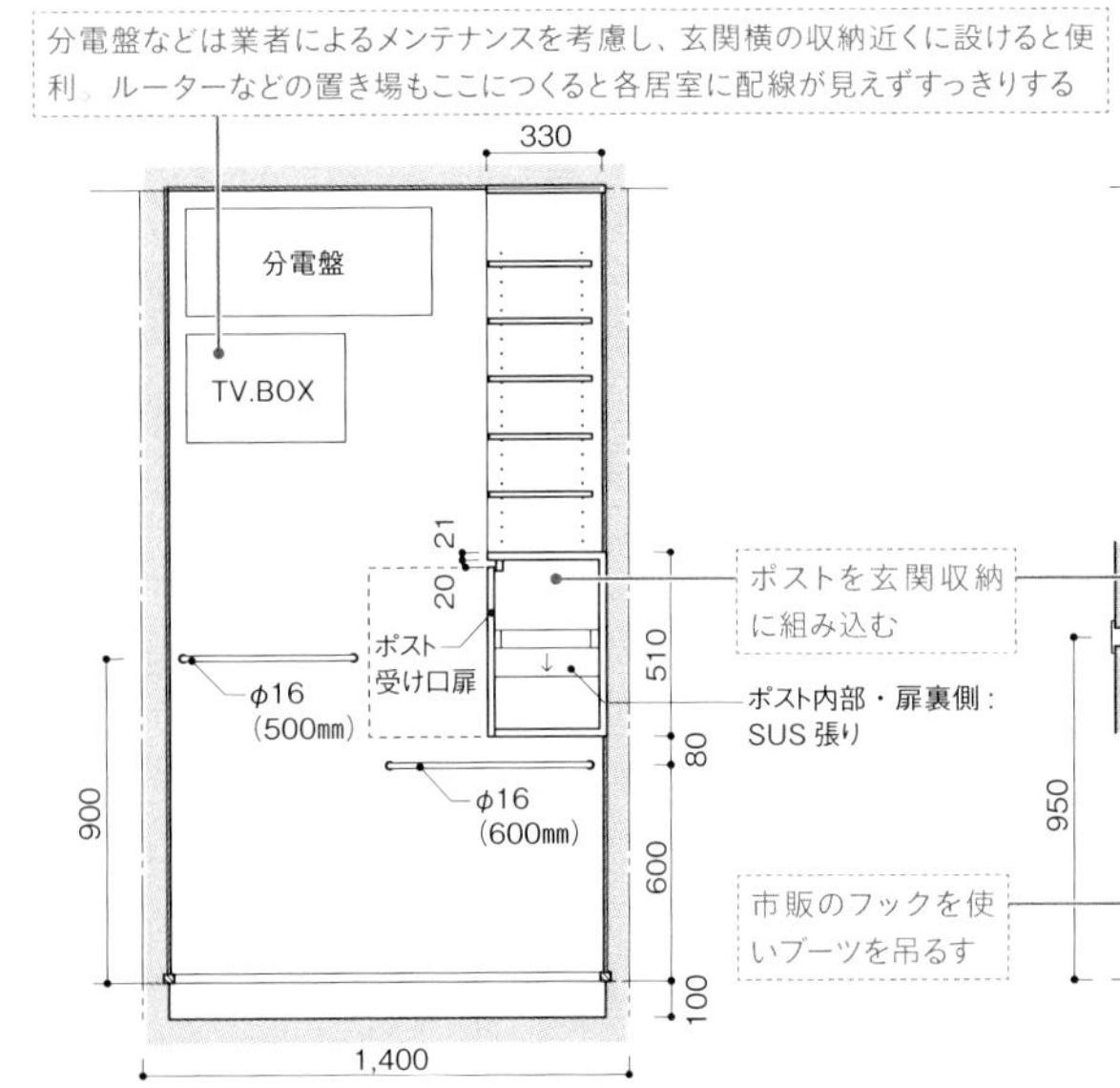
分電盤などは業者によるメンテナンスを考慮し、玄関横の収納近くに設けると便利。ルーターなどの置き場もここにつくると各居室に配線が見えずすっきりする
330
分電盤
TV.BOX
21
20
ポスト受け口扉
ポストを玄関収納に組み込む
510
ポスト内部・扉裏側：SUS 張り
φ16（500㎜）
80
φ16（600㎜）
900
600
100
市販のフックを使いブーツを吊るす
1,400
A展開図［S=1:40］

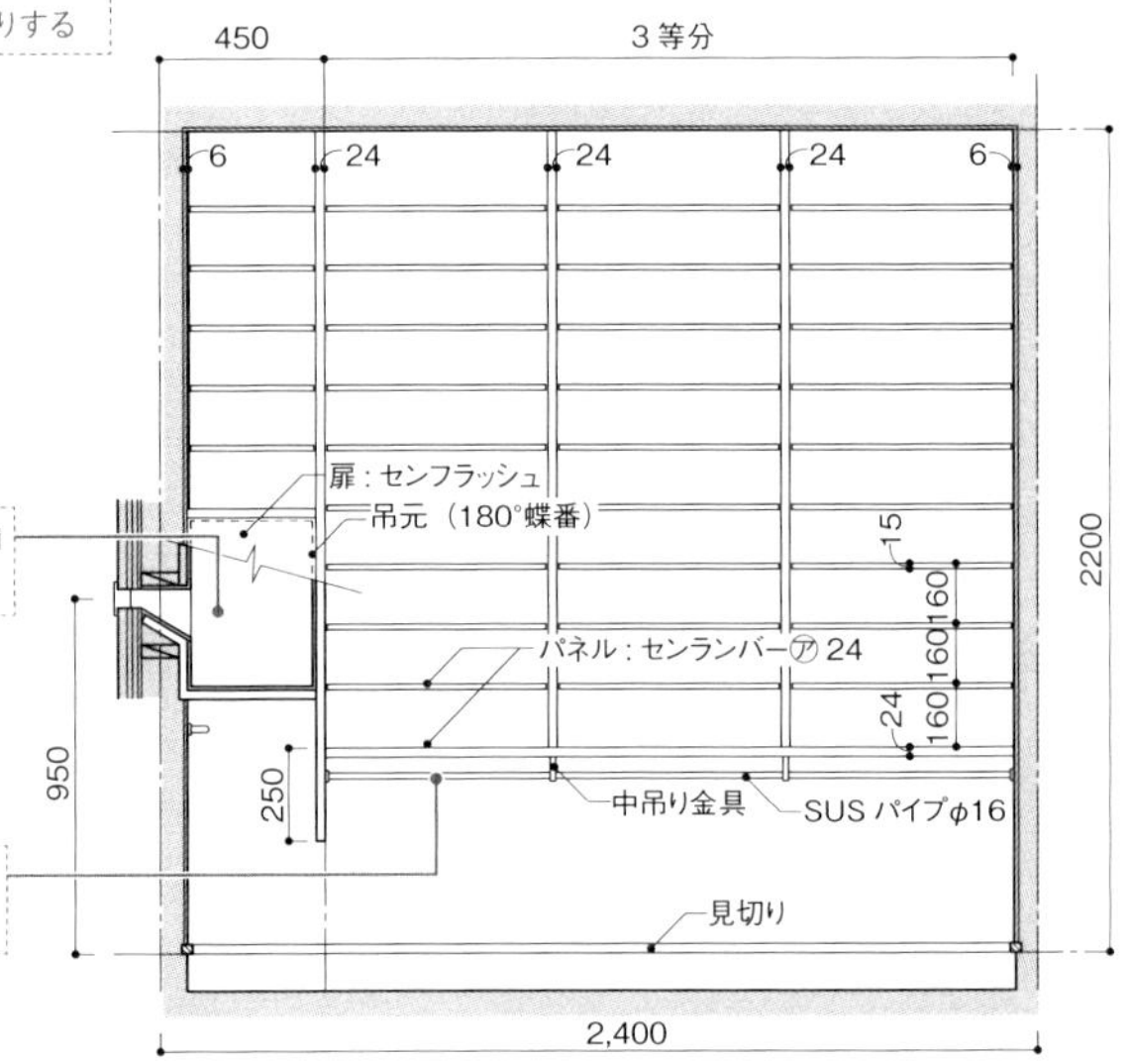
450
3 等分
6
24
24
24
6
扉：センフラッシュ
吊元（180°蝶番）
15
160
160
160
2200
パネル：センランバー㋐ 24
24
950
250
中吊り金具
SUS パイプφ16
見切り
2,400
B展開図［S=1:40］

個室収納は、シュークロークのほか納戸として多目的に使える［4］。靴や傘のほか、古新聞や季節品、アウトドアグッズや園芸用品まで、屋内外で使用するものを、棚やパイプを使って収納する。

小さなお子さんのいる世帯では、キャンプ用品やバギー置き場、そのほかゴルフバッグやペットグッズの収納を希望されることも多いので、ヒアリングが必須だ。

靴・傘・上着以外のものは形や大きさがさまざま。収納はざっくりとつくるほうが使いやすい。棚板は数枚で十分だ。ある程度の荷重を見込み、厚みは21㎜を基本に、スパンによって調整しておく。奥行きは大きめの段ボールが置けるように60㎝あれば十分だが、余裕がなければ、45㎝程度でもよい。通路幅は60㎝以上を目安に、家族の体型を考慮して決定する。なお、使用頻度とコストのバランスを考え、価格が手頃なシナを用いて、汚れ止めのクリアラッカーで仕上げれば十分である。

また、開口部や換気扇を設けるなどすれば、空気も流れやすい。個室収納には、湿気を生じさせない工夫もほしいところである。［齋藤文子］

5 玄関収納、ベンチ、開き戸を一体にデザインする

下足入れとベンチ、プライベートな空間に入る開き戸を、門型の大きなフレームで枠取った。一体的に設けた収納がデザイン性を高めている。玄関に必要な機能を集約させた収納家具を設けると、空間に一体感が生まれる。

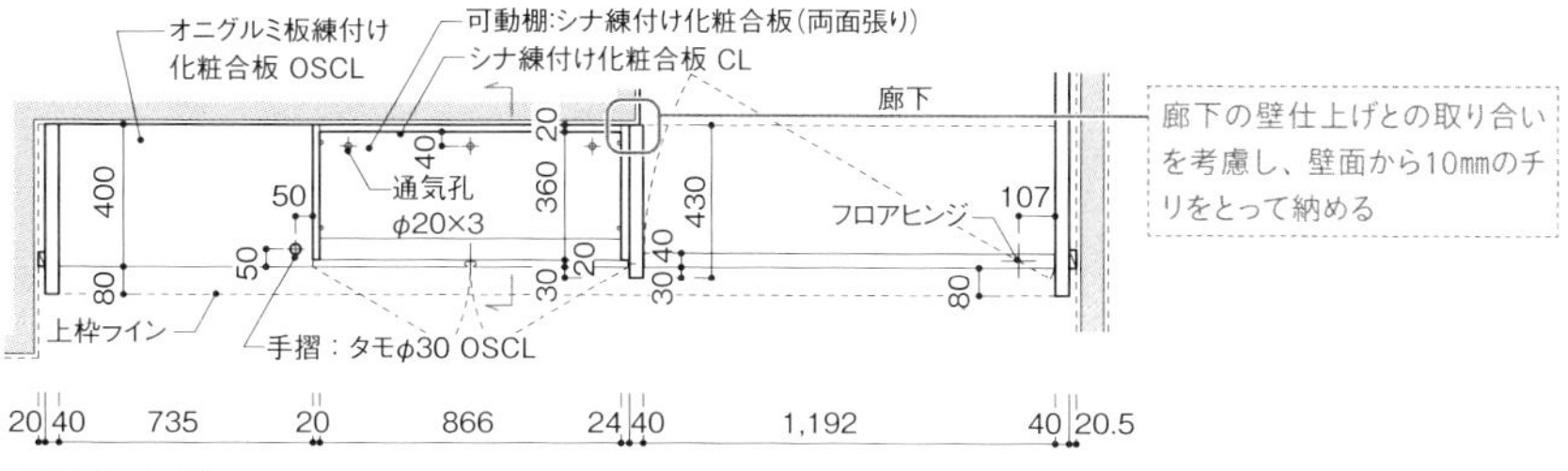

平面図[S=1:40]

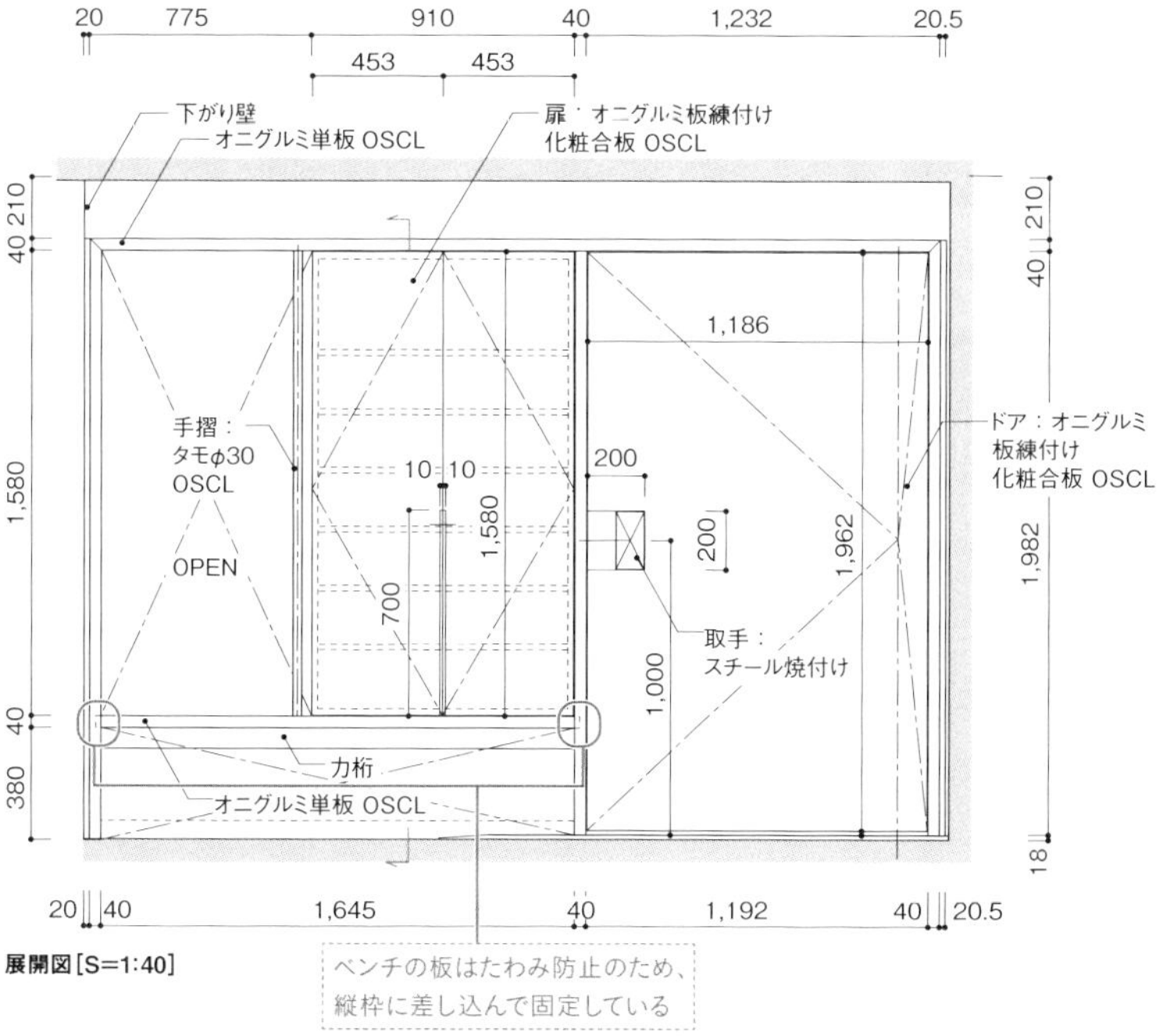

展開図[S=1:40]

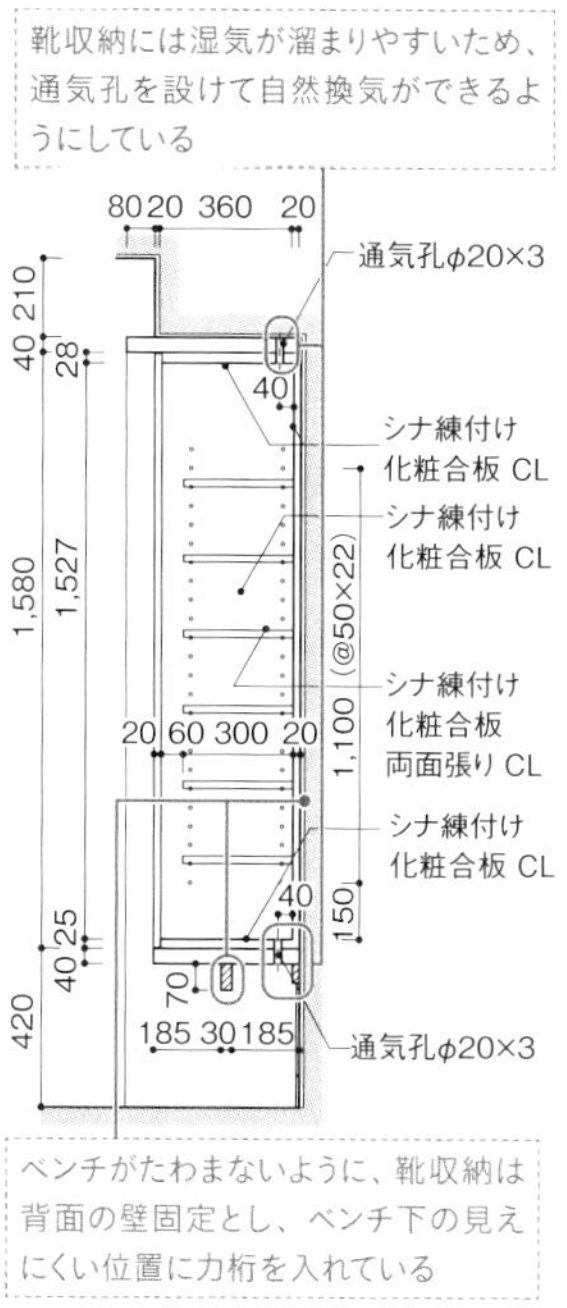

断面図[S=1:40]

フレームが浮き出して見えるように設計している

扉を開け放すと、廊下の壁面と扉面が面一となる

5 白金台S邸、設計:カガミ建築計画、写真:各務謙司

6 カウンター型の下足入れで玄関を広く見せる

玄関スペースをあまり広くとれない場合、狭く見えないようにカウンター型の下足入れにすると有効だ。郵便受けを兼ねた天井までの小物収納を建物の隅に設け、残りの壁面はカウンター型の収納とし、上部を窓にすると狭さを感じさせない。

左：収納の天板を50㎜浮かして設置しているため、通気孔が目立たない
右：郵便受けを開けた状態

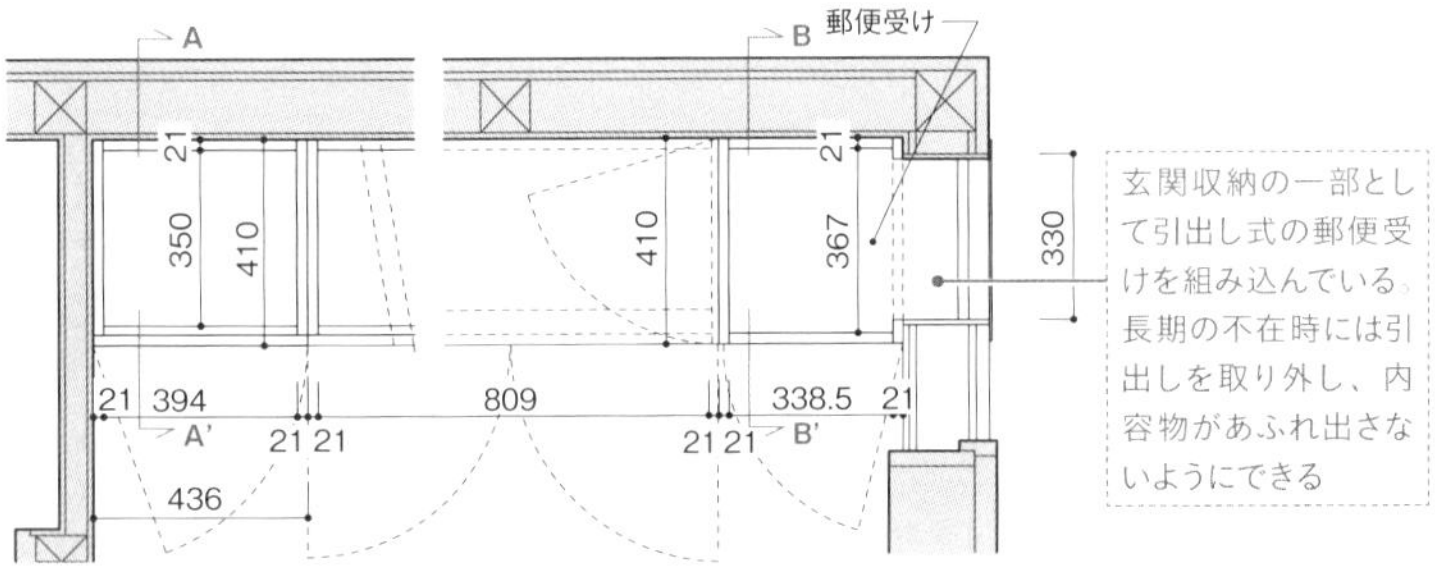

A
B
郵便受け
21
350
410
410
367
330
21 394
809
338.5 21
A'
21 21
21 21
B'
436
玄関収納の一部として引出し式の郵便受けを組み込んでいる。長期の不在時には引出しを取り外し、内容物があふれ出さないようにできる

平面詳細図［S=1:30］

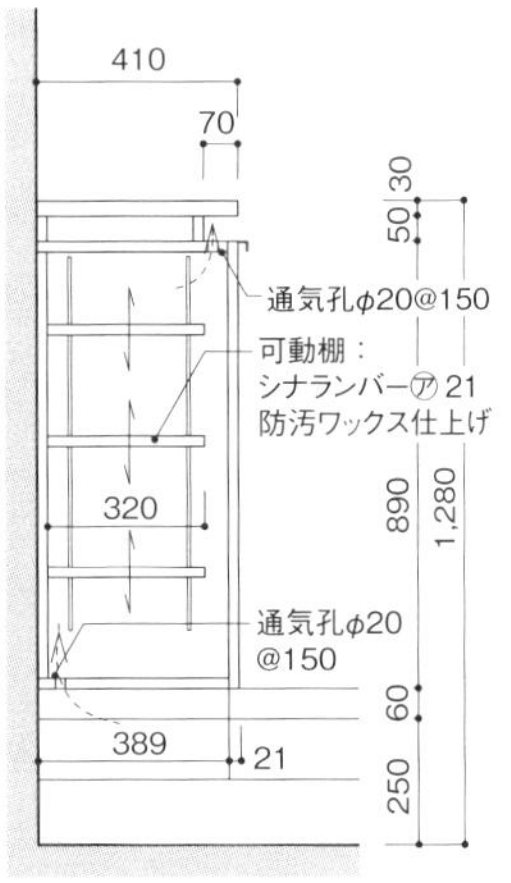

410
70
30
50
通気孔φ20@150
可動棚：
シナランバー㋐21
防汚ワックス仕上げ
320
890
1,280
通気孔φ20
@150
60
389
21
250

A-A'断面詳細図［S=1:30］

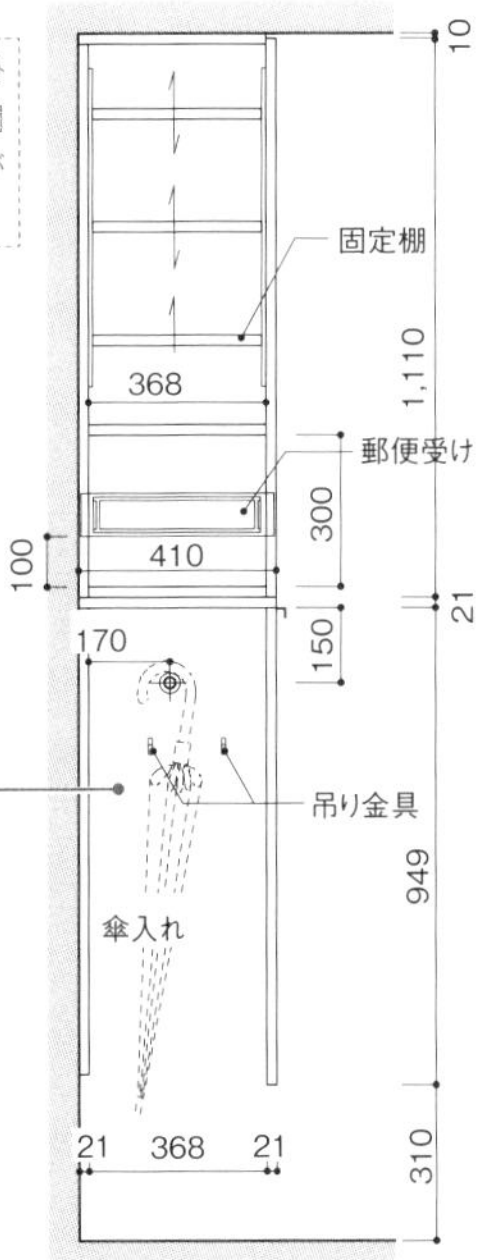

パイプを設置した傘掛け収納は、下部を開放しているので湿気が溜まらない
10
固定棚
368
1,110
郵便受け
100
410
300
21
170
150
吊り金具
949
傘入れ
21 368 21
310

B-B'断面詳細図［S=1:30］

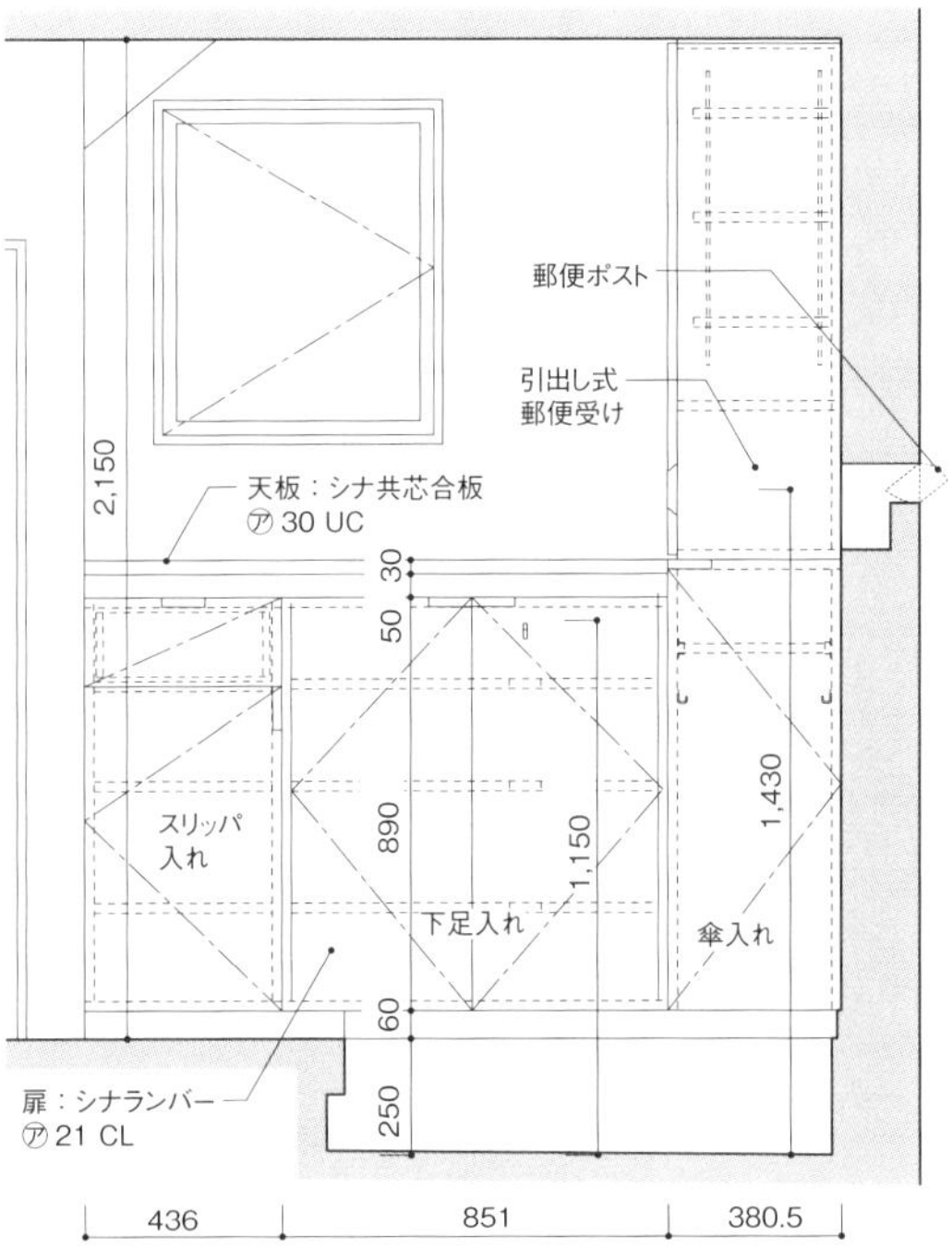

郵便ポスト
引出し式
郵便受け
2,150
天板：シナ共芯合板
㋐30 UC
30
50
890
1,150
1,430
スリッパ
入れ
下足入れ
傘入れ
60
扉：シナランバー
㋐21 CL
250
436
851
380.5

展開図［S=1:30］

6 藤が丘S邸、設計：カガミ建築計画、写真：各務謙司

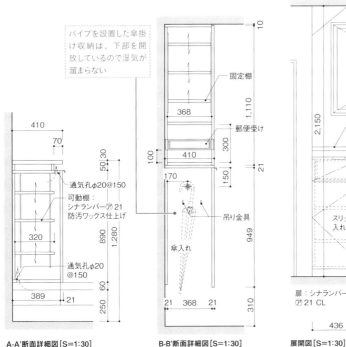

7 コンパクトにシュークロークを設ける方法

玄関と脱衣室の間にウォークスルー型のシュークロークを設けると、靴・コート類だけでなく、日用品や脱衣室にかかわる物品用の収納と兼用でき、狭小住宅の窮屈さを緩和できる。玄関ホール側の表動線とシュークローク内の裏動線により、玄関廻りに回遊性がうまれて利便性も向上する。

左：玄関側よりシュークローク内を見る。引戸を開け放しにすれば、洗面室と一体的に使用できる
右：玄関側に収納扉がないため、すっきりとした印象の玄関ホール。飾り棚としてニッチを設けた

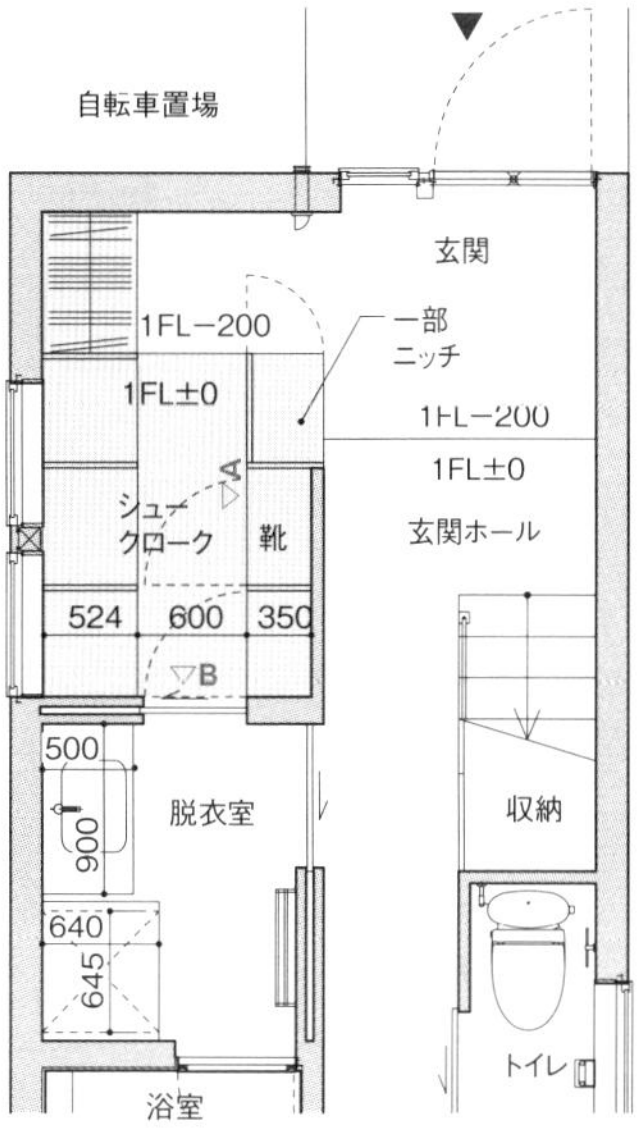

平面図［S=1:80］

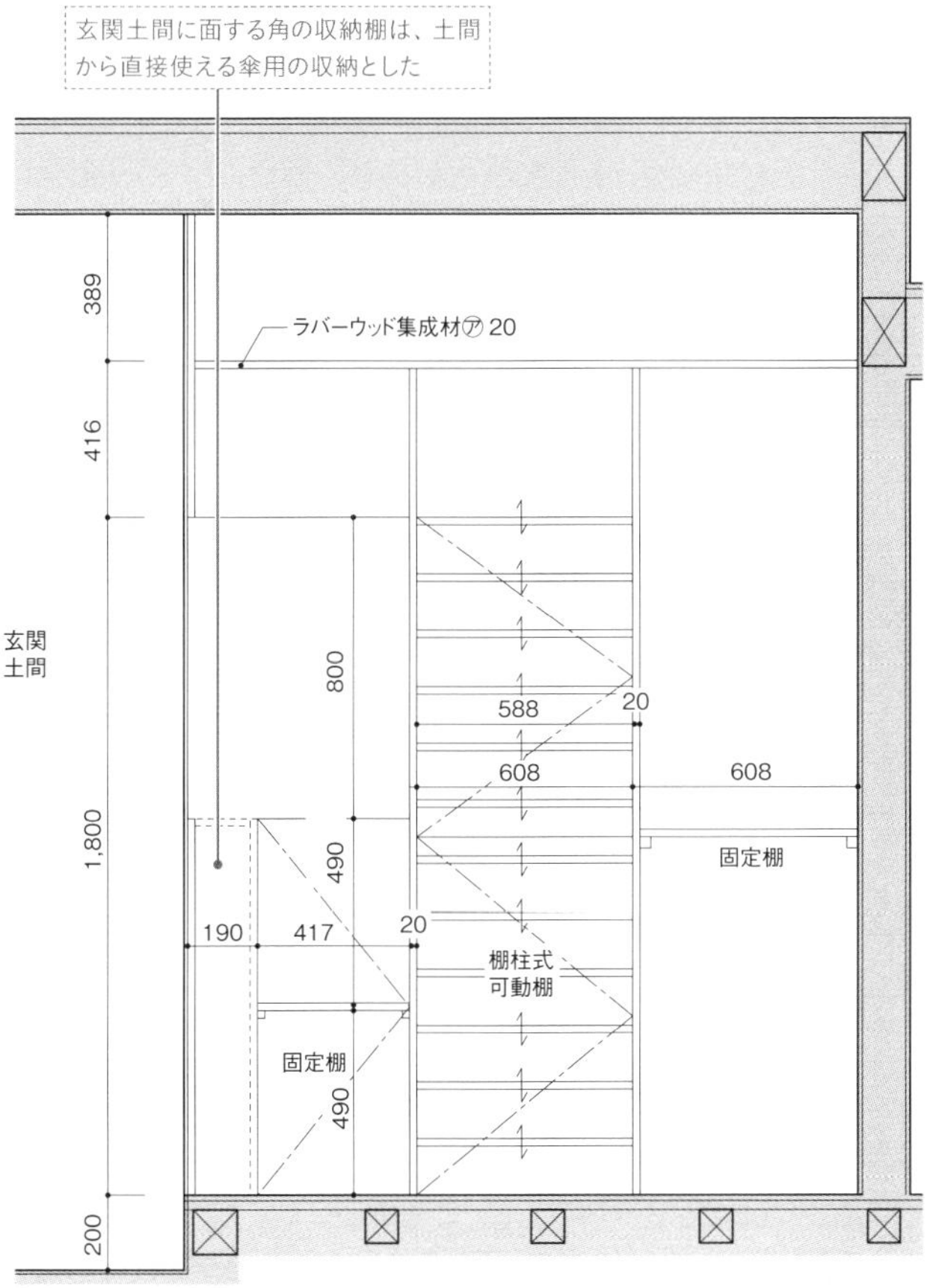

A展開図［S=1:30］

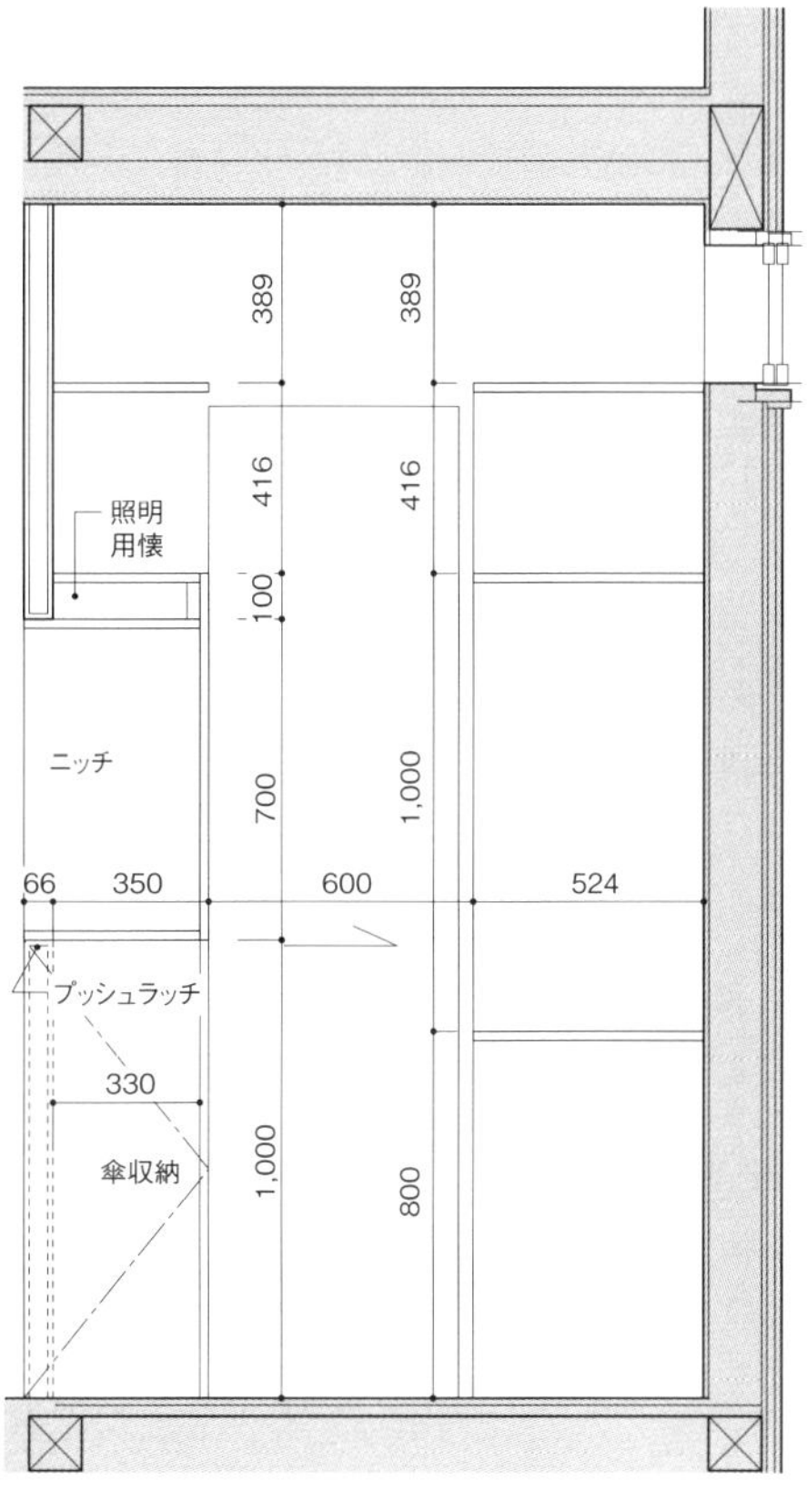

B展開図［S=1:30］

7 高輪M邸、設計・写真：i+i設計事務所

1 シンプルなテレビボードをつくる

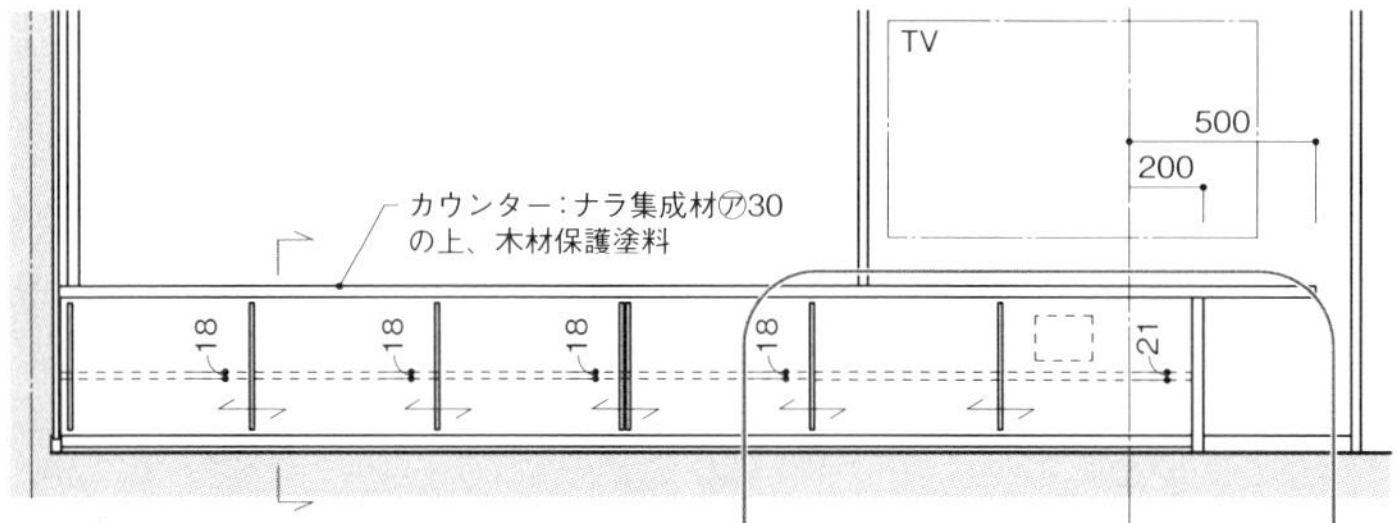
TV
500
200
カウンター：ナラ集成材⑦30
の上、木材保護塗料
18
18
18
18
21

姿図［S=1:40］

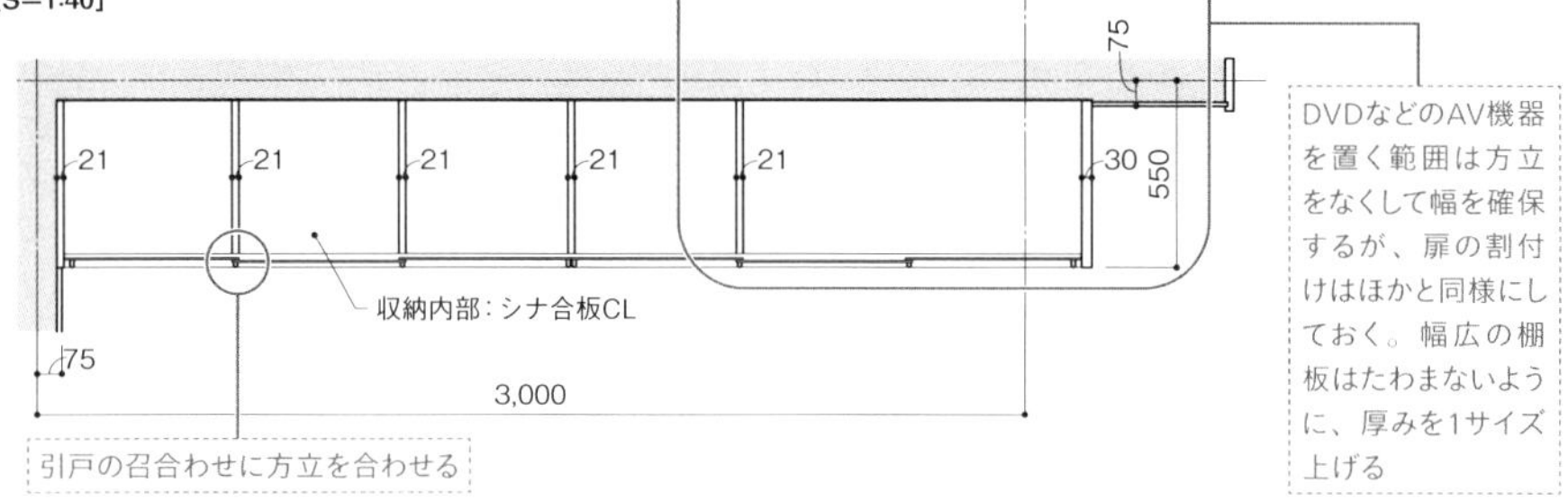
75
21
21
21
21
21
30
550
収納内部：シナ合板CL
75
3,000
引戸の召合わせに方立を合わせる
DVDなどのAV機器を置く範囲は方立をなくして幅を確保するが、扉の割付けはほかと同様にしておく。幅広の棚板はたわまないように、厚みを1サイズ上げる

平面図［S=1:40］

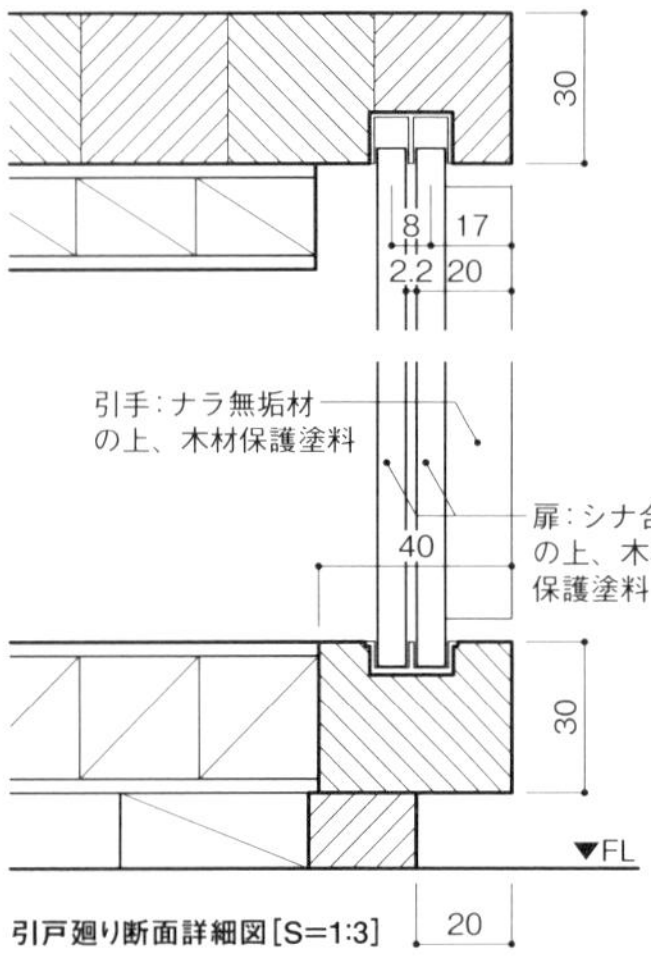
30
8
17
2.2
20
引手：ナラ無垢材
の上、木材保護塗料
扉：シナ合板
の上、木材
保護塗料
40
30
▼FL
20

引戸廻り断面詳細図［S=1:3］

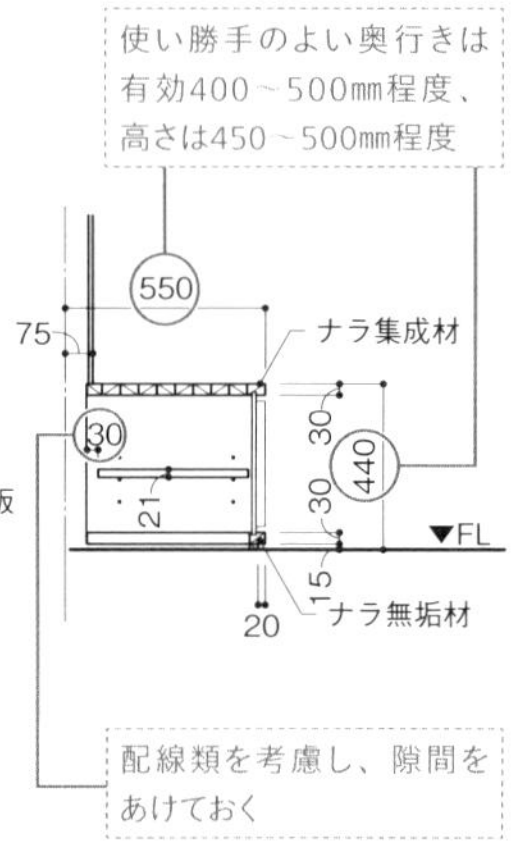
使い勝手のよい奥行きは
有効400～500㎜程度、
高さは450～500㎜程度
550
75
ナラ集成材
30
30
440
21
30
▼FL
15
20
ナラ無垢材
配線類を考慮し、隙間を
あけておく

断面図［S=1:40］

可変性を考慮し、家具をつくり込まない

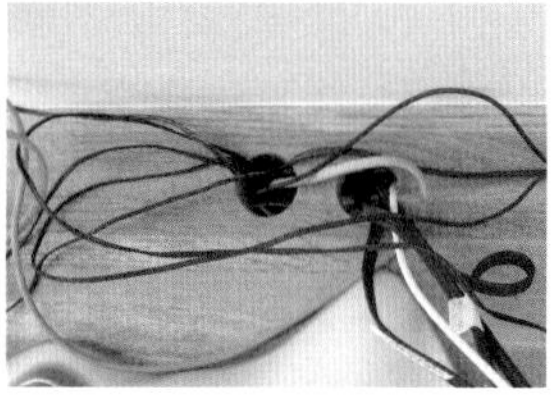

カウンターに設けたケーブル用の孔

ソファやダイニングテーブル、キッチンのそれぞれから違和感なく観られるよう、テレビの位置を決めるのはなかなか難しい。

テレビと壁は、テレビの背面や配線を隠すためにもセットで考える。居間の壁は開口部のほか一定量を余白として残しておきたいので、居間に必要な収納は、テレビボードと一緒にまとめるとよい［1、2、❶］。

一般的に、テレビボードにはチューナー類やプレーヤー、ゲーム機器のほか、各機器の保証書、アルバムなど家族が共用するものを収納することが多い。収納物は形や種類が明確でなく、系統立てることが難しいので、さまざまなサイズに対応できる「つくり込まない」家具づくりがお勧めである。チューナー類を収納内部にしまう場合、テレビとつなぐケーブルを通すためカウンターに孔をあけておく。複数のケーブルがまとまるとかなりのボリュームがでるため、チューナー本体にぴったり合わせたサイズで計画すると配線が納まりきらなくなるので注意

写真提供：ブライシュティフト

2 居間に必要な収納をまとめる

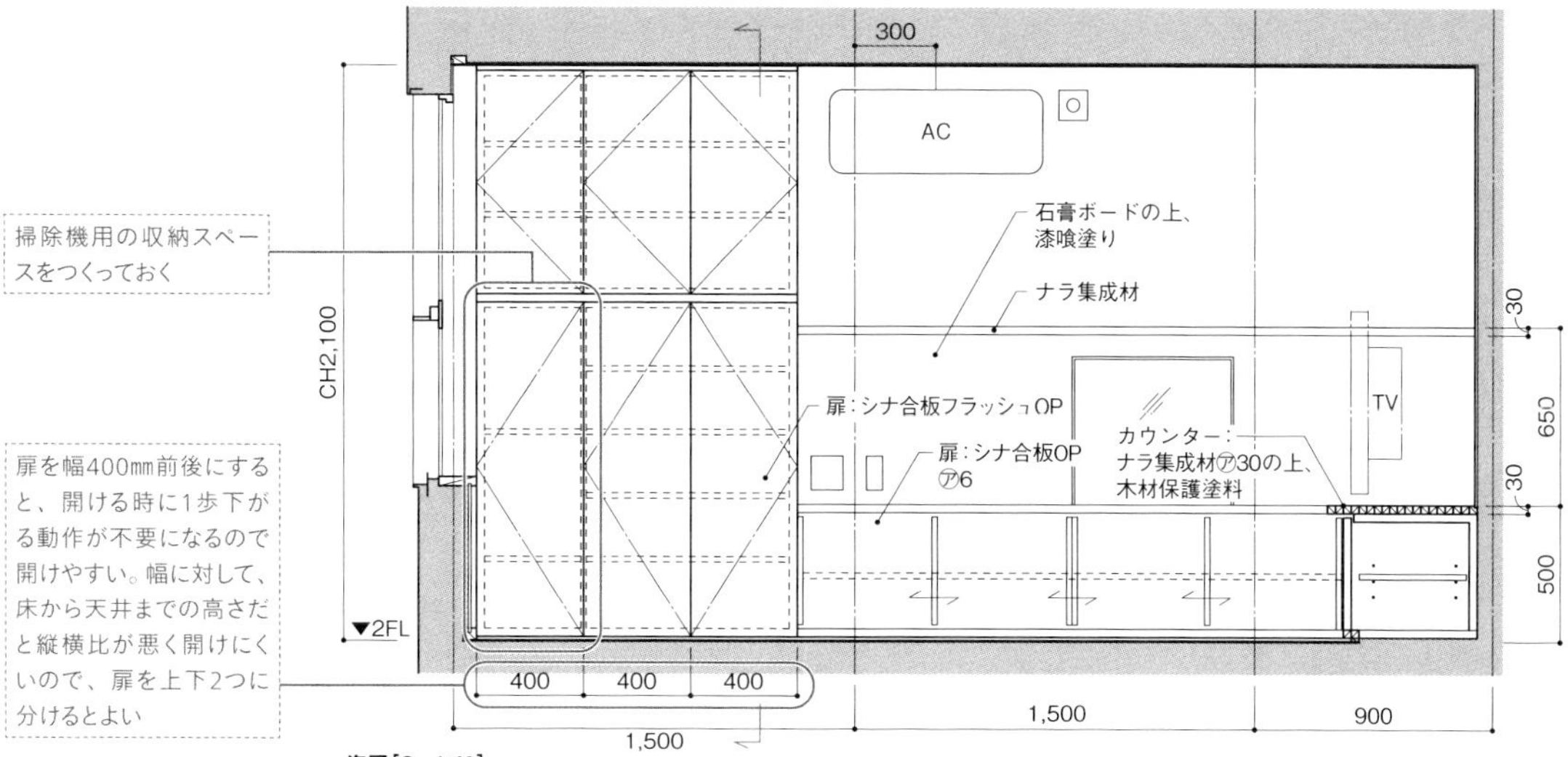

300
AC
石膏ボードの上、漆喰塗り
ナラ集成材
掃除機用の収納スペースをつくっておく
CH2,100
扉：シナ合板フラッシュOP
扉：シナ合板OP ㋐6
カウンター：ナラ集成材㋐30の上、木材保護塗料
TV
30
650
30
500
扉を幅400mm前後にすると、開ける時に1歩下がる動作が不要になるので開けやすい。幅に対して、床から天井までの高さだと縦横比が悪く開けにくいので、扉を上下2つに分けるとよい
▼2FL
400
400
400
1,500
1,500
900

姿図［S=1:40］

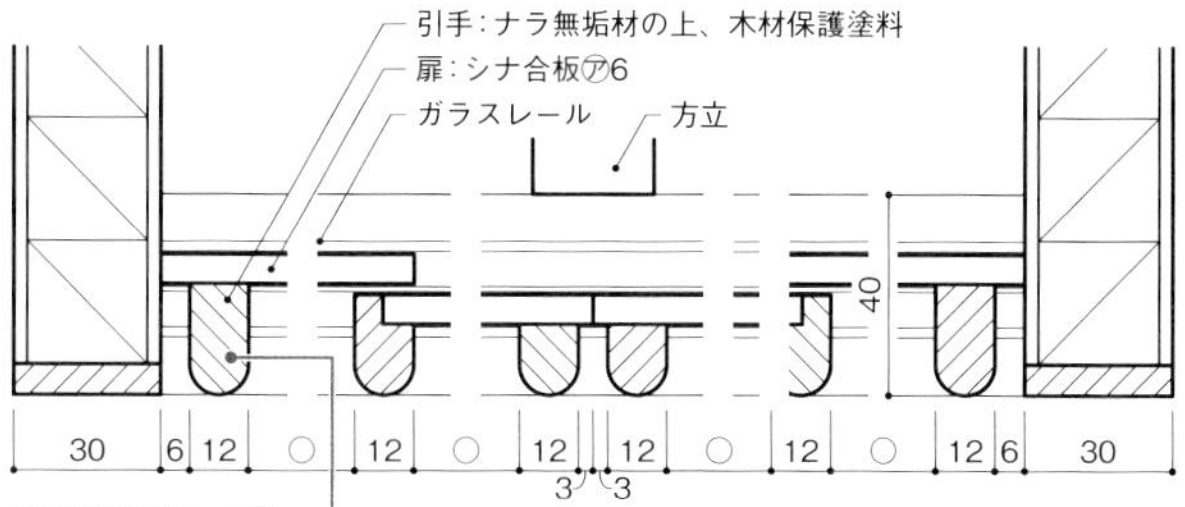

引手：ナラ無垢材の上、木材保護塗料
扉：シナ合板㋐6
ガラスレール
方立
40
30
6
12
12
12
12
12
12
6
30
3
3

引手詳細図［S=1:3］

力が掛かり、小口が見える引手には、無垢材を使用。側板の小口と材質をそろえれば、家具としてのまとまり感が生まれる

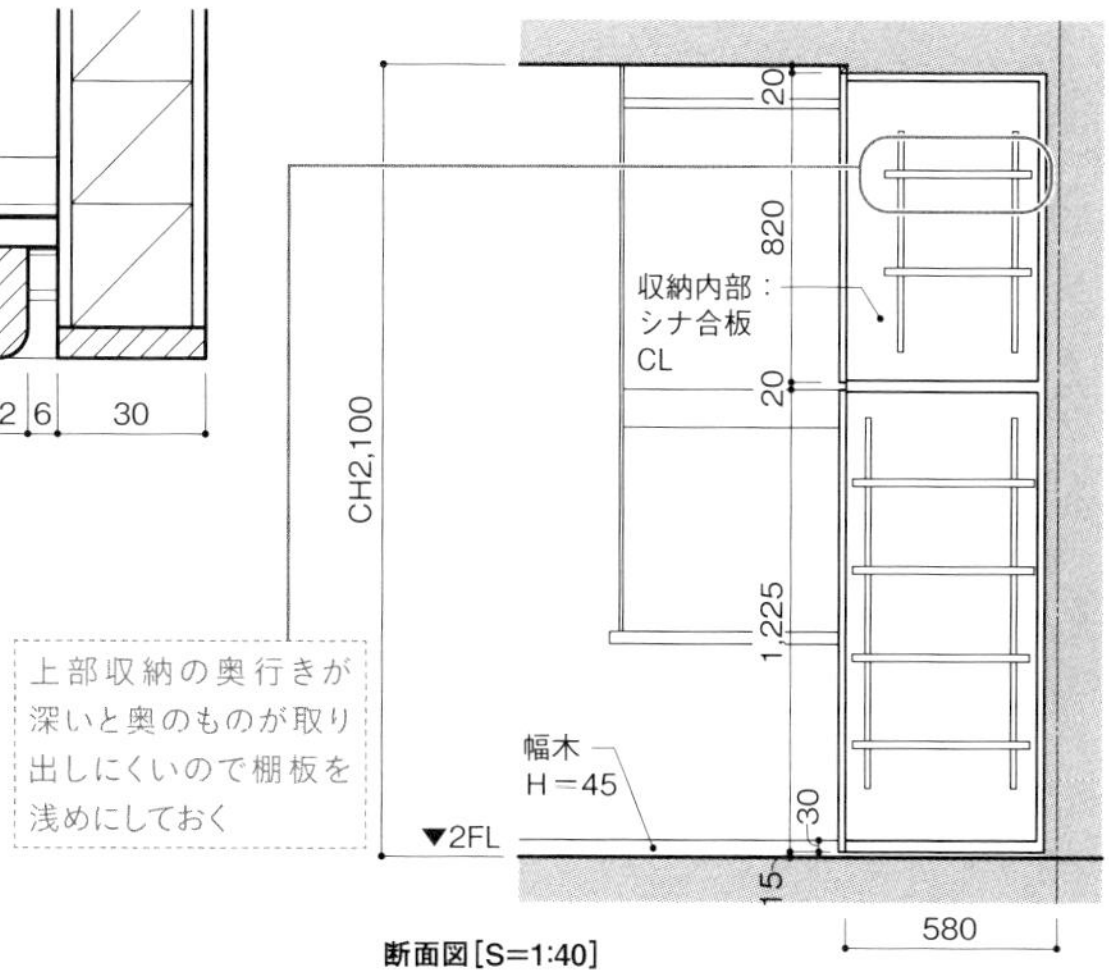

20
820
収納内部：シナ合板CL
20
CH2,100
1,225
上部収納の奥行きが深いと奥のものが取り出しにくいので棚板を浅めにしておく
幅木 H＝45
30
▼2FL
15
580

断面図［S=1:40］

が必要だ。

　また、家電類を扉で隠しつつ、それらをリモコンで操作するには、収納扉にネット状のものやアクリル板などの半透明の面材を使うとよい。ただし、閉め切った収納のなかで機器を稼働させると熱がこもるので、ガラリや背面に排気孔をあけるなど熱気を逃がす工夫をしておく。意匠上、扉の面材に木質系材料を使う場合は、引戸にしておけば、少し開けた状態でリモコンを使える。引戸の場合、召合わせの裏側に物を置くと使いにくいので、収納物の幅を考慮したうえで方立の位置を決め、それに引戸の召合わせを合わせる。

　大型テレビを壁付けするケースが増える一方で、若い世代は特に、テレビを置かずにプロジェクターとスクリーン（壁に映す場合も）を設置する家庭が増えているので、注意と配慮が求められる。［齋藤文子］

❶工種を選ぶ

	居間の収納
家具工事	○
大工工事	△
理由	内部仕上げはシナ合板など木質系でよいので大工工事でも施工可能。引出しや複雑な納まりがある場合は家具工事で見積もる

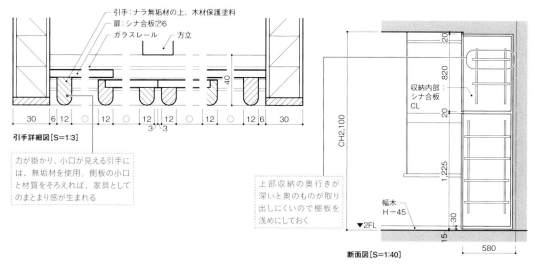

3 背の低い収納家具でリビングをコの字型に囲う

さまざまな家具が配置されるリビングに統一感をもたせたいならば、テレビボード、収納、ソファなどの家具を一体でつくるとよい。背の低いキャビネットとソファで部屋全体をコの字形に囲めば、落ち着きのあるリビングとなる。

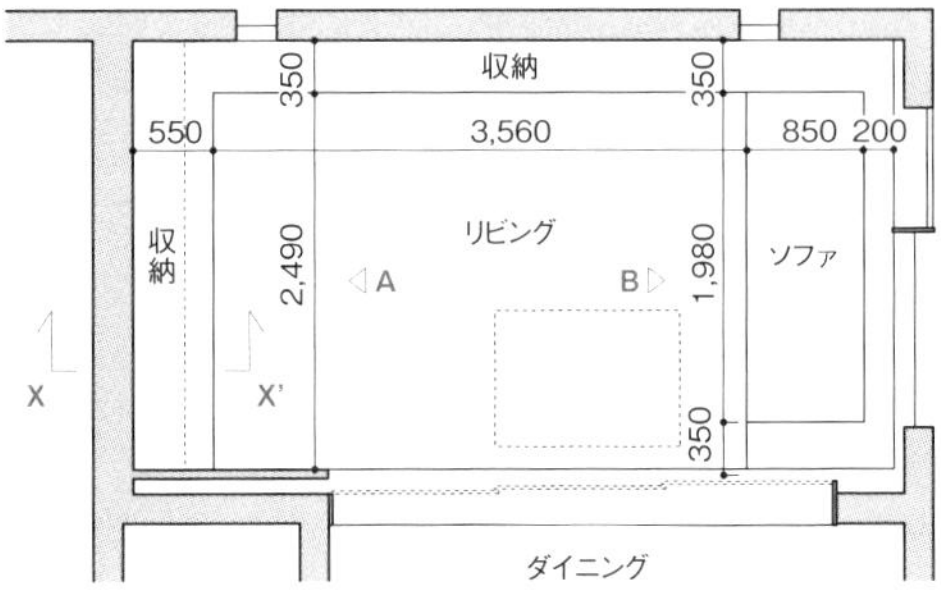

収納
350
350
550
3,560
850 200
収納
リビング
ソファ
2,490
1,980
◁A
B▷
X
X'
350
ダイニング

平面図[S=1:100]

ソファ側から見る。この面のみ吊り戸棚を設置し、エアコンを隠して収納している。コーナー部の天板は、留め加工とすることで連続感を出した

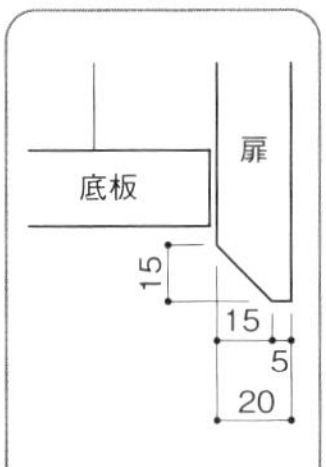

底板
扉
15
15
5
20

小口詳細図[S=1:4]

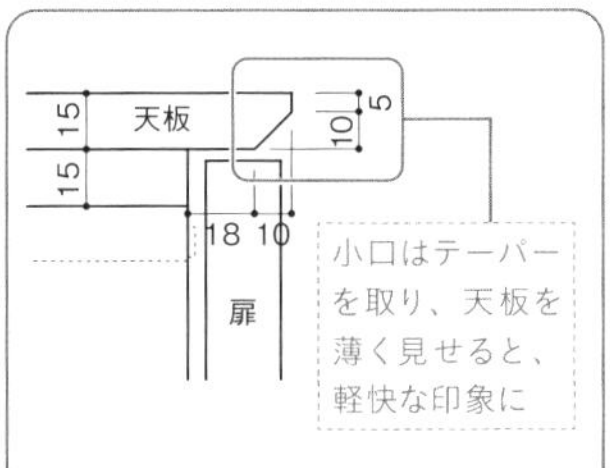

天板
15
15
5
10
18 10
扉
小口はテーパーを取り、天板を薄く見せると、軽快な印象に

小口詳細図[S=1:4]

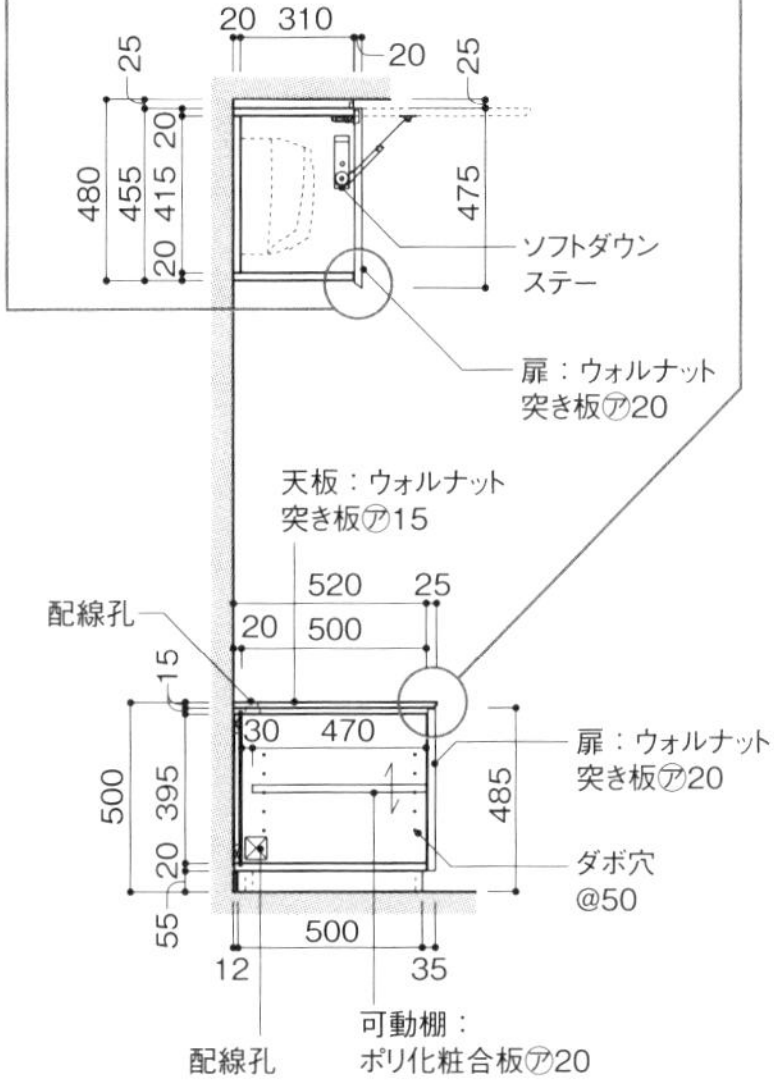

20 310
20
25
25
480 455 415 20
20
475
ソフトダウンステー
扉：ウォルナット突き板㋐20
天板：ウォルナット突き板㋐15
配線孔
520 25
20 500
15
30 470
500 395
20
55
485
扉：ウォルナット突き板㋐20
ダボ穴@50
500
12 35
可動棚：ポリ化粧合板㋐20
配線孔

X-X'断面詳細図[S=1:40]

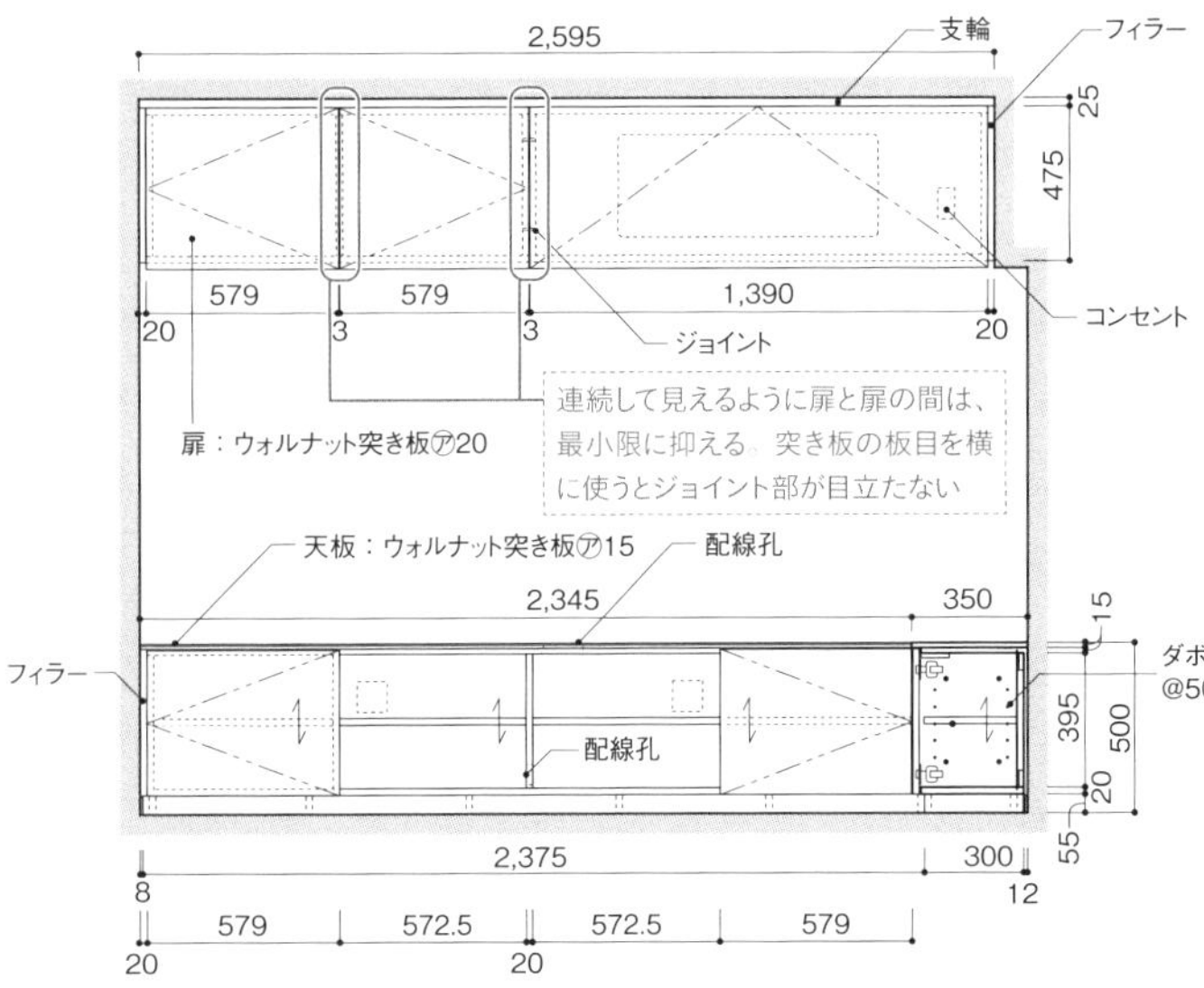

2,595
支輪
フィラー
25
475
579 579 1,390
20 3 3 20
ジョイント
コンセント
扉：ウォルナット突き板㋐20
連続して見えるように扉と扉の間は、最小限に抑える。突き板の板目を横に使うとジョイント部が目立たない
天板：ウォルナット突き板㋐15
配線孔
2,345
350
15
フィラー
ダボ穴@50
395
500
配線孔
20
55
2,375
300
8
12
579 572.5 572.5 579
20 20

A展開図[S=1:40]

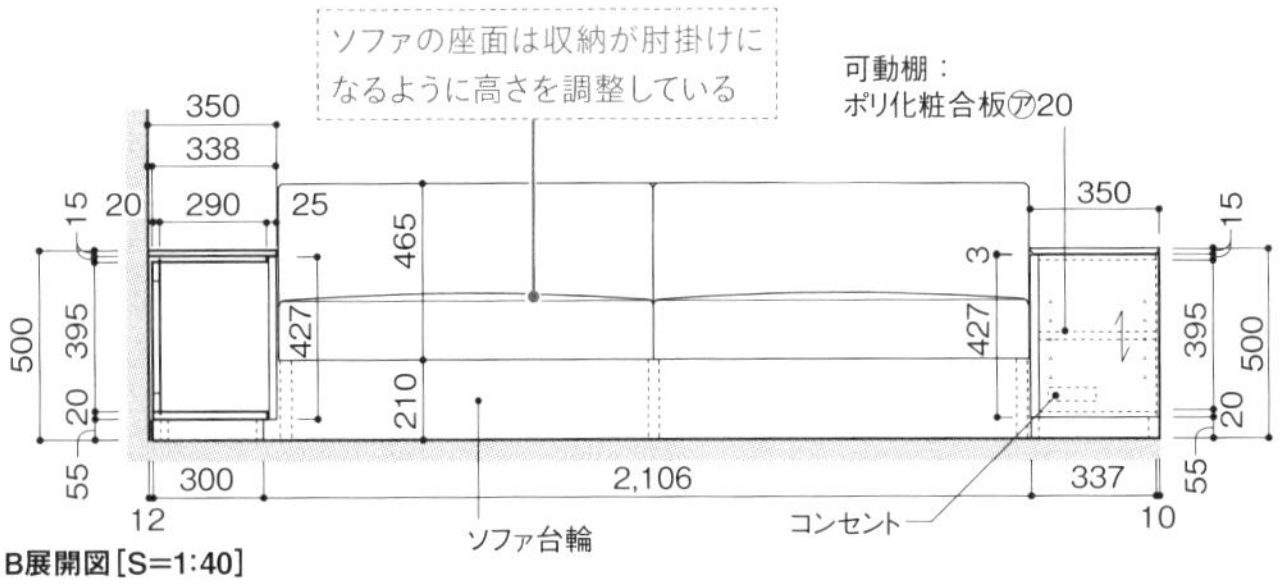

ソファの座面は収納が肘掛けになるように高さを調整している
可動棚：ポリ化粧合板㋐20
350
338
20 290 25
350
15
465
3
500 395
427
427
395 500
210
20
20
55
300 2,106 337
55
12
10
ソファ台輪
コンセント

B展開図[S=1:40]

ソファ部を見る。高さを抑えた、落ち着いた雰囲気のリビング

3 A邸リノベーション、設計：直井建築設計事務所、家具製作：TIME & STYLE

4 リビングと玄関を区切るリビング収納

リビングと玄関を一体に設けると空間を広く利用できる一方、プライバシーは確保しにくい。リビングと玄関の間に視線を遮る収納棚を設けることで、空間の広がりを保ちつつ、適度な独立性を生むことができる。

リビング側から見る。半透明のポリカーボネート板が収納の圧迫感を弱めている

玄関側では飾り棚として使用する

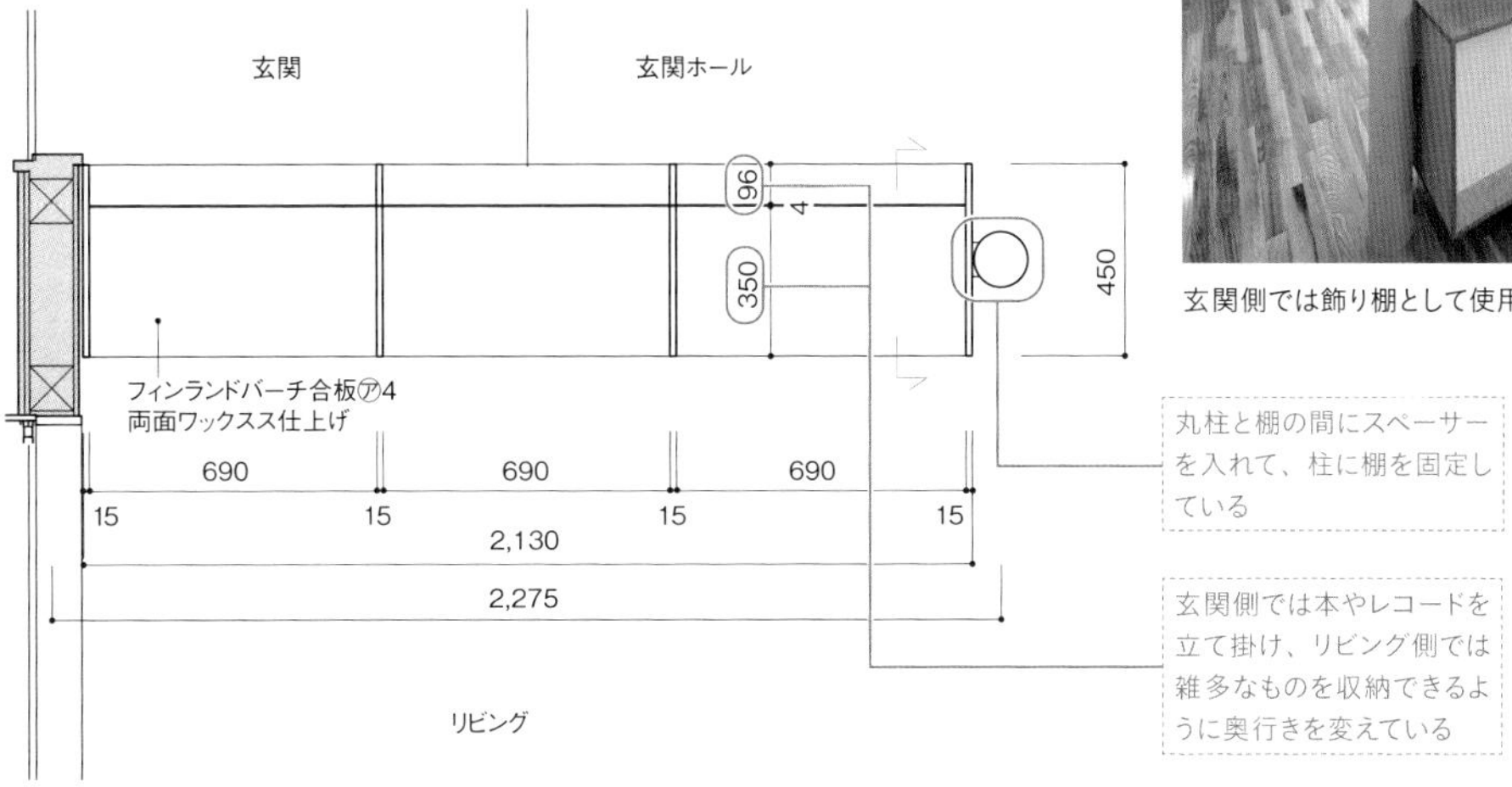

玄関
玄関ホール
196
4
350
450
フィンランドバーチ合板㋐4
両面ワックスス仕上げ
690
690
690
15
15
15
15
2,130
2,275
リビング
丸柱と棚の間にスペーサーを入れて、柱に棚を固定している
玄関側では本やレコードを立て掛け、リビング側では雑多なものを収納できるように奥行きを変えている

平面詳細図[S=1:30]

扉・側板・背板・棚板：
フィンランドバーチ合板ワックス仕上げ

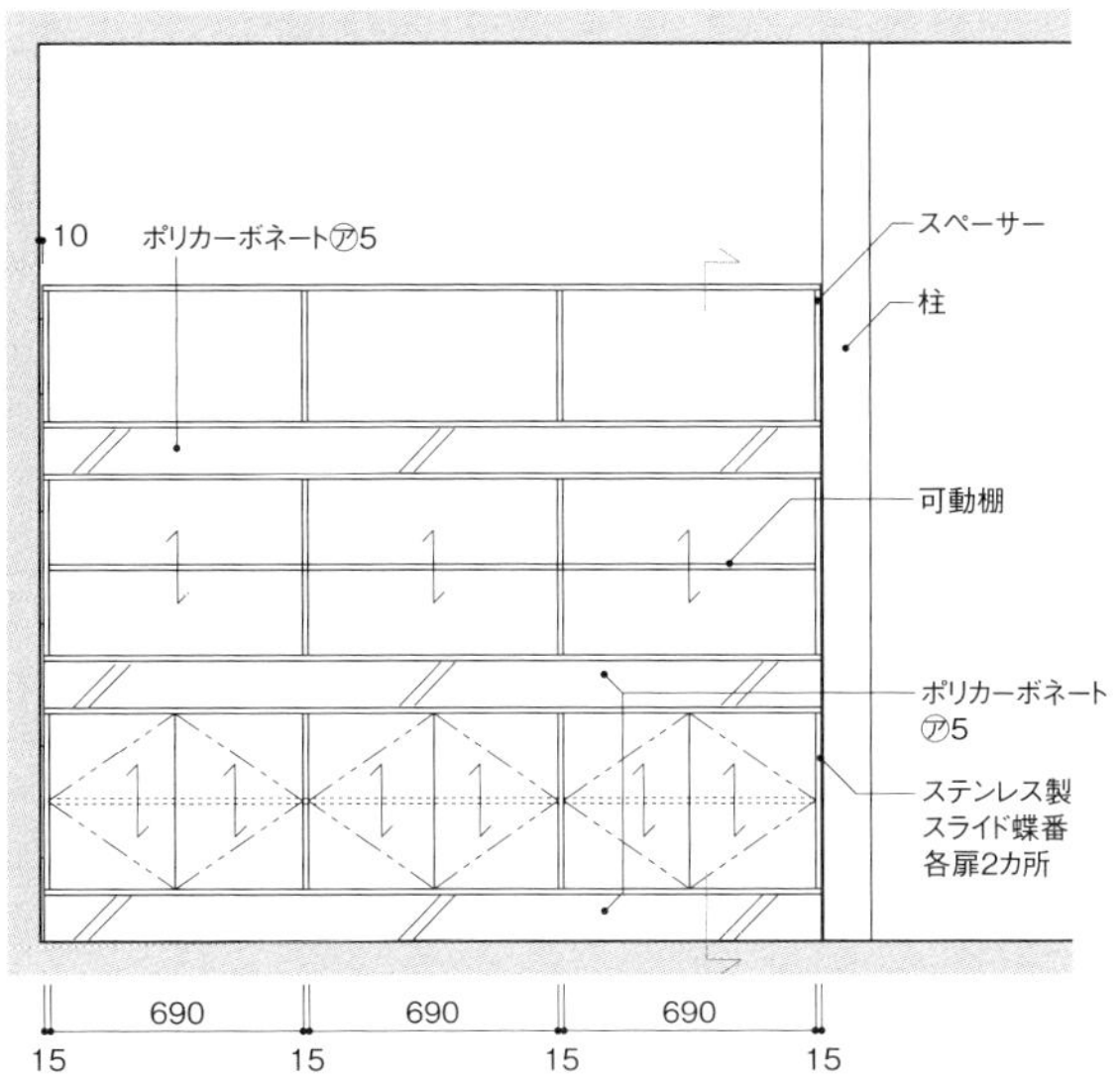

10
ポリカーボネート㋐5
スペーサー
柱
可動棚
ポリカーボネート
㋐5
ステンレス製
スライド蝶番
各扉2カ所
690
690
690
15
15
15
15

リビング側姿図[S=1:40]

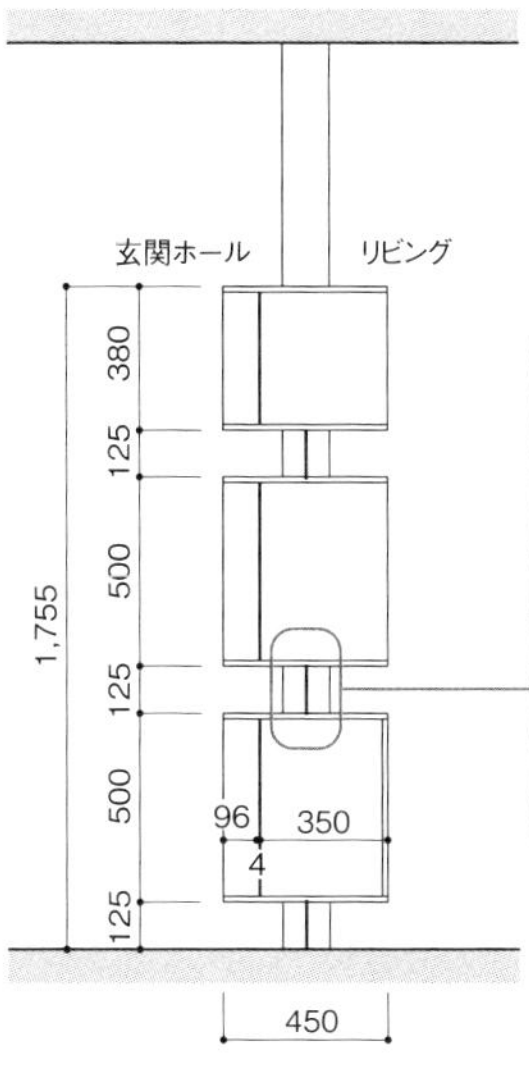

玄関ホール
リビング
380
125
500
125
500
125
1,755
96
4
350
450

断面詳細図[S=1:40]

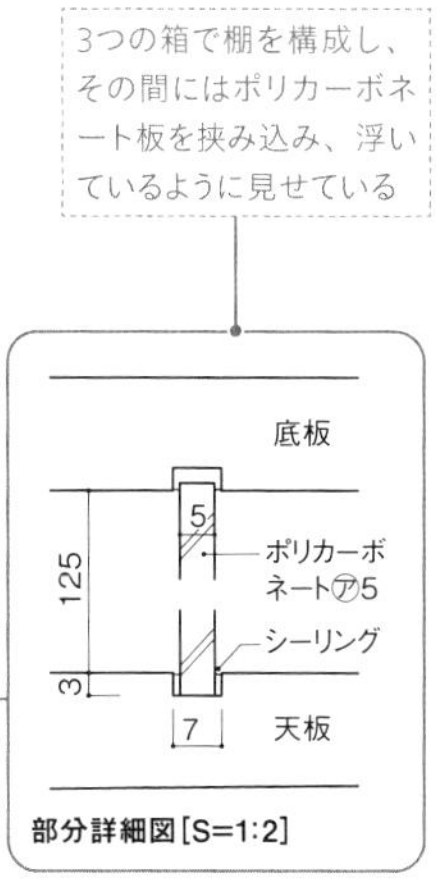

3つの箱で棚を構成し、その間にはポリカーボネート板を挟み込み、浮いているように見せている
底板
5
125
ポリカーボネート㋐5
シーリング
3
7
天板

部分詳細図[S=1:2]

4 py、設計：アトリエ・アースワーク、写真：長岡浩司

1 小上りの段差は床下収納に活用

小上り下部をワゴン収納として利用する場合、大引、根太、合板で床を組むと構造部分の厚みが大きくなり、ワゴンの高さが低くなるため、収納量をあまり確保できない。ワゴン収納は奥行きが深くなりがちなので、使い勝手を考え、いかに小上り床を薄くするかが重要である。

3畳ほどの小上りスペース。床と収納戸の仕上げを同色として、落ち着いた空間をつくっている

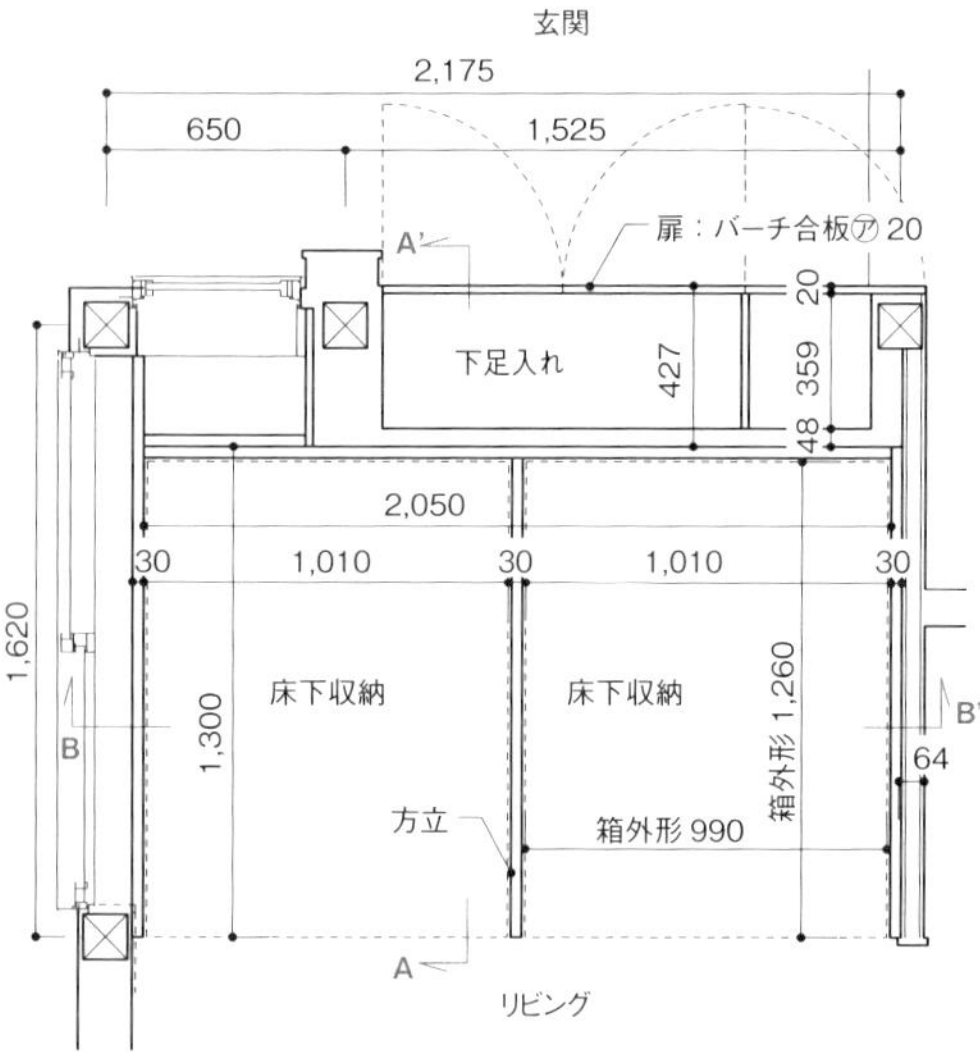

玄関
2,175
650
1,525
A'
扉：バーチ合板㋐20
下足入れ
427
20
359
48
2,050
30
1,010
30
1,010
30
1,620
1,300
床下収納
床下収納
箱外形 1,260
B
B'
64
方立
箱外形 990
A
リビング

1FL＋200 平面図[S=1:40]

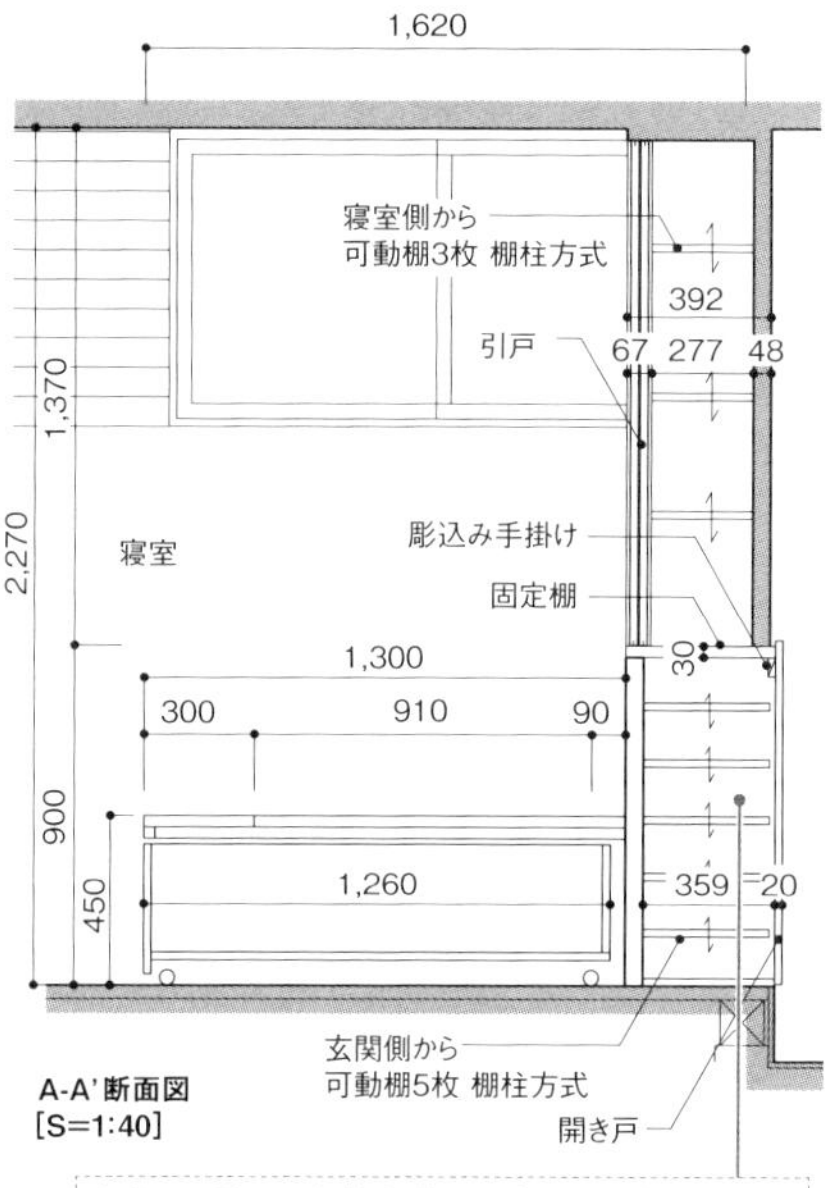

1,620
寝室側から
可動棚3枚 棚柱方式
392
引戸
67 277 48
1,370
2,270
寝室
彫込み手掛け
固定棚
30
1,300
300
910
90
900
450
1,260
359
20
玄関側から
可動棚5枚 棚柱方式
開き戸

A-A' 断面図
[S=1:40]

小上りに設けた収納部分の下部は反対側にある玄関の下足入れとし、空間を有効に利用している

高さ40cmの小上りを、28mmの合板の上に30mmの畳を敷いた薄い床と集成材の方立が支えるシンプルな構成とすることで、小上り下の収納量が確保できる

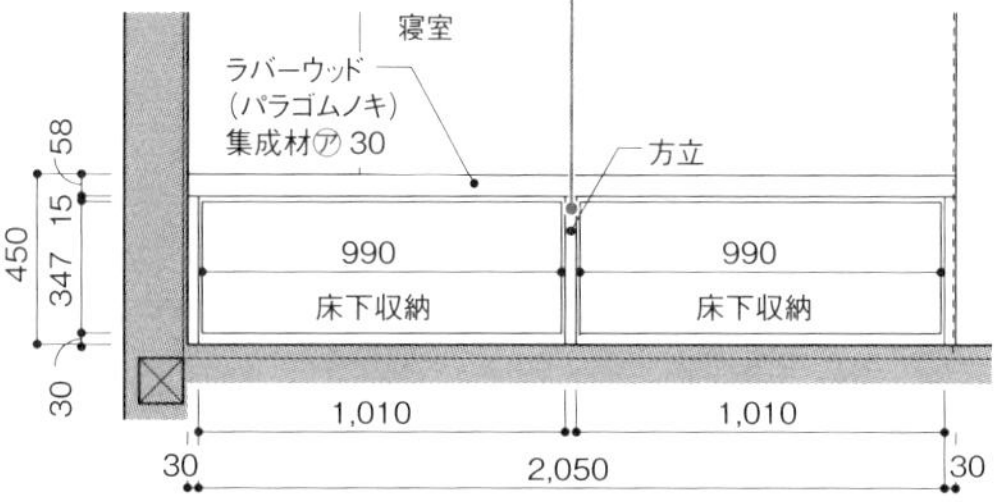

寝室
ラバーウッド
（パラゴムノキ）
集成材㋐30
方立
58
15
450
347
30
990
床下収納
990
床下収納
1,010
1,010
30
2,050
30

B-B' 断面図[S=1:40]

合板の小口が見えないように、端部に同材の見切を回している

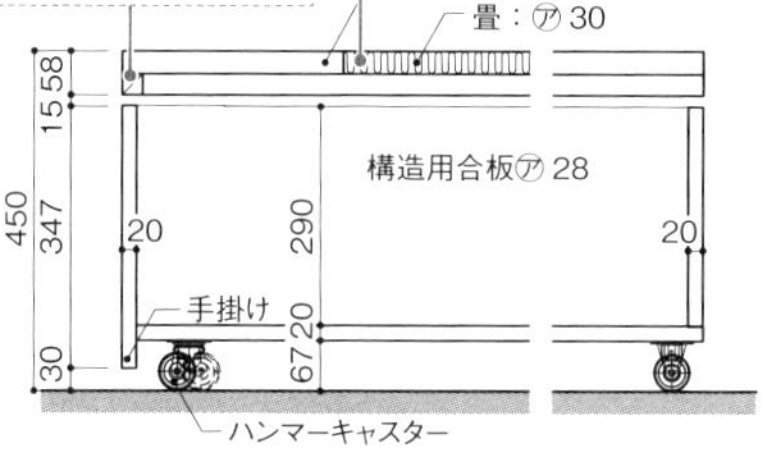

ラバーウッド（パラゴムノキ）
集成材㋐30
畳：㋐30
58
15
構造用合板㋐28
450
347
20
290
20
手掛け
20
30
67
ハンマーキャスター

小上り収納部断面詳細図[S=1:20]

1 目黒I邸、設計・写真：i+i設計事務所

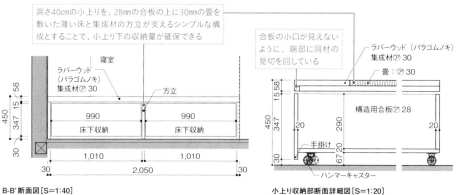

2 部屋のアクセントとして見せる家具

❶壁・開口越しの本棚で視覚的な広がりを強調

リビングは必要ないが、横になってくつろげる畳の場所がどこかに欲しいという住まい手のため、ダイニング脇に本棚のある畳敷きのスペース（図書室）を設置。間仕切壁の開口から図書室が見えることで、空間に奥行きを生み出している

白い壁の開口から奥の本棚を見せることで、奥行き感を強調し、視覚的な広がりを感じさせている。屋根の勾配に合わせた形状とすることで、壁の開口により切り取られた奥の部屋の本棚が、デザイン要素のように見える

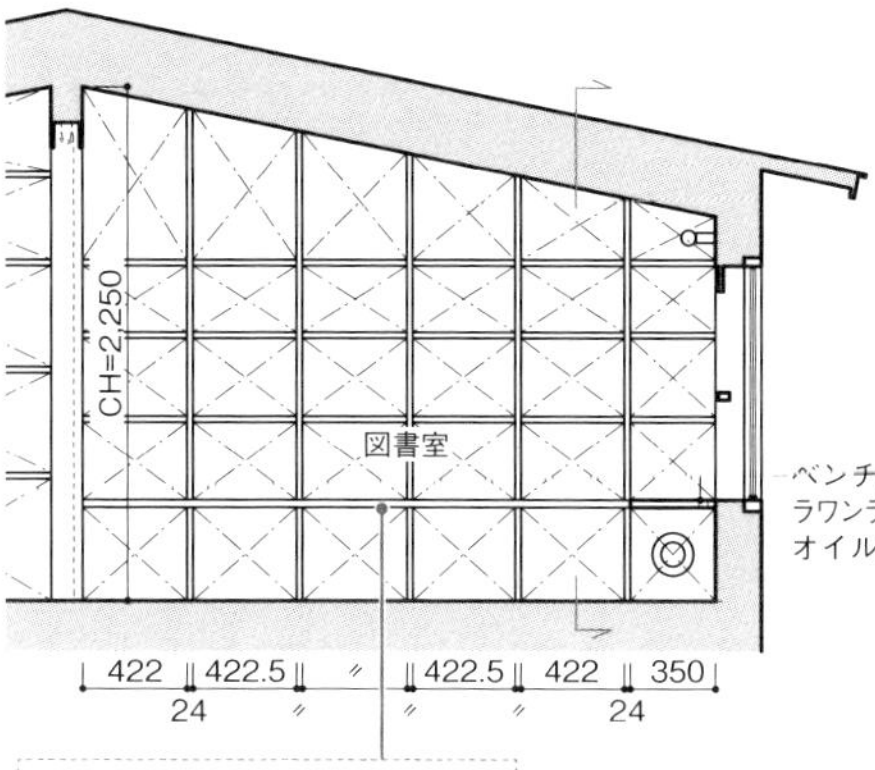

CH=2,250
図書室
ベンチ兼カウンター：
ラワンランバー㋐30
オイル塗装
422
422.5
422.5
422
350
24
24

ダイニングの奥にある図書室は、壁一面を本棚に。同じラワン材で統一しているため棚は目立たず、本のディスプレイに視線が向かう

展開図［S=1：60］

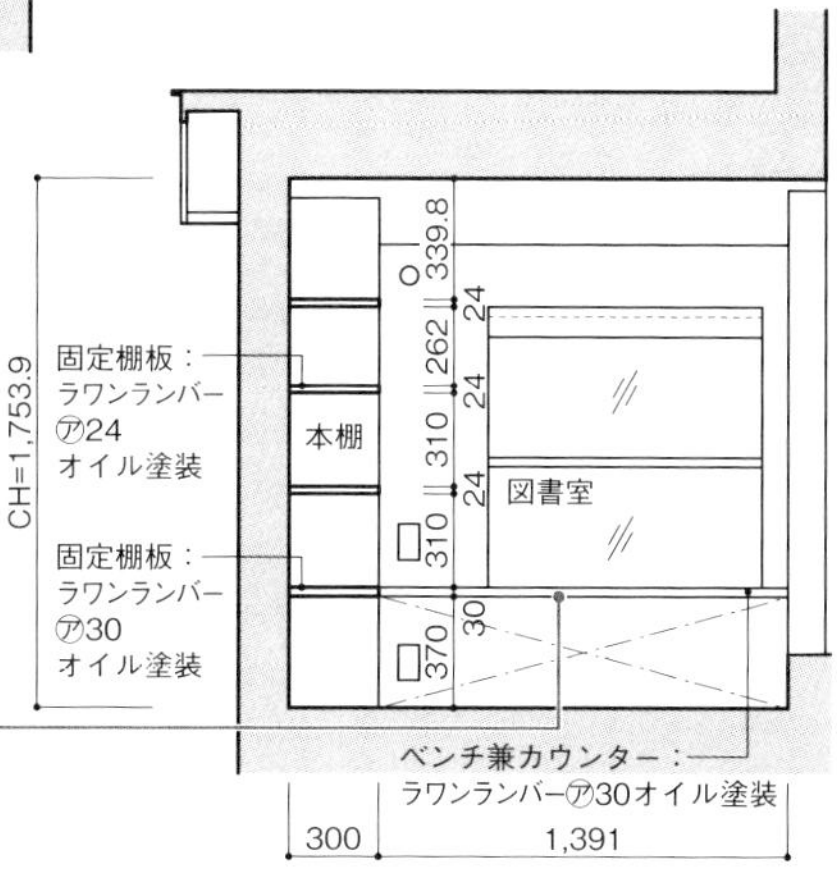

CH=1,753.9
固定棚板：
ラワンランバー
㋐24
オイル塗装
本棚
固定棚板：
ラワンランバー
㋐30
オイル塗装
339.8
24
262
24
310
24
310
30
370
図書室
ベンチ兼カウンター：
ラワンランバー㋐30オイル塗装
300
1,391

本棚とつながる窓辺には、ベンチとしても机としても使えるカウンター状の場所を設置。書斎としても使用できる。畳敷きの図書室は、家族それぞれが自由に使い、くつろげる場所となっている

断面図［S=1：50］

図書室の内装は、ダイニングとは雰囲気を変えて壁・天井をラワン材にオイル塗装仕上げとして、落ち着いた印象に。ダイニングから見たときに図書室側が暗めになるため、奥行き感が一層強調される

❷キッチン台をインテリアとして見せる

オープンタイプのキッチンは、壁付けにすれば空間がコンパクトに納まる。しかし、キッチンの設備的な要素が見え過ぎると、落ち着かない空間になってしまう。見え方を調整して空間になじませる工夫が必要だ

住まい手との話し合いで、キッチンの下部は左側に引出し、右側はオープンな棚に。コンロとシンク側の天板はステンレスだが、棚の部分は「家具」に感じられるよう、ラワン材で製作している

上吊り戸を用いないことで、キッチンの視覚的な重心が下がり、空間の広がりが感じられる。また、飾り棚を設けることで、「家具」としての見え方が強まり、高さ方向への広がりも強調される

シンク下の設備配管は、キッチンの扉と同じラワン材で幕板を製作して隠している

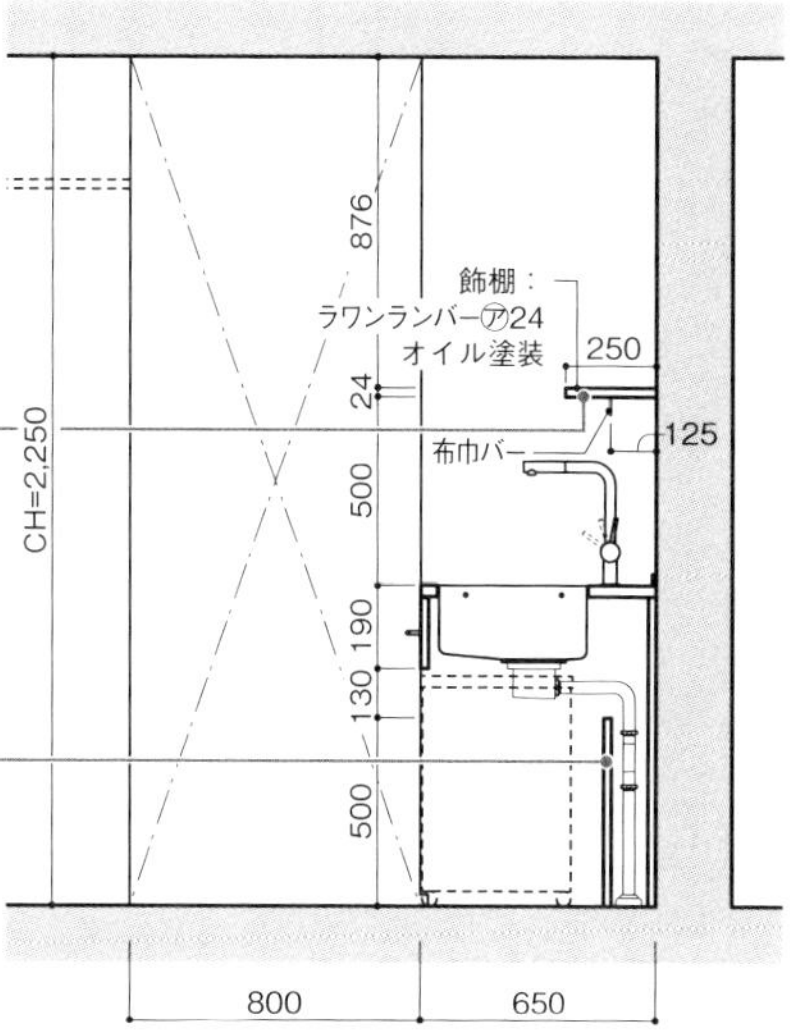

CH=2,250
876
24
500
190
130
500
飾棚：
ラワンランバー㋐24
オイル塗装
250
125
布巾バー
800
650

断面図［S=1：40］

上：「小平の住宅」設計：デザインライフ設計室、写真：中村晃
下：「鎌倉の住戸」設計：デザインライフ設計室、写真：中村晃

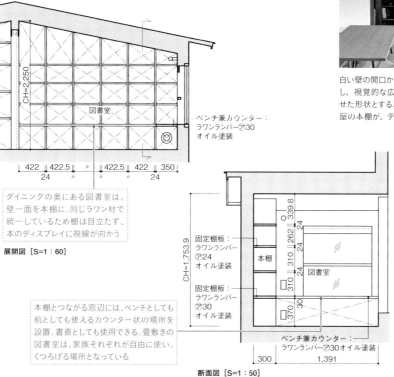

1 ウォークインクロゼットの収納の考え方

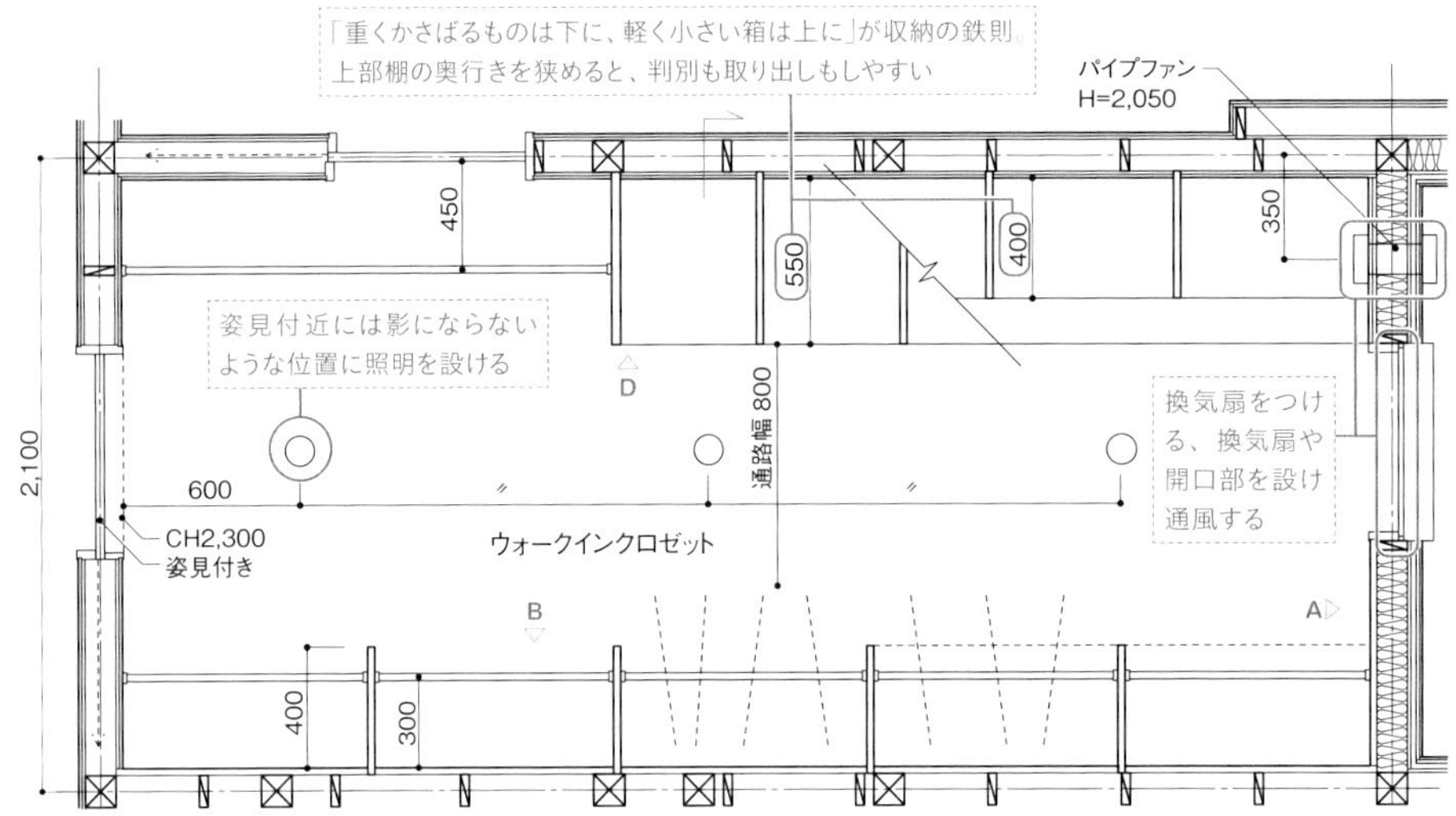
「重くかさばるものは下に、軽く小さい箱は上に」が収納の鉄則。上部棚の奥行きを狭めると、判別も取り出しもしやすい
パイプファン
H=2,050
450
550
400
350
姿見付近には影にならないような位置に照明を設ける
換気扇をつける、換気扇や開口部を設け通風する
D
通路幅 800
2,100
600
CH2,300
姿見付き
ウォークインクロゼット
B
A
400
300

平面図[S=1:40]

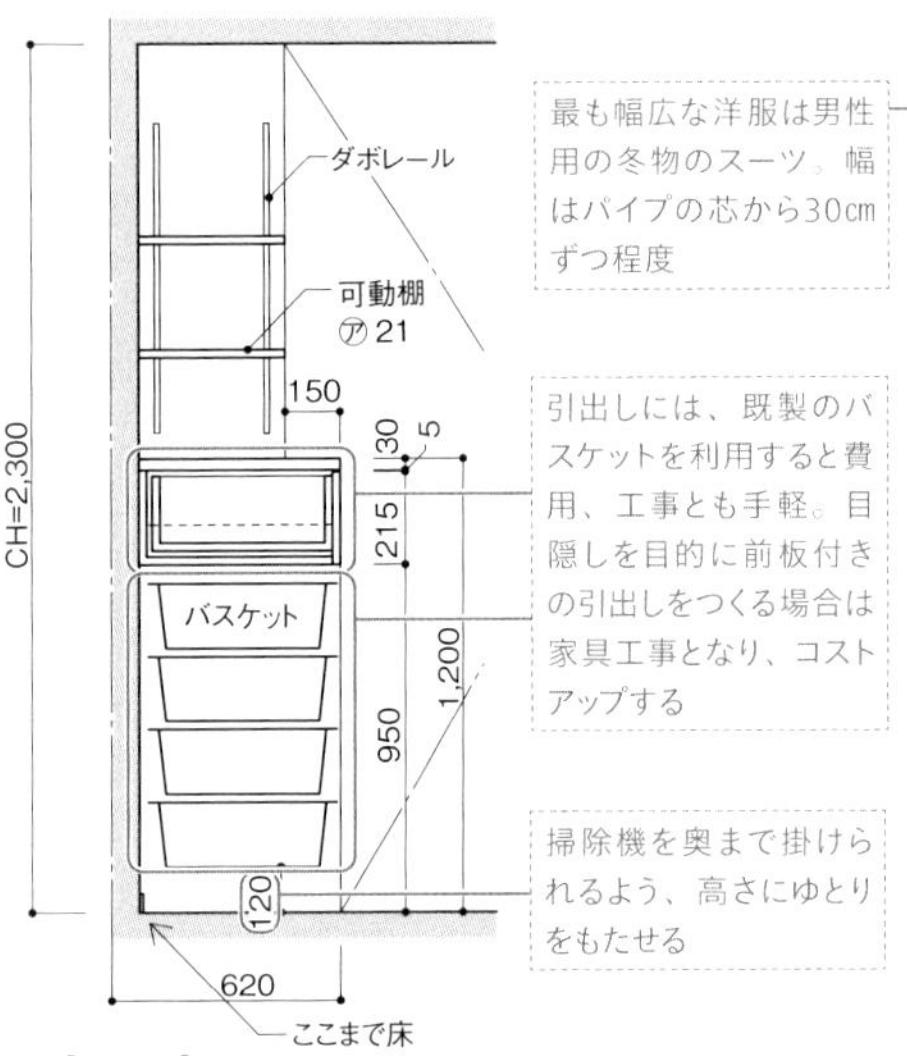
ダボレール
可動棚
㋐21
150
30
5
215
CH=2,300
バスケット
1,200
950
120
620
ここまで床
最も幅広な洋服は男性用の冬物のスーツ。幅はパイプの芯から30cmずつ程度
引出しには、既製のバスケットを利用すると費用、工事とも手軽。目隠しを目的に前板付きの引出しをつくる場合は家具工事となり、コストアップする
掃除機を奥まで掛けられるよう、高さにゆとりをもたせる

断面図[S=1:40]

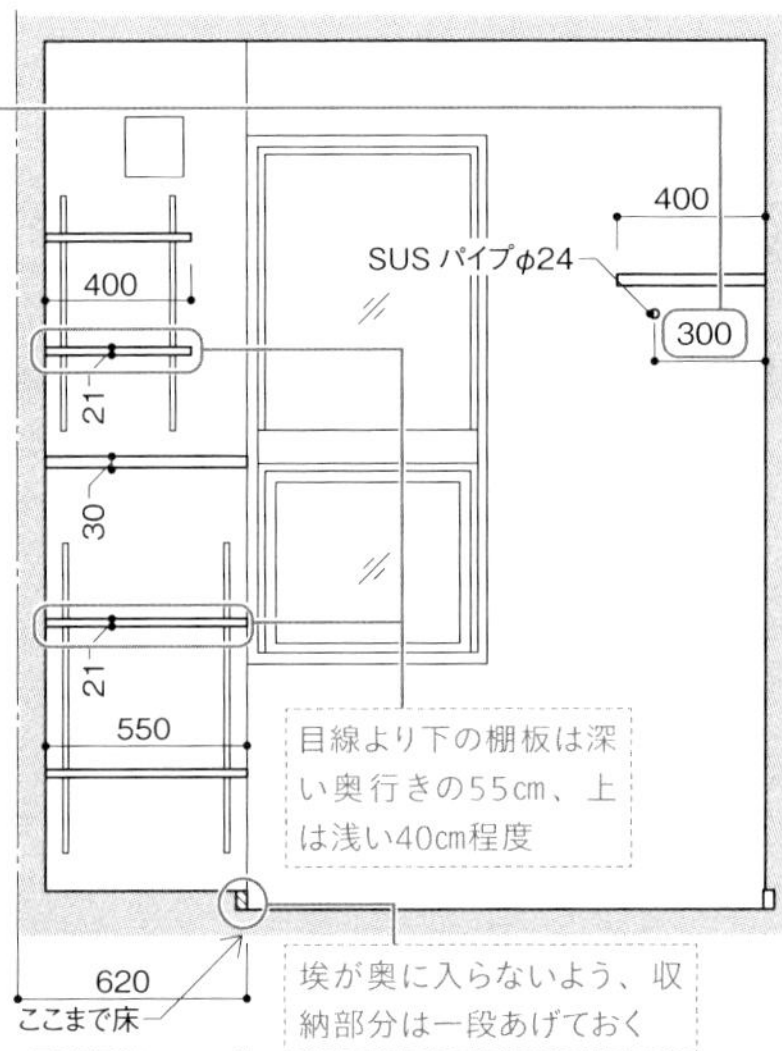
400
SUS パイプφ24
300
400
21
30
21
550
620
ここまで床
目線より下の棚板は深い奥行きの55cm、上は浅い40cm程度
埃が奥に入らないよう、収納部分は一段あげておく

A展開図[S=1:40]

使い勝手は「取り出しやすさ」「掃除のしやすさ」から

クロゼットは、「個室として設けるウォークインクロゼット」と「寝室などの壁面に設ける収納家具」に大別される。内部にはパイプ、引出し、棚板などを設け、衣服やカバンなどを収納するほか、納める場所のない「迷子」の受け皿としても機能させる。ここでは「使い勝手」のよいクロゼットの設計手法について紹介する。

1｜ウォークインクロゼット

ウォークインクロゼット[1]を設計する際には、収納物のサイズを正確に把握し、ストイックに寸法設定を行う。際限なく収納物が増えるのを防ぐため、通路幅は60～70㎝に抑え、目線より上の収納の奥行きは浅めにする。このように「とりあえず」では置けないしくみをつくることで、物を出し入れしやすく、使い勝手のよいクロゼットができる。同時に、「何をおいてもOK」といったラフな部分も残しておくとよい。

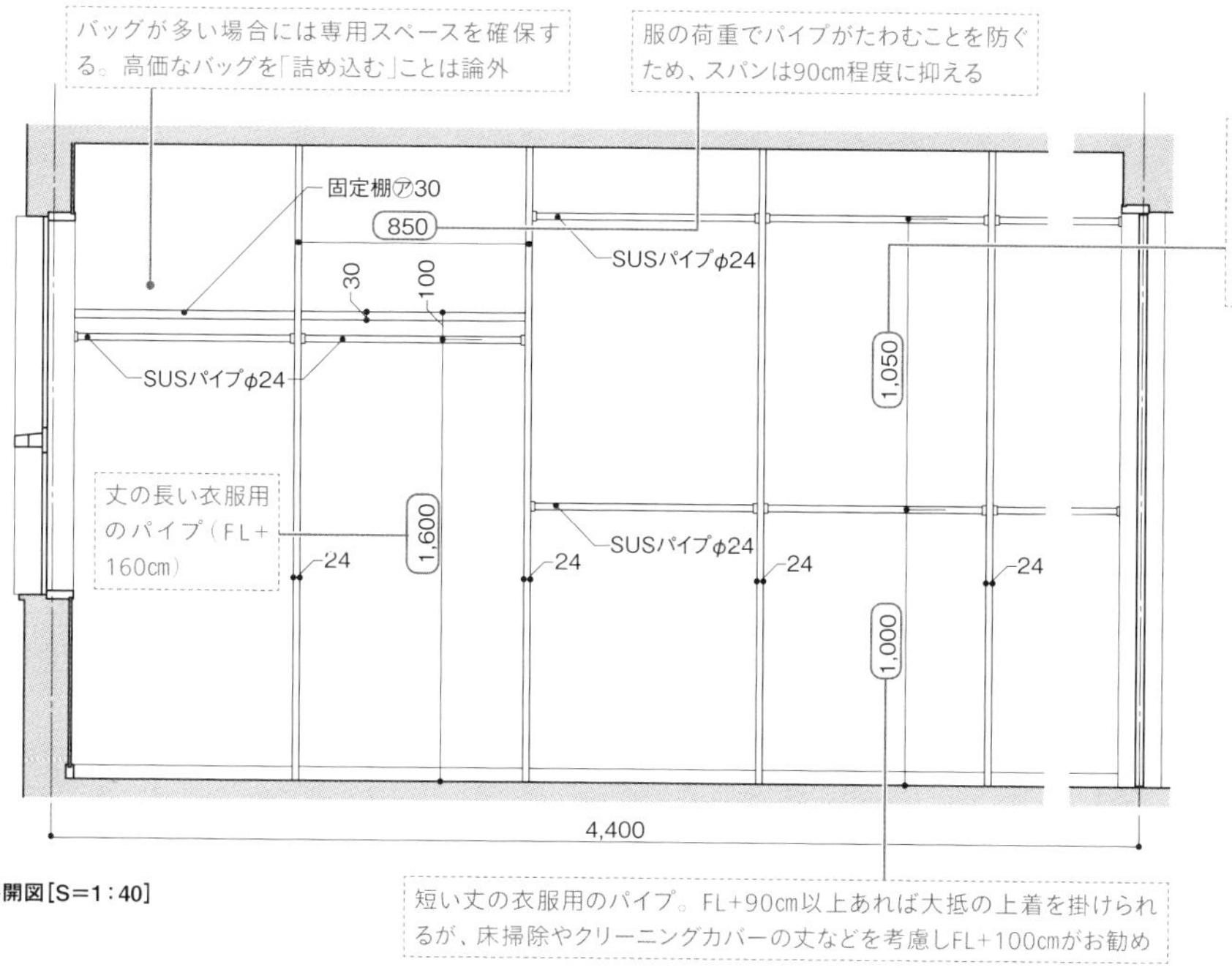
バッグが多い場合には専用スペースを確保する。高価なバッグを「詰め込む」ことは論外
服の荷重でパイプがたわむことを防ぐため、スパンは90cm程度に抑える
上下2段に90cm間隔で設置すれば十分だが、ここでは建て主の体格を考慮し、広め。下のパイプを外すと丈の長いものも掛けられる
固定棚㋐30
850
SUSパイプφ24
30
100
SUSパイプφ24
1,050
丈の長い衣服用のパイプ（FL+160cm）
1,600
SUSパイプφ24
24
24
24
24
1,000
4,400
短い丈の衣服用のパイプ。FL+90cm以上あれば大抵の上着を掛けられるが、床掃除やクリーニングカバーの丈などを考慮しFL+100cmがお勧め

B展開図[S=1:40]

棚やパイプ、引出しを組み合わせて整理しやすいクロゼットをつくる

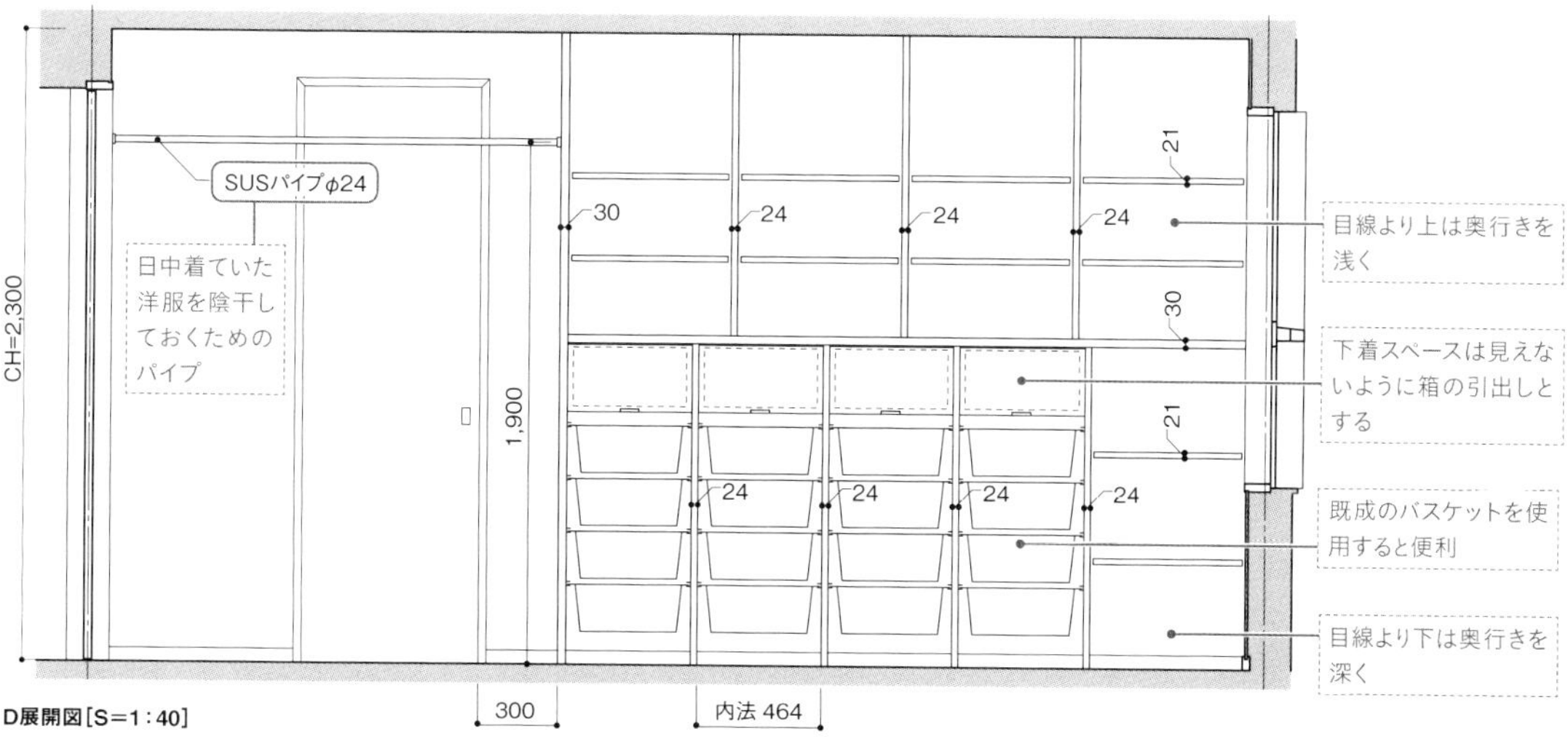
SUSパイプφ24
日中着ていた洋服を陰干しておくためのパイプ
CH=2,300
1,900
30
24
24
24
21
30
21
24
24
24
24
目線より上は奥行きを浅く
下着スペースは見えないように箱の引出しとする
既成のバスケットを使用すると便利
目線より下は奥行きを深く
300
内法 464

D展開図[S=1:40]

一方、手持ちのタンスなどをクロゼット内に収納する建て主も多いため、スペースの確保や搬入経路など事前の打ち合わせが重要となる。

また、出入口から距離のある位置に開口部と換気扇を設け、空気が流れるように工夫し、湿気を生じさせないようにする。ウォークインクロゼットの配置は、以前は寝室の隣が主流であったが、乾燥まで洗濯機で済ませる家庭では、洗濯機と隣接した配置を求める傾向にあるので注意が必要である。

2｜クロゼット（寝室などの壁面収納）

ウォークインクロゼットを設置できない場合は、寝室などの壁面に収納家具を設ける［98頁2］。この場合は、寝室を広く使えるよう家具の奥行きを最小限に抑える。幅をとる冬物の男性用のスーツや市販の衣装ケースの奥行きを考慮して、内法有効で65～70cmとする。

姿見を希望された場合は、扉の裏に鏡用の両面テープで取り付ける。姿見は目の前に立って使うのではなく、後ろに引いて眺めるものなので、実際の肩幅や身長よりも小さめで十分である。また、立ち位置と照明器具の位置についても検討し、逆光にならないように注意する。

［齋藤文子］

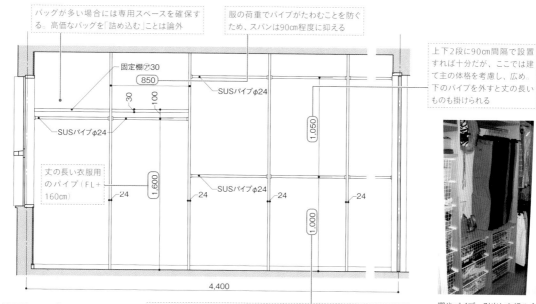

2 収納したものが一目で分かるウォークインクロゼット

ウォークインクロゼットは、何を収納したいか把握してつくるのが鉄則。ジャケットとパンツを収納するハンガーパイプを2段設けるなら、上段のパイプの高さは、収納する人の背丈に合わせる必要がある。パイプの上下間隔は、一般には950㎜程度離したい。

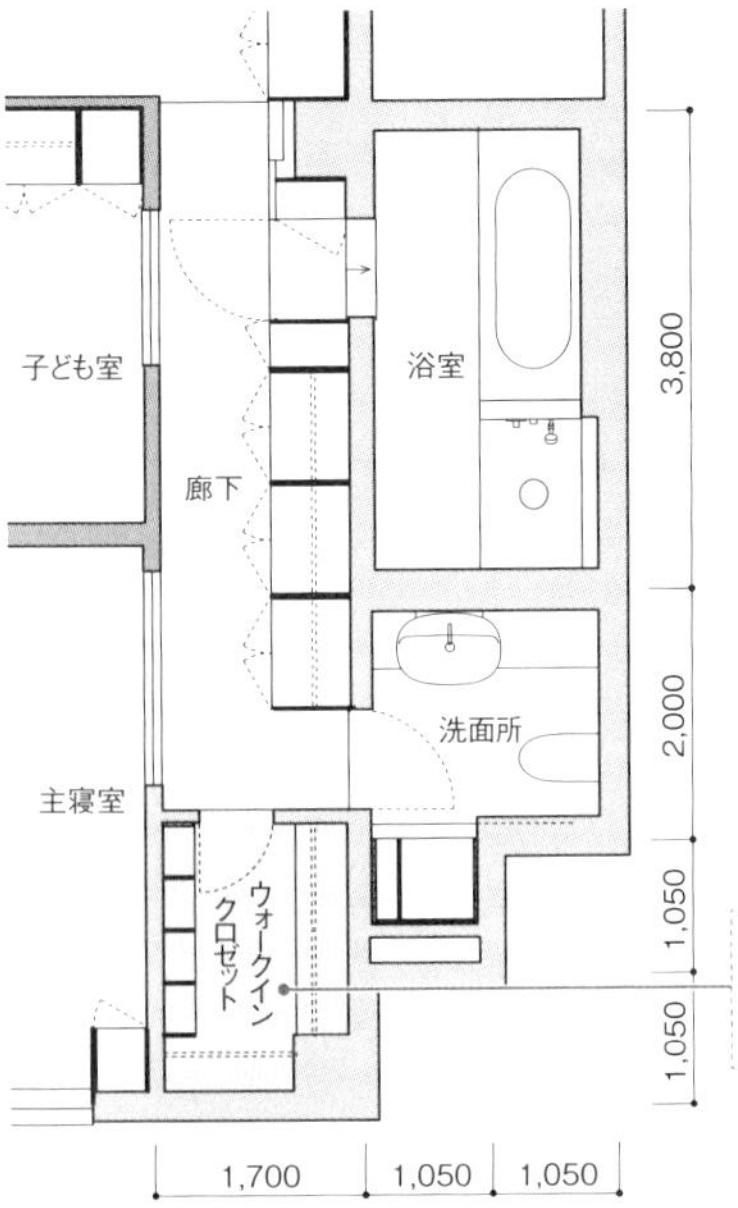

廊下から入るウォークインクロゼットとし、水廻りの近くに設けて、生活動線に配慮した

平面図［S=1:120］

ドア側から見る。ウォークインのドアを開けた時に、収納された物が一目で把握できる

シャツを1枚ずつ保管できる収納棚は、小割りにして、4列、45段で最大180着しまえる、大型の収納とした

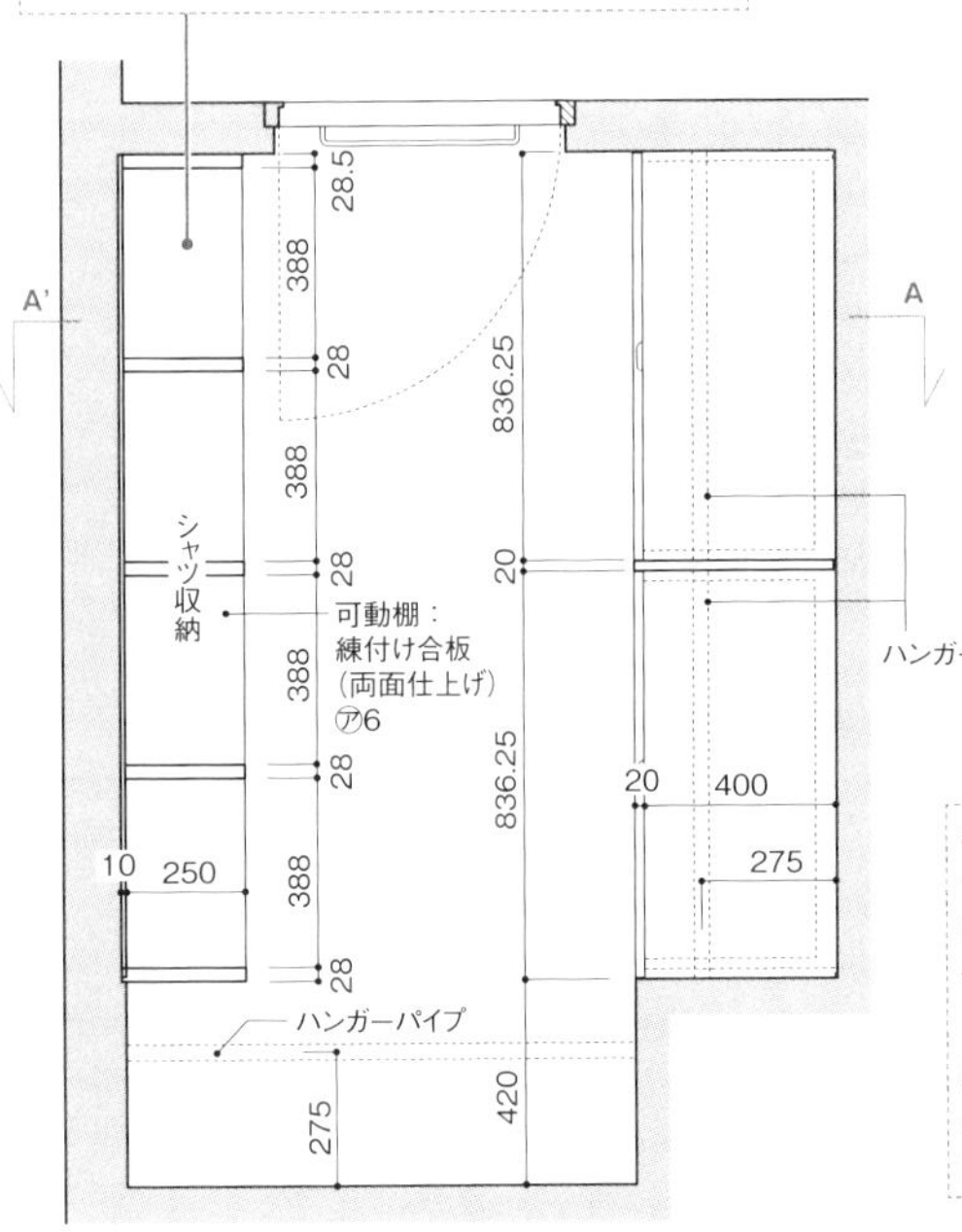

ウォークインクロゼット平面図［S=1:30］

棚板は、練付け合板を溝に差し込む納まりで、棚を引き出すと服が出し入れできる。シャツの色や柄が一目で分かり、服を載せたまま棚の位置を入れ替えることもできるので、利便性が高い

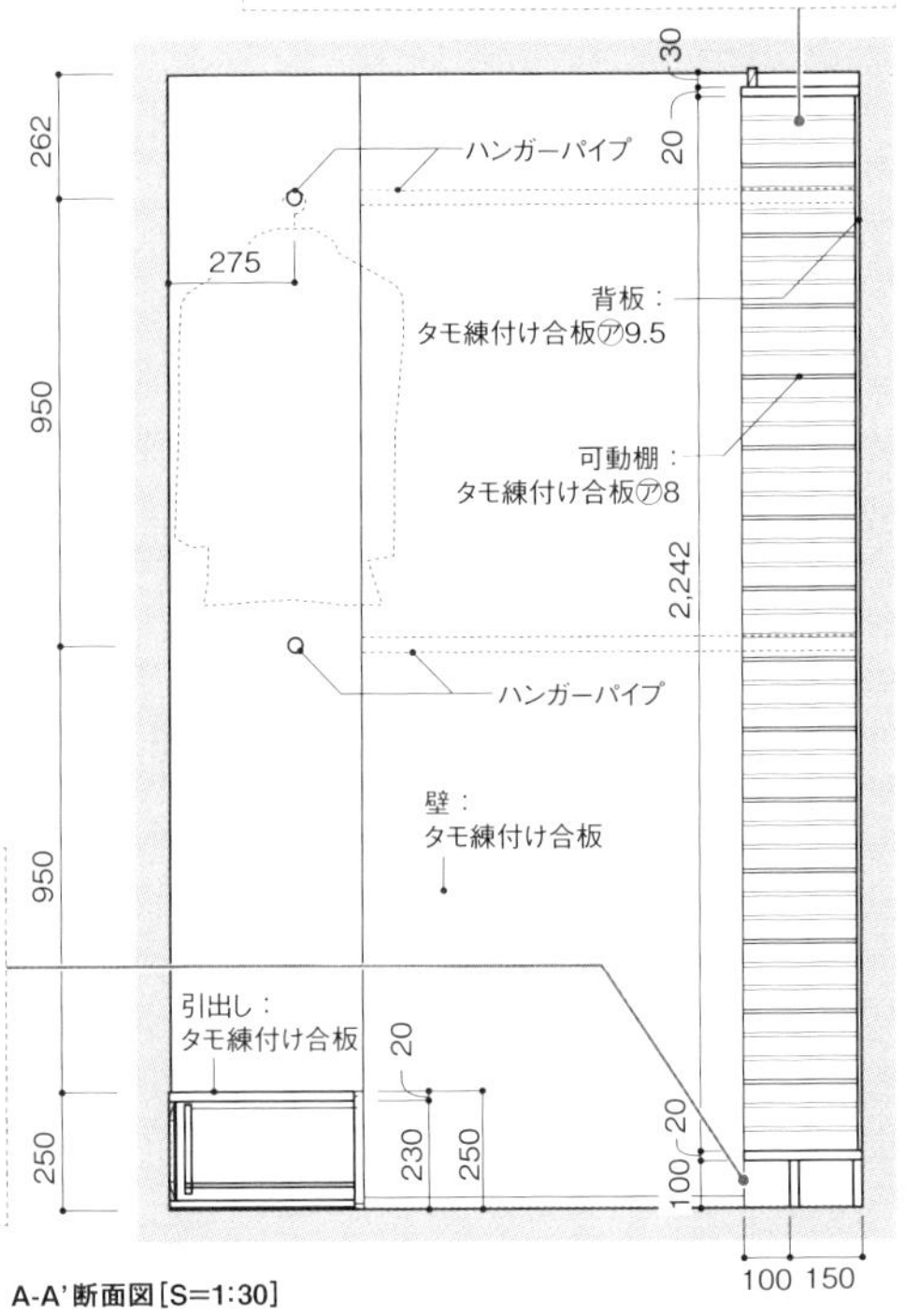

オープン棚の場合、床に近い部分は取り出しづらい。掃除もしにくいため収納は設けず、床から浮かせて設置している

A-A'断面図［S=1:30］

広尾の家、設計・写真：CASE DESIGN STUDIO

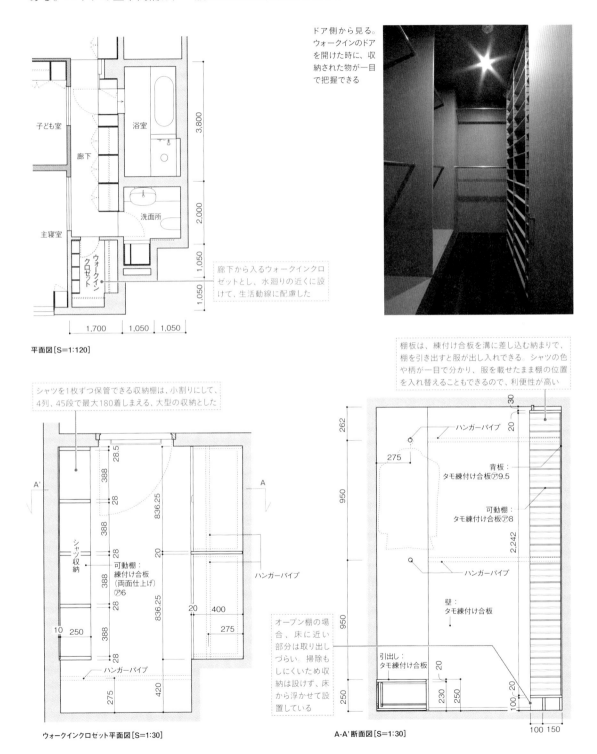

子ども室

成長を見越した収納計画を

1 可動式机で可変性をもたせる

勉強机は造付けではなく、箱2個の上に天板を載せただけの組み合わせにすると、簡単に持ち運びができる。ほかの部屋にもなじむので、将来的にも使い勝手がよい。

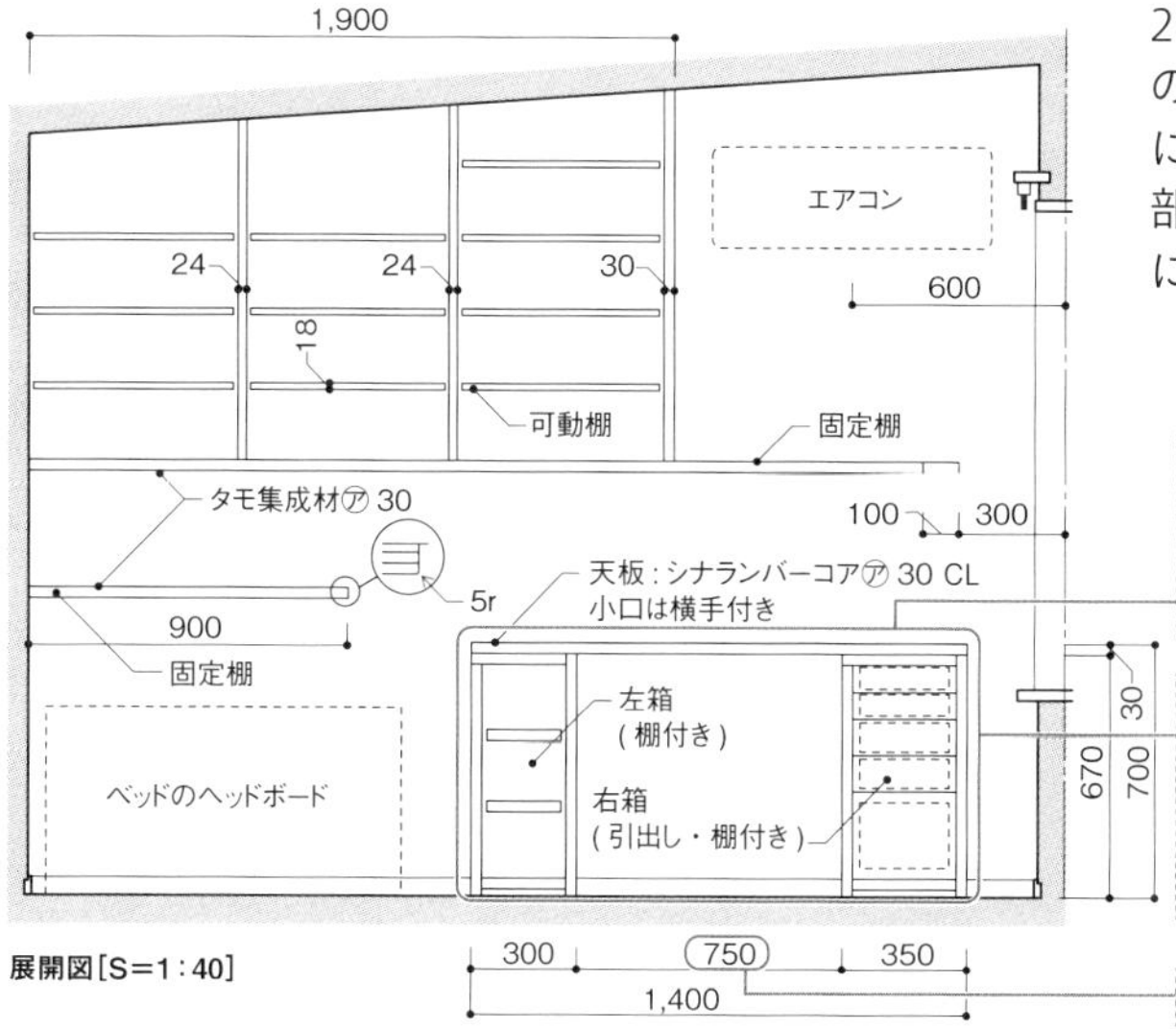
1,900
エアコン
24
24
30
600
18
可動棚
固定棚
タモ集成材㋐30
100
300
5r
天板：シナランバーコア㋐30 CL
小口は横手付き
900
固定棚
左箱
（棚付き）
右箱
（引出し・棚付き）
ベッドのヘッドボード
30
670
700
300
750
350
1,400

展開図[S＝1：40]

飽きのきやすい市販の学習机よりも、家全体の雰囲気に調和した造作の机がお勧め。高さ70cmが基本。将来を見据え、大人サイズに設えて高さは椅子で調整する

天板奥行き60～70cm、幅130～150cm程度。30mm厚で十分だが、幅を広げる場合は反らないよう厚くする。天板は鉛筆などで汚れやすいので、ウレタン塗装などでコーティングしておく

椅子が入るよう70cm以上は確保

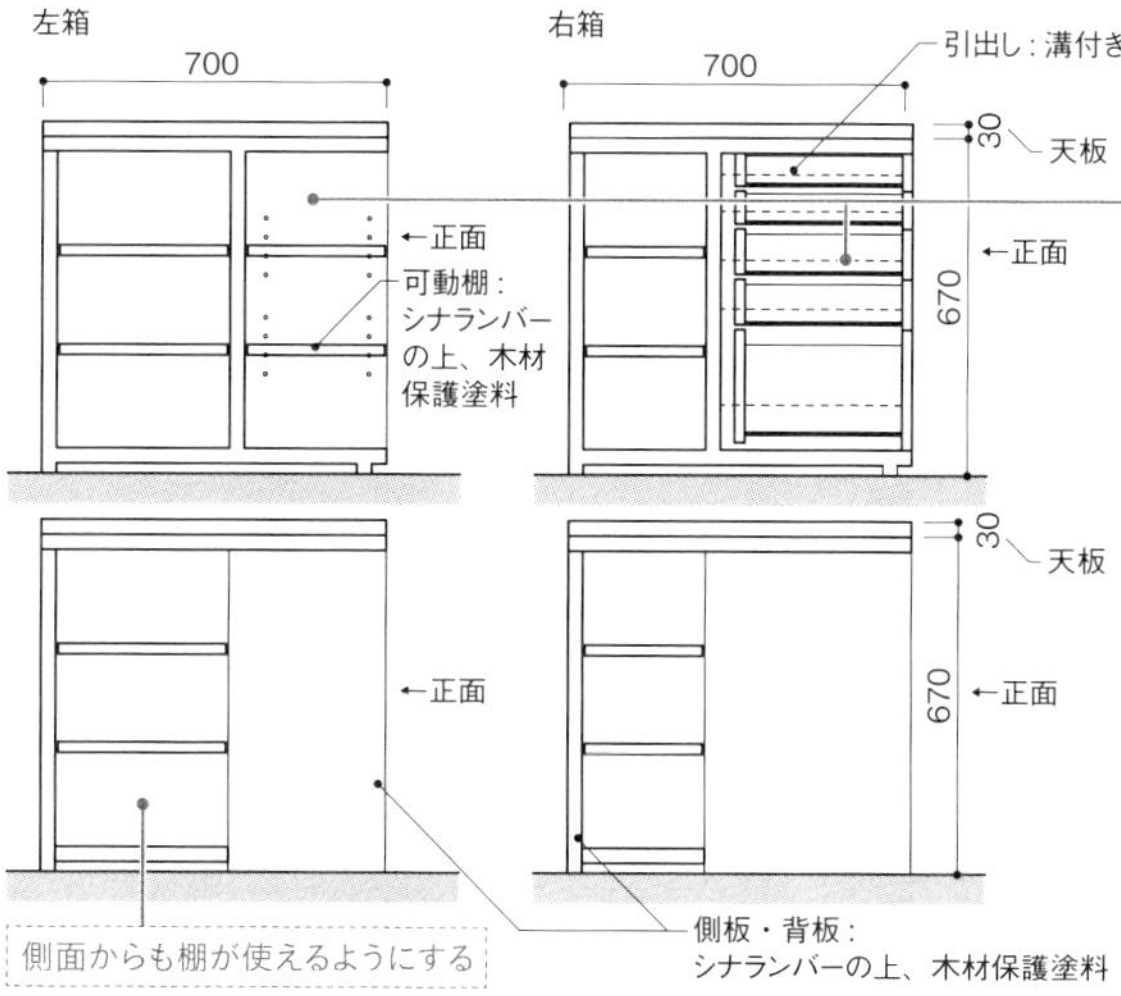
左箱
700
正面
可動棚：
シナランバーの上、木材保護塗料
右箱
700
引出し：溝付き（一番下のみ完全スライドレール）
30
天板
正面
670
正面
30
天板
670
正面
側面からも棚が使えるようにする
側板・背板：
シナランバーの上、木材保護塗料

天板をのせる箱は左右で仕様を変え、さまざまな使い方ができて便利。シナランバー＋木材保護塗料で、コストを抑えつつも傷が目立たない仕様とする

机用箱断面・側面(左:左箱、右:右箱)[S＝1：30]

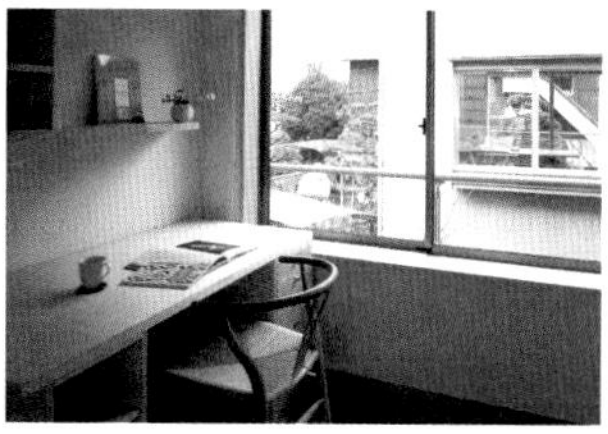

天板と箱とが外れる可動机は、将来の可変性に対応

子ども室に必要な家具・収納

新築時に子どもが小さい場合は、子どもの成長に伴い物が増えることを見据えて、収納量を確保する。すでに成人しているならば、独立後に子ども室が荷物置場になる可能性も考慮する。

子ども室は「眠る、過ごす、収納する」など複数の機能を持ち、ベッドや机、収納家具などが必要となる。既製品を購入することも一般的で、「つくり込まない」「シンプルな」大枠をつくるだけでよいことが多い。一方で、あえてベッドが置ける程度の小スペースとし、勉強はリビングのワークスペースで、洋服は家族で使えるファミリークロゼットに収納、と考える家庭も増えている。

子どもの成長を考え、子ども室の家具は「大人サイズ」で製作しておく。落書きや引掻き傷が付いて当然と考え、材料には価格が手ごろで気を使わないシナなどを使い、汚れの目立たない塗装仕上げとする[1]。

写真提供：プライシュティフト、写真：冨田治

2 家具であいまいに間仕切る

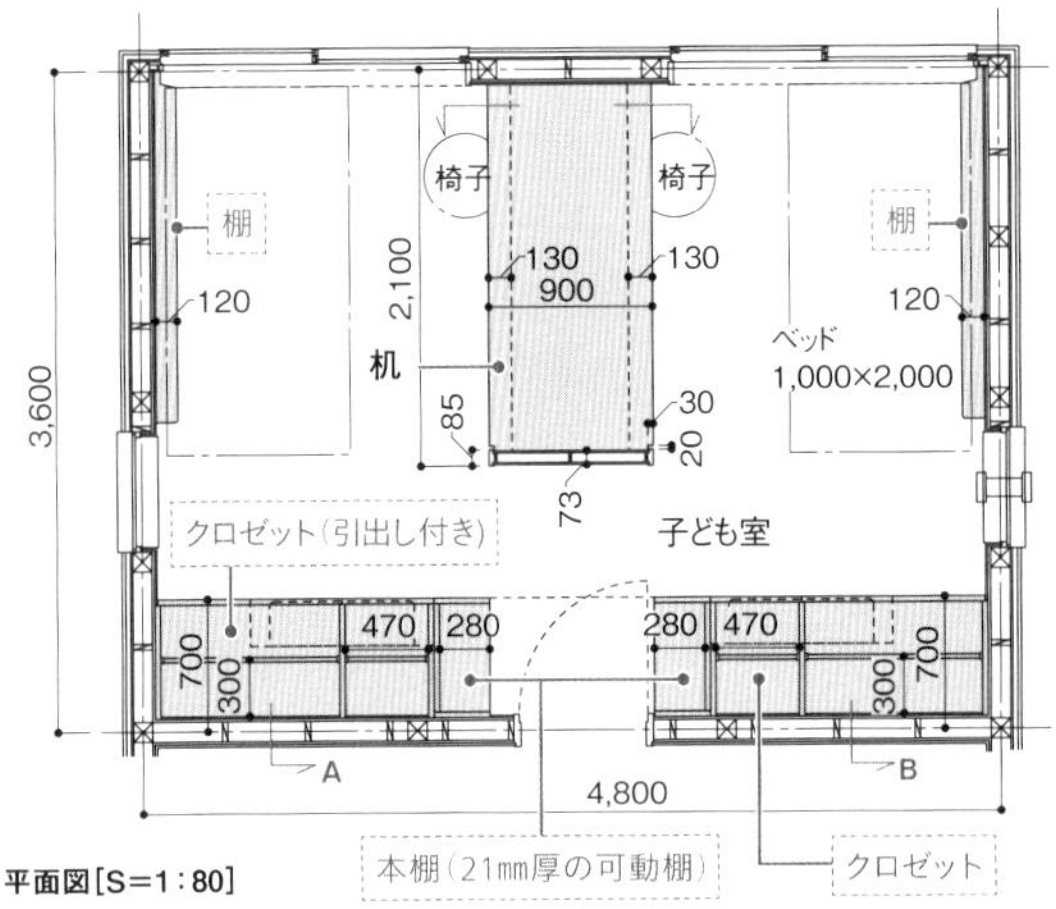

椅子
椅子
棚
棚
120
120
130
130
900
2,100
机
ベッド
1,000×2,000
3,600
85
30
20
73
子ども室
クロゼット（引出し付き）
470
280
280
470
700
300
300
700
A
B
4,800
本棚（21㎜厚の可動棚）
クロゼット

平面図［S=1：80］

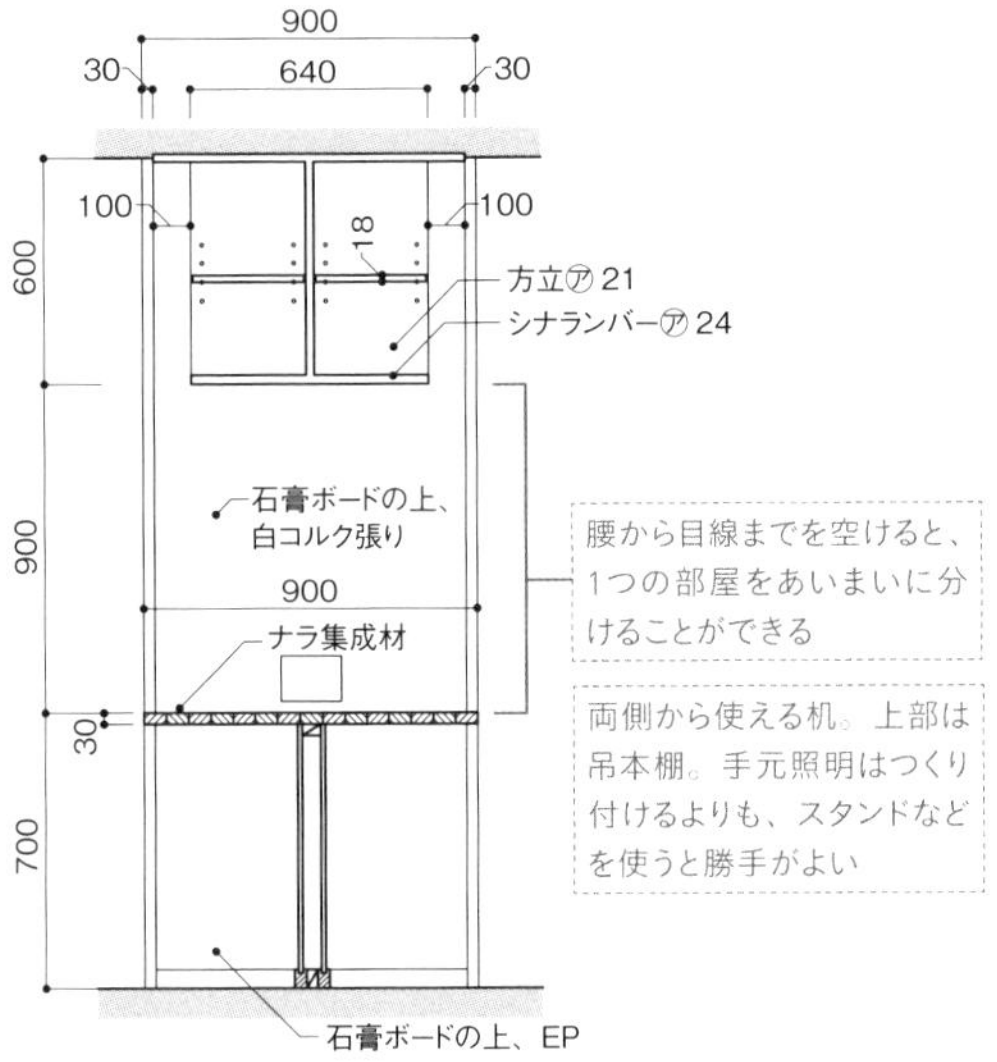

900
30
640
30
100
100
18
600
方立㋐21
シナランバー㋐24
石膏ボードの上、
白コルク張り
900
900
ナラ集成材
30
700
石膏ボードの上、EP
腰から目線までを空けると、1つの部屋をあいまいに分けることができる
両側から使える机。上部は吊本棚。手元照明はつくり付けるよりも、スタンドなどを使うと勝手がよい

机断面図［S=1：40］

子ども室にはベッドのほか、机、洋服を掛けるクロゼット、本棚、そのほかざっくりとした収納が必要になる

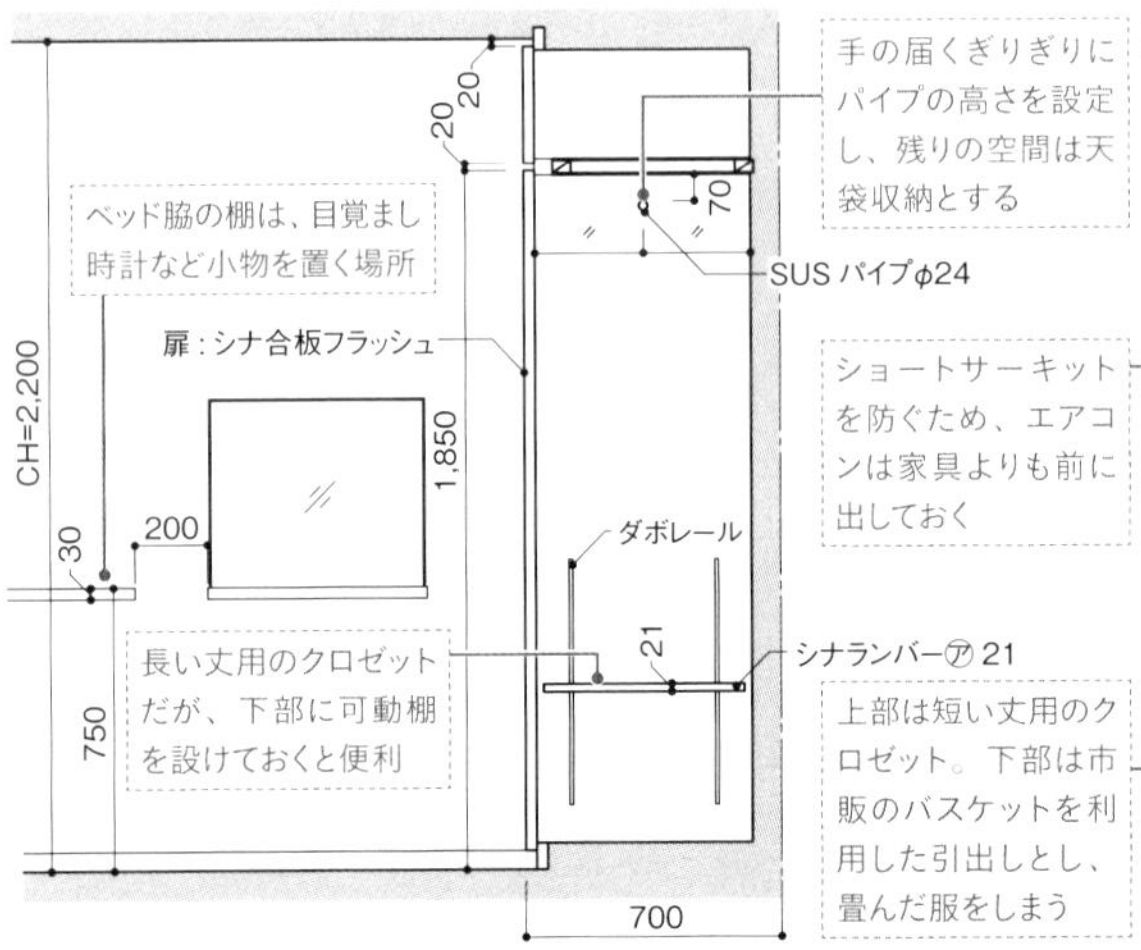

20
20
手の届くぎりぎりにパイプの高さを設定し、残りの空間は天袋収納とする
70
SUS パイプφ24
ベッド脇の棚は、目覚まし時計など小物を置く場所
扉：シナ合板フラッシュ
CH=2,200
1,850
30
200
ダボレール
21
シナランバー㋐21
長い丈用のクロゼットだが、下部に可動棚を設けておくと便利
750
700

クロゼットA断面図［S=1：40］

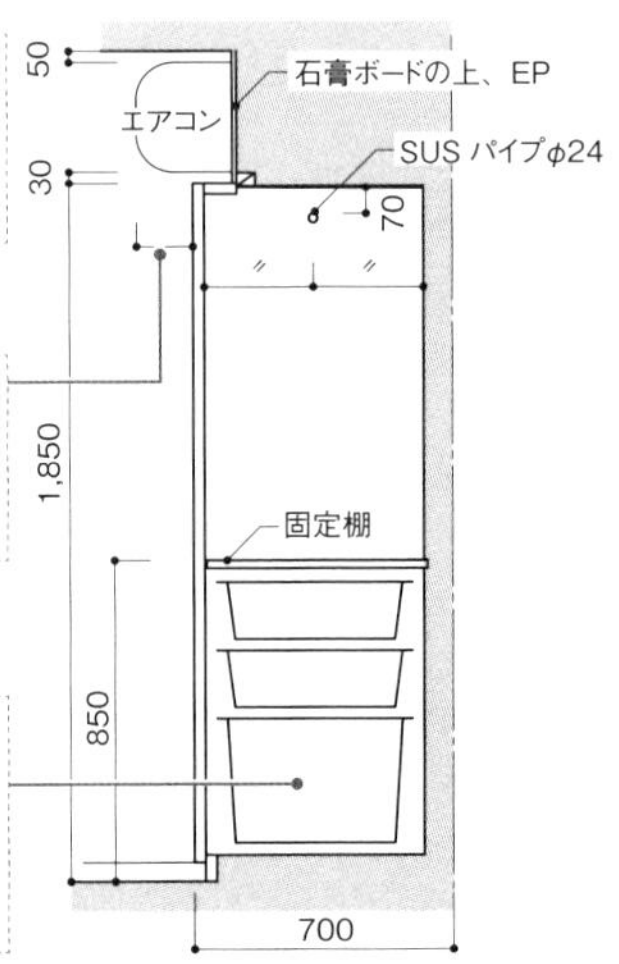

50
エアコン
石膏ボードの上、EP
30
SUS パイプφ24
70
ショートサーキットを防ぐため、エアコンは家具よりも前に出しておく
1,850
固定棚
850
上部は短い丈用のクロゼット。下部は市販のバスケットを利用した引出しとし、畳んだ服をしまう
700

クロゼットB断面図［S=1：40］

造作机を使って子ども室をあいまいにテリトリー分けする

❶工種を選ぶ

	子ども室
家具工事	△（引出しがある場合）
大工工事	○
理由	木質材料を使ったシンプルな箱、天板（ランバーコア）などの組合せで製作できるので、大工工事で施工可能。扉は建具工事。家具の外側にはシナ材を用い、傷の目立ちにくいクリア塗装か、塗り直しやすいペンキ塗装で仕上げるとよい。収納内部はシナ材に汚れ止めのクリア塗装で仕上げる

家具を利用した子ども室の計画

2部屋以上の子ども室が必要な場合には個室化せず、曖昧にテリトリーを分けておく、という選択肢もあるだろう。その際有効なのが、造作家具である。両側から使える大きな勉強机や2段ベッドなどを2室の中心に配し、領域を分ける、という方法だ［2・3］。クロゼットや本棚は2セット用意しておき、将来の個室化に備えておきたい。［齋藤文子］

3 子ども室を仕切る2段ベッドのつくり方

都市の狭小敷地に建つ住宅では、子ども室も手狭になりがちだ。つくり込まない空間を用意することも1つの手だが、市販の家具頼りではレイアウトも難しい。そのため、ベッドも含めた家具を建築工事でつくり付けるのがお勧め。

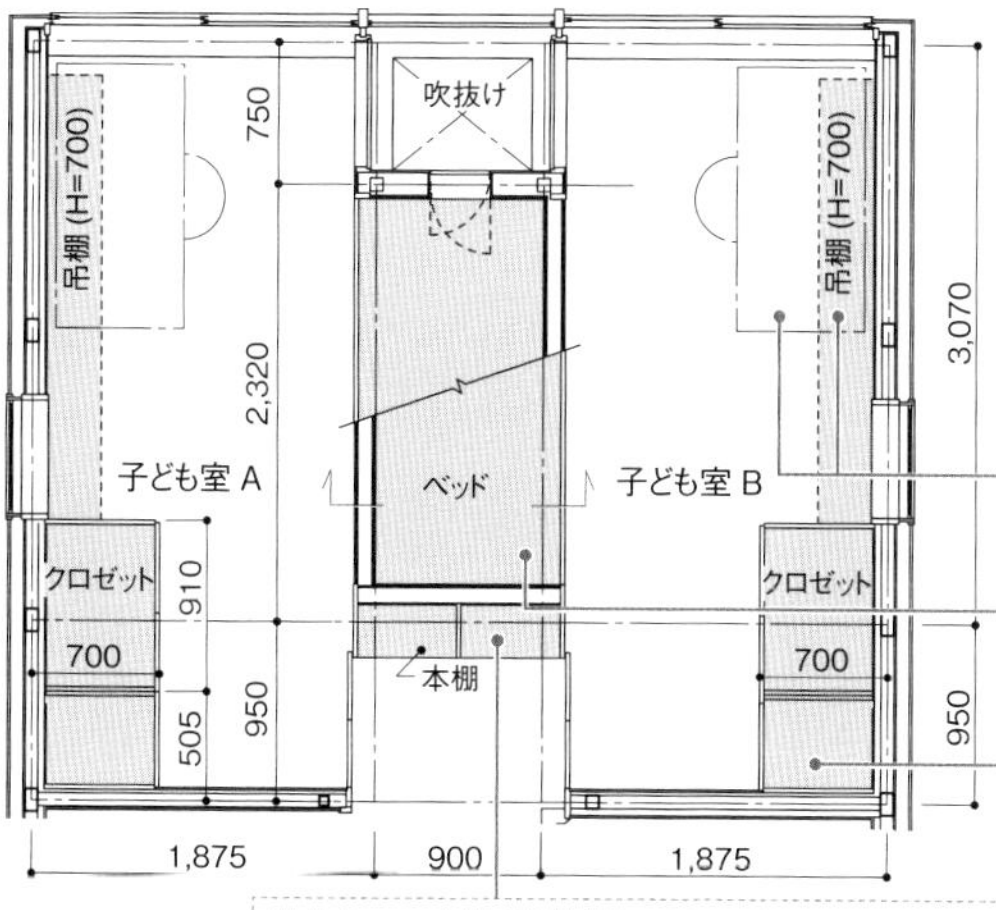
吹抜け
吊棚(H=700)
吊棚(H=700)
750
2,320
3,070
子ども室 A
ベッド
子ども室 B
クロゼット
クロゼット
910
700
700
505
950
950
本棚
1,875
900
1,875
ランバーコア(大工工事)でつくる吊棚。子どもが小さいうちは机をつくり付けず、スペースのみ確保
2段ベッドで2つの子ども室を間仕切る
大小のクロゼット。小さいほうには短い丈の服を掛け、下部にバスケット引出し
天井までの本棚(可動棚)は子どもたちの共有物。扉がないのでダボレールではなくステンレスダボを使用

平面図[S=1:80]

2段ベッドは完全な間仕切家具として使える

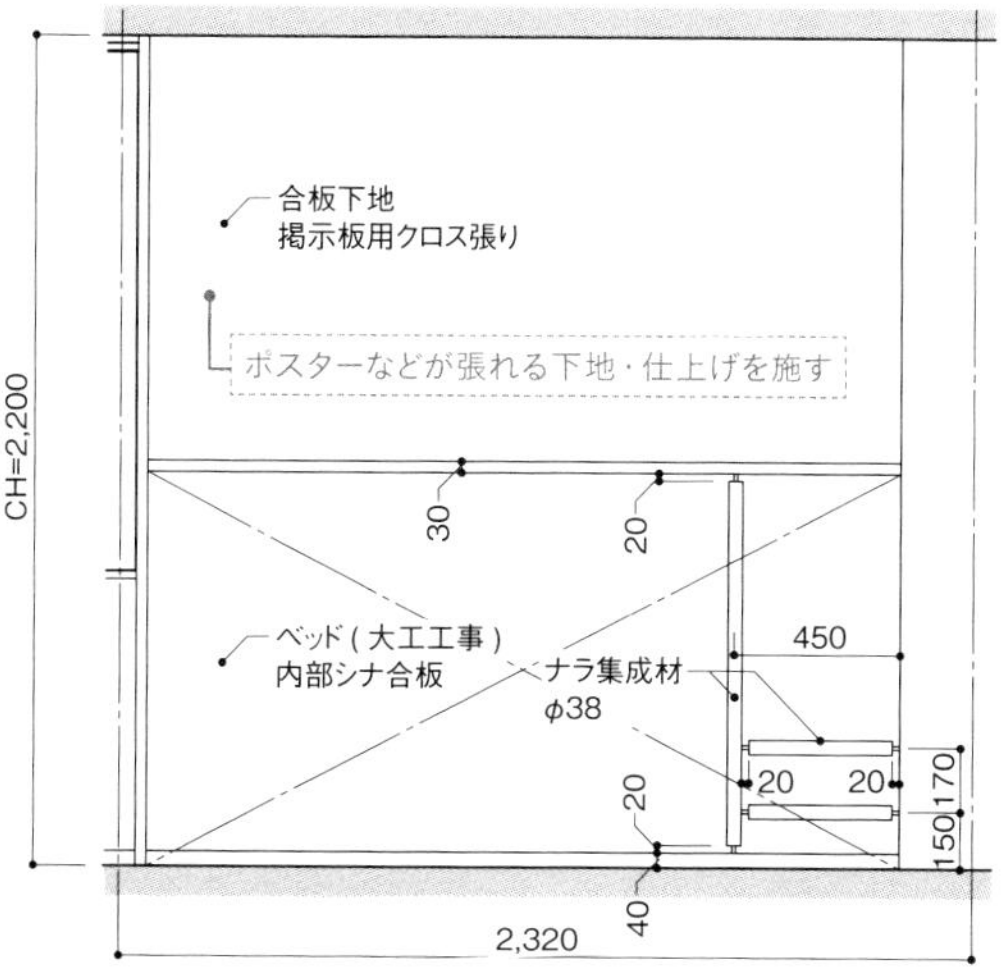
合板下地
掲示板用クロス張り
ポスターなどが張れる下地・仕上げを施す
CH=2,200
30
20
ベッド(大工工事)
内部シナ合板
ナラ集成材
φ38
450
20
20
20
170
150
40
2,320

ベッド正面(子ども室A)姿図[S=1:40]

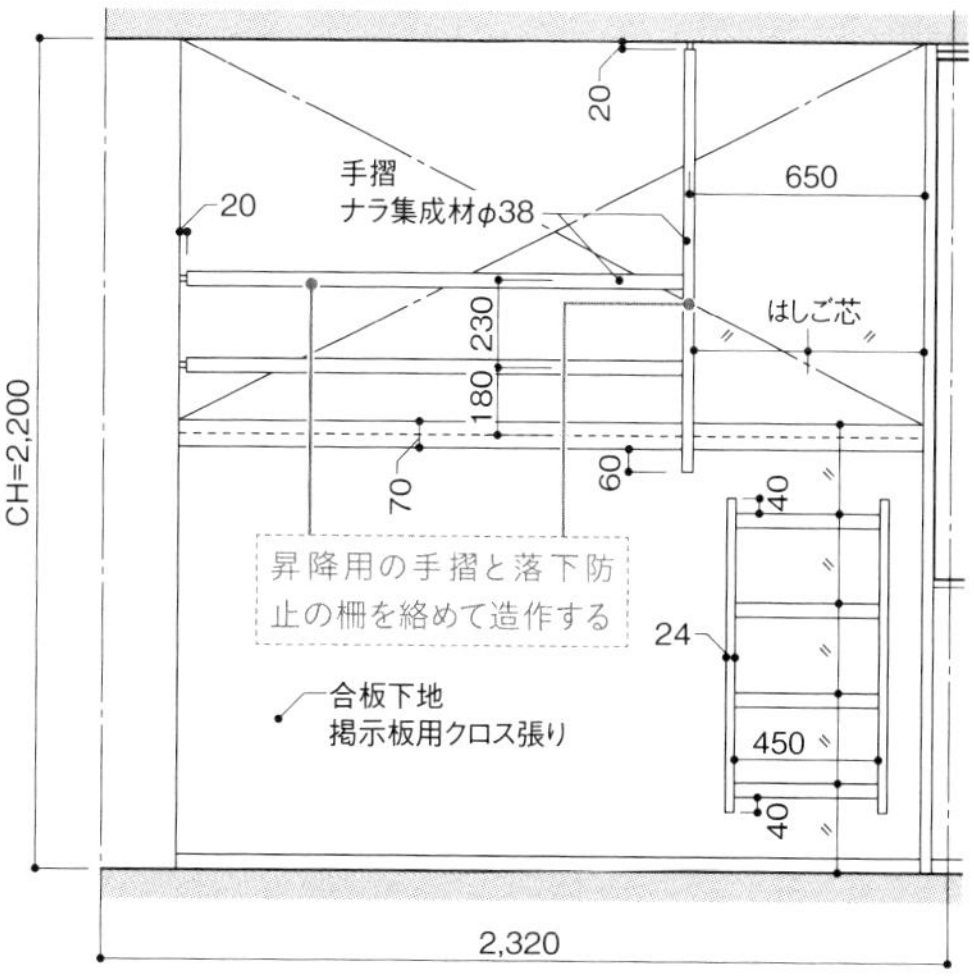
20
650
手摺
ナラ集成材φ38
20
230
はしご芯
180
CH=2,200
70
60
40
昇降用の手摺と落下防止の柵を絡めて造作する
24
合板下地
掲示板用クロス張り
450
40
2,320

ベッド正面(子ども室B)姿図[S=1:40]

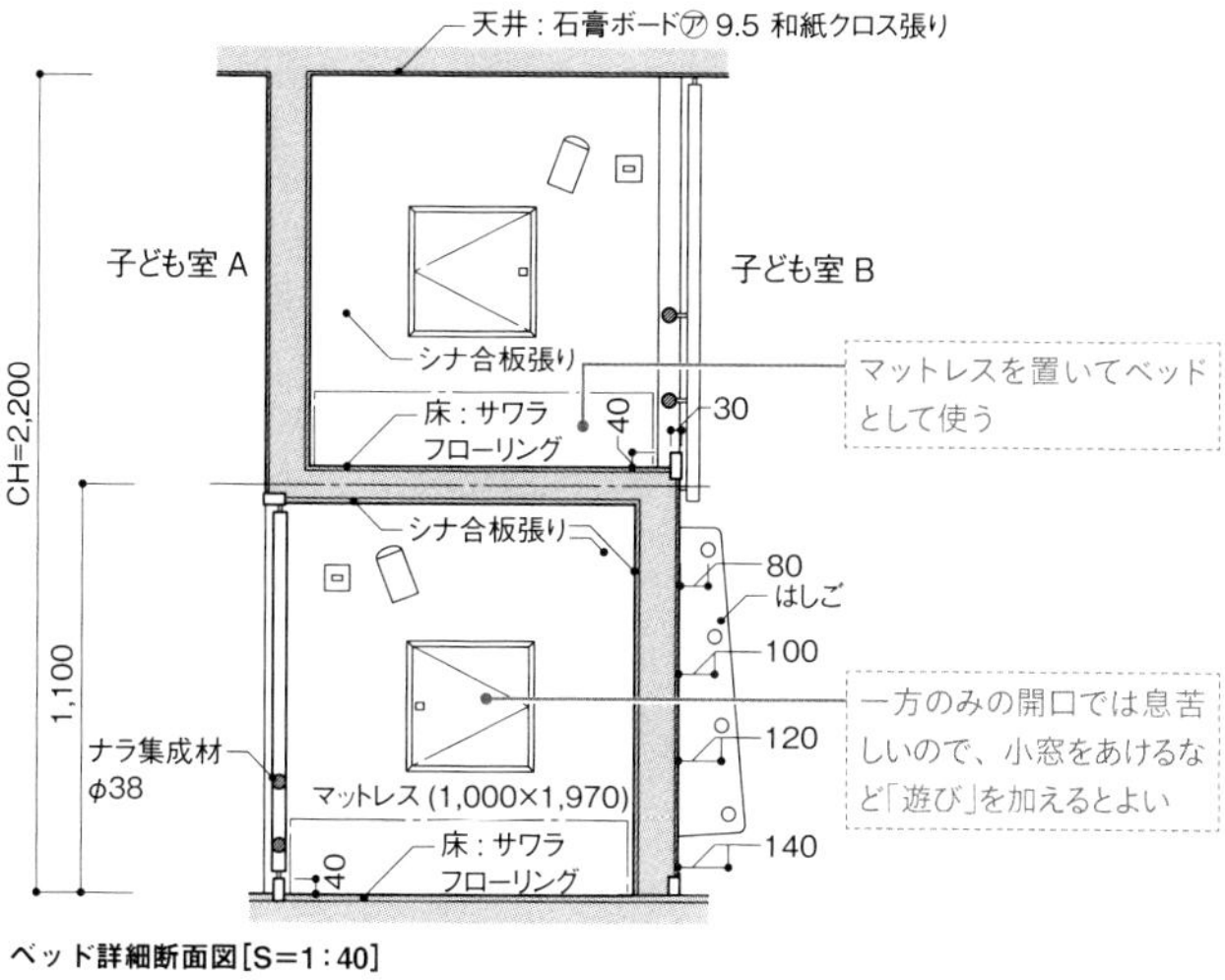
天井:石膏ボード⑦9.5 和紙クロス張り
子ども室 A
子ども室 B
CH=2,200
シナ合板張り
マットレスを置いてベッドとして使う
床:サワラ
フローリング
40
30
シナ合板張り
80
はしご
100
1,100
一方のみの開口では息苦しいので、小窓をあけるなど「遊び」を加えるとよい
120
ナラ集成材
φ38
マットレス(1,000×1,970)
140
40
床:サワラ
フローリング

ベッド詳細断面図[S=1:40]

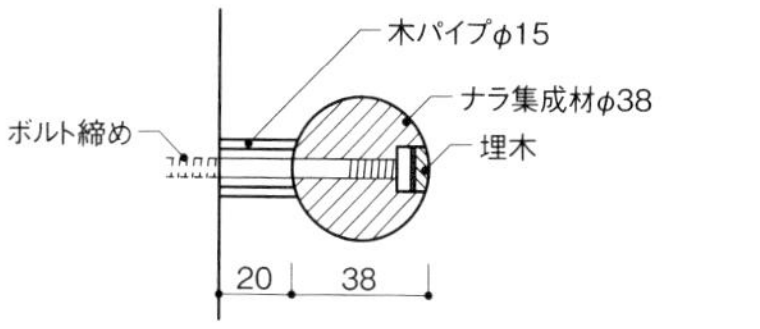
木パイプφ15
ナラ集成材φ38
ボルト締め
埋木
20
38

手摺詳細 [S=1:4]

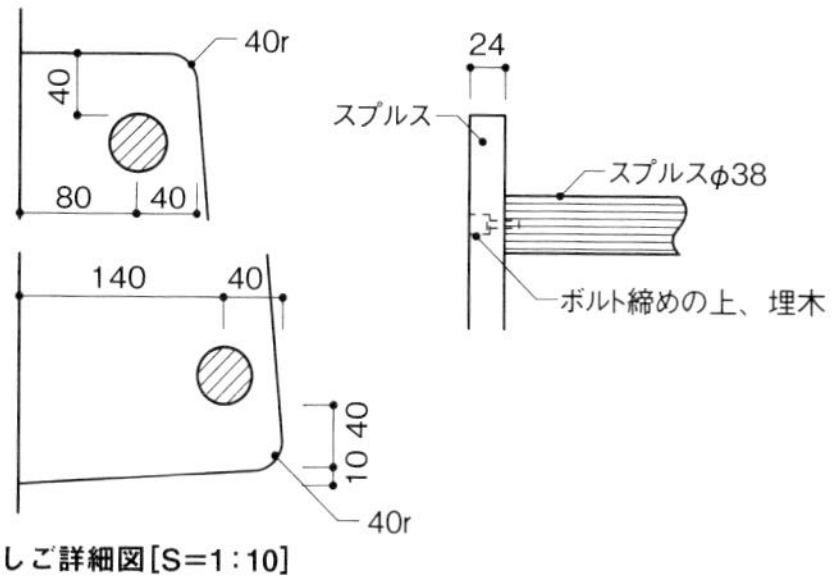
40r
40
80
40
24
スプルス
スプルスφ38
ボルト締めの上、埋木
140
40
10
40
40r

はしご詳細図[S=1:10]

写真提供:プライシュティフト、写真:冨田治(100頁、101頁)

1 和室収納の中心は、布団をしまう押入れ

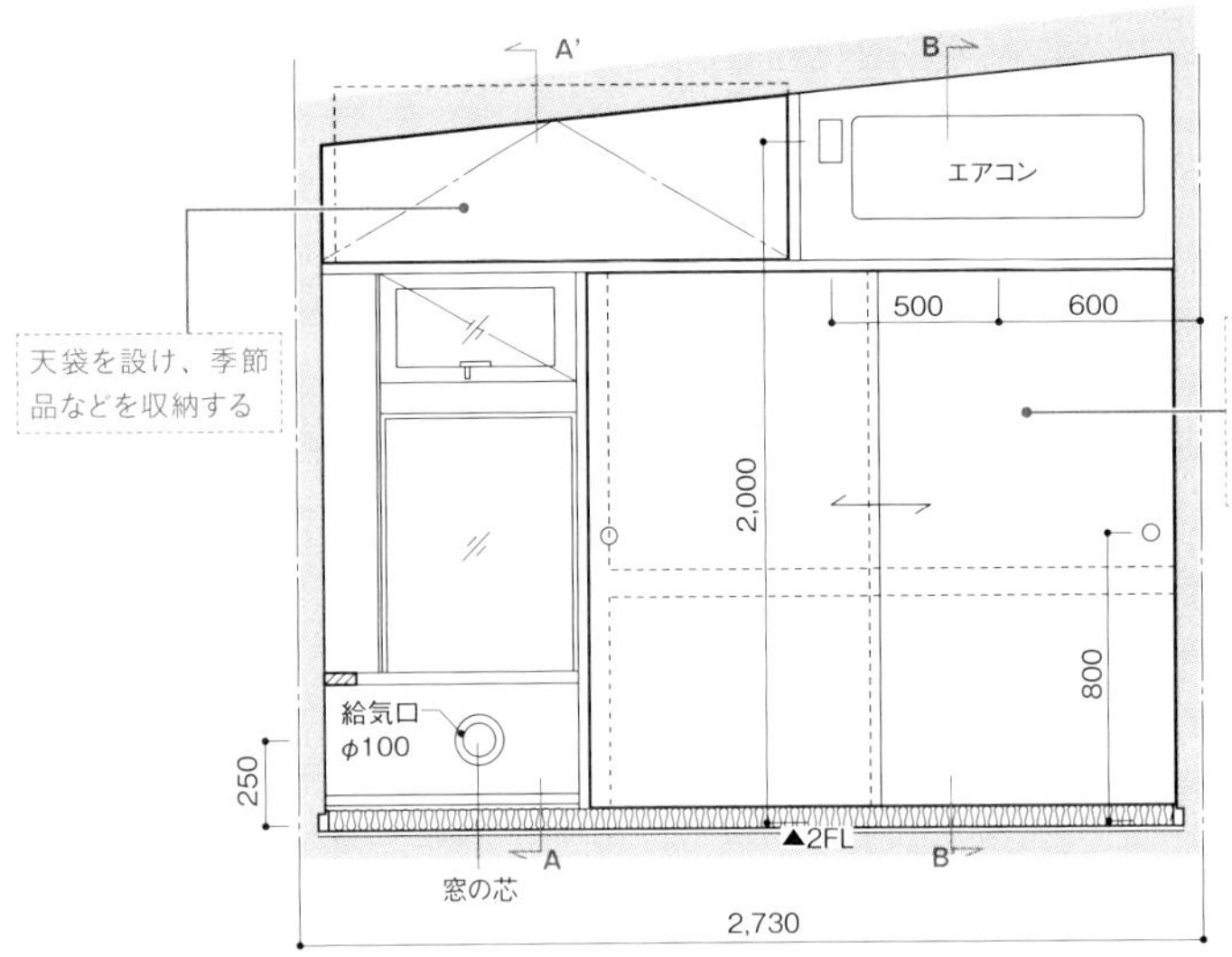
A'
B
エアコン
500
600
天袋を設け、季節品などを収納する
押入れは引違い襖（建具工事）にし、外せるようにしておくと、大きな物の出し入れがしやすい
2,000
800
給気口
φ100
250
▲2FL
A
B'
窓の芯
2,730

展開図［S=1:40］

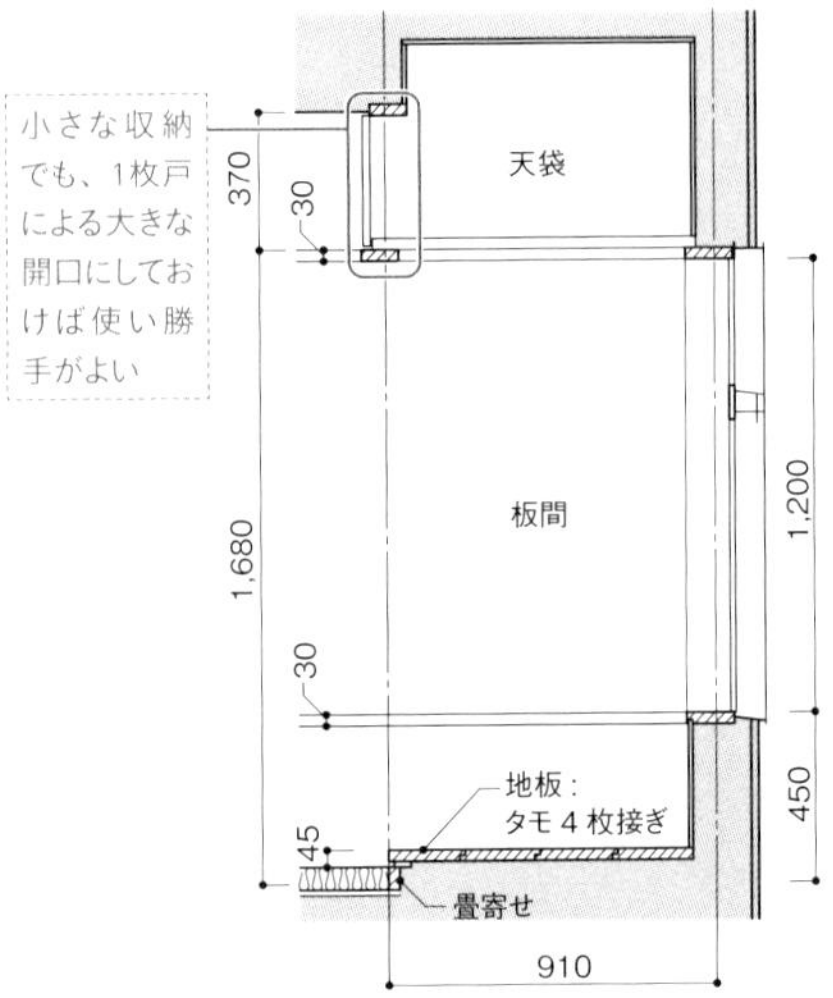
小さな収納でも、1枚戸による大きな開口にしておけば使い勝手がよい
370
30
天袋
1,680
板間
1,200
30
450
地板：
タモ4枚接ぎ
45
畳寄せ
910

A-A' 断面図［S=1：40］

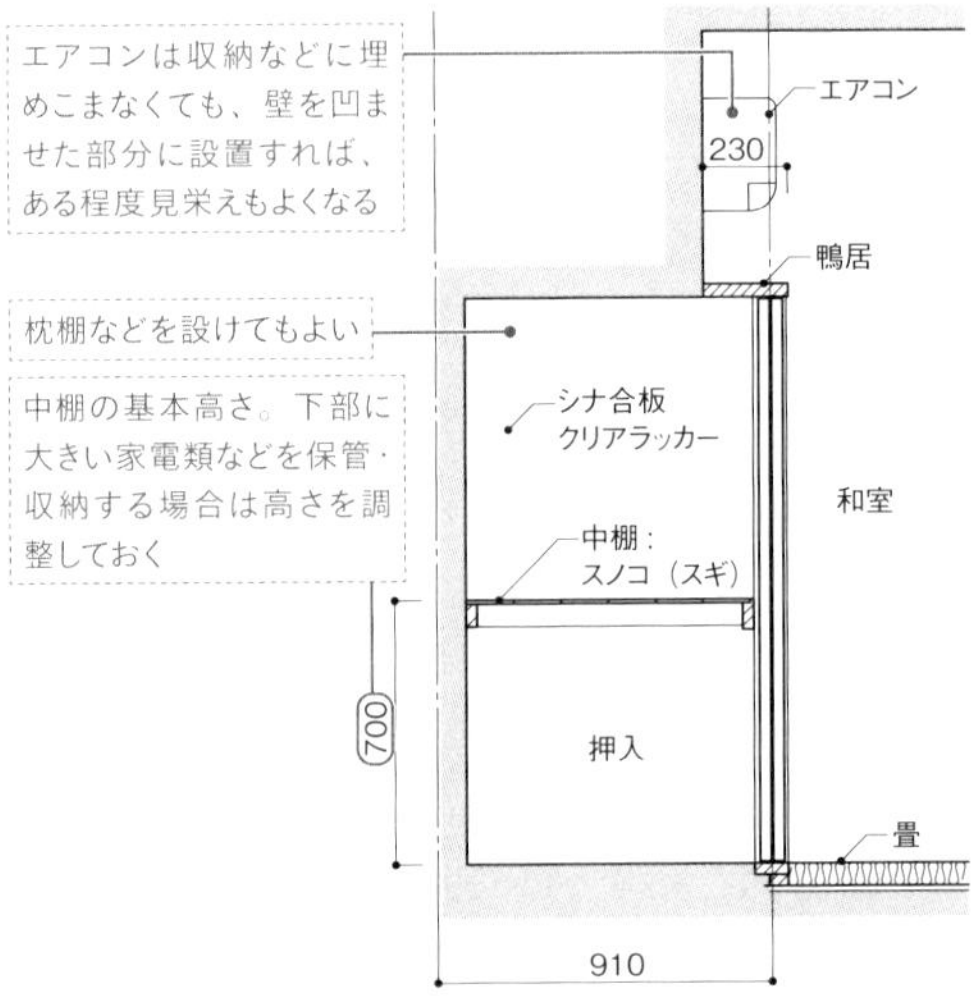
エアコンは収納などに埋めこまなくても、壁を凹ませた部分に設置すれば、ある程度見栄えもよくなる
エアコン
230
鴨居
枕棚などを設けてもよい
シナ合板
クリアラッカー
和室
中棚の基本高さ。下部に大きい家電類などを保管・収納する場合は高さを調整しておく
中棚：
スノコ（スギ）
700
押入
畳
910

B-B' 断面図［S=1：40］

「本来の」和室には床の間や違い棚を設える。ここでは、現代に一般的な「日常の寝室や客間としての」和室に必要な収納・家具について紹介する。

布団収納としての「押入れ」

メインとなるものは「布団」を収納する押入れである。大工工事＋建具工事（襖）の組み合わせで、単純なつくりとする。腰の高さには中棚を設置し、布団や毛布などをしまえるようにする。押入れに高さがある場合、枕やシーツなど小物類を置く枕棚を付けるとよい。

押入れ内部はシナ合板、汚れ止めにクリアラッカーで仕上げる。中棚は直に布団を載せるので、スギの無垢材（無塗装）をスノコ状にするとよい[1]。

押入れの奥行きは、三つ折りにした敷き布団の寸法（65〜70㎝）に通気のための空間を加え、80㎝程度とする。中棚の高さは、床から70〜75㎝を基本とするが、建て主の身長と布団を抱えて持ち上げる動作を考慮し、低めに設定すると親切である。ただしクロゼット

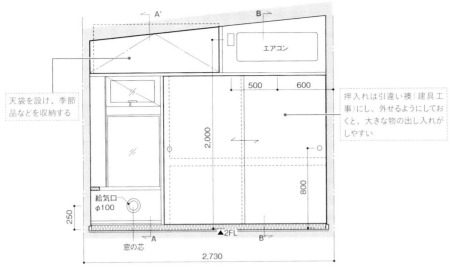

2 和室客間にふさわしい収納

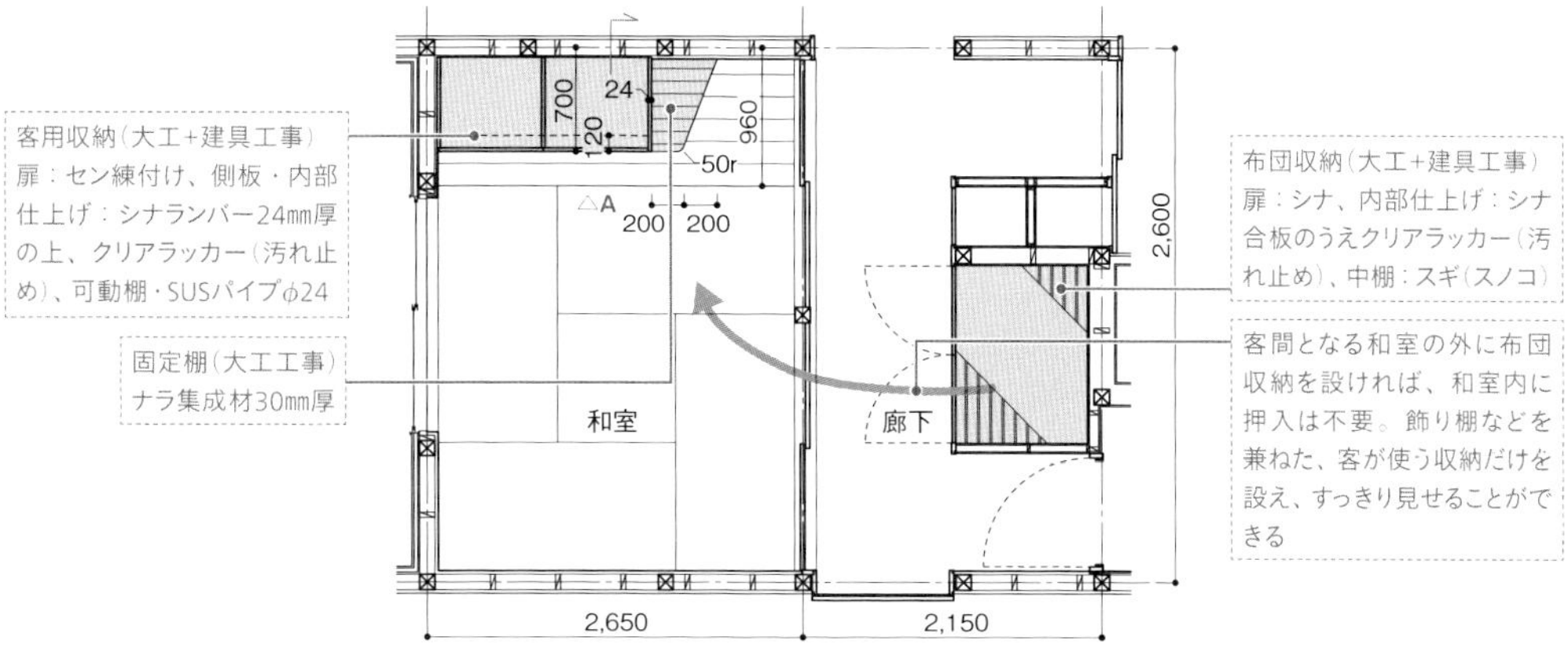
客用収納(大工+建具工事)
扉:セン練付け、側板・内部仕上げ:シナランバー24mm厚の上、クリアラッカー(汚れ止め)、可動棚・SUSパイプφ24
固定棚(大工工事)
ナラ集成材30mm厚
700
24
120
960
50r
△A
200
200
和室
廊下
2,600
2,650
2,150
布団収納(大工+建具工事)
扉:シナ、内部仕上げ:シナ合板のうえクリアラッカー(汚れ止め)、中棚:スギ(スノコ)
客間となる和室の外に布団収納を設ければ、和室内に押入は不要。飾り棚などを兼ねた、客が使う収納だけを設え、すっきり見せることができる

平面図[S=1:80]

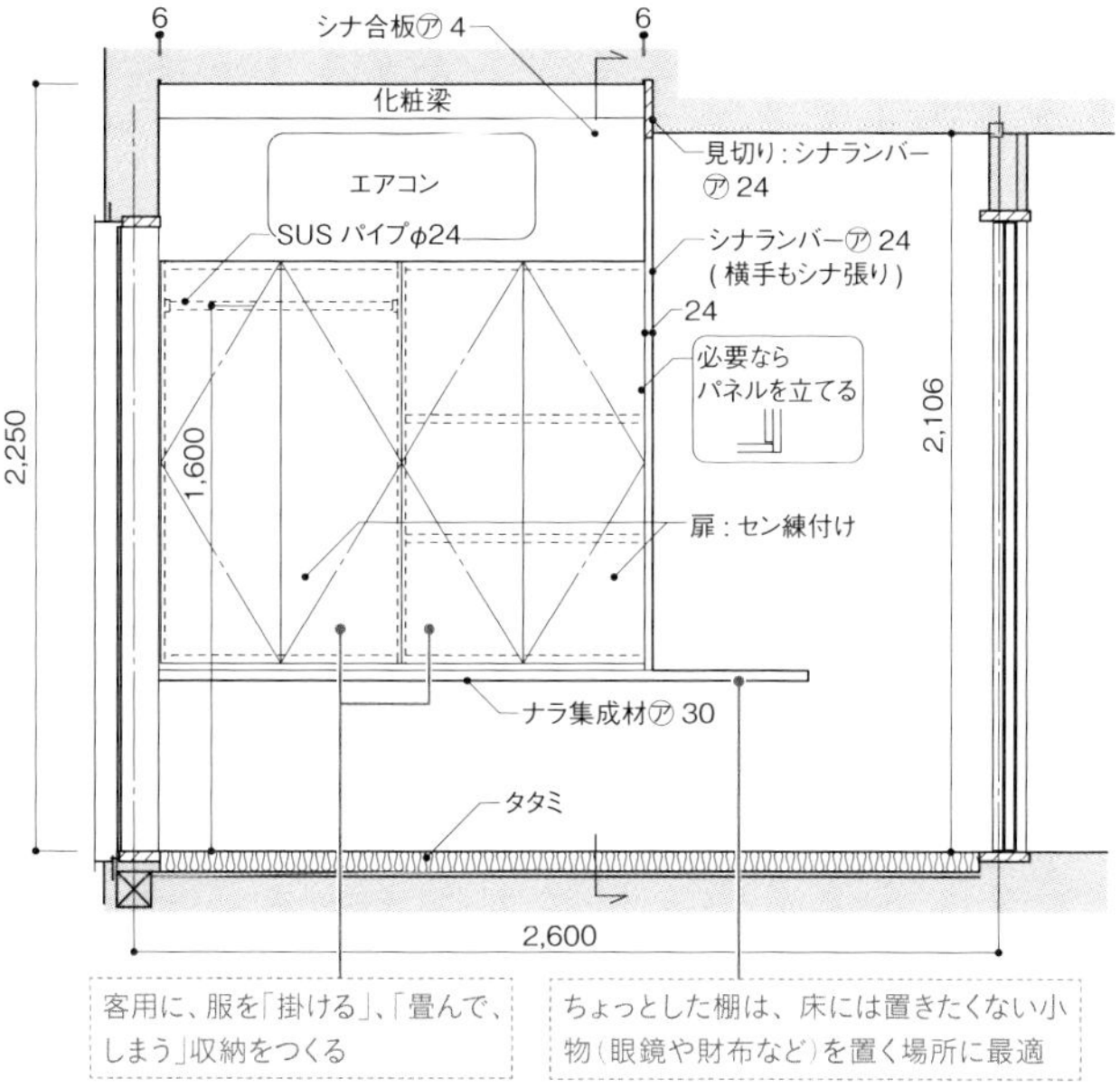
6
シナ合板㋐4
6
化粧梁
見切り:シナランバー㋐24
エアコン
SUS パイプφ24
シナランバー㋐24
(横手もシナ張り)
24
必要なら
パネルを立てる
2,250
1,600
2,106
扉:セン練付け
ナラ集成材㋐30
タタミ
2,600
客用に、服を「掛ける」、「畳んで、しまう」収納をつくる
ちょっとした棚は、床には置きたくない小物(眼鏡や財布など)を置く場所に最適

A展開図[S=1:40]

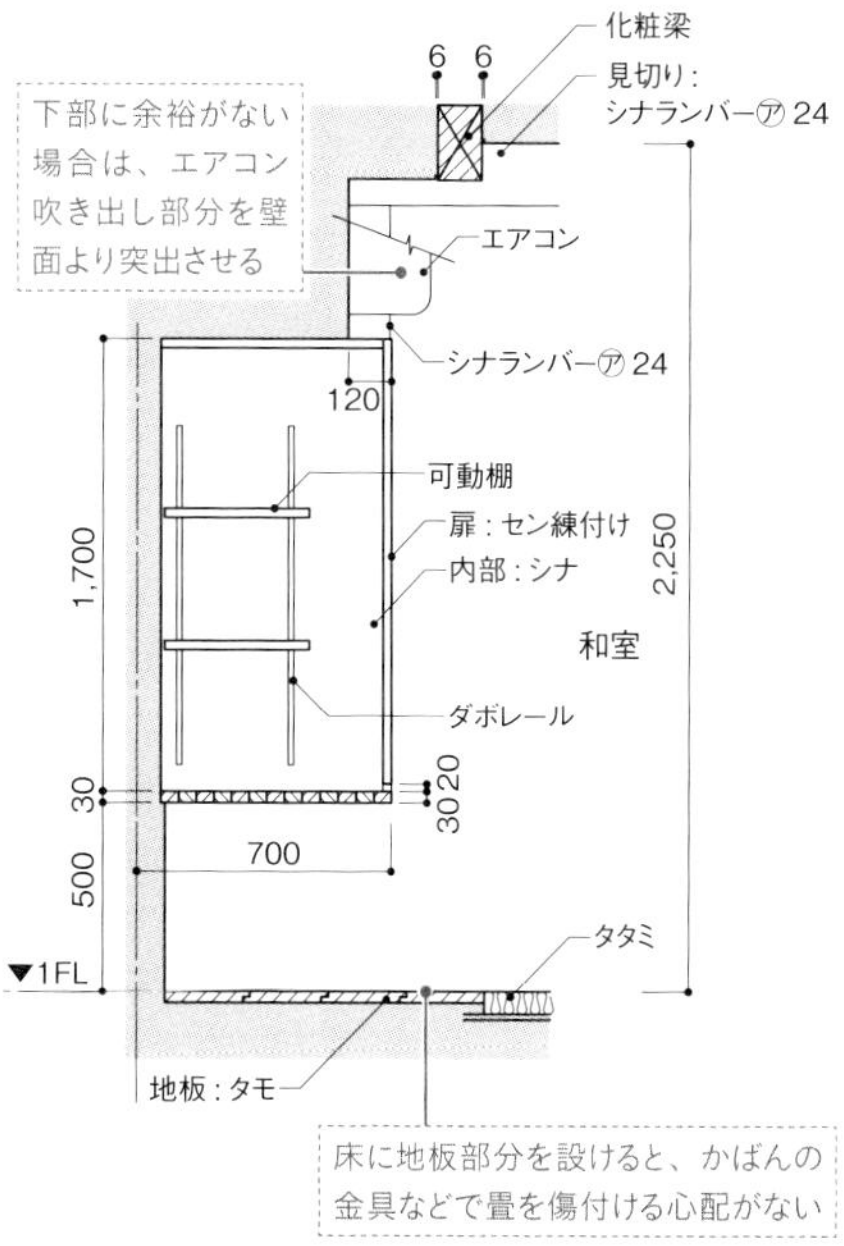
6 6
化粧梁
見切り:シナランバー㋐24
下部に余裕がない場合は、エアコン吹き出し部分を壁面より突出させる
エアコン
シナランバー㋐24
120
可動棚
扉:セン練付け
内部:シナ
1,700
2,250
和室
ダボレール
30
30
20
700
500
▼1FL
タタミ
地板:タモ
床に地板部分を設けると、かばんの金具などで畳を傷付ける心配がない

断面図[S=1:40]

がない住宅などでは、中棚の下を衣装ケースや段ボール箱のほかスーツケースや加湿器、扇風機などの保管場所にも使うので、中棚を下げ過ぎないよう注意する。一方、枕棚の奥行きは40㎝程度とし、荷重に耐えられるように桟に載せる形とするが、不要な際に外せるようにしておくと便利である。

客間にふさわしい和室の収納家具

感染症の影響により、来客用の布団置場を求められることが少なくなったものの、和室を客間として使う場合、布団を置くスペースを室外に確保すれば、洋室と同様に「客間にふさわしい家具」をつくることができる。天袋や地袋など和風の意匠をモチーフとしたうえで、滞在中の荷物を片付けられる「客用の収納家具」を設けるとよい[2]。

和室の工事は大工工事でつくる箱+建具工事による開き扉、の組み合わせが基本だ。使用する扉と箱の外側の材料は和室の雰囲気に合わせるが、内部はシナ+汚れ止めのクリアラッカーで十分。お客様の手荷物などを置けるように天袋状の収納の下部を板張りの床にすれば、畳を傷付ける心配を減らせる。[齋藤文子]

3 和室の収納は高さに配慮して圧迫感をなくす

収納の足元を浮かせて設置すると、床が奥まで見えることで、部屋が広く感じられる。ここでは寝室として使用する和室の収納の足元を400㎜程度浮かせて設置することで、視線の抜けをつくっている。この部分には通風用の地窓を設けている。

背を抑えた収納戸が、落ち着いた印象を与える。また、収納上部の鴨居は、右手の入口襖の鴨居と連続させ、リズミカルに見えるようにしている

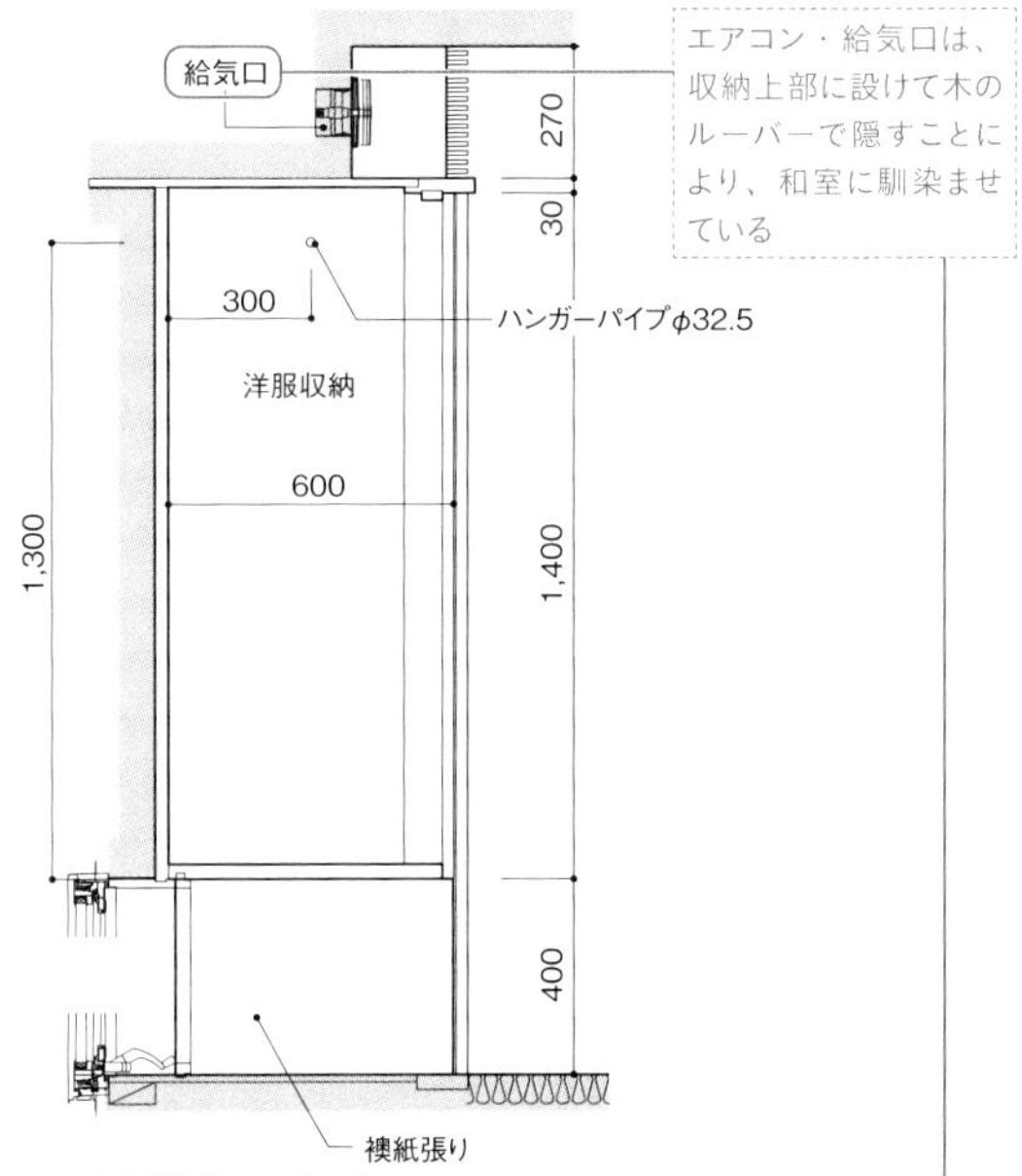

給気口
エアコン・給気口は、収納上部に設けて木のルーバーで隠すことにより、和室に馴染ませている
270
30
300
ハンガーパイプφ32.5
洋服収納
600
1,300
1,400
400
襖紙張り

A-A'断面図[S=1:30]

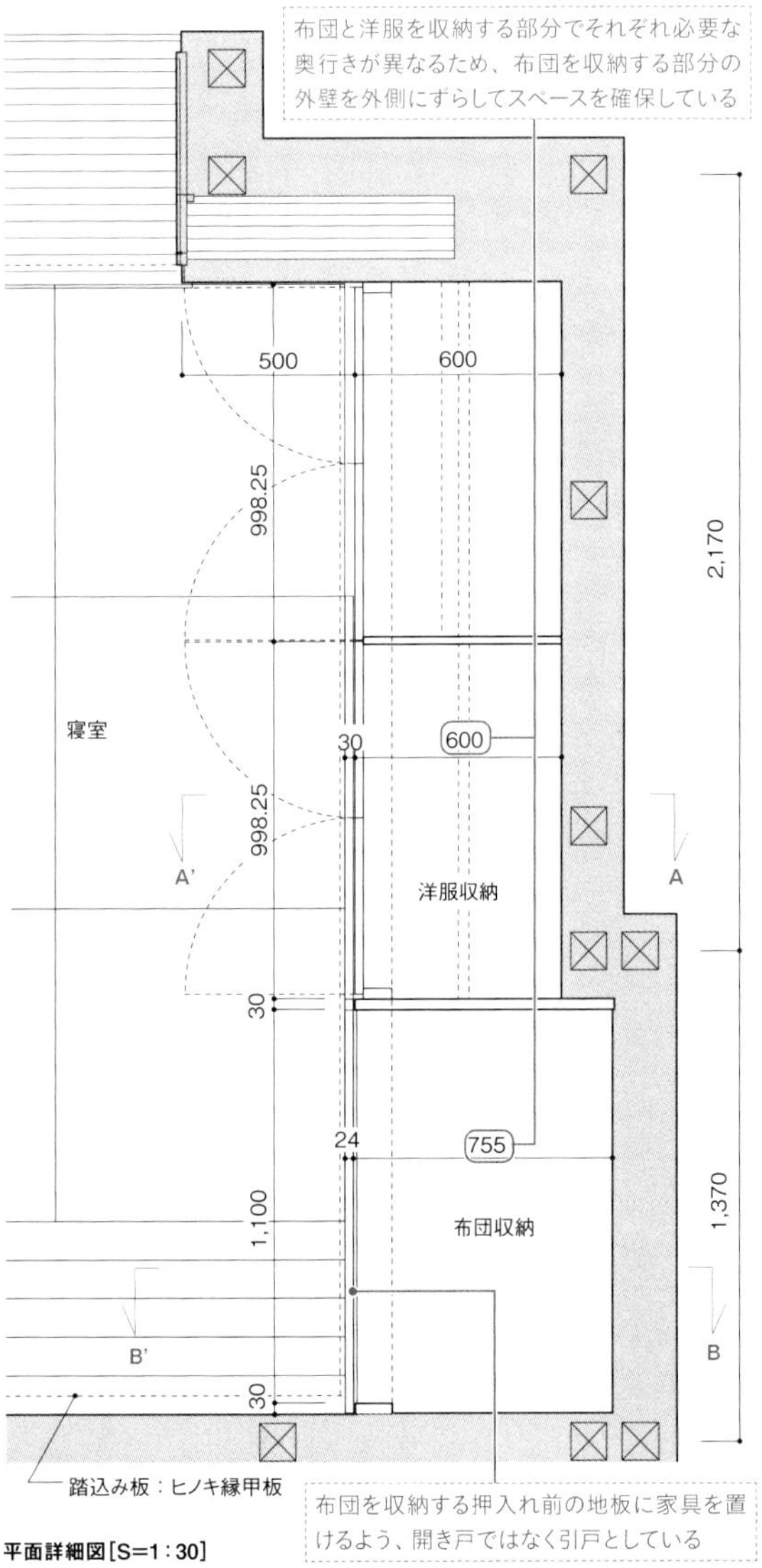

布団と洋服を収納する部分でそれぞれ必要な奥行きが異なるため、布団を収納する部分の外壁を外側にずらしてスペースを確保している
500
600
998.25
2,170
寝室
30
600
998.25
A'
A
洋服収納
30
24
755
1,100
1,370
布団収納
B'
B
30
踏込み板：ヒノキ縁甲板
布団を収納する押入れ前の地板に家具を置けるよう、開き戸ではなく引戸としている

平面詳細図[S=1:30]

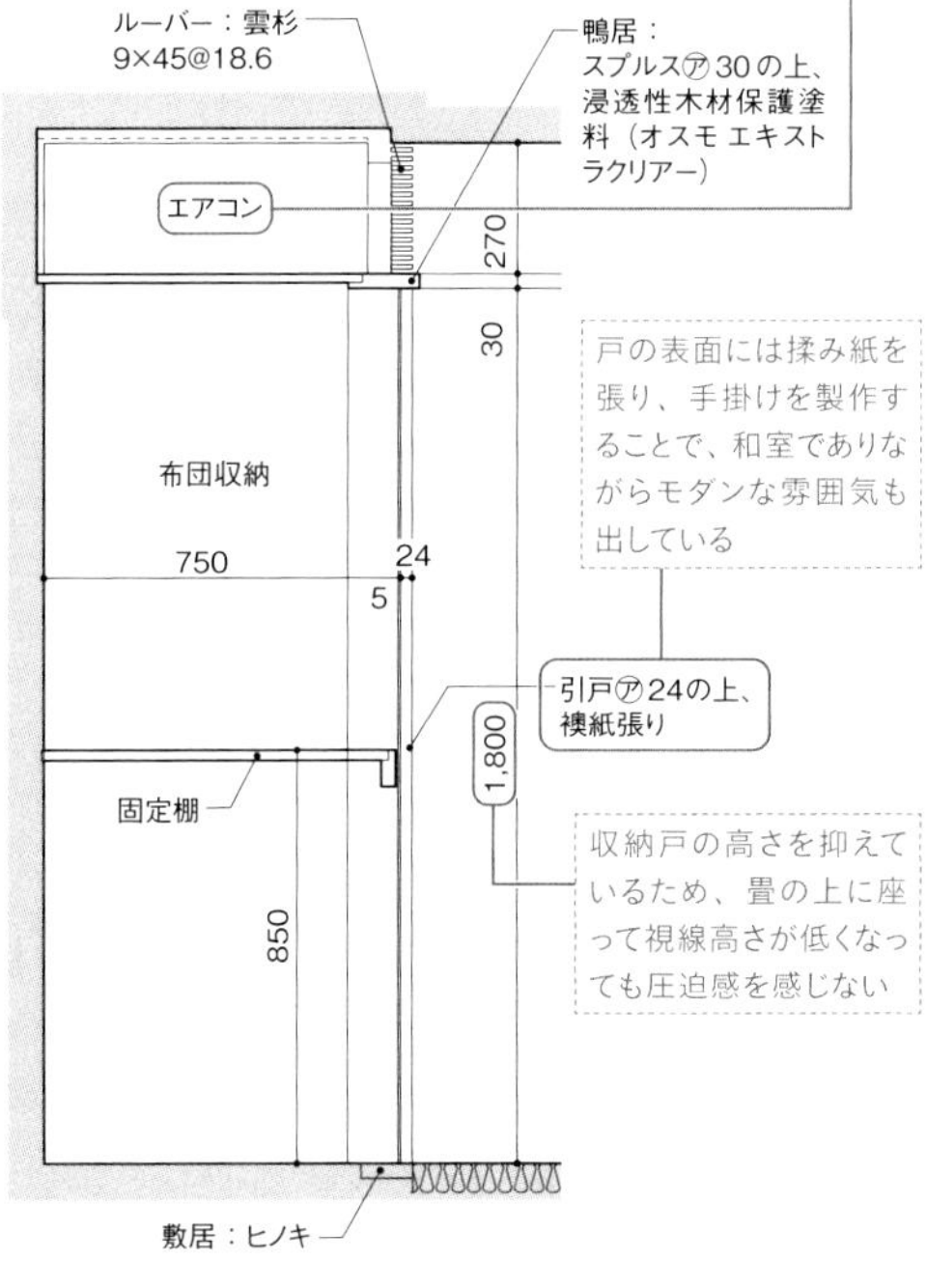

ルーバー：雲杉
9×45@18.6
鴨居：
スプルス㋐30の上、
浸透性木材保護塗料（オスモ エキストラクリアー）
エアコン
270
30
戸の表面には揉み紙を張り、手掛けを製作することで、和室でありながらモダンな雰囲気も出している
布団収納
750
24
5
引戸㋐24の上、
襖紙張り
1,800
固定棚
850
収納戸の高さを抑えているため、畳の上に座って視線高さが低くなっても圧迫感を感じない
敷居：ヒノキ

B-B'断面図[S=1:30]

3 若林の家、設計・写真：村田淳建築研究室

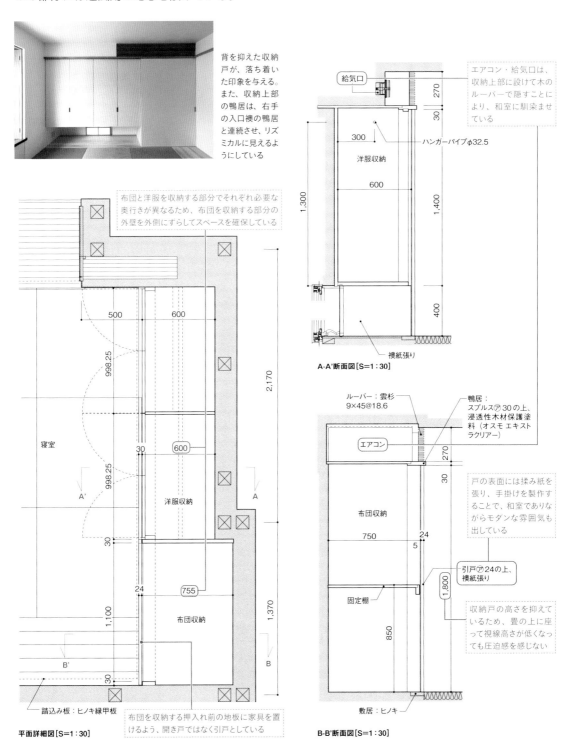

1 家事室には家事がはかどる収納計画を

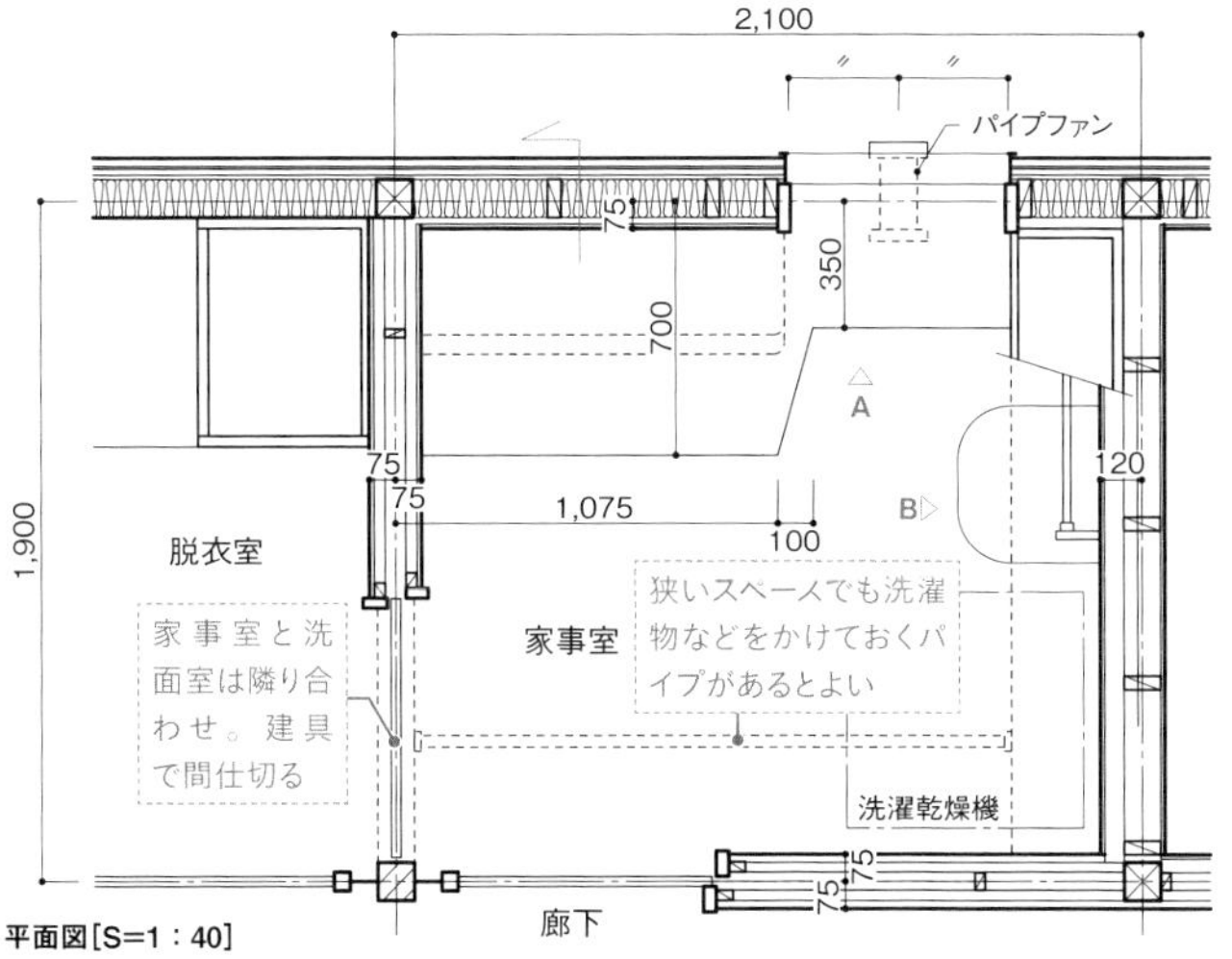
2,100
パイプファン
75
350
700
A
75
75
1,075
100
B
120
1,900
脱衣室
家事室
家事室と洗面室は隣り合わせ。建具で間仕切る
狭いスペースでも洗濯物などをかけておくパイプがあるとよい
洗濯乾燥機
廊下

平面図[S=1：40]

図の事例とは別の家事室。広いカウンターは作業がしやすい

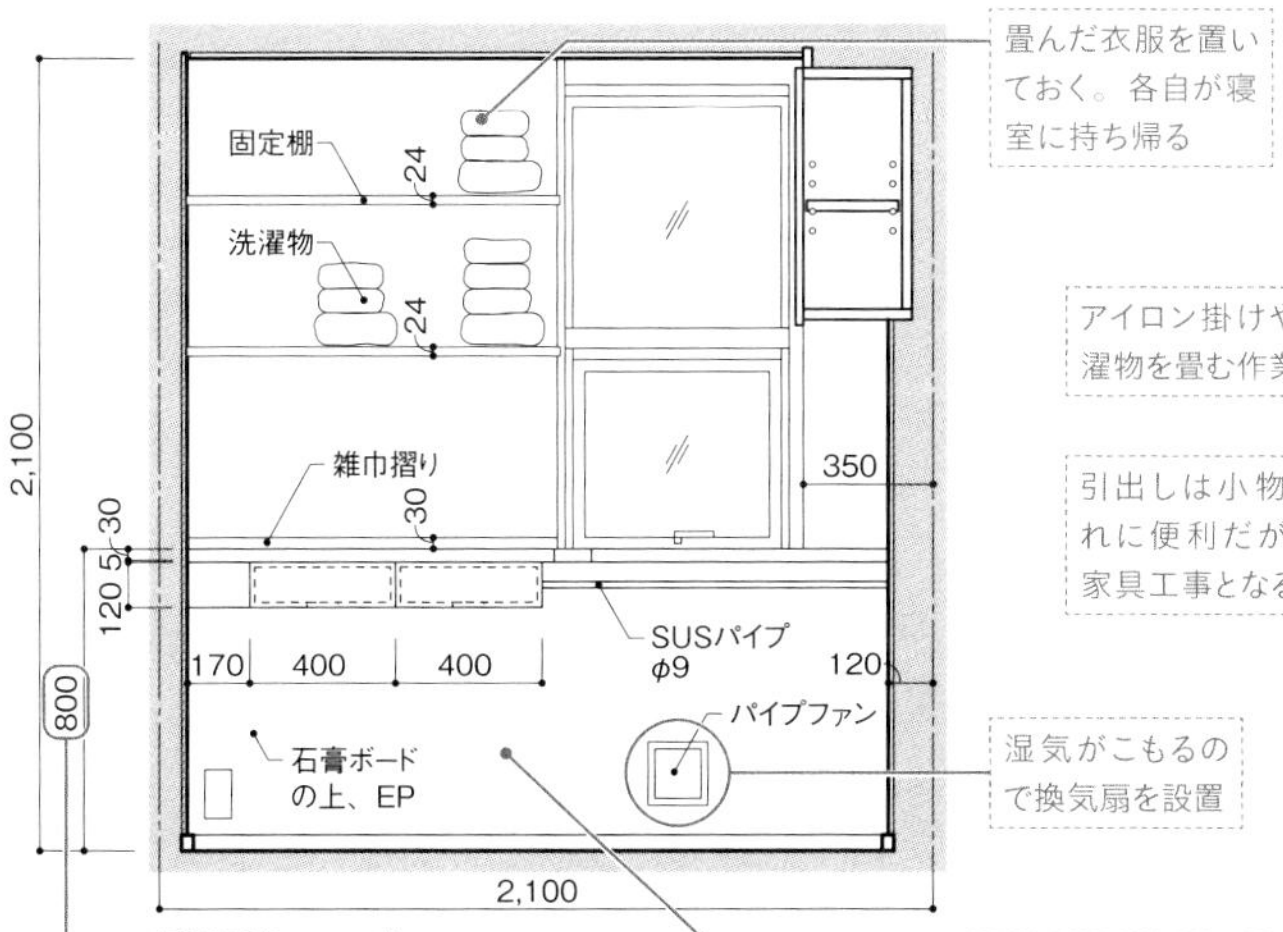
畳んだ衣服を置いておく。各自が寝室に持ち帰る
固定棚
24
洗濯物
24
雑巾摺り
30
350
2,100
30
5
120
800
170
400
400
SUSパイプ φ9
120
パイプファン
石膏ボードの上、EP
湿気がこもるので換気扇を設置
2,100

A展開図[S=1：40]

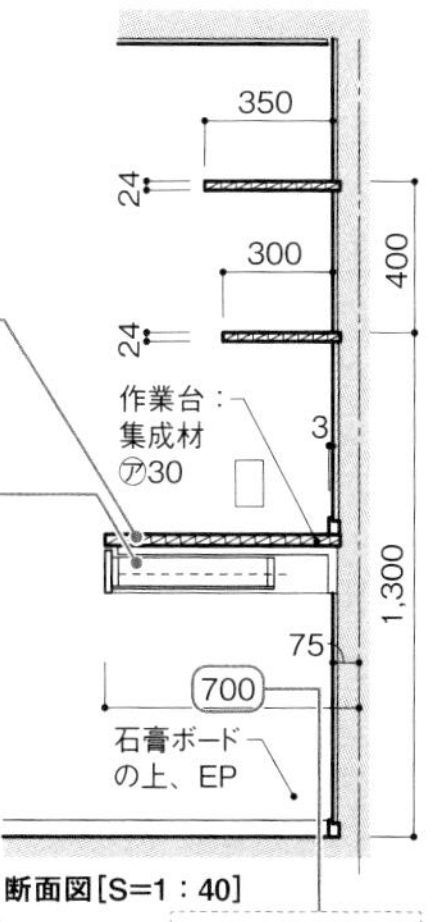
350
24
300
400
24
アイロン掛けや洗濯物を畳む作業台
作業台：集成材㋐30
3
引出しは小物入れに便利だが、家具工事となる
1,300
75
700
石膏ボードの上、EP

断面図[S=1：40]

カウンター高さはテーブル同様、70～80cmが基本。アイロン台をカウンターに載せて使う、など、使い勝手から高さを調整する

カウンター下を空けておき、かさばる紙袋・箱などを置くための奥行きのあるスペースをつくる

奥行きが650mm程度あると、作業しやすい

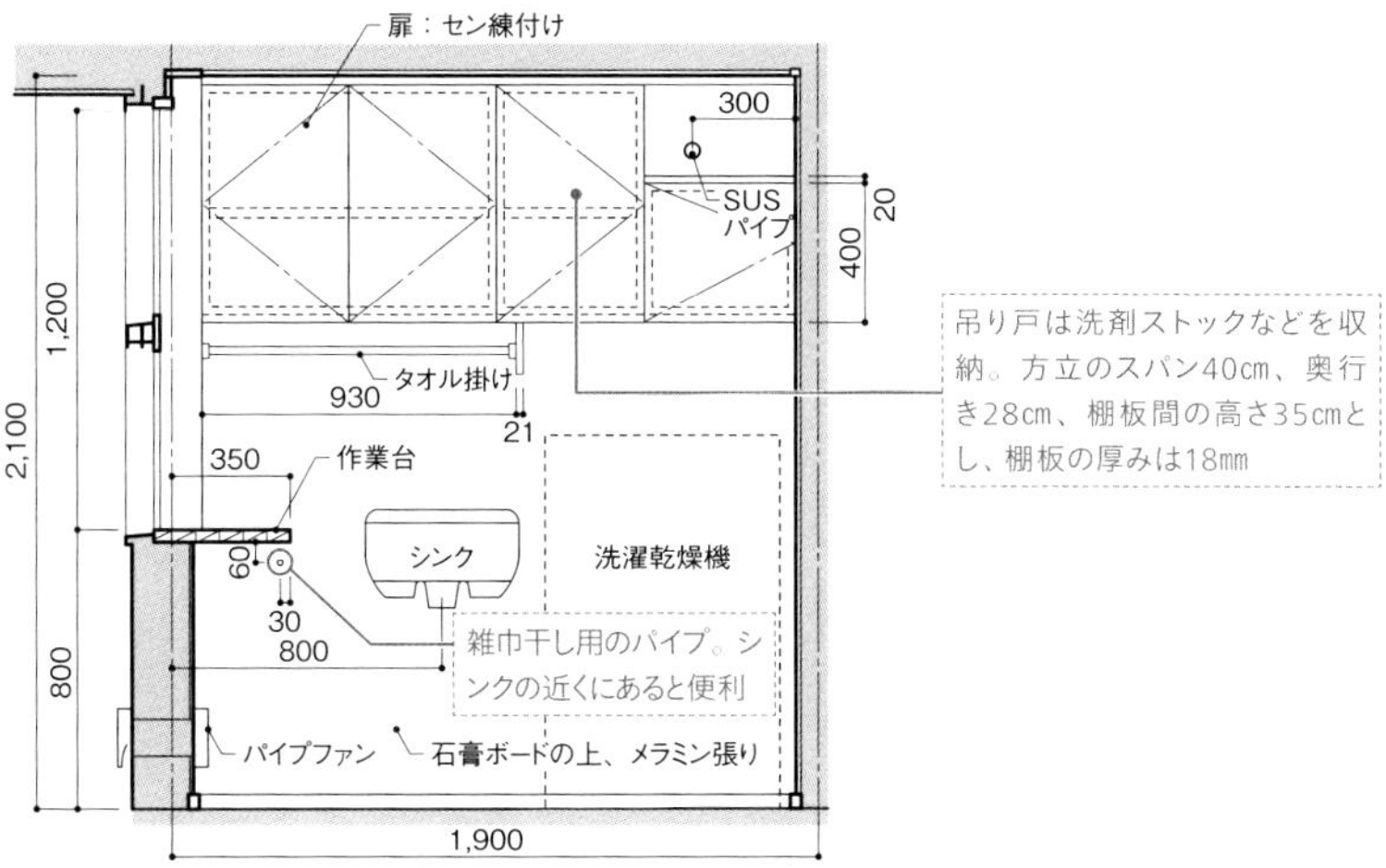
扉：セン練付け
300
SUSパイプ
20
400
1,200
2,100
930
タオル掛け
21
350
作業台
60
シンク
洗濯乾燥機
30
800
800
雑巾干し用のパイプ。シンクの近くにあると便利
パイプファン
石膏ボードの上、メラミン張り
1,900
吊り戸は洗剤ストックなどを収納。方立のスパン40cm、奥行き28cm、棚板間の高さ35cmとし、棚板の厚みは18mm

B展開図[S=1：40]

写真提供：プライシュティフト、写真：冨田治

2 家事コーナーは使用目的で場所が決まる［※］

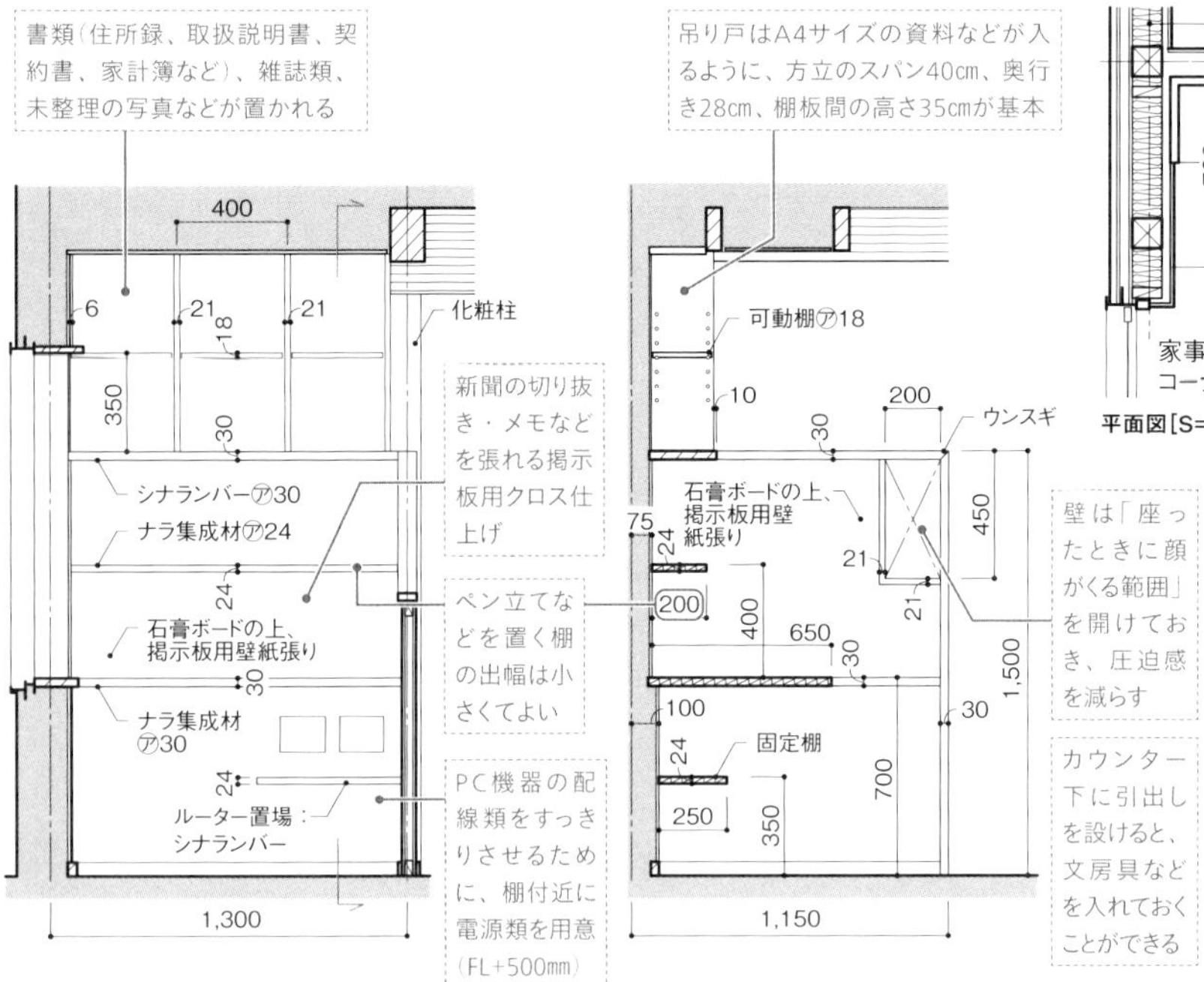

書類（住所録、取扱説明書、契約書、家計簿など）、雑誌類、未整理の写真などが置かれる
400
6
21
18
21
化粧柱
350
30
シナランバー㋐30
ナラ集成材㋐24
24
石膏ボードの上、掲示板用壁紙張り
30
ナラ集成材㋐30
24
ルーター置場：シナランバー
1,300
新聞の切り抜き・メモなどを張れる掲示板用クロス仕上げ
ペン立てなどを置く棚の出幅は小さくてよい
PC機器の配線類をすっきりさせるために、棚付近に電源類を用意（FL+500㎜）
吊り戸はA4サイズの資料などが入るように、方立のスパン40㎝、奥行き28㎝、棚板間の高さ35㎝が基本
可動棚㋐18
10
200
ウンスギ
30
石膏ボードの上、掲示板用壁紙張り
75
24
450
21
200
21
400
650
30
1,500
100
30
24
固定棚
700
250
350
1,150
壁は「座ったときに顔がくる範囲」を開けておき、圧迫感を減らす
カウンター下に引出しを設けると、文房具などを入れておくことができる

展開図［S=1：40］　断面図［S=1：40］

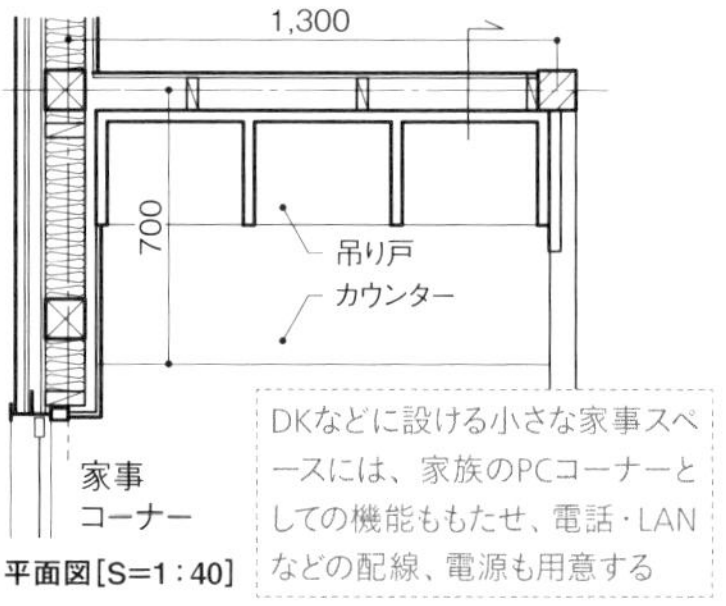

1,300
700
吊り戸
カウンター
家事コーナー
DKなどに設ける小さな家事スペースには、家族のPCコーナーとしての機能ももたせ、電話・LANなどの配線、電源も用意する

平面図［S=1：40］

図の事例とは別の家事コーナー。台所に設け、主婦の書斎がわり

水廻りに連続して設ける家事室

スペースにゆとりがある場合は、家事のための個室を設けるとよい［105頁 1］。洗濯物の室内干し、アイロン・ミシン掛けなどをその場で行えるだけでなく、出したままにしておけるので、便利である。とはいえ、物には収納のための定位置を確保しておきたい。そこで家具室には、「作業カウンター」のほか、各種資料などを収納する「吊り戸」、アイロン台などかさばるものや重いものをしまう「奥行きのある収納」が必要になる。

個室自体を収納と考えれば、材料はシナなどで十分。それぞれの家具には扉も不要だ。作業カウンターはナラやタモなどの堅木の集成材（30㎜）、クリアラッカーで仕上げておき、キズやシミを防ぐとよい。湿った布が触れることを気にするのであれば、メラミン化粧板を張ったランバーパネル（30㎜）を選択する。

LDKに設ける家事コーナー

キッチンなどの一部に家事コーナーを設けると、身の回りのものを整理する場所になると同時に、家族のパソコンコーナーやテレワークスペースとしても役に立つ［2］。

カウンターにはパソコンの手前に書類を広げることを配慮し、65㎝程度の奥行きを確保したい。ナラやタモなどの堅木の集成材（30㎜）を使い、浸透性のクリア塗装で仕上げれば、多少の引っかき傷も目立たない。カウンター下はプリンターなど周辺機器を置く場所と設定し、カウンターにφ30～40㎜程度の孔空けをしておく。集成材はホルソーで簡単に孔空けできるので、引き渡し後の対応も安心である。カウンター上の棚には、雑誌・書類を収納する。A4サイズを基本に寸法設定するとよい。

［齋藤文子］

❶工種を選ぶ

	家事コーナー	家事室
家具工事	△	△
大工工事	○	○
理由	家事コーナーの家具は材料・塗装とも、周辺家具の素材と合わせて選ぶ。ただし、カウンター下は椅子で隠れるため、シナなどの手頃な材料+クリアラッカーで十分。家事室は室全体を収納と考え、同様に、シナ材+クリアラッカーで仕上げる。どちらも引出しなど複雑な納まりがある場合のみ家具工事で見積もる	

※ 共働き世帯は特に、乾燥機付洗濯機を用いて夜の間に洗濯を済ませる家庭が多い。基本的に外干しはせず、洗濯乾燥後、洗濯機のそばの室内干しスペースでハンガーに掛けた衣類の湿気を抜き、クロゼットにそのまま掛けられる。そんな動線を求められることが多くなった

写真提供：プライシュティフト、写真：冨田治

書斎・書斎コーナー　テレワークにも活用

1 書斎の家具はスペースに合わせて

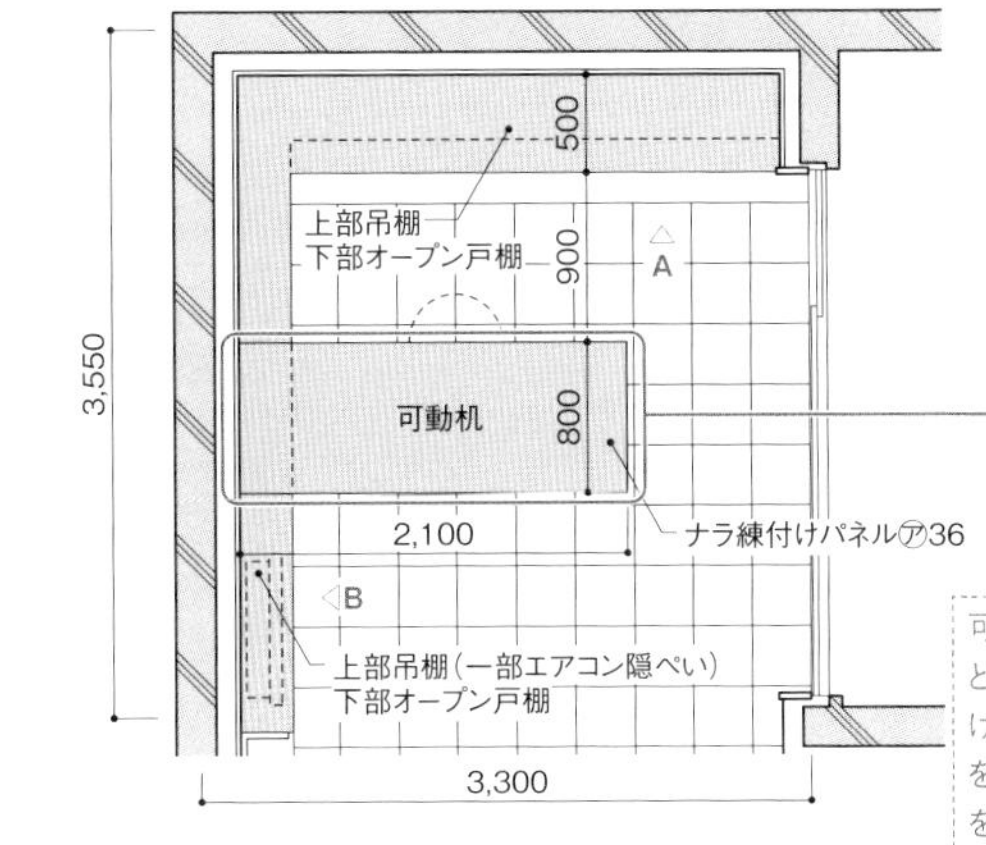

上部吊棚
下部オープン戸棚
500
900
A
3,550
可動机
800
2,100
ナラ練付けパネル㋐36
B
上部吊棚（一部エアコン隠ぺい）
下部オープン戸棚
3,300

平面図[S=1：80]

戸棚とオープン棚、机の組合せ。スペースに合わせてゆったりつくる

可動机は箱と天板というパーツに分ける。天板は一方を箱に、もう一方をカウンターに載せて支持する

机の標準サイズは高さ・奥行き共に70㎝。座るスペースとして幅100㎝確保し、幅35㎝の箱（オープン棚用）と40㎝の箱（引出し用）を設け、天板（幅180～200㎝程度）を載せる

奥行きのある箱は両側から使えるようにつくると、使い勝手がよい

スペースに余裕がある場合、机の奥行きは深めにとる。パソコンのキーボードの手前にスペースが確保できる

箱の幅を奥行きの半分にしておくと、箱を増やす際、横使いも可能になる（ただし、引出しの場合は奥行きにかかわらず幅40㎝がベスト）

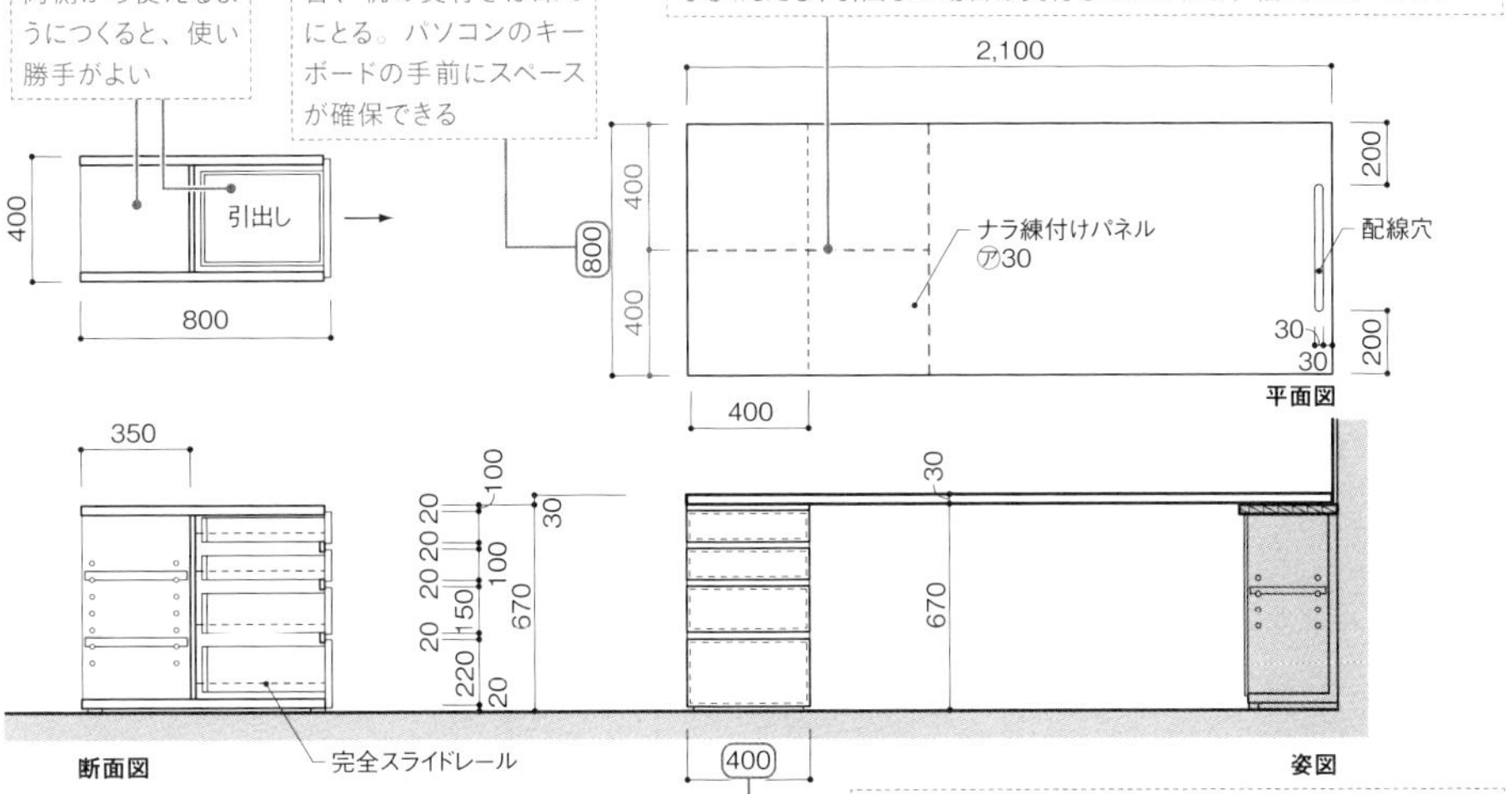

400
引出し
800
2,100
200
400
800
400
ナラ練付けパネル
㋐30
配線穴
30
30
200
400
平面図
350
100
20
20
20
20
20
150
220
20
30
100
670
30
670
断面図
完全スライドレール
400
姿図

引出しは、箱の側板や金物、引出しの側板などで10㎝程度は使えなくなるので、幅を決める際には注意する

可動机詳細図[S=1：40]

個室としての書斎に必要な家具

テレワークが定着したこともあり、仕事場として書斎を設けるケースが増えている。リモート会議を行う場合、声が外部に漏れたり、家族の声が相手に聞こえてしまうことを避けるため、リビング等の一部ではなく、扉付きの個室が求められることが多い。

1｜仕事がしやすい書斎の家具づくり

仕事場を兼ねる書斎に必要な家具は、職業によって使い方や収納物が異なるのでヒアリングが欠かせない。いずれにせよ、手を伸ばせば届く本棚やプリンター置き場、文房具を手元で収納できる引出しなど、「机に向かった状態」での使い勝手を中心にレイアウトを検討する。

資料や書類は本棚への保管が一般的で、本棚のサイズもそこから割り出す。職業によって「よく使う」判型が異なるので頭に入れておくとよい（企業系だとA判、学校系だとB判など）。

職業にかかわらず、大きな作業机を

写真提供：プライシュティフト、写真：冨田治

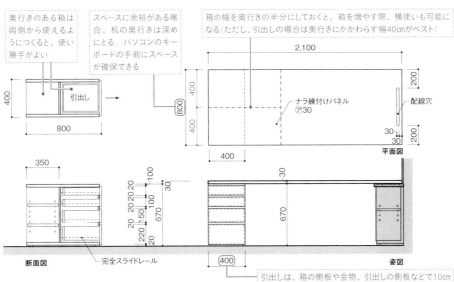

希望される場合は、家具工事でつくることがオススメだ。ただし造付けではなく、2つの箱と天板を組み合わせたつくりにしておき、レイアウトの変更や位置調整にも対応できるようにする。

2｜書庫としての書斎に求める家具

蔵書のサイズは職業や読書の好み、年齢によって異なるので、計画前に建て主に確認をしておくことが必須である。とはいえ、本棚は、腰から上が雑誌サイズ（一部に文庫などの奥行きが浅いもの）、腰から下は画集やアルバムなどの大きいもの、と大きく範囲を分けて考えるのが基本。そのうえで「あとは工夫して収納してください」といえる気持ちのゆとりも設計者には必要である。

また、読書家の家庭では本を捨てずに保管し、「目が疲れる」と感じる歳になるまで蔵書が増え続ける傾向にある。場合によっては、造付けの本棚ではなく、市販のスライド書庫を検討するのもよいだろう。いずれにせよ、大量の本はかなりの荷重となり、床に負担が掛かるので、大きな本棚を設置する際には、増える本の荷重分も見込んだ床根太の補強を行っておく。

3｜書斎の家具の材料・仕上げ

書斎の家具に使う材料・塗装はコストを抑えるなら、シナやセンにクリアラッカー塗装で十分。白く明るい雰囲気がよければシナ＋OP（白）、落ち着いた雰囲気に仕上げるなら、ナラやウォルナットなどの練付けに浸透性の塗料で仕上げるとよい。

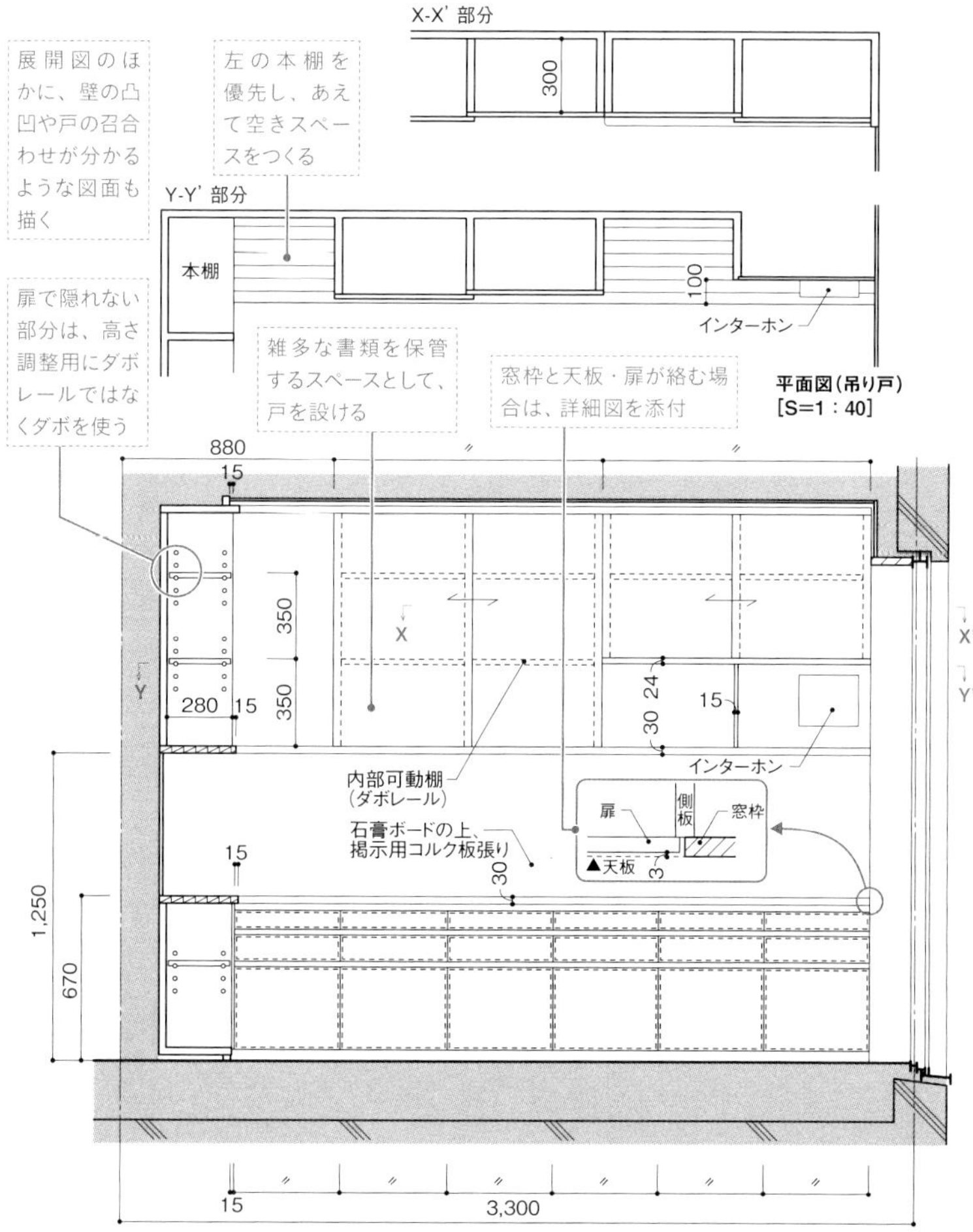
X-X' 部分
300
展開図のほかに、壁の凸凹や戸の召合わせが分かるような図面も描く
左の本棚を優先し、あえて空きスペースをつくる
Y-Y' 部分
本棚
100
インターホン
扉で隠れない部分は、高さ調整用にダボレールではなくダボを使う
雑多な書類を保管するスペースとして、戸を設ける
窓枠と天板・扉が絡む場合は、詳細図を添付
平面図（吊り戸）[S=1：40]
880
15
350
350
280
15
24
30
15
インターホン
内部可動棚（ダボレール）
石膏ボードの上、掲示用コルク板張り
扉
側板
窓枠
▲天板
3
30
15
1,250
670
15
3,300

A[107頁]展開図[S=1：40]

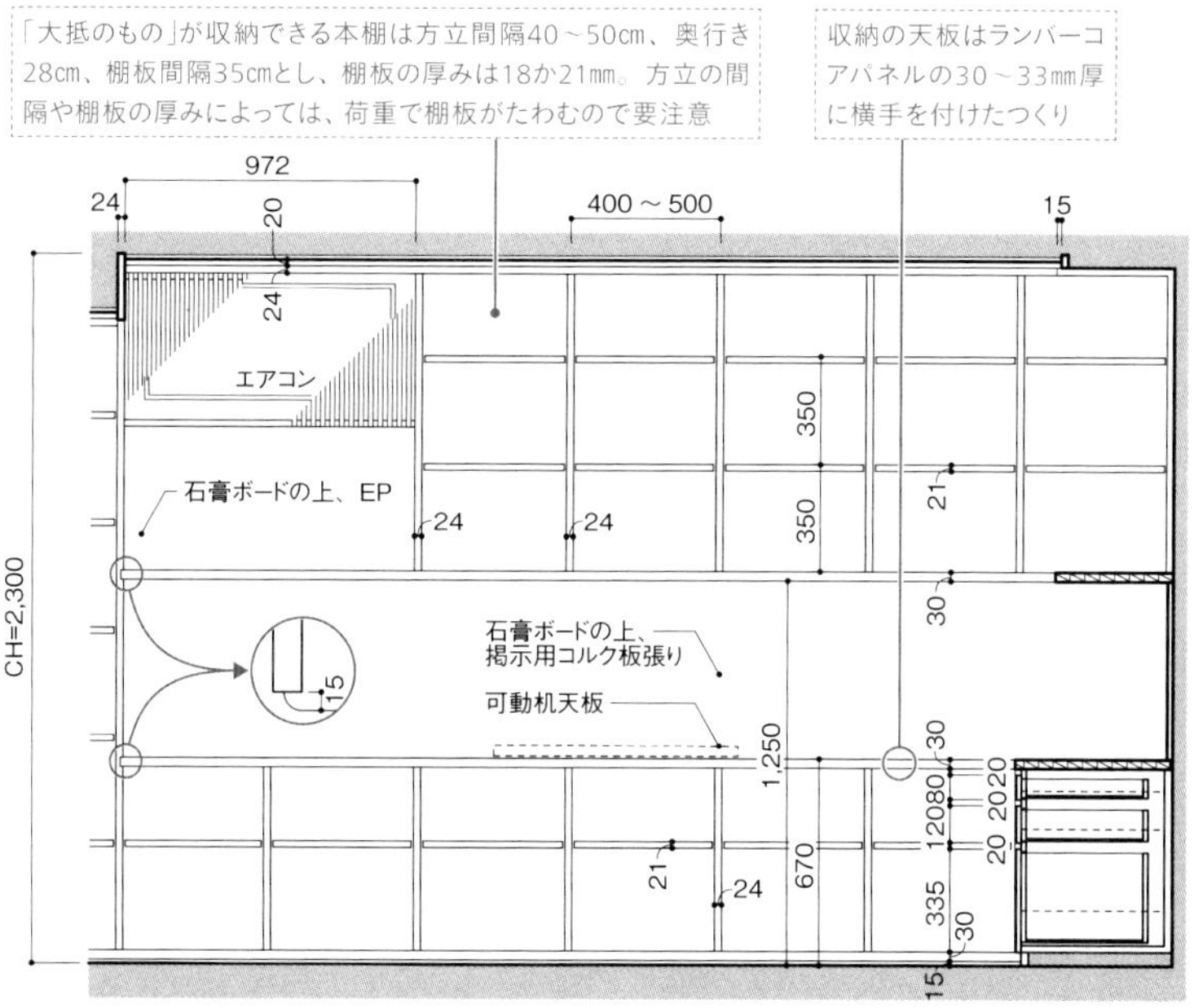
「大抵のもの」が収納できる本棚は方立間隔40～50cm、奥行き28cm、棚板間隔35cmとし、棚板の厚みは18か21mm。方立の間隔や棚板の厚みによっては、荷重で棚板がたわむので要注意
収納の天板はランバーコアパネルの30～33mm厚に横手を付けたつくり
972
24
20
400～500
15
24
エアコン
350
石膏ボードの上、EP
24
24
350
21
30
CH=2,300
15
石膏ボードの上、掲示用コルク板張り
可動机天板
1,250
30
20
20
20
120
80
20
21
24
670
335
30
15

B[107頁]展開面[S=1：40]

2 寝室に設ける書斎コーナー

狭さや低さを感じさせない工夫は、収納や開口など、「もの」の配置にある

寝室に設ける書斎コーナーに隠れ家のような落ち着きを演出するには、一般的に「天井を低くする」「腰壁を設けて隔てる」などの方法がある

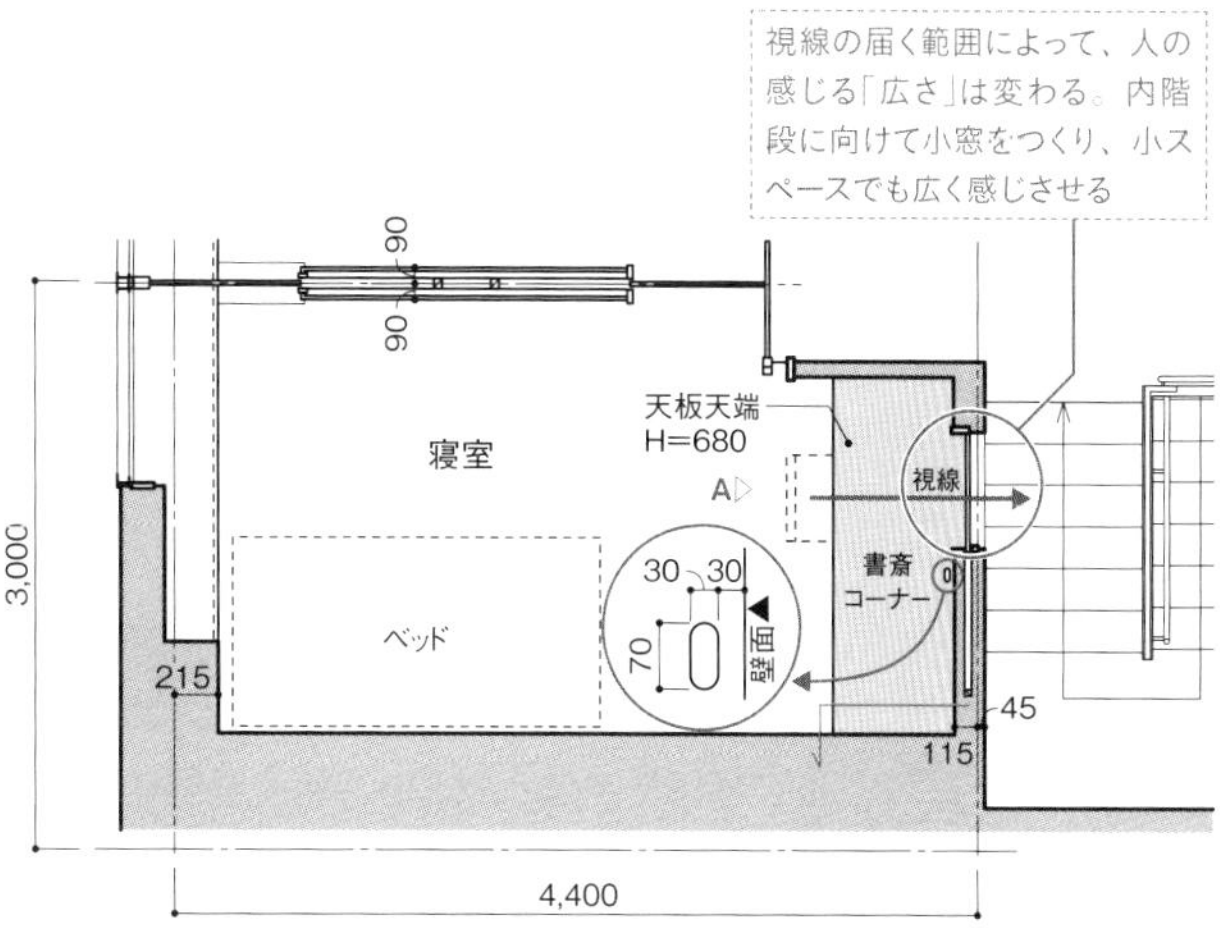

視線の届く範囲によって、人の感じる「広さ」は変わる。内階段に向けて小窓をつくり、小スペースでも広く感じさせる
90
90
天板天端
H=680
寝室
A▷
視線
書斎
コーナー
ベッド
30
30
70
壁面
3,000
215
45
115
4,400

平面図［S=1：80］

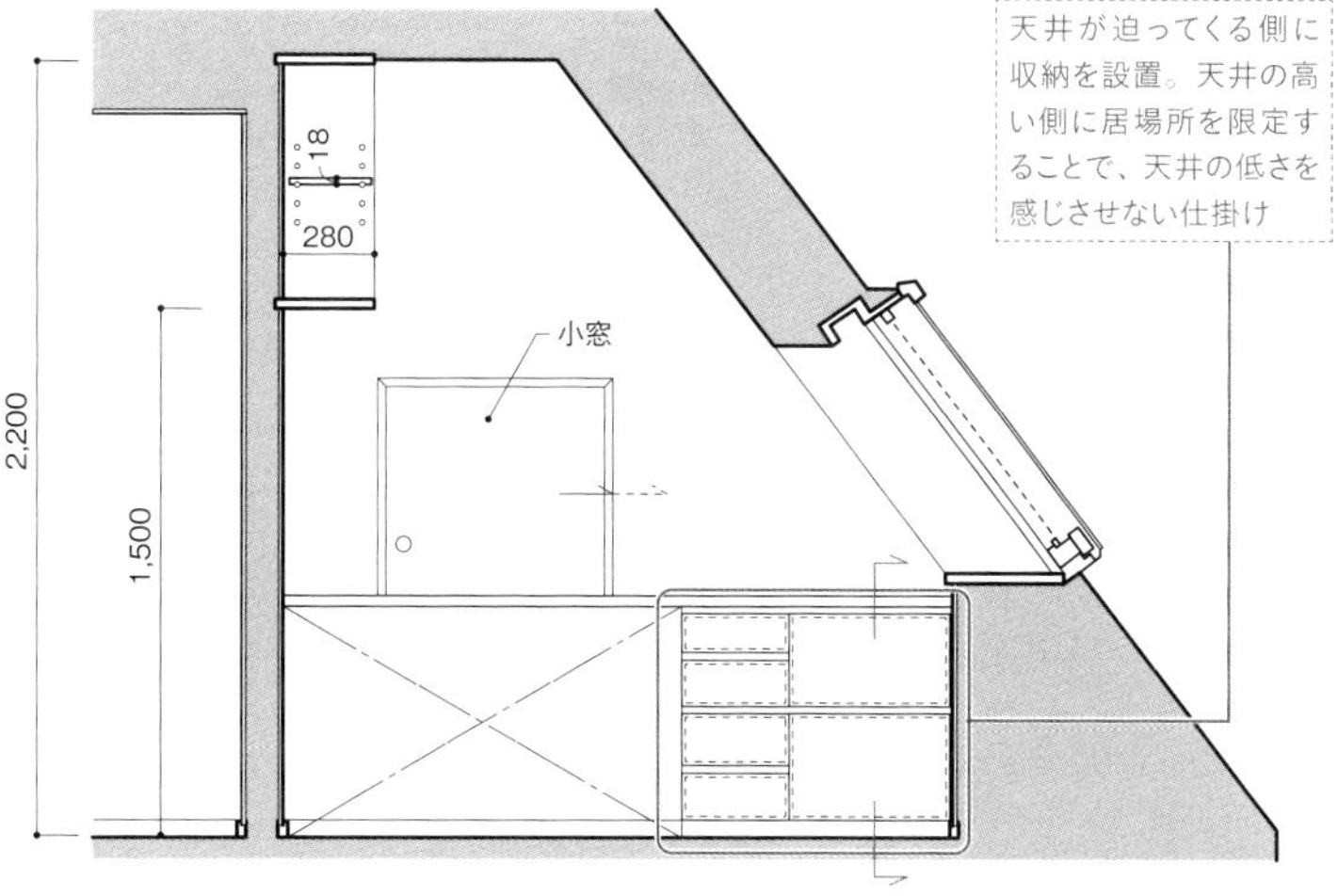

天井が迫ってくる側に収納を設置。天井の高い側に居場所を限定することで、天井の低さを感じさせない仕掛け
18
280
小窓
2,200
1,500

A展開図［S=1：40］

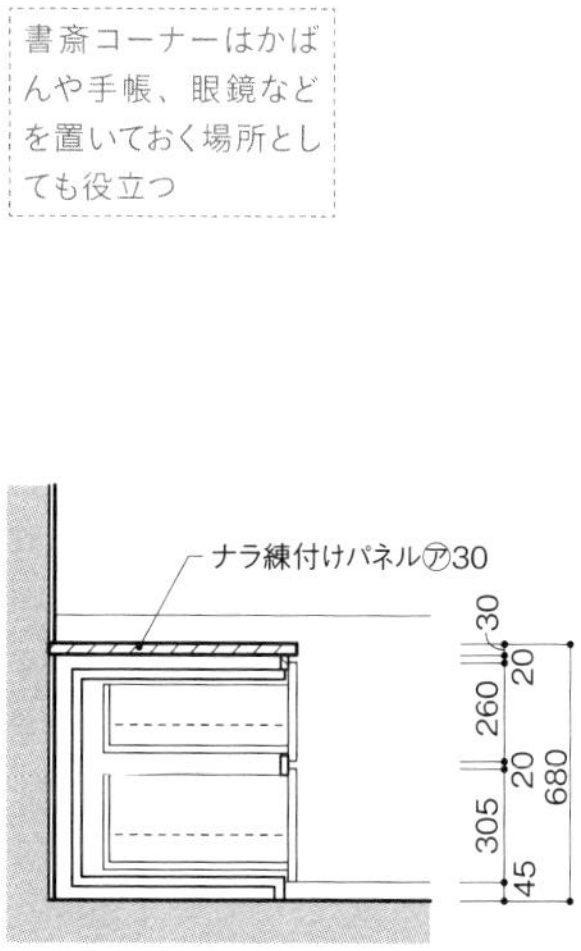

書斎コーナーはかばんや手帳、眼鏡などを置いておく場所としても役立つ
ナラ練付けパネル㋐30
30
20
260
20
305
45
680

断面図［S=1：40］

書斎コーナーにはコンパクトな家具

「書斎がほしい」という希望は多いが、床面積に余裕がないケースが大半だ。そういう場合には、**2**のように寝室の一部に「書斎コーナー」を設けるとよい。

書斎コーナーには本棚、カウンター、カウンター下収納の3つをバランスよく配置する。狭いがゆえの居心地のよさを生かし、家具はシンプルに、つくり込まないほうがよい。

本棚は雑誌のサイズを基本に、奥行き28㎝、方立は40㎝間隔、棚板（18㎜厚）は35㎝間隔とする。材料と塗装は、寝室の雰囲気に合わせたい。

カウンターにはナラやタモなどの堅木の集成材（30㎜厚）を使う。浸透性の塗料で仕上げると、引掻き傷などが付いても時間の経過とともに目立たなくなるのでお勧めだ。

また、カウンター下の収納は、「いつかは必要」となる保管資料や、プリンターなどパソコン周辺機器の置き場として使われることもある。サイズは本棚同様、雑誌のサイズで考えるとよい。目線に入らない家具なので、材料はシナ材+クリアラッカー塗装程度で十分だ。〔齋藤文子〕

3 収納は設備機器の脇を活用する

書斎ではA4判の書類や文房具類、コンセントが必要なサーバー、ラジオなどの電気製品など、細細したものの収納場所が必要となる。これらはさりげなく収納し、室内はすっきりと見せたいもの。ここではコールドドラフト対策で、窓下に設置された床置きエアコンを隠ぺいする収納と兼ねて造作している。収納の奥行き分だけ外部側に張り出し、収納の扉と壁面は同面となっている。

窓下に設置された収納は、タモのクリア塗装仕上げ。窓下一面を収納としているため、壁の一部に見え、すっきりとした印象になっている

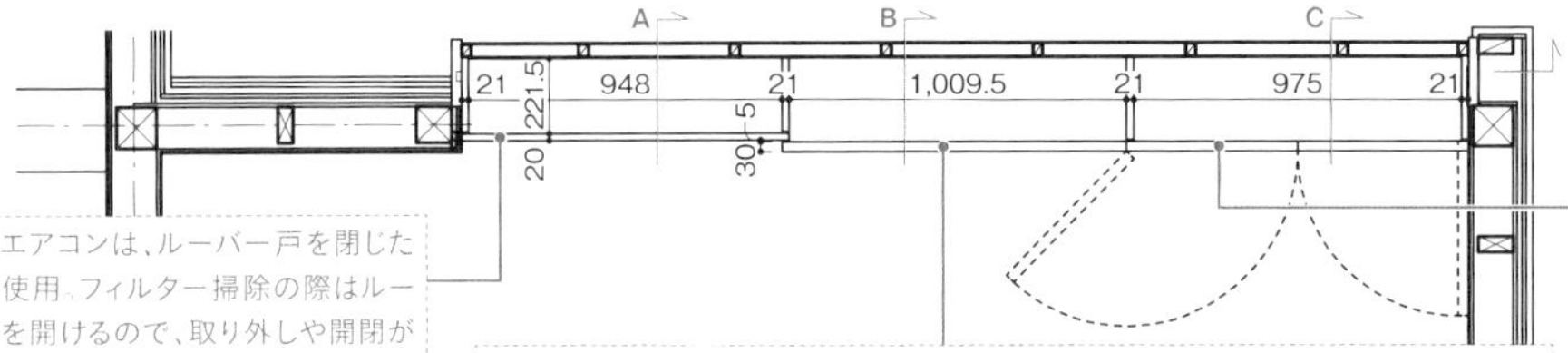

A
B
C
21
948
21
1,009.5
21
975
21
221.5
20
5
30

床置きエアコンは、ルーバー戸を閉じた状態で使用。フィルター掃除の際はルーバー戸を開けるので、取り外しや開閉がしやすいよう配慮が必要となる

吹出し口の上下方向のハネの向きで風の流れがルーバーの桟と重なり、ショートサーキットを起こさないよう、エアコンの吹出し口と直交する方向にルーバーを設計する（エアコンの吹出し口の形状が横長の場合は、竪ルーバーにする）

左側のルーバー戸と見た目を統一するため、開き戸は、ルーバー戸とピッチをそろえて竪桟を打ったフラッシュ戸としている

平面図[S=1：40]

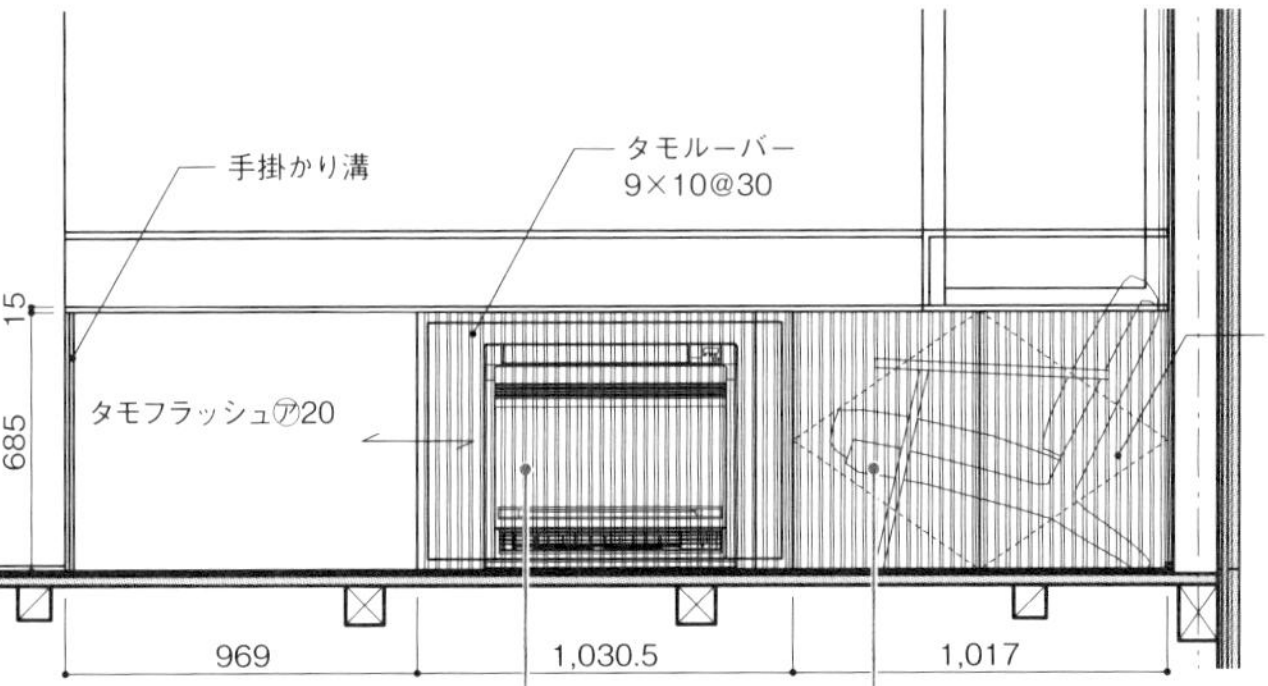

手掛かり溝
タモルーバー
9×10@30
タモフラッシュ㋐20
タモフラッシュ㋐20の上、
タモ桟 9×10@30
15
685
969
1,030.5
1,017

展開図
[S=1：40]

書斎の家具やAVラックのような場合は、収納内をシナ素地に。ポリ合板は厚みが4mmなので、下地に合板やPBが必要だが、シナ合板は5.5mmや9mmなので1枚でそのまま張れて、ポリ合板より安くなる

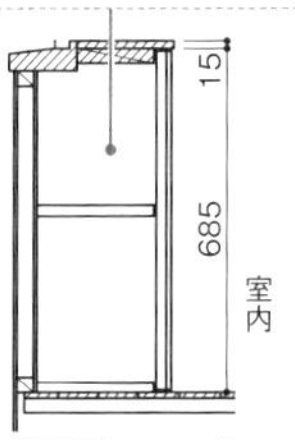

15
685
室内

A断面図[S=1：30]

エアコンを家具内に設置する場合、設置予定のエアコンの寸法を確認して計画するが、モデルチェンジで大きさが変わることがあるので、広めに確保しておく

ルーバー材は家具に合わせて（この場合はタモ）いるが、大工工事ではなく家具工事や建具工事で製作。家具職や建具職が扱う材は、大工工事の材に比べて乾燥が進んでいるので狂いが少ないためである

収納内部はシナベニヤの素地仕上げとしている。シナは塗装をかけると材の色ムラが大きいので、塗装する場合は要注意

暖房は前面の下部から、冷房は前面の上部から吹き出すタイプが多いので、吹出し口と枠材などが干渉しないよう注意が必要。また、床置きエアコンは冷媒配管が下から入るので、配管ルートの検討が必要である

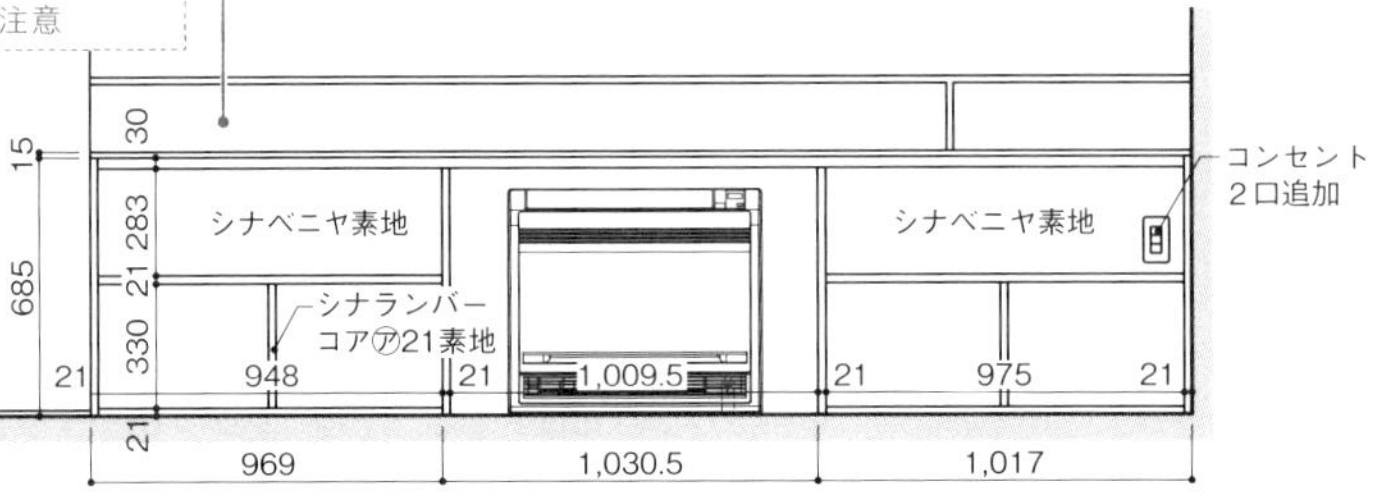

30
15
283
21
685
330
21
21
シナベニヤ素地
シナベニヤ素地
シナランバーコア㋐21素地
コンセント
2口追加
948
21
1,009.5
21
975
21
969
1,030.5
1,017

断面図
[S=1：40]

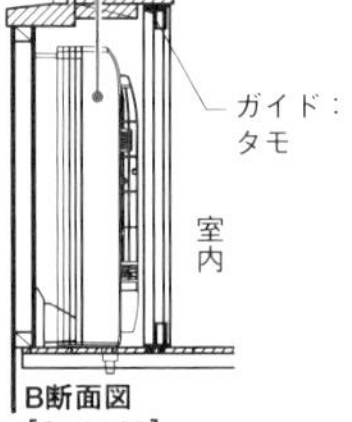

ガイド：
タモ
室内

B断面図
[S=1：30]

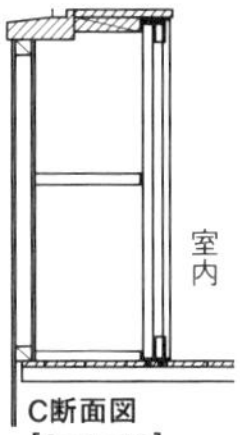

室内

C断面図
[S=1：30]

「宝塚の住宅III」設計：上町研究所、写真：平野和司

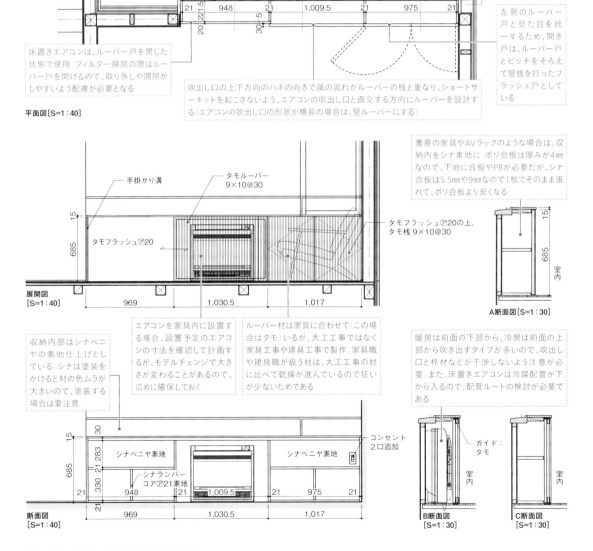

1 目の前はすっきりさせる

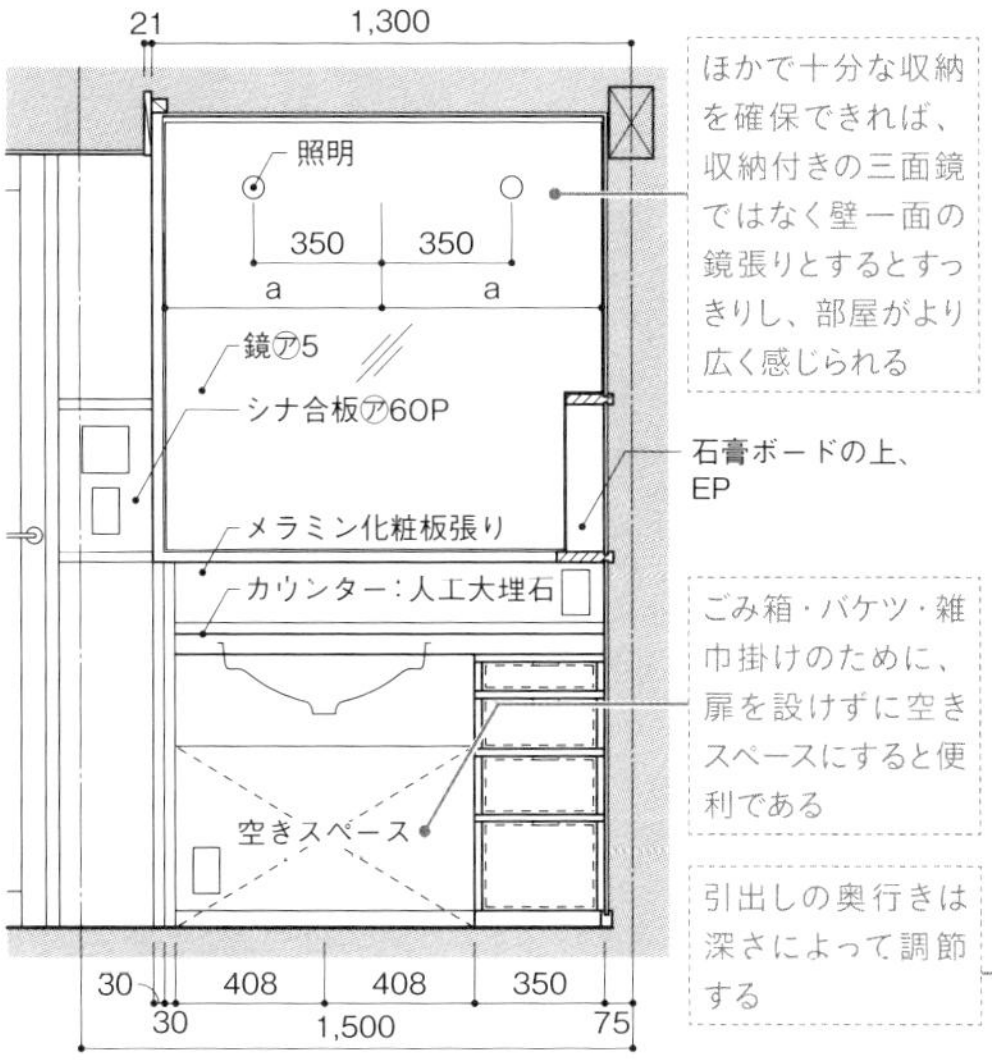
21
1,300
照明
350
350
a
a
鏡㋐5
シナ合板㋐60P
メラミン化粧板張り
カウンター：人工大理石
空きスペース
石膏ボードの上、EP
30
30
408
408
350
1,500
75
ほかで十分な収納を確保できれば、収納付きの三面鏡ではなく壁一面の鏡張りとするとすっきりし、部屋がより広く感じられる
ごみ箱・バケツ・雑巾掛けのために、扉を設けずに空きスペースにすると便利である
引出しの奥行きは深さによって調節する

A展開図［S=1:40］

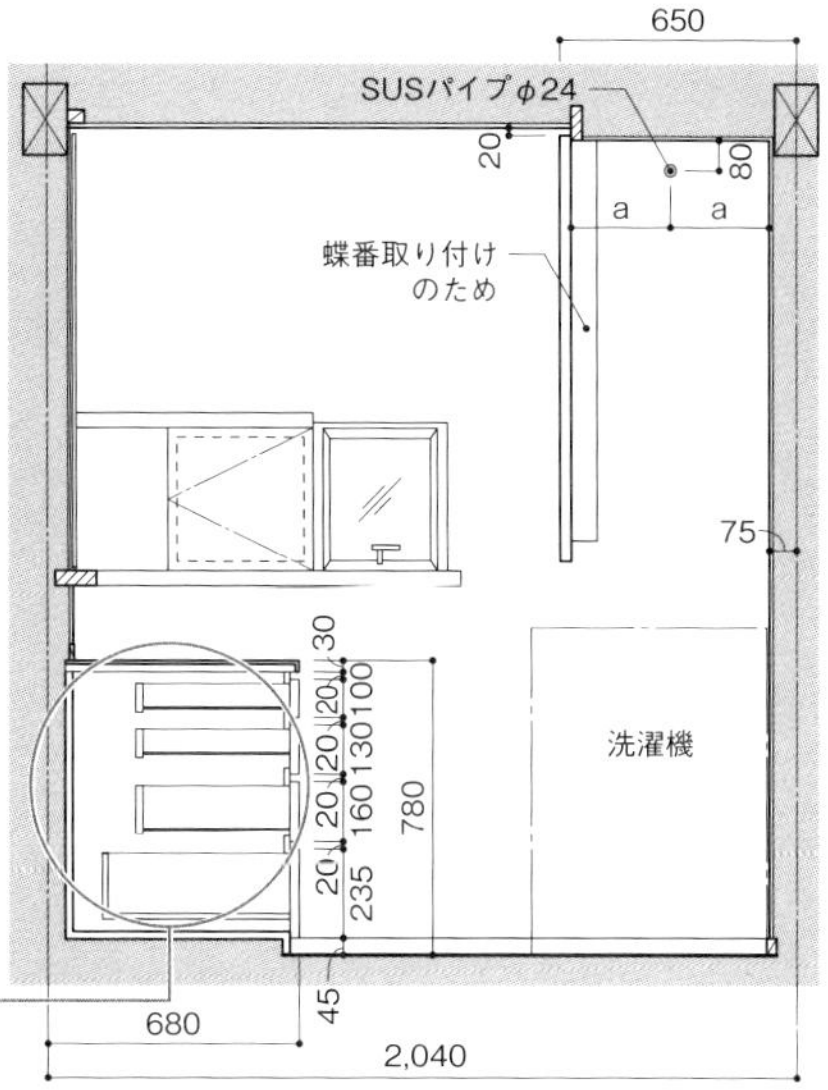
650
SUSパイプφ24
20
80
a
a
蝶番取り付けのため
75
30
20
20
20
20
100
130
160
235
780
洗濯機
45
680
2,040

B展開図［S=1:40］

収納が豊富に設置できれば、鏡裏は収納にせずすっきり見せる

家具の扉をタオル掛けスペースにすることも

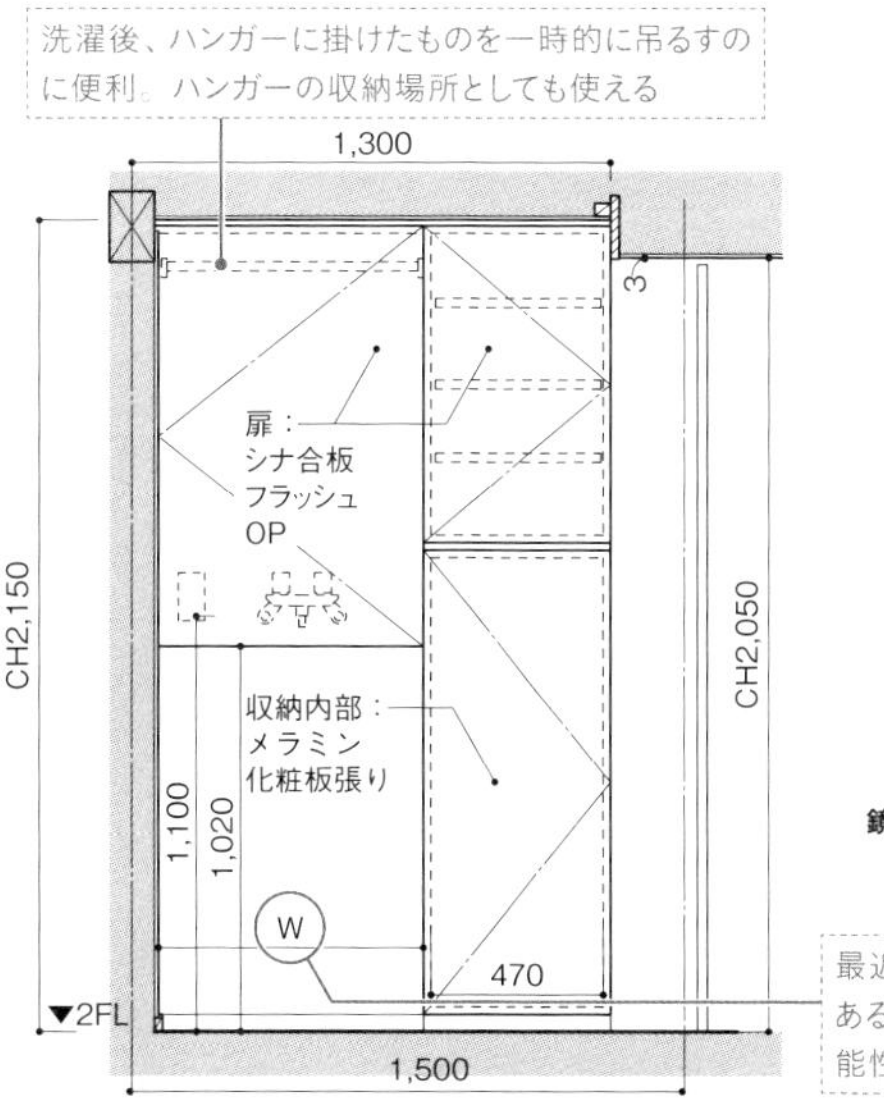
洗濯後、ハンガーに掛けたものを一時的に吊るすのに便利。ハンガーの収納場所としても使える
1,300
3
扉：シナ合板フラッシュOP
収納内部：メラミン化粧板張り
CH2,150
CH2,050
1,100
1,020
W
470
▼2FL
1,500
最近の洗濯機は大型化の傾向にあるので、将来新しく購入する可能性を踏まえて幅を決める

C展開図［S=1:40］

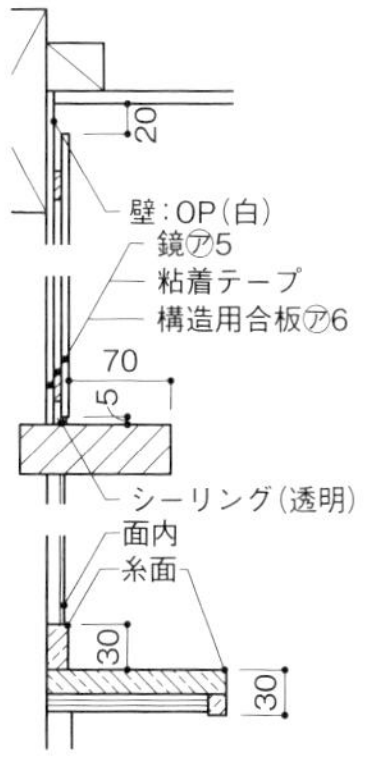
20
壁：OP（白）
鏡㋐5
粘着テープ
構造用合板㋐6
70
5
シーリング（透明）
面内
糸面
30
30

鏡廻り詳細図［S=1:10］

洗面室での収納家具の基本構成は、鏡裏収納・カウンター下の収納・リネン収納の3つである。水や湿気に触れやすい場所なので、内部は基本的にメラミン化粧板やポリ合板張りとし、家具工事で製作する［1〜113頁3、113頁❶］。

1 鏡裏収納

洗面ボウル前の壁は鏡張りにするのが通例だが、その壁にも収納が必要な場合は、扉に鏡を張った鏡裏収納とする。三面鏡形式にすると鏡の召合わせが目の前にこないので都合がよい。設計上のポイントは、洗面ボウルの芯と鏡の割振りの芯を合わせる、洗顔の際に頭がぶつからないよう収納の出を抑える、小さな子どもでも顔が映るように水栓金具の操作に支障がないぎりぎりまで鏡の下端を下げる、の3点である。ここに納めるものは、ビン類の細長いものが主で、並べたものを一目で見渡せるよう、棚板は少なめのほうがよい。奥行きは歯磨き用コップや化粧水瓶などが入れば十分だが、家庭によっては電気シェーバーの充電器なども収納するので確認しておく。

写真提供：プライシュティフト、写真：冨田治（111頁上・113頁）

2 洗面室の収納の基本型

基本の洗面室収納は鏡裏とカウンター下の収納、リネン収納の3点セット

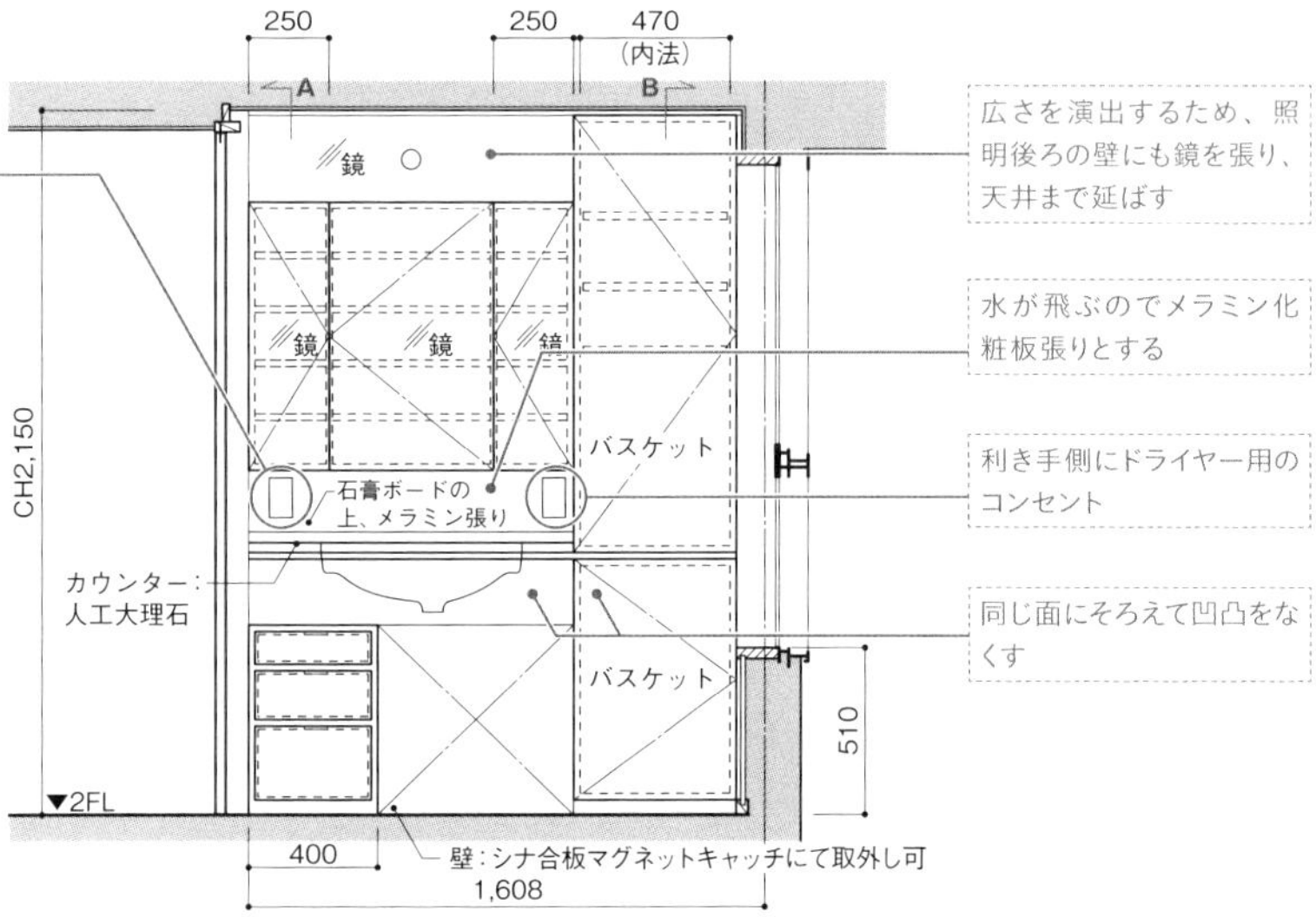

250
250
470
(内法)
A
B
ドライヤー用のコンセントと逆側に充電用(歯ブラシなど)のコンセント
鏡
鏡
鏡
鏡
CH2,150
石膏ボードの上、メラミン張り
カウンター：人工大理石
バスケット
バスケット
広さを演出するため、照明後ろの壁にも鏡を張り、天井まで延ばす
水が飛ぶのでメラミン化粧板張りとする
利き手側にドライヤー用のコンセント
同じ面にそろえて凹凸をなくす
510
2FL
400
壁：シナ合板マグネットキャッチにて取外し可
1,608

姿図［S=1:40］

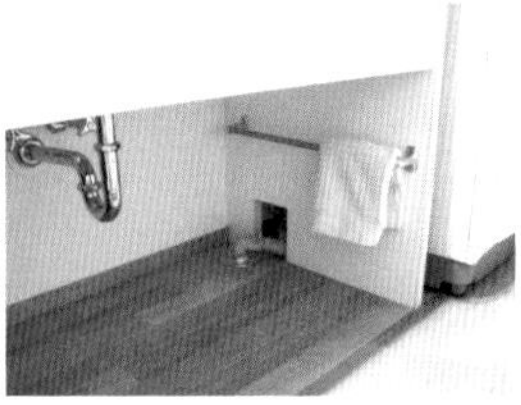

足元を空けておくと便利

既製品の引出し機能付きバスケットを利用

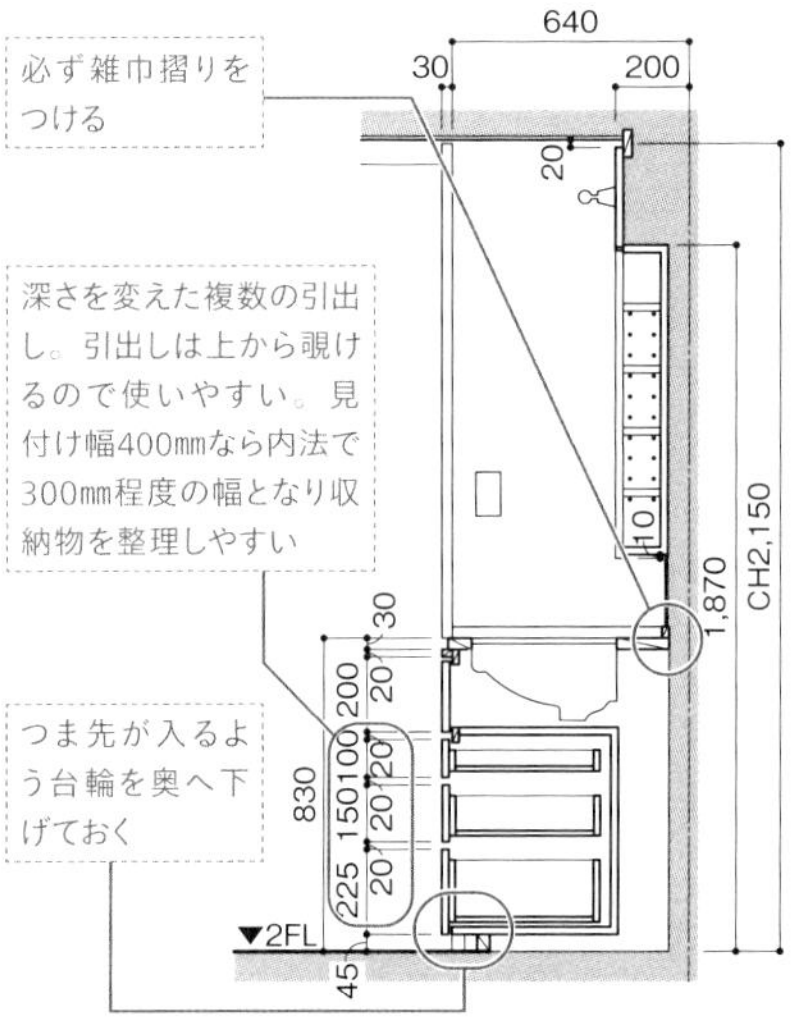

640
30
200
必ず雑巾摺りをつける
20
深さを変えた複数の引出し。引出しは上から覗けるので使いやすい。見付け幅400㎜なら内法で300㎜程度の幅となり収納物を整理しやすい
10
1,870
CH2,150
30
200
20
100
20
150
20
225
20
830
つま先が入るよう台輪を奥へ下げておく
2FL
45

A断面図［S=1:40］

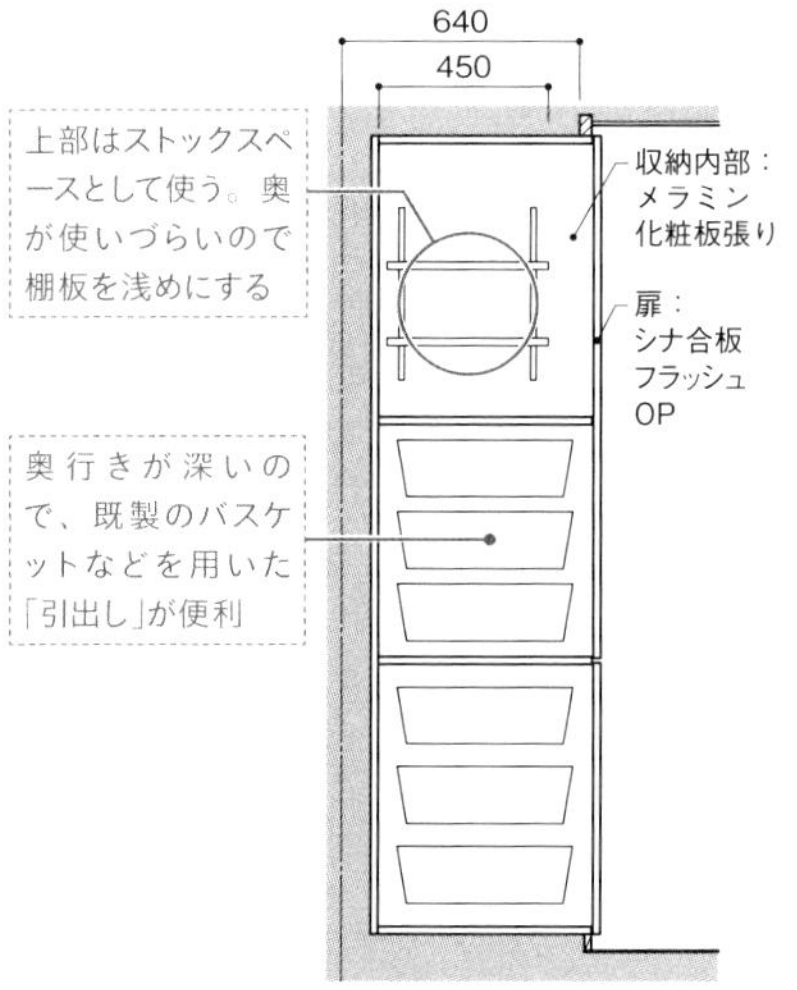

640
450
上部はストックスペースとして使う。奥が使いづらいので棚板を浅めにする
収納内部：メラミン化粧板張り
扉：シナ合板フラッシュOP
奥行きが深いので、既製のバスケットなどを用いた「引出し」が便利

B断面図［S=1:40］

2｜カウンター下の収納

ドライヤーや櫛など整髪用具のほか、掃除用ティッシュなどの買い置きを収納するため深さを変えた引出しを設けると、上から収納物が確認でき便利である。カウンター下をすべて収納にして扉を付けると、見た目がすっきりする。しかし、一部分空けておくのもお勧めだ。このスペースはごみ箱やバケツ・雑巾の置き場所に最適である。収納をつくり込まないことも大切である。

3｜リネン収納

リネン用の収納は40㎝程度の奥行きで十分だが、カウンター収納と横並びに設置する場合は出をそろえる。狭い空間では家具面に凸凹をつくらないのもデザイン上のポイントだ。立位で覗ける位置に使用頻度の高いものを収納する引出しを設け、そのほかは扉・棚板を設けてストック用のスペースとすると、使いやすい。

「洗面室＋トイレ」空間の収納

洗面室にトイレを併設した場合、客としては洗濯物や歯ブラシなどを無防備に見せられるのは、気詰まりなもの。かつ来客時にまず手洗いを勧める昨今としては、手洗いボウルの設置された客用トイレを設けたいところ。スペー

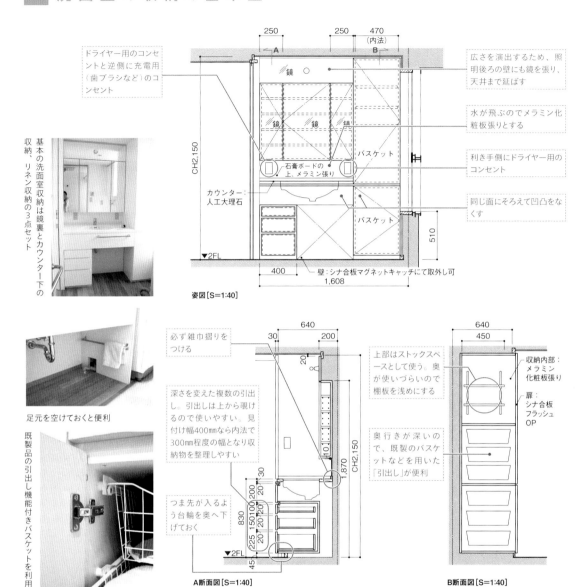

3 「洗面室＋トイレ」は生活感を消す

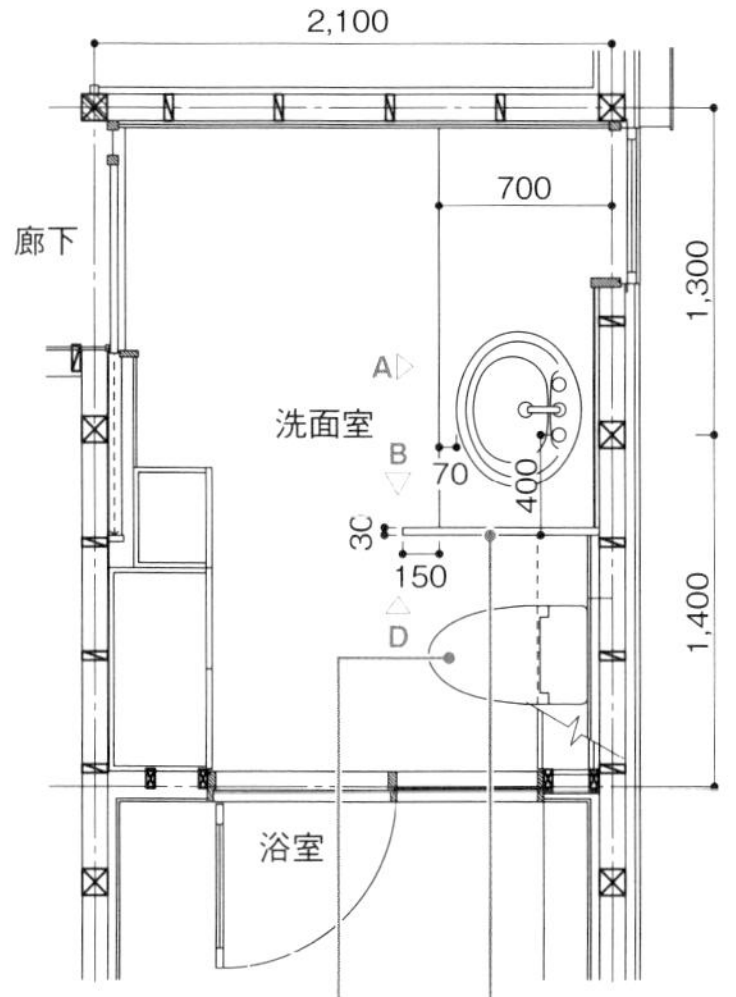

2,100
700
廊下
1,300
洗面室
A
B
70
400
3C
150
D
1,400
浴室

平面図［S＝1：60］

洗面室に便器を設置する場合は、廊下から丸見えとなる出入り口の扉正面ではなく、奥に配置するようにしたい

便器の先端より前まで衝立を伸ばしておくと、テリトリー分けできる

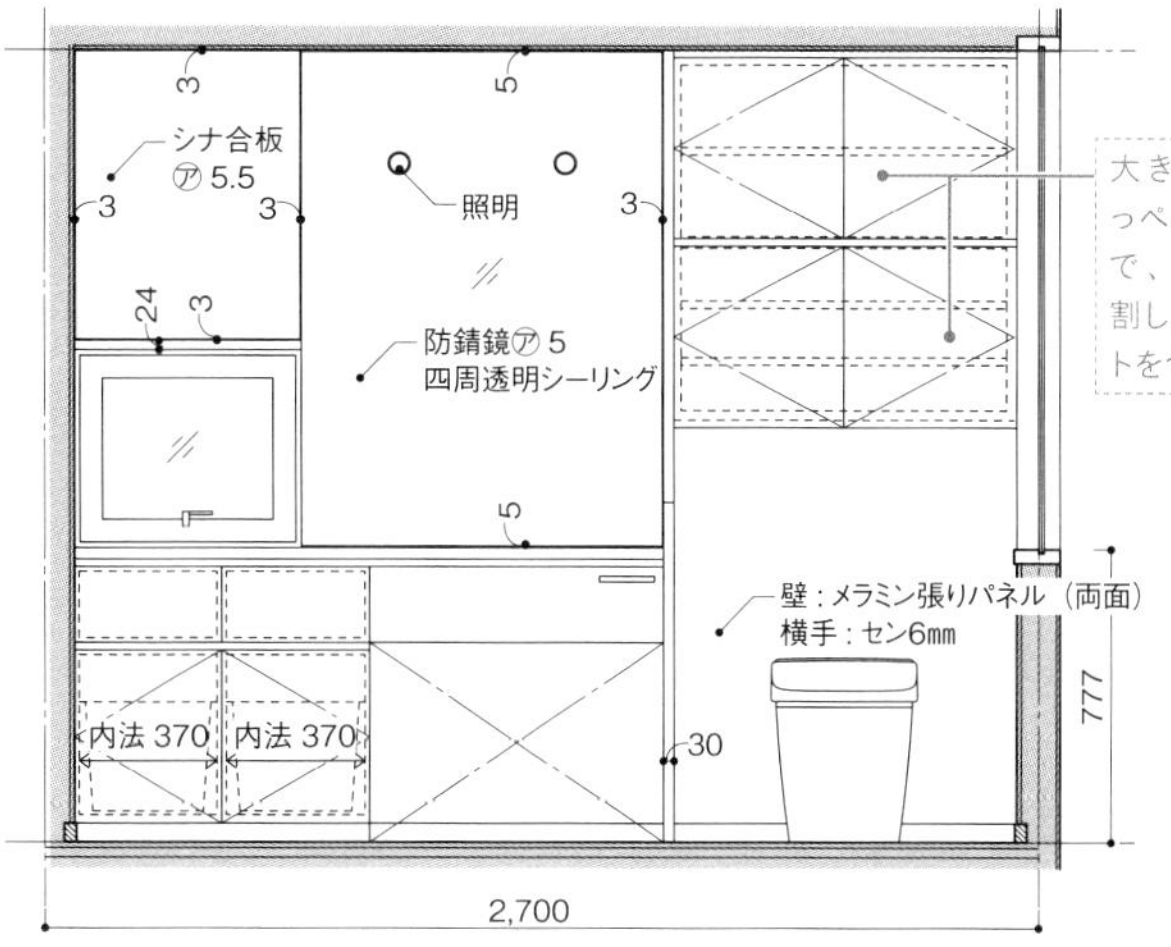

シナ合板㋐5.5
照明
防錆鏡㋐5
四周透明シーリング
壁：メラミン張りパネル（両面）
横手：セン6㎜
内法370
内法370
30
777
2,700

大きな扉はのっぺりとするので、あえて分割し、アクセントをつける

A展開図［S＝1：40］

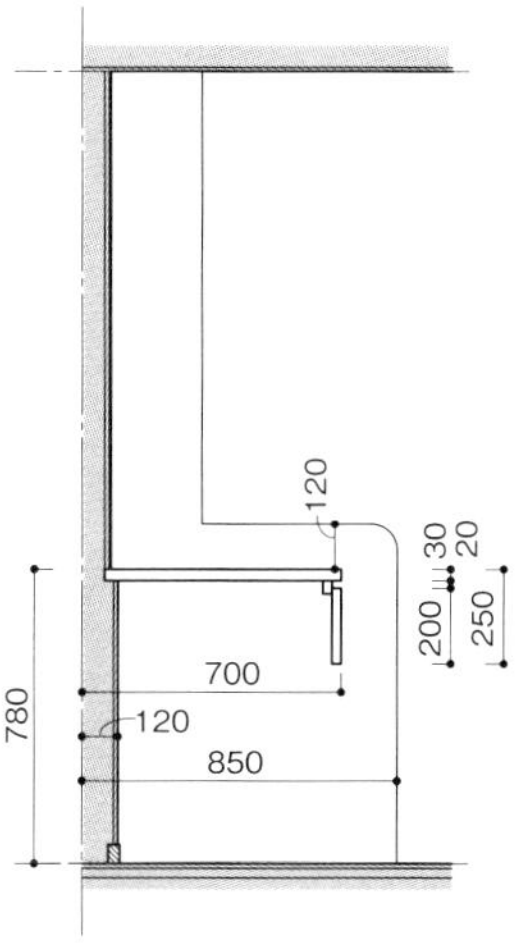

120
700
120
850
780
200
250

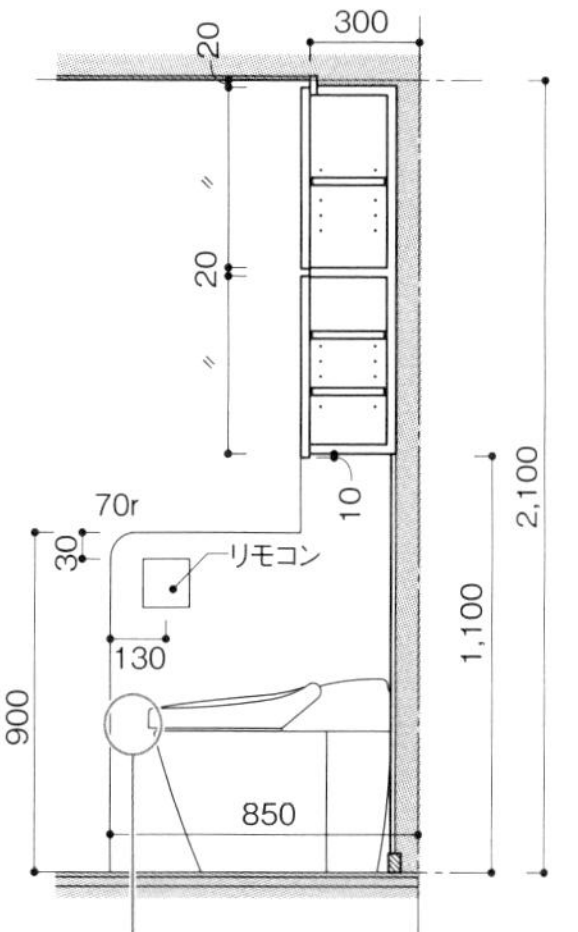

300
20
20
10
70r
30
リモコン
130
900
1,100
2,100
850

B展開図［S＝1：40］

衝立をどこまで立てるかは、便器のリモコンの位置もふくめて検討する

D展開図［S＝1：40］

トイレがあること感じさせない洗面室

ス的な問題で設けられない場合は、「洗面室＋トイレ」空間のもつ生活感を「隠す」設えとする［3］。使い勝手はそのままに、視線を隠すための衝立や扉を有効に使うとよい。

パウダースペースを設ける

洗面室にパウダースペースを設けるケースもある。立って顔を洗う洗面カウンターと、椅子に座って使う化粧カウンターは、それぞれの高さが800㎜と700㎜。そこで、それらのカウンターを並べて計画する場合には、家具の割り付けを工夫し、違和感がないようにバランスを調整することが必要だ。その際、顔を照らす壁付きの照明も同様に位置を変えておきたい。

また、パウダースペースのカウンター下は、椅子が入るように収納を工夫する。

〔齋藤文子〕

❶工種を選ぶ

	洗面室収納
家具工事	○
大工工事	×
理由	手洗い器など設備がからむうえ、湿気対策として内部をメラミンやポリなど樹脂系化粧板で仕上げたいので家具工事で施工

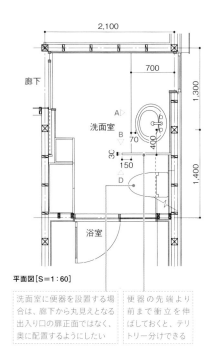

4 洗面台の引出しは既製品を活用してコストダウン

コンパクトな場所に置かれることが多い洗面室だが、さまざまなものが収納されるため、それぞれを保管する場所を想定した収納計画が必要。しかし、造作工事で引出しを計画すると、高コストの家具になってしまう。引出し前板を家具工事で設置できるタイプの既製品の引出しとフレームを採用すれば、コストダウンが図れる。

洗面室から浴室方向を見る。吊り戸棚の鏡張りの戸は、開き戸にすると使い勝手上、4分割程度になってしまい見づらくなるので、2分割の引違い戸にしている

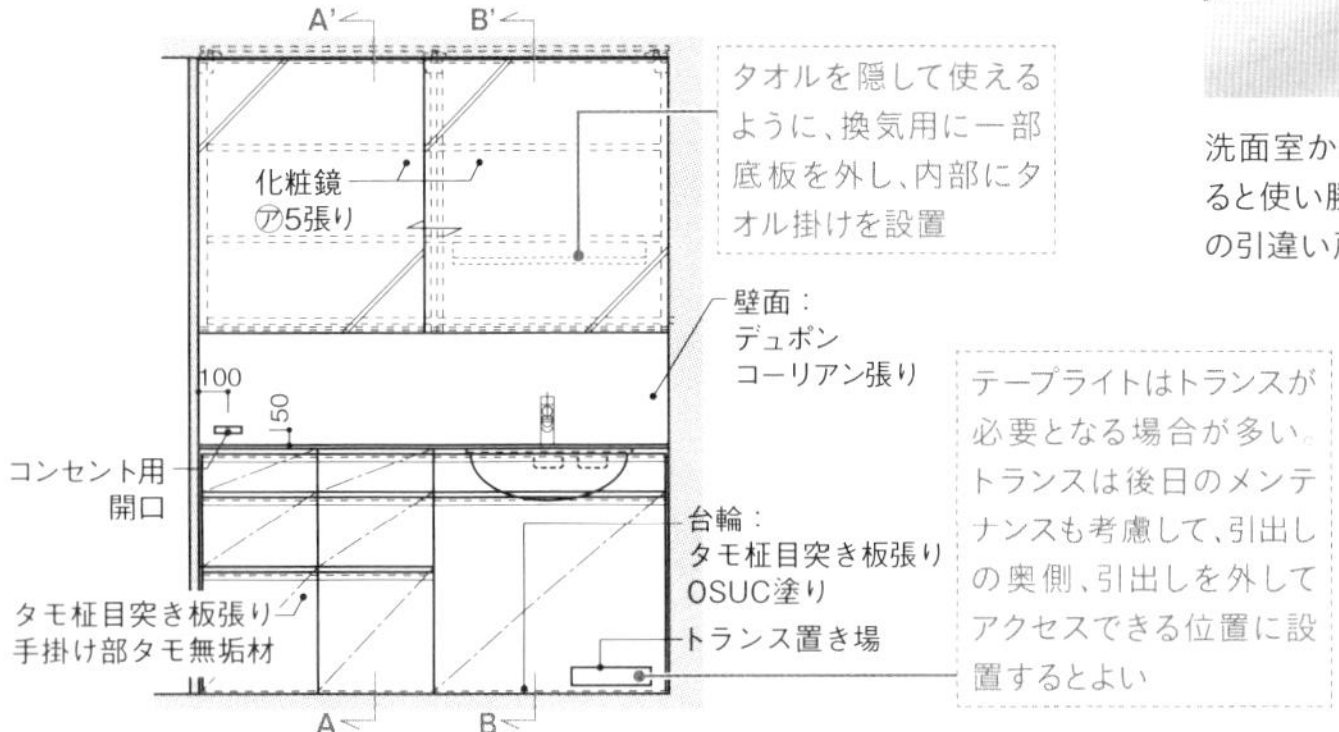

A'
B'
化粧鏡
㋐5張り
タオルを隠して使えるように、換気用に一部底板を外し、内部にタオル掛けを設置
壁面：
デュポン
コーリアン張り
100
150
コンセント用
開口
台輪：
タモ柾目突き板張り
OSUC塗り
タモ柾目突き板張り
手掛け部タモ無垢材
トランス置き場
A
B
テープライトはトランスが必要となる場合が多い。トランスは後日のメンテナンスも考慮して、引出しの奥側、引出しを外してアクセスできる位置に設置するとよい

展開図[S=1：50]

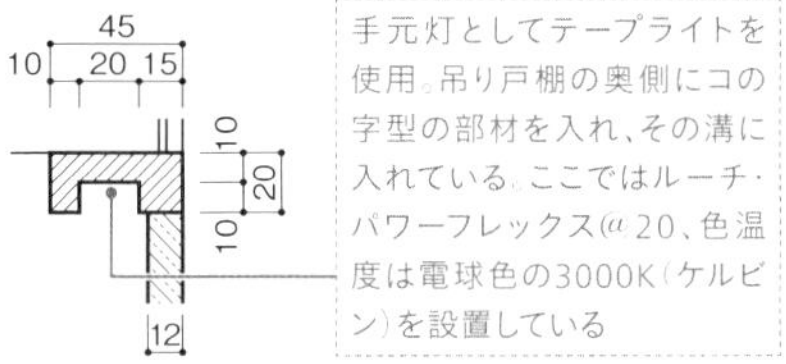

45
10
20
15
10
20
10
12
手元灯としてテープライトを使用。吊り戸棚の奥側にコの字型の部材を入れ、その溝に入れている。ここではルーチ・パワーフレックス(α20、色温度は電球色の3000K(ケルビン)を設置している

X部分 LED照明納まり断面詳細図[S=1：5]

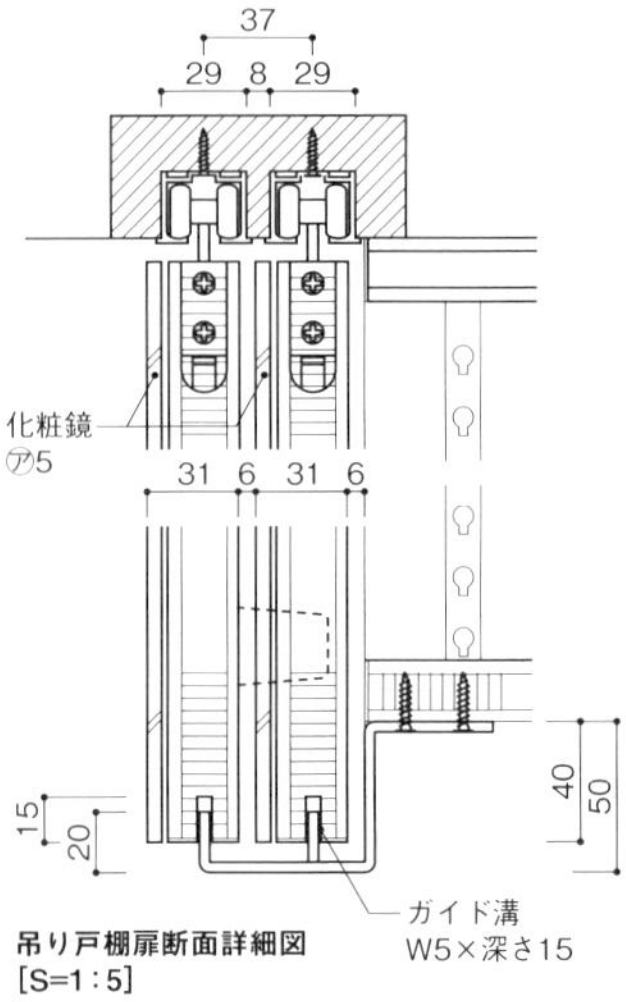

37
29
8
29
化粧鏡
㋐5
31
6
31
6
40
50
15
20
ガイド溝
W5×深さ15

吊り戸棚扉断面詳細図
[S=1：5]

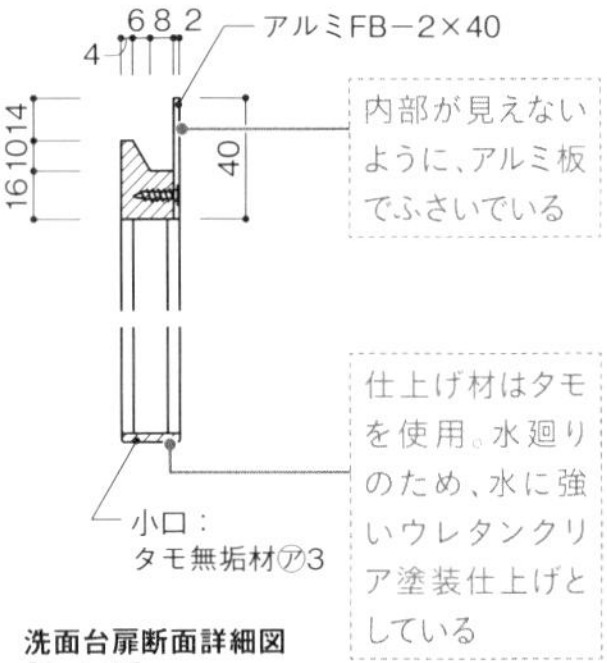

4
6
8
2
アルミFB−2×40
16
10
14
40
内部が見えないように、アルミ板でふさいでいる
仕上げ材はタモを使用。水廻りのため、水に強いウレタンクリア塗装仕上げとしている
小口：
タモ無垢材㋐3

洗面台扉断面詳細図
[S=1：5]

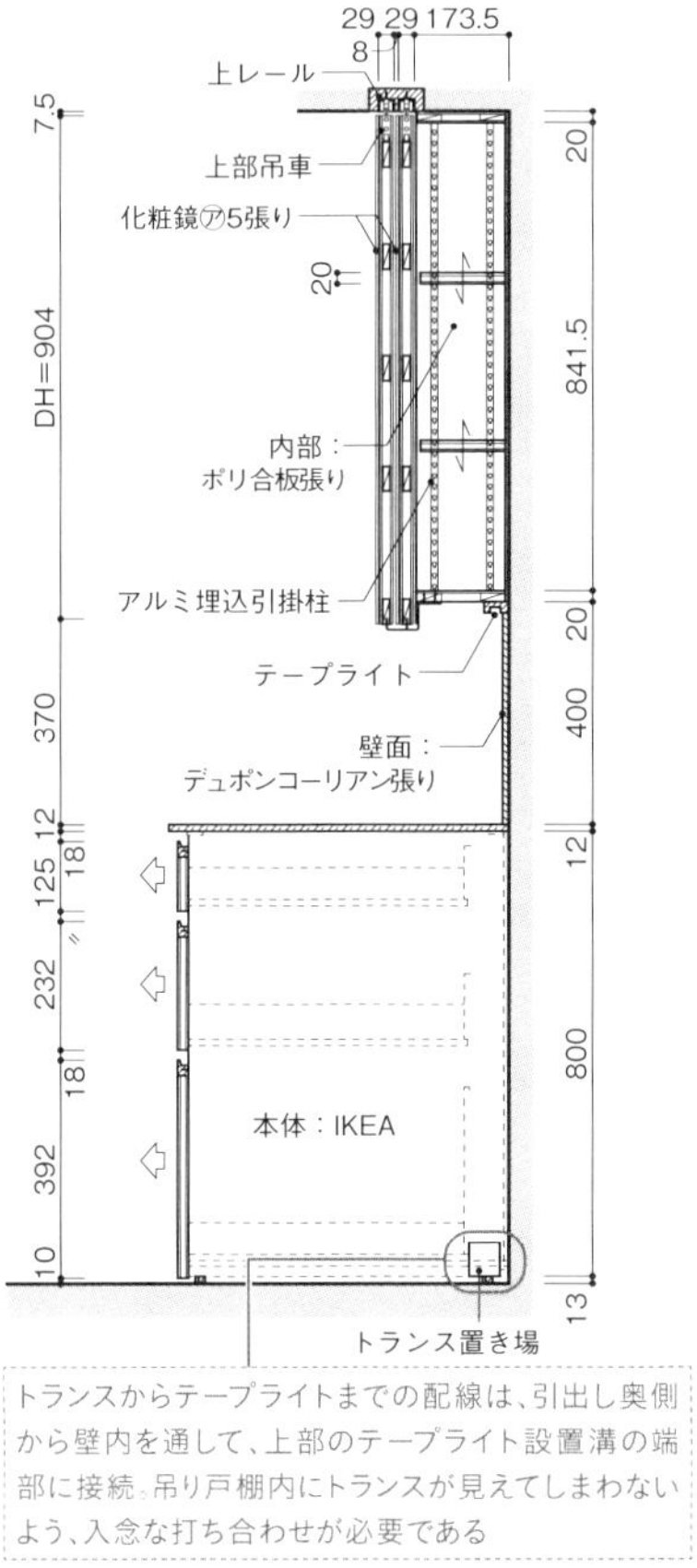

29
29
173.5
8
上レール
上部吊車
化粧鏡㋐5張り
内部：
ポリ合板張り
アルミ埋込引掛柱
テープライト
壁面：
デュポンコーリアン張り
本体：IKEA
トランス置き場
7.5
DH=904
20
370
12
125
18
232
18
392
10
20
841.5
20
400
12
800
13
トランスからテープライトまでの配線は、引出し奥側から壁内を通して、上部のテープライト設置溝の端部に接続。吊り戸棚内にトランスが見えてしまわないよう、入念な打ち合わせが必要である

A-A'断面図[S=1：25]

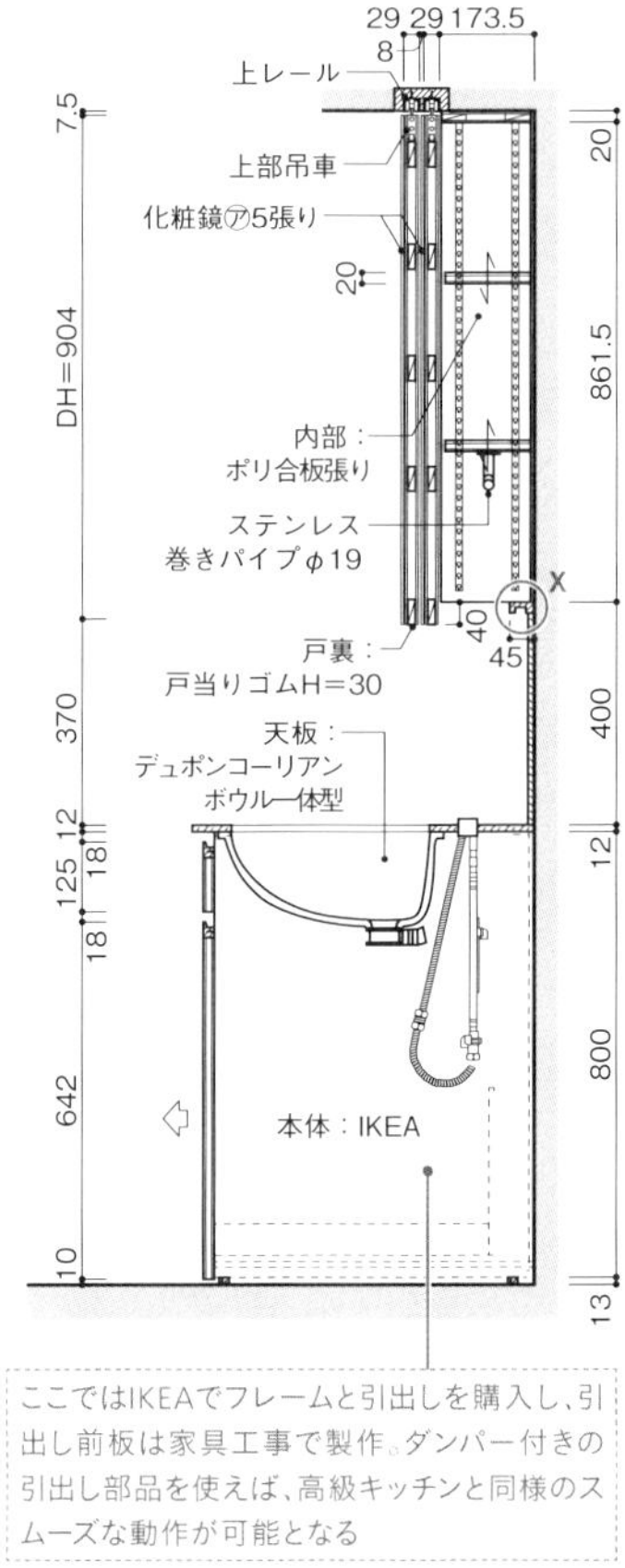

29
29
173.5
8
上レール
上部吊車
化粧鏡㋐5張り
内部：
ポリ合板張り
ステンレス
巻きパイプφ19
戸裏：
戸当りゴムH=30
天板：
デュポンコーリアン
ボウル一体型
本体：IKEA
X
40
45
7.5
DH=904
20
370
12
125
18
18
642
10
20
861.5
400
12
800
13
ここではIKEAでフレームと引出しを購入し、引出し前板は家具工事で製作。ダンパー付きの引出し部品を使えば、高級キッチンと同様のスムーズな動作が可能となる

B-B'断面図[S=1：25]

「宝塚の住宅III」設計：上町研究所、写真：平野和司

5 置き型洗面器は木製家具で温かみを演出

置き型洗面器の「設備機器」という冷たい印象をやわらげ、生活になじみやすくするため、木のカウンターを採用。家具的な雰囲気をつくっている。このカウンターに合わせて、固定式の鏡と脇の収納棚を造作している。

1,820
24
424
336.5
24
固定棚
24
1,283.5
450
収納
1,820
24
洗面室
400
42
824
24
24
平面図[S=1：60]

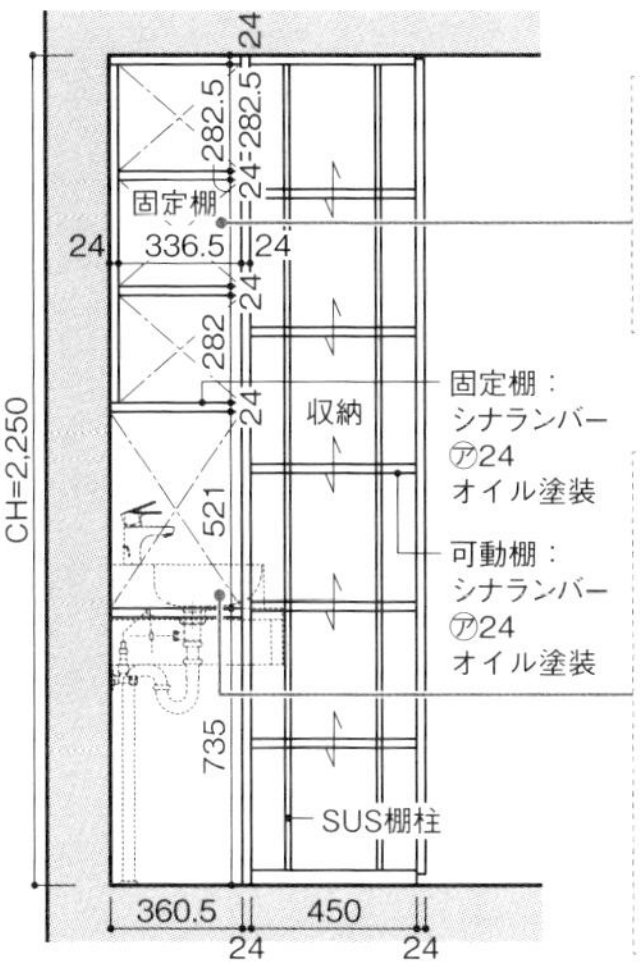
24
282.5
24
282.5
固定棚
24
336.5
24
24
282
24
収納
固定棚：
シナランバー
㋐24
オイル塗装
CH=2,250
521
可動棚：
シナランバー
㋐24
オイル塗装
735
SUS棚柱
360.5
450
24
24
断面図[S=1：40]

正面の鏡は固定式のため、洗面カウンターの側面にオープンな棚を設け、日常的に使う歯ブラシなどを置ける場所を配している。オープン棚の手前側は扉付きの収納にして、タオルのストックや下着などを収納

洗面カウンターにはタモを選定。ほかの場所の収納や床材にタモを使用しているので、全体の統一感を考慮して決定している。収納棚はタモ材と調和する材として、シナにしている。水がかりとなるカウンターにはウレタン塗装を施している。収納棚はオイル塗装仕上げ

固定式の鏡は、脇の窓と一体となった木枠をまわして家具的な雰囲気をつくり、空間になじませている

6 建具と仕上げをそろえて統一感をつくり空間になじませる

「水回り製品」としての印象が強い洗面台があると、落ち着いた空間になりにくい。その印象を軽減するには、洗面台の仕上げを周囲とそろえる工夫が必要。ここでは大工工事（FIXパネル）、建具工事（建具）、家具工事（洗面台の扉）の3工種の仕上げを、タモ練付け合板にオイルステインのウレタンクリア塗装仕上げでそろえている。

化粧をしたりする際に天井照明だけだと顔に影ができてしまうため、ミラー収納横の縦スリットにテープライトを設置。テープライトは光が棒状に見える製品を使用し、「見せる照明器具」として扱っている

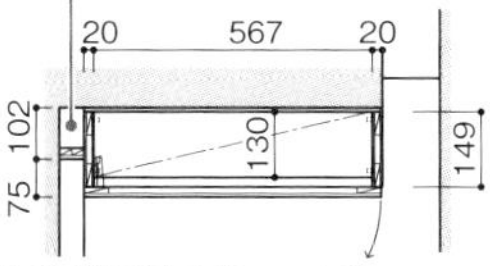
20
567
20
102
75
130
149
吊り戸棚平面図［S=1：30］

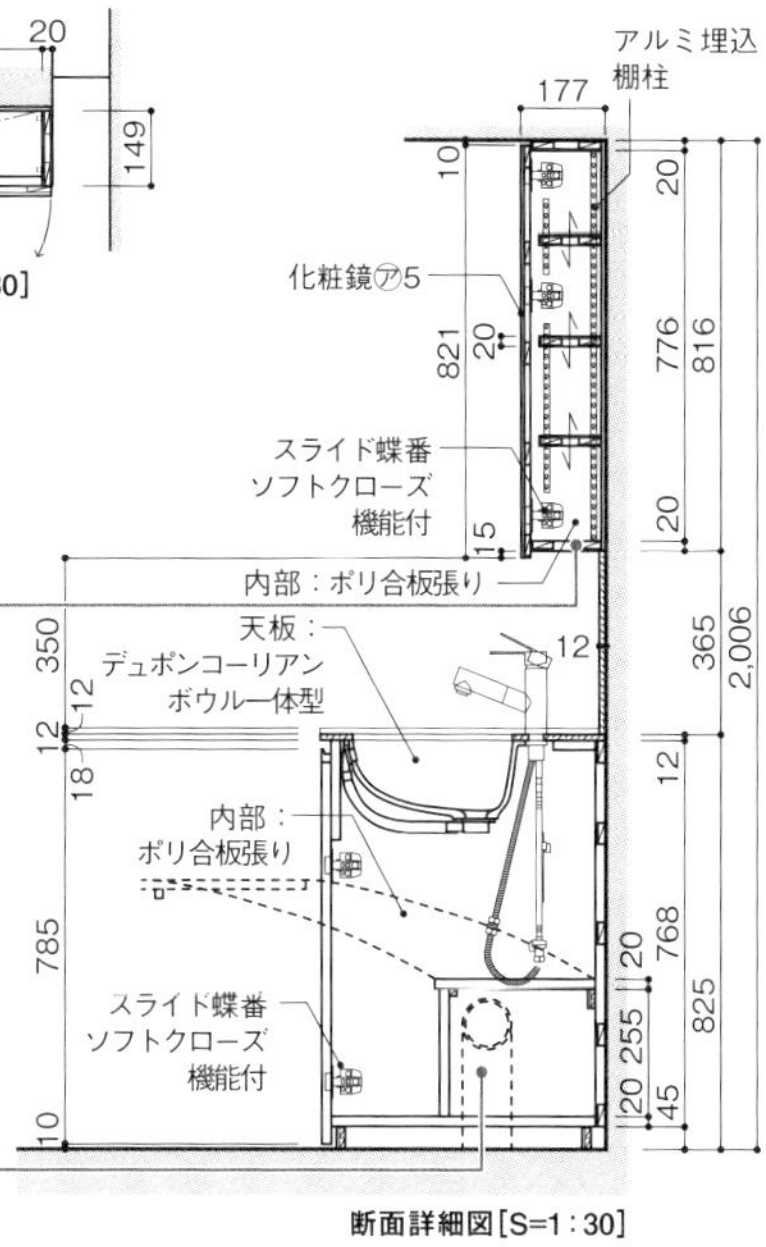
アルミ埋込棚柱
177
10
20
化粧鏡㋐5
821
20
776
816
スライド蝶番
ソフトクローズ
機能付
15
20
内部：ポリ合板張り
天板：
デュポンコーリアン
ボウル一体型
350
12
12
365
2,006
12
18
12
内部：
ポリ合板張り
785
20
768
825
スライド蝶番
ソフトクローズ
機能付
255
20
45
10
断面詳細図[S=1：30]

吊り戸棚を設ける場合、洗顔時にぶつからないように、吊り戸棚の奥行きを検討しておくこと。ここでは洗面台の奥行き600㎜に対し、吊り戸棚を177㎜としている

洗面台の収納内は、排水管などの配管スペースになることも

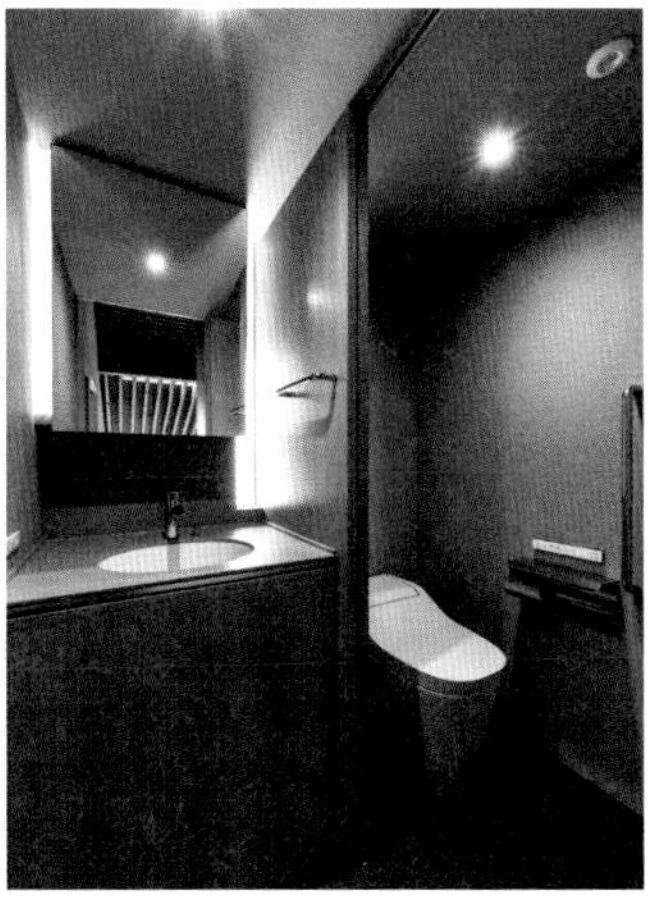

吊り戸棚を開き戸にする場合、開き戸の開閉時にダウンライトと接触しないよう、ダウンライトの位置を検討。吊り戸棚からダウンライトの位置が離れてしまう場合は、顔が影で暗くならないように、手元灯を追加する必要がある

上段「高基礎の家」設計：デザインライフ設計室、写真：中村晃
下段「宝塚の住宅Ⅲ」設計：上町研究所、写真：平野和司

トイレ 広さに合わせて収納をつくる

1 狭いトイレは壁面収納

狭小空間は鏡を天井まで張り、圧迫感を減らす

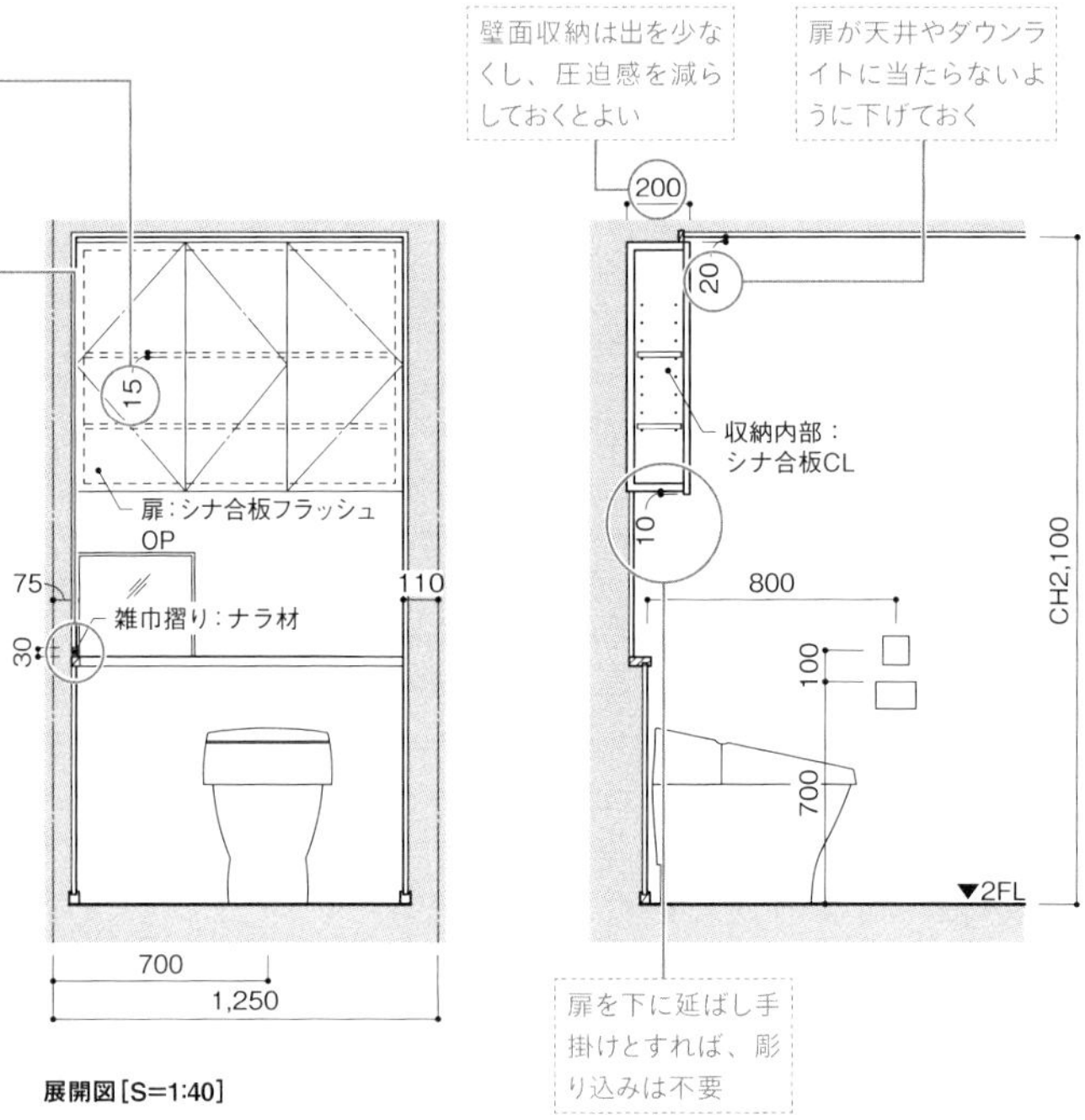

軽いものしか収納しないので、棚板の厚みは15mmで十分
カウンターを雑巾で拭く際に、白い壁を汚さないように雑巾摺りをつける
壁面収納は出を少なくし、圧迫感を減らしておくとよい
扉が天井やダウンライトに当たらないように下げておく
15
扉：シナ合板フラッシュOP
75
110
30
雑巾摺り：ナラ材
700
1,250
200
20
収納内部：シナ合板CL
10
800
100
700
CH2,100
▼2FL
扉を下に延ばし手掛けとすれば、彫り込みは不要

展開図［S=1:40］

トイレの収納は、「壁面の収納」と「カウンター下の収納」に分けられる。

1 壁面の収納（吊り戸）

狭い空間のトイレではできるだけ収納の張り出しを抑えたい。最低限のストック（買い置きのトイレットペーパー、ティッシュ箱、替えのタオル、掃除用ティッシュなど）が納められる寸法を確保しつつ、無駄のない寸法とする。

2 カウンター下の収納

掃除用ブラシは湿気を含むので収納せず床置きにして乾燥させたいところだが、家具のなかに隠す要望がある場合は、手洗いカウンターの下に収納を設ける。引戸か開き戸かはスペースを確認して決める。カウンター下に収納を設ける場合はここで収納量を確保できるので、壁面の収納は設けない。狭小空間では腰上の空間はなるべく大きくとり、視覚的な圧迫感を減らすことがポイントだ。

壁面およびカウンター下の収納は濡れた手で触れる頻度も高く、部屋に湿気が多いことと清潔感が求められることから、内部はメラミン化粧板やポリ合板張りにするとよい。コストを抑える場合でも、棚板だけはポリ合板張りにすると親切である［❶］。［齋藤文子］

❶工種を選ぶ

	壁面収納（内部：樹脂系化粧板仕上げ）	壁面収納（内部：木質系仕上げ）
家具工事	○	△
大工工事	×	○
理由	収納内部はメラミンやポリなど樹脂系化粧板仕上げが望ましいが、コストを抑えてシナ合板などで仕上げる場合は大工工事で施工する	

	カウンター収納
家具工事	○
大工工事	×
理由	手洗い器など設備もからむうえ、湿気対策として内部をメラミンやポリなど樹脂系化粧板で仕上げたいので家具工事で施工

写真提供：ブライシュティフト、写真：冨田治（116・117頁下）

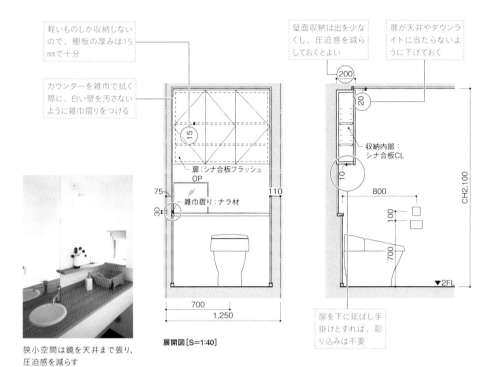

2 広いトイレはカウンター下収納

❶開き戸と引戸を使い分ける

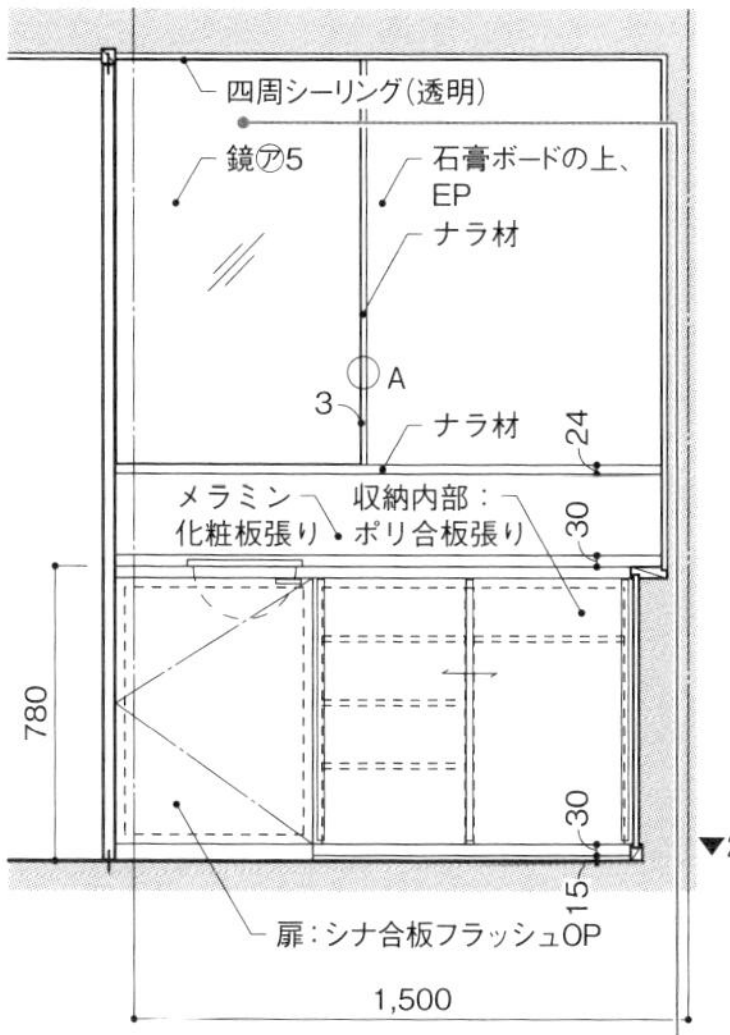
四周シーリング(透明)
鏡㋐5
石膏ボードの上、EP
ナラ材
A
3
ナラ材
24
メラミン化粧板張り
収納内部：ポリ合板張り
30
780
30
15
扉：シナ合板フラッシュOP
1,500

A展開図[S=1:40]

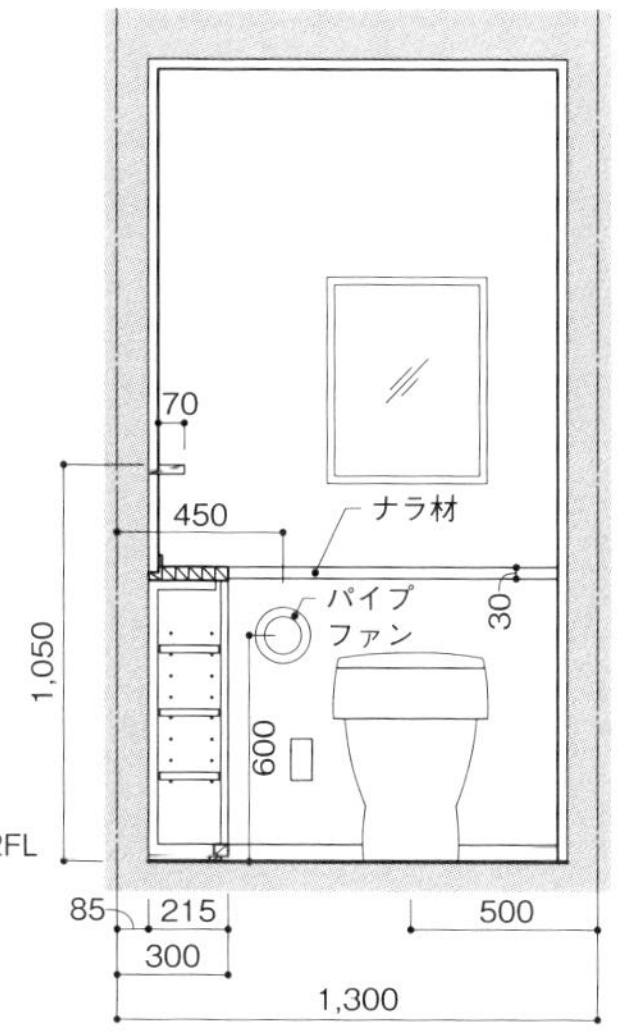
70
450
ナラ材
パイプファン
30
1,050
600
▼2FL
85
215
300
500
1,300

B展開図[S=1:40]

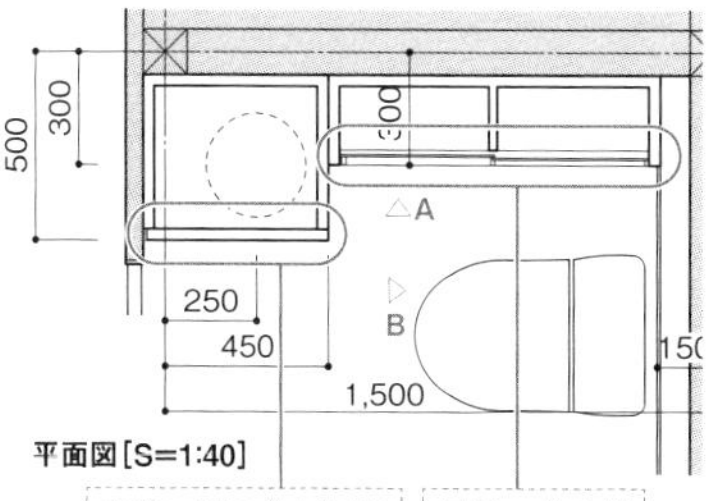
500
300
300
A
B
250
450
1,500
150

平面図[S=1:40]

手洗い器の前だけ奥行きの深い箱とし、扉は開き戸とする

便器の前は開き戸ではなく引戸とする

鏡は天井まで延ばしておく。天井が鏡に映り込み、空間が広く感じられる

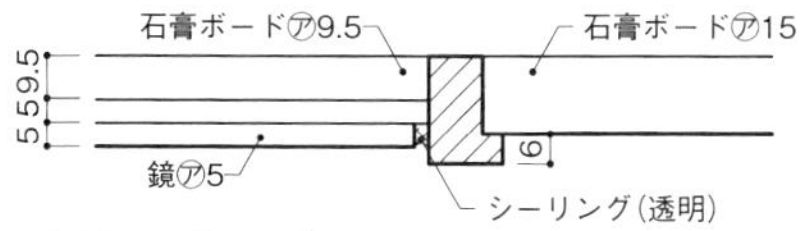
石膏ボード㋐9.5
石膏ボード㋐15
5
5
9.5
鏡㋐5
6
シーリング(透明)

A部断面詳細[S=1:3]

ペーパーストックの奥行きは内法160mmで十分

❷スペースに余裕があれば引戸を中心にする

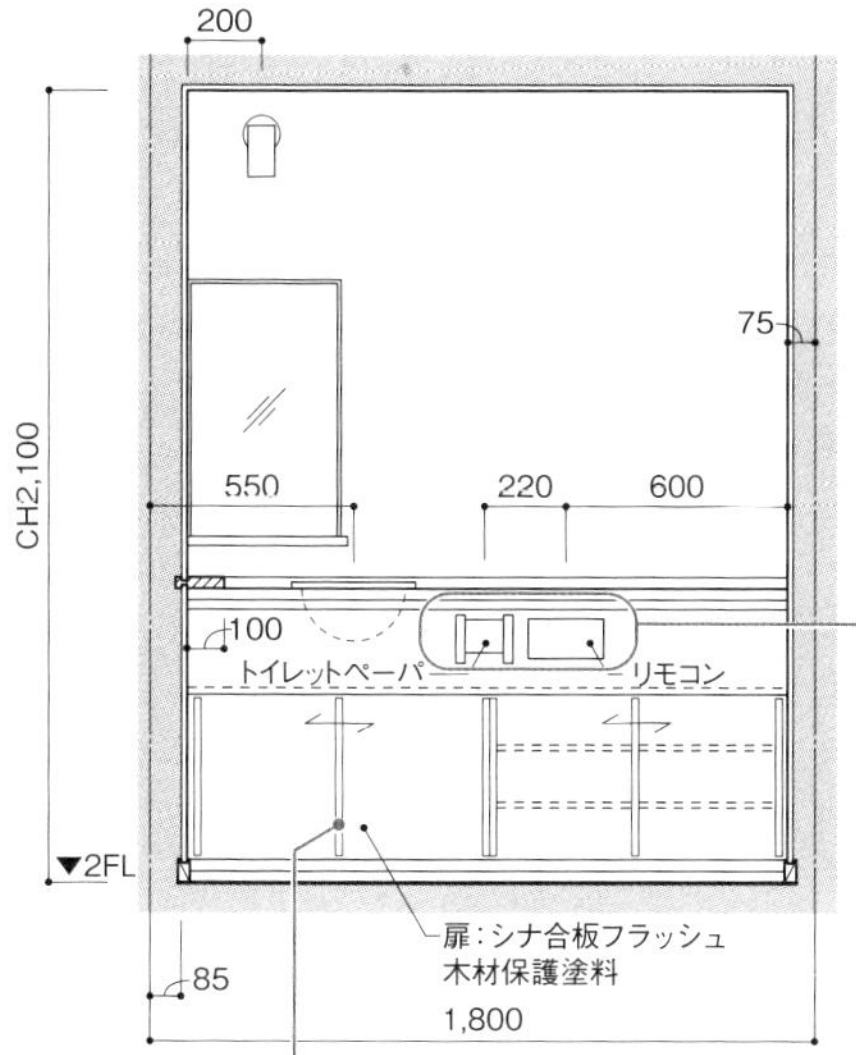
200
CH2,100
75
550
220
600
100
トイレットペーパ
リモコン
▼2FL
扉：シナ合板フラッシュ木材保護塗料
85
1,800

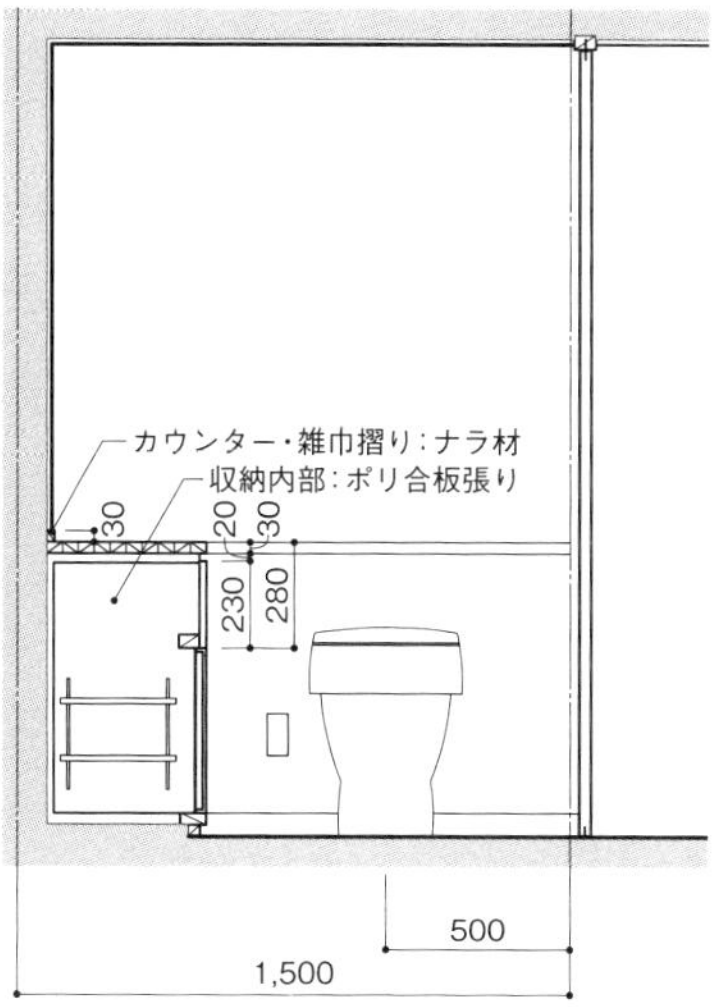
カウンター・雑巾摺り：ナラ材
収納内部：ポリ合板張り
30
20
30
230
280
500
1,500

展開図[S=1:40]

開き戸は開閉時にスペースが必要なので、引き代が十分に取れる場合は引戸としたい

アクセサリを家具に取り付ける場合は図面に記入しておく。フラッシュの場合は固定のため、取り付け箇所のフラッシュ内部に芯を入れておく必要がある

便器脇は狭いので収納には引戸が便利

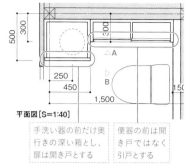

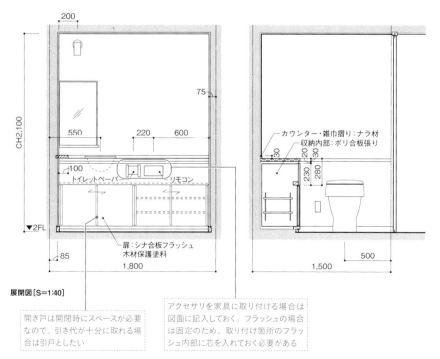

3 オンボードカウンターにすれば狭いトイレも広く感じる

手洗い器付きのトイレ収納は、オンボード丸型の手洗い器と組み合わせると、カウンターを低く、奥行きを浅くすることができ、スペースが広く感じさせられる。

天板と鏡下の壁は水の飛び散りを考慮して、人造大理石とした。収納扉と合わせて、壁・天井と同色にすることで、小さな空間で主張しすぎない家具とした

ハンドルが分離できる水栓をカウンターの手前に設置すると、奥に水が飛び散らない

最下段の引出しは、扉となる前板と一体になるようにつくることで、扉が小割りになるのを避け、他の扉とそろえることで、統一感を出した

壁・天井:練付け合板㋐4 OS
鏡:550×1,469.5
㋐5 埋込み
壁:人造大理石㋐12 加工
天板:人造大理石㋐12 加工
手掛け加工
可動棚:㋐20 D250 ダボ@70
2,420
670
550
450
24
21
25
750
605
560
100
25
1,200
367
367
367
367

展開図[S=1:40]

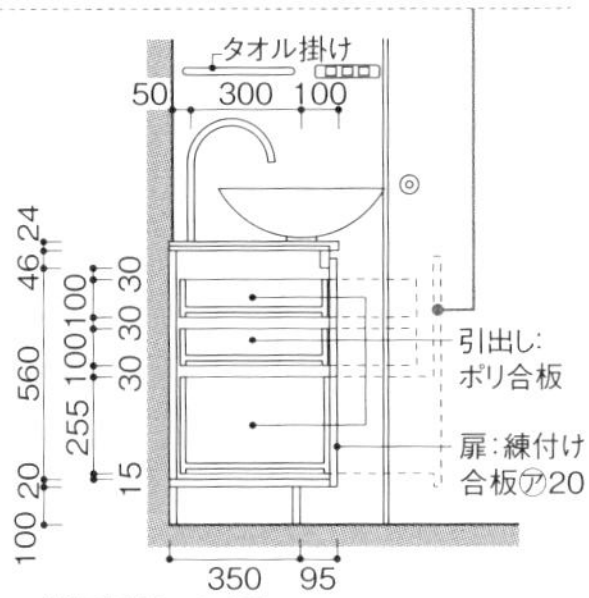

タオル掛け
50
300
100
46
24
30
100
30
30
560
100
30
255
30
15
20
100
引出し:
ポリ合板
扉:練付け
合板㋐20
350
95

断面図[S=1:40]

床・壁・天井、家具の色調をグレーで合わせた落ち着いた空間に、白い手洗い器の存在が強調される

4 LED照明を仕込んだカウンター収納で圧迫感をなくす

トイレ収納は、空間の広さに合わせて圧迫感を抑えつつも、手洗い器や収納としての機能を十分にもたせる必要がある。空間を広く見せるために、壁面には収納を設けずカウンター型の収納とし、フロストガラス製の小型手洗い器を設けてコンパクトに納めている。

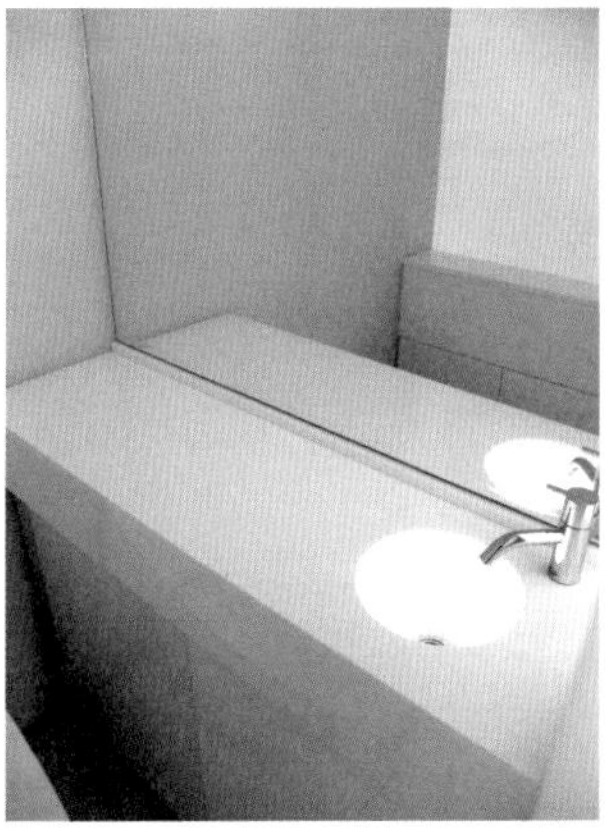

LED照明により、手洗い器が浮かび上がる。狭い空間だからこそ、意匠の見せ方には工夫が必要だ

スペースが広く取れないため、手洗い器の上部は鏡を天井まで張り、映り込みを利用して圧迫感を減らした

カウンターは手洗い器が小さいため、水の跳ね返りを考慮するとともに、上質な家具に見えるように、大理石としている

ミラーの腐食を防ぐため、小さいバックガードを設けて、ミラーとの小口にシーリングを施している

扉は、スペースを有効に使用でき、物の出し入れもしやすい引違い戸としている

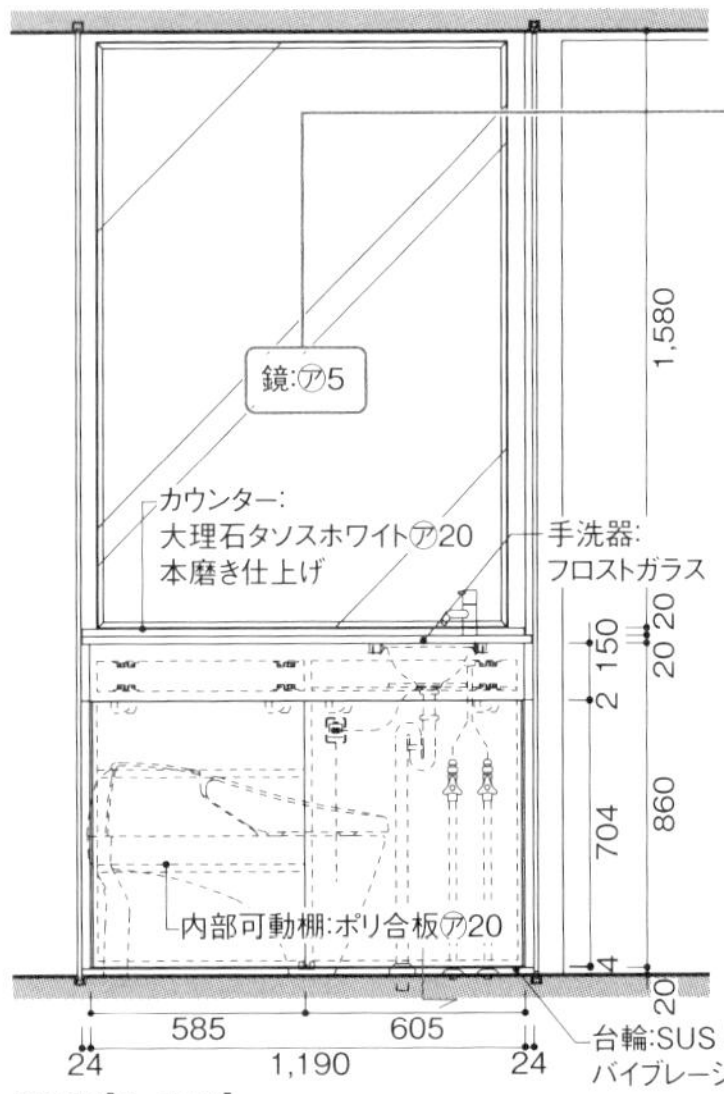

鏡:㋐5
カウンター:
大理石タソスホワイト㋐20
本磨き仕上げ
手洗器:
フロストガラス
内部可動棚:ポリ合板㋐20
台輪:SUS ℙ㋐2
バイブレーション仕上げ
1,580
150
20
20
2
150
704
860
4
20
585
605
24
1,190
24

展開図[S=1:40]

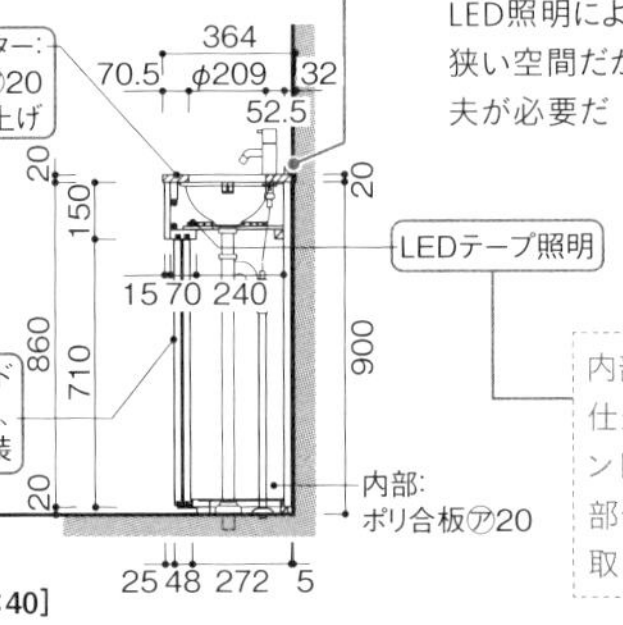

カウンター:
大理石タソスホワイト㋐20
本磨き仕上げ
扉:パーティクルボード
㋐20の上、
ウレタン鏡面塗装
LEDテープ照明
内部:
ポリ合板㋐20
364
70.5
φ209
32
52.5
20
150
20
15
70
240
860
710
900
20
25
48
272
5

断面図[S=1:40]

内部にLEDテープ照明[※]を仕込み、トイレ全体のアクセントとしている。収納がない部分は、照明の点検用として取り外し可能にしておく

3 広尾の家、設計・写真:CASE DESIGN STUDIO
4 Gear House、設計・写真:藤吉秀樹建築計画事務所
※ 幅約1cmのテープ状基盤にLEDが一定間隔で配置された照明器具。発熱が少なく、防水性も高い。専用のコントローラーを使用して調光が可能なタイプもある

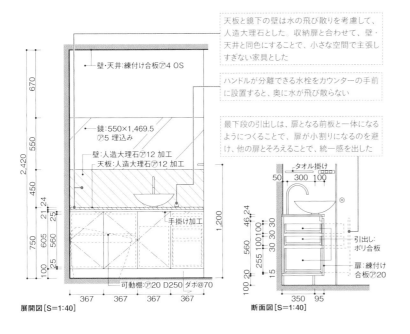

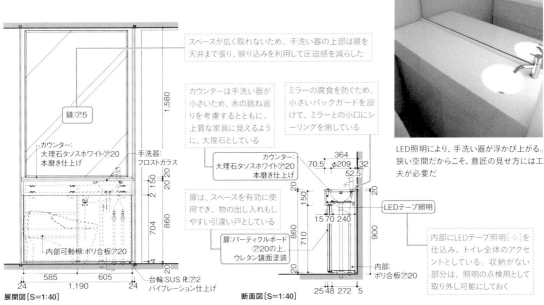

5 コンパクトな空間は「コーナー」を活用

トイレをコンパクトな空間とする場合、手洗いの設置場所に悩むことが多い。ここでは手洗いをコーナーに配し、上階から降りてくる汚水排水管を隠すため、角にパイプスペースを設けて姿見用の鏡を設置している。

手洗いの家具は「面」で構成されているため、小さな空間に配してもうるさくならない。開き戸を開けた際に干渉しないよう、ペーパーホルダーは壁に埋め込みとしている

壁に水栓が寄りすぎると掃除がしにくくなるので、指と雑巾が入る程度の隙間（2cm程度）は欲しい

シンプルに見せるため、洗面カウンターと手洗いボウルは一体型を使用

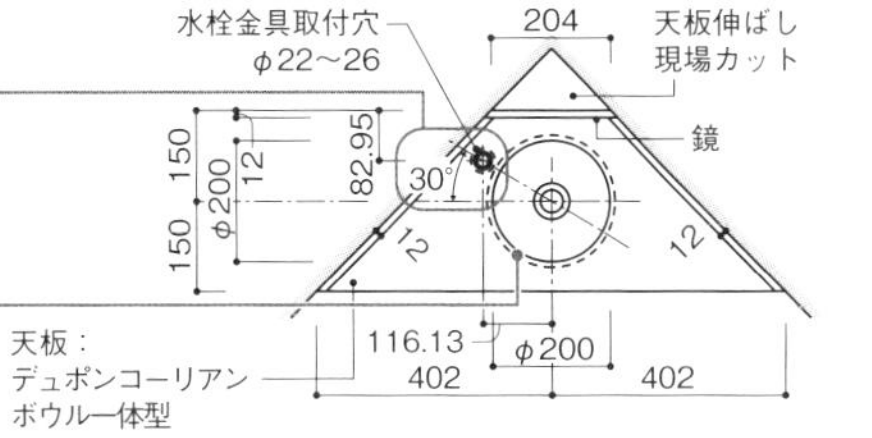

水栓金具取付穴 φ22〜26
204
天板伸ばし 現場カット
鏡
150
150
φ200
12
82.95
30°
12
12
天板：
デュポンコーリアン
ボウル一体型
116.13
φ200
402
402

平面図[S=1：25]

小さめの手洗い器を使用する場合、水はね軽減のため、水栓金物のスパウト（首）の長さが短いもの、吐水口がボウルから高すぎないものを選定する

手洗い器の下はトラップなどもあり棚板が入らないので、棚板なしの収納に。右側は棚板ありでトイレットペーパーなどを入れる収納としている

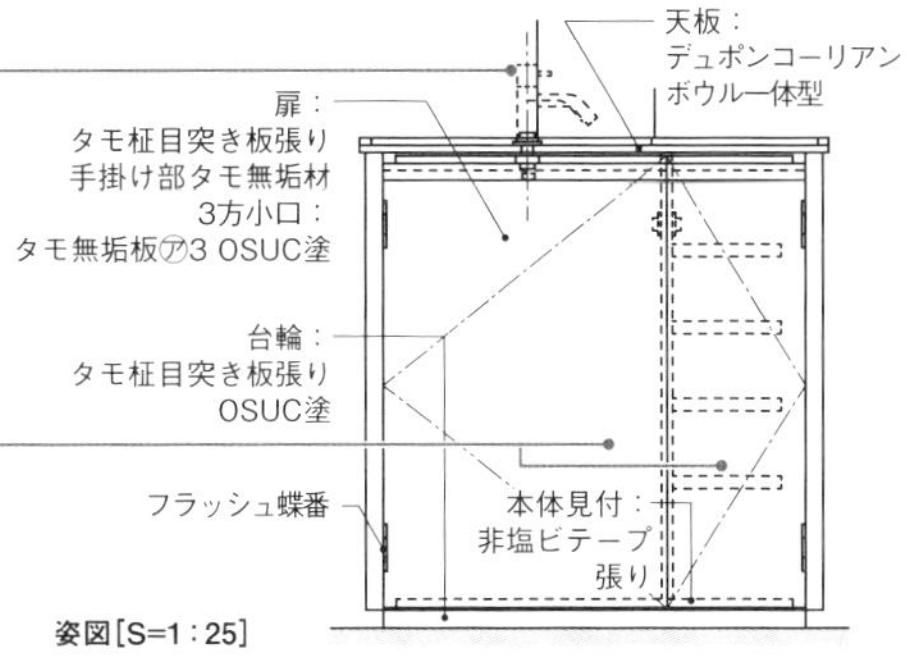

天板：
デュポンコーリアン
ボウル一体型
扉：
タモ柾目突き板張り
手掛け部タモ無垢材
3方小口：
タモ無垢板㋐3 OSUC塗
台輪：
タモ柾目突き板張り
OSUC塗
フラッシュ蝶番
本体見付：
非塩ビテープ
張り

姿図[S=1：25]

6 リノベーションは設備配管と換気扇に注意

団地のトイレのリノベーションでは、上階からの竪配管や壁付けの換気扇など、撤去したり移動したりできないものを、用途を損なうことなく隠しながら、空間を活用する手腕が必要となる。ここではそれらに収納を加えて、1つの家具に見せている。

家具の内部を見る。左側の白い設備機器は換気扇。この部分はメンテナンスと換気のため、脱着式のルーバー戸としている

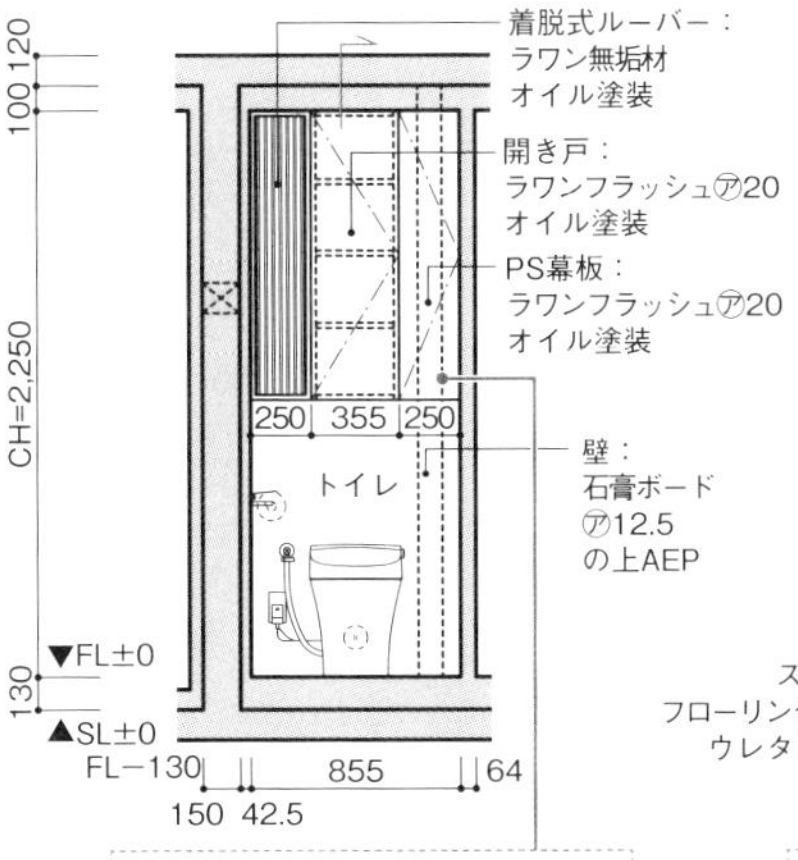

120
100
CH=2,250
130
▼FL±0
▲SL±0
FL−130
着脱式ルーバー：
ラワン無垢材
オイル塗装
開き戸：
ラワンフラッシュ㋐20
オイル塗装
PS幕板：
ラワンフラッシュ㋐20
オイル塗装
250
355
250
トイレ
壁：
石膏ボード
㋐12.5
の上AEP
855
64
150
42.5

パイプスペースを設ける場合、点検用の開口部は必須。ここでは収納部分と同じ材で、開き戸付きのパイプスペースを設置している

姿図[S=1：60]

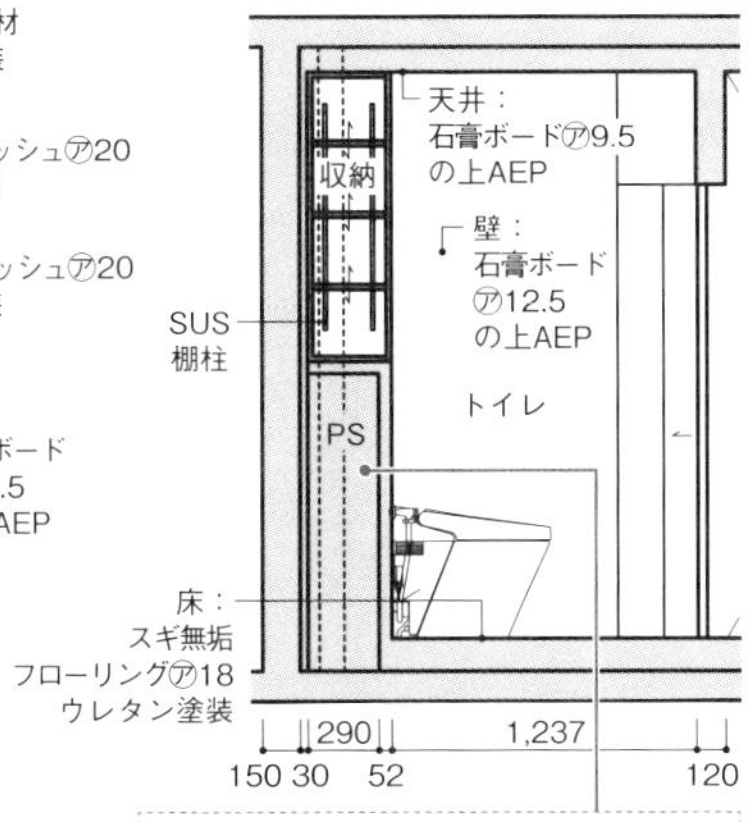

天井：
石膏ボード㋐9.5
の上AEP
収納
壁：
石膏ボード
㋐12.5
の上AEP
SUS
棚柱
トイレ
PS
床：
スギ無垢
フローリング㋐18
ウレタン塗装
290
1,237
150
30
52
120

便器越しで使用が難しい下部はパイプスペースとしてふさぎ、上部は可動式の棚を設置して収納に。トイレットペーパーなどのストックを保管している

断面図[S=1：60]

トイレ入口から内部を見る。パイプスペースの壁と家具の戸は同面仕上げのため、すっきりとした空間になっている

上段「宝塚の住宅III」設計：上町研究所、写真：平野和司
下段「鎌倉の住戸」設計：デザインライフ設計室、写真：中村晃

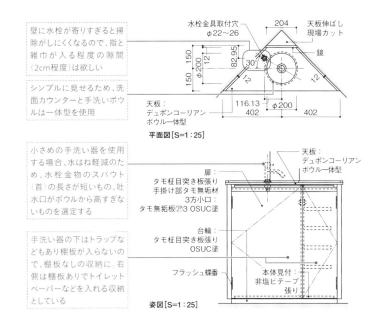

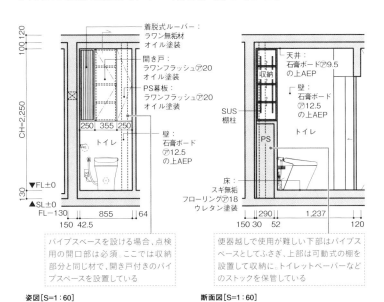

1 書斎カウンターとクロゼットを絡めた2階廊下

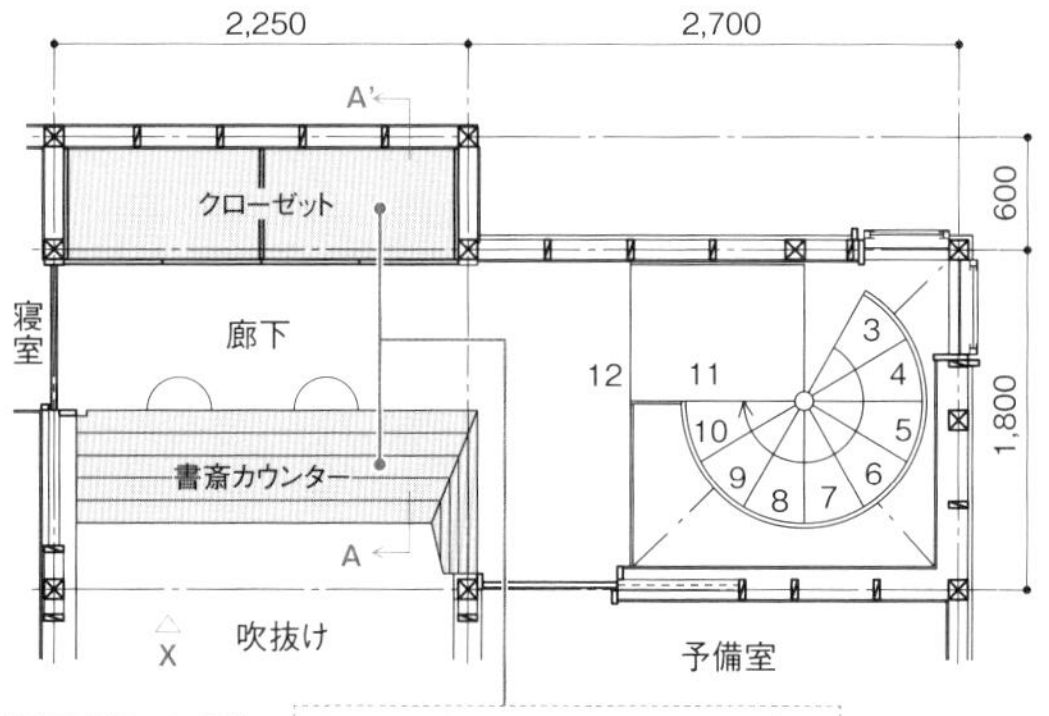

平面図[S=1:80]

階段から各個室に至る廊下に、書斎カウンターやクロゼットをつくり付ける

廊下から書斎カウンター・吹抜けを見る。カウンターが廊下を居室化している

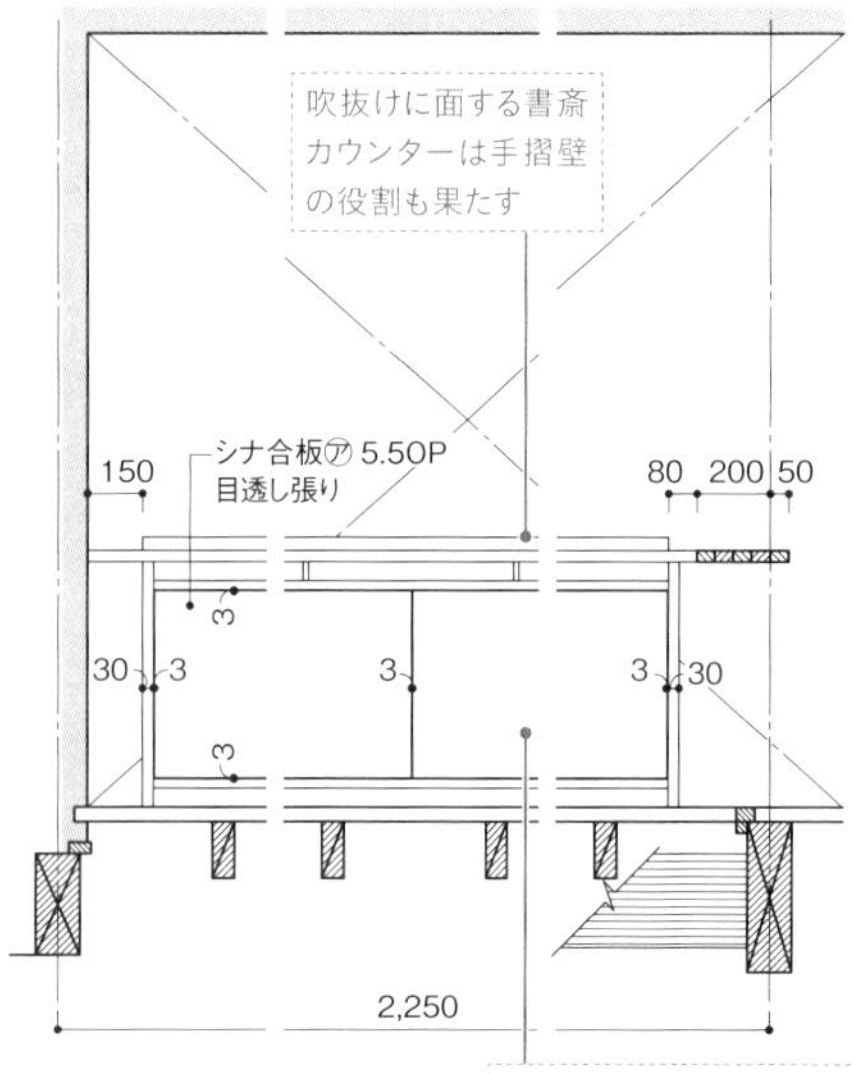

X展開図（吹抜け側より）[S=1:40]

吹抜け側からの目線も考えてデザインする。視線の抜けも考慮する

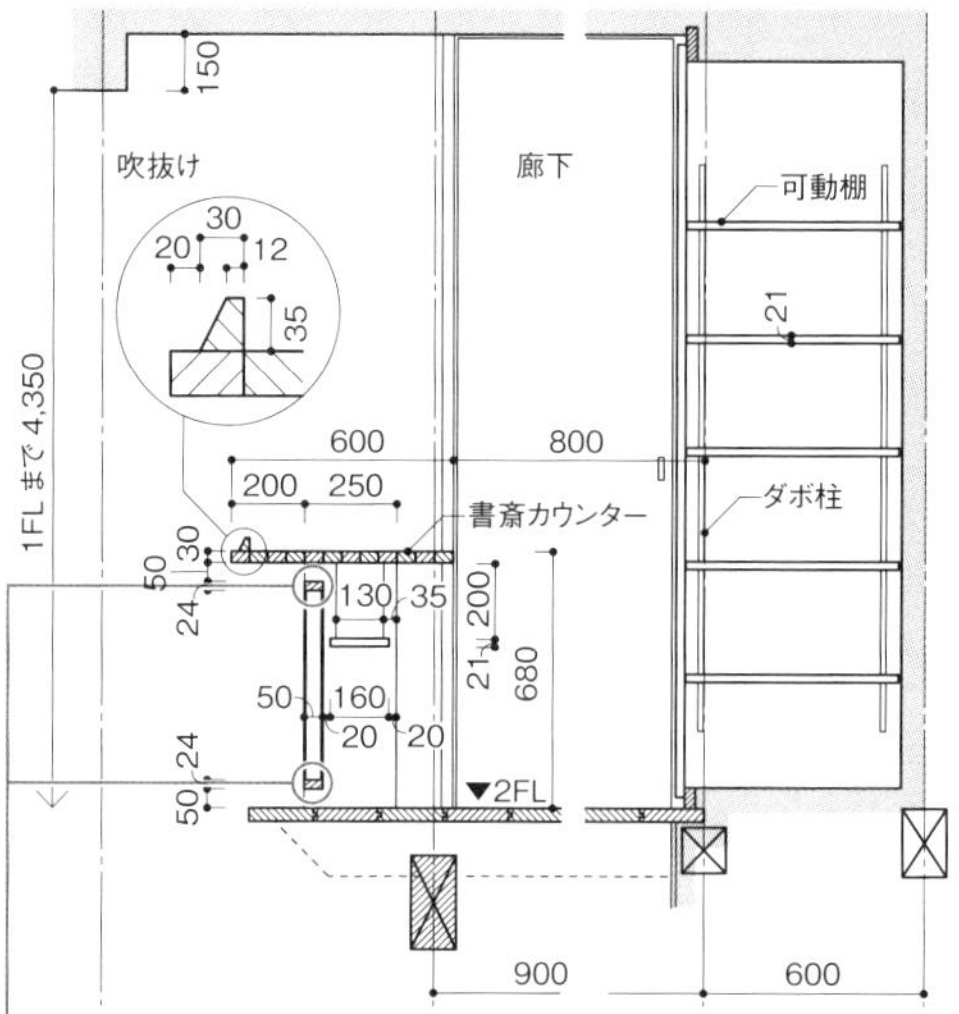

A-A'断面図[S=1:40]

廊下に機能をもたせる造作家具

多くの建て主の希望として挙げられるのが、「ワンルームのような広い空間」である。しかし、すべてを1つの空間に納めるには、機能上また意匠上にも限度がある。そこで、機能ごとに個室に分け、廊下でつないだプランとなることが一般的だ。

とはいえ設計する立場としては、歩くだけのいわゆる「廊下」はできることならば避けたい。廊下のない家をつくるのが難しい場合には、次のように造付け家具と廊下を絡めるとよい。

1 クロゼットと絡め、壁面収納とする

2 壁本棚と絡め、書斎とする［1・2］

3 洗面台収納と絡め、洗面コーナーとする

こうすることで、ただの廊下にはならない上、空間全体に彩りや遊びを加えることができる。〔齋藤文子〕

写真提供：プライシュティフト、写真：冨田治（120・121頁）

2 吹抜けに面する手摺壁を本棚に

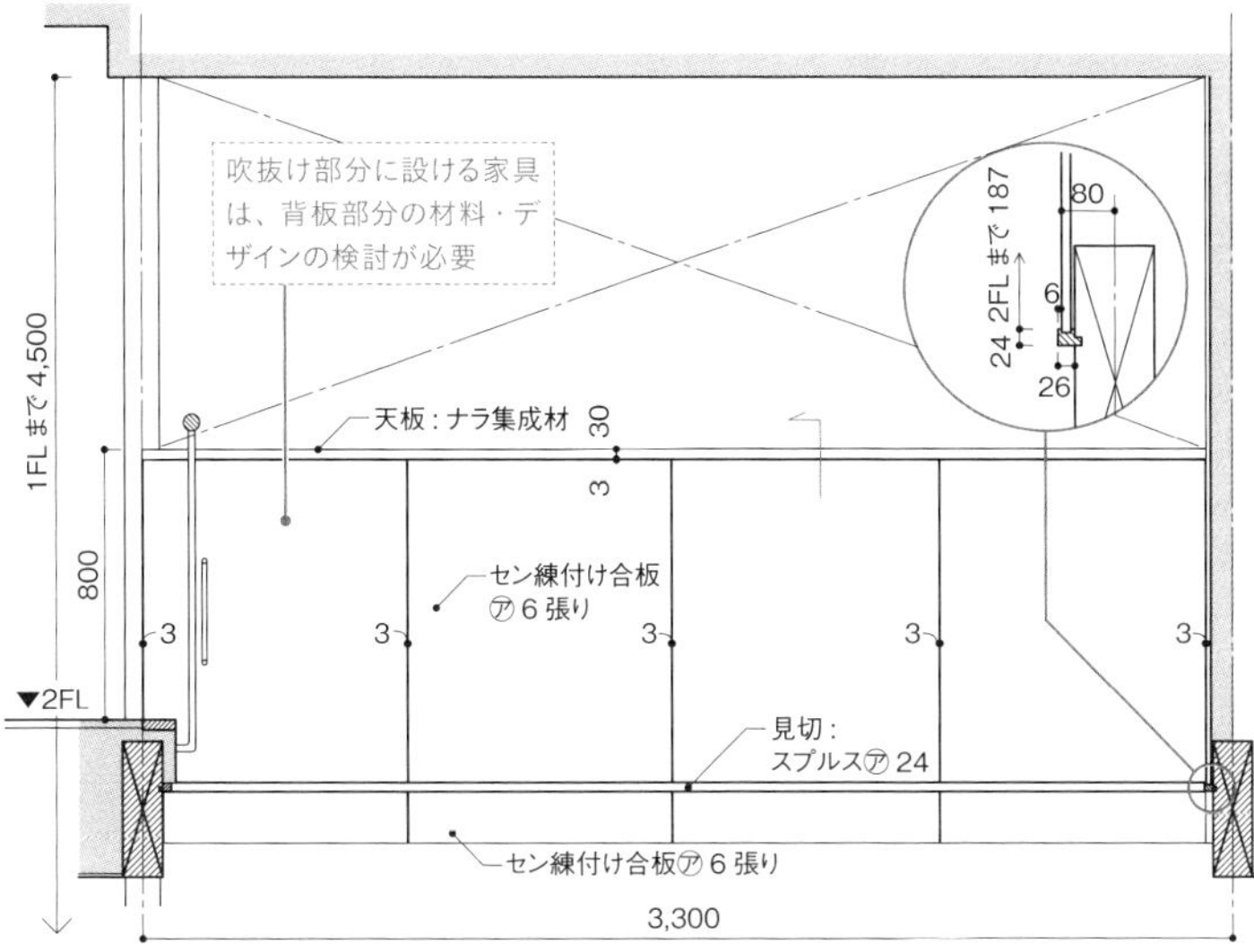

吹抜け部分に設ける家具は、背板部分の材料・デザインの検討が必要
1FLまで4,500
800
▼2FL
天板：ナラ集成材 30
3
セン練付け合板㋐6張り
3
3
3
3
3
見切：スプルス㋐24
セン練付け合板㋐6張り
3,300
24 2FLまで187
80
6
26

展開図(吹抜け側より)[S＝1：40]

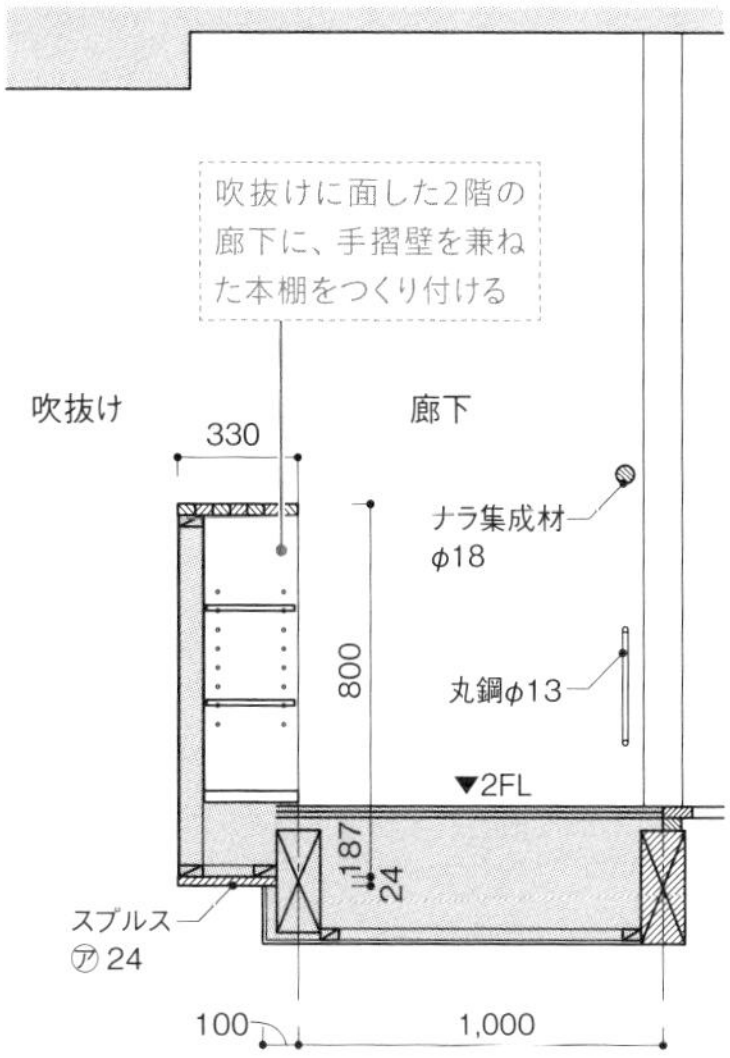

吹抜けに面した2階の廊下に、手摺壁を兼ねた本棚をつくり付ける
吹抜け
廊下
330
ナラ集成材 φ18
800
丸鋼φ13
▼2FL
187
24
スプルス㋐24
100
1,000

廊下断面図[S＝1：40]

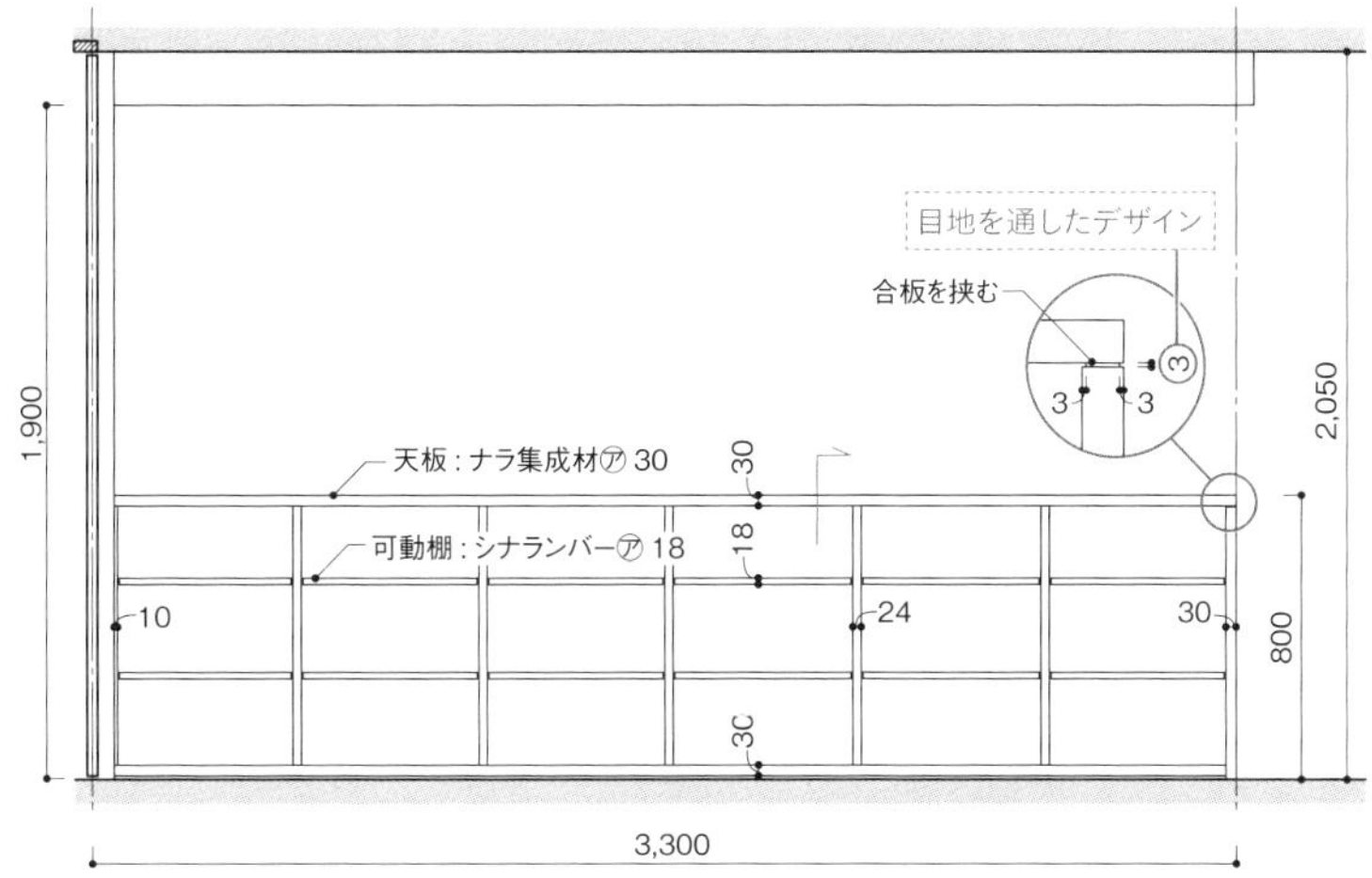

目地を通したデザイン
合板を挟む
3
3
3
1,900
2,050
天板：ナラ集成材㋐30
30
可動棚：シナランバー㋐18
18
10
24
30
800
3C
3,300

展開図(廊下側より)[S＝1：40]

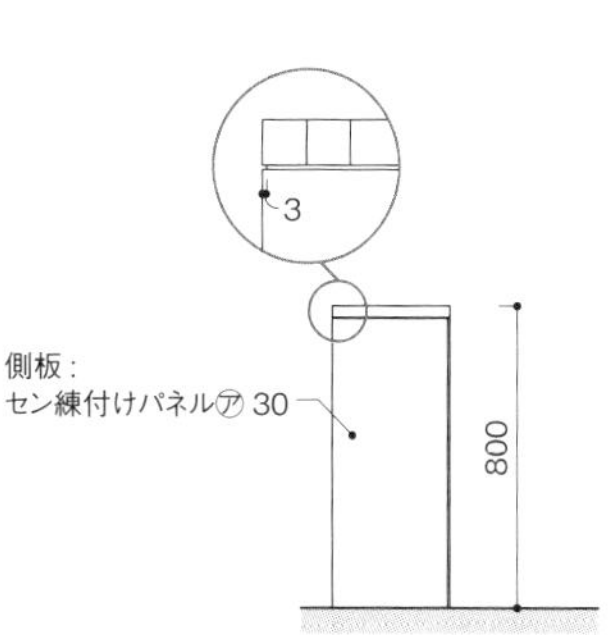

3
側板：セン練付けパネル㋐30
800

本棚側面姿図[S＝1：40]

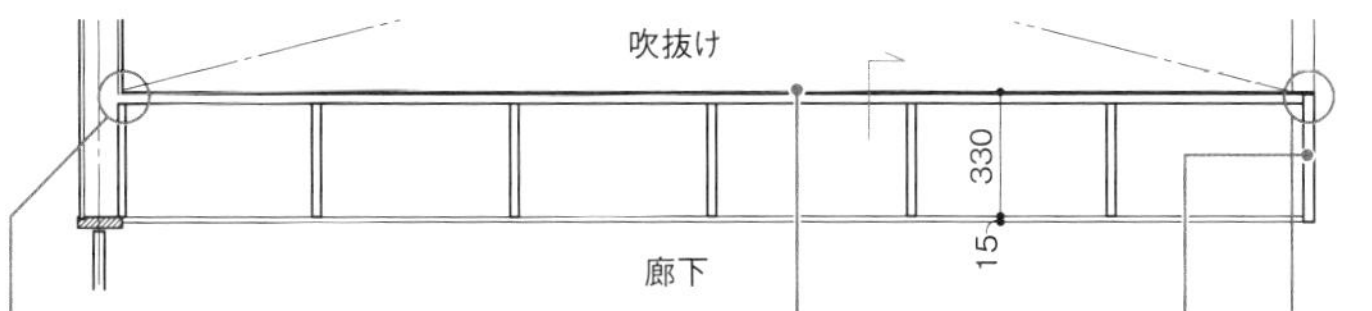

吹抜け
330
15
廊下

本棚平面図[S＝1：40]

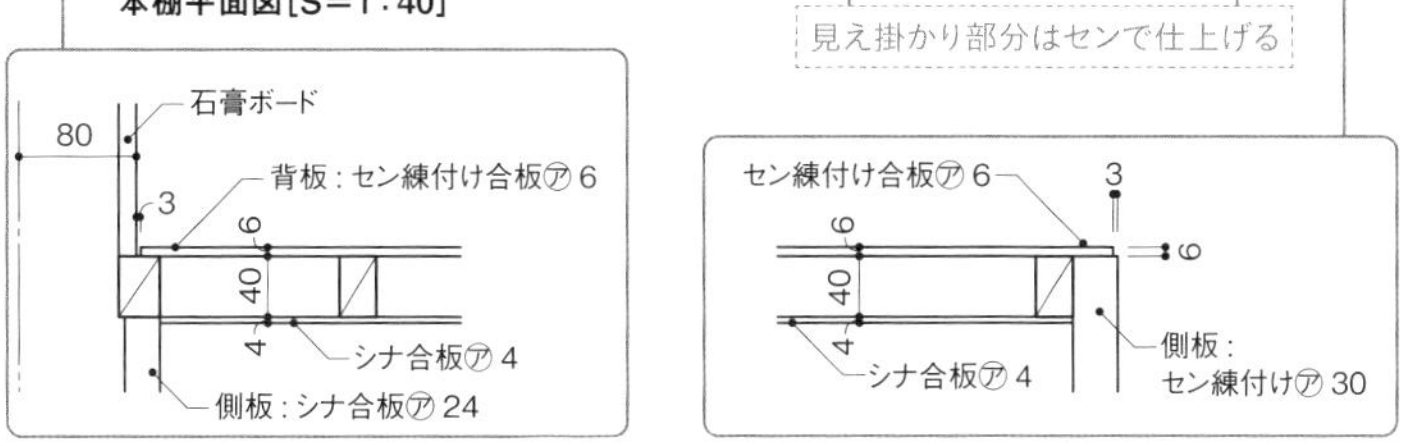

見え掛かり部分はセンで仕上げる
石膏ボード
80
3
背板：セン練付け合板㋐6
6
40
4
シナ合板㋐4
側板：シナ合板㋐24
セン練付け合板㋐6
3
6
6
40
4
シナ合板㋐4
側板：セン練付け㋐30

廊下から吹抜けに面する本棚を見る。手摺壁程度の高さなので圧迫感もない

3章 部屋別 設計ポイント

1 小屋裏収納ははしごと同時に考える

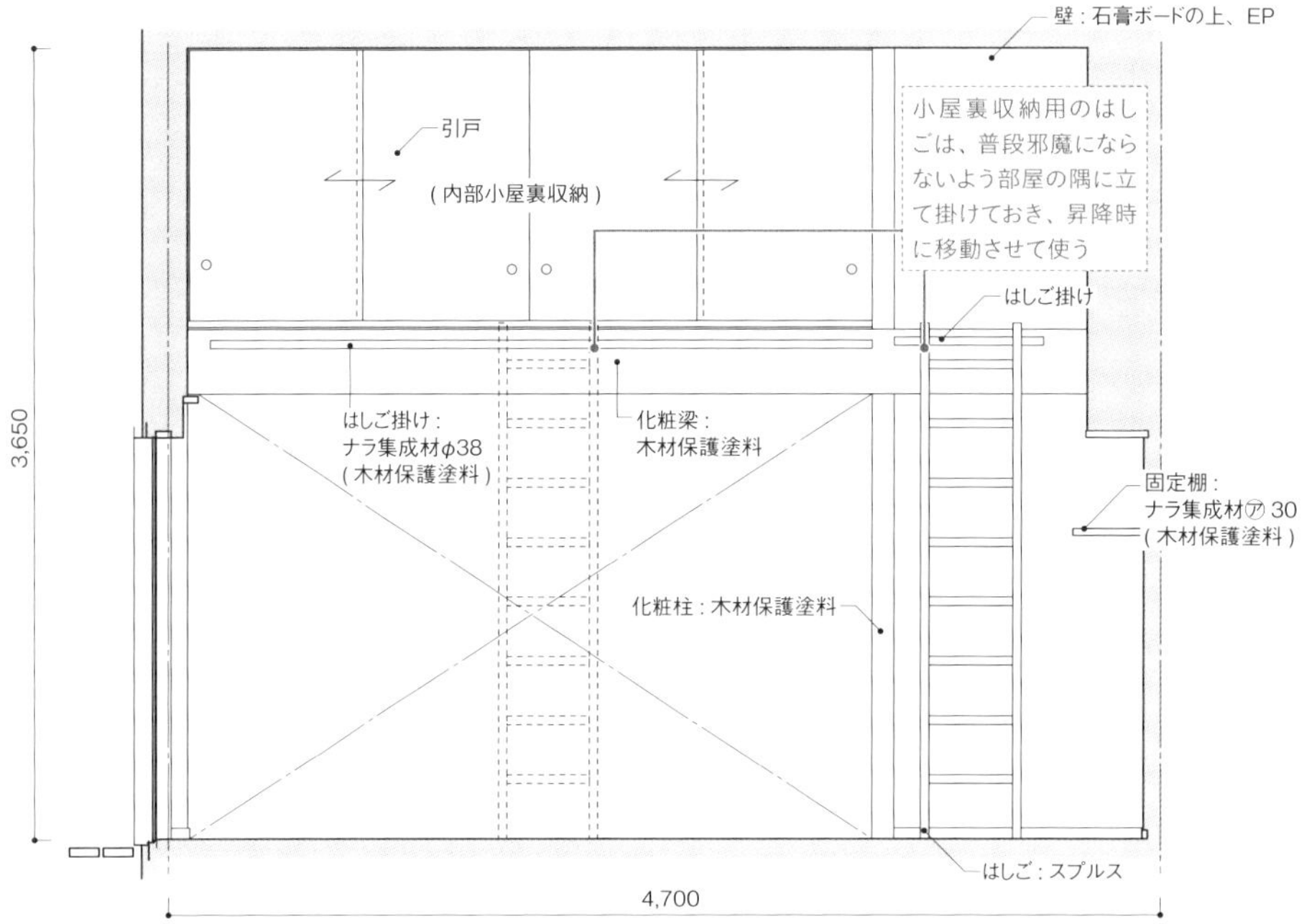
壁：石膏ボードの上、EP
引戸
（内部小屋裏収納）
小屋裏収納用のはしごは、普段邪魔にならないよう部屋の隅に立て掛けておき、昇降時に移動させて使う
はしご掛け
はしご掛け：ナラ集成材φ38（木材保護塗料）
化粧梁：木材保護塗料
固定棚：ナラ集成材㋐30（木材保護塗料）
化粧柱：木材保護塗料
3,650
4,700
はしご：スプルス

展開図［S＝1：50］

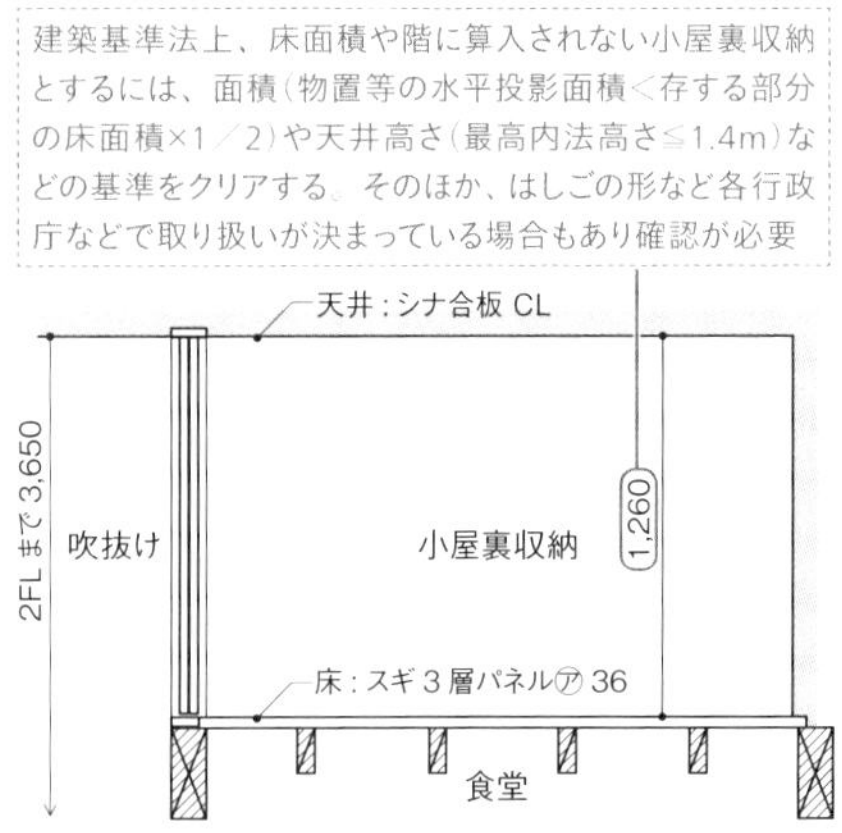
建築基準法上、床面積や階に算入されない小屋裏収納とするには、面積（物置等の水平投影面積＜存する部分の床面積×1／2）や天井高さ（最高内法高さ≦1.4m）などの基準をクリアする。そのほか、はしごの形など各行政庁などで取り扱いが決まっている場合もあり確認が必要
天井：シナ合板 CL
2FLまで3,650
吹抜け
小屋裏収納
1,260
床：スギ3層パネル㋐36
食堂

断面図［S＝1：50］

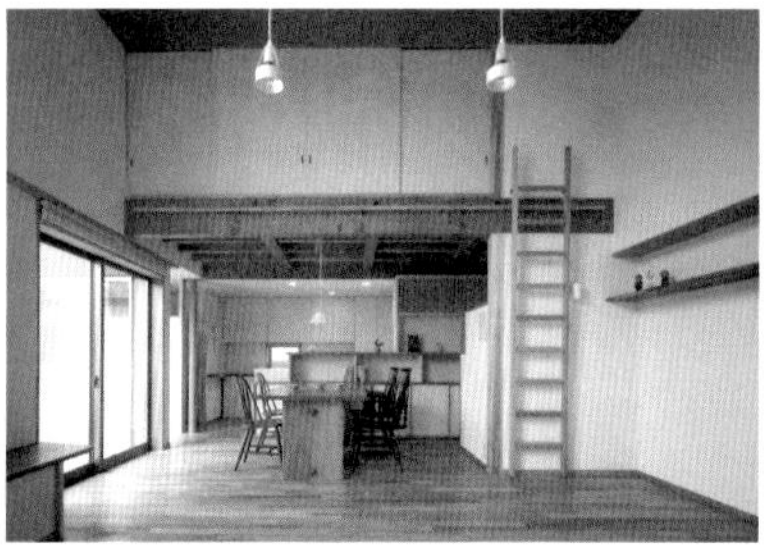

普段ははしごを部屋の隅に寄せておく。小屋裏収納が空間全体を邪魔しないつくり

納戸やウォークインクロゼット、押入れなどの「大きな物入れ」が取れない場合、吹抜けを利用して小屋裏収納［1］を設けることがある。そのほか、どこにも行き場のないものを収納する場としても役に立つ。とはいえ、小屋裏への昇り降りを考えると、大きな箱や重い物というよりも、布団や洋服など上から投げ下ろしてもよいと思えるような軽い物に適した収納である。

施工は、大工＋建具工事（引戸）の組み合わせとする。内部の使用材料は、押入れと同様、シナ合板、汚れ止めのクリアラッカー仕上げとする。なお、小屋裏収納が面する吹抜け部分には暖かい空気が溜まりやすい。そのため、収納内に換気扇を設置し、引戸を通して空気が抜けるようにするとよい。また、はしごを掛ける横棒には回転の力が掛かるので、頑丈につくっておく。

なお、小屋裏収納を建築基準法上の床面積や階に不算入とするには、各基準（高さ・面積など）をクリアするほか、各行政庁の取り扱いなども確認しておく必要がある。〔齋藤文子〕

写真提供：プライシュティフト、写真：冨田治

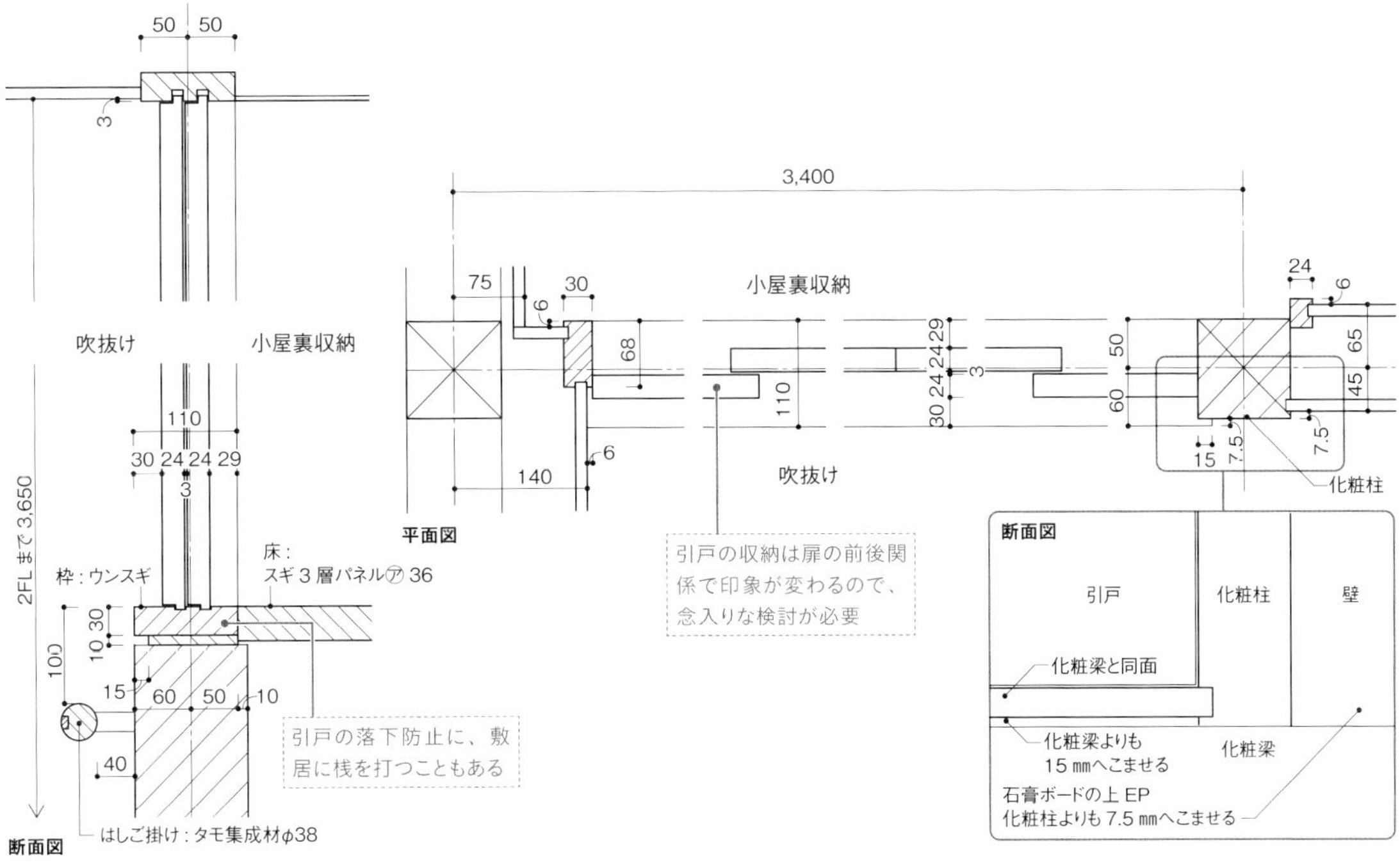
50 50
3
吹抜け
小屋裏収納
110
30 24 24 29
3
2FL まで 3,650
枠：ウンスギ
床：
スギ３層パネル㋐ 36
10 30
100
15 60 50 10
40
引戸の落下防止に、敷居に桟を打つこともある
はしご掛け：タモ集成材φ38
断面図
3,400
75 30
6
小屋裏収納
68
110
24 29
3
30 24
140
6
吹抜け
平面図
24
6
50
65
60
45
15 7.5
7.5
化粧柱
引戸の収納は扉の前後関係で印象が変わるので、念入りな検討が必要
断面図
引戸
化粧柱
壁
化粧梁と同面
化粧梁よりも
15 ㎜へこませる
化粧梁
石膏ボードの上 EP
化粧柱よりも 7.5 ㎜へこませる

小屋裏収納建具廻り詳細図[S＝1：10]

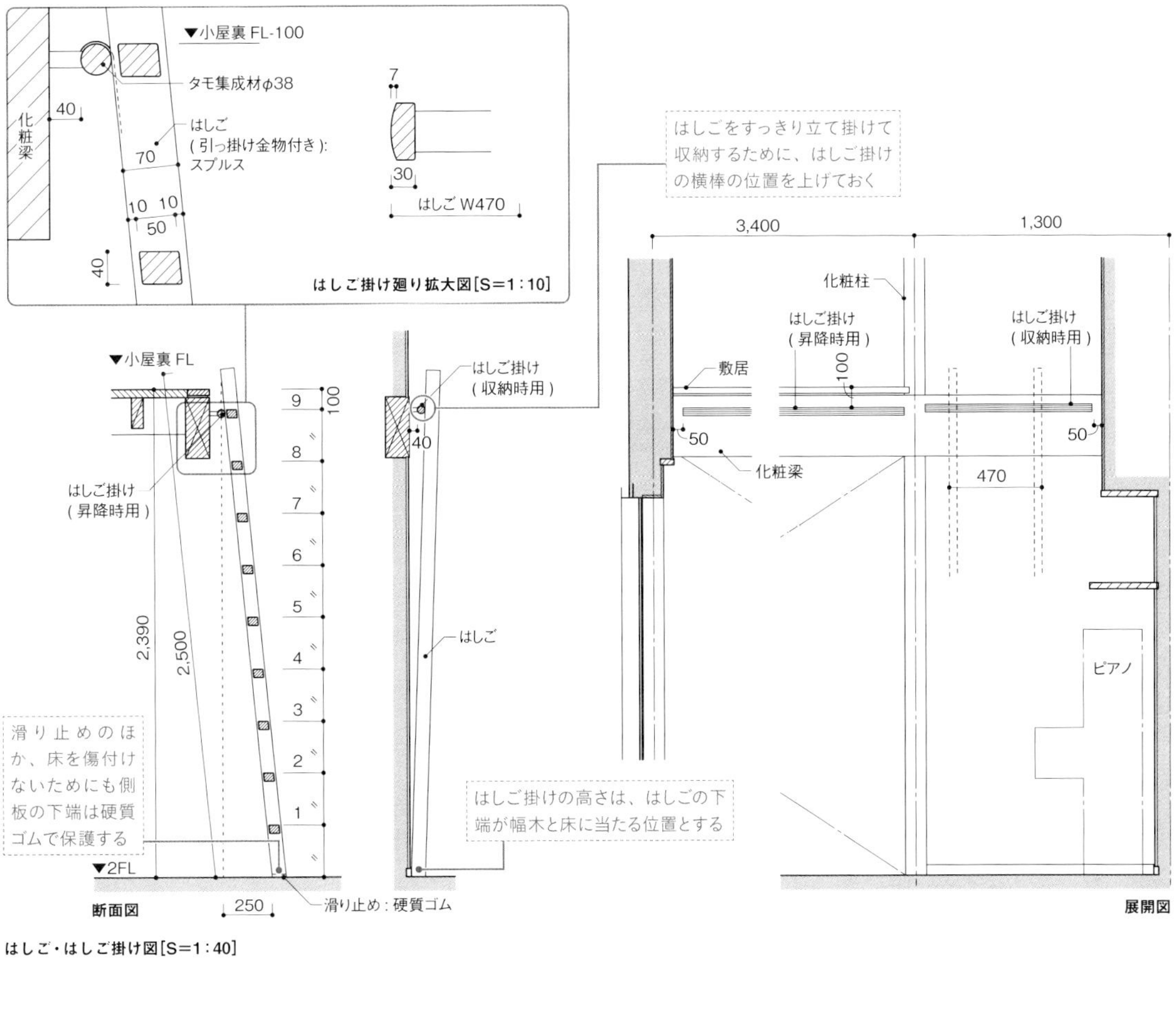
▼小屋裏 FL-100
タモ集成材φ38
化粧梁
40
はしご
（引っ掛け金物付き）：
スプルス
70
10 10
50
40
はしご掛け廻り拡大図[S＝1：10]
7
30
はしご W470
はしごをすっきり立て掛けて収納するために、はしご掛けの横棒の位置を上げておく
▼小屋裏 FL
はしご掛け
（昇降時用）
9 100
8
7
6
5
4
3
2
1
2,390
2,500
滑り止めのほか、床を傷付けないためにも側板の下端は硬質ゴムで保護する
▼2FL
断面図
250
滑り止め：硬質ゴム
はしご掛け
（収納時用）
40
はしご
はしご掛けの高さは、はしごの下端が幅木と床に当たる位置とする
3,400
1,300
化粧柱
はしご掛け
（昇降時用）
はしご掛け
（収納時用）
敷居
100
50
50
化粧梁
470
ピアノ
展開図

はしご・はしご掛け図[S＝1：40]

4章

キッチン

プランニングから
ディテールまで

レイアウトはかたちからは考えない

1 建て主のライフスタイルから読み解くキッチンレイアウト例

［S＝1：60］

❶ワークトライアングルの考え方

シンク、加熱調理器、冷凍冷蔵庫の前面中心位置を結んでできる三角形のこと。各辺は動線を示し、各辺の長さやトータルの長さが作業のしやすさの目安となる。しかし、狭小住宅などでは実現が難しい

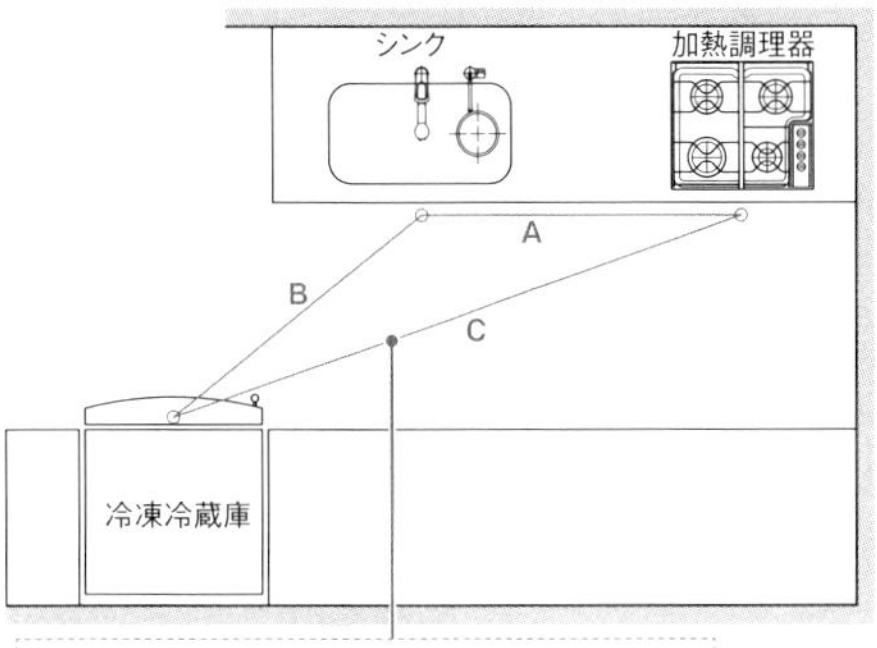

ワークトライアングルの基準寸法
A=1,200～1,800㎜
B=1,200～2,700㎜
C=1,200～2,100㎜
A+B+C=3,600～6,000㎜（理想は3,500～3,600）

❷アイランドキッチンの場合

水はねなどを考慮した寸法

対面型でフルフラットにする場合、奥行900㎜ぐらいは欲しい

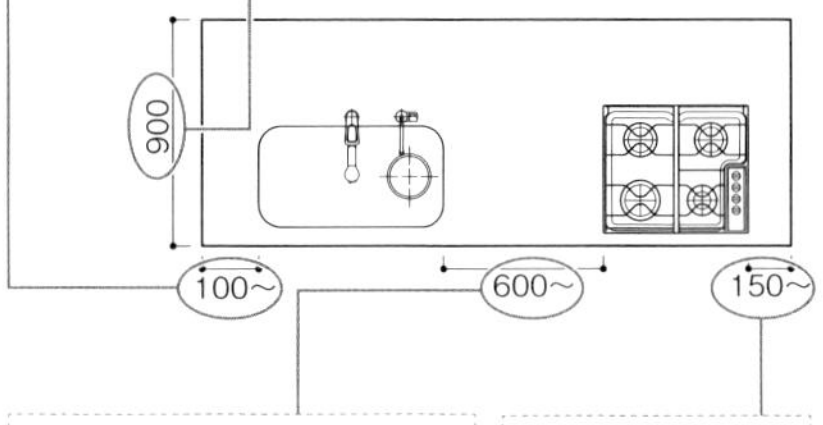

下に食器洗浄機を組み込む場合、その寸法が基準になってくるが、まな板を置くスペースとして600㎜は確保したい

壁がない場合でも調理中の飛び散りなどを考えると、150㎜以上は欲しい

❸カウンター付きのキッチンの場合（1人で作業する場合）

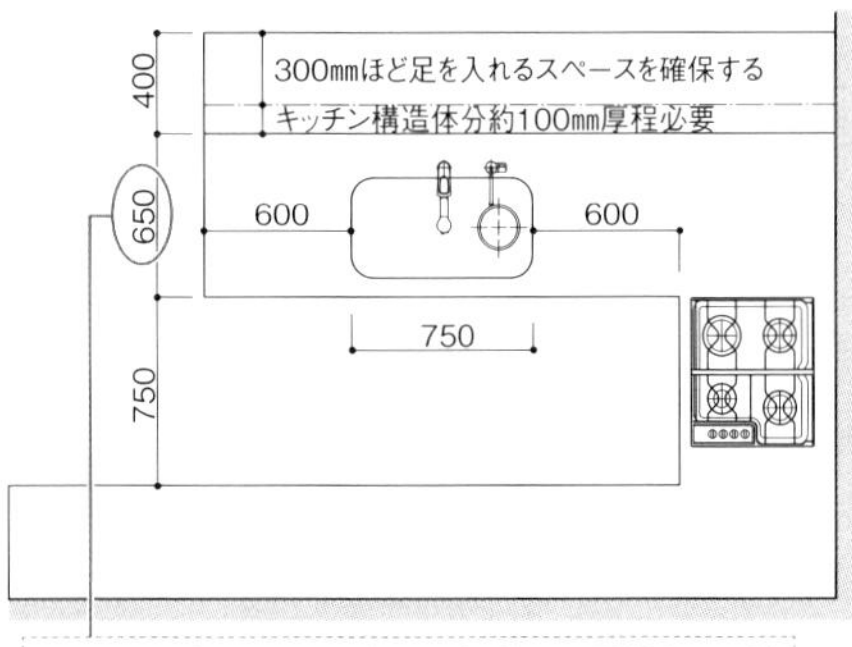

キッチンの奥行はシンク部分、加熱調理器部分で、機器類の組込み寸法を考えると600㎜必要だが、使い勝手などを考えると650㎜以上が望ましい

❹カウンター付きのキッチンの場合（2人で作業する場合）

カウンター部分に足を入れるスペースが300㎜は欲しい。そのためキッチン構造体の壁厚なども考慮すると、400㎜程度の奥行になる

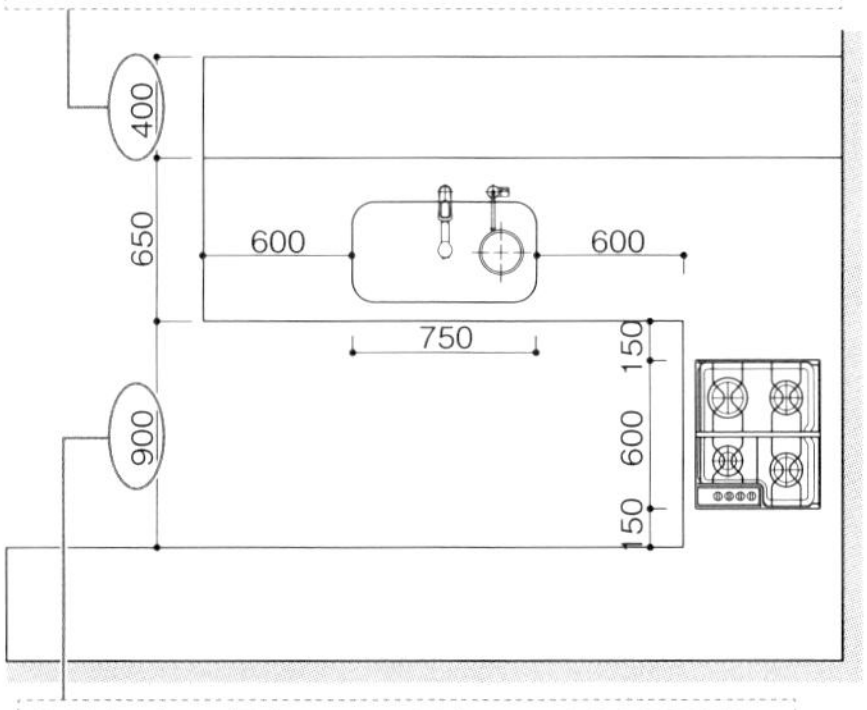

複数人が入る場合は900㎜以上。このような配列だと、加熱調理機器の納まりや隣接部のつくりなどに大きく左右されるので、慎重に検討することが必要

キッチンの使い勝手を最も左右するのがレイアウトだといえる。しかしここでいうレイアウトとは、I型やL型といった教科書に書いてあるような形状のことではない。部屋（建物）の形状、調理作業のための動線（料理、片付けるための食器、買い物してきた食材などの動きも含め）を示す。それらは、建て主の生活の中で、台所空間がどのような位置付けであるかをきちんと整理すれば、その形状はおのずと決まってくるものである。そして、その結果がI型やL型に見えるというだけなのである。ただし、導き出した形状について、それぞれ長所・短所があることを知っておくとよいだろう［130頁6］。

また、教科書にはシンク、冷蔵庫、加熱調理器を結んだ「ワークトライアングル」と呼ばれる三角形の各辺の長さや、3辺トータルの長さの理想値が説明されているが、これにもあまり固執することはないと思っている。なぜならその理想値は、最近の狭小住宅では実現することが不可能に近いからだ。「調理する」「配膳する」「食べる」「片

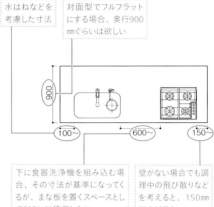

2 設備機器や配線・配管から読み解くキッチンレイアウト例 [S＝1：60]

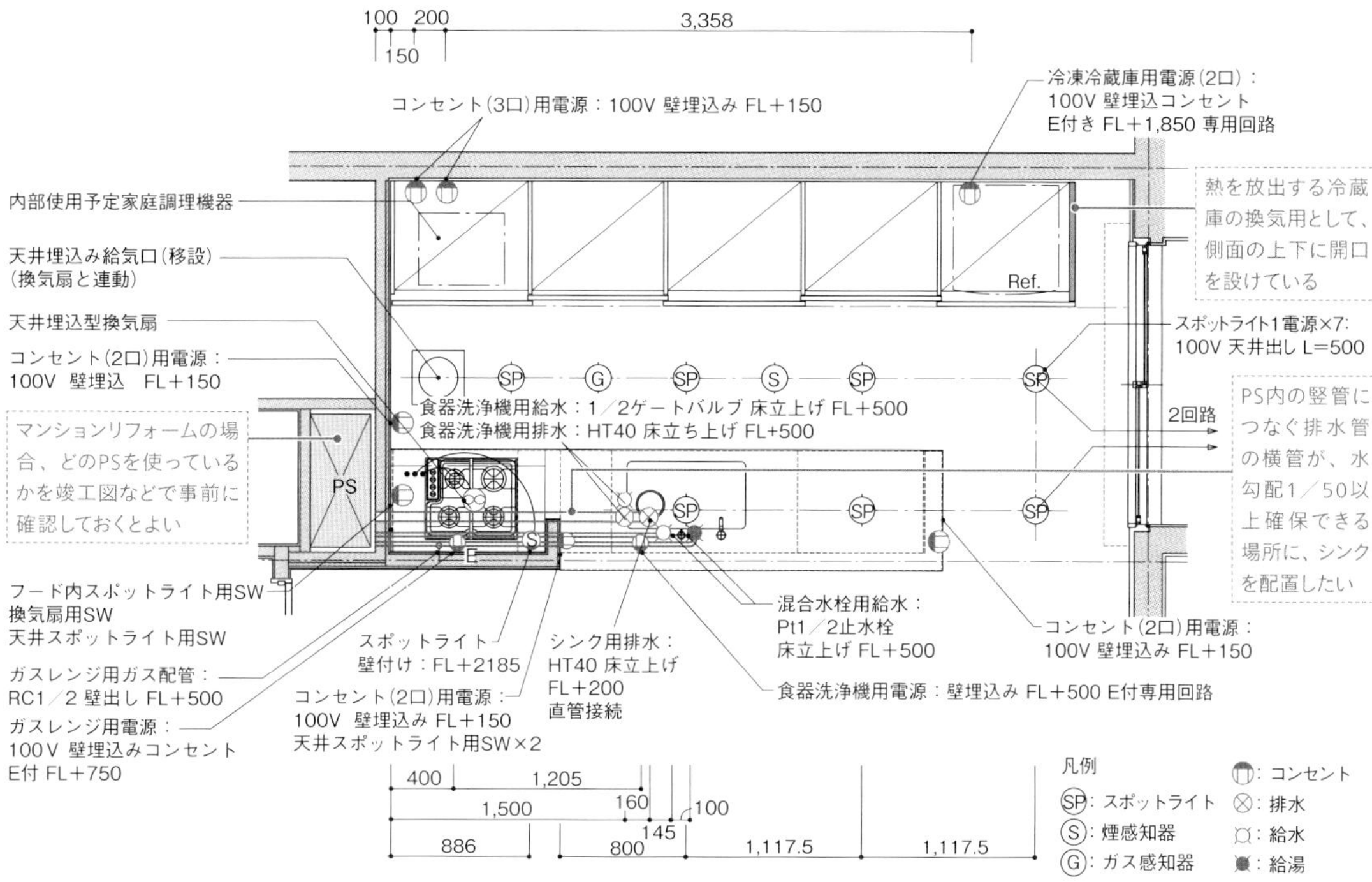

100 200 3,358
150
コンセント(3口)用電源：100V 壁埋込み FL＋150
冷凍冷蔵庫用電源(2口)：100V 壁埋込コンセント E付き FL＋1,850 専用回路
内部使用予定家庭調理機器
天井埋込み給気口(移設)(換気扇と連動)
天井埋込型換気扇
コンセント(2口)用電源：100V 壁埋込 FL＋150
マンションリフォームの場合、どのPSを使っているかを竣工図などで事前に確認しておくとよい
熱を放出する冷蔵庫の換気用として、側面の上下に開口を設けている
Ref.
スポットライト1電源×7：100V 天井出し L=500
PS内の竪管につなぐ排水管の横管が、水勾配1／50以上確保できる場所に、シンクを配置したい
2回路
PS
食器洗浄機用給水：1／2ゲートバルブ 床立上げ FL＋500
食器洗浄機用排水：HT40 床立ち上げ FL+500
フード内スポットライト用SW
換気扇用SW
天井スポットライト用SW
ガスレンジ用ガス配管：RC1／2 壁出し FL＋500
ガスレンジ用電源：100V 壁埋込みコンセント E付 FL＋750
スポットライト 壁付け：FL＋2185
コンセント(2口)用電源：100V 壁埋込み FL＋150 天井スポットライト用SW×2
シンク用排水：HT40 床立上げ FL＋200 直管接続
混合水栓用給水：Pt1／2止水栓 床立上げ FL＋500
コンセント(2口)用電源：100V 壁埋込み FL＋150
食器洗浄機用電源：壁埋込み FL＋500 E付専用回路
400 1,205
1,500 160 100
145
886 800 1,117.5 1,117.5
凡例
SP：スポットライト
S：煙感知器
G：ガス感知器
：コンセント
：排水
：給水
：給湯

付ける」という一連の行為に加え、「（料理している人を）観る」「手伝う」「コミュニケーションをとる」などといった料理の周辺にある行為を含め、食空間全体のしつらえ、位置関係、配列、分節、連結などを検討したい［1］。

　さらに、調理する場所と食べる場所の関係も重要である。つまりオープンにするかクローズドにするか、その中間にするか、建て主にとってのキッチンのあり方をもとに考えていく。

レイアウトを決定する条件

　キッチンはたくさんの調理機器類が入り込む場所であり、また、それらを使いこなし、作業する場所である以上、前述以外にもさまざまな制約を受ける。以下で説明することは、たいていの家庭のキッチンでの共通項として考えることができるはずだ。

1｜設備機器類の配置から考える

　全体のレイアウトを見据えたうえで、水道、ガス、電気、排気、機器類、パーツ類などの条件を考慮しながらプランニングしていく［2］。ここで注意すべき点は機器類の配置である。使い勝手を最優先させるのは当然だが、キャビネットやワークトップの構造との関係も考えなければならない。また、機器類の寸法は、システムキッチンのモジュールを中心につくられているため、450㎜、600㎜、750㎜、900㎜という寸法が「決まりごと」であり、レイアウトに影響する（アメリカ製品の場合はインチなので少し変わってくる）。

　まず最初に水廻りの使い勝手から考えると、食器洗浄機はシンクのすぐ脇に配置するべきであるし、加熱調理器とシンクとの間は適切な作業スペースを設けたほうがよい。水道に関していえば、排水の水勾配が問題になる。これがレイアウトに影響するといっても過言ではない。具体的には1／50以上の水勾配を確保しなくてはならない。

　次に電気配線の問題である。まず、必要な電気容量を確かめて機器類を選定しなければならない。食器洗浄機など、多くの輸入機器やIHクッキングヒーターなどは単相200Vのため、分電盤から専用回路を引いてくる必要がある。電子レンジなど高出力の機器類もできれば専用回路にしたいところだ。もっといえば、冷凍冷蔵庫も専用回路としたほうがよい。そうすると、キッチンだけでも相当な回路数が必要になってくる。電力会社との契約体系や、建物全体の電気容量にも関係するので確認が必要である。

　次に、排気である。排気経路を十分

3 効率のよい収納家具の配置例 [S＝1：100]

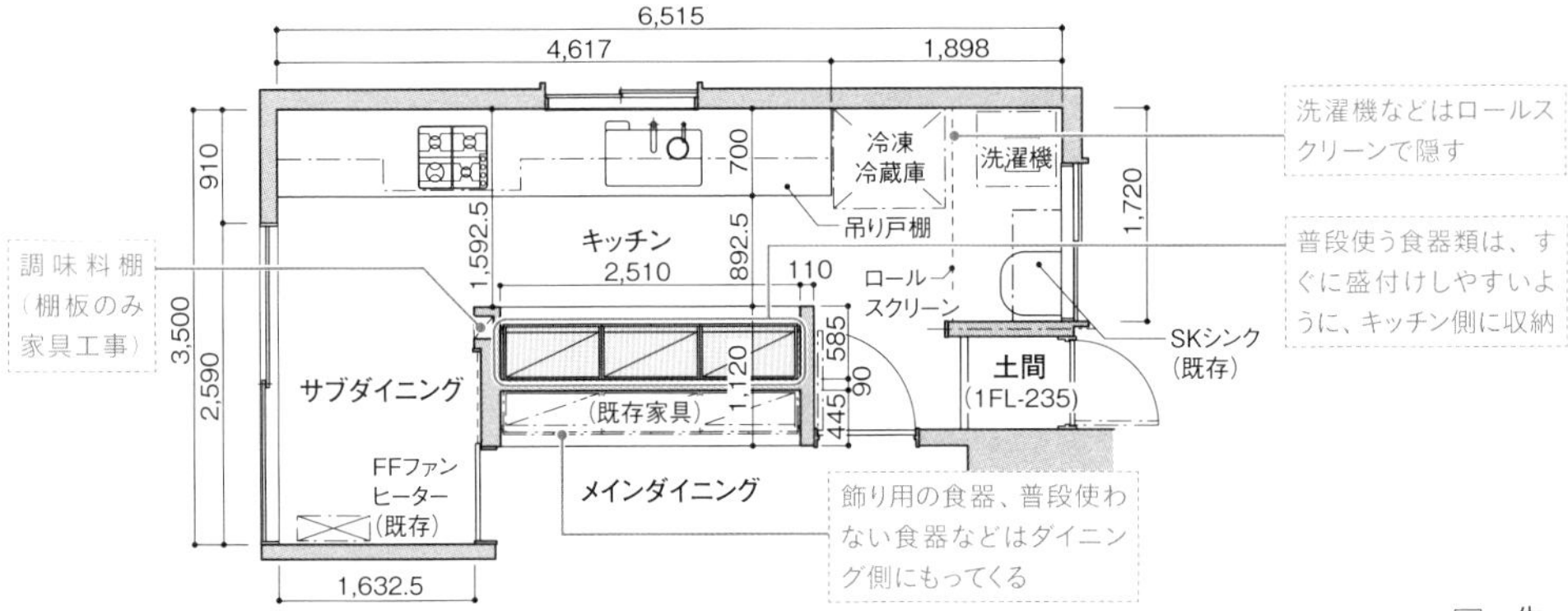
6,515
4,617
1,898
910
700
1,720
1,592.5
892.5
110
3,500
2,590
585
1,120
90
445
1,632.5
冷凍冷蔵庫
洗濯機
吊り戸棚
キッチン
2,510
ロールスクリーン
サブダイニング
（既存家具）
土間
（1FL-235）
FFファンヒーター（既存）
メインダイニング
SKシンク（既存）
洗濯機などはロールスクリーンで隠す
普段使う食器類は、すぐに盛付けしやすいように、キッチン側に収納
調味料棚（棚板のみ家具工事）
飾り用の食器、普段使わない食器などはダイニング側にもってくる

に考慮しないと、煙や臭いを十分に排気できずに部屋にそれらが充満してしまうばかりか、換気不足の危険性がでてくる。ダクトの長さ、風量、圧力損失などには十分な注意が必要である［168頁］。

2｜法規制から考えるレイアウト

法規制上、加熱機器と壁面との隔離距離は通常150mm以上必要。そのほかにも、レンジフードの大きさや火元とレンジフードのグリスフィルターまでの距離、火元と換気扇（シロッコファン）との距離なども定められている［146頁］。建物の規模や形態、自治体によって規制の内容が異なることもあるので注意が必要である。

3｜収納の配置から考えるレイアウト

収納を考える場合、まず、ものの使用頻度を考えたい。食器や調理道具のなかには、年に1回しか使わない物から毎日使う物まで混在している。キッチンに限らず、収納の基本は「使う場所に収納する」「出しやすくしまいやすい」なので、毎日使う食器をダイニングに収納することは避けたい。逆にコップやグラスは、キッチンとダイニングの中間に収納するのが理想である［3］。しかし、空間全体のデザインを考えた場合に、そう理屈通りにはいかない。そこで筆者は普段使うものとそうでない物に大雑把に分け、前者をキッチン側に配置するように提案している。

吊り戸棚は使う頻度によって高さを段階的に分けて考える必要がある。吊り戸棚の奥行は350～380mmが一般的であるが、これを奥行を変え2段階に分け、上段を400～450mm、下段を200～300mmとしたうえで、ワークトップの奥行を700～750mmと通常よりも深くする。こうすることで、建て主の身長にもよるが、吊り戸棚の下端を物がしまいやすい床レベルから1千400mm以下にまで下げるこ

4 使いやすい吊り戸棚の寸法目安 [S＝1：40]

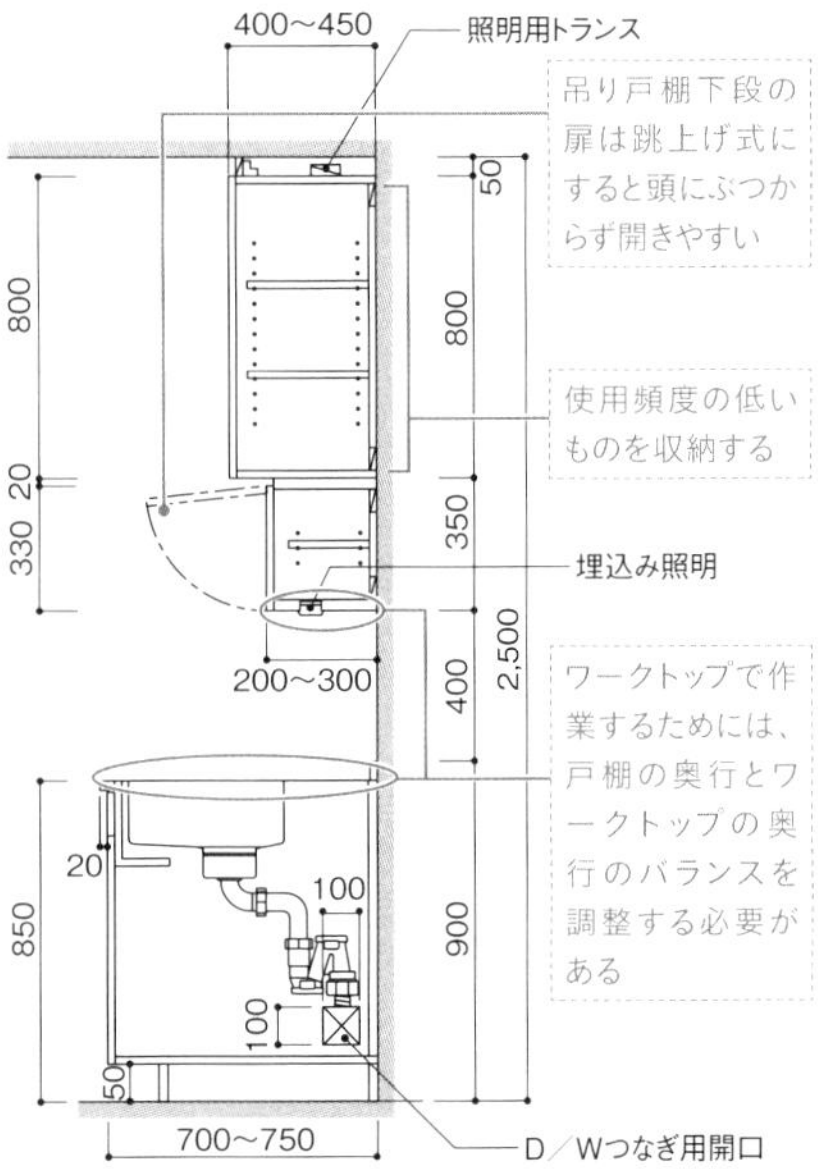
400～450
照明用トランス
吊り戸棚下段の扉は跳上げ式にすると頭にぶつからず開きやすい
50
800
800
使用頻度の低いものを収納する
20
330
350
埋込み照明
200～300
400
2,500
ワークトップで作業するためには、戸棚の奥行とワークトップの奥行のバランスを調整する必要がある
20
100
850
900
100
50
700～750
D／Wつなぎ用開口
一般的な吊り戸棚は、頭がぶつからないように取り付け位置が高く、物を取り出しにくい。日常使用する物は、奥行きの浅い戸棚を通常の戸棚の下部に設け、その下端を床レベルから1,400mm以下程度まで下げるとよい

1

吊り戸棚をより使いやすくするために、高さや奥行などの寸法を調整するだけではなく、扉の開閉方式についても配慮し、下段の扉は上に跳ね上げる方式をとっている

写真：相澤健治（写真1）、佐藤倫子（写真2）

5 コンパクトなキッチンレイアウト例 [S＝1：40]

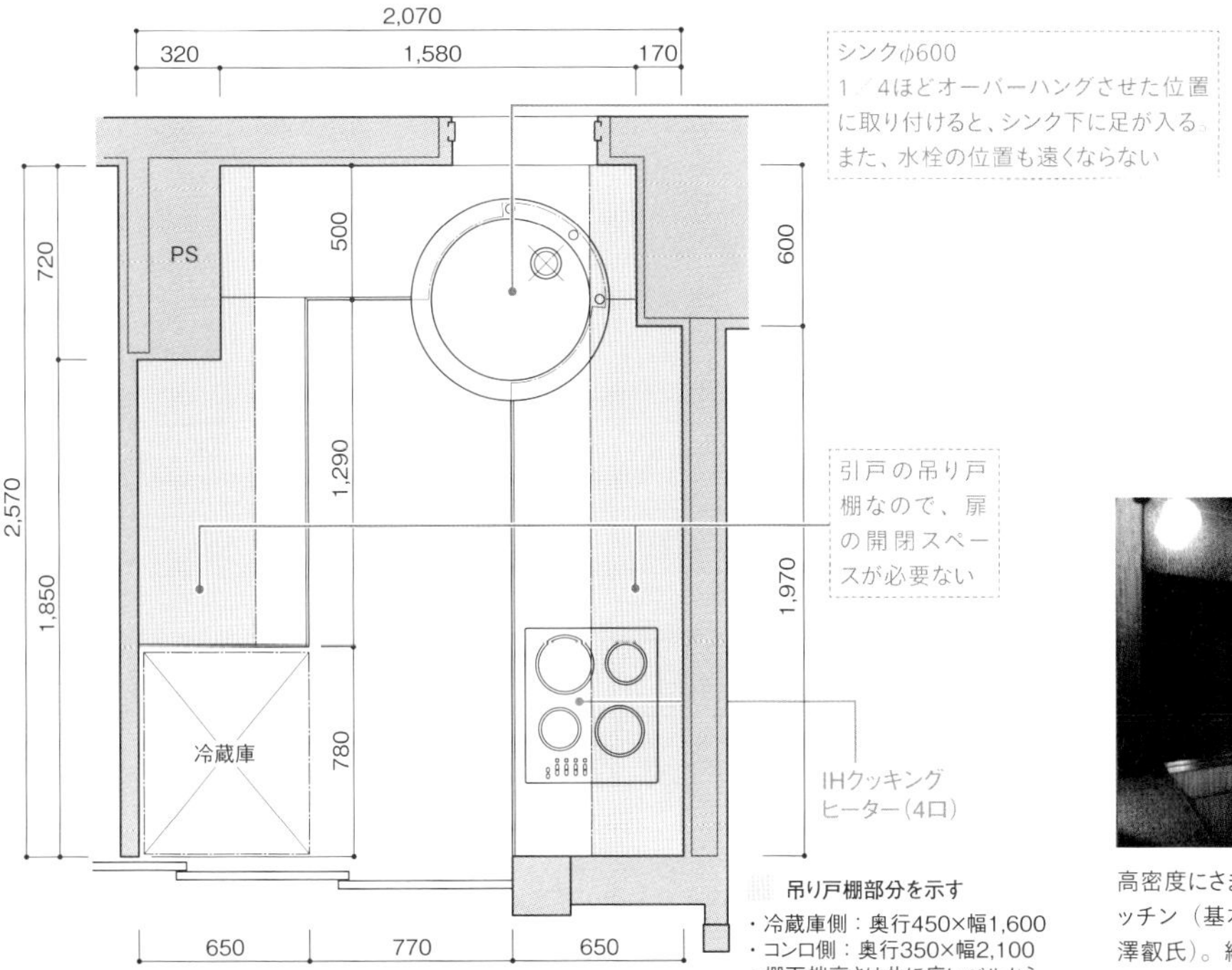

2,070
320
1,580
170
シンクφ600
1／4ほどオーバーハングさせた位置に取り付けると、シンク下に足が入る。また、水栓の位置も遠くならない
PS
720
500
600
2,570
1,290
引戸の吊り戸棚なので、扉の開閉スペースが必要ない
1,850
1,970
冷蔵庫
780
IHクッキングヒーター（4口）
650
770
650

吊り戸棚部分を示す
・冷蔵庫側：奥行450×幅1,600
・コンロ側：奥行350×幅2,100
・棚下端高さは共に床レベルから1,334㎜に合せている

注　吊り戸棚は柱・梁などにも重ねて仕上げをしているが、ここで示している幅は実際に収納できるスペースの寸法

2

高密度にさまざまな要素がレイアウトされたキッチン（基本設計：空間・機械研究所／北澤叡氏）。結果的には調理だけではなく、洗濯まで含めた家事が行える使い勝手のよいキッチンとなった

とが可能になる［4］。

また、同時に吊り戸棚は扉の大きさや開閉形式も考慮したい。幅が広い扉だと、開けた状態のまま作業をすることができないし、開ける際に上体をのけぞらなければならず危険が伴う。そのため、引戸や跳上げ戸が有効になる［写真1］。

さらに、特にオープンキッチンの場合であるが、見栄えがする製品が極めて少ない、調理家電製品の収納場所には気を使わなければならない。リビング・ダイニングから見えてしまっては興醒めしてしまう。扉で隠してしまうか、もしくは見えない位置に配置する。こうした場合、キッチンに隣接した納戸（パントリー）を設けてしまうのも1つの手である。

高密度な極小キッチンのレイアウト

ここで、筆者が手掛けてきたキッチンのなかで最小の空間、高密度な空間といえる事例を紹介する［5］。難しい狭小空間でのレイアウト手法の1つとして見ていただきたい。

これはマンションのリフォームにおいて計画された小さなキッチンである［写真2］。床面積がわずか2.1×2.6mの空間のなかに、4口のハロゲン調理器、シンク、幅600㎜の食器洗浄機、幅600㎜のドラム式の洗濯乾燥機を組み込みたい。そして幅750㎜の冷凍冷蔵庫なども配置したい。また、食器類の収納もこの空間のなかに確保したい、というのが建て主の要望であった。

数多くを検討した結果、奥行きを変えたコの字型のカウンターを配した。そしてコーナーの入隅部分に丸いシンク（内寸径600㎜）を1／4程度オーバーハングさせた位置に取り付け、洗濯乾燥機の上にIHクッキングヒーターを重ねるという組合せとした。この場合、メーカーによる設置説明書を見て、適切な放熱スペースを設ける必要がある。食器収納は、コンロ側と冷蔵庫側に下端を床から1千334㎜の位置に吊り戸棚を取り付け、それなりの収納量を確保した。まるでコックピットのようなキッチンとなった。

これだけ高密度で狭い空間なので、インテリアにも非常に気を使った。床とカウンター、壁面を黒御影石で統一し、天井は黒に塗装した。また、扉にはカリンの突き板を張った。その結果心配していたほどの圧迫感はなく、コンパクトだが、使いやすく気持ちがよい台所空間に仕上がった。既存の小窓からの光が穴蔵感を演出しているのも面白い［写真2］。

〔和田浩一〕

6 キッチン形状別の◯（長所）と×（短所）を理解する

	形状	○	×
I型	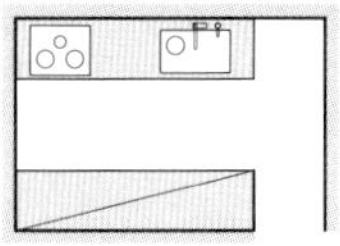	・独立キッチンに向いてる ・コンパクト設計 ・デッドスペースが少ない ・空間全体をコンパクトに設計できる	・オープンキッチン（ダイニングキッチン）にすると、キッチン部分が丸見え ・幅を大きくすると、作業動線が大きくなる
L型	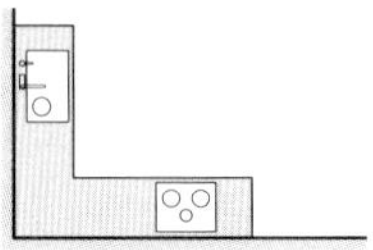	・作業動線が比較的小さくてすむ	・コーナー部分にデッドスペースが必ずできる ・オープンキッチン（ダイニングキッチン）にすると、キッチン部分が丸見え
型＋アイランド	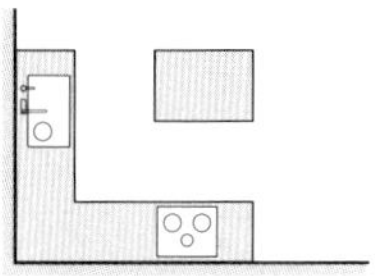	・大人数での調理作業にも対応しやすい ・アイランドの工夫によって、さまざまな使い方ができる	・コーナー部分にデッドスペースが必ずできる ・ダイニングまで含めた計画・コーディネートが必要 ・オープンキッチン（ダイニングキッチン）にすると、キッチン部分が丸見え
コの字型	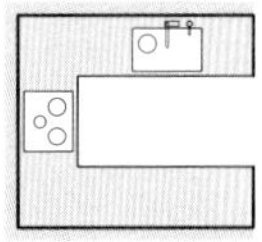	・作業動線が小さくてすむ ・アイランドを併設すると、工夫次第でさまざまな使い方ができる	・コーナー部分にデッドスペースが必ずできる（しかも2カ所も） ・ダイニングまで含めた計画・コーディネートが必要 ・オープンキッチン（ダイニングキッチン）にすると、キッチン部分が丸見え ・アイランドを併設すると、かなりの面積になる
ペニンシュラ型	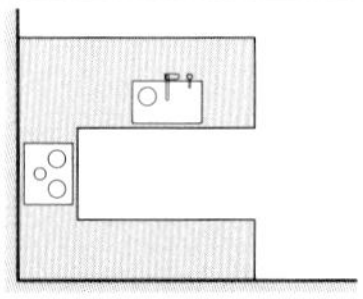	・手元を隠したオープンキッチンには最適	・コーナーにデッドスペースができるが、カウンター側は反対側から使うなどの工夫がほしい ・シンク側をフルフラットにする場合、水跳ねを気にしなければならない
ペニンシュラⅡ型	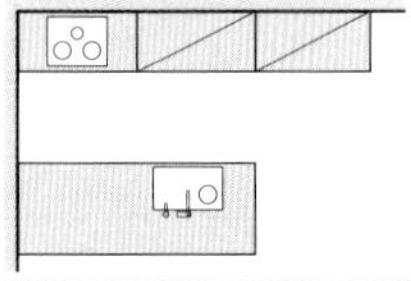	・油煙の問題が少ない ・アイランドの工夫でさまざまな使い方ができる ・アイランドに家電製品などを置きやすい ・ウォークインパントリーなどの併設に適している	・キッチン単体で考えると、大きな面積が必要 ・シンク側をフルフラットにする場合、水跳ねを気にしなければならない
ペニンシュラⅢ型	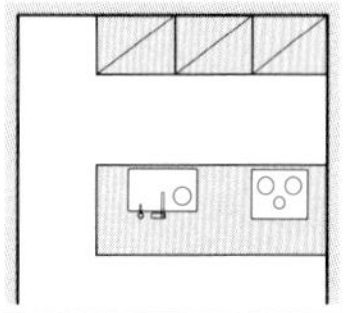	・完全アイランド型に比べて動線がシンプルになり、スペース効率がよい ・アイランドの大きさによって、さまざまな部屋の大きさや形状に対応しやすい ・ウォークインパントリーなどの併設に適している	・油煙がほかの生活空間に漏れるので、対策を講じる必要がある ・横向きのフードも販売されているが、選択肢が少なく、決して格好がよいとはいえない物が多い ・シンク側をフルフラットにする場合、水跳ねを気にしなければならない
アイランド型	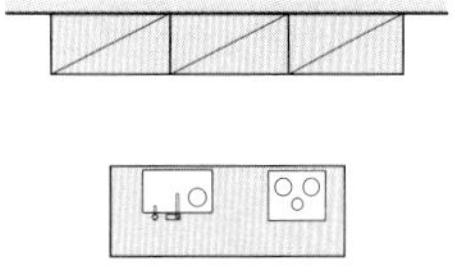	・キッチン以外の生活空間と兼用しやすい ・アイランドの大きさによって、さまざまな部屋の大きさや形状に対応しやすい ・ウォークインパントリーなどの併設に適している ・大人数での調理作業にも対応しやすい	・油煙がほかの生活空間に漏れるので、対策を講じる必要がある ・キッチン単体で考えると、大きな面積が必要 ・シンク側をフルフラットにする場合、水跳ねを気にしなければならない
アイランドⅡ型	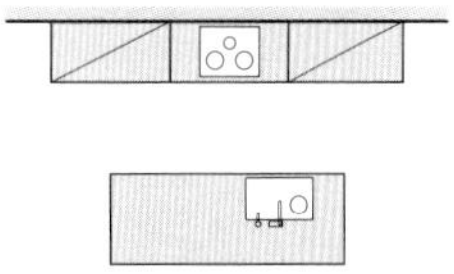	・油煙の問題が少ない ・アイランドの工夫でさまざまな使い方ができる ・アイランドの大きさによって、さまざまな部屋の大きさや形状に対応しやすい ・キッチン以外の生活空間と兼用しやすい ・ウォークインパントリーなどの併設に適している	・シンク側をフルフラットにする場合、水跳ねを気にしなければならない
外L型	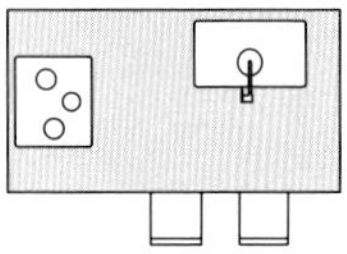	・コンパクトながら大きなキッチンと同じような使い勝手が実現できる ・ふたりで調理作業しても邪魔にならない	・油煙対策が必要 ・ワークトップ周囲の動線計画を慎重にすべき ・シンク側をフルフラットにする場合、水跳ねを気にしなければならない

造付けキッチン、ココだけは押さえる

1 キッチンを構成する主な要素

基本	キッチンカウンター	作業カウンター
		カウンター下収納
		シンク
		コンロ
		レンジフード
	家電類（大）	冷蔵庫
必要かどうか確認が必要なもの	ビルトイン機器	食器洗い乾燥機
		オーブン
		浄水器　など
	家電類（小）	電子レンジ
		トースター
		珈琲メーカー
		炊飯ジャー
		ポット　など
	備品	ごみ箱
		タオル掛け　など
	収納	食器棚
		食品庫
		家電収納　など

配置型式を決める時点で、必要とするビルトイン機器や電化製品、食器棚など「持ち込みたい家具」の有無についてヒアリングを行い、全体の収納量を把握しておく

キッチンはさまざまな要素の集合体。これらをうまくまとめて、それぞれの家具に納めていく

2 キッチンプランニングの進め方

①配置型式を決定する

↓

②シンクとコンロの位置を決めて、「中心となる立ち位置」を決める

これによってレンジフードの位置が決定するので、排気ダクトのルートを確保できるかどうか確認しておく

↓

③シンクとコンロとの関係から、冷蔵庫のベスト配置を探る

↓

④シンク前に立った状態での使い勝手から、ビルトイン機器や備品の位置を決める

食器洗い乾燥機、オーブン、浄水器のほか、ごみ箱、タオル掛けの配置を決める

↓

⑤電子レンジなどの電化製品の置き場所を決める

開口部の位置との確認も行う

↓

⑥水道・ガス・電気といったインフラの経路を確保する

↓

⑦通路幅を確保し、それ以外を収納家具で埋める

メーカー製のシステムキッチンとは違い、設計者がつくるキッチンは、一つひとつの選択の積み重ねで成り立っているので、家の数、プランの数だけバリエーションがある。いわゆる「オーダーメイド」であるから、使う人にぴったりフィットし、長い年月において愛着をもたれるものを提供したい。

配置形式は早めに固める

キッチンの配置型式は個室型、壁面型、対面型、アイランド型に大別できる。キッチンの配置は全体のプランニングに大きく影響する。設計が進んでからのプラン変更を避けるためにも、基本設計の早い段階で提案を行い、建て主の希望をくみ取りつつ、プランにあった配置型式を選択するとよい。

キッチンを構成する要素は、1のとおり。キッチンにはこれらを収納する家具が必要になる。キッチンの配置形式にかかわらず、メインとなる「シンク、コンロ［※］、冷蔵庫」の配置によって家具の奥行きや通路の幅が変わ

写真提供：プライシュティフト、写真：冨田治

※ ガスを使用するタイプ、IHクッキングヒーターのような電気を燃料とするタイプがある

3 カウンター材の選択時のポイント

ステンレス	表面仕上げと厚みの選択肢があるので、費用と合わせて検討する。また、L型に一体成形をする場合は、特に搬入経路に注意する
人工大理石	一体成形はもちろん、現場継ぎでも一体に見せることができる。ヒビ埋めができてメンテナンス性がよい。熱いものをじかに載せると輪染みが残ることがあるので、建て主へその旨を伝えておく。材料の厚さはメーカーが保証するサイズ（12㎜程度）以上とする
天然石	穴あけ加工部分から割れやすく、部材を分割して搬入することが多い。コンロやシンクの四隅に継目ができる可能性があると建て主に事前に説明しておくと安心。また、御影石は耐久性が高いが、ビアンコカララやトラバーチンなどの大理石は酸に弱くキッチンには不向きであるので、注意して石の種類を選定する

4 キッチンカウンターはココを押さえる

高さは85～90㎝	高めに設定すると、シンクの使い勝手はよいが、「フライパンを片手で振れない」などコンロが使いづらい。キッチンを使用する主な人の身長と使い勝手の好みで高さを調整する
奥行き65㎝はほしい	コンロとシンク（＋水栓金物）に必要な最小寸法は60㎝。通路幅（80～90㎝）と調整しつつ、65㎝以上を確保したい
収納は引出し	カウンター下は奥行きがあるので、調味料などのほか鍋や大皿の収納に最適。上から見渡せる状態でを並べられるように幅広（60～80㎝）とし、重量用の引出し金物を用いる。幅広にするほど引き出す際にガタつくので、広げ過ぎには要注意。箸やお玉などの小物用に幅40㎝程度の引出しもつくり、カウンタートップのすぐ下に設置する。高さで収納物を仕分けられるよう、引出しは高さのバリエーションをつける
シンク下は空けておく	扉を設けず、ごみ箱置き場として空けておくのがお勧め。臭いがこもることを防げる上に、排水の状況を目視で確認できる。浄水器のカートリッジ置き場や、雑巾掛けなど何かと使える。なお、ごみ箱は家庭により数も異なるので、確認しておく

り、その結果、キッチン自体の大きさも変わってくる。

キッチンのプランニング

キッチンのプランニングは、前述の構成要素［131頁1］を整理し、うまく組み立てていくこと、ともいえる。その際、使い勝手や動線、掃除のしやすさ、メンテナンス性など、総合的な視点で検討を行うことが必要になる。順序立てて検討することで、プランニングもスムーズに進む。131頁2のように順を追って進めると、「見落とし」や「逆戻り」を減らすことができる。

キッチンへのこだわりがある建て主は多い。建て主への説明とヒアリングを念入りに行うことが重要である。

キッチンに使う素材の選び方

キッチンの家具は、カウンターの穴あけやビルトイン機器の設置、引出しなどの複雑な工事が必要となることが多く、現場での製作は難しい。そのため基本的に家具工事とする。ただし、箱をつくってカウンターを載せるだけのシンプルなものは大工＋建具工事とすることも可能だ。

家具工事でつくる場合、使用する材料に制限はない。以下、材料・仕上げを選択するうえでのポイントを紹介する。

1―面材の選び方

居間とつながる空間にキッチンを設ける場合は、居間と同じ材料で扉や外側の箱を仕上げると統一感が生まれる。

2―家具内部の材料の選び方

家具の内部は、水気や湿気を考慮して基本的にポリ合板張りとする。引出しの場合は、前板の内側はシナなどの手頃な材料とし、箱の内部をポリ合板張りとすればよい。工務店との意思疎通がうまくできないと、キッチンの家具の内部をすべてポリ合板張りにすることとなり、コストが無駄に掛かるので、「モノが触れるところのみ、ポリ合板張りに」といった意思を見積りの段階から伝えておくとよいだろう。

3―カウンター材の選び方

一体成形の可能なステンレスか人工大理石がお薦めである。材料ごとの注意点は3にまとめているので選定の際の参考にしていただきたい。

家具設計上のポイントを押さえる

対面型を例に挙げると、キッチンに必要な家具は、キッチンカウンターと対面収納、背面収納の3つである。

1―キッチンカウンター

5 対面収納はココを押さえる

高さは100〜110㎝	「手元が隠れ、かつ、圧迫感は与えない」高さとする
内法の奥行きは15㎝に抑える	キッチンとダイニングテーブルとの距離が近いことが対面型の利点なので、その間の家具の奥行きは極力抑える。15㎝あれば、グラスやコップなどを一列で並べられる
収納は上下に分けて引戸とする	テーブルを家具に寄せて置く場合、テーブルの天板から下は物が取りづらいので、収納を上下に分けておく。上には日常使いの食器、下にはたまに使う食器を収納する。戸も開き戸ではなく、引戸にすると使い勝手がよい

❶キッチンカウンター、対面収納の計画ポイント1

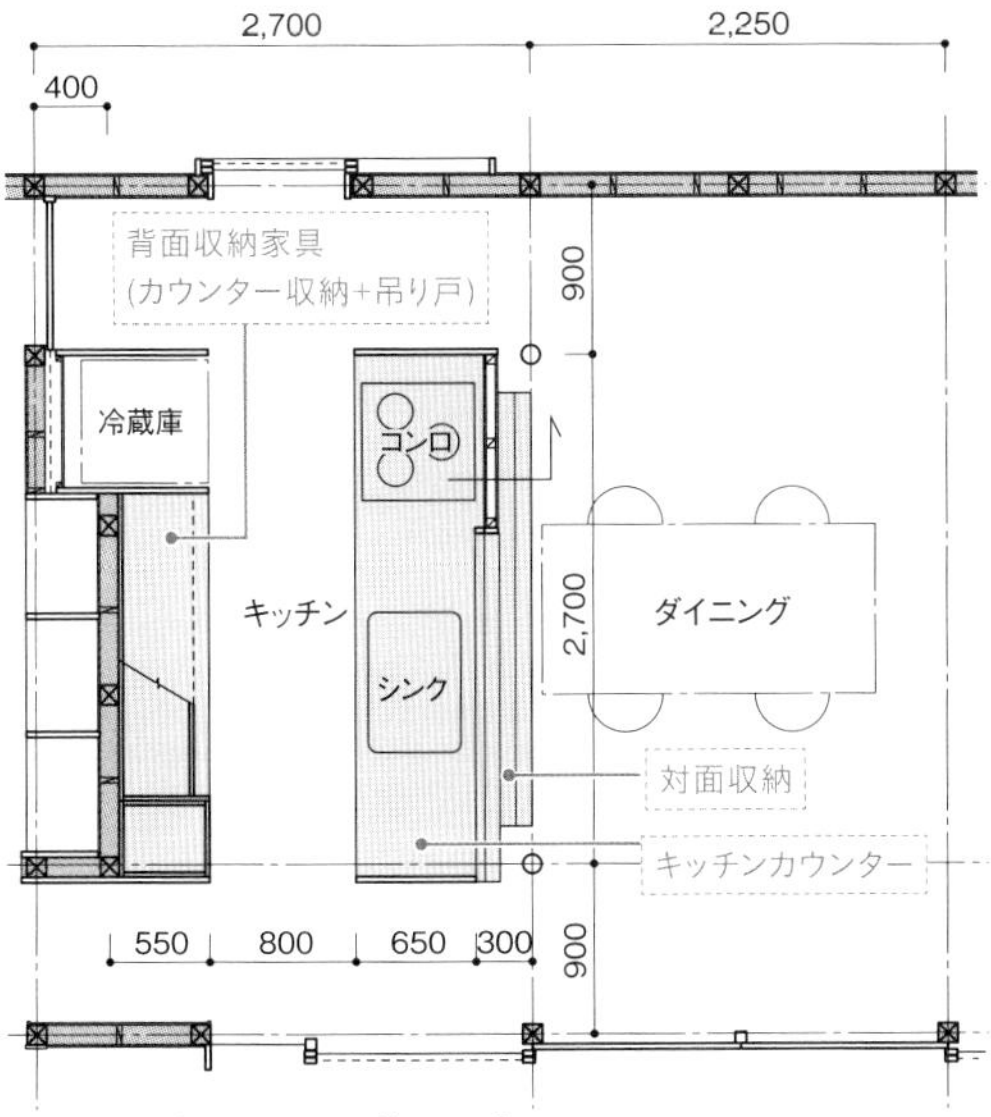

2,700
2,250
400
背面収納家具
(カウンター収納+吊り戸)
900
冷蔵庫
コンロ
キッチン
シンク
2,700
ダイニング
対面収納
キッチンカウンター
550
800
650
300
900

キッチン・ダイニング平面［S=1:80］

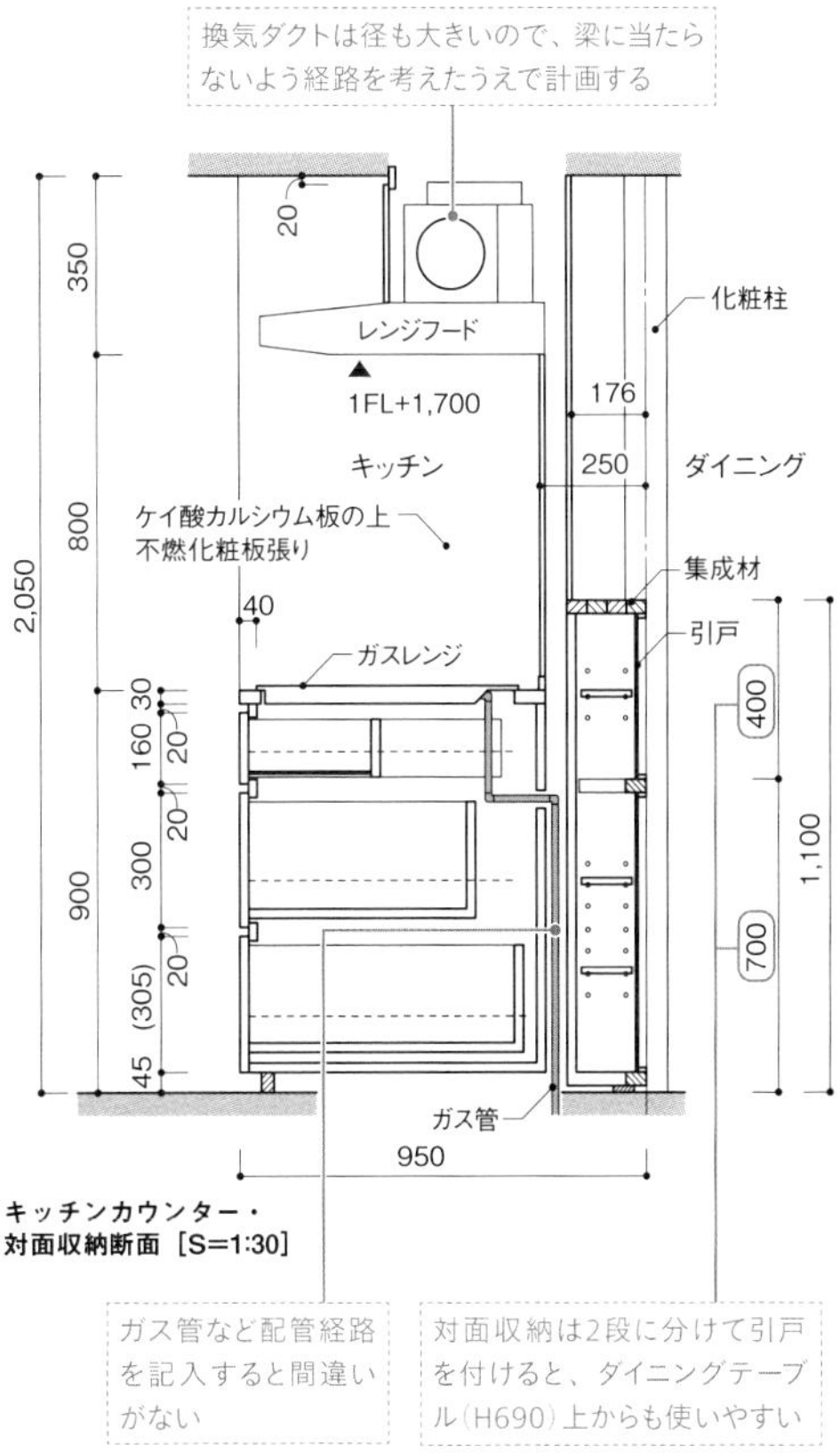

換気ダクトは径も大きいので、梁に当たらないよう経路を考えたうえで計画する
20
350
レンジフード
化粧柱
1FL+1,700
176
キッチン
250
ダイニング
ケイ酸カルシウム板の上
不燃化粧板張り
800
2,050
集成材
40
ガスレンジ
引戸
30
160
20
400
20
300
1,100
900
700
20
(305)
45
ガス管
950
ガス管など配管経路を記入すると間違いがない
対面収納は2段に分けて引戸を付けると、ダイニングテーブル(H690)上からも使いやすい

キッチンカウンター・対面収納断面［S=1:30］

対面型のキッチン。ダイニング側から使える対面収納でキッチンの手元はまったく見えない

シンクやグリルをセットしたキッチンカウンター［4、5❶、134頁❷］はキッチンにおけるメインの家具である。ほかの家具と比べて、給排水、ガス、換気設備との取り合いが重要となる。

見落としがちなのが、カウンターと壁の入隅に設ける雑巾摺りだ。シーリングだけで処理すると、雑巾掛けなどで汚れが染み付いてしまうので、必ず設置する。雑巾摺りは、高さ15㎜もあれば十分だが、デザインとして貧弱になので、30㎜程度はほしい。素材はカウンタートップと同じ材料。カウンタートップがステンレスの場合は、雑巾摺りも一体に成形する。

2｜対面収納

対面型の場合、シンクの手元を隠すために作業カウンターとダイニングテーブルの間に家具［4、5❶、134頁❷］を設ける。キッチンとダイニングをつなげた対面型の利点が失われないよう、奥行きや高さを抑える。

3｜背面の家具

背面の家具［135頁❻］は、電化製品の置き場所と食器棚を兼ねたつくりとする。カウンター収納と吊り戸を組み合わせるとよい。竣工時の「何もないきれいさ」ではなく、日常生活における「きれいさ」を判断基準として、キッチンの設計を行いたい。［齋藤文子］

❷キッチンカウンター・対面収納の計画ポイント2

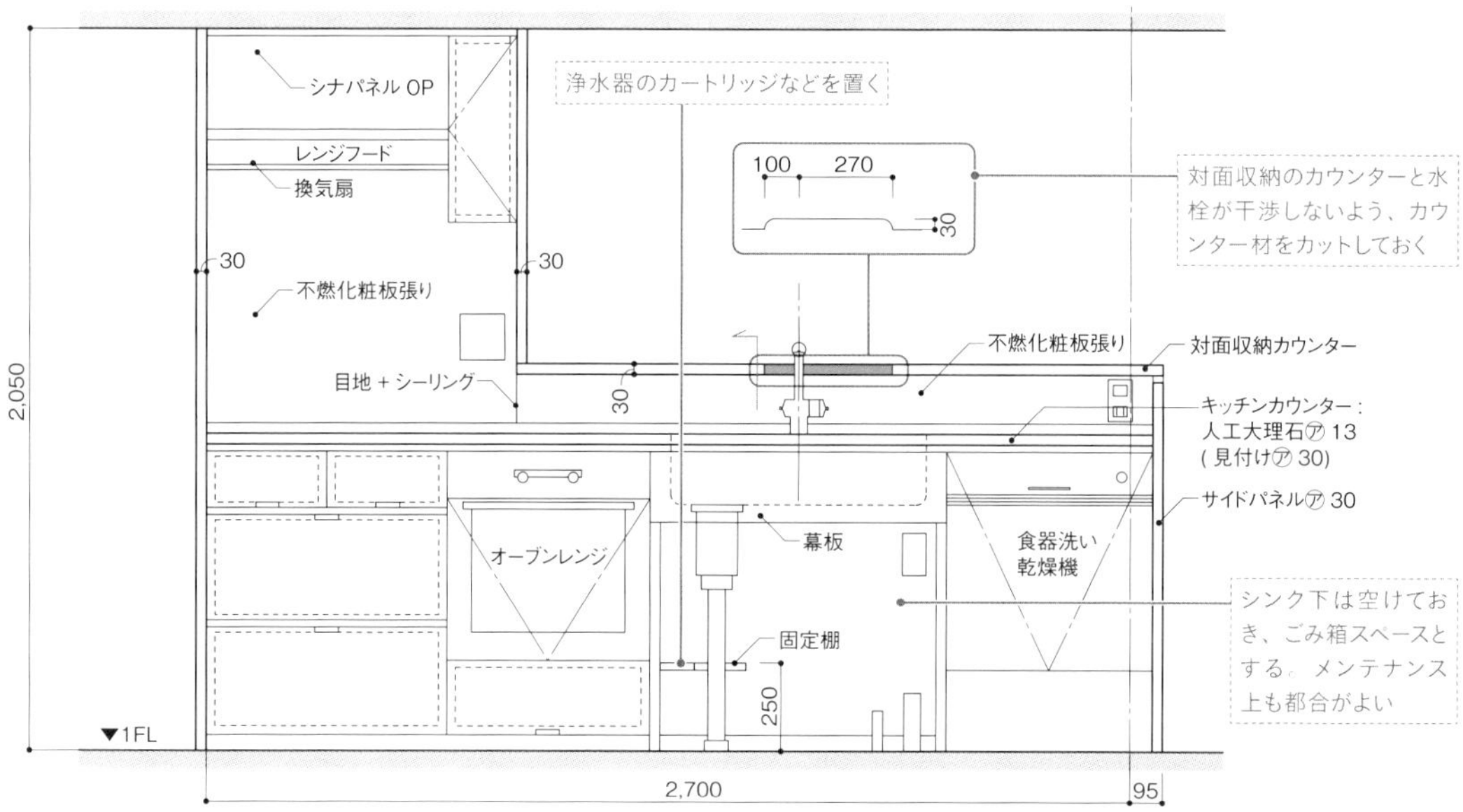

シナパネル OP
レンジフード
換気扇
30
30
不燃化粧板張り
目地＋シーリング
2,050
浄水器のカートリッジなどを置く
100 270
30
対面収納のカウンターと水栓が干渉しないよう、カウンター材をカットしておく
不燃化粧板張り
対面収納カウンター
キッチンカウンター：人工大理石㋐13（見付け㋐30）
サイドパネル㋐30
オーブンレンジ
幕板
食器洗い乾燥機
固定棚
シンク下は空けておき、ごみ箱スペースとする。メンテナンス上も都合がよい
250
▼1FL
2,700
95

姿図［S=1:30］

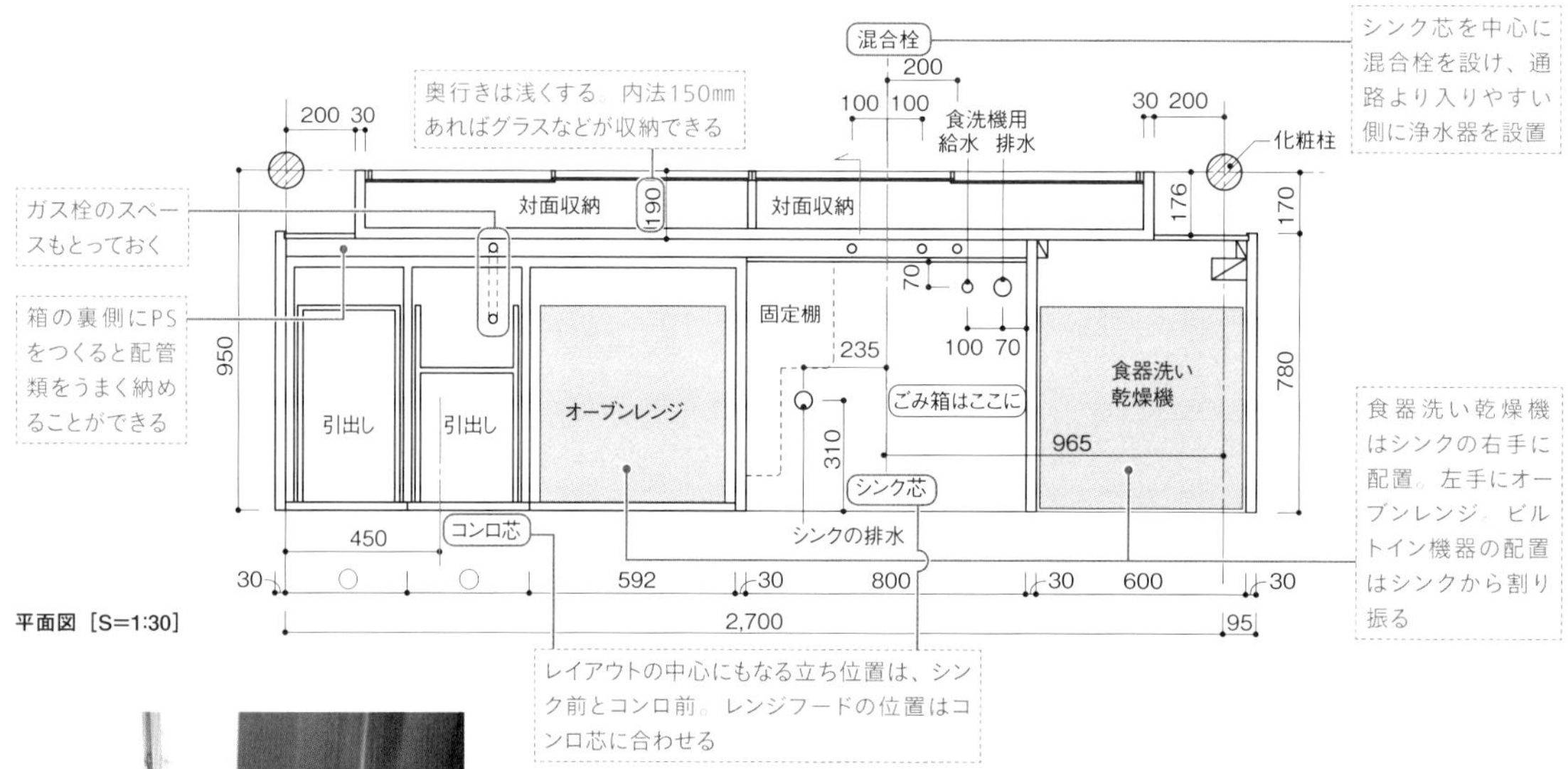

混合栓
シンク芯を中心に混合栓を設け、通路より入りやすい側に浄水器を設置
奥行きは浅くする。内法150mmあればグラスなどが収納できる
200
100 100
食洗機用 給水 排水
200 30
30 200
化粧柱
ガス栓のスペースもとっておく
対面収納
190
対面収納
176
170
箱の裏側にPSをつくると配管類をうまく納めることができる
950
固定棚
70
100 70
235
ごみ箱はここに
食器洗い乾燥機
780
引出し
引出し
オーブンレンジ
310
965
シンク芯
食器洗い乾燥機はシンクの右手に配置。左手にオーブンレンジ。ビルトイン機器の配置はシンクから割り振る
450
コンロ芯
シンクの排水
30
592
30
800
30
600
30
2,700
95
レイアウトの中心にもなる立ち位置は、シンク前とコンロ前。レンジフードの位置はコンロ芯に合わせる

平面図［S=1:30］

シンクの真下は空けておく。横には引出し

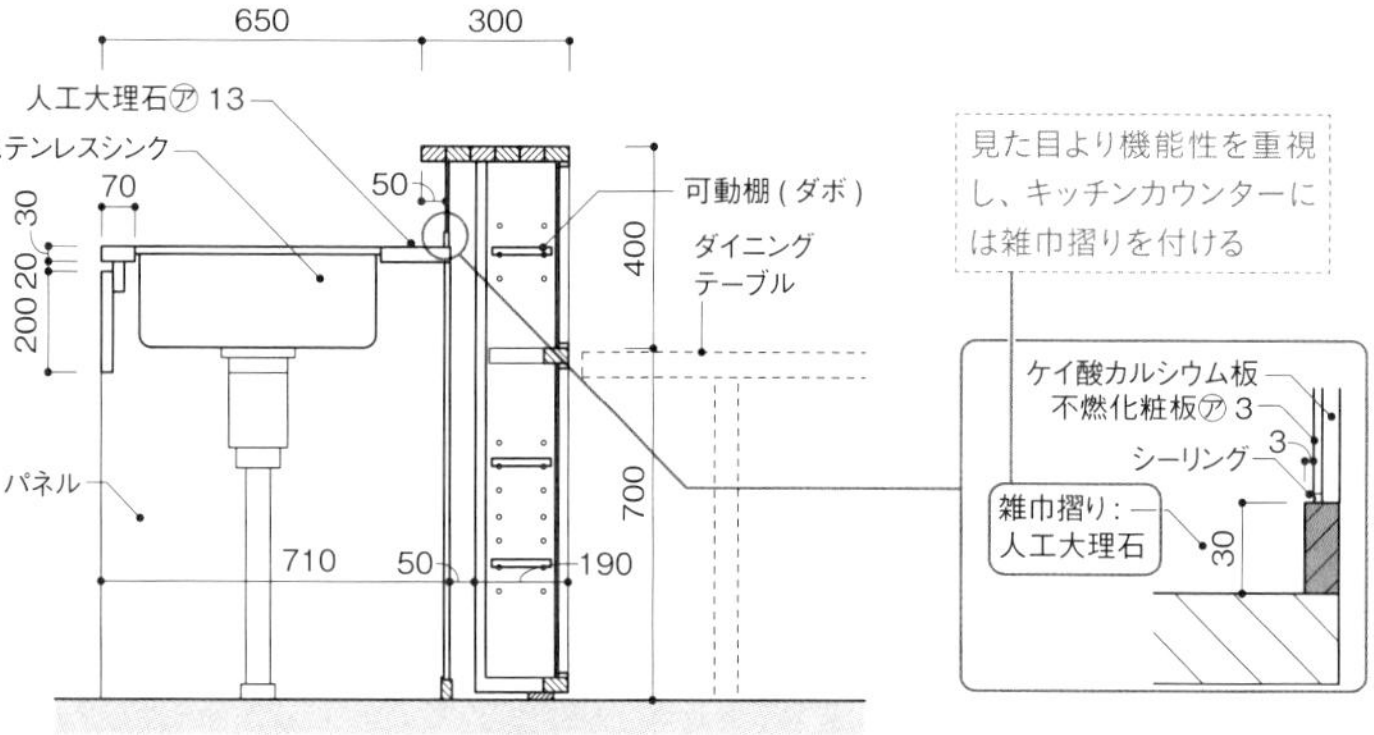

650 300
人工大理石㋐13
ステンレスシンク
70
50
30
20
20
200
可動棚（ダボ）
400
ダイニングテーブル
見た目より機能性を重視し、キッチンカウンターには雑巾摺りを付ける
ケイ酸カルシウム板
不燃化粧板㋐3
3
シーリング
雑巾摺り：人工大理石
30
パネル
700
710
50
190

断面図［S=1:30］

6 背面収納はココを押さえる

奥行きは50cmと35cmの組合せ	下部の家具の奥行きは、通路幅（80～90cm）を確保したうえで決めるが、50cm程度で十分。一方、吊り戸は奥行き内法35cmと浅くする。奥行きを深くしても、奥のモノが取り出しにくく使いづらい。下部の家具よりも10cmほど扉面が引込むので、吊り戸に頭をぶつけることもないうえ、吊り戸下の電化製品も操作しやすい
開き戸＋棚板の組合せもつくる	可動棚板で可変性をもたせる

❶背面収納の計画ポイント

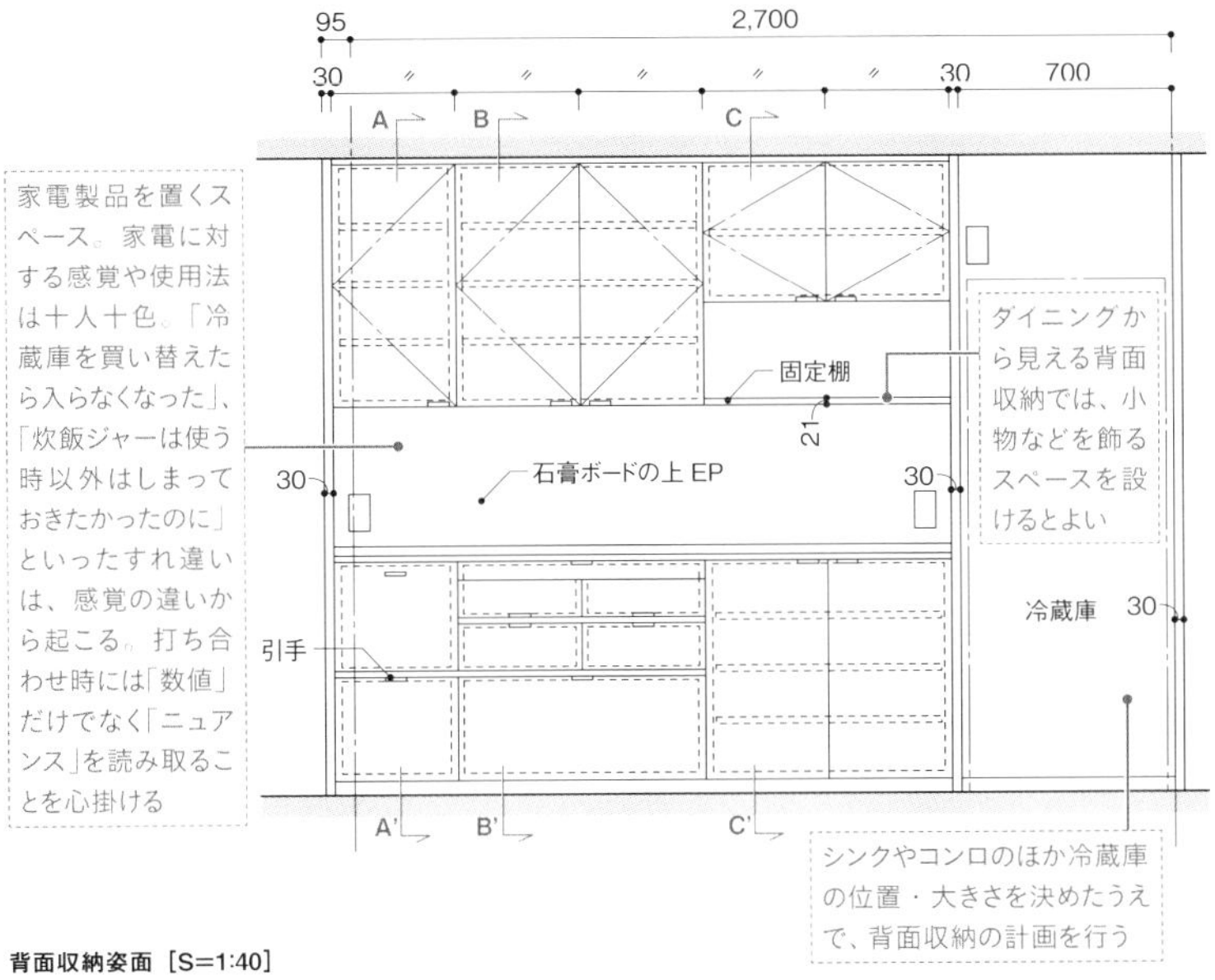

95
2,700
30
30
700
A
B
C
家電製品を置くスペース。家電に対する感覚や使用法は十人十色。「冷蔵庫を買い替えたら入らなくなった」、「炊飯ジャーは使う時以外はしまっておきたかったのに」といったすれ違いは、感覚の違いから起こる。打ち合わせ時には「数値」だけでなく「ニュアンス」を読み取ることを心掛ける
固定棚
21
30
石膏ボードの上 EP
30
ダイニングから見える背面収納では、小物などを飾るスペースを設けるとよい
冷蔵庫
30
引手
A'
B'
C'
シンクやコンロのほか冷蔵庫の位置・大きさを決めたうえで、背面収納の計画を行う

背面収納姿面［S=1:40］

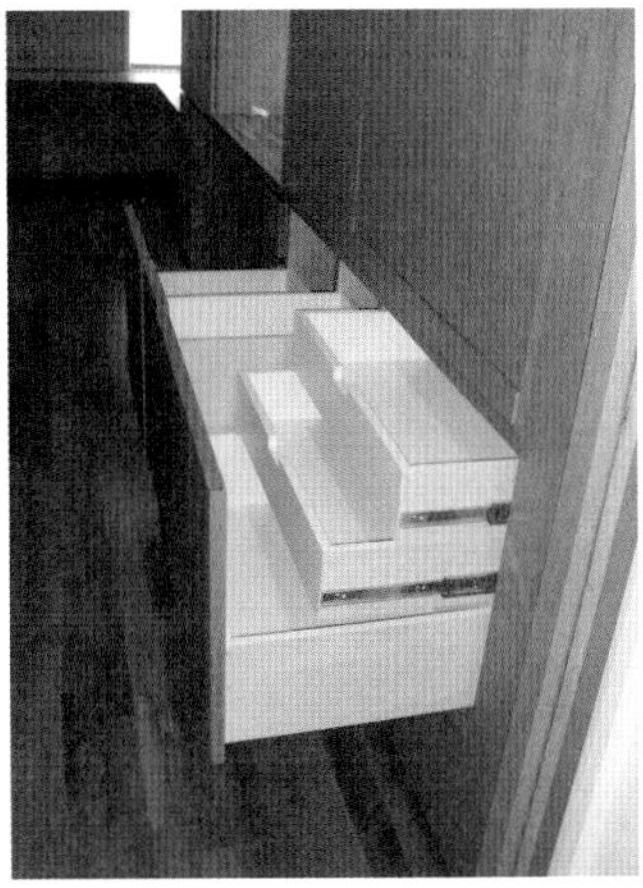

家具がリビングに面している場合は、一面で見せるとよい。大きい引出しの中に細かい引出しを入れた例

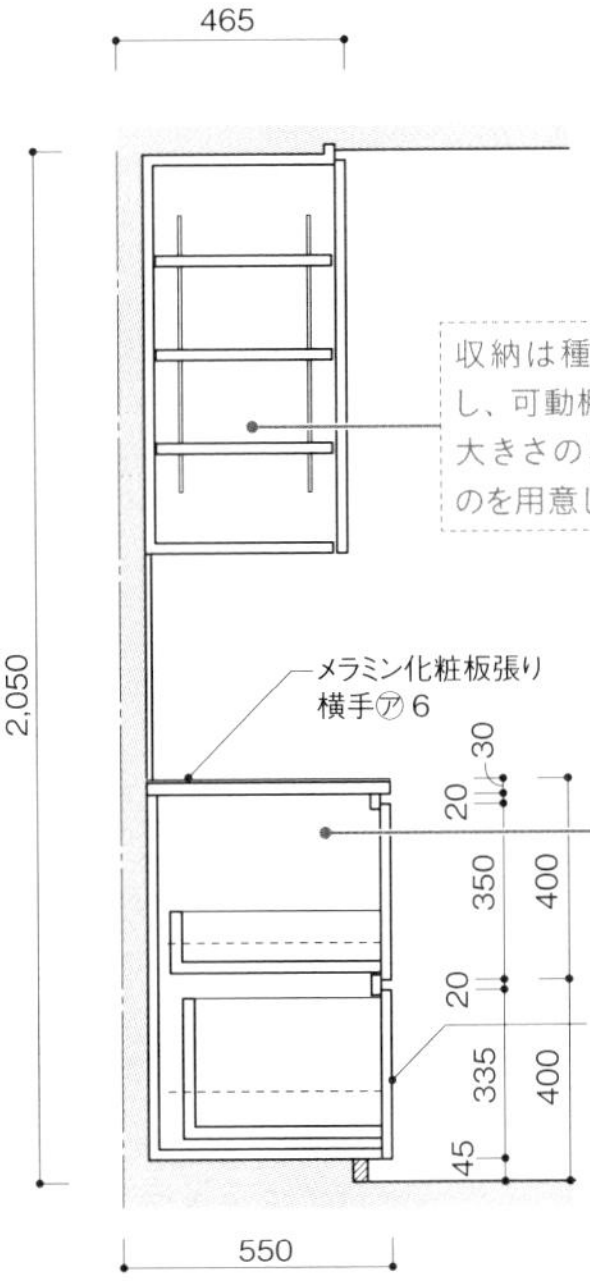

465
2,050
収納は種類（引出し、可動棚など）や大きさの異なるものを用意しておく
メラミン化粧板張り
横手㋐6
30
20
350
400
20
335
400
45
引出し
550

A-A'断面図［S=1:30］

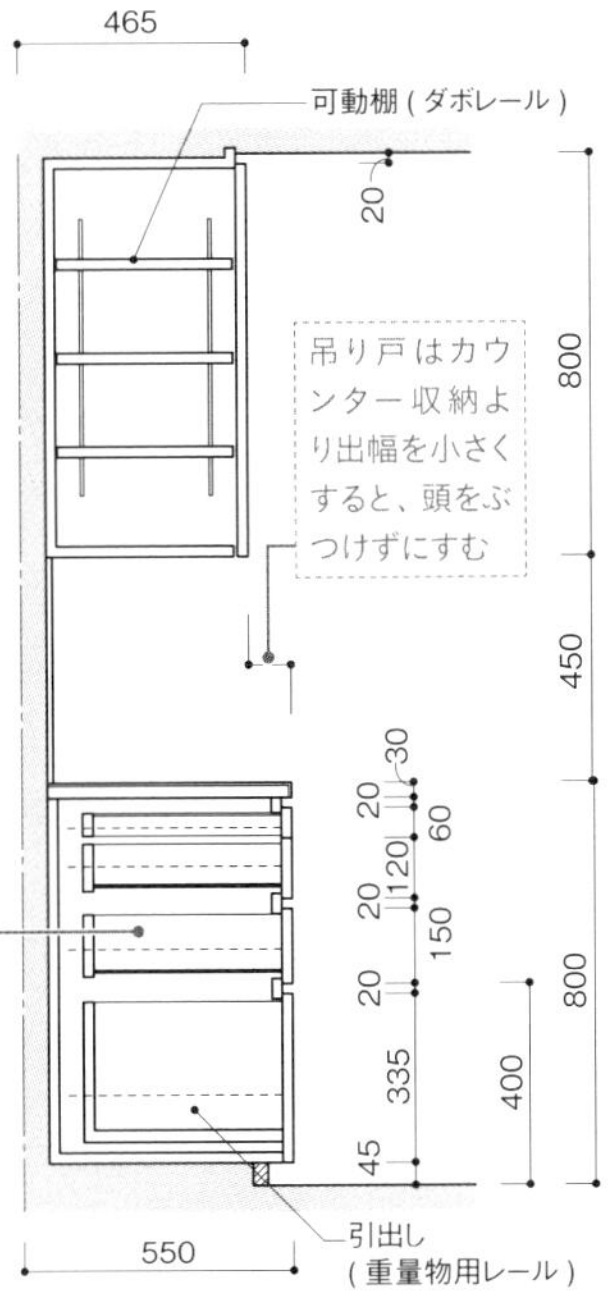

465
可動棚（ダボレール）
20
800
吊り戸はカウンター収納より出幅を小さくすると、頭をぶつけずにすむ
450
30
20
60
120
20
150
20
800
335
400
45
引出し
（重量物用レール）
550

B-B'断面図［S=1:30］

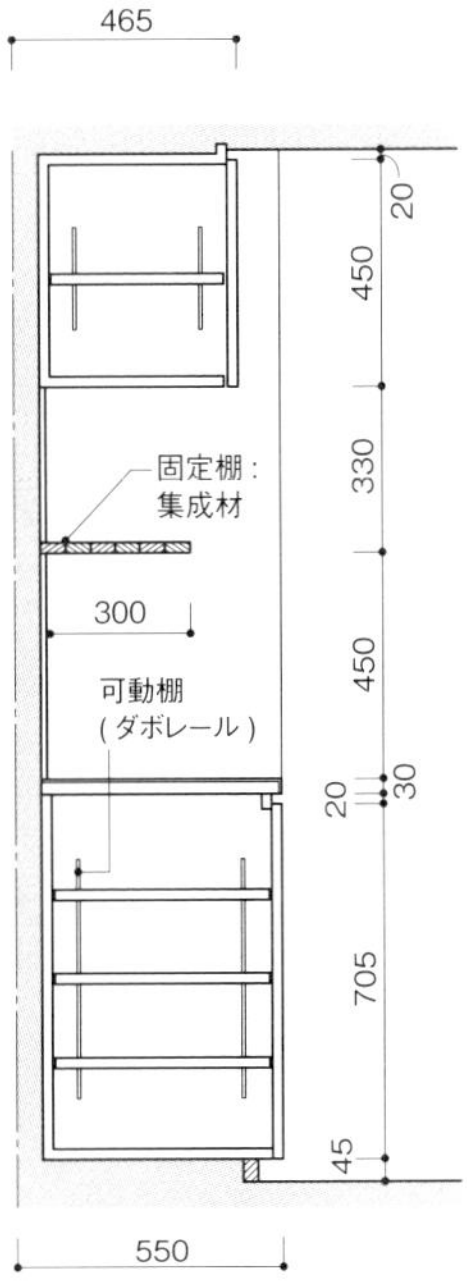

465
20
450
固定棚：
集成材
330
300
450
可動棚
（ダボレール）
20
30
705
45
550

C-C'断面図［S=1:30］

オープンキッチンは収納・設備で解決する

1 キッチンの物には「緊急避難場所」を設ける

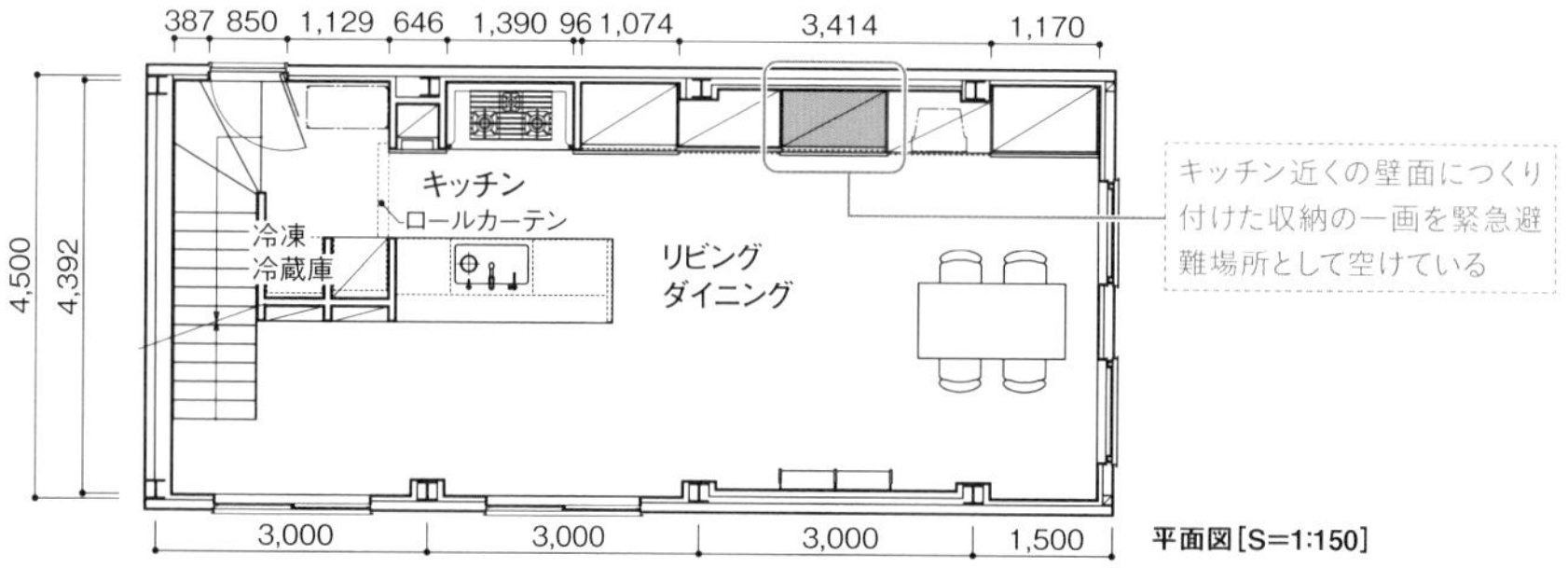

387 850 1,129 646 1,390 96 1,074
3,414
1,170
4,500
4,392
キッチン
ロールカーテン
冷凍
冷蔵庫
リビング
ダイニング
3,000
3,000
3,000
1,500
キッチン近くの壁面につくり付けた収納の一画を緊急避難場所として空けている

平面図[S=1:150]

今や家庭のキッチンは、リビング・ダイニングと一体となったオープンキッチンとして計画することがほとんどである。築年数が古い家では、クローズドキッチンが多く、リビング・ダイニングに開くリノベーションをリクエストされることが多い。しかし、建て主に話をうかがっていると、その家族にとって、本当にオープンキッチンが適しているのだろうかと思うときがある。オープンキッチンというのが、建て主の頭のなかで「まぁ〜、すてき〜!!」というイメージだけで先行している感じがある。しかし、実は、かなりの勇気と努力が必要で、それを提案する側の裁量が問われるプランニングなのである。そこで、オープンキッチンの良し悪しについて考えてみたい。

1

キッチン背面の壁面一体に収納をつくり付けて物の「緊急避難場所」とする

　まず、なぜオープンキッチンにしたいのか、そのメリットについて考える。

①視界が開ける
②動線がスムーズになる
③空間効率が上がる
④コミュニケーションがとりやすくなる

　反対に、デメリットについてはどうだろうか。

①いつもきれいにしておかなければならない
②臭いや煙・油、音が部屋中に漏れてしまう
③まるでキッチンで暮らしているような雰囲気になり、落ち着きが得られない（オープンキッチンにする場合、実際にはクローズドタイプのキッチンよりも面積が必要になることも関係する）

　以上のようなことがデメリットとして挙げられるだろう。このような問題に対して、決して解決策がないわけではない。ここからは、問題点とその解決策について、筆者がどのように対応しているかを紹介していきたい。

いつもきれいにしていなければならない

　これは、建て主の性格にもよるのだが、少しでも片付けがしやすいような、手助けとなるキッチン設計を考えたい。

　キッチンの場合、散らかっているものの多くは、食べ終わった食器類。これについては、食器洗浄機の導入である程度は解決できる。そのためには、収納スペースを惜しんで食器洗浄機を幅45㎝のものにせず、幅60㎝のタイプにすることを勧めたい。これなら乾きにくく、収納しにくいまな板なども一緒に洗え、普段も入れっぱなしにしておくことができる。このことは、意外と大きいのである。

　また、食器などのほかには、読みかけの雑誌、新聞、郵便物、子どもの学校のプリントなど、雑多なものが天板に散乱することだろう。それらの物のために、「緊急避難場所」となり得る収納をつくるのも一つの手だ。**1**や**写真1**の例では、キッチン用品や食料品

写真：垂見孔士（写真1〜3）、Nacasa & Partners（写真4）

2 アイランドの加熱調理器はガラスで囲む

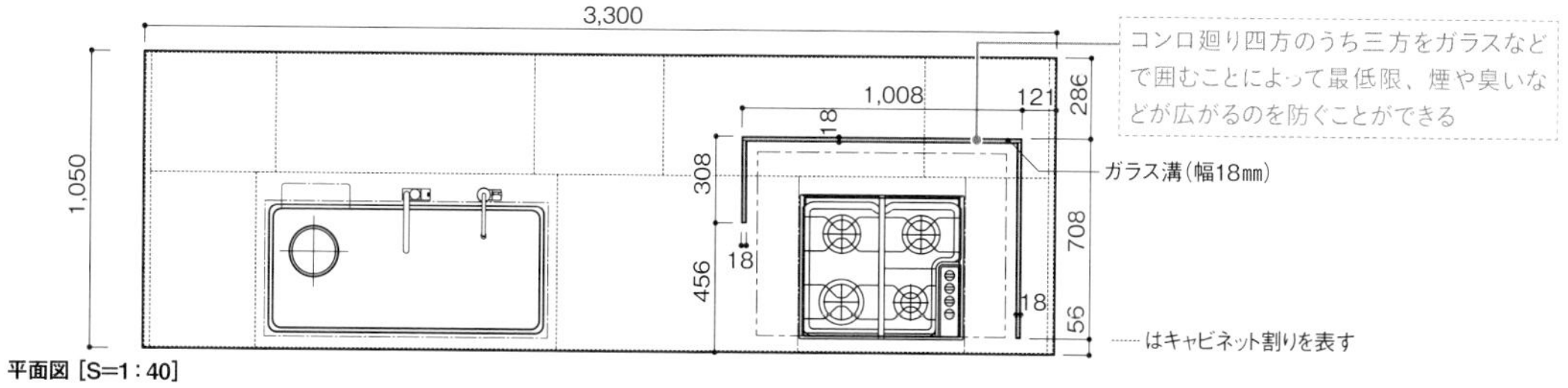
3,300
1,050
1,008
121
286
18
308
456
708
55
コンロ廻り四方のうち三方をガラスなどで囲むことによって最低限、煙や臭いなどが広がるのを防ぐことができる
ガラス溝（幅18㎜）
……はキャビネット割りを表す

平面図［S=1：40］

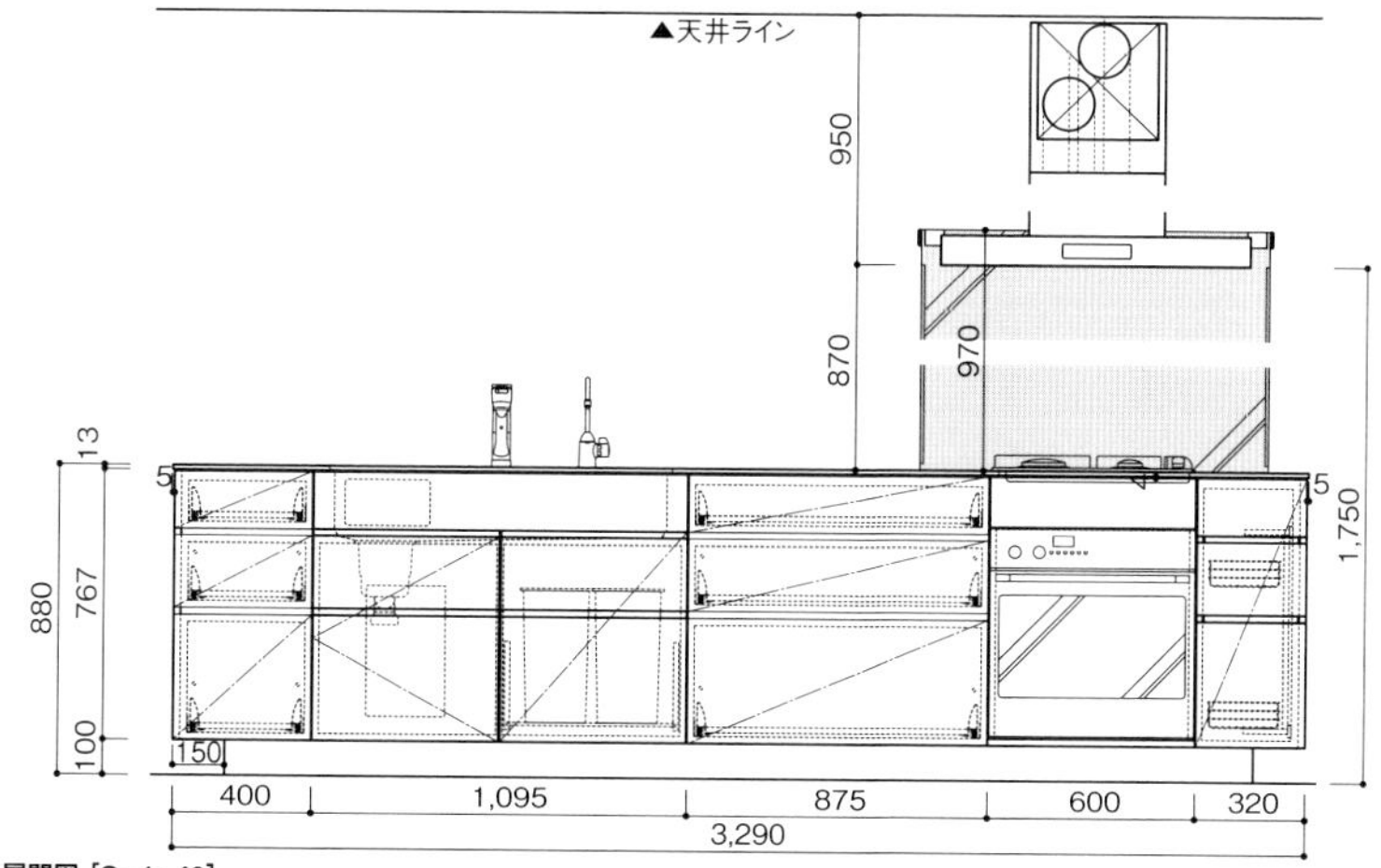
▲天井ライン
950
870
970
1,750
13
880
767
100
150
400
1,095
875
600
320
3,290

展開図［S=1：40］

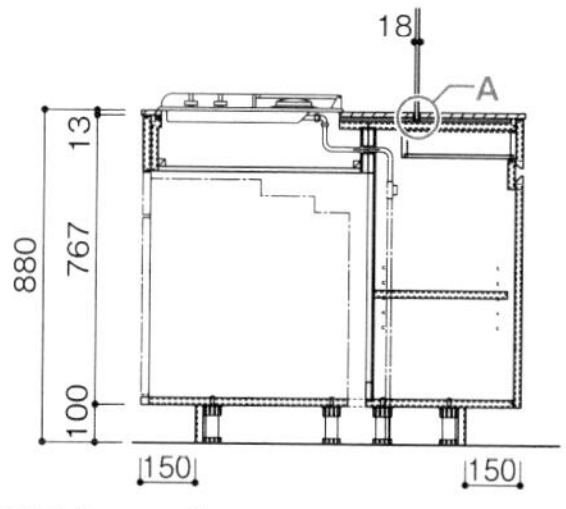
18
A
13
880
767
100
150
150

断面図［S=1：40］

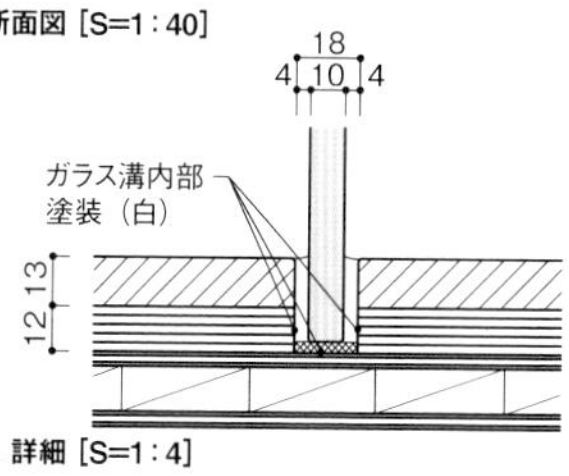
18
4 10 4
ガラス溝内部塗装（白）
13
12

A詳細［S=1：4］

ガラスでレンジ廻りを囲ったので、調理しながらダイニングにいる人ともコミュニケーションがとりやすい

の収納に連なって、日用雑貨を収納できる壁面収納がつくり付けてある。ふいの来客時などは、とにかくそこにあふれたものを突っ込んでしまえる場所である。そうすれば、急場をしのいで時間があるときに改めて整理すればいいというわけだ。また、リビング側からは死角となる位置にパントリーを設けることも有効であろう。

臭いや煙、油、音が部屋中に漏れる

これはオープンキッチンにする以上、ある程度は覚悟が必要である。そもそも、キッチンという空間はそういう場所なのだから、臭いや煙がでて当然なのである。

コンロが壁側にレイアウトされている場合は、周囲4面のうちの少なくとも1面はガードされるわけだから、完全アイランド型と比較して煙や油が飛散しにくい構造となっている。一方、アイランド部分に加熱調理器を配置すると、煙も油も逃げ放題なので手が付けられない。筆者の場合、アイランド部分に加熱調理器をレイアウトすることは滅多にないが、建て主にどうしてもと望まれた場合、コンロの周囲に壁（ガラスなどでも可）を付けるようにしている［2、写真2］。

その点、IHクッキングヒーターやラジエントヒーターなどは掃除がしやすく、油や煙が比較的発生しにくいのでお勧めの加熱調理器といえるかもしれない。しかし、これは建て主の食生活にもよるので、絶対とはいえない。ただし、IHクッキングヒーターは空気を燃焼させるわけではないので上昇気流が起きにくく、煙が拡散してしまう。その対策としてIH機器専用のレンジフードもあるが、選択肢が少なく採用しづらいのが現状だ。

また、臭いや油以外にも、調理や片付けの音が気になるという問題もある。本当は、建て主には覚悟を決めてほしいところである。人によってどの程度の音量から気になってしまうのかは異なるし、またその状況（話をしていると

3 レンジフード下がり壁部分

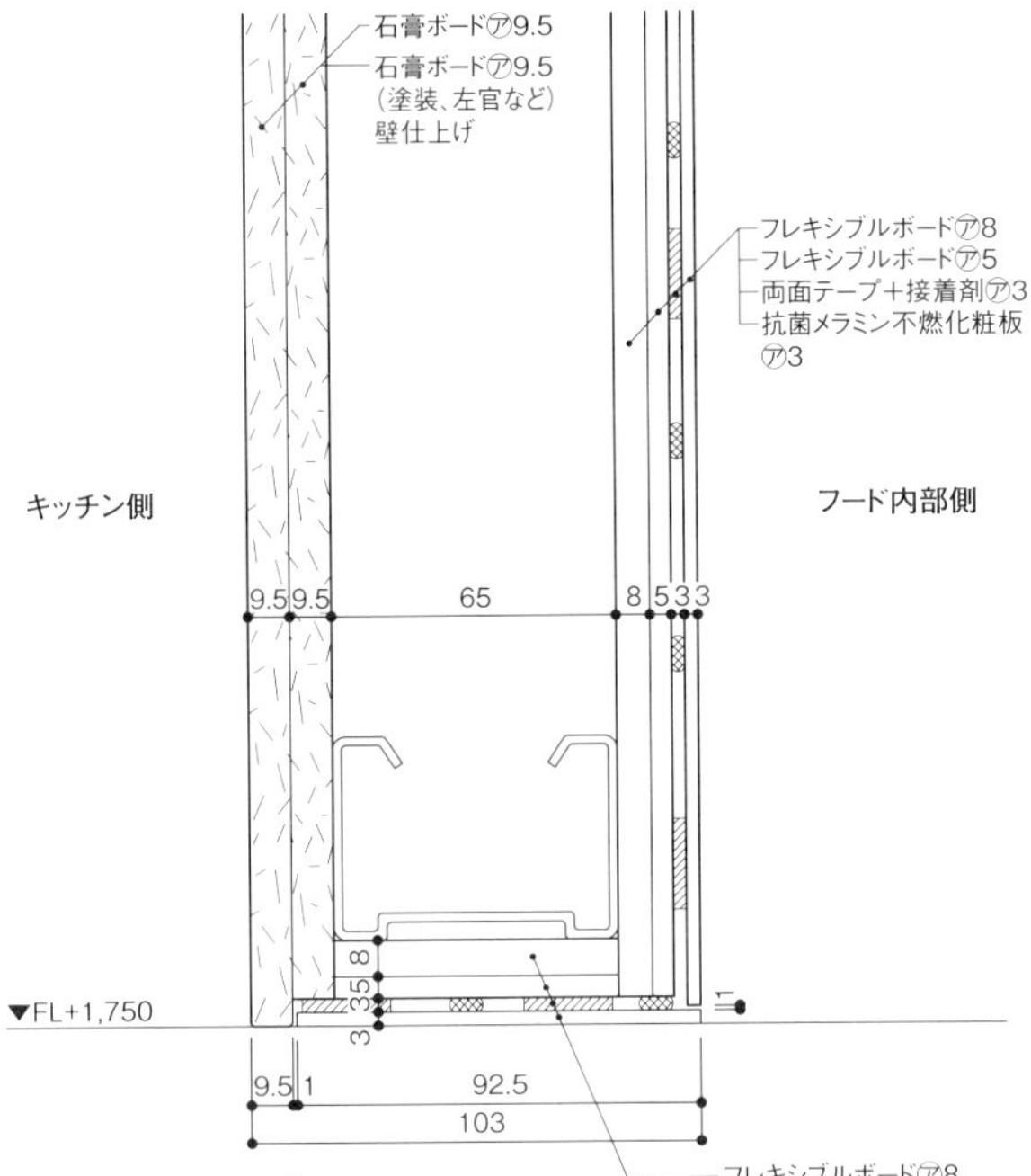
石膏ボード㋐9.5
石膏ボード㋐9.5
（塗装、左官など）
壁仕上げ
フレキシブルボード㋐8
フレキシブルボード㋐5
両面テープ＋接着剤㋐3
抗菌メラミン不燃化粧板
㋐3
キッチン側
フード内部側
9.5 9.5 65 8 5 3 3
8
3.5
3
▼FL+1,750
9.5 1 92.5
103
フレキシブルボード㋐8
フレキシブルボード㋐5
両面テープ＋接着剤㋐3
抗菌メラミン不燃化粧板
㋐3

断面詳細図［S=1：3］

レンジフード、吊り戸棚、冷蔵庫がリビング側からまったく見えないようになっている

キッチンぽく見える3大要素のほか、シンクなども隠れている

かテレビを見ているとか）によっても違ってくるのでなんともいえないからだ。

しかし、少しでも音が静かな機器類（食器洗浄機など）を選ぶことなどが、ちょっとした対策にはなるだろう。ちなみに、筆者の設計するキッチンではミーレ社、ＡＳＫＯ社のものをお勧めしている。また、シンクなどでも水音を抑える工夫を設計に取り込むことはできる。くわしくは159頁4を参照いただきたい。

キッチンで暮らすような感覚

これは、部屋のうちでキッチンに圧迫感があり、まるでキッチンで生活しているような感覚に陥るという欠点である。そもそも、オープンキッチンの場合、実はクローズドタイプよりも大きな面積が必要であるのに、その逆に誤解している人が多い。また、機能を追求すればするほど、キッチンは大きくなっていく。それを解決するためには、まず建て主に必要な機能、収納、広さなどの優先順位を明確にしてもらうことだ。

また、リビングの雰囲気を壊さないように、キッチンぽく見えてしまう要因を排除することが大事である。筆者が考える「キッチンぽく見えてしまう3大要素」とは、レンジフード、吊り戸棚、冷蔵庫である。家電製品や冷蔵庫はキッチンのなかでどうしても形や色が合わなくなることが多いので、いっそのことリビング側から見えない場所に置く［写真3・4］。納戸のような部屋をキッチンのすぐ脇につくることができれば、パントリーも兼ねられるのでベストだが、面積的に無理な場合は、扉で隠す、壁の後ろに隠すなどとしたい。よく「ビルトイン冷蔵庫だから、キッチンと一体になってきれい」といわれるが、冷蔵庫の面材をほかとそろえただけでは、フレームが残り、その存在感は隠せない。かえって違和感を残してはいないだろうか。

吊り戸棚は壁面収納にして家具としての存在感をなくし、壁のように感じさせるほうがよいようだ。そのほうが収納量も確保できる。作業台が減ると建て主にいわれるかもしれないが、現状を見てみるとその作業台は、電子レンジや炊飯器が置かれ、立派な物置き場になっていることが多い。それらにはウォークインパントリーなど別の居場所をつくってあげるとして、せっかくのオープンキッチンなのだから、アイランド部分で作業していただこう。

最後にレンジフード。これをなくすことはできない。最近はデザインの優

4 床材の切替え例

❶リノリウム—フローリング

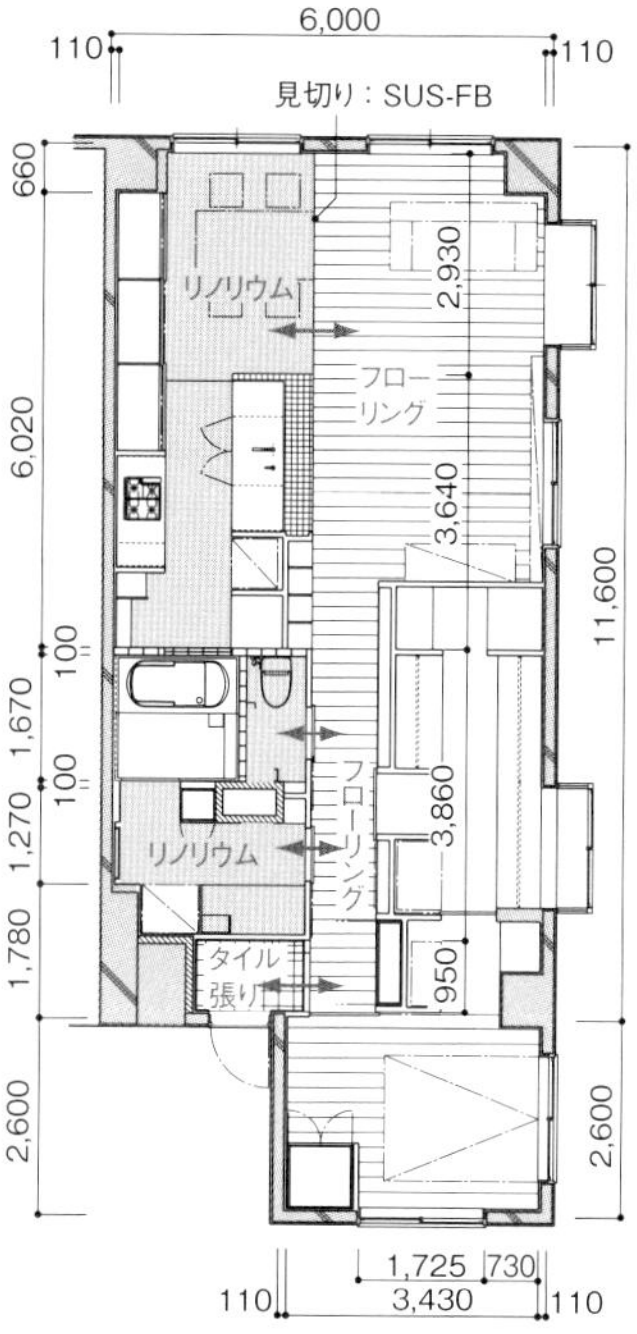

見切り：SUS-FB
リノリウム
フローリング
タイル張り
6,000
3,430
1,725
730
11,600

平面図［S=1：200］

❷タイル—フローリング

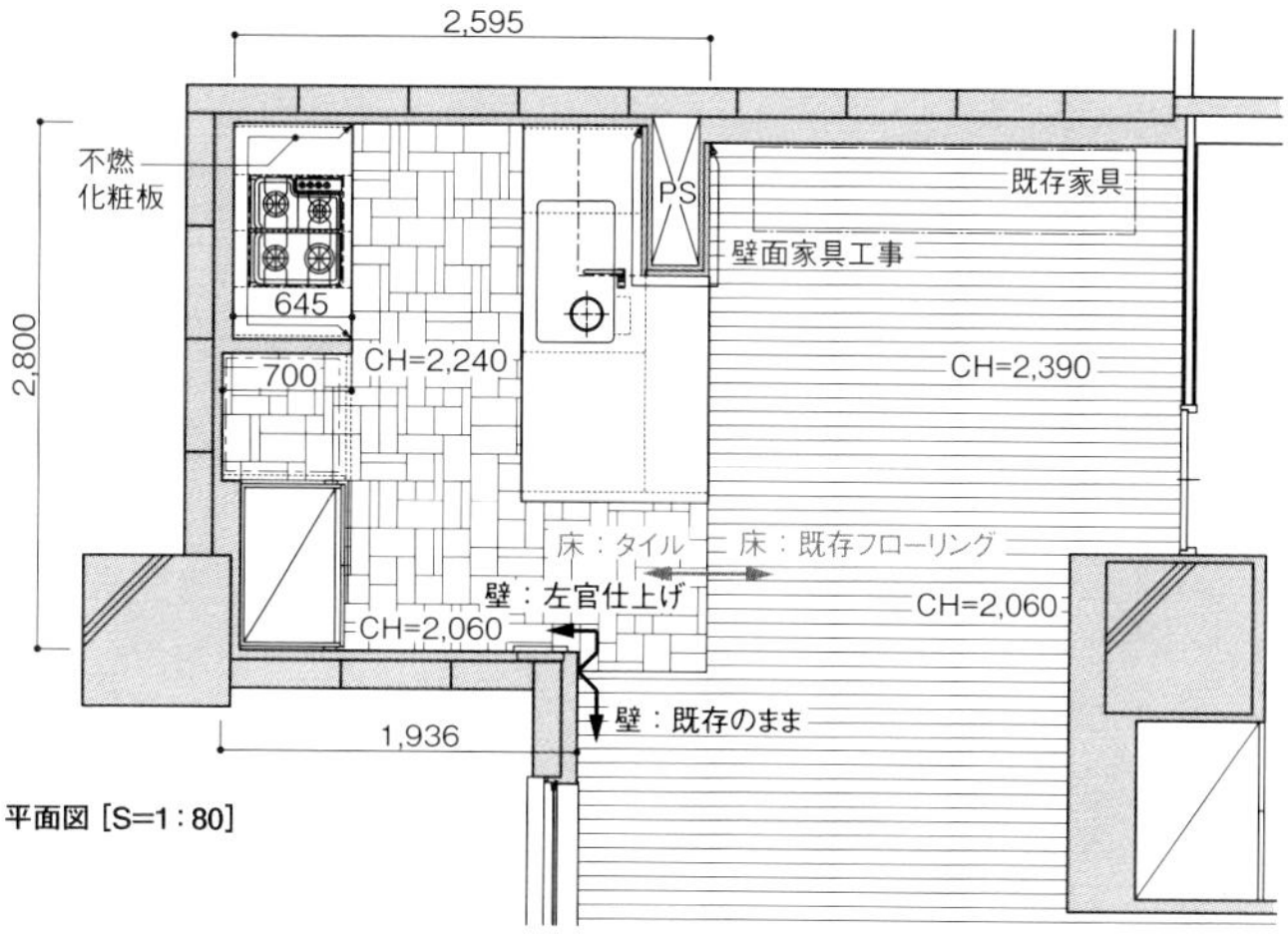

不燃化粧板
PS
既存家具
壁面家具工事
CH=2,240
CH=2,390
CH=2,060
床：タイル
床：既存フローリング
壁：左官仕上げ
壁：既存のまま
2,595
2,800
1,936
645
700

平面図［S=1：80］

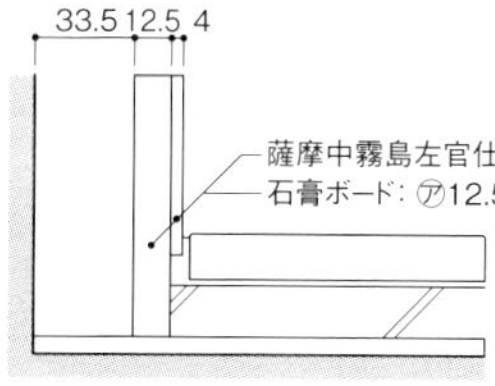

33.5 12.5 4
薩摩中霧島左官仕上げ：㋐4
石膏ボード：㋐12.5

床・壁部分断面詳細［S=1：5］

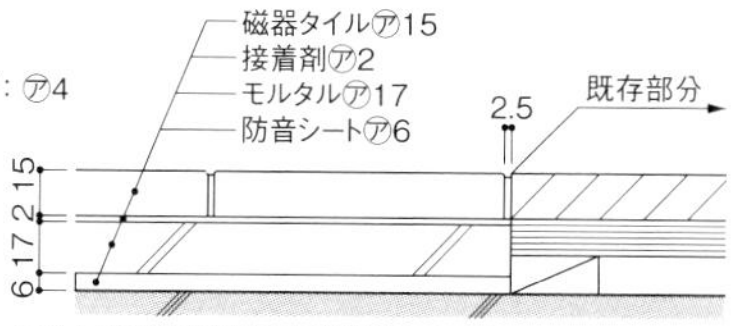

磁器タイル㋐15
接着剤㋐2
モルタル㋐17
防音シート㋐6
2.5
既存部分

床仕上げ切替え位置断面詳細［S=1：5］

れたものがいろいろでてきており、以前に比べると選択の幅は広くなっている。アイランドキッチンはダクトが長くなる可能性が高いので、風量計算をしっかり行っておきたい。また、風量が大きくなると、騒音も比例して大きくなる。そこで、筆者は壁面と同化させる手法をとることが多い［3、写真3・4］。要は煙を効率的に室外に排出させればよいのだから、煙を囲う形状を考えることで解決できる。

素材や照明の使い分けも大事！

最後に、床・壁・天井の素材の使い方について考えたい。ダイニングやリビングとの関係も考え、インテリア性だけでなくキッチンでは機能性も考えたい。

キッチンの床材として、クッションフロアは安価で耐水性があり、掃除もしやすく申し分ないが、住宅のインテリアとしては興醒めしてしまう。そこで床材を切り替える場合があるが、その切り替え場所がインテリアにおいては重要なポイントになる［4］。動線はもちろん、家具の配置なども考慮したい。食卓の位置で床材が切り替わると椅子が引きにくくなることもある。

次に壁や天井だが、不燃材であることを前提に清掃性を重視したい。最近はキッチンパネルという大判の不燃材を張ることが多い。掃除が楽になるのは理解できるが、「キッチンの風景」という意味では、見栄えが良いとはいえない。

さらに、照明も重要なポイントとなる。オープンキッチンで作業効率を重視して蛍光灯型の器具を使うと、リビングやダイニングのエリアと色温度が変わり、浮いた存在になってしまう。かといって、作業上ある程度の照度が必要なので、スポットライトなどを利用して、必要なところだけが必要な分だけ明るくなるように考えたい。

筆者は、できるだけ小さな器具やコーニスタイプの器具を選び、光源が目立たないようにしている。照明器具が主張せず、空間がまとまりやすくなるからである。そのほかのディテールにしても同じことがいえる。常に目に晒されるわけだから、細心の注意を払いたい。天板や扉の素材、仕上げ（艶、目の向き）、大きさ、納まりなど、どれ一つとっても、おざなりにはできないのだ。

［和田浩一］

1 空間にアクセントを加えるキッチンカウンター

オープンキッチンは、ダイニングやほかの空間からの見え方に配慮する必要がある。壁面に配置するコンロは、ほかの家具や壁の仕上げと合わせて連続性をもたせ、独立したカウンターだけを異なる仕上げにすると、家具としての存在感が際立ち、空間のアクセントとなる。

上：壁面収納に囲われたキッチン。壁面収納の仕上げは、光沢が少しある縦糸をあしらったグレーの壁紙を張っている
下：空間をすっきりと見せるため、換気扇が必要なコンロは壁面に配置している

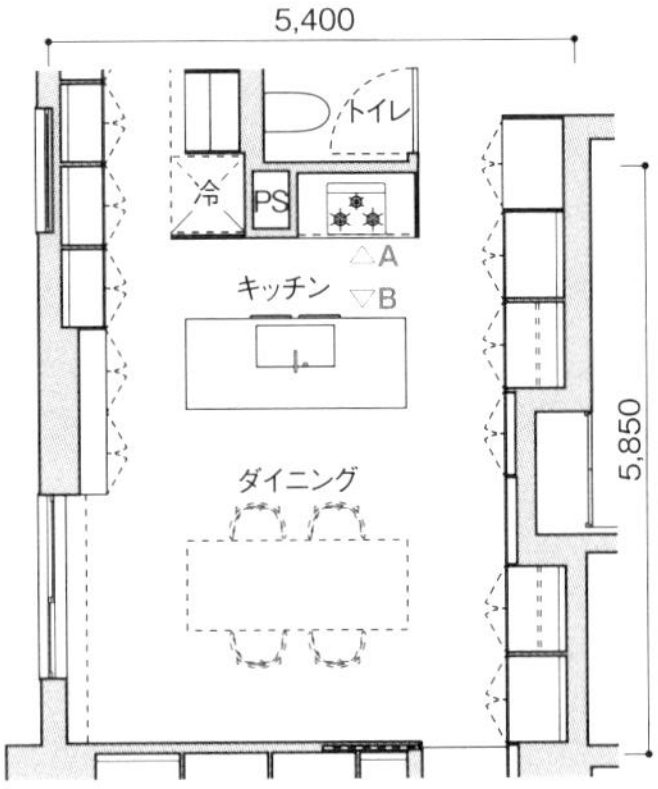
5,400
トイレ
冷
PS
A
キッチン
B
5,850
ダイニング

平面図[S=1:150]

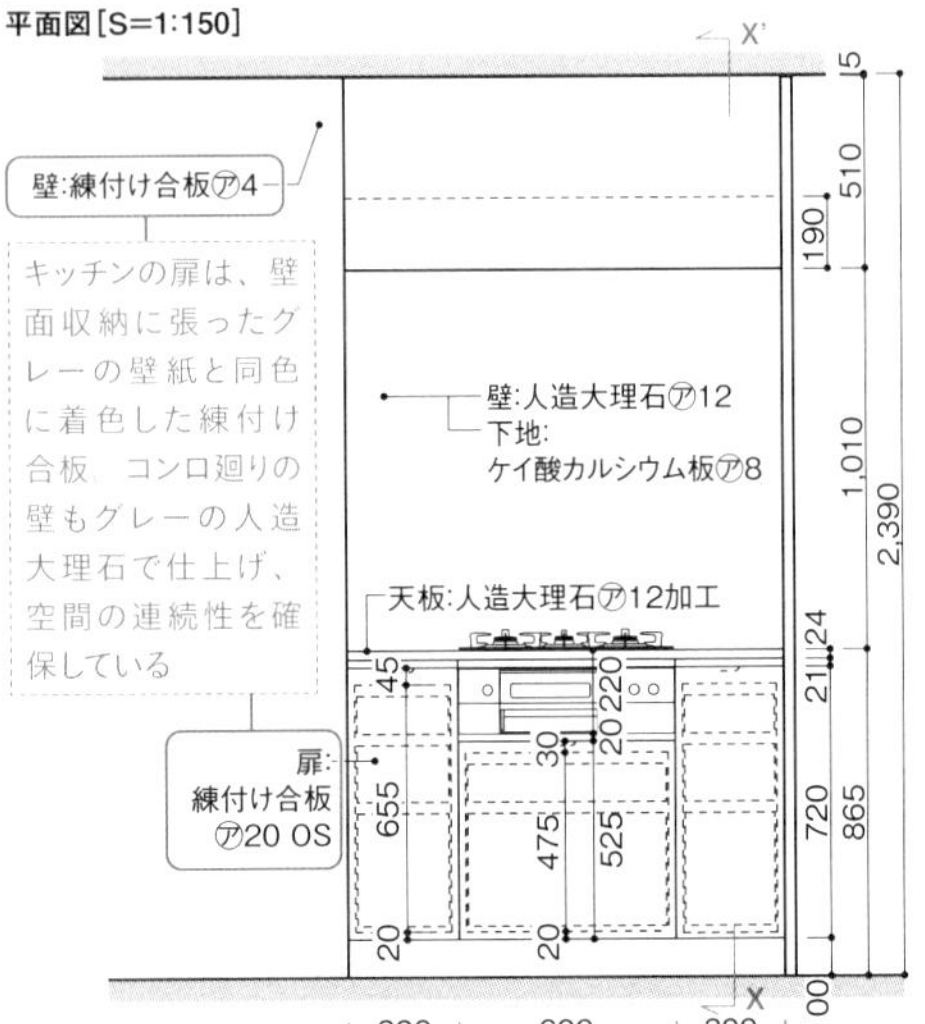
X'
壁：練付け合板㋐4
キッチンの扉は、壁面収納に張ったグレーの壁紙と同色に着色した練付け合板。コンロ廻りの壁もグレーの人造大理石で仕上げ、空間の連続性を確保している
壁：人造大理石㋐12
下地：
ケイ酸カルシウム板㋐8
天板：人造大理石㋐12加工
扉：
練付け合板
㋐20 OS
5
510
190
1,010
2,390
24
21
720
865
100
45
655
20
220
30
475
525
X
300
600
300

A展開図
[S=1:40]

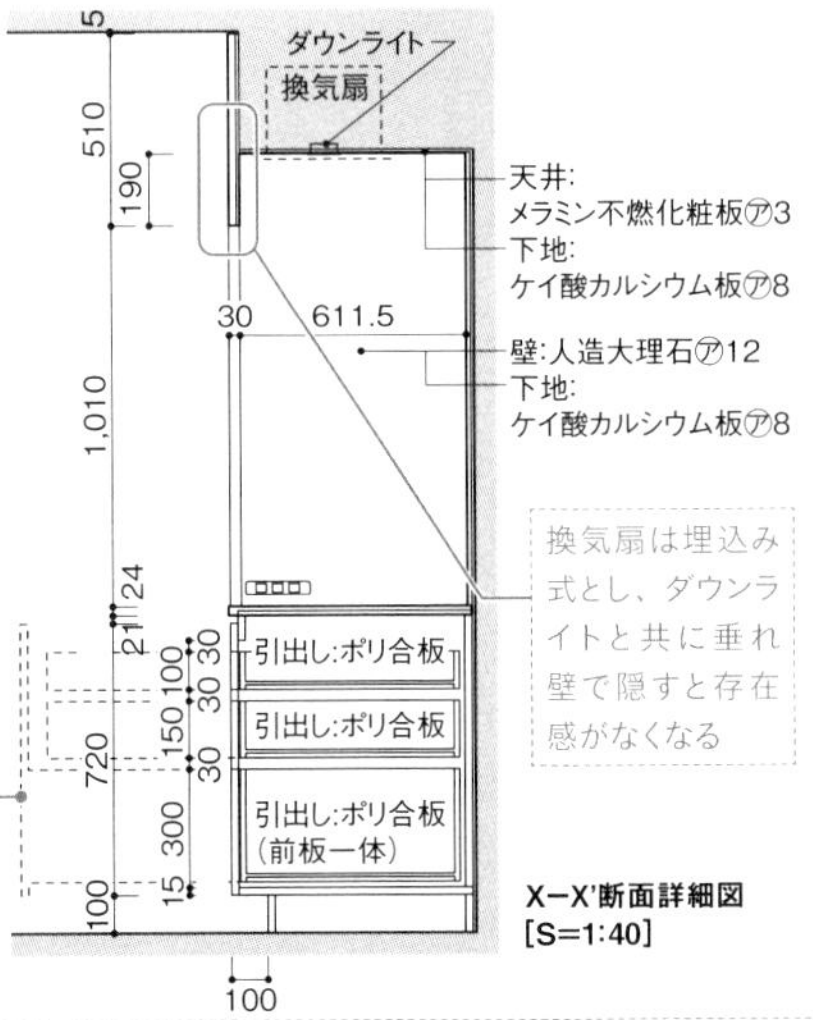
ダウンライト
換気扇
天井：
メラミン不燃化粧板㋐3
下地：
ケイ酸カルシウム板㋐8
30
611.5
壁：人造大理石㋐12
下地：
ケイ酸カルシウム板㋐8
換気扇は埋込み式とし、ダウンライトと共に垂れ壁で隠すと存在感がなくなる
5
510
190
1,010
24
21
720
100
引出し：ポリ合板
引出し：ポリ合板
引出し：ポリ合板
（前板一体）
30
100
30
150
30
300
15

X−X'断面詳細図
[S=1:40]

引出しは最下段の収納に前板を付けて、扉が小割りにならないようにした

シンプルなテーブルのような存在に仕上げた流し台は、水の跳ね返りを受けられるように、天板の奥行きを長く取って、カウンターとしても使えるようにした

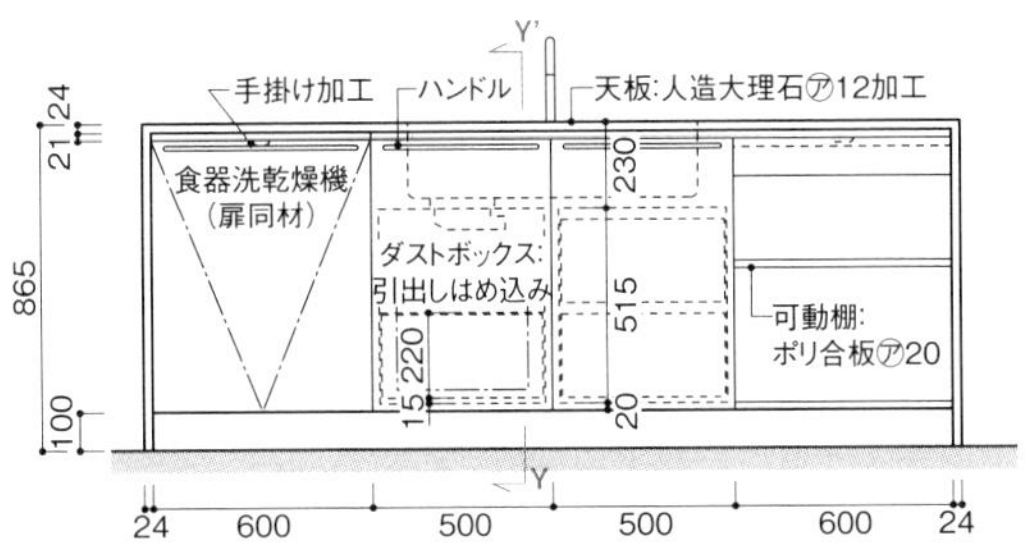
Y'
手掛け加工
ハンドル
天板：人造大理石㋐12加工
食器洗乾燥機
（扉同材）
ダストボックス：
引出しはめ込み
可動棚：
ポリ合板㋐20
24
21
865
100
230
515
220
15
20
Y
24
600
500
500
600
24

B展開図[S=1:40]

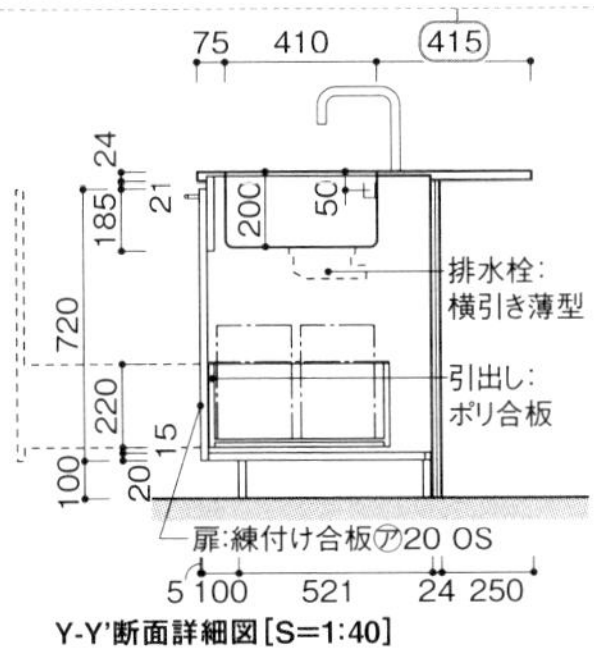
75
410
415
24
21
185
200
50
720
220
15
100
20
排水栓：
横引き薄型
引出し：
ポリ合板
扉：練付け合板㋐20 OS
5
100
521
24
250

Y−Y'断面詳細図[S=1:40]

1 広尾の家、設計・写真：CASE DESIGN STUDIO

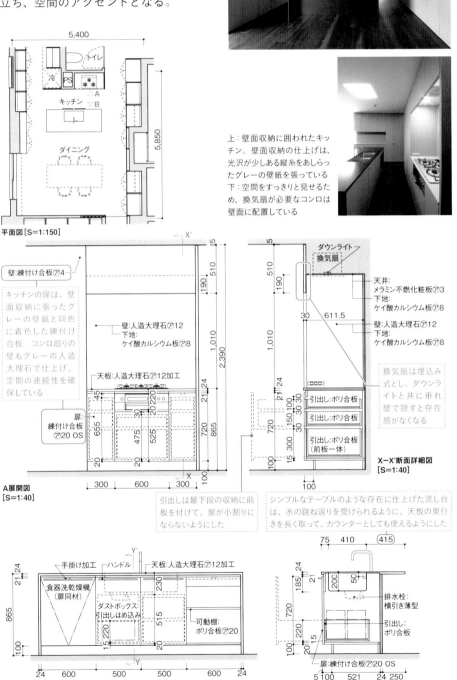

2 木の質感と経済性を両立させたキッチンカウンター

無垢材で製作する家具は一般的に高価になるが、フローリング材を薄くスライスして合板に張り付けたパネルを利用すれば、無垢材の素材感を残しつつ、安価に仕上げることができる。

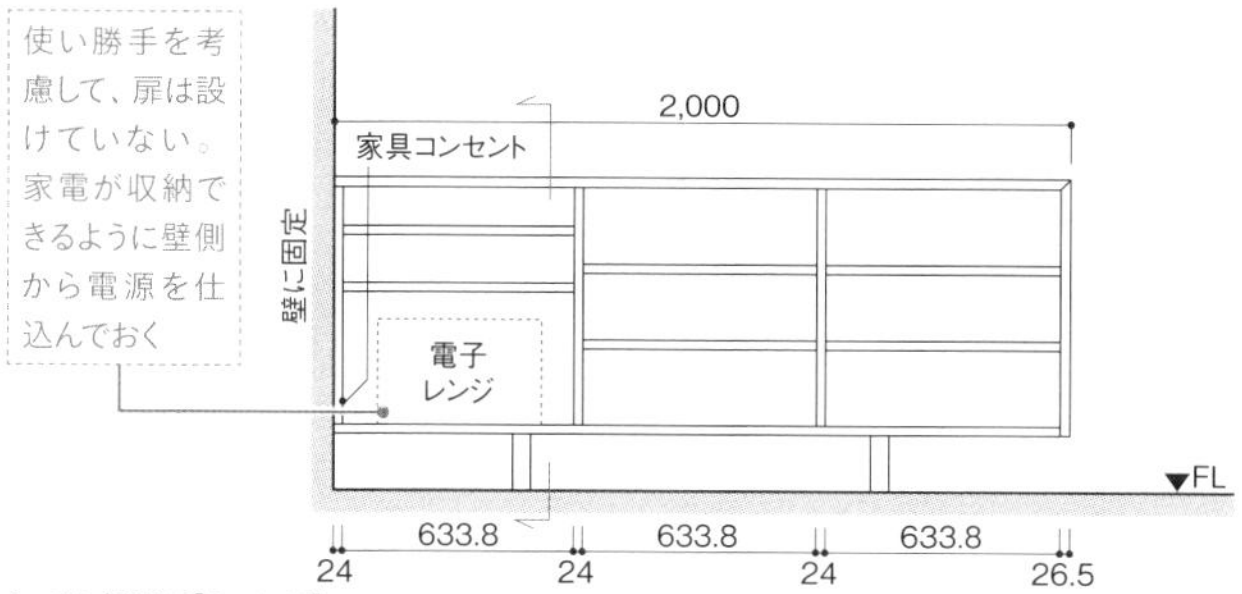

使い勝手を考慮して、扉は設けていない。家電が収納できるように壁側から電源を仕込んでおく
2,000
家具コンセント
壁に固定
電子レンジ
FL
633.8
633.8
633.8
24
24
24
26.5

キッチン側姿図[S=1:40]

床とカウンターの木目の方向を合わせることで、空間に一体感が生まれる

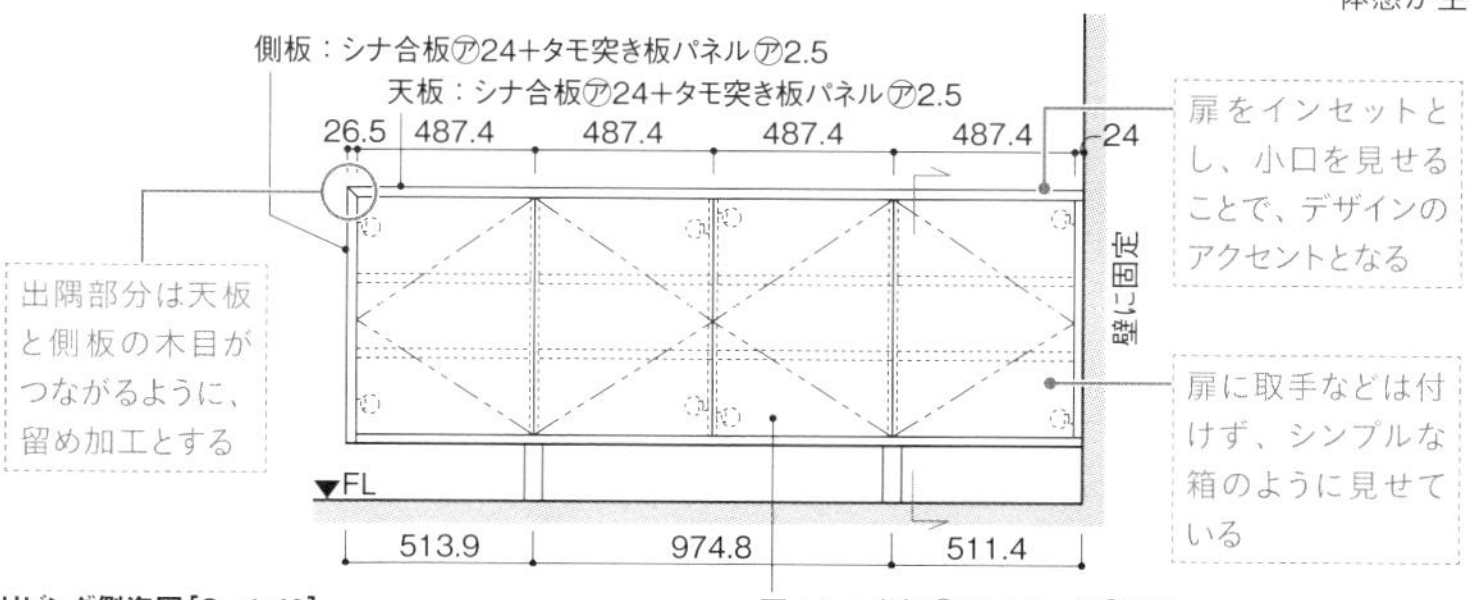

側板：シナ合板㋐24＋タモ突き板パネル㋐2.5
天板：シナ合板㋐24＋タモ突き板パネル㋐2.5
26.5
487.4
487.4
487.4
487.4
24
出隅部分は天板と側板の木目がつながるように、留め加工とする
壁に固定
扉をインセットとし、小口を見せることで、デザインのアクセントとなる
扉に取手などは付けず、シンプルな箱のように見せている
FL
513.9
974.8
511.4

リビング側姿図[S=1:40]

扉：シナ合板㋐15＋チーク㋐2.5

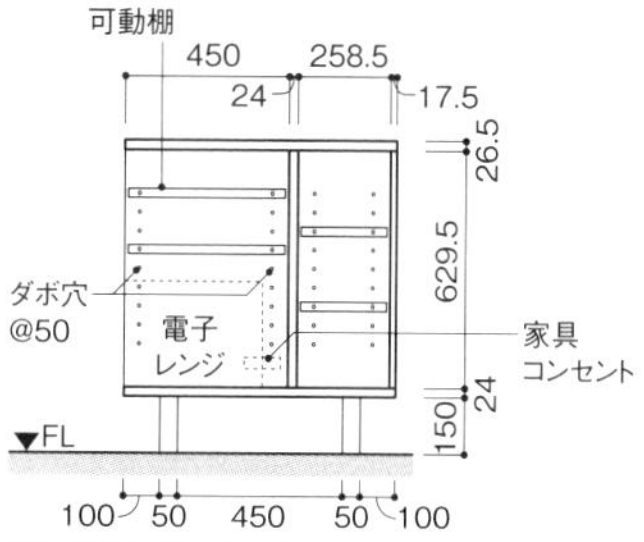

可動棚
450
258.5
24
17.5
26.5
629.5
24
150
ダボ穴@50
電子レンジ
家具コンセント
FL
100
50
450
50
100

断面詳細図[S=1:40]

3 壁と建具に一体化させた食器棚

間仕切壁の代わりに収納を設けると省スペースになり、空間を有効に使える。背板の一部をガラスにすれば、食器棚のデザイン的なアクセントとなる。キッチンから分離したリビングの気配も感じることができて、空間に一体感がでる。

キッチンとリビングの間の引込み戸を閉めた状態。食器棚は壁と面をそろえて、存在感を抑えた

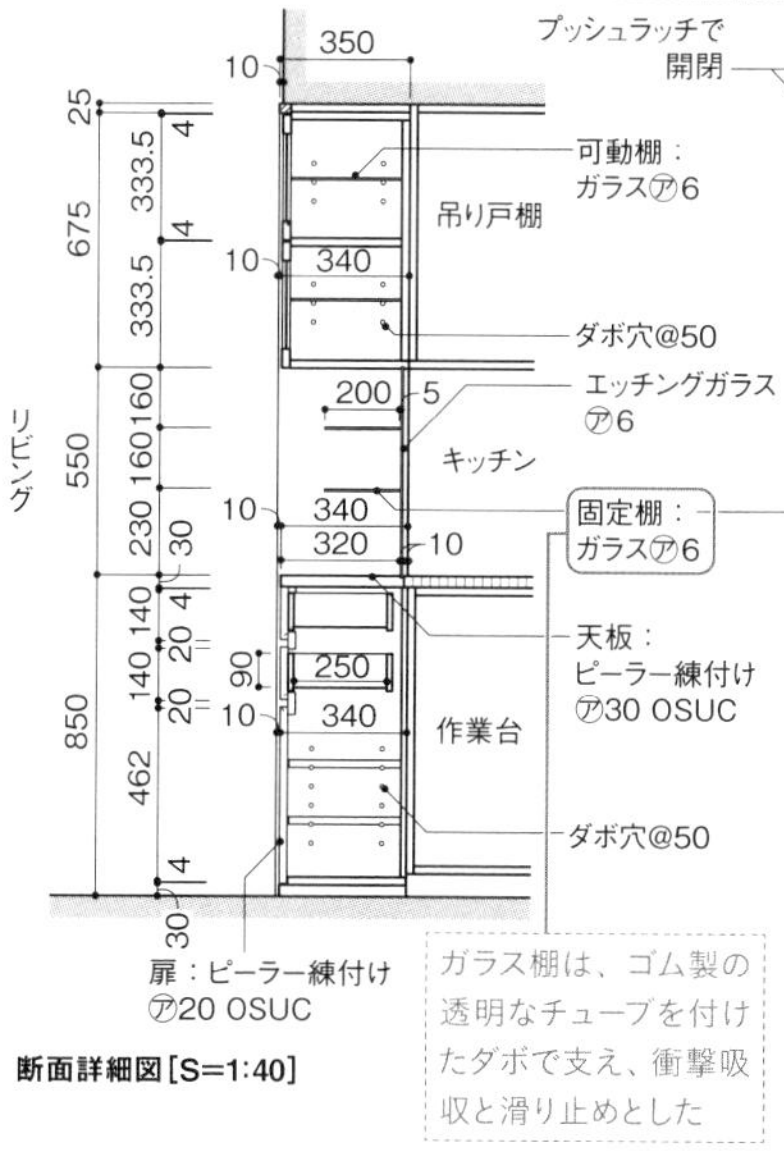

350
10
25
4
333.5
675
4
10
340
333.5
可動棚：ガラス㋐6
吊り戸棚
ダボ穴@50
160
200
5
エッチングガラス㋐6
リビング
550
160
キッチン
10
340
230
30
320
10
固定棚：ガラス㋐6
140
4
20
90
250
天板：ピーラー練付け㋐30 OSUC
140
20
10
340
作業台
850
462
4
ダボ穴@50
30
扉：ピーラー練付け㋐20 OSUC
ガラス棚は、ゴム製の透明なチューブを付けたダボで支え、衝撃吸収と滑り止めとした

断面詳細図[S=1:40]

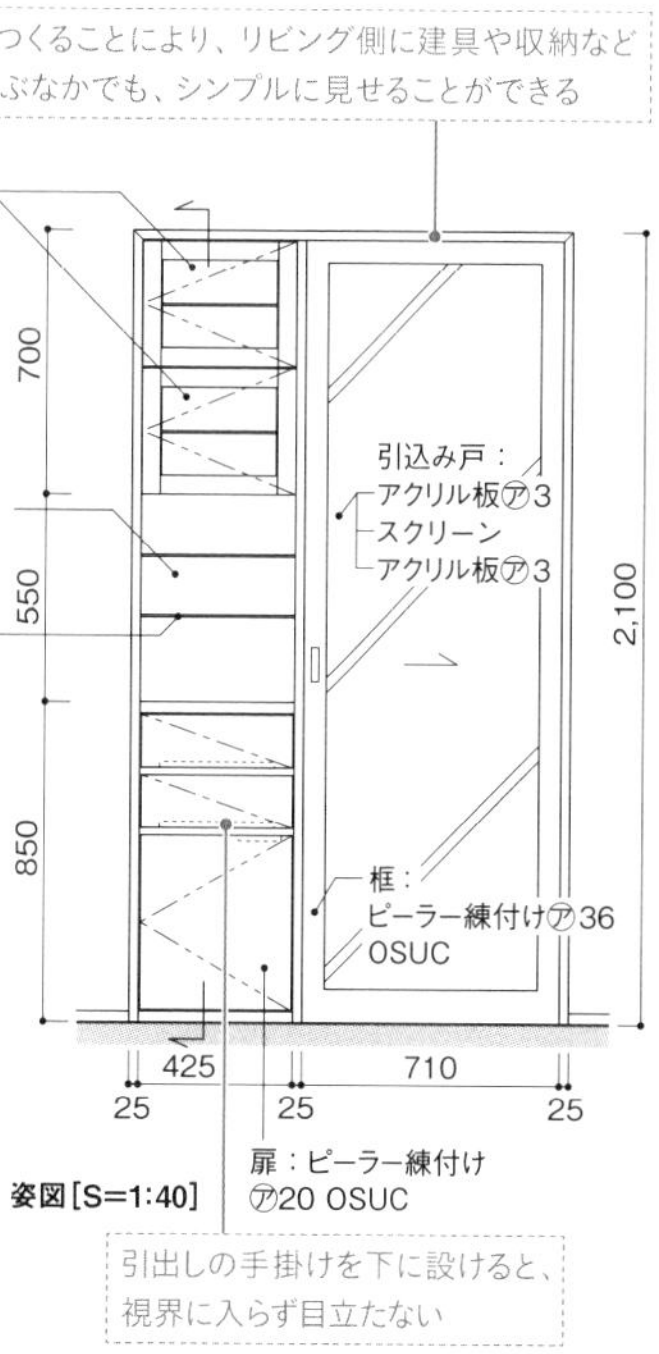

建具枠と一体でつくることにより、リビング側に建具や収納など複数の要素が並ぶなかでも、シンプルに見せることができる
プッシュラッチで開閉
700
550
850
引込み戸：
アクリル板㋐3
スクリーン
アクリル板㋐3
2,100
框：ピーラー練付け㋐36 OSUC
425
710
25
25
25
扉：ピーラー練付け㋐20 OSUC
引出しの手掛けを下に設けると、視界に入らず目立たない

姿図[S=1:40]

2 下田町の家、設計・写真：ファロ・デザイン
3 若林の家、設計・写真：村田淳建築研究室

4章 キッチン

キッチンリフォームはココを押さえる

新築・リフォームを問わず、キッチンはオーダーものをお勧めする。「大体」の人が「大体」満足するシステムキッチンと違い、自分仕様につくられた「世界に1つだけのキッチン」の満足度は何物にも代え難い。

リフォームにはオーダーキッチン

とりわけリフォーム工事では、システムキッチンを使うと対応が難しくなることが多い。たとえば奥行き。昔の流し台では550mm、古いシステムキッチンだと600mmが主流だった。そこに奥行き650～750mm程度のシステムキッチンを入れると、通路などが狭くなる。一方、オーダーキッチンであれば、工夫次第でクリアできるのだ。サイズだけでなく、既存のプランに合わせた変形のカウンターやシンクなどが製作できるのも魅力である。

2のリフォーム例ではキッチンを家具工事でつくっている。建具の位置を変えずに、冷蔵庫スペースと搬入経路を確保すると、キッチンスペースが奥行き550mmしかとれないからだ。気になるコストは、甲板とベースキャビネットをすべてステンレスで製作する（業種を減らす）ことで抑えた。要望でもあった「火力の大きさ」には、業務用（としては小さい方だが）のガスコンロを選択した。家庭用コンロと違い、換気量や耐火に関する配慮が必要となるのは、もちろんのことである。

なお、キッチンにあまり予算を掛けられない場合、大工工事でつくるという手もある。ただし、その場合は工場でつくるような精度が要求される納まりを排除し、現場で製作可能な「カウンターとキャビネット・扉」のシンプルな構造とする必要がある［144頁］。

マンション・戸建てで違う注意点

改めて言うまでもないが、リフォーム工事では、新築に比べてはるかに制約が多い。法規制だけでなく、既存に対応させることからくる材料・寸法・重量・設備などの制約は、設計上のネックとなることが多い。そのため、事前の確認は怠らないようにする。また、次のように「マンション」と「戸建て」でも注意すべき点が異なる［**1**］。

1｜マンションの場合

設備でまず注意すべき点は、PSからの距離。排水の勾配を十分に確保して計画しなければならない。これは図面上だけでなく、現地でも確認する。なぜなら、縦管のどの高さで接続しているかによって、そこから先の勾配が決まるからだ。スラブに直接床仕上げをしている場合などは設備の移動に伴って、配管を取り回すために床を上げる必要がある。比較的新しいマンションでは、浮き床構造になっていることが多く、床下配管できるケースも多いが、その寸法が足りない場合もある。また、マンションによっては水廻りの位置を限定しているところもあるので、管理組合に確認しておきたい。

1 リフォーム計画時の事前確認ポイント

❶マンションの場合

分類		計画前の確認事項	注意事項
設備	給排水ガス	PSからの距離と給水・ガス経路の確認	排水の勾配（1／50～100）がとれるように計画する
	換気	既存の排気ダクトの太さや外部への出口、梁貫通位置を確認する	マンションでは、左記についての変更はできない
	電気	容量の確認	分電盤の交換だけでなく電気契約の変更が必要なケースもあり、場合によってはマンションの引込み容量にも関係することもある
そのほか		搬入経路、エレベーターのサイズ・重量制限	特に部分リフォームの場合などは注意を要する

❷戸建ての場合

分類		計画前の確認事項	注意事項
設備	給排水ガス	給排水・ガス経路の確認	排水の勾配（1／50～100）がとれるように計画する
	換気	既存の排気ダクトの太さや外部への出口を確認する	—
	電気	容量の確認	分電盤の交換だけでなく電気契約の変更が必要なケースもある
そのほか		搬入経路、重量制限	特に部分リフォームの場合などは、注意を要する

2 スペース上の問題点をオーダーキッチンで解決する

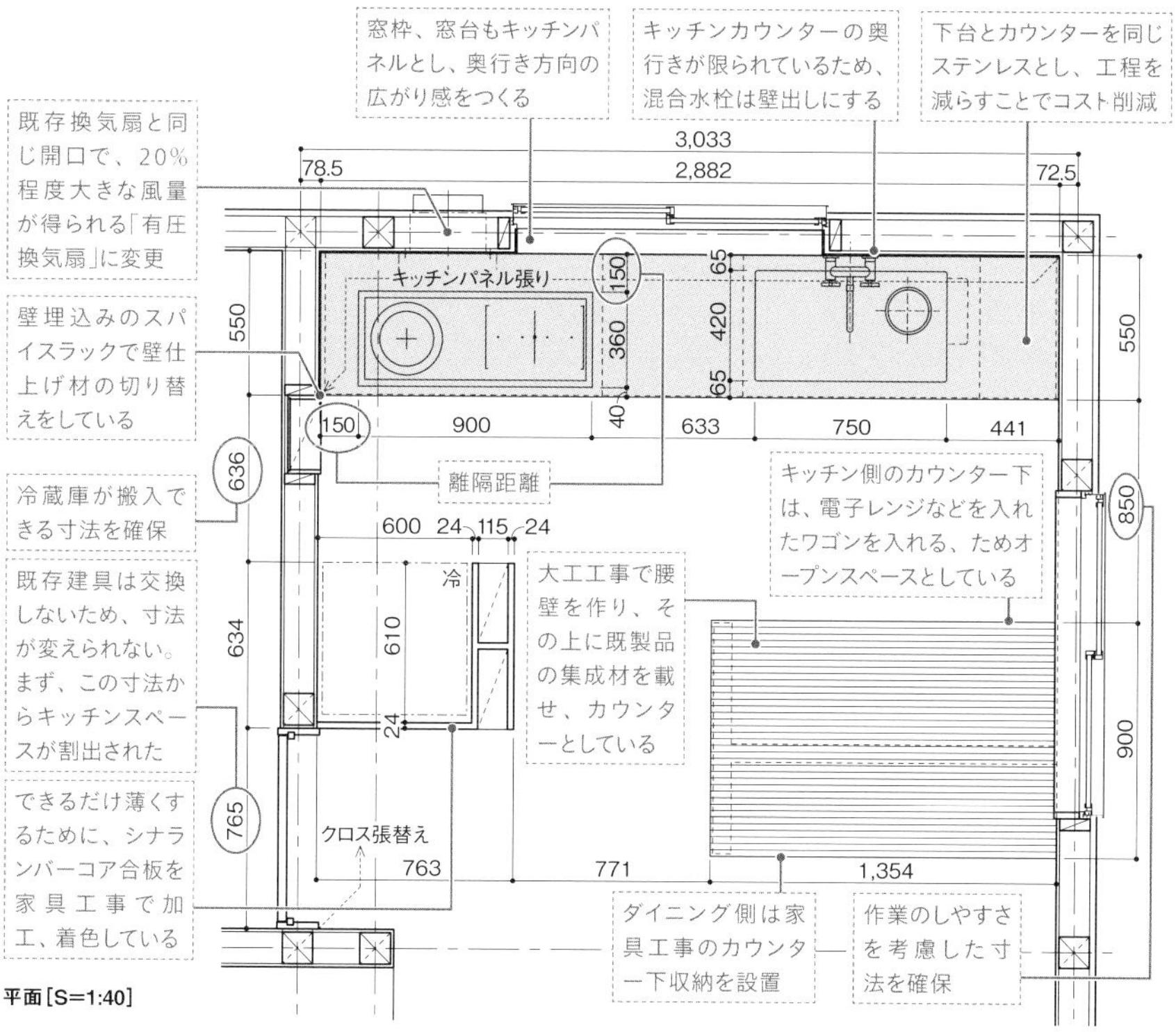
窓枠、窓台もキッチンパネルとし、奥行き方向の広がり感をつくる
キッチンカウンターの奥行きが限られているため、混合水栓は壁出しにする
下台とカウンターを同じステンレスとし、工程を減らすことでコスト削減
既存換気扇と同じ開口で、20%程度大きな風量が得られる「有圧換気扇」に変更
壁埋込みのスパイスラックで壁仕上げ材の切り替えをしている
冷蔵庫が搬入できる寸法を確保
既存建具は交換しないため、寸法が変えられない。まず、この寸法からキッチンスペースが割出された
できるだけ薄くするために、シナランバーコア合板を家具工事で加工、着色している
キッチンパネル張り
離隔距離
冷
キッチン側のカウンター下は、電子レンジなどを入れたワゴンを入れる、ためオープンスペースとしている
大工工事で腰壁を作り、その上に既製品の集成材を載せ、カウンターとしている
クロス張替え
ダイニング側は家具工事のカウンター下収納を設置
作業のしやすさを考慮した寸法を確保
3,033
2,882
78.5
72.5
550
150
65
420
360
65
40
150
900
633
750
441
636
600
24
115
24
610
634
24
850
900
765
763
771
1,354
平面［S=1:40］

そのほか、給湯器の位置と給水・給湯、ガス配管の経路も確認しておきたい。

換気に関して注意すべきは、マンションの場合、排気ダクトの太さや外部への出口、梁貫通位置は変更できないということ。大幅な換気量の増加は困難であるため、ダクト長さや外部フードによる圧力損失を十分計算して加熱機器の選定をしなければならない。

また、電気容量にも注意が必要だ。最近のキッチンでは設備機器類の種類が多くなり、またその電気容量も大きくなっている。しかも食器洗浄機やIHヒーターではほとんどが200Vであり、専用回路が必要である。一般的なオーブン電子レンジでも1kWを超える機種もでてきており、リフォーム前に比べて確実に回路数、容量共に増える。分電盤の交換だけでなく電気契約の変更が必要なケースもあり、場合によってはマンションの引込み容量にも関係することもある。

そのほか、キャビネットや甲板、パネル、機器類（特に冷蔵庫）など大きな部材も多く、搬入経路（建物のエントランス～玄関～設置先）やエレベーターのサイズ、重量制限なども事前に確認しておきたい。

2｜戸建ての場合

マンションに比べると制約は少ないが、やはり給排水設備、換気、電気容量、搬入経路の確認は必要だ。

換気に関していえば、既製品のレンジフードを設置することが多く、そのほとんどはシロッコファンである。ただし、戸建てに限っていうと、条件さえそろえば、換気扇の方が吸込みの効率がよい。有圧換気扇という選択肢もあり、一度検討してみてもよいだろう。この場合はレンジフードを特注することになり、製作納期やレンジフードの形状、素材などの専門知識が必要となる。

満足度アップのキッチン設計術

キッチンは、「火・水」という基本的な調理作業を行う「台」である。ただし「収納家具」という側面もあり、そこへの建て主の要望も多い。

キッチンには扉式収納のほか、引出しが多用される。扉の開き方・引出し方一つで使い勝手が大きく変わるため、家具金物の選択には注意が必要だ。また、収納内部で使うキッチン専用のパーツは、ワイヤーラックやカトラリートレー、パーティション、引出しパーツなど種類も豊富。収納に組み込む設備機器も、新しい機能が搭載された商品が次々と発売されている。

キッチンをつくる際に必要なのは、最新のメーカーカタログや雑誌で勉強している建て主をも満足させる「情報のストックとその更新」だ。もちろんオーダーものならではの、細かい寸法の調整や素材や仕上げ、色の選択にも対応するための、素材や加工、塗装などの知識も要求される。十分なコンサルティングを基に、総合的にそれらのバランスを図り、新しい生活へと反映することが、満足度の高いキッチンを設計するコツといえる。［和田浩一］

TOPICS

大工工事でキッチンをうまくつくる

築23年のデザイナーズマンションのリノベーション［1］。2面採光の特徴を生かし、空間の隅々まで光がまわるように考えた。まずは玄関を暗くしている壁を取り、薄暗いエントランスホールから劇的な変化がもたらされるようにした。一室空間をウッドシャッターで間仕切り、光と風をコントロールしている。

自然素材にこだわった内装の仕上げ材に合わせて、キッチンも大工造作による木製とした。大工造作では困難と言われてきた引出しの製作は、スライドレールと側板が一体の引出しシステムを採用することで、製作を容易にした。ワークトップに使用した飫肥杉の中空パネルはサイズカット、シンクやコンロの穴あけは現場で加工し、液体ガラス［※］を塗布して耐水性能を担保している。〔和田浩一〕

1 大工工事によるリフォームキッチン

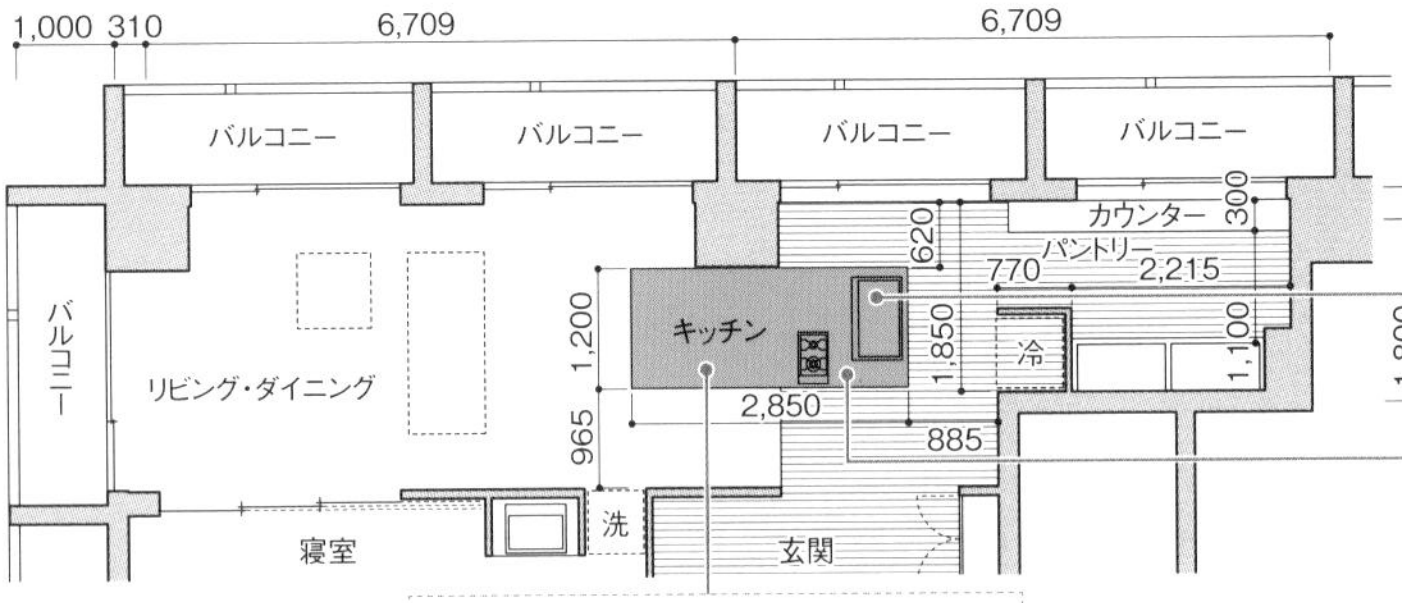

1,000 310 6,709 6,709
バルコニー
バルコニー
バルコニー
バルコニー
バルコニー
カウンター
パントリー
770 2,215
300 310
620
1,200
キッチン
1,850
冷
1,100
1,800
リビング・ダイニング
2,850
965
885
洗
寝室
玄関
このキッチンは長方形の外側の辺を使うレイアウトなので、「外L型キッチン」と名付けた。コンパクトだが大きなキッチンと同様に使え、かつ、ふたりで使っても邪魔にならない
1枚もののカウンターの搬入経路を考えておく
椅子を置いてカウンターテーブルとして使う

平面図[S=1:150]

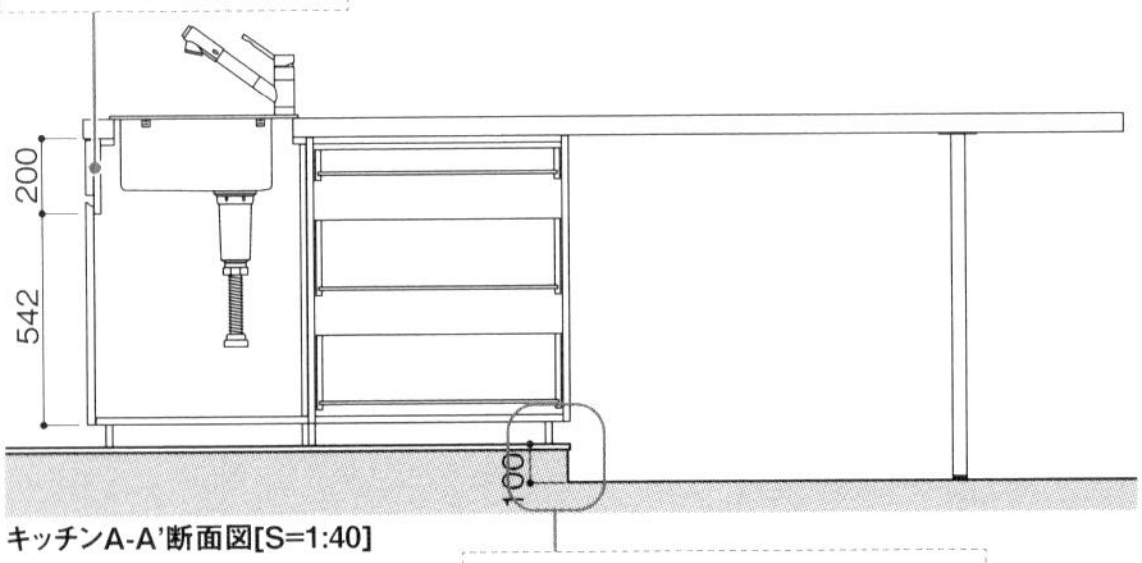

2㎜のパッキンを入れてパネルを固定する
200
542
100
給排水管を床下に配管するため、シンク側の床を100㎜高くしている

キッチンA-A'断面図[S=1:40]

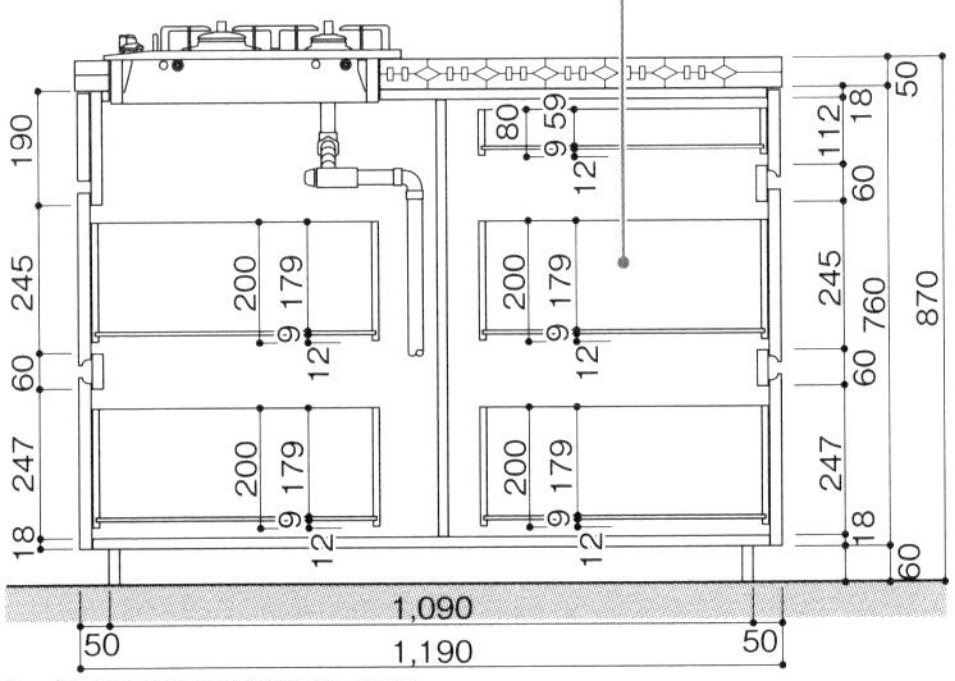

複雑な組み込み形状をしているが、箱は整形。シンプルにつくれる
190 245 60 247 18
80 59 9 12
200 179 9 12
200 179 9 12
200 179 9 12
200 179 9 12
200 179 9 12
50 18 112 60 245 760 870 60 247 18 60
1,090
50 1,190 50

キッチンB-B'断面詳細図[S=1:25]

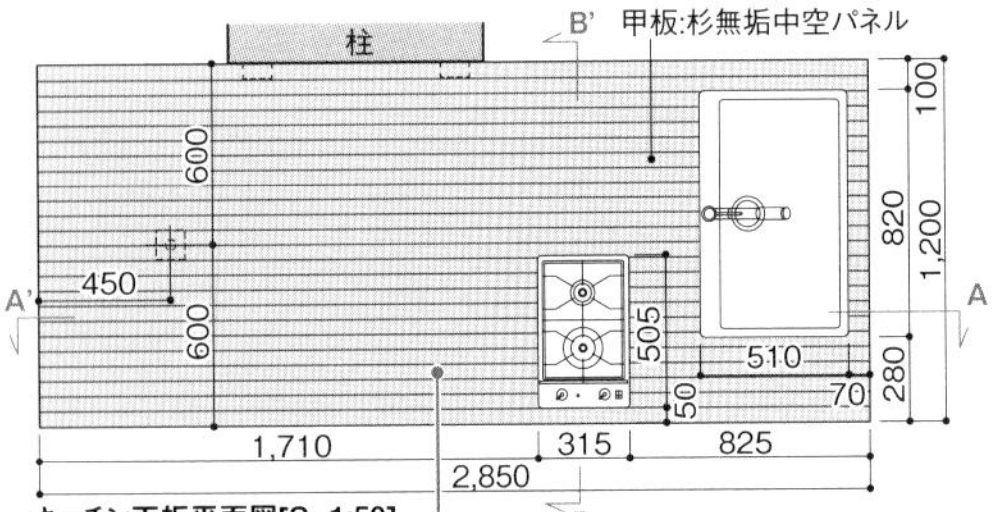

柱
B'
甲板:杉無垢中空パネル
600
600
450
A'
A
505
510
70
50
100
820
1,200
280
1,710 315 825
2,850
B
木製のキッチン。素材は大工が扱える集成材やランバーコア。水掛かり部分は撥水材を塗布

キッチン天板平面図[S=1:50]

『ヒカリノイエ』と名付けられたこの空間は、杉無垢フローリング、ウールカーペット、シェルペイントで構成され、窓からの光が隅々まで回るように計画した

※ 無垢本来の自然な風合いと優れた耐水性能を併せ持つ。木目をふさぐことなく、木の内部に浸透してガラス層を形成し保護。メンテナンス性に優れ、耐水性や耐摩耗性、耐汚染性が高いため、キッチンや洗面所などに適している

「ヒカリノイエ」設計：STUDIO KAZ、写真：山本まりこ

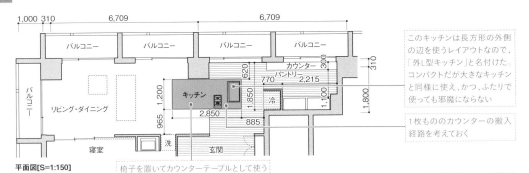

TOPICS

ガス＋IHで効率的に

築15年のマンションのリノベーション計画。構造壁やPSの位置でレイアウトがほぼ決まるような小さな空間で、唯一、提案に工夫できたのがキッチン廻りであった。ここでは、ガスコンロとIHクッキングヒーターを用い、かつ、それらを離して配置し、回遊性をもたせている［1］。通常の調理作業では3口のガスバーナーをフル活用する機会は少ない。おまけに奥の小バーナーは湯を沸かす、煮込むといった使用が多く、離しても問題ない。そのため、ガスコンロ廻りに必要な大きさ（法規上、機器の大きさなど）や、作業スペースの割合と調理の所作のほか、排気ダクトの経路と梁の関係も考慮して計画した。

このレイアウトと回遊性のおかげで、複数の人がキッチンに立ってもストレスなく作業できている。〔和田浩一〕

1 回遊性をもたせたキッチンレイアウト

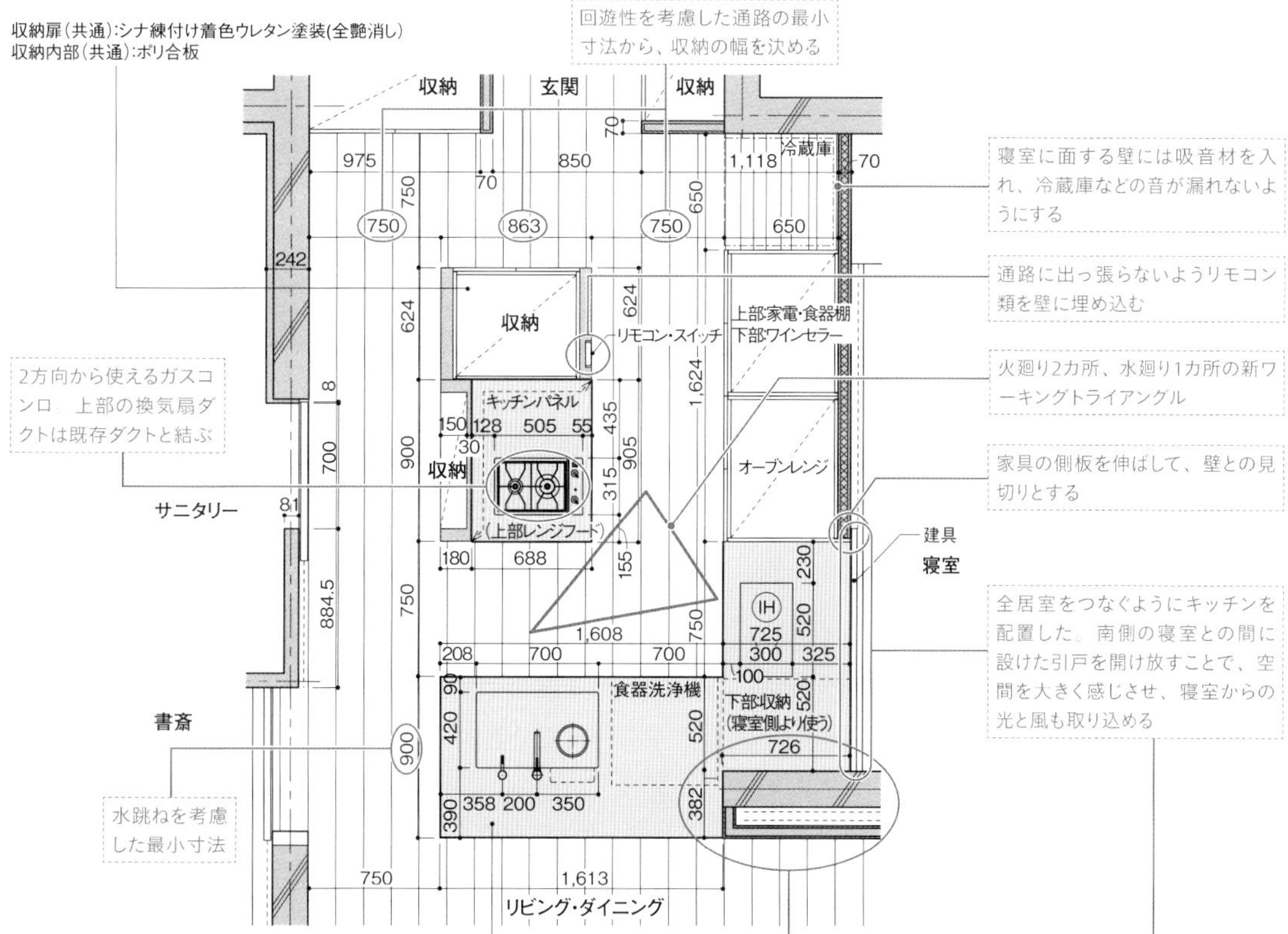
収納扉（共通）：シナ練付け着色ウレタン塗装（全艶消し）
収納内部（共通）：ポリ合板
回遊性を考慮した通路の最小寸法から、収納の幅を決める
収納
玄関
収納
冷蔵庫
寝室に面する壁には吸音材を入れ、冷蔵庫などの音が漏れないようにする
通路に出っ張らないようリモコン類を壁に埋め込む
収納
リモコン・スイッチ
上部家電・食器棚
下部ワインセラー
2方向から使えるガスコンロ。上部の換気扇ダクトは既存ダクトと結ぶ
キッチンパネル
火廻り2カ所、水廻り1カ所の新ワーキングトライアングル
収納
オーブンレンジ
家具の側板を伸ばして、壁との見切りとする
サニタリー
（上部レンジフード）
建具
寝室
全居室をつなぐようにキッチンを配置した。南側の寝室との間に設けた引戸を開け放すことで、空間を大きく感じさせ、寝室からの光と風も取り込める
IH
食器洗浄機
下部収納（寝室側より使う）
書斎
水跳ねを考慮した最小寸法
リビング・ダイニング

キッチン平面［S＝1:50］

キッチン甲板（シンク一体型）：SUS304㋐4バイブレーション仕上げ
扉：シナ練付け着色ウレタン塗装（全艶消し）
内部：ポリ合板

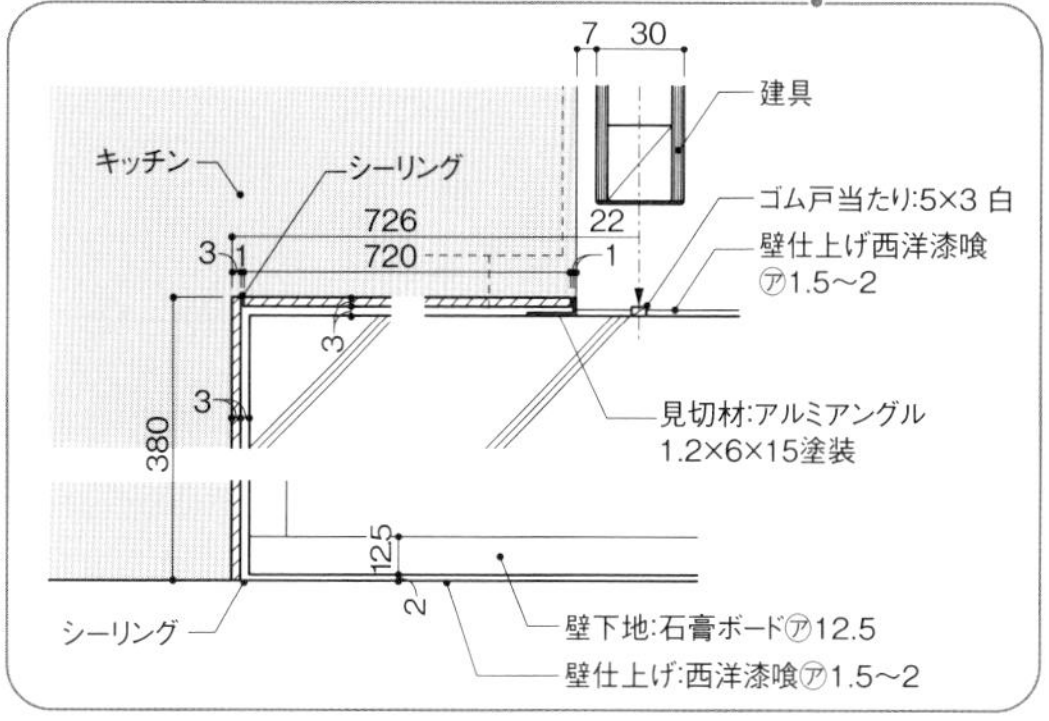
建具
キッチン
シーリング
ゴム戸当たり：5×3 白
壁仕上げ西洋漆喰㋐1.5〜2
見切材：アルミアングル1.2×6×15塗装
シーリング
壁下地：石膏ボード㋐12.5
壁仕上げ：西洋漆喰㋐1.5〜2

シンクと熱源2つのレイアウトがポイント

リノベーション＆キッチン設計・写真：STUDIO KAZ

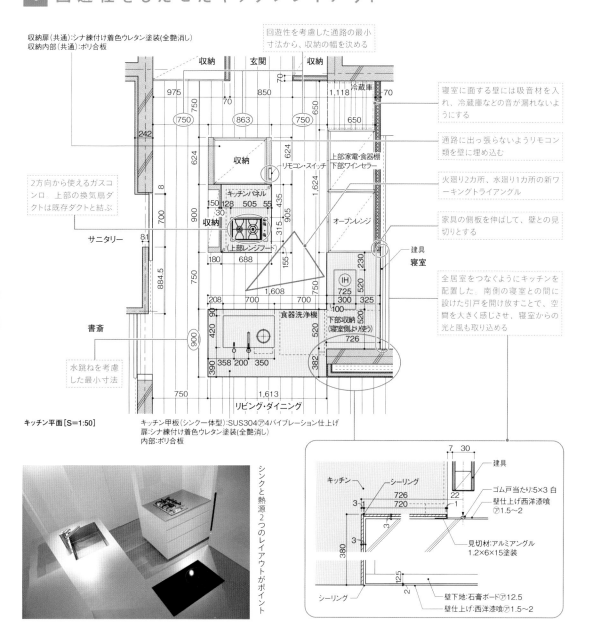

キッチン廻りの法規はこれで万全

1【火気使用室の内装制限】チェックリスト

（関係法令）法35条の2、令128条の3の2～129条、平21国交告225号、昭46住指発44号

項目	制限内容	緩和内容
内装制限（火気使用室）	□壁・天井を準不燃材以上で仕上げる	□主要構造部を耐火構造とした建築物の火気使用室を除く □住宅の場合、平屋または階数が2以上で最上階にある火気使用室を除く □LDKなど火気使用室とその他部分が一体である場合は、不燃材料でつくられた50cm以上の垂れ壁で区画されていれば、キッチン部分のみ内装制限対象とすることができる □戸建住宅の場合、火源からコンロ廻りの一定要件を満たせば、内装制限の対象外となる

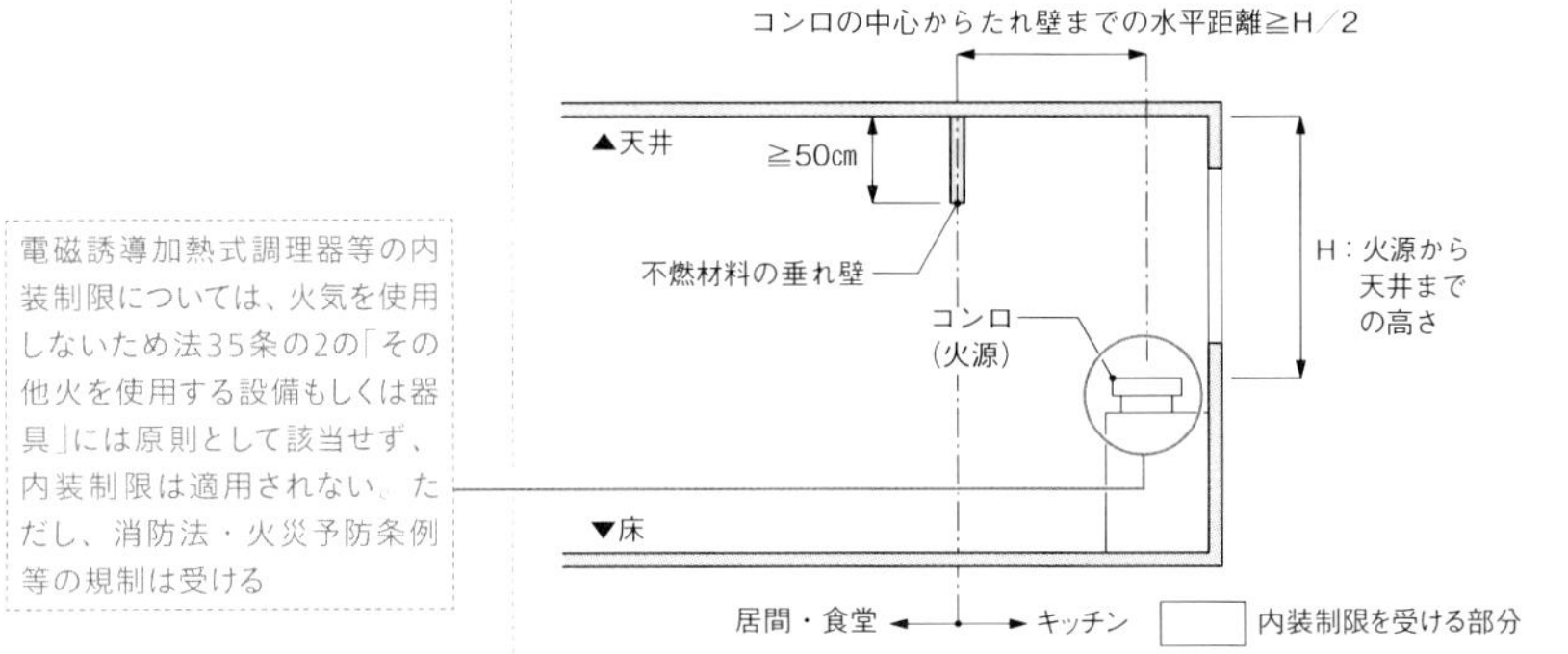

コンロの中心からたれ壁までの水平距離≧H／2
▲天井
≧50cm
不燃材料の垂れ壁
コンロ（火源）
H：火源から天井までの高さ
▼床
居間・食堂
キッチン
内装制限を受ける部分
電磁誘導加熱式調理器等の内装制限については、火気を使用しないため法35条の2の「その他火を使用する設備もしくは器具」には原則として該当せず、内装制限は適用されない。ただし、消防法・火災予防条例等の規制は受ける

コンロ垂直距離＜235cmの場合

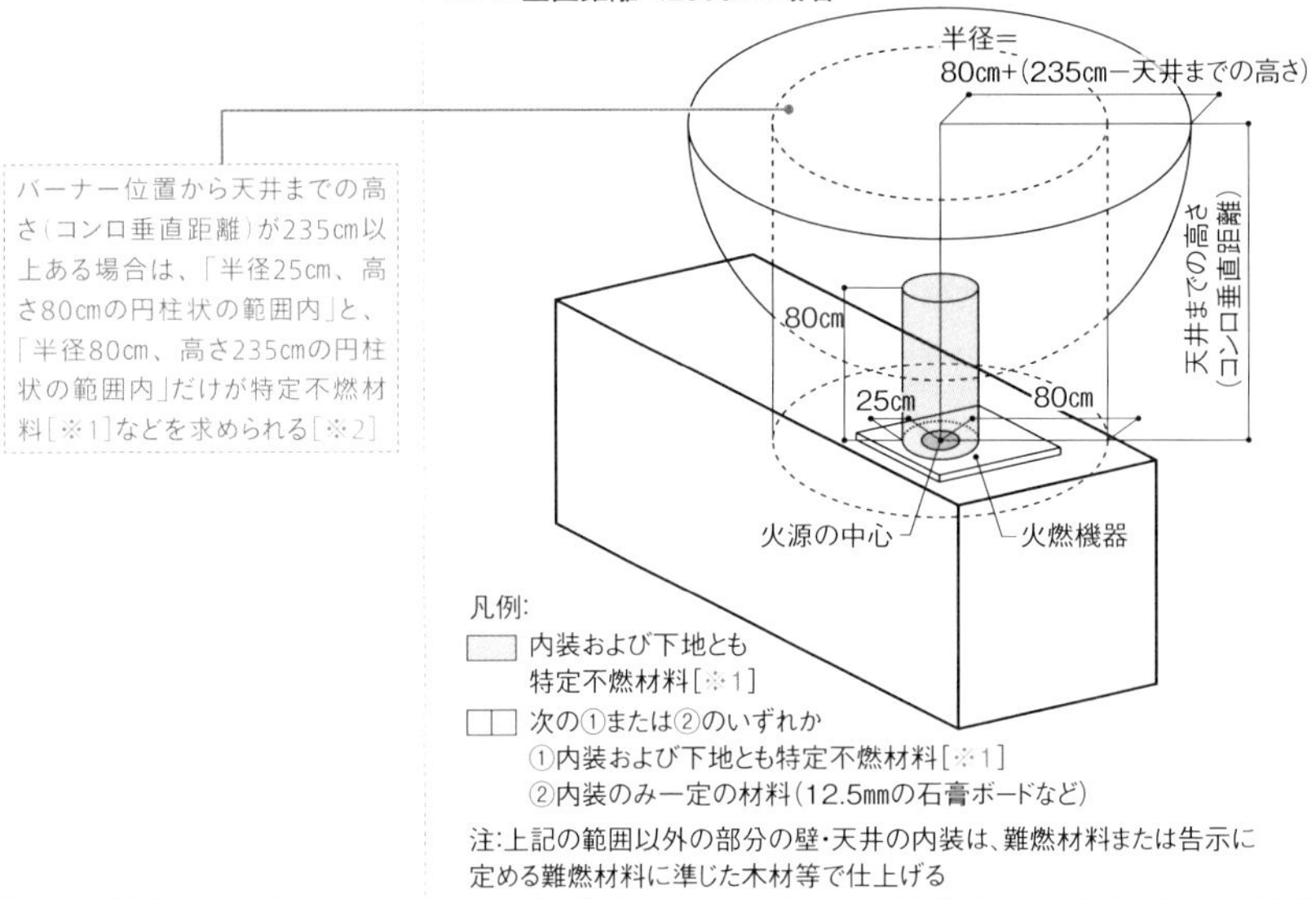

半径＝80cm+（235cm－天井までの高さ）
天井までの高さ（コンロ垂直距離）
80cm
25cm
80cm
火源の中心
火燃機器
バーナー位置から天井までの高さ（コンロ垂直距離）が235cm以上ある場合は、「半径25cm、高さ80cmの円柱状の範囲内」と、「半径80cm、高さ235cmの円柱状の範囲内」だけが特定不燃材料［※1］などを求められる［※2］
凡例：
内装および下地とも特定不燃材料［※1］
次の①または②のいずれか
①内装および下地とも特定不燃材料［※1］
②内装のみ一定の材料（12.5mmの石膏ボードなど）
注：上記の範囲以外の部分の壁・天井の内装は、難燃材料または告示に定める難燃材料に準じた木材等で仕上げる

オーダーキッチン、システムキッチンにかかわらず、建物にガスコンロなど加熱調理機器を導入する際には、法規のチェックが必要だ。建築基準法、消防法など関係法令を遵守し、台所の安全性を確保することが求められる。戸建ての場合は消防検査の義務付けもなく、リフォームにおいては申請さえ不要となる場合が多いが、だからといって安全性を無視することはできない。ここでは、火気使用室となるキッチンに関する主な制限について抜粋して表にまとめているので、計画時の参考にしていただきたい［1～3］。

オープンキッチンの普及とともに、コンロ廻りの不燃化を強化することでその他の部分の内装制限が緩和される告示も施行された［1］。またIHクッキングヒーターの導入例も増えたが、IHクッキングヒーターは裸火でないため、基準法上の火気使用室に当たらず、規制の対象とはならない。ただし消防法および火災予防条例ではガス同様、離隔距離などの規制を受けるので、注意を要する。〔近藤洋行〕

※1 告示に定める不燃材料のうちアルミとガラスを除いたもの
※2 「半径25cm、高さ80cmの範囲内」は内装および下地とも特定不燃材料、「半径80cm、高さ235cmの範囲内」は内装および下地とも特定不燃材料とするか、内装のみ一定の材料で仕上げる

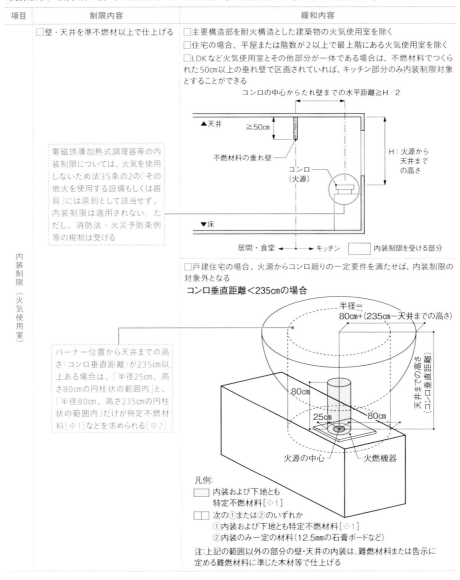

2【火気使用室の換気設備】チェックリスト

（関係法令）法28条3項、令20条の2・20条の3、昭45建告1826号

項目	制限内容	緩和内容
換気設備（火気使用室）	□自然換気設備または機械換気設備を設ける	□下記のすべてに該当する調理室を除く ・住宅・住戸の面積≦100㎡ ・発熱量合計≦12kW ・換気上有効な開口部面積≧調理室面積×1／10かつ0.8㎡
	□レンジフード（排気フード）は不燃材でつくり、高さは1m以下とする	

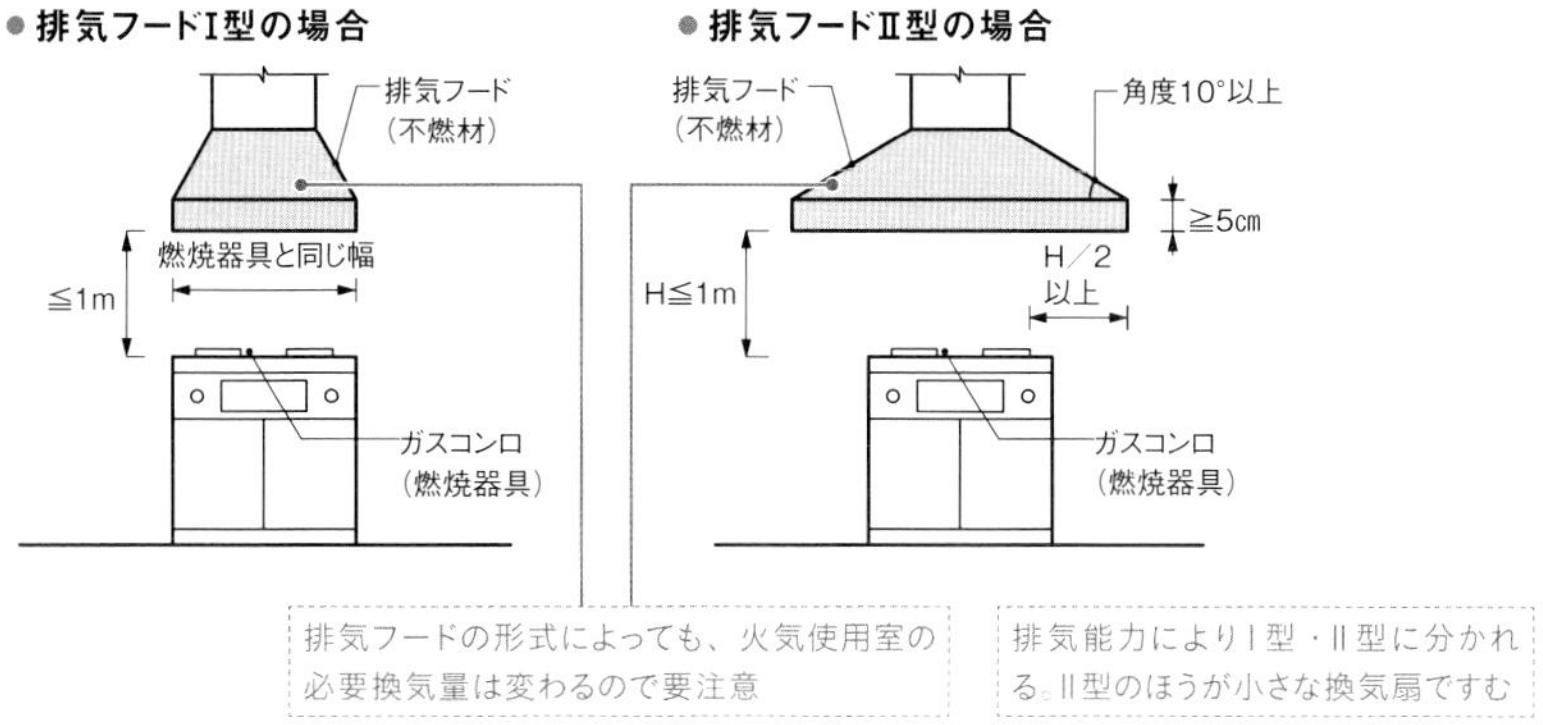

● 排気フードI型の場合
排気フード（不燃材）
燃焼器具と同じ幅
≦1m
ガスコンロ（燃焼器具）
● 排気フードII型の場合
排気フード（不燃材）
角度10°以上
≧5cm
H／2以上
H≦1m
ガスコンロ（燃焼器具）
排気フードの形式によっても、火気使用室の必要換気量は変わるので要注意
排気能力によりI型・II型に分かれる。II型のほうが小さな換気扇ですむ

3【加熱調理機器との離隔】チェックリスト

（関係法令）消防法、火災予防条例等　　※キッチンの住宅用火災警報器は、地域により市町村条例で義務付けられている

項目	限内容	緩和内容
加熱調理機器との離隔	□コンロ廻りの壁面は加熱機器から150mm離したうえで、9mm厚以上の不燃仕上げとする □レンジフードは不燃材でつくる	
	□コンロのトップ面からフード内のグリスフィルターまでの離隔距離を800mm以上とする	□特定の安全装置を備えた調理油加熱防止装置付きコンロなどは、フード内のグリスフィルターまでの離隔距離を600mm以上とする
	□加熱機器の天井裏や収納への隠蔽は禁止	

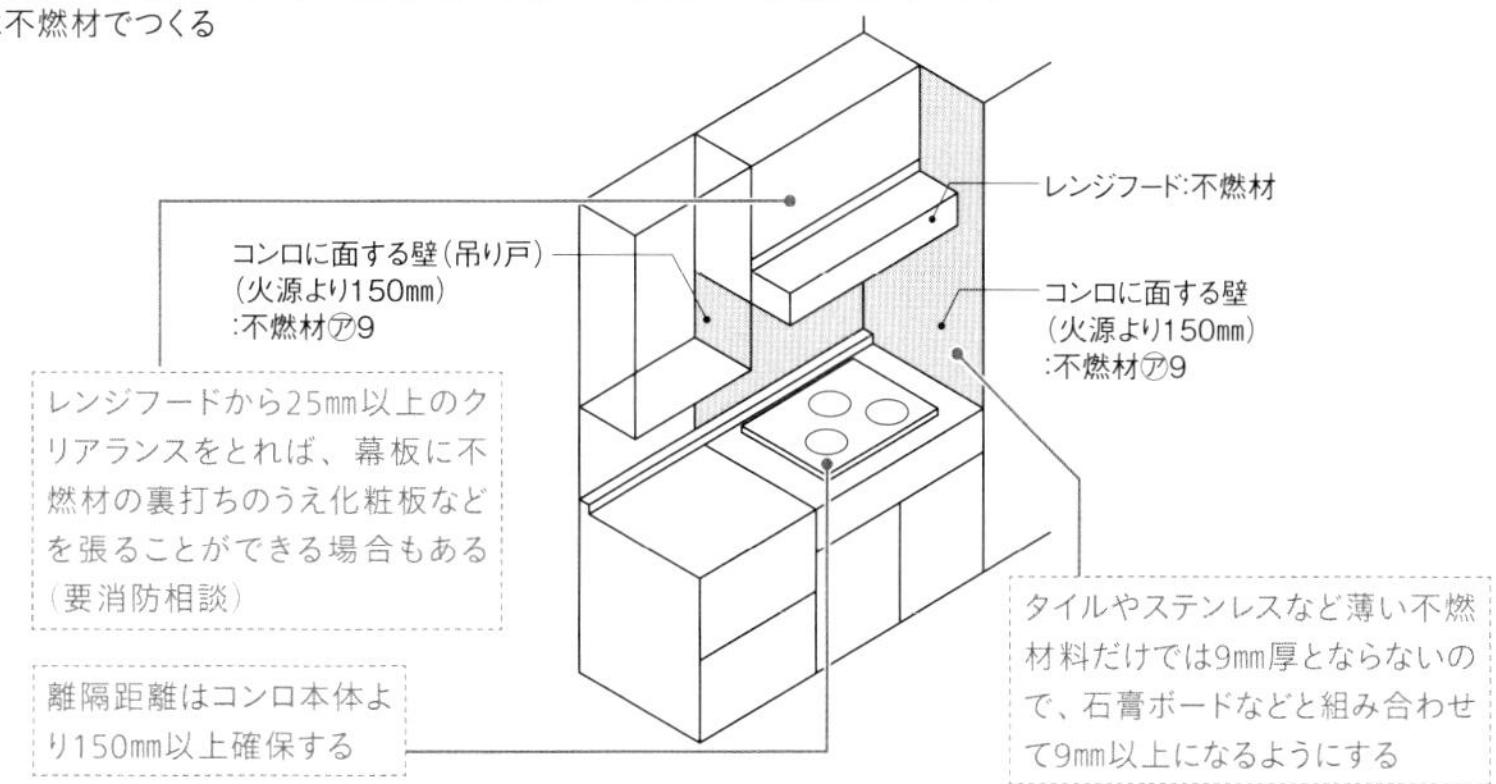

レンジフード:不燃材
コンロに面する壁（吊り戸）（火源より150mm）:不燃材㋐9
コンロに面する壁（火源より150mm）:不燃材㋐9
レンジフードから25mm以上のクリアランスをとれば、幕板に不燃材の裏打ちのうえ化粧板などを張ることができる場合もある（要消防相談）
離隔距離はコンロ本体より150mm以上確保する
タイルやステンレスなど薄い不燃材料だけでは9mm厚とならないので、石膏ボードなどと組み合わせて9mm以上になるようにする

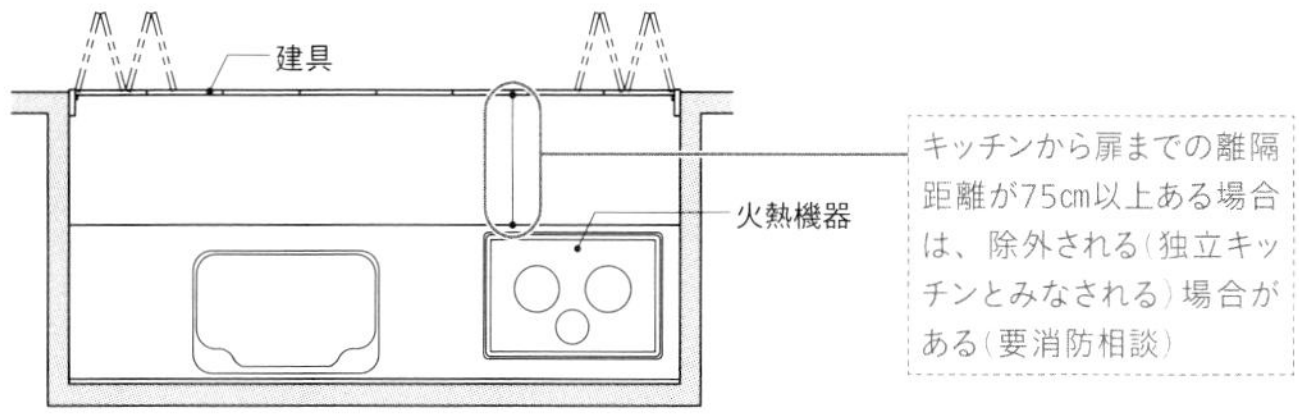

建具
火熱機器
キッチンから扉までの離隔距離が75cm以上ある場合は、除外される（独立キッチンとみなされる）場合がある（要消防相談）

監修：UDI確認検査

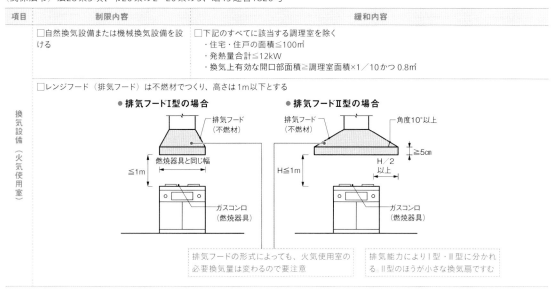

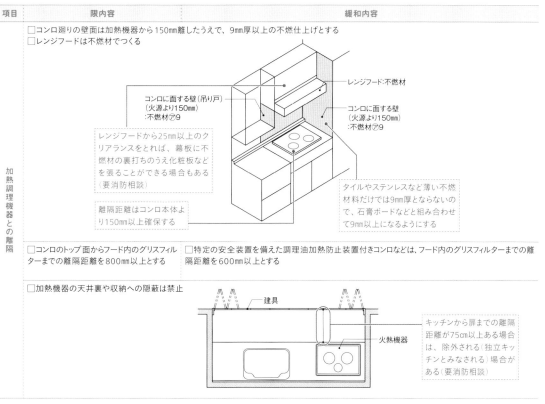

量より質で勝負したい賢い収納計画

収納計画のフロー

近年、キッチンのかたちや空間そのものは、建て主のライフスタイルに合わせて大きく変わってきている。

キッチンのかたちは、テーブル型・持出し型・箱型といったように多様化している。また、キッチン自体も、「厨房」という独立した空間ではなく、生活の場であるリビング・ダイニングなどと一体化されたものとしてとらえられるようにもなってきた。さらに、加熱調理機器や食器洗浄機など、採用されるビルトイン機器の種類や量も増えてきている。

当然、キッチンの収納計画もこうした環境の変化に対応したものとなっていく必要がある。**1**は、実際に収納計画を進めるうえでの作業フローをまとめたものである。以下では、このフローに沿って説明していく。

ステップ1—生活者へのヒアリング

収納計画で最も大切なことは、実際の収納予定品を生活者にヒアリングし、サイズやボリュームを十分に把握することである。ヒアリングの際には、ただ収納予定品を確認するだけでなく、メジャーなどを使って収納品の実際の寸法を測定・記録し、数値化しておくことをお勧めする。

ステップ2—キッチン全体配置の決定

このステップでは、キッチン全体の配置を決定する。生活者が自分の生活のイメージや、キッチンに求める具体的なシーンを決定する重要な段階となる。

ここでは、全体の収納量がどれくらいとれるか把握するために、生活者がどのような設備機器を使用する予定かを押さえることがポイントとなる。

たとえば水廻りを例に挙げると、次の点を確認することが重要になる。

①シンクのサイズとかたち
②食洗機の有無と国産品か輸入品の別
③浄水器の有無とビルトインのサイズ

また、加熱調理機器廻りでは少なくとも次の2点を確認しておくべきだろう。

①オーブンの有無
②レンジフードのサイズ（幅600㎜か750㎜か900㎜）

ステップ3—収納位置の検討

ステップ3では収納位置の検討に入るが、以下に間口・奥行き・高さ別の検討ポイントをまとめた。

①間口方向

間口方向の計画は、キッチンのレイアウトに大きく左右される。レイアウトによって決められる作業位置に従って、その作業が最適に行われるよう収納位置を決める。

②奥行き

奥行きは、基本は「浅いほど使いやすい」といえる。なぜならば浅い奥行きだと、扉を開けて一目で収納物を確認でき、一度の動作でものを取り出せるからである。しかしその分、収納量の確保が難しく、容積を確保しようとするほど平面的なスペースが必要となってくる。

一方、奥行きを深くして収納量を確保すると、収納品を取り出しにくくなる。この場合は、引出し収納などスライド機能を用いて対応する。ただし、引出し収納の場合、後述のとおり、使

1 収納計画の作業手順

ステップ1 生活者へのヒアリング、収納量の把握

1. 調理器具の種類・サイズ・数量
2. 家電製品（ビルトイン以外）の種類・サイズ・数量
3. 食器類の種類・ボリューム
4. 食品ストック（冷蔵庫に収納する以外）の種類・ボリューム
5. ①・②以外のものの種類・サイズ・数量

↓

ステップ2 キッチン全体配置（レイアウト）の決定

1. 水廻り位置の割振り（シンク・食洗機）
2. 加熱調理機器の位置の割振り
3. ①・②にもとづくレイアウトや形態の決定

↓

ステップ3 収納物別計画、収納位置の検討

↓

ステップ4 詳細設計

1. 各部の寸法決定
2. 付加機能アップのための使用パーツの検討

用できる高さに限界があるので注意する。

③高さ

収納の高さは、作業性や使用頻度、収納物の重量、安全性を考慮して、基本となる位置を決める。

基本的には低い位置に重量物、腰上から頭部の位置に使用頻度の高いもの、頭部より上の位置に軽くて使用頻度の低いものを収納する。

引出し収納の場合、収納の中身を見ることができる範囲を考えると、1千400㎜が使用できる高さの限界だろう。

ステップ4｜詳細設計

最後のステップでは、収納内部の寸法と使い勝手から判断して、前後・上下スライド機能を有する機能金物や、使用上の便利さが向上するアクセサリー類など、使用パーツを検討する（使用パーツについては、150頁参照）。

この際、生活者に、多々ある収納予定品のうちどうしても譲れない収納箇所と収納方法（引出しやスライド棚などで手前に引き出すか、単に棚に収納するかなど）を再度確認し、それらを優先して収納を割り付けし、有効内法寸法を決めていく［2］。

2 収納の有効内法寸法の計測

［S＝1：30］

❶開き扉の場合

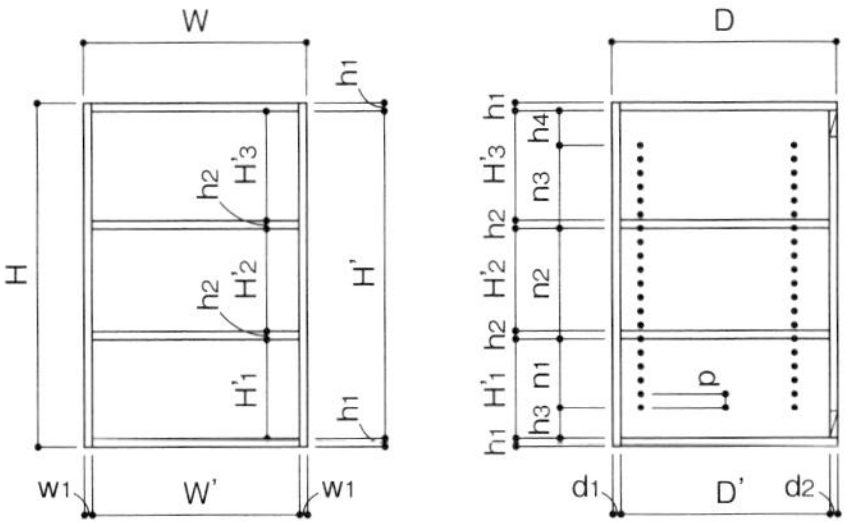

W：間口外寸	d_1：扉厚
D：奥行外寸	d_2：裏板厚
H：高さ外寸	n_1、n_2、n_3：ダボ数
w_1：側板厚	有効内法間口寸法　$W'=W-2\times w_1$
h_1：天板、地板厚	有効内法奥行寸法　$D'=D-(d_1+d_2)$
h_2：棚板厚	有効内法高さ寸法　$H'=H-2\times h_1$
h_3：地板～ダボ芯	有効棚間寸法　$H'_1=h_3+p\times(n_1-1)$
h_4：天板～ダボ芯	有効棚間寸法　$H'_2=p\times(n_2-1)-h_2$
p：ダボピッチ	有効棚間寸法　$H'_3=h_4+p\times(n_3-1)-h_2$

❷引出しの場合

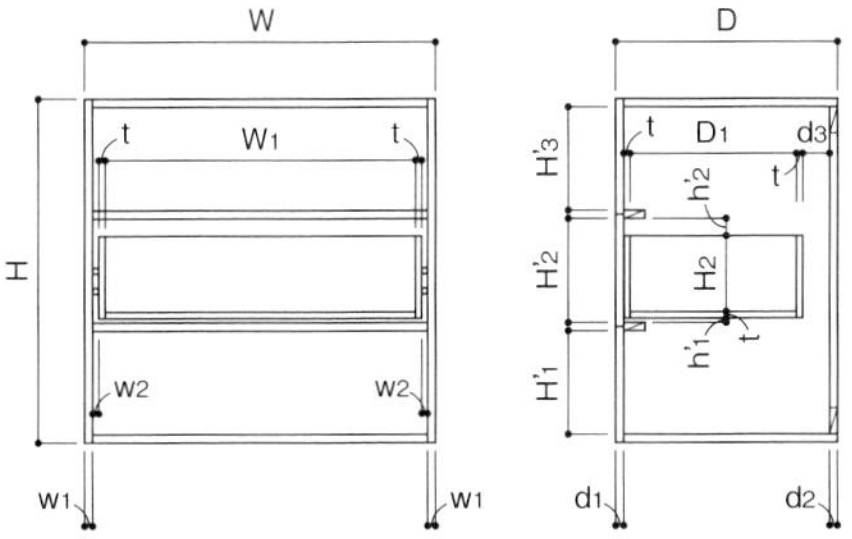

W：間口外寸	H：高さ外寸
w_1：側板厚	H'_1、H'_2、H'_3：桟木間高さ寸法
w_2：レール厚	h'_1、h'_2：引出し～桟木間クリアランス
D：奥行外寸	t：引出し板厚
d_1：扉厚	有効内法間口寸法　$W_1=W-2\times(w_1+w_2+t)$
d_2：裏板厚	有効内法奥行寸法　$D_1=D-(d_1+d_2+d_3+t\times2)$
d_3：裏板とのクリアランス	有効内法高さ寸法　$H_2=H'_2-(h'_1+h'_2+t)$

注　収納物の間口や奥行、高さ寸法に余裕をもって有効内法寸法をとる必要がある

材料・機能別設計のポイント

1｜材料面からのポイント

収納として多く利用されるのが棚類である。特に普及しているのが15～19㎜厚のMDFか、パーティクルボードをベタ芯にして、両面に低圧メラミン化粧シートを張った材である。

これらの材を棚板に用いる場合、棚板の幅を450㎜以上にすると食器や缶詰などの重量物を収納した際にたわみやすくなる。特に900㎜以上のスパンをとる場合は、フラッシュ芯かペーパーハニカム芯の材を使った板厚を20㎜以上のものとしたい。

2｜機能面からのポイント

奥行きの深い箇所（たとえばフロアキャビネットでは奥行き500㎜以上）でよく用いられるスライド棚や引出し、ワゴンは以下の点に注意したい。

①スライド棚

スライド棚は、開き扉のキャビネット内に設置するケースが多いが、蝶番とのクリアランスをとらないと作動時に扉が蝶番に当たったり擦れることがある。これを防ぐためにも、スペーサーやパッキン材などを用いてクリアランスを必ずとる［150頁❸❶］。

②引出し

コーナー部に引出しをレイアウトし、扉材に取手類を付けるような場合、引き出したときに取手どうしが干渉しないよう、コーナーフィラーのような調整材でクリアランスを大きくとる［150頁❸❷］。取手類を用いない場合でも、扉調整することを考慮したクリアランスは必要となる。

大型引出し（幅900㎜以上）を用いる場合、収納物の重さを考え、引出し本体の底板はベタ芯とするべきである（ベニヤと芯材併用の片フラッシュ構造は底板が抜ける可能性がある）。また、可動性のよい引出しシステムを使用することをお勧めする［150頁❸❸］。

3 機能面からの設計のポイント

❶開き扉のキャビネットとスライド棚

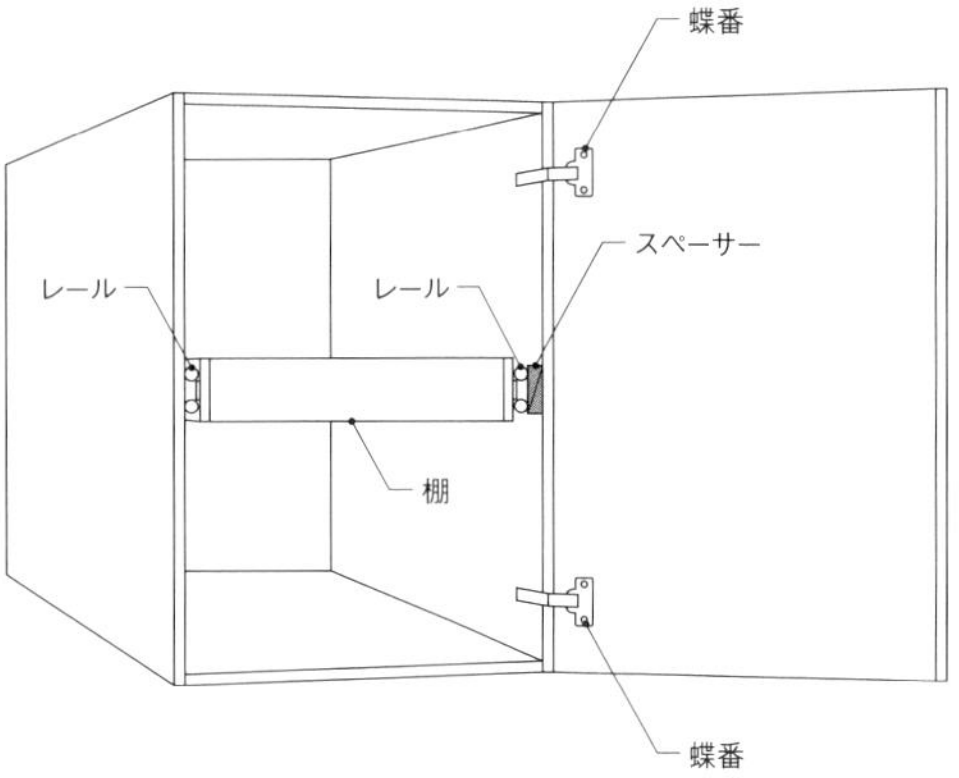
蝶番
レール
レール
スペーサー
棚
蝶番

❷コーナー部平面図

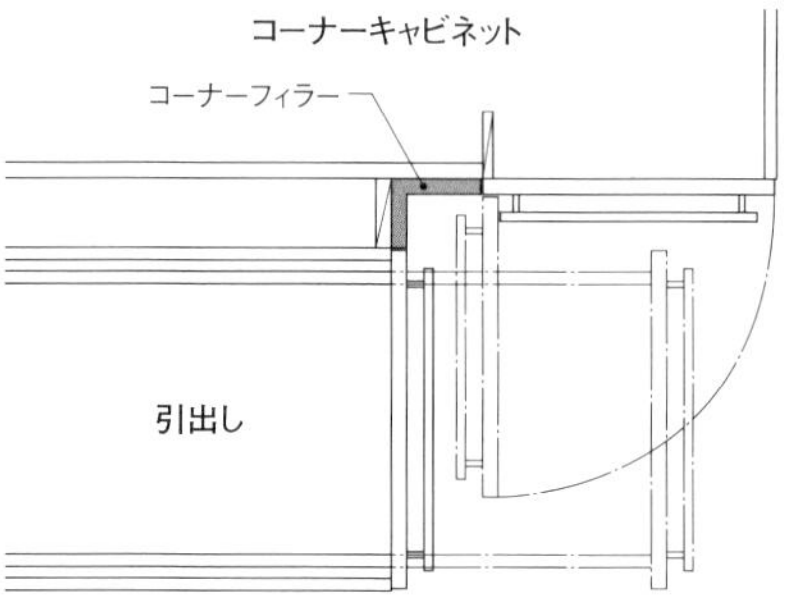
コーナーキャビネット
コーナーフィラー
引出し

引出しを引き出すとき、コーナーキャビネット扉の取手と干渉しないよう、コーナーフィラーのような調整材を用いて、引出しの動線上にコーナーキャビネットの取手が入らないように離す

❸引出しシステム

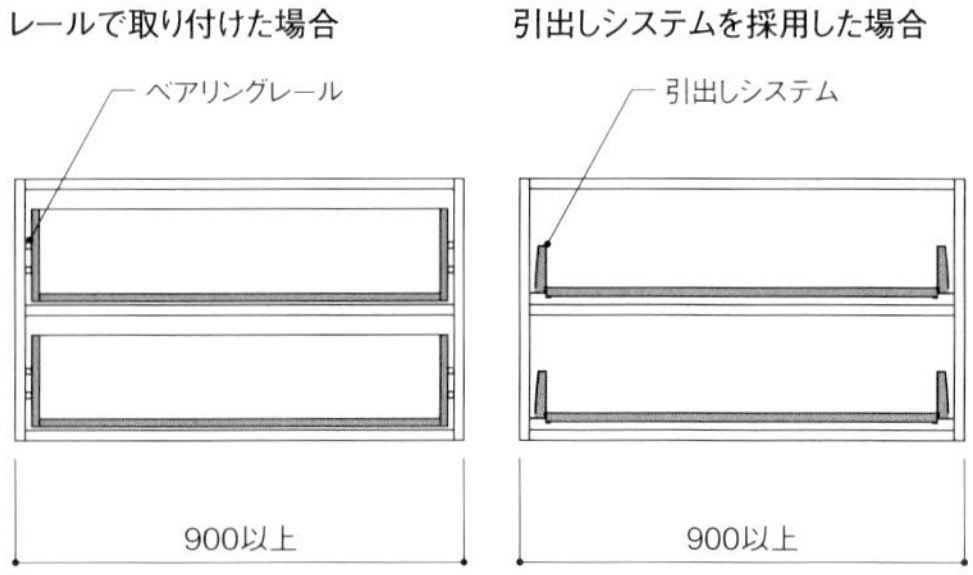
レールで取り付けた場合
引出しシステムを採用した場合
ベアリングレール
引出しシステム
900以上
900以上

ベアリングレールの場合、幅の広い引出しでは動きにブレが生じやすい。一方、引出しシステムは側板とレールが一体化し、作動が安定する

❹ワゴン収納の重量バランス

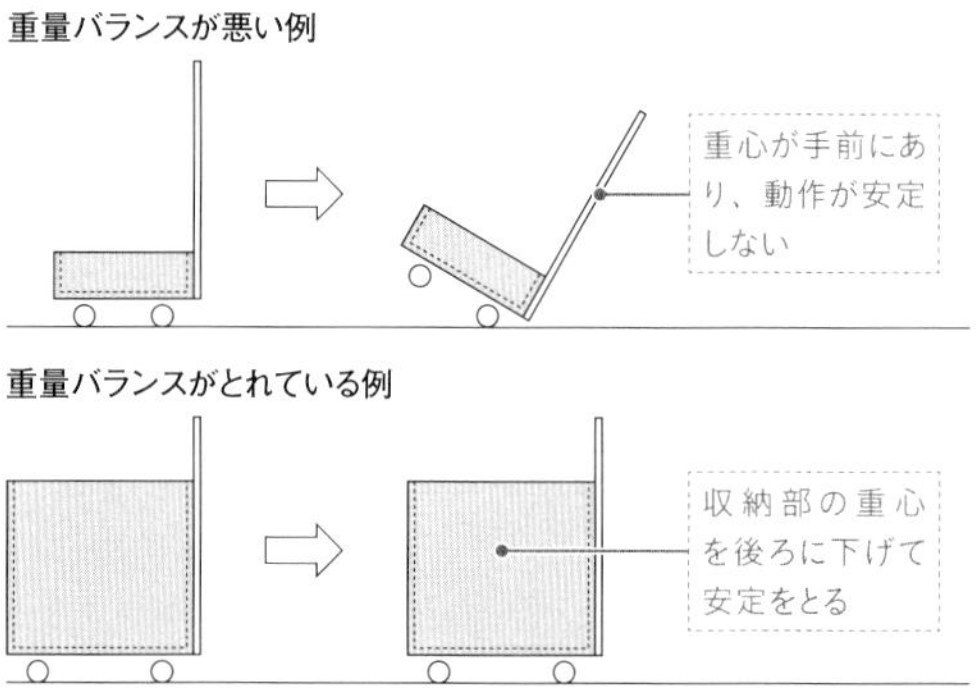
重量バランスが悪い例
重心が手前にあり、動作が安定しない
重量バランスがとれている例
収納部の重心を後ろに下げて安定をとる

ワゴン収納の場合、作動により回転や前後運動を行うため、収納品の重量バランスを考慮に入れた設計が必要となる

レールで取り付ける場合、2段引きないしは3段引きのベアリングレールを用いる。その際、どうしても左右のレールの動きが微妙に異なり、幅の広い引出しの場合、引き出すときにブレが生じやすい［※］。

③ワゴン収納

フロアキャビネット内にワゴン収納を多用する場合、キャビネット内で出し入れするときに小口部分に何度もぶつかり、小口が欠けやすくなる。特に、ワゴンで使用するキャスターが自在車の場合に、この現象が起きやすい。前後のスライド機能だけでよいワゴンでは、キャスターを固定車にするか、場合によっては引出しにするなどの検討が必要となる。

また、ステンレスの質感を出すため、扉・前板などをステンレスで仕上げた場合、当然ながら、木材と比較してもその部分が重くなる。

扉や引出しの前板ならば蝶番やレールに固定されており、作動により回転ないしは前後運動を行うため、バランスを崩すということはない。しかし、ワゴン収納の場合、それ自体が動くため、重量バランスが悪いとひっくり返り、収納としての機能は発揮できなくなる。前後の重量バランスを十分に考慮して計画したい［3❹］。［近藤洋行］

※ 幅の狭い引出しの場合はブレが小さい

複数の工種が同時進行するキッチン

1 キッチンの工事区分を理解する

キッチンの工事には、大工工事、電気工事、ガス配管工事、管工事（給排水）、建具工事などがあり、さまざまな工種の職人が関わる。それらの工事区分や工事の流れを理解することは、スムーズな工事の流れに不可欠である。

❶キッチンの「取り付け・設置」と工事区分

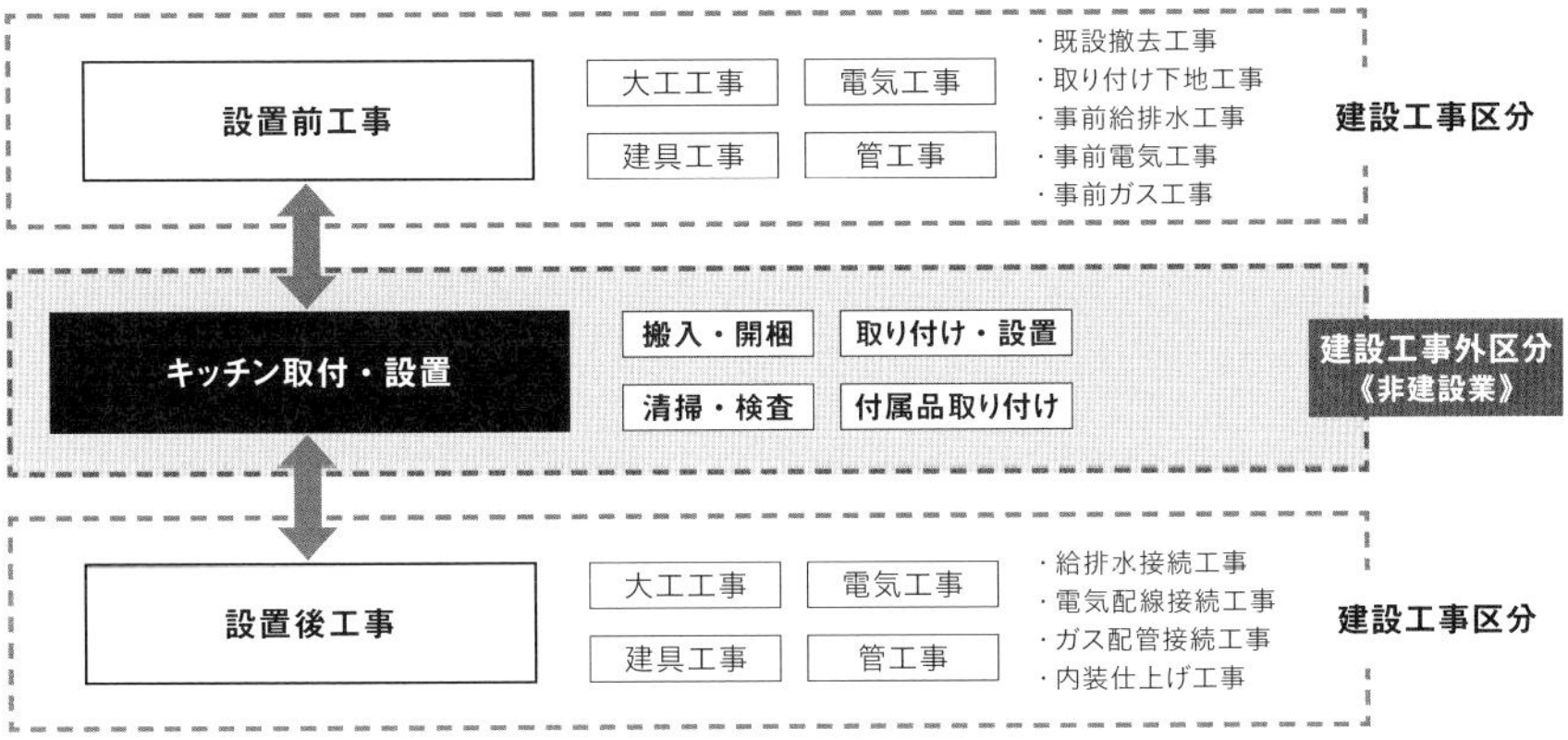

❷キッチンの工事区分例

キッチン工事区分	区分	作業名称	建設工事 大工工事	建設工事 管工事	建設工事 電気工事	建設工事外 ガス機器設置	建設工事外 キッチン取り付け	作業内容
設置前工事	大工管	外壁の開口工事	○	○				レンジフードダクト用の建築壁の穴あけ工事
		建築壁の下地処理工事	○					ウォールユニット等の取り付けのための壁下地処理工事
		幕板取り付け壁下地処理	○					天井・壁等の幕板等取り付けのための下地処理
		アンカー、吊ボルト工事	○					ウォールユニット、レンジフード等のアンカー、吊ボルト工事
		排気ダクトの関連工事		○	○			建物の事前ダクト配管等の工事
		キッチンパネル下地処理工事	○					キッチンパネルを張るための建築壁の下地処理工事
	電気	レンジフードの電気工事			○			建築の屋内配線と配線器具（コンセント）工事
		IH調理機器の電気工事			○			IH調理機器専用200Vの事前電気工事
		ウォールユニット部分の電気工事			○			照明等の電気工事
		電動昇降ウォールユニットの電気工事			○			電動昇降ウォールユニットの専用電源・アース工事
		食器洗い乾燥機の電源・アース工事			○			食器洗い乾燥機の専用電源・アース工事
	管	排水配管の立上げ工事		○				キッチン排水用の所定位置排水管立上げ工事
		給水・給湯配管立上げ工事		○				キッチン専用の所定位置配管立上げ工事
		食器洗い乾燥機給排水配管工事		○				食器洗い乾燥機用の専用給水・給湯排水事前工事
	ガス	ガス調理機器のガス配管工事		○				ガス機器用の事前ガス配管工事
キッチン本体取り付け設置	建設工事外区分	キッチンパネル取り付け					○	製品を加工して建築下地へ取り付け
		製品間のシリコン充填					○	製品間の隙間を仕上る処理作業
		レンジフード取り付け					○	本体及び化粧パネルを取り付ける作業
		ウォールユニット取り付け					○	ウォールユニットを取り付ける作業
		電動昇降ウォールユニット取り付け					○	電動昇降ウォールユニットを取り付ける作業
		フロアーユニット・ワークトップの取り付け					○	フロアーユニット・ワークトップの組立・調整して設置する作業
		排水部品の組立					○	排水部品とシンクの組立
		水栓の組立・ワークトップへの取り付け					○	水栓、浄水器同梱部材の組立（ワークトップへの取り付け）
		ビルトイン機器の取り付け					○	ビルトイン機器のキッチン本体への組込作業
		試運転、完成検査（注記1）					○	完成後の試運転、性能確認検査
設置後工事	電気	ウォールユニット照明器具工事			○			事前配線の電源線と照明器具の接続、検査
		電気配線器具の取り付け			○			スイッチ、コンセント等の電気配線工事
		レンジフードとダクト接続工事		○				建築ダクトとレンジフードの接続、検査
		その他電化機器の工事			○			電化機器と電源線、アースの接続工事
	ガス	ガス調理機器のガス配管接続				○		ガス機器とガス栓との接続（資格要）
	管	給水・給湯配管と水栓の接続		○				給水・給湯の一次側と水栓の接続、検査
		給水・給湯配管とオプション機器の接続		○				オプション機器と一次側給排水の接続、検査
		建物側排水管への接続工事		○				キッチン排水管と建築排水管の接続、検査

製品の完成品検査、試運転は、工事完成後行う場合が多い

参照：「キッチン工事区分ガイドライン」キッチン・バス工業会

4章 キッチン

1 サブの収納でキッチンの機能を高める

❶ワインセラーのある食品庫［古河のコートハウス］

料理を自らたしなみ、しばしばホームパーティーを開くオーナーのために食品庫を設置。約3.5畳の大きさを確保して、大量の収納にも対応する

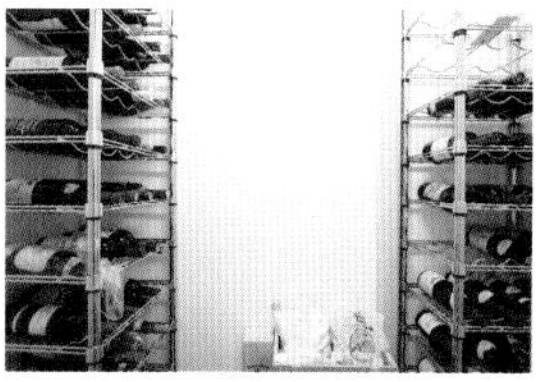

ワインセラーにオーナーの収集したワインが並ぶ。食品庫とは間仕切の建具で仕切られ、小型の空調機で一定の温度に保たれる

キッチンの裏側に設けた食品庫。乾物などの食品類や食器類を収納。奥にワインセラーがある

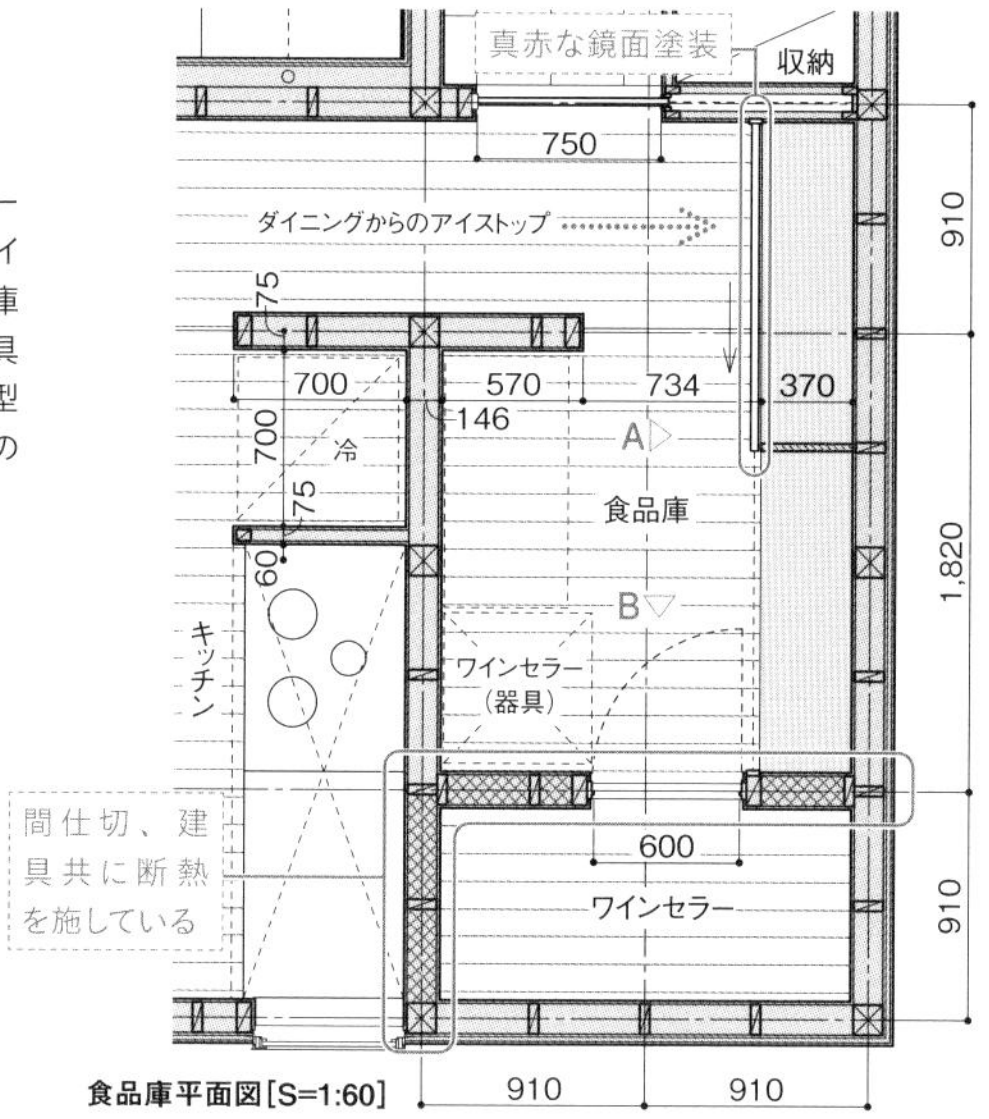

真赤な鏡面塗装
収納
750
910
ダイニングからのアイストップ
75
700
570
734
370
146
A
冷
700
75
食品庫
1,820
60
キッチン
B
ワインセラー（器具）
間仕切、建具共に断熱を施している
600
ワインセラー
910
910
910

食品庫平面図［S=1:60］

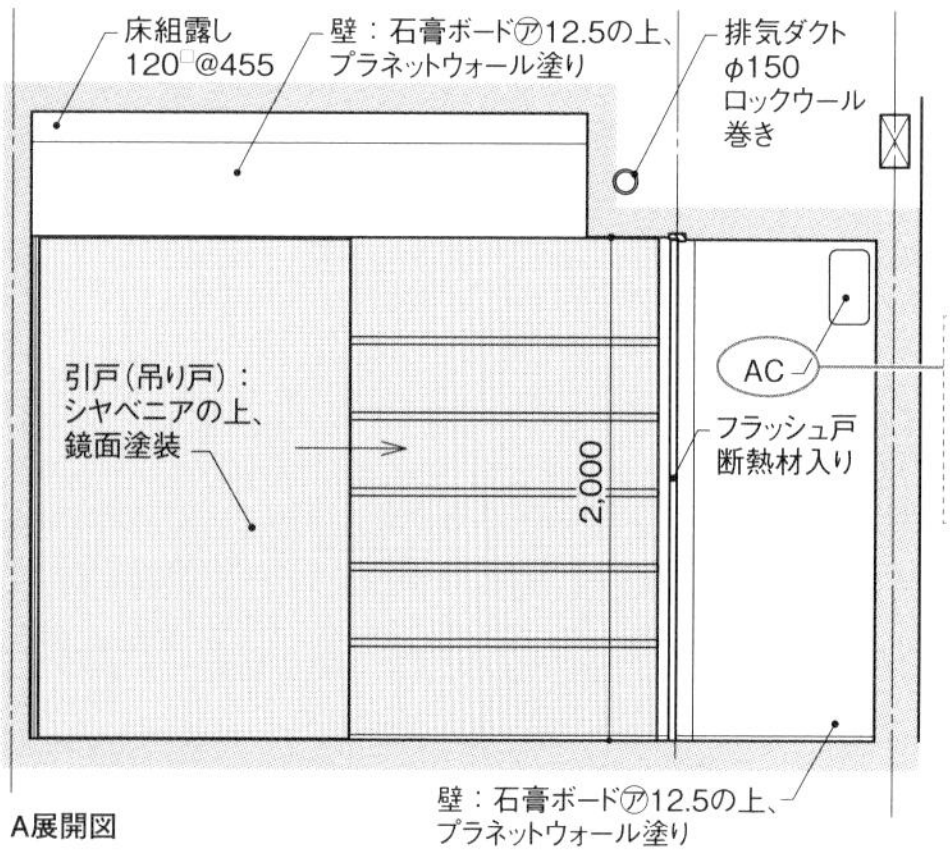

床組露し 120□@455
壁：石膏ボード㋐12.5の上、プラネットウォール塗り
排気ダクト φ150 ロックウール巻き
引戸（吊り戸）：シャベニアの上、鏡面塗装
AC
6畳用程度でも、弱運転で、簡易冷蔵室になる
フラッシュ戸 断熱材入り
2,000
壁：石膏ボード㋐12.5の上、プラネットウォール塗り

A展開図

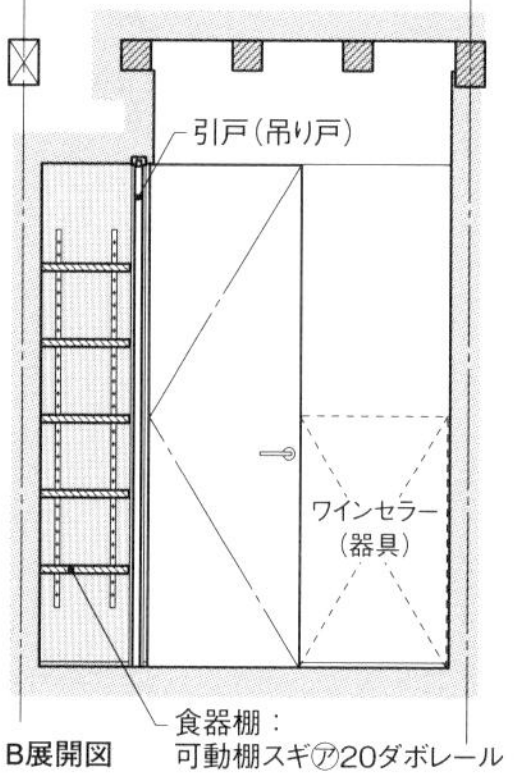

引戸（吊り戸）
ワインセラー（器具）
食器棚：可動棚スギ㋐20ダボレール

B展開図

食品庫展開図［S=1：60］

キッチンはワークユニットだけで完結するわけではない。周囲に設置される補助の作業スペースや食器類の収納、家電収納などのサポート部分により大きく性格が変わる。

キッチンの機能は炊事作業だけでなく、食品のストックや食器類の収納がなければ成立しない。ワークユニット以外の補助部分の工夫で、その家にふさわしい総合的な性能や性格をかたちづくる。特にオープンタイプのキッチンでは、補助部分の充実がポイントになる。

サブの収納としては食品庫、ワークユニット背面の収納、ワゴン類、床下収納などが挙げられる［1❶〜❺］。食品庫は土間として室内側を間仕切るなど、屋外との中間領域とすることが望ましい。

一方、対面式のキッチンの場合など居室内に設けるキッチンでは、ワークスペース内での収納の充実が求められ、実際には背面に収納を設けるケースが多い。

〔連合設計社市谷建築事務所〕

設計：連合設計社市谷建築事務所、写真提供：連合設計社市谷建築事務所

❷引出しと引戸を組み合わせた背面収納［竹林の家］

上段は頻繁に使うものや小ぶりな食器類、下段は引違い戸の中に可動棚板を設け、収納の自由度を確保

ワークユニットと同じヒノキで構成した背面収納。引手金物も同じシリーズとしている

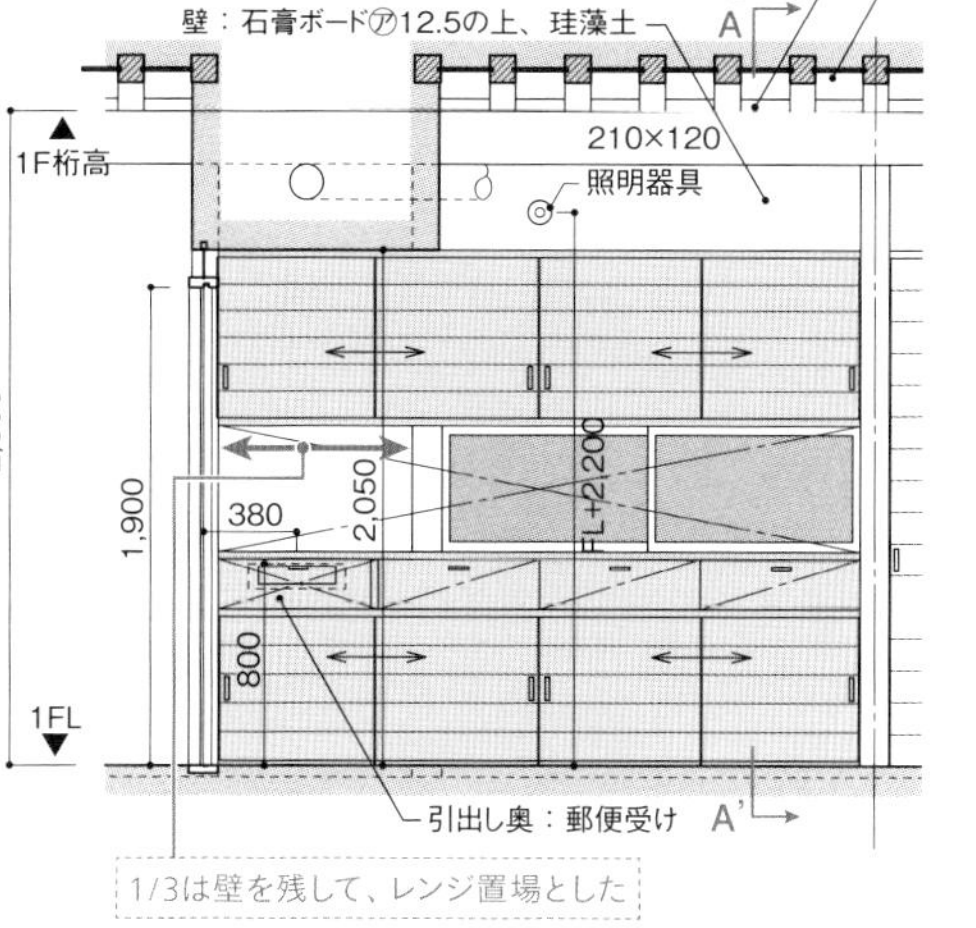

勾配天井：化粧野地板
面戸板：スギ㋐24
壁：石膏ボード㋐12.5の上、珪藻土
A
210×120
1F桁高
照明器具
2,600
1,900
2,050
FL+2,200
380
800
1FL
引出し奥：郵便受け
A'
1/3は壁を残して、レンジ置場とした

展開図［S=1：60］

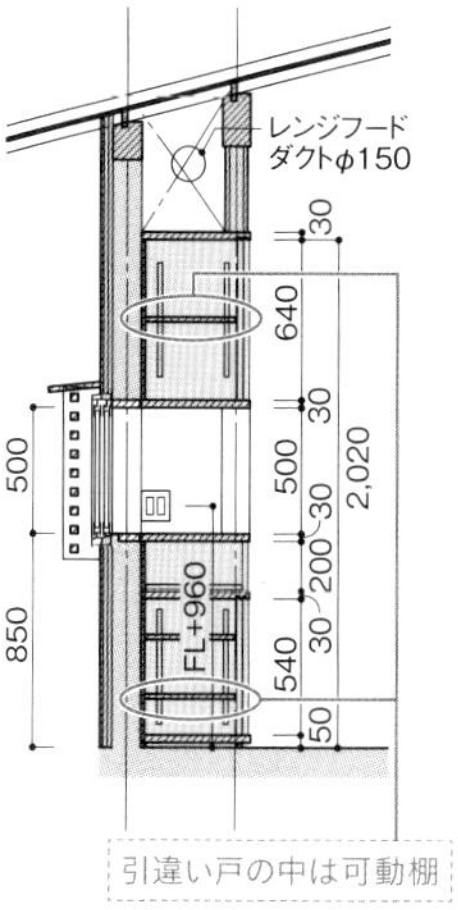

レンジフード
ダクトφ150
30
640
30
500
30
200
30
540
50
2,020
500
850
FL+960
引違い戸の中は可動棚

A-A'断面図［S=1：60］

❸引出しだけで構成した背面収納［下馬の家］

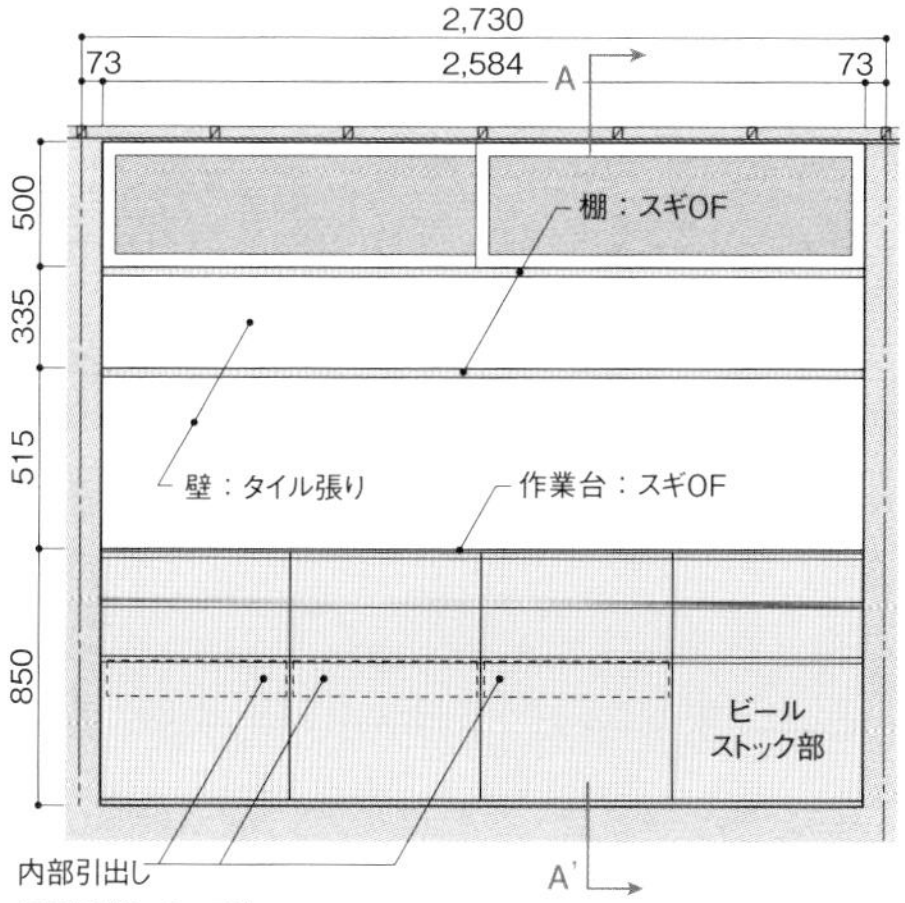

2,730
73
2,584
73
A
500
335
515
850
棚：スギOF
壁：タイル張り
作業台：スギOF
ビール
ストック部
内部引出し
A'

展開図［S=1：50］

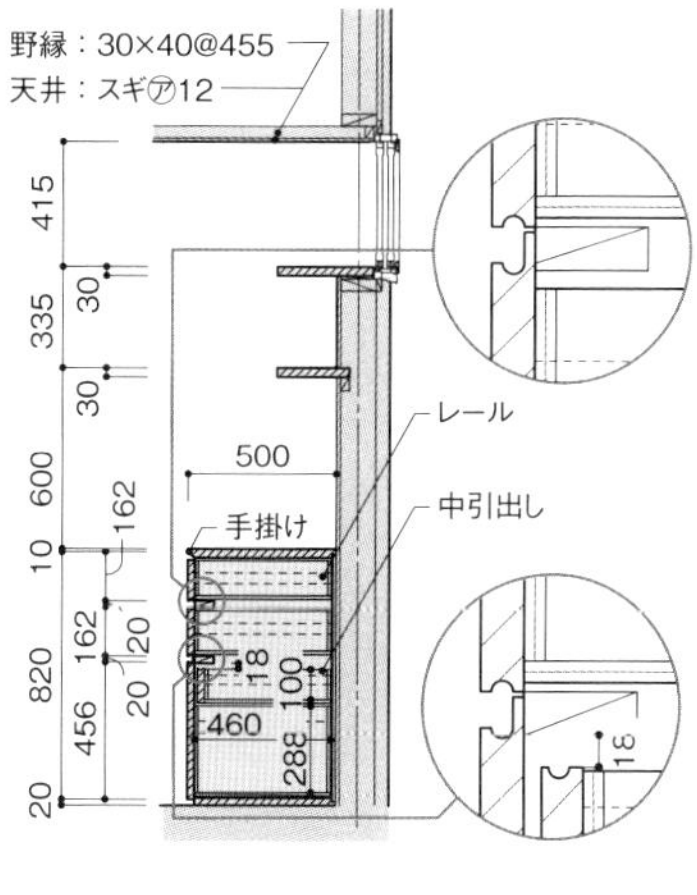

野縁：30×40@455
天井：スギ㋐12
415
30
335
30
600
10
820
20
162
162
20
20
456
500
レール
手掛け
中引出し
18
100
460
288
18

A-A'断面図［S=1：50］

ワークユニットのデザインと統一した引出しだけの背面収納。ダイニングからの見えがかりも重視しながら、たっぷりと収納スペースをとり、上部には見せて楽しむ小物棚を設置

❹上げ蓋造作の床下収納［清川の家］

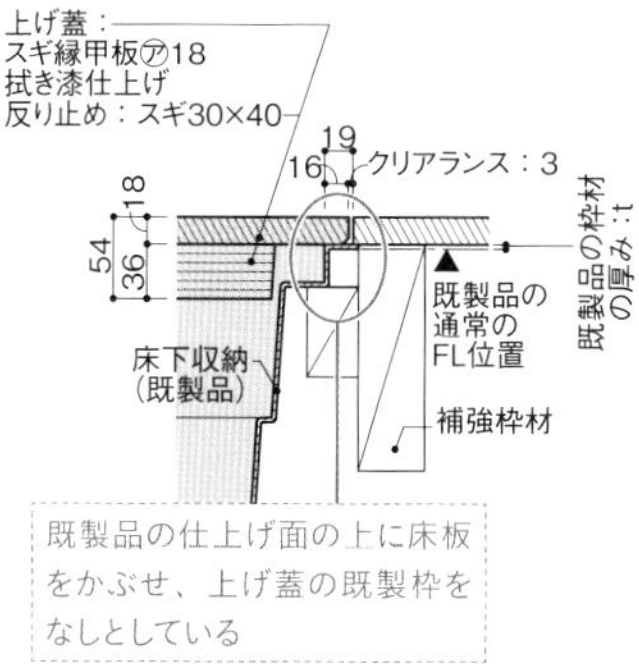

上げ蓋：
スギ縁甲板㋐18
拭き漆仕上げ
反り止め：スギ30×40
19
16
クリアランス：3
18
54
36
既製品の通常のFL位置
既製品の枠材の厚み：t
床下収納（既製品）
補強枠材
既製品の仕上げ面の上に床板をかぶせ、上げ蓋の既製枠をなしとしている

詳細図［S=1:10］

上げ蓋は金物を使わず、床板に反り止めの枠を取り付けただけ構造。無垢材なので伸縮を考慮しないと開け閉めがきつくなるので注意

❺シンク脇の工夫［多度津の家］

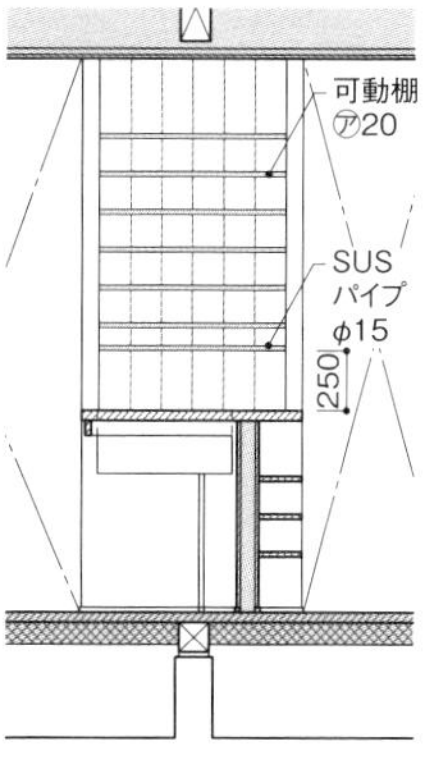

可動棚
㋐20
SUS
パイプ
φ15
250

展開図［S=1：60］

小物棚の下に取り付けたふきんなどを掛けるためのSUSのパイプ

設計：連合設計社市谷建築事務所、写真提供：連合設計社市谷建築事務所

4章 キッチン

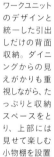

素材とディテールで一歩先行くワークトップ

1 ワークトップの高さ寸法の目安

[S＝1:25]

❶シンク、作業台部分

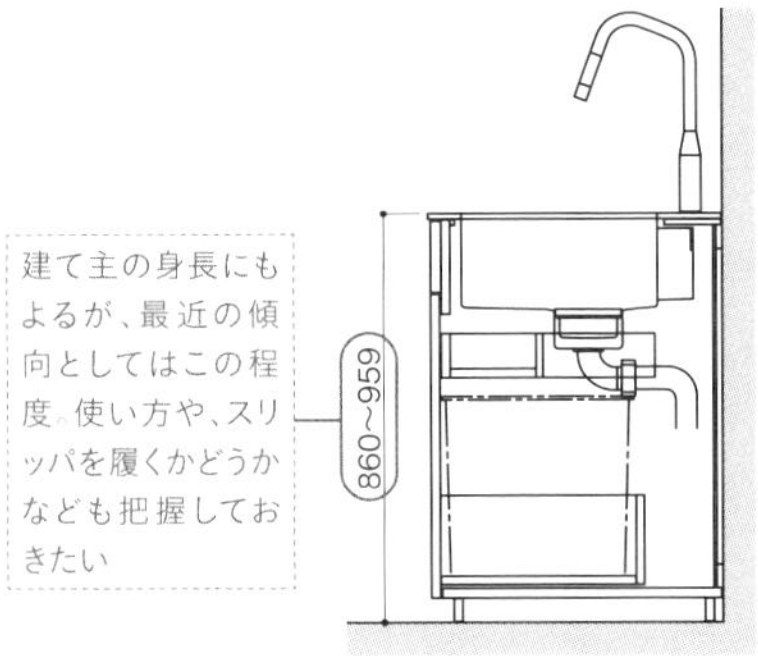
建て主の身長にもよるが、最近の傾向としてはこの程度。使い方や、スリッパを履くかどうかなども把握しておきたい
860～959

❷加熱調理器部分

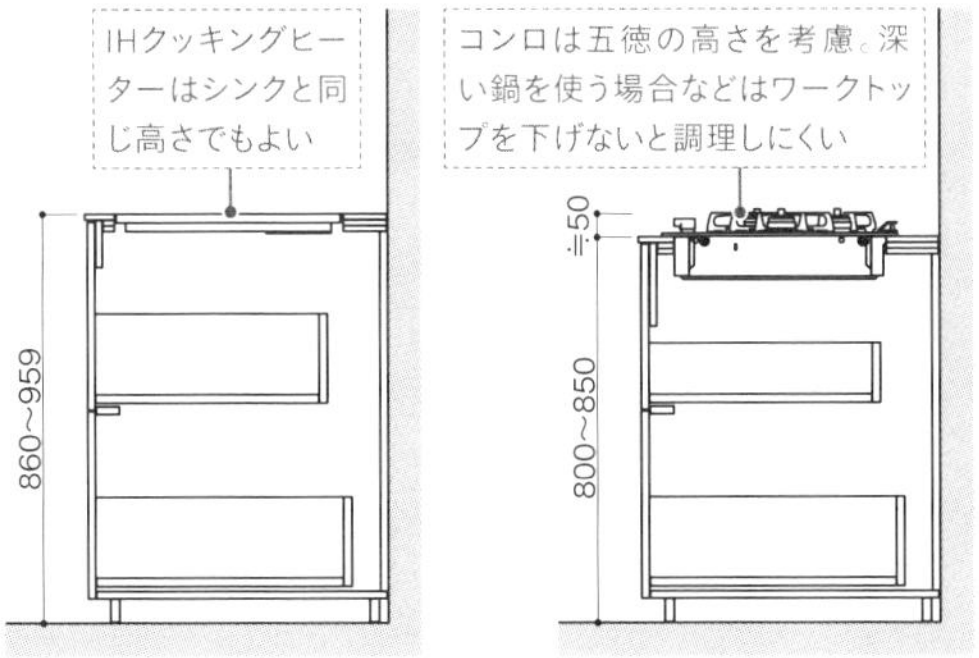
IHクッキングヒーターはシンクと同じ高さでもよい
860～959
コンロは五徳の高さを考慮。深い鍋を使う場合などはワークトップを下げないと調理しにくい
≒50
800～850

❸通常の段差の付け方

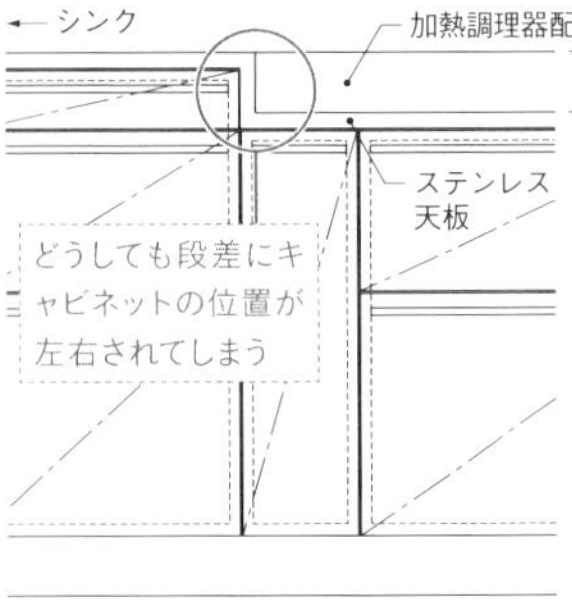
シンク
加熱調理器配置スペース
100～500程度
ステンレス天板
どうしても段差にキャビネットの位置が左右されてしまう

フルフラットのワークトップも多く見受けられるが、一般的には、シンクや作業台部分としてのワークトップと、加熱調理機器部分のワークトップでは理想高さは異なる。加熱調理機器の種類や、建て主の身長、使い方などによっても異なるが、目安としては50～100㎜前後の段差があることが望ましい

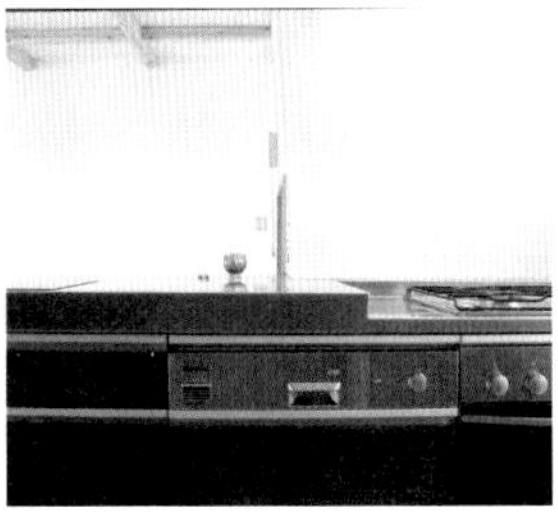

キャビネ位置に左右されずにシンク部分とコンロ部分の高さを切り分けた例

最近のワークトップの寸法目安

プランニングする際、まず建て主がそこに立ち、作業している場面を構成する要素として、各部位にどのような素材や色が最も適しているかを考えるとよい。次に、その素材がその現場に対して適切かどうかを検討していく。これはメンテナンス性、使われ方、搬入の可否や施工性、大きさ、ジョイントの有無、建物との納まりなどが判断基準になる。たとえばマンションの上層階に長さ3mのステンレストップを搬入するのは至難の業である。

ワークトップの寸法で検討すべきは、まず高さである。一般的にシンクや作業スペースで850～920㎜、加熱調理器で800～850㎜が理想となる［1、写真］。ただし、使う人の身長や（スリッパを履くかどうかまで確認したい）、使い方、空間のバランスなどを見ながら検討したい。食器洗浄機を組み込む場合、その寸法に左右されることもある。たとえばAEG社の最低寸法は820㎜なので、これにワークトップの厚みを加えた寸法が最低高さ寸法となる。

次に奥行き。以前は600㎜が標準であったが、650～750㎜の間が一般的だ。シンクの使い勝手や設備機器類の納まりを考えると、650㎜は最低寸法となる［126頁］。

ただし、そういった機器類と関係ないところではその限りではなく、食器収納と併せて考える場合では450㎜あたりの寸法も見られる。奥行きが大きくなると、吊り戸棚を下のほうまで下げても圧迫感もなく、使いやすくなるが、当然、キッチン自体の面積に余裕がなくては不可能である。

平面的な大きさは、製作面でも注意が必要である。人工大理石やクォーツ、セラミック板などは、シートの大きさが決まっているので歩留りを考慮したい。ステンレスや天然石も板の製作可能な範囲があるので、製作サイドと事前に確認しておきたい。また、搬入経路も考慮して、ワークトップの大きさを決める。

［和田浩二］

写真：垂見孔士

2 ワークトップの素材の使い分けとそのディテール

[S＝1：5]

❶一般的なステンレスの納まり

耐汚染性や耐酸性といった性能が高いだけでなく、あたりの柔らかさや清潔感のある素材。筆者がよく使うのはSUS304。シャープに見せたいときは、4mm厚の板を曲げずに、そのまま小口を見せる。逆に重厚感を出したいときは、折り曲げて見付けを出す。その際、ステンレスは1.5mm厚のものを使う。それ以上薄いと、溶接などの熱でよじれてしまうおそれがある。また、業務用のガスレンジを組み込むときは熱による変形を防ぐために2mm厚にしている。表面仕上げに関しては、ヘアラインのほうが傷の処理（隠し方）が楽なのだが、ステンレス特有のギラついた、ハードな印象が強くなってしまう。その点、バイブレーション仕上げにすると、印象が柔らかくなる

●ステンレスでシャープな納まり

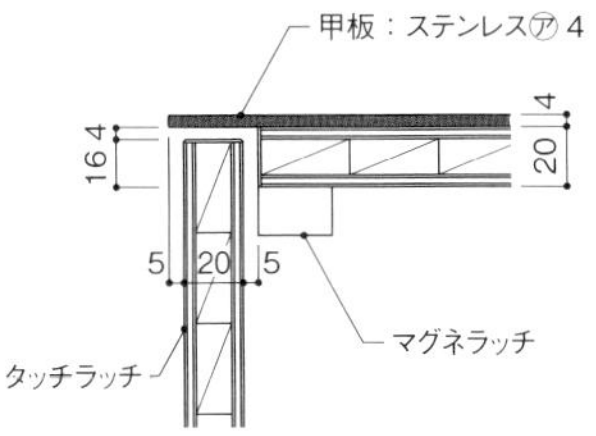
甲板：ステンレス㋐4
16 4
4
20
5 20 5
マグネラッチ
タッチラッチ

●ステンレスで重厚感のある納まり

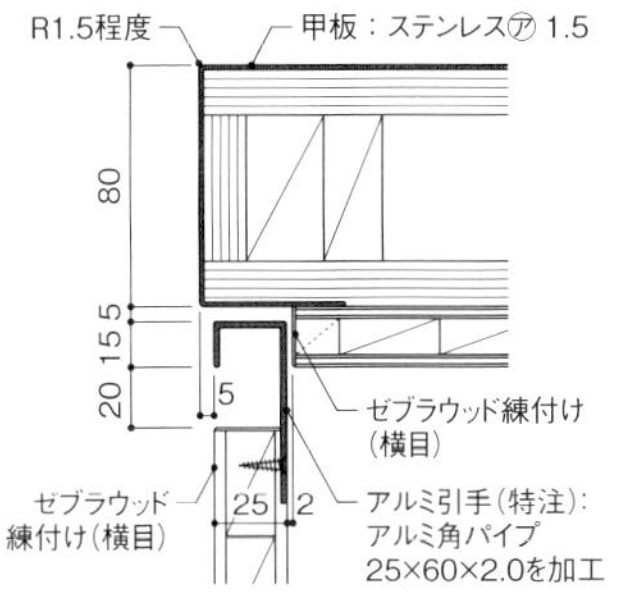
R1.5程度
甲板：ステンレス㋐1.5
80
5
15 5
20
5
ゼブラウッド練付け（横目）
ゼブラウッド練付け（横目）
25 2
アルミ引手（特注）：アルミ角パイプ25×60×2.0を加工

❷一般的な人工大理石の納まり

メタクリル樹脂を大理石に似せた素材。人工大理石の最大のメリットは、ジョイント部分が目立たない、現場でカットできることなど。それにより現場の形状に合わせて削り合わせることができ、隙間なしに納めることなどが可能である。通常はステンレスワークトップと同じ形状で見付け36～40mmであるが、筆者の場合は、素材そのものの厚みが13mmか12mm厚ということから、それを1枚で使うか、2枚張り合わせて使うことが多い。人工大理石の場合は裏に耐水合板を接着して、キャビネットにビスで固定する

●一般的な人工大理石の納まり

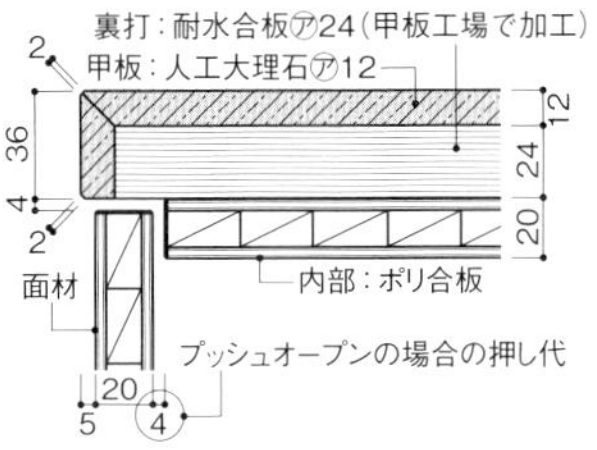
裏打：耐水合板㋐24（甲板工場で加工）
甲板：人工大理石㋐12
2
36
4
2
12
24
20
内部：ポリ合板
面材
プッシュオープンの場合の押し代
20
5 4

●人工大理石で重量感を出す納まり

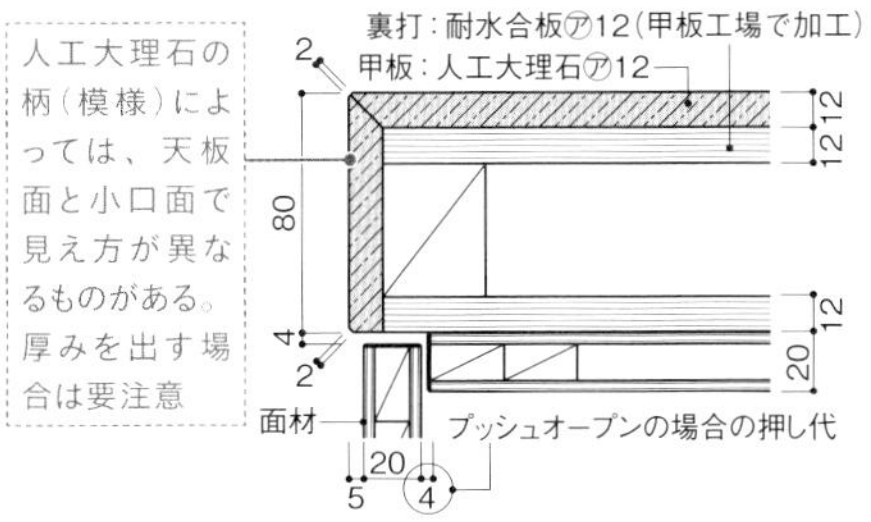
人工大理石の柄（模様）によっては、天板面と小口面で見え方が異なるものがある。厚みを出す場合は要注意
裏打：耐水合板㋐12（甲板工場で加工）
甲板：人工大理石㋐12
2
12 12
80
12
4
2
20
面材
プッシュオープンの場合の押し代
20
5 4

●人工大理石でシャープ感を出す納まり

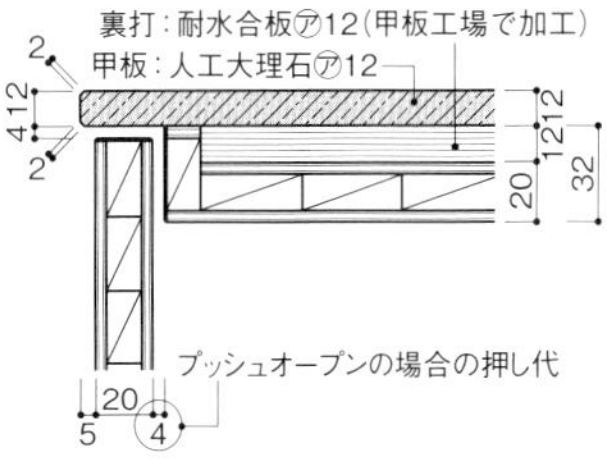
裏打：耐水合板㋐12（甲板工場で加工）
甲板：人工大理石㋐12
2
4 12
2
12 12
20
32
プッシュオープンの場合の押し代
20
5 4

❸一般的な御影石・大理石の納まり

通常、キッチンには耐酸性、耐汚染性の問題で大理石は使うべきでないといわれているが、汚れたらあまり時間を置かずに清掃するなど、少々注意を要すれば、積極的に使ってよいものとして考えている。パスタやパンをつくる台としても、非常に魅力的な素材の1つである。ただし、重量や原板の大きさの関係から1枚で使える大きさに限度がある。石種やメーカーによっても異なるが、おおよそ900×2,000mmを1つの目安にしたい。また非常に重いため、搬入や施工方法についても注意が必要

●御影石の納まり

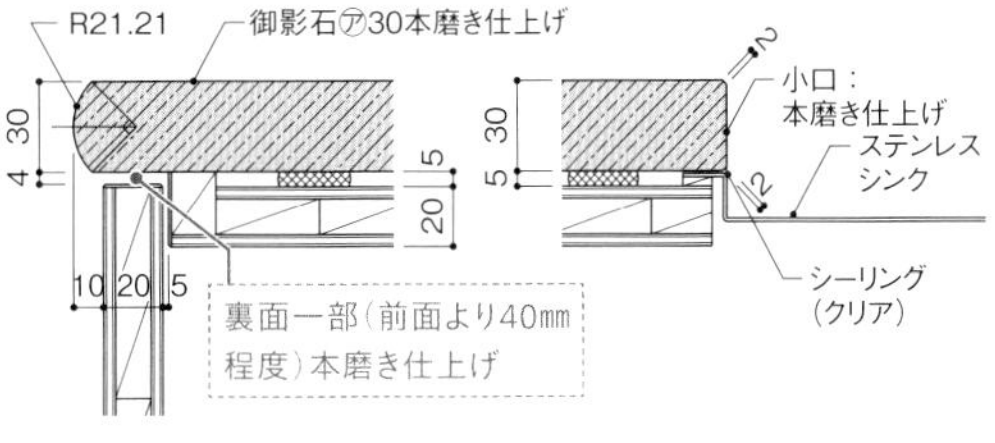
R21.21
御影石㋐30本磨き仕上げ
30
4
5
20
10 20 5
裏面一部（前面より40mm程度）本磨き仕上げ
2
30
5
小口：本磨き仕上げ
ステンレスシンク
2
シーリング（クリア）

❹一般的なクォーツ・セラミックの納まり

クォーツストーン・セラミック板の納まりは、人工大理石と大きくは変わらない。ただし、人工大理石のようにシーム接着ができないので、ジョイント位置やディテールには細心の注意が必要である

●クォーツ・セラミックの納まり

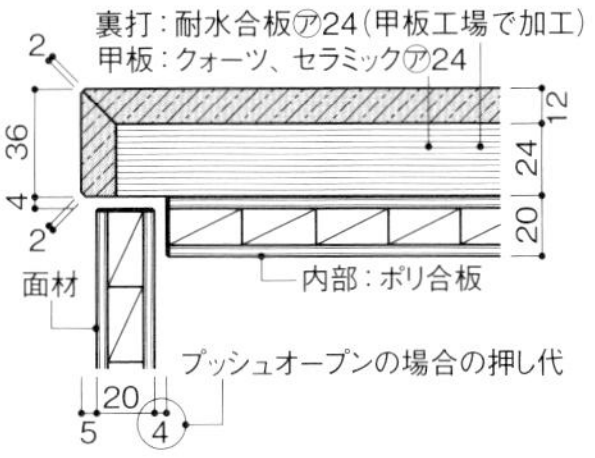
裏打：耐水合板㋐24（甲板工場で加工）
甲板：クォーツ、セラミック㋐24
2
36
4
2
12
24
20
内部：ポリ合板
面材
プッシュオープンの場合の押し代
20
5 4

1 シンクとカウンタートップの納め方　［S＝1：12］

❶アンダーシンクの納まり

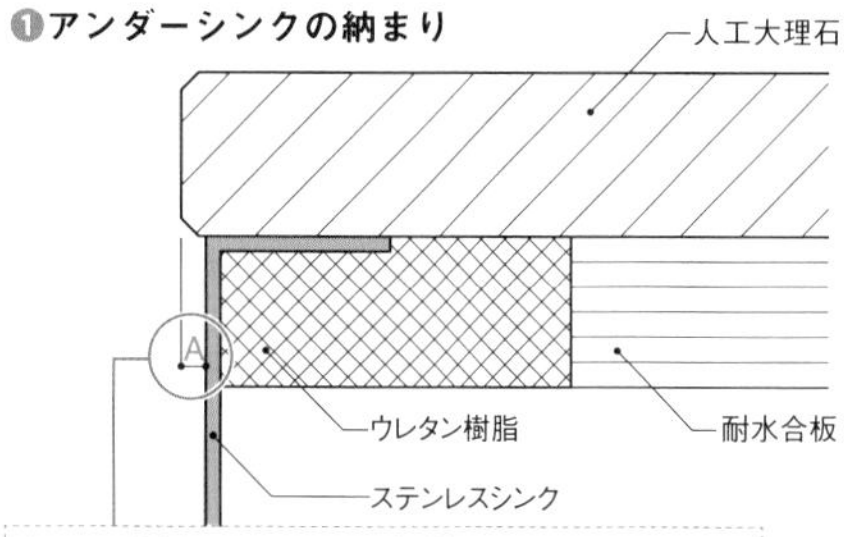
人工大理石
A
ウレタン樹脂
耐水合板
ステンレスシンク

かぶり寸法（A）はメーカー標準では6㎜だが、あまり段差がありすぎると掃除がしにくく、また、カビの発生源となるため、できるだけ小さくしたい。理想は0だが、シンク、天板の孔あけ双方の加工精度が要求される。また、多段絞りシンクの場合、水切りカゴなどを上げやすいように極力0にする

❷アンダーシンクの納まり

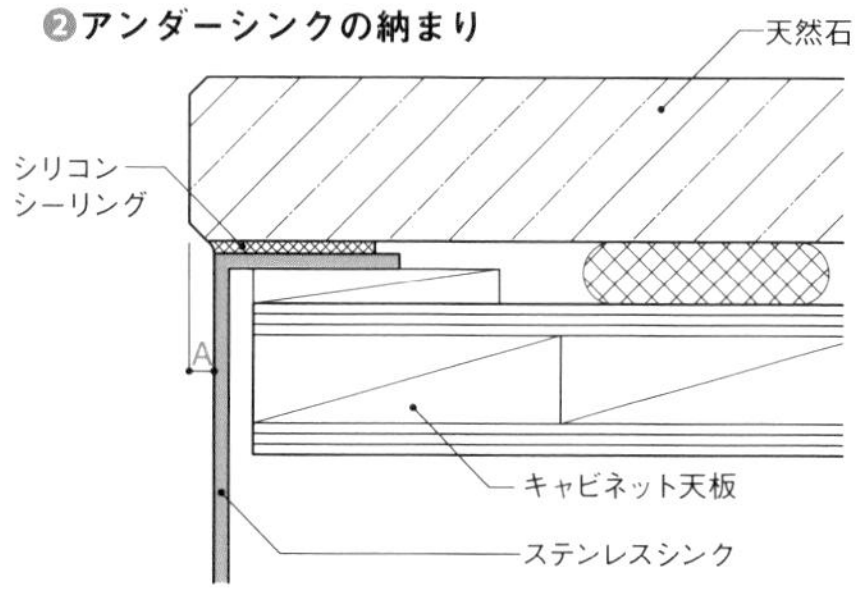
天然石
シリコン
シーリング
A
キャビネット天板
ステンレスシンク

❸オーバーシンクの納まり

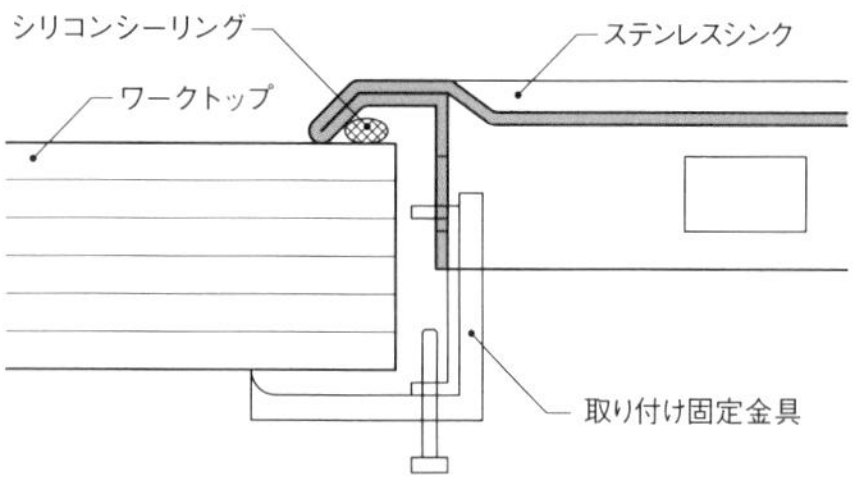
シリコンシーリング
ステンレスシンク
ワークトップ
取り付け固定金具

❹ステンレス天板との納まり

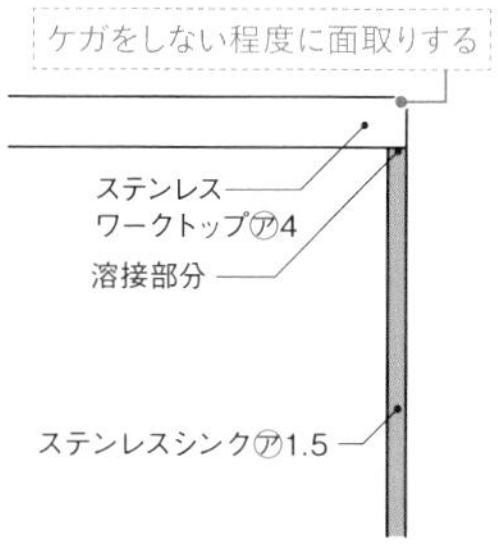
ケガをしない程度に面取りする
ステンレス
ワークトップ㋐4
溶接部分
ステンレスシンク㋐1.5

シンクをシャープに見せるために面取りを最低限にし、溶接も精度高くつくってもらう

左図のシンクの納まり。最小（当時）の面取りにしている

美しくて使い勝手のよいシンクの納まり

ここでは、まず基礎知識のおさらいとして、シンクの素材とワークトップとの納め方について確認していく。

シンクは素材も形状もさまざまである。まず、素材で考えられるものは以下のとおりである。どの素材にするかは建て主の好みもあると思うが、製作する観点からいえば、素材によっては既製品と特注に分かれる。

①ステンレス（主にSUS304）／既製品、特注
②ホーロー／既製品
③人工大理石／既製品、特注
④クォーツストーン／特注
⑤セラミック板／特注
⑥テラゾー／特注（現場製作）

現在の主流としては、ほとんどのシンクがステンレスと人工大理石である。ステンレスの場合、表面加工も選択肢がいろいろとある。一般的なヘアライン仕上げや、最近ではワークトップと合わせてバイブレーション仕上げを施すこともある。また、そのほかに水あか対策としてフッ素樹脂塗装やセラミック塗装を施したカラーシンクもある。

次に、素材によって適した納め方が異なるため、それらの素材とワークトップとの納め方の関係について確認していく。

1｜アンダー納め

一般的には天然石、人工大理石のときに採用する［1❶］。

2｜オーバー納め

木や合板、メラミン化粧合板など小口部分が比較的水に弱いワークトップのときに採用する。また、天然石のワークトップで開口の小端を磨けないときなどにも採用することがある［1❸］。

3｜シームレス納め

ステンレス、人工大理石、テラゾーで可能［1❹］。

使い勝手で考える シンクの大きさと形状

1｜使い勝手のよい大きさと深さと奥行

シンクの大きさは建て主の食生活（調理スタイル）を十分に考慮に入れたい。

写真：STUDIO KAZ（1の写真、2の写真1）、佐藤倫子（2の写真2）

2 特注シンクの例

（STUDIO KAZオリジナル）

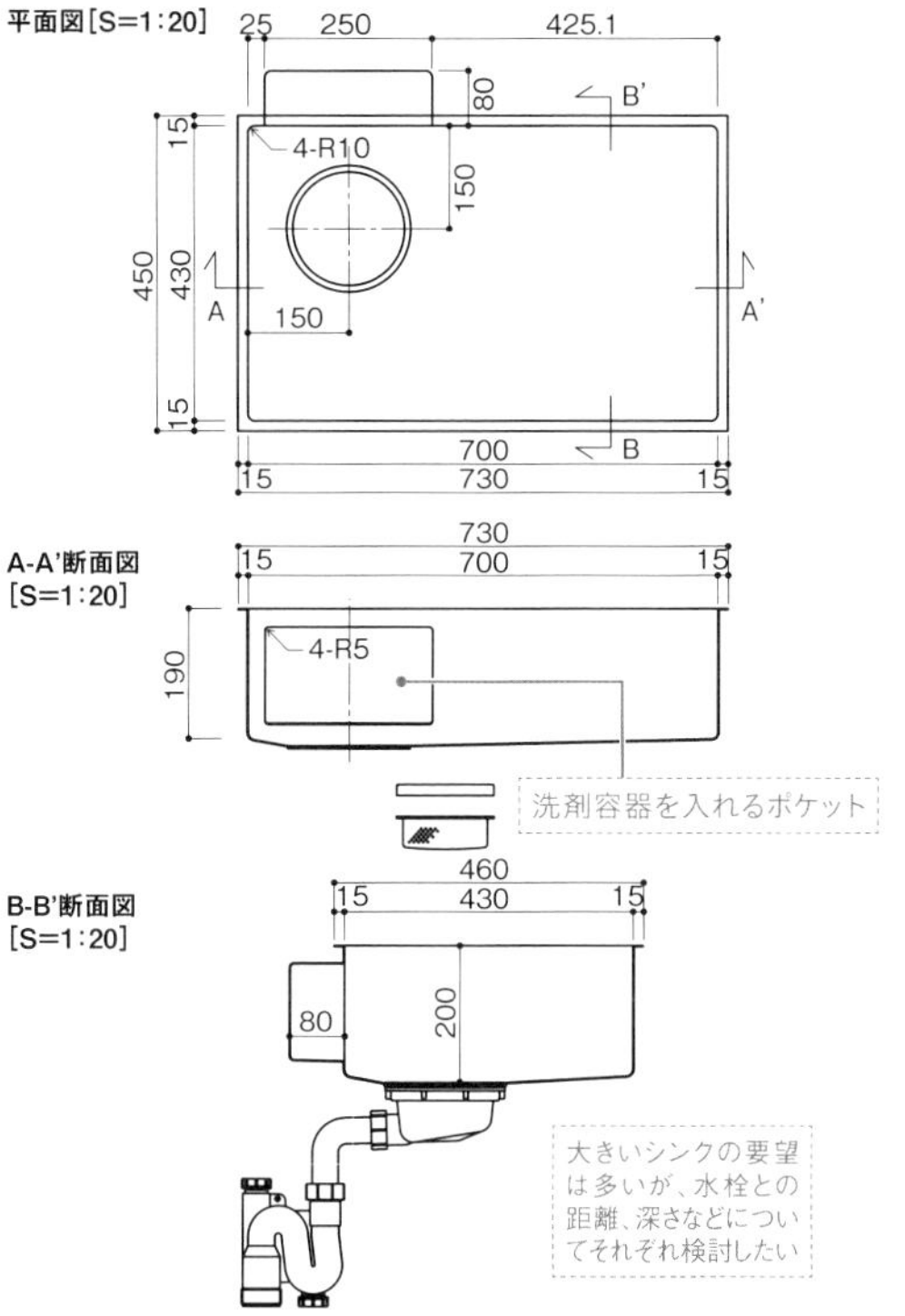

平面図[S=1:20]
25 250 425.1
80
B'
4-R10
150
15
450 430
A
A'
150
15
700
B
15 730 15
A-A'断面図
[S=1:20]
730
15 700 15
4-R5
190
洗剤容器を入れるポケット
B-B'断面図
[S=1:20]
460
15 430 15
80
200
大きいシンクの要望は多いが、水栓との距離、深さなどについてそれぞれ検討したい

直径600㎜の丸型シンク。狭小キッチンに設けるものとして特注した。狭いキッチンでも水切りがカウンターの延長のように使うこともできるので効果的

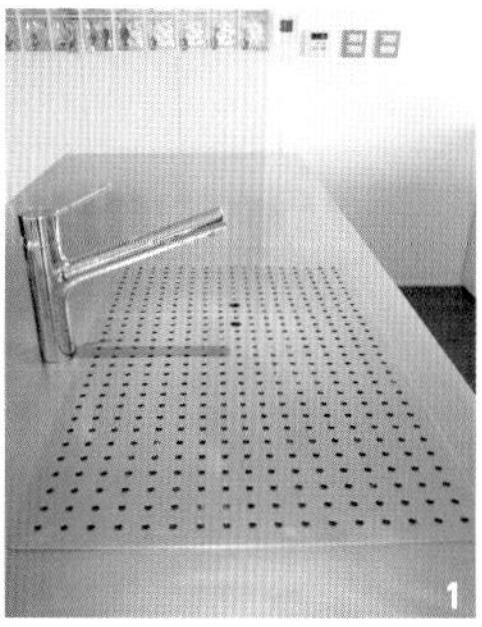

使わないときのことも考慮したシンクの水切りプレートの例

たとえば、食器洗浄機を導入しているか、菓子やパンを手づくりするかなどである。それらによって使い勝手のよい寸法形状は異なってくる。

既製品のシンクには、幅300㎜程度のパーティシンクから、ジャンボシンクと呼ばれる幅1千㎜程度の大きさがある。もちろん特注であればその限りではない。筆者の意見としてはシンクの大きさよりも作業スペースのほうを重要視したいのだが、それも建て主の調理スタイルによって決定する。

建て主の調理スタイルを把握したら、最終的にはワークトップの大きさや動線など、全体のバランスで決めたい。

特注シンクの一つの目安としての寸法は[2]に示す。天板全体の大きさにもよるが、食器洗浄機を採用している場合では、シンク幅700～800㎜にしておけば、それほど問題はない。それ以下の寸法だと大鍋やフライパンを洗う際に支障をきたすので注意したい。

また、見落とせないのが奥行きで、ありすぎると、水栓までの距離が遠くなり使い勝手が悪くなる。既製品の奥行きは410～440㎜程度で、その寸法がやはり最も使いやすい。「グルメシンク」と呼ばれる、中央の奥行が大きくなり水栓金具を脇に付けるタイプなどもあり、選択肢は広がる。

さらに、深さに関しても検討が必要だ。使いやすさを求めてワークトップを高くしてもシンクが深すぎると、腰を曲げて洗いものをするはめになり、ワークトップを高くした意味がない。最深部で190～200㎜程度が標準であろう[2]。

そのほか、シンクと同時に、付属パーツも検討したい。まな板や水切りプレートなどだ。シンクの縁を段絞りにしてこれらのパーツと甲板とをフラットに納めるのが一般的だが[2]、多段絞りや、1本もしくは2本のリブを付けて、複数のパーツを重ねることもある。そこで筆者はパーツ側にツバを付けてシンクの縁に引っ掛けるような納まりにすることが多い[2写真1]。

2―丸いシンクの使い勝手を考える

既製品の丸いシンクはφ300～400㎜程度だが、メインシンクにするには最低でも直径600㎜は欲しい。また、丸型は天板への納め方、水栓金具の納め方、人間の立ち位置などの関係をきっちり押さえておかないと使いにくいものとなってしまう。**写真2**は直径600㎜のシンクに75㎜のフランジをつけ、そこから混合水栓、浄水器、ソープディスペンサーを立ち上げた。キッチンのコーナーの入隅に配置して、1／4だけオーバーハングさせているので、シンクの下に足が入り、水栓も遠く感じない。極小キッチンのレイアウトとしては満点の回答であったように思う。

3―ダブルシンク（複数のシンク）について

食器洗浄機が普及してきたことにより、つけ置き洗いの必要性が少なくなったことや、オープンキッチン化が進んだことで、よりすっきり見えるシングルシンクの方が人気なようである。しかし、ダブルシンクでも、隣り合った場所ではなく、離れた場所に複数配置するというニーズもある。

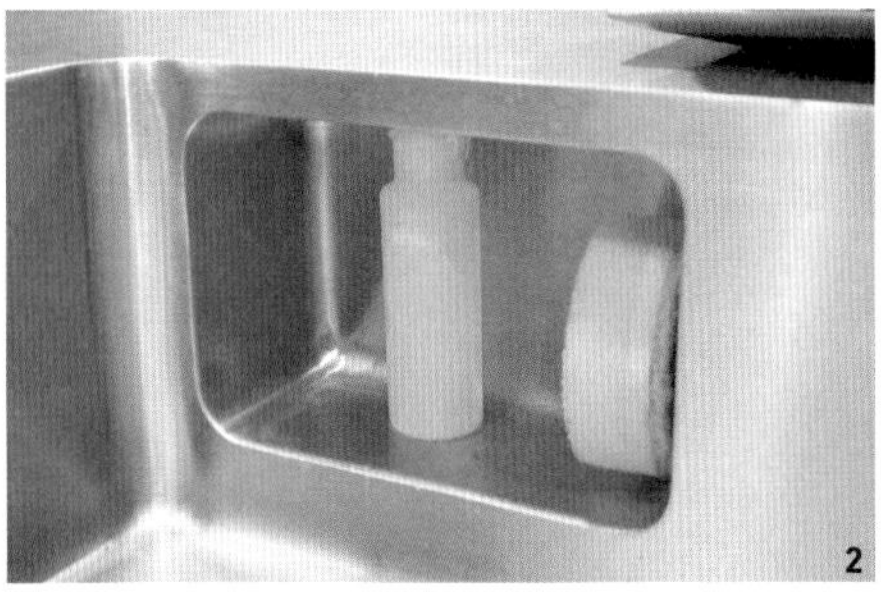

2

リビング側から洗剤の容器が見えないように、シンクにサイドポケットをつくる

1

ディスポーザ型でキッチンのシンク下に置く生ごみ処理機

この「キッチンカラット」（ちくま精機［※］）は処理槽不要で、生ごみの大幅減量とリサイクルとを両立させた生ごみ処理機。調理後の生ごみをディスポーザーで粉砕し、機械の中でヒーターの熱（乾燥処理）や微生物で処理されるため、気になる臭いの発生はほとんどない。乾燥した生ごみは肥料としても活用できるので、生ごみを大幅に削減できる。シンクがステンレスであること、排水口の形状が真円であること、シンク下の扉は観音開きであることなど条件があるので、事前にメーカーへの確認が必要

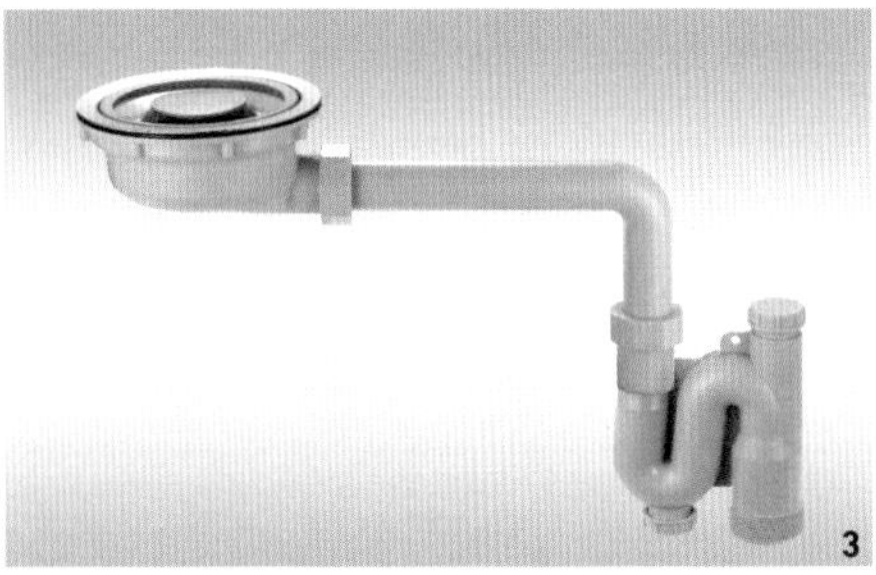

3

浅型トラップの一例。「KIT排水トラップ」（丸一）。これはトラップ内に溜められる封水が50㎜以上となっている

ディテールにこだわるなら こんなところ

意外に思われるかもしれないが、シンクの見栄えというものも無視できない。最近では、スッキリとさせたデザインが人気である。また、同時に機能性なども当然求められる。ここでは、ディテールによってその両方を兼ね備えたキッチンとするには、どのような部位に目を向けたらよいかを考える。

1｜洗剤、スポンジなどの置き場

既製品のシンクでは洗剤、スポンジ置き場として、ポケットやバスケット、特注品では段差を付けたものを見ることがある。しかし、筆者の場合は「へこみ」を付けてその対処としている［3 写真2］。

最近はオープンキッチンを要望される建て主が増え、シンクが目に触れることが多くなった。そうすると、いくらポケットや段差があったとしても、洗剤ボトルの首やスポンジが見えてしまい、興醒めしてしまう。

そこで、シンクの側面に「サイドポケット」を付けることによって、料理している人以外には洗剤などが見えないようにする。シンク高さに収めるため、必然的に洗剤のボトルは小さいものになってしまうが、食器洗浄機の普及により、洗剤を使う頻度は以前に比べて減っているので、小さな詰替えボトルでも十分に対応できる。この「サイドポケット」は筆者のオリジナルであるが、このような加工は通常の特注シンクに比べて1万円程度割高になる。

2｜トラップ、ディスポーザー

大型トラップには浅型と深型があり、生ごみが入る容量に差があるが、深型は当然その分キャビネット内で占める体積が大きくなり、調理器具や食器などの収納量や収納方法に影響があるため、筆者は浅型をお勧めしている［3 写真3］。建て主がどのように生ごみを処理するかにもよるが、トラップなんかどれでもよいとせずに、既製品でも特注でもメーカーに注文するときにトラップ形状まで指定したい。

生ごみを細かく砕いて下水に排水するディスポーザは、使用を禁止している自治体もあるため確認が必要である。同じように生ごみを減量できる機器として、微生物の働きやヒーターの熱による乾燥処理によって生ごみを減量できる、ビルトインタイプの生ごみ処理機がある。定期的なメンテナンスを必要とするが、エコロジーの観点からも注目できる設備機器である。後付けも可能だが、粉砕の際に流す水を下水に流すため、自治体の許可が必要となる。

※ ちくま精機問い合わせ先 https://garbage-disposal.chikumaseiki.co.jp

4 静音機能をもつシンクのつくり方

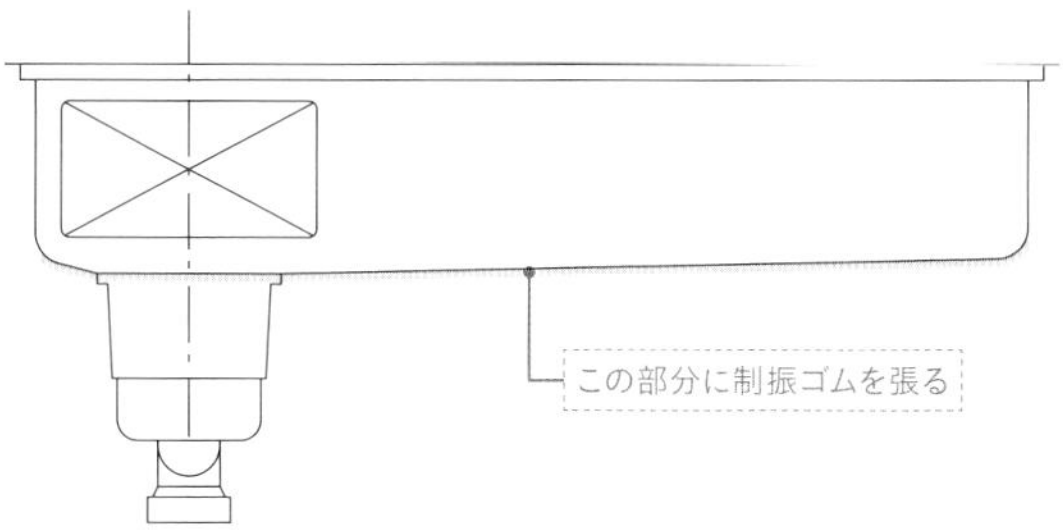
この部分に制振ゴムを張る

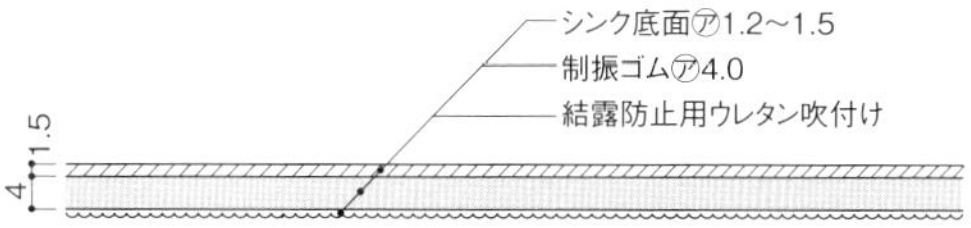
シンク底面⑦1.2～1.5
制振ゴム⑦4.0
結露防止用ウレタン吹付け
1.5
4

音の問題は、シンク底面に制振ゴムを張る手法のほかになかなかこれといった手立てがないのが現状。あえていうのであれば、水が泡沫状にでる水栓金具の使用や、ホーローのシンクの場合にはシンク底にウレタンマットを敷くなど、使う側が工夫することを求められる

部分詳細断面［S=1:2］

また、アース端子付きの100V電源が必要である［3 写真1］。

シンクにも「静音」が求められる

度々述べているが、最近はオープンキッチンが主流になり、キッチン内で発生する音に対してまでも配慮が必要になっている［136頁］。

特に、洗いものをする際の水音などが気になるようだ。そこで静音型のシンクの登場となるわけである。メーカーのシステムキッチンなどにもそのような機能をもたせたものが発売されている。

こうした機能をもたせることは、特注シンクの場合でも可能である。単純だが、シンクの裏側に約4㎜厚程度の制振ゴムを張り付けることで、それに近づけられるのだ。通常はシンクの裏側には、結露防止のためにウレタンフォームなどを吹き付けている（たまにシートを巻き付けただけの物もある）が、「静音型シンク」としたい場合は、制振ゴムを張り付けた後にウレタンフォームを吹き付けている。静音型シンクの手法はこれ以外にはあまりない。コストは、通常、オーダー品から数千円程度のアップでできるようだ。

1 ステンレス板が機械により決められた寸法に自動的に切断されていく。元のステンレス板にも寸法の種類がいろいろあるので、なるべく歩留まりのよい寸法を考えたい

2 さらに余分なところを切り落とされたステンレス板。排水口が切り取られ、隅はこれから溶接される。シンク内部に表面処理をする場合はこの時点で行われるようだ

3 箱を組み立てるようにして、1枚のステンレス板から溶接によってシンクへとかたちづくられる。写真のシンクは裏も露しとなるために特別に仕上げられている

4 一般的には、かたちづくられたシンクの裏側に、シンク下の結露防止剤が吹き付けられる。これを1～2日程の時間をかけて乾燥させたのち、出来上がりとなる

製作現場にも訪れたい

キッチンをデザインする過程では、ぜひとも製作工場に脚を運んでいただきたい。製作者とのコミュニケーションを図ることで、設計意図を正確に伝えることができ、よりよい仕上がりにつながるからだ。ステンレスシンクの場合は、工場のもつ金型でコーナーのR形状の寸法が決まるなど、工場によって製作可能範囲も異なるので、事前の確認が重要になる。4 写真1～4は、一般的なシンク製作工程である。

「金物加工や素材そのものを理解していない設計者は多い。ステンレスでも厚みなどによって納まりや加工も変わります」とステンレス加工の製作者の言葉である。

［和田浩一］

機能とインテリアを左右するキッチン面材

1 扉面材の素材別ディテール

[S=1:4]

1

艶や映り込みを抑える100％アンチグレア仕上げの塗装［※1］を面材に使用。傷がつきにくく、自己修復性能もある

2

ポーランドの沼の底に数千年沈み、炭化したオーク材の厚突き板［※2］の化粧合板を面材に使用

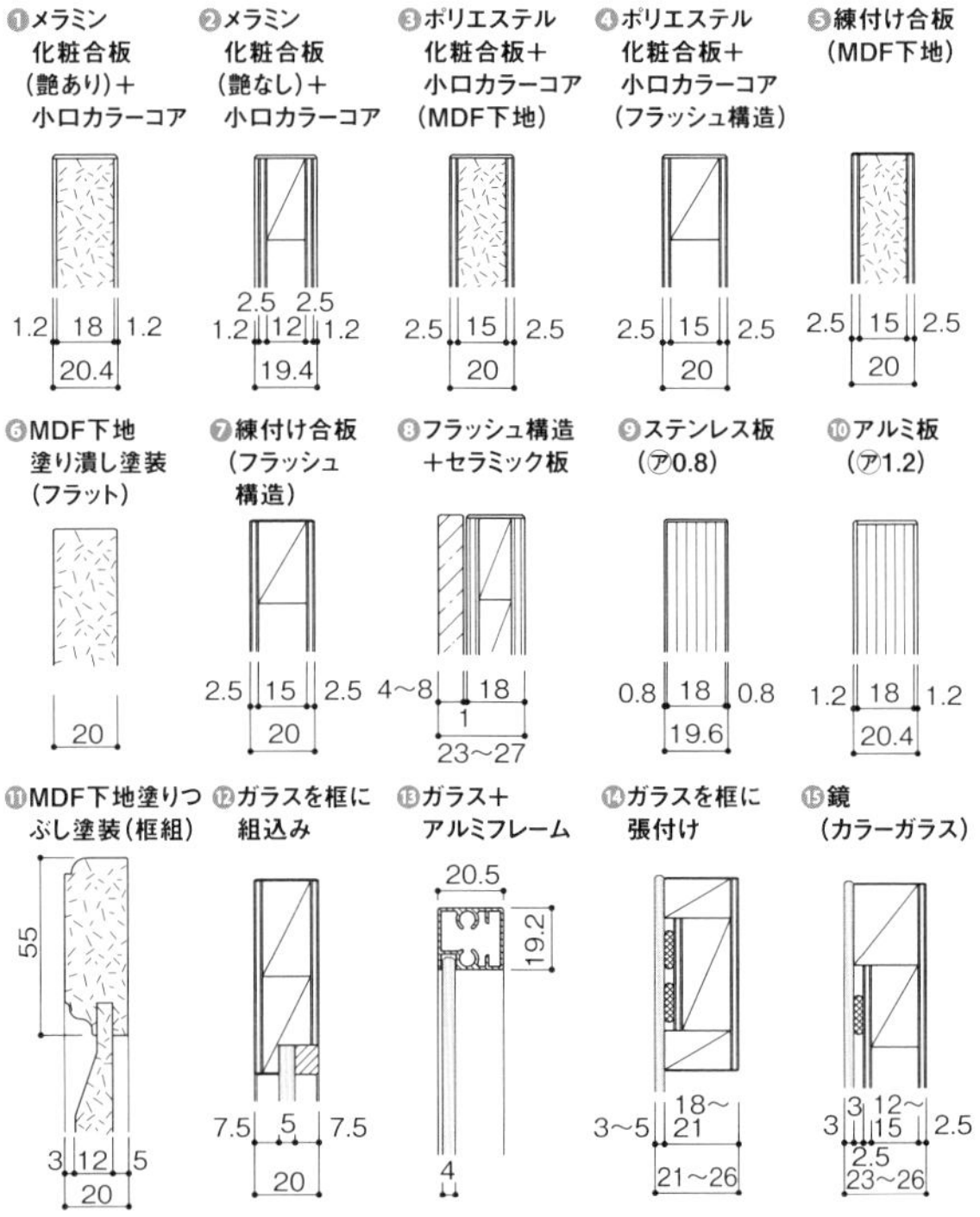
❶メラミン化粧合板（艶あり）＋小口カラーコア
1.2 18 1.2
20.4
❷メラミン化粧合板（艶なし）＋小口カラーコア
2.5 2.5
1.2 12 1.2
19.4
❸ポリエステル化粧合板＋小口カラーコア（MDF下地）
2.5 15 2.5
20
❹ポリエステル化粧合板＋小口カラーコア（フラッシュ構造）
2.5 15 2.5
20
❺練付け合板（MDF下地）
2.5 15 2.5
20
❻MDF下地塗り潰し塗装（フラット）
20
❼練付け合板（フラッシュ構造）
2.5 15 2.5
20
❽フラッシュ構造＋セラミック板
4～8 1 18
23～27
❾ステンレス板（㋐0.8）
0.8 18 0.8
19.6
❿アルミ板（㋐1.2）
1.2 18 1.2
20.4
⓫MDF下地塗りつぶし塗装（框組）
55
3 12 5
20
⓬ガラスを框に組込み
7.5 5 7.5
20
⓭ガラス＋アルミフレーム
20.5
19.2
4
⓮ガラスを框に張付け
3～5 18～21
21～26
⓯鏡（カラーガラス）
3 3 12～15 2.5
2.5
23～26

注　下地の厚さや構成などは工場によって多少変わってくるので、事前の確認が必要

性能×意匠性で素材を上手に選ぶ

キッチンキャビネットの扉の面材は台所空間のなかで最も大きな面積を占め、キッチンの顔ともいえる。ここでは、面材として使用する素材それぞれについてそのメリット・デメリットを解説する。

耐久性や清掃性を優先させると、メラミン化粧合板が最も優れている。樹脂特有の表情はあるものの、色、柄の選択や他素材との組合せによっては、質の高いものが出来上がる［1❶・❷］。

ポリエステル化粧合板は最も安価に製作でき、出来上がりの表情はメラミン化粧合板と変わらないように見えるが、硬度が劣るため、道具を多く使うキッチンでは向かないとされている。しかし、建て主の理解さえ得られれば、ローコストに仕上がり、メラミン化粧合板に比べても扉自体が反りにくいという一面もある［1❸・❹］。

練付け合板は、多くの場合は水分や汚れ防止にウレタン塗装するのが一般的である。現場で自然系の木材保護塗料で塗装することもあるが、その場合コストは抑えられても、工場塗装のほうが断然きれいに仕上がる［1❺・❼］。

現代のキャビネットの蝶番はスライドヒンジが主流である。無垢板の場合は扉1枚の重量が増し、ヒンジへの負担が大きくなることに加え、無垢板特有の反りや暴れの問題がある。そのため重厚感のある框組以外、キッチンでの無垢板使用はあまり見かけない。

塗り潰し塗装をするときの下地にはMDFを使う。もともとが平滑であり、目止めなども含めた下地処理が楽なため、工程はシナ合板を下地に使うよりも少なくてすむ。また、端部の面取りが比較的大きく取れ、塗装の剥がれなどの問題も起きにくい。

ステンレスを扉に採用する場合は、木下地に張り付ける方法と［1❾］、構造からステンレスにしてしまう方法がある。前者のほうが一般的だが、扉の裏側などにジョイントが入って目立つ。後者は製作できる工場が限られるので、事前の打合せが重要である。アルミの

写真1：山本まりこ、写真2：Nacasa & Partners
※1「5656 SPICE LABO」F-MATT（福山キッチン装飾）、※2「various black studio」bog oak（安多化粧合板）

2 面材の割付け時の注意点とポイント

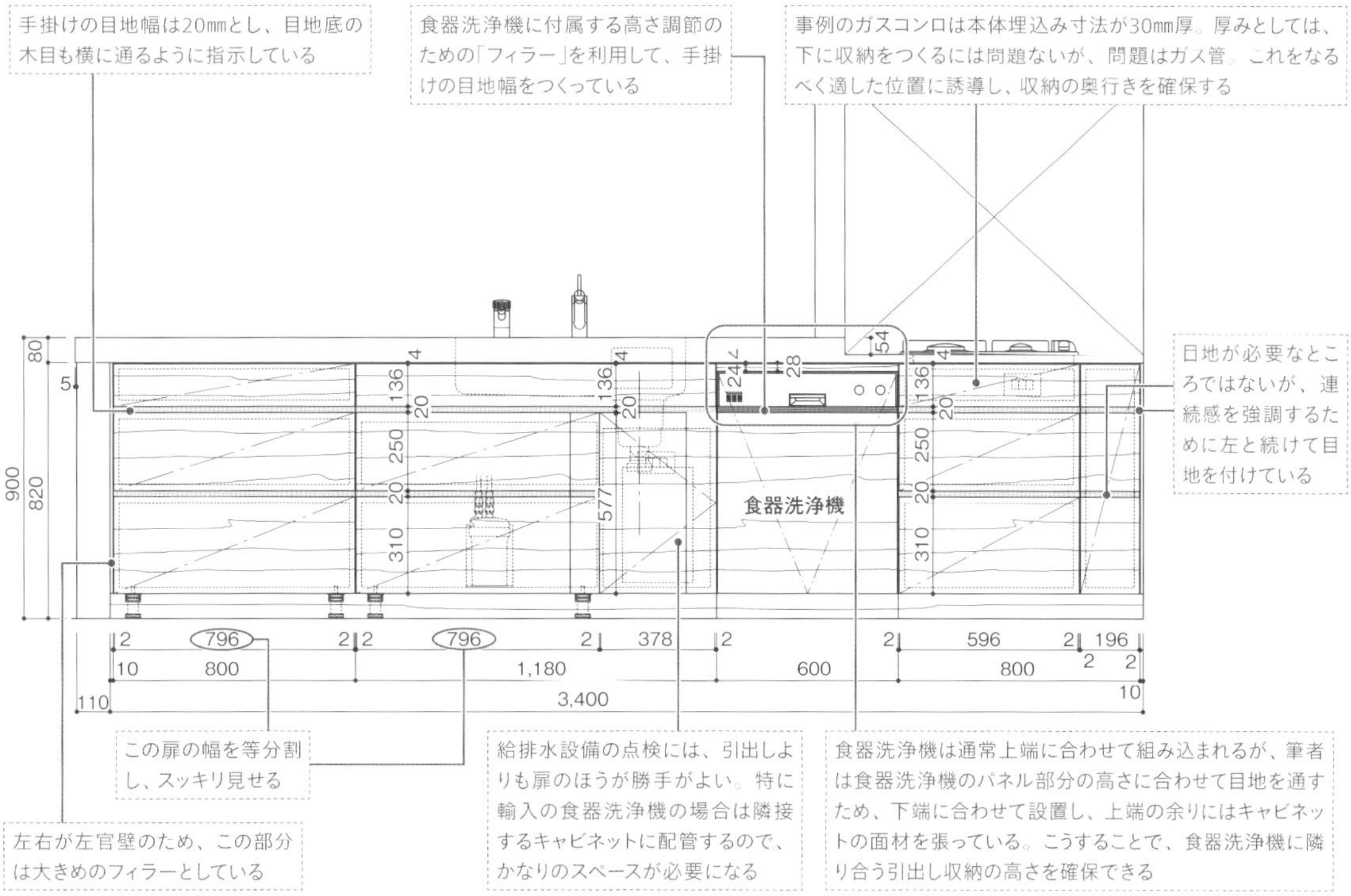
手掛けの目地幅は20mmとし、目地底の木目も横に通るように指示している
食器洗浄機に付属する高さ調節のための「フィラー」を利用して、手掛けの目地幅をつくっている
事例のガスコンロは本体埋込み寸法が30mm厚。厚みとしては、下に収納をつくるには問題ないが、問題はガス管。これをなるべく適した位置に誘導し、収納の奥行きを確保する
日地が必要なところではないが、連続感を強調するために左と続けて目地を付けている
食器洗浄機
900
820
80
5
136
20
250
310
577
24
28
54
4
2
796
378
596
196
10
800
1,180
600
110
3,400
この扉の幅を等分割し、スッキリ見せる
左右が左官壁のため、この部分は大きめのフィラーとしている
給排水設備の点検には、引出しよりも扉のほうが勝手がよい。特に輸入の食器洗浄機の場合は隣接するキャビネットに配管するので、かなりのスペースが必要になる
食器洗浄機は通常上端に合わせて組み込まれるが、筆者は食器洗浄機のパネル部分の高さに合わせて目地を通すため、下端に合わせて設置し、上端の余りにはキャビネットの面材を張っている。こうすることで、食器洗浄機に隣り合う引出し収納の高さを確保できる

場合は、折り曲げて使わず木下地に張り付ける方法が一般的であり、小口の処理に工夫が必要である［1⑩］。

ガラスを扉に使う場合、4通りの納め方がある。まず、框を組んで嵌め込む方法［1⑫］、次に既製品のアルミフレームを使う方法［1⑬］。そしてガラスのみでガラス扉用スライドヒンジを使用する方法である。意匠上、スライドヒンジのカップが見えてくるので、それをどうとらえるかがポイントになる。そして最後に木の下地に張り付ける方法［1⑭］。これは、ミラーマットとシリコンシーリングの併用で固定する。鏡やカラーガラスなど、不透明な素材だと問題はないが、透明や半透明の場合、接着剤やミラーマットが表面に見えて美しくない。その場合、下地はフレーム構造をしているはずなので、フレームに当たる部分のみ、ガラスの裏側をフレームと同じ色で塗装するなどして、不透明にしてから接着する。

使用感と意匠性に影響する面材の割付け

最近は引出し式の収納が多くなり、水平方向を強調した横長の面材の割付けが主流になっている。それを踏まえたうえで、縦や横の目地をそろえるときれいに見える［写真1・2、2］。この場合、問題になるのは、食器洗浄機など機器類の寸法である。使用する機械が決まったら、メーカーから承認図を取り寄せ［※］、慎重に幅や高さ寸法をミリ単位で決めていく。目地幅はスライドヒンジのかぶり代によって決めていかなければならないが、筆者は4mmを基本にしている。もちろん中に収納されるものによって扉の大きさを変えるべきで、たとえばカトラリーを入れる引出しの高さが200mmもあっては使いにくい。収納物の大きさと見た目のバランスのよさを合わせてデザインしたい。引出しの配置は一般的には、高さのある引出しを下のほうにおくとバランスよく、落ち着いた印象になる。

そのほか、開き扉の幅には注意したい。前述のように、スライドヒンジへの負荷が大きくなると、扉自体が垂れてくることがある。高さと幅の関係やつくり方（フラッシュかベタ芯かなど）により、一概にはいえないが、幅600mmを1つの目安にしたい。これは、ヒンジへの負担の問題だけでない。比較的狭いキッチンで扉の可動スペースが大きくなると人の動きを制限してしまうばかりか、吊り戸棚の場合、身体をのけぞらせて開けなければならないなど、著しく使用感を損ねたり危険を伴うことになってしまうためだ。［和田浩一］

※ 最近はホームページからダウンロードできることが多い

既製キッチンをインテリアとなじませるコツ

右：藤が丘S邸のキッチンをリビング側から見る。リビングとキッチンの間に造作家具を置き、さらにここに吊り戸棚を付けることをやめたため、奥行きのある空間となった
左：Ⅱ型キッチンのシンク側を見る。既製キッチンが造作によって囲い込まれたかたちとなっている

住宅におけるキッチンの注意点は、建て主のこだわり、使い勝手、インテリアとのマッチング、そして予算など、挙げればきりがないほどだ。予算が使い放題であれば、オーダーキッチンを入れ、機能とデザインのバランス調整も楽で、設計者の苦労は少ないだろう。しかし、建て主におまかせしてこだわりで選んでもらったオーダーキッチンは、オプションを含めてフルスペックとなり、予算を軽くオーバーすることが多く、建て主の希望と予算を両立させるのは、なかなか容易ではない。特に最近はキッチンに夢を託そうとする建て主も多く、バランスをとるのが難しい分だけ、ここをうまく対処できれば、建て主からの印象アップは期待できる。集中して設計したい部分であるのは間違いない。しかし、既製キッチンだから、オーダーキッチンだからと言い訳することはできない。

そこでまず、オーダーキッチンと既製キッチンの違いを考察してみたい。オーダーキッチンのメリットは建て主仕様にカスタムすることでの使い勝手（多様な機器との組合せも可能）やインテリアとコーディネートできるデザイン性であろう。

それに対して既製キッチンの特徴は、製品のバラエティが豊富で、高価なものから安価なものまで選べることや、製品としての安定性、誰でも使いこなせる汎用性、そして見積りや納期の早さなどが挙げられる。また、設計者のコーディネート手間が省かれることもあるだろう。ただし、建物との一体感に欠如してしまうことは否めない。

そこで、既製キッチンの安定感や機能のよさを生かしながら、デザインで気に掛かる点を上手く造作で隠し、建物・インテリアと一体化できれば、コストと機能とデザインの問題を一気に解決することができるのではないだろうか。

両側から使える収納でキッチンを仕切る

ここで、1つの事例を紹介する。2階リビングの藤が丘S邸では、吹抜けのある大きなリビング・ダイニングに、6畳のキッチン・ユーティリティが面した構成となっている［1］。上部にはロフトがあり、キッチン部分は天井高が低く抑えられている。また、造作の裏では、既製のⅡ型キッチンを利用しているが、食堂側から見た写真では、ほぼその姿は隠されているのが分かるだろうか［写真1・2］。

プランニング上、909㎜モジュールで設計する際、カウンター奥行650㎜でⅡ型キッチンを配置すると、寸法的な余りが生じてしまうものである。ここでは、その余りの部分を造付けの配膳カウンターとし、ダイニング側からも使える収納として計画している。天井高が低いので、対面側（シンク・ガスレンジ側）の吊り戸棚はなくし、カウンターより250㎜ほど高い造作家具で、既製キッチンを囲い込むかたちとしている［❶］。

シンク・ガスレンジカウンターとリビング・ダイニングを区切るこの造作は、使い勝手に応じた断面構成となっている［164頁❷、写真3～6］。リビング・ダイニングから見て、右から順に上部カトラリー入れ（スプーン、フォー

写真：カガミ建築計画

1 既製キッチンは造付け収納と一緒に計画する

南側へ緩やかに丘陵が広がる約37坪の敷地に建つ、30代の夫婦のための新築住宅である。目指したのは「居心地がよくて、親しみのある空間」。キッチンを2階に配し、リビング、ダイニングと続くオープンな空間としている

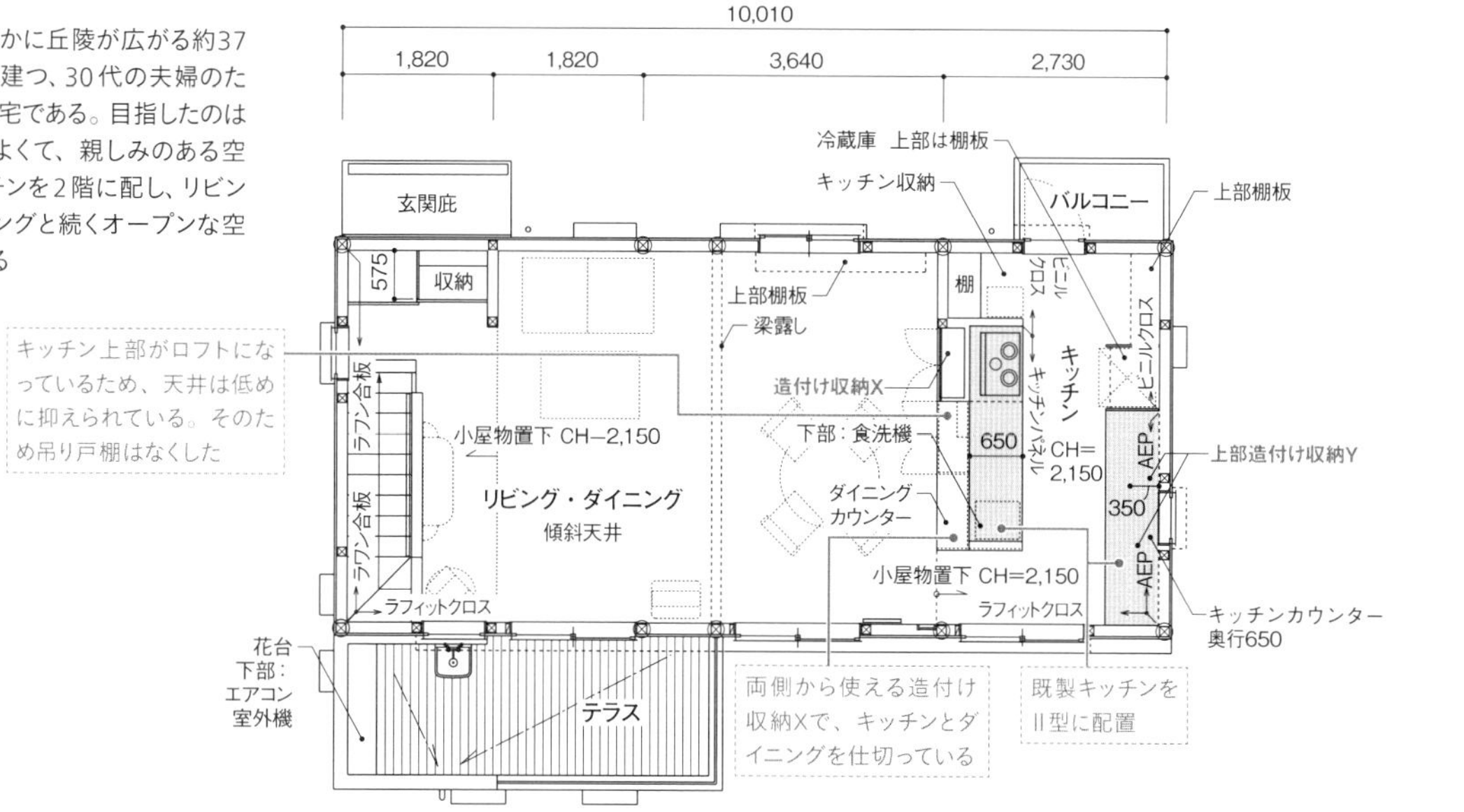

2階平面図[S=1:125]

❶造付け収納Xは既製キッチンとの取合いに注意する

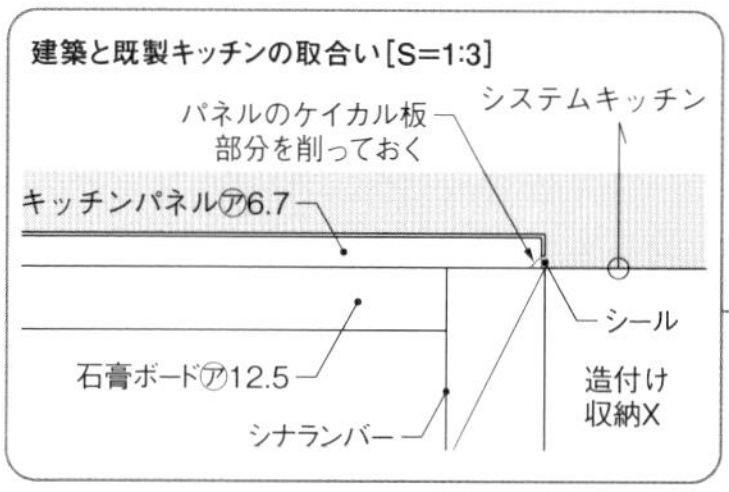

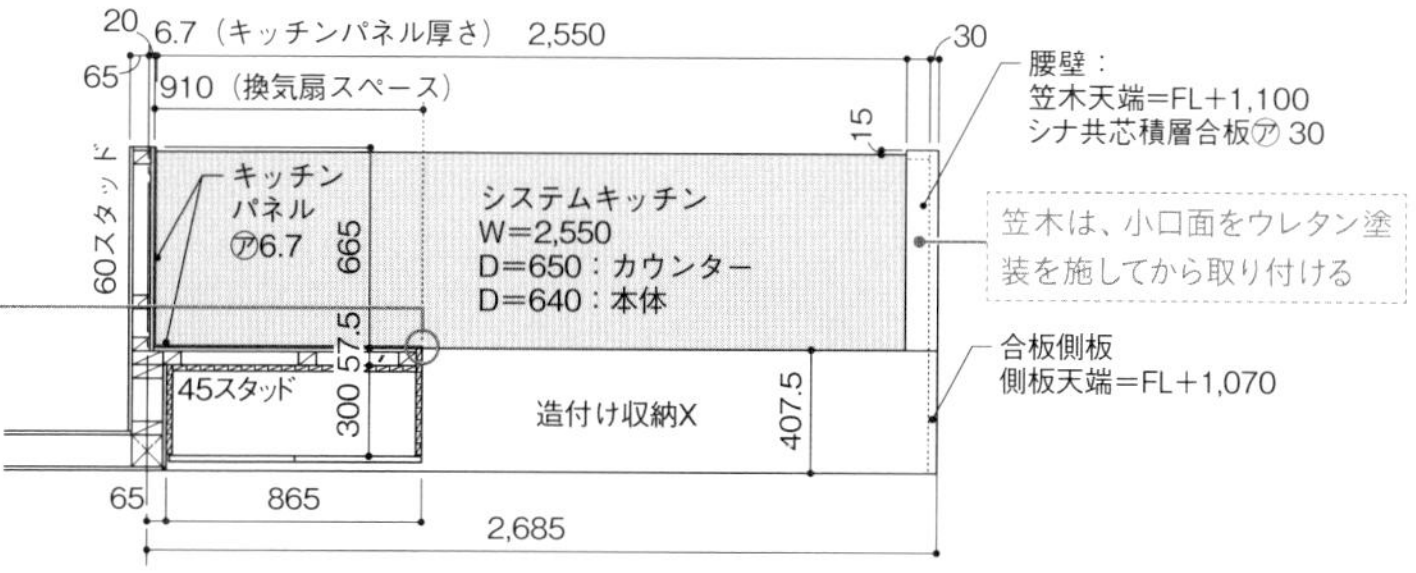

平面図1（腰壁笠木天端レベル）

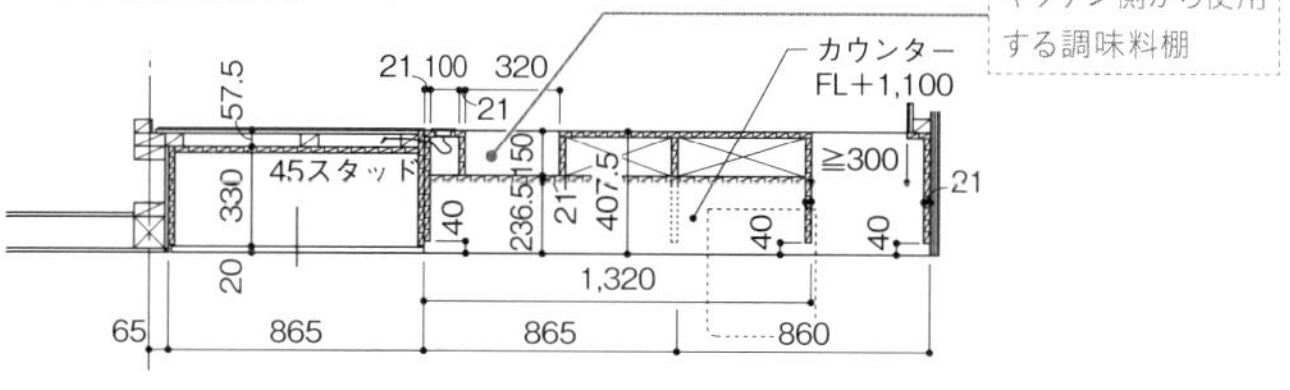

平面図2（造付け配膳カウンターの収納割付け）

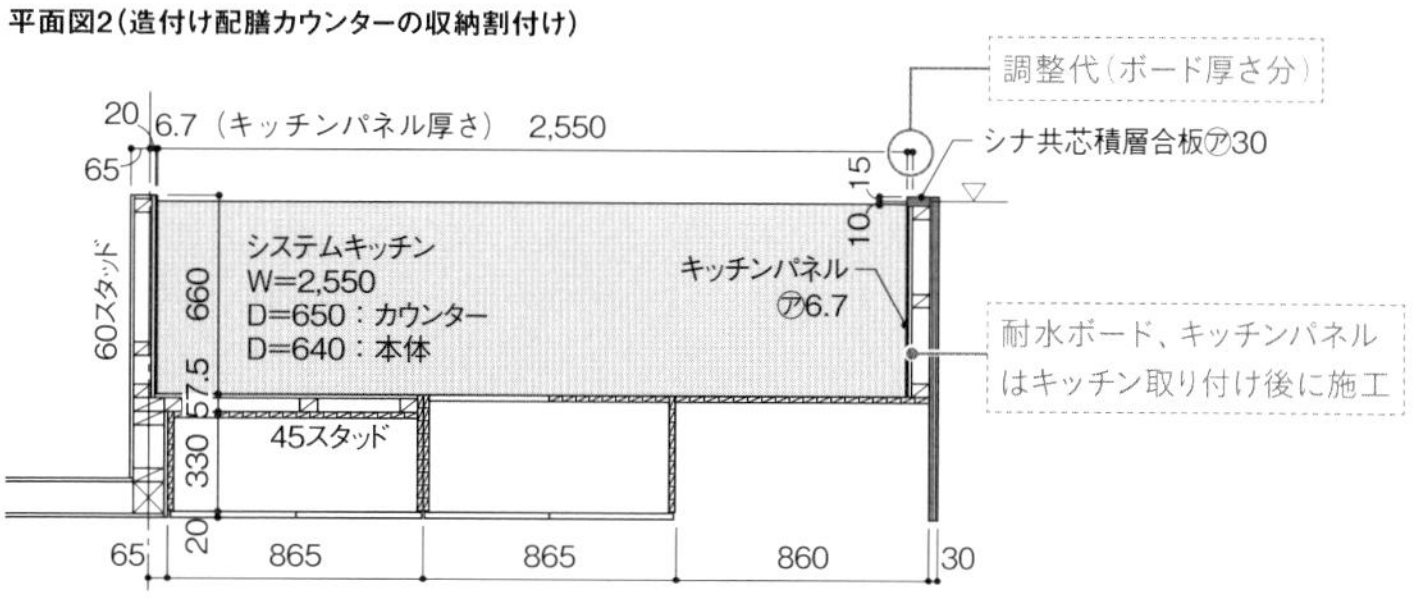

平面図3（造付け配膳カウンター躯体断面）

：石膏ボード
：シナランバー
：シナ共芯積層合板

甲板・側板・笠木：シナ共芯積層合板㋐30 小口露し
外部見え掛かり白拭取りUC
造作材：シナランバー㋐21 小口テープ
内部防汚ワックス仕上げ
外部見え掛かり白拭取りCL
シンク側面UC
扉：シナ合板フラッシュ㋐20 白拭取りCL
棚板：シナランバー㋐20 小口テープ
防汚ワックス仕上げ、棚裏にずれ止め彫込み（ダボ受けえぐり）
取手、金具：スライド蝶番（バネ付き）：SN70S／スガツネ ダボ ダボ受け
ドロップ蝶番：SHD-001／スガツネ
ソフトダウンステー2個：NSDX-10（R／L）K／スガツネ
マグネットキャッチ
備考：間柱側板・合板側板はキッチン設置後に組付け

造付け収納家具平面図[S=1:50]

4章 キッチン

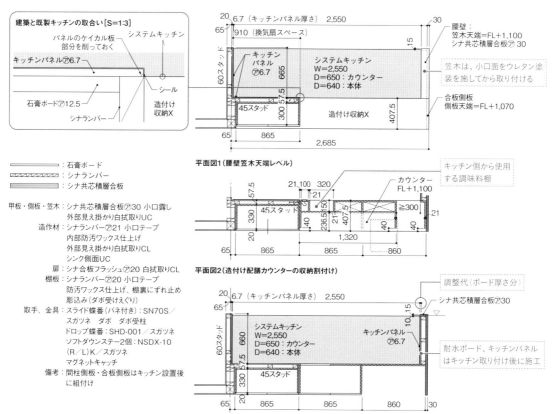

❷ 造付け収納Xはキッチン・ダイニング両側からの使い勝手を考える

● リビング側から見た造付け収納X

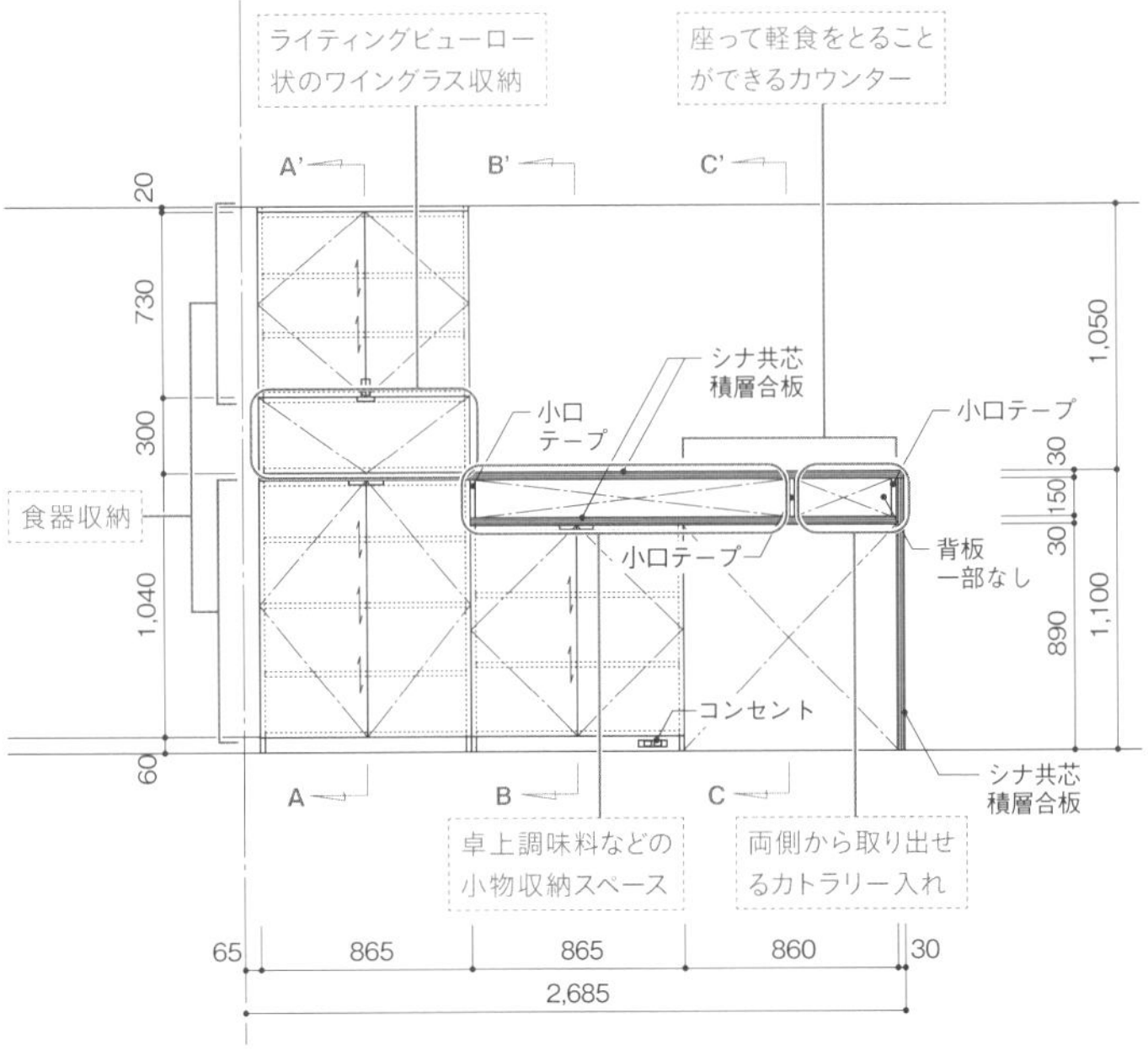
ライティングビューロー状のワイングラス収納
座って軽食をとることができるカウンター
A'
B'
C'
20
730
300
1,040
60
1,050
食器収納
シナ共芯積層合板
小口テープ
小口テープ
30
150
30
890
1,100
小口テープ
背板一部なし
コンセント
シナ共芯積層合板
A
B
C
卓上調味料などの小物収納スペース
両側から取り出せるカトラリー入れ
65
865
865
860
30
2,685

姿図[S=1:50]

● キッチンカウンター縦断面

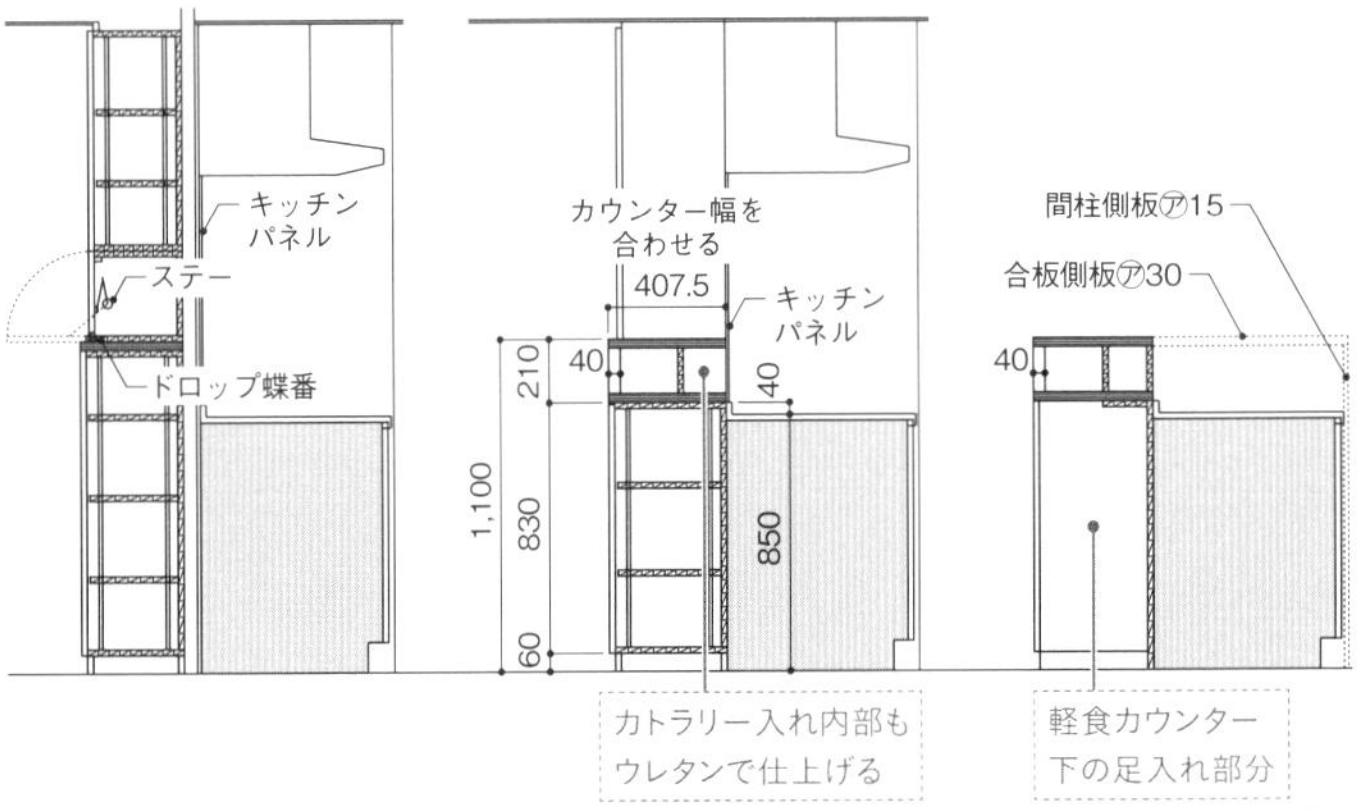
キッチンパネル
ステー
ドロップ蝶番
カウンター幅を合わせる
407.5
キッチンパネル
40
210
40
1,100
830
850
60
間柱側板㋐15
合板側板㋐30
40
カトラリー入れ内部もウレタンで仕上げる
軽食カウンター下の足入れ部分

A-A'断面図[S=1:50]　B-B'断面図[S=1:50]　C-C'断面図[S=1:50]

レンジフード方向を見る。写真では分かりにくいが、この奥にキッチン収納スペースを設けている

シンク側から造付け収納Xを見る。立上がり部分には調味料入れのスペースを設けている

ダイニング側から造付け収納Xを見る。立上がり部分の端にオープンスペースを設けて、カトラリー収納としている

造付け収納Xは一部をカウンターとして使用できるように、足を入れるオープンスペースとしている

ク、箸など）、下部オープン（スツールを入れ軽食カウンターとして利用）、中央ではカウンター部小物置き（紙ナプキンや卓上調味料置き場）、下部食器収納、そしてガスレンジ裏に当たる一番左側は、上部と下部に食器収納、中央部は、扉を開くとテーブルになるライティングビューロー状のワイングラス収納となっている。

これをキッチン側から見ると、立上がり部分の右カトラリー入れは、キッチン側もオープンとなっており、双方からカトラリーを入れたカゴを出し入れできるよう工夫している。ガスレンジ横には、棚の奥行違いを利用してポケットをつくり、砂糖・塩などの基本調味料置き場とし、中央にはコンセントを配置している。

❸背面の既製キッチン収納カウンター廻りと造付け収納Y

キッチン背面にも既製キッチン収納カウンターを配置して収納力を生かしながら、リビング側からは、ほかの仕上げと統一した吊り戸棚のみが見えるようにしている

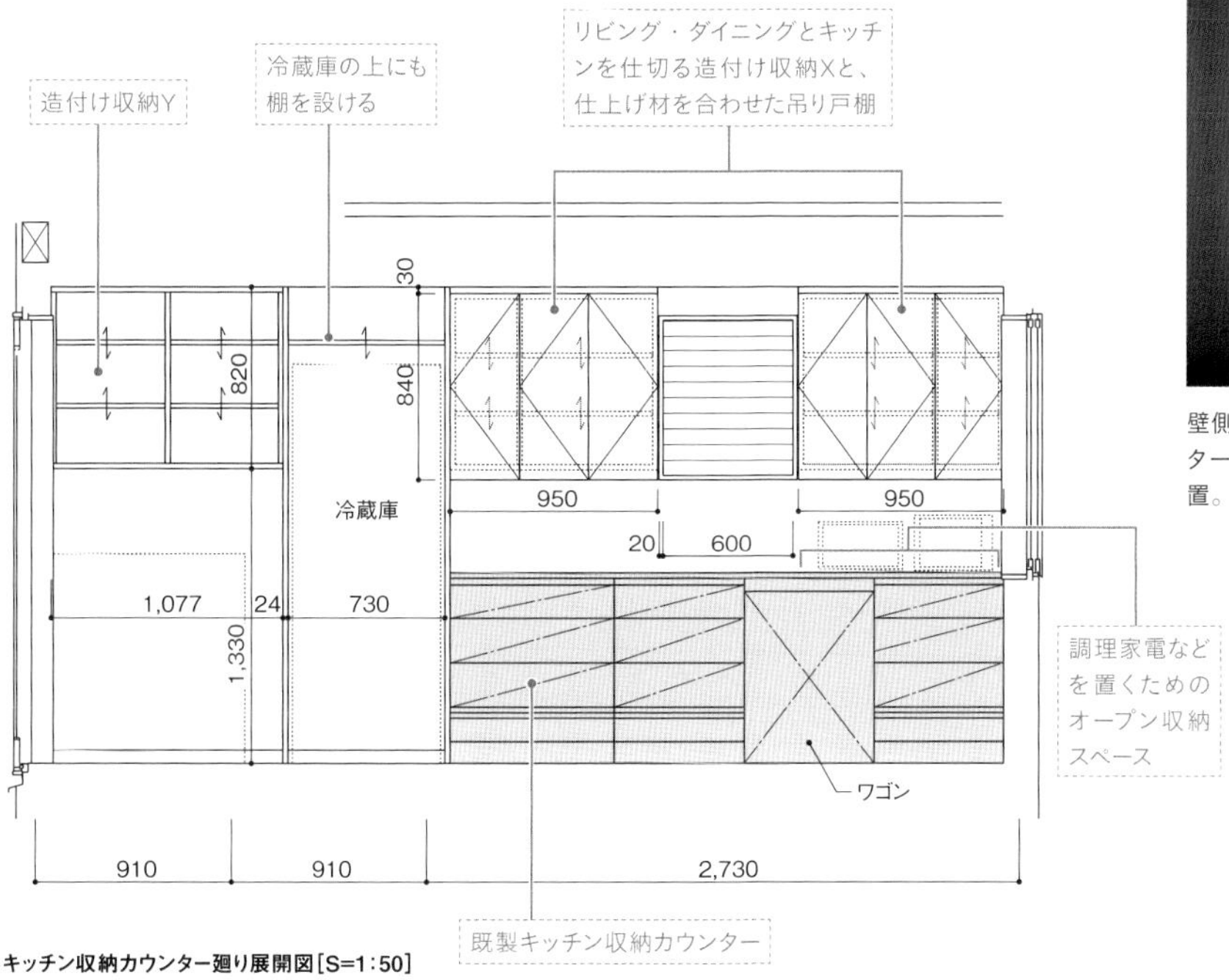
造付け収納Y
冷蔵庫の上にも棚を設ける
リビング・ダイニングとキッチンを仕切る造付け収納Xと、仕上げ材を合わせた吊り戸棚
30
820
840
冷蔵庫
950
950
20
600
1,077
24
730
1,330
調理家電などを置くためのオープン収納スペース
ワゴン
910
910
2,730
既製キッチン収納カウンター

キッチン収納カウンター廻り展開図[S=1:50]

壁側に配置した既製キッチン収納カウンター上部には、造付けの吊り戸棚を設置。仕上げはほかの造作と合わせている

オーダーキッチンを一度でも見てしまったことがある建て主であれば、なかなかデザイン的に既製キッチンでは満足できないものだが、既製キッチンで足りていない要素を造作部分で補うことができれば、カスタム感もあり建て主の満足度は格段に上がるであろう。このケースでは、両面カトラリー入れや調味料置き場、軽食カウンターのアイデアがそれらに当たる。

なお、窓際の収納カウンター上部の吊り戸は造作とすることで、奥まで造作が入り込んでいるデザインとした[❸]。収納カウンターは既製キッチンと同じメーカーのものを選んでいるが、ここもまた、リビング側からは、ほとんど造作部分のみが見える。

大工がキッチンを造作家具で囲む際の寸法の取り方やコツを説明しよう。既製キッチンの場合、寸法誤差はほとんど考慮しなくてよいが、天板は仕上がった状態で納品されるので、造作で囲みをつくってしまった後での取り付けは困難になる。そこで、取り付け寸法に調整代をとるようにしたい。

この事例では、ガスレンジ側寄せで取り付ける際、反対側はボードを張らず下地のみとしておき、取り付け後に耐水ボードとキッチンパネルを差し込むこととしたので、それらの厚みの合計19㎜が調整代となっている。通常でもキッチンパネルを差し込むか、あるいはカウンターに載せて仕上げるかで生じる誤差（左右両端で計13㎜）を調整代として考えることも可能である。造作工事に不安があれば、さらに左右5㎜ずつ余裕をもって造作を仕上げ、シーリングで押さえれば、より安全側で考えることが可能である。

そのほかにも、いくつかのコツを列挙しておきたい。

①図面で寸法を指示する際、確保したい寸法を重視し、そこから逆算するかたちで寸法取りをすること

②現場での墨出しの際に立会い、造作大工に寸法の意味を説明すること

③造作部分も、既製キッチンの基本性能（扉のパッキン材や耐震ラッチなど）と同程度で仕上げること

④既製キッチンの面材はさまざまに選択できるが、ここで価格の差が大きくつきやすい。Ⅱ型キッチンの場合、間の通路が狭ければ下台の扉面材はほとんど見えないので、面材の意匠性で選ぶのではなく、カウンターの素材、機能を重視して既製キッチンを選ぶこと

［各務謙司］

TOPICS

オールSUS製キッチン至極のディテール

白い壁とウォールナットの床で構成される空間。そこにはひっそりと、しかし確かな存在感をもつキッチンがふさわしいと考えた［1・2］。素材はステンレス。「固まり感」を出すために、甲板だけでなく、キャビネットにも使用した。甲板は4㎜厚のSUS304を折り曲げずに使用し、バイブレーション仕上げを施し、腰はSUS430のNo.4仕上げとしている。

「ステンレス仕上げ」には、木製キャビネットにステンレスを巻き込む方法もある。しかし今回は、予算の都合上、オールステンレスとした。「木製キャビネット製作＋ステンレス加工」では2業種の手が必要となり、コストアップにつながるからだ。

とはいえ、キャビネットなどのステンレス加工には技術を要する。そこで筆者は、20年来の付き合いがあり、その技量や得手不得手も熟知しているステンレス加工業者に、すべてを依頼することで完成をみた。それでも、綿密な打合せと製作段階での検品は欠かすことはできない。

このステンレスの固まりには、機能性・耐久性のほか、周囲の素材の色だけを映し込み、そこにある空気を柔らかくする効果を期待した。

一方、キッチンの背面収納部分は壁と同化させるために、扉の色を合わせ、ほぼ等分割してシンプルなデザインとした。奥行き450㎜の中に、食器、カトラリー、家電、ごみ箱などが収納され、機能的にも十分である。

横長の窓を枠なしで納め、収納の甲板と窓台を兼用させることでスペースが広がり、使い勝手も向上した。〔和田浩一〕

1 アイランド部分と背面収納部分は分けて考える

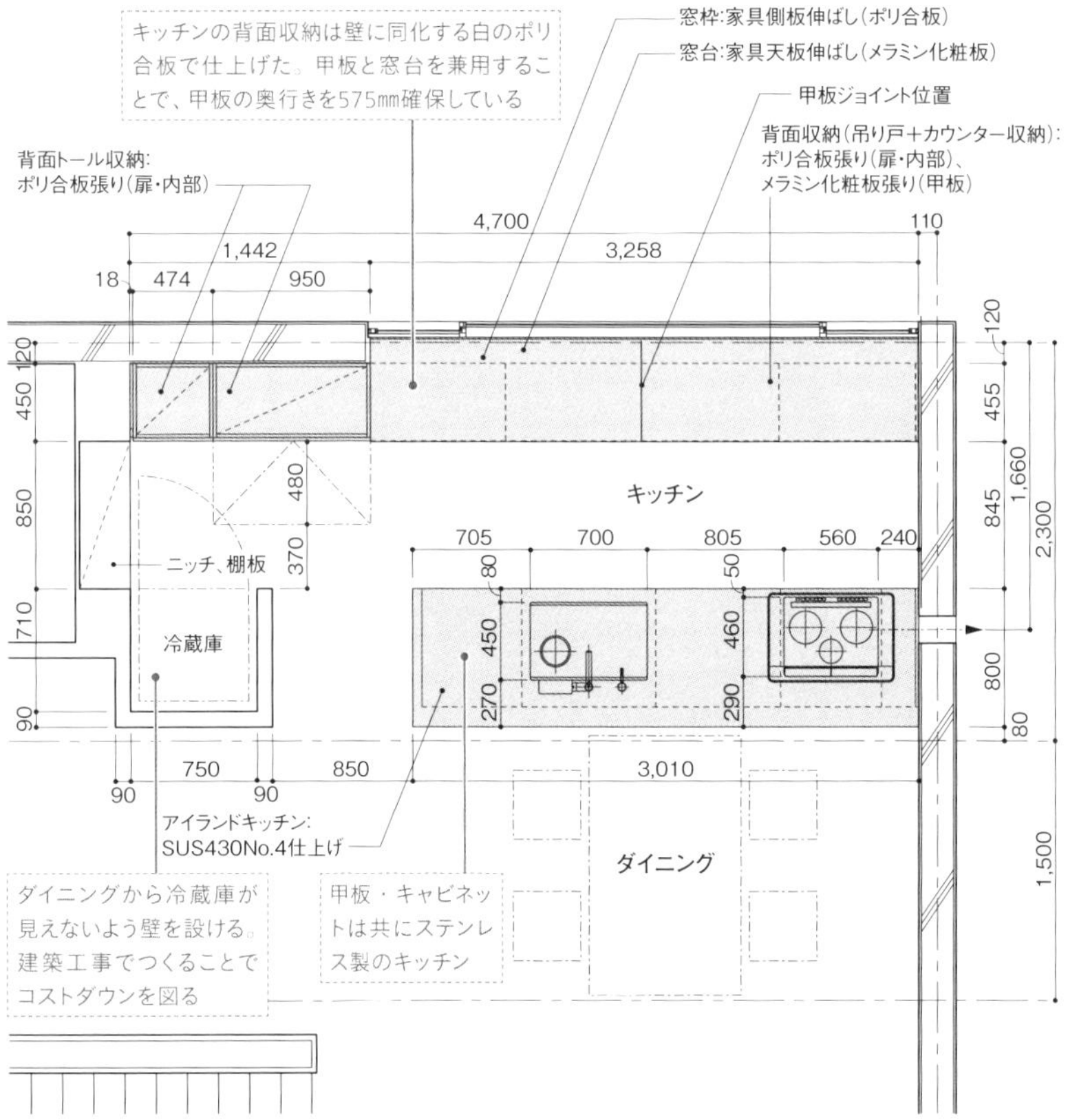

キッチンの背面収納は壁に同化する白のポリ合板で仕上げげた。甲板と窓台を兼用することで、甲板の奥行きを575㎜確保している
窓枠：家具側板伸ばし（ポリ合板）
窓台：家具天板伸ばし（メラミン化粧板）
甲板ジョイント位置
背面収納（吊り戸＋カウンター収納）：ポリ合板張り（扉・内部）、メラミン化粧板張り（甲板）
背面トール収納：ポリ合板張り（扉・内部）
キッチン
ニッチ、棚板
冷蔵庫
ダイニング
アイランドキッチン：SUS430No.4仕上げ
ダイニングから冷蔵庫が見えないよう壁を設ける。建築工事でつくることでコストダウンを図る
甲板・キャビネットは共にステンレス製のキッチン

キッチン平面［S=1:60］

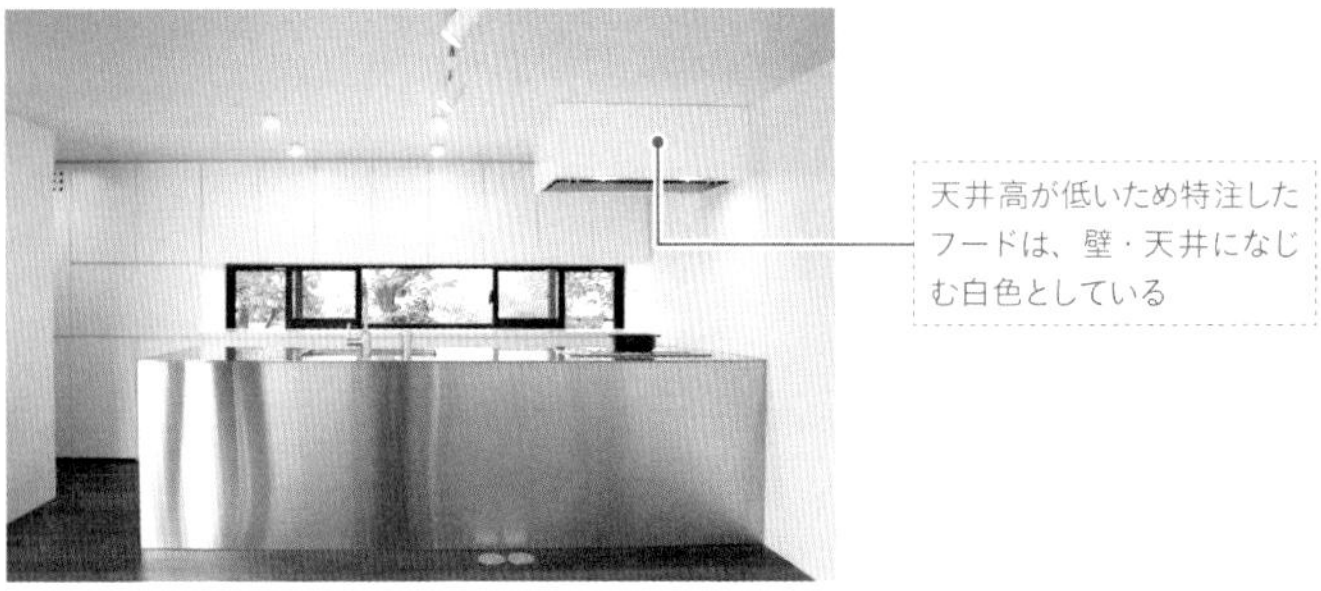

天井高が低いため特注したフードは、壁・天井になじむ白色としている

SUSの固まりとして見せる

建築設計：今永環境計画一級建築士事務所、キッチン設計：STUDIO KAZ

2 オールSUSキッチンの詳細ディテール

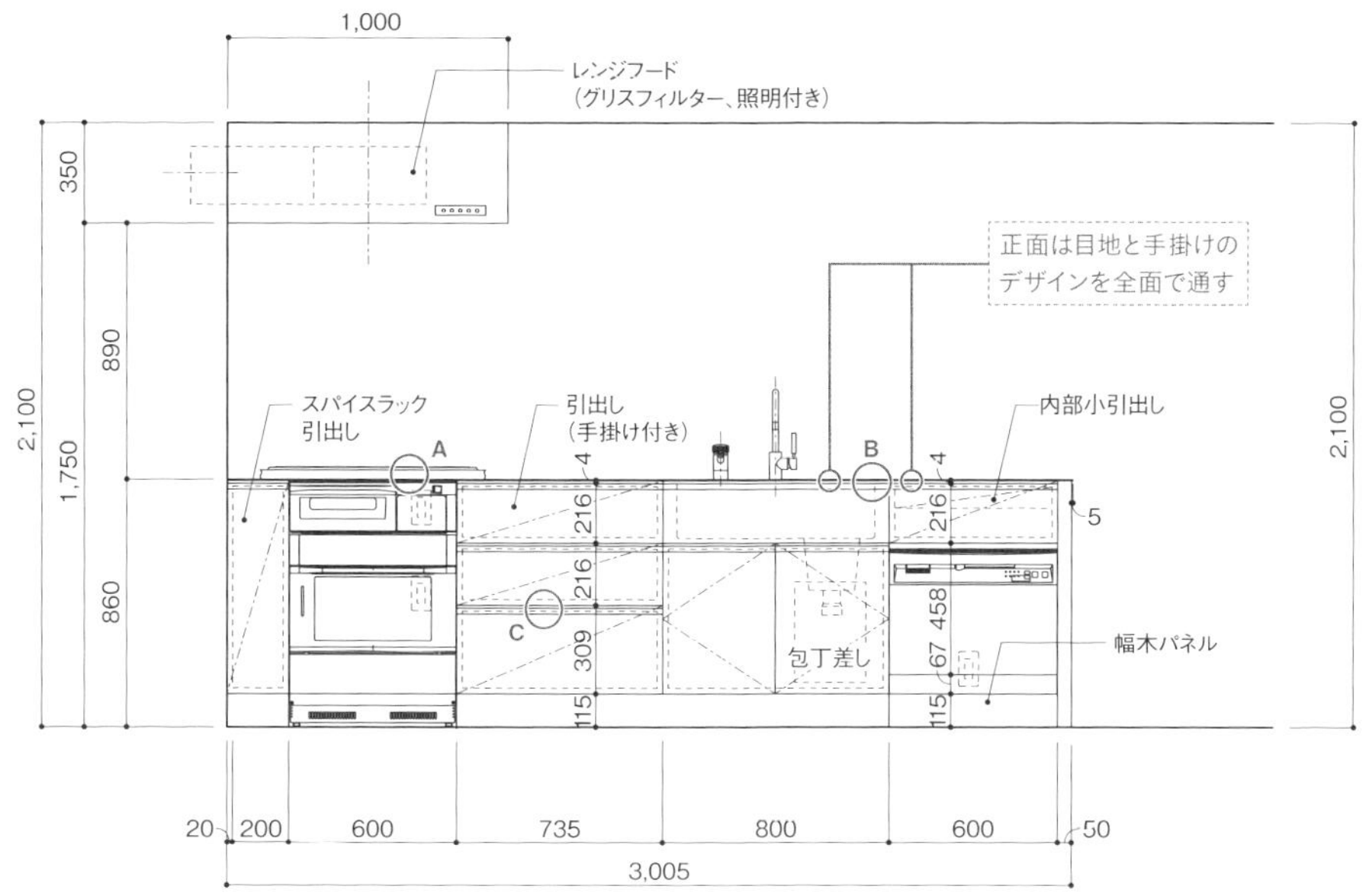

キッチン姿面[S=1:40]

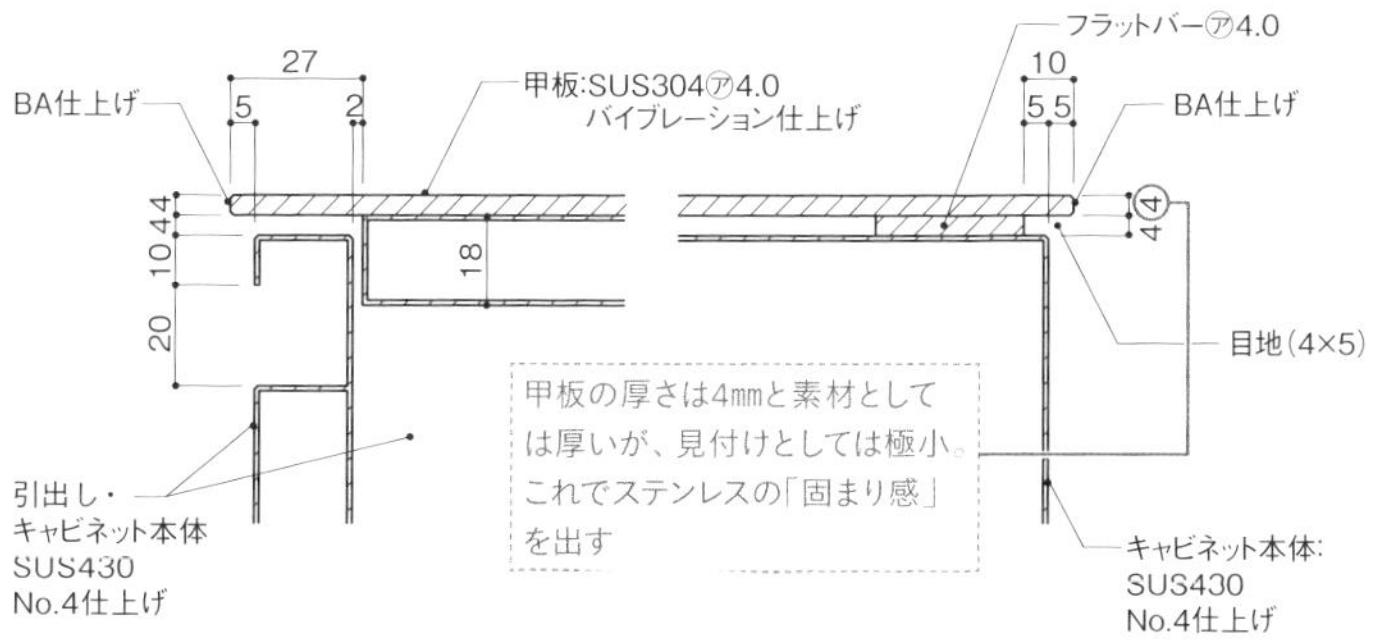

甲板断面詳細図[S=1:3]

SUS甲板は4mm厚。たわまず、見た目にもよい厚み

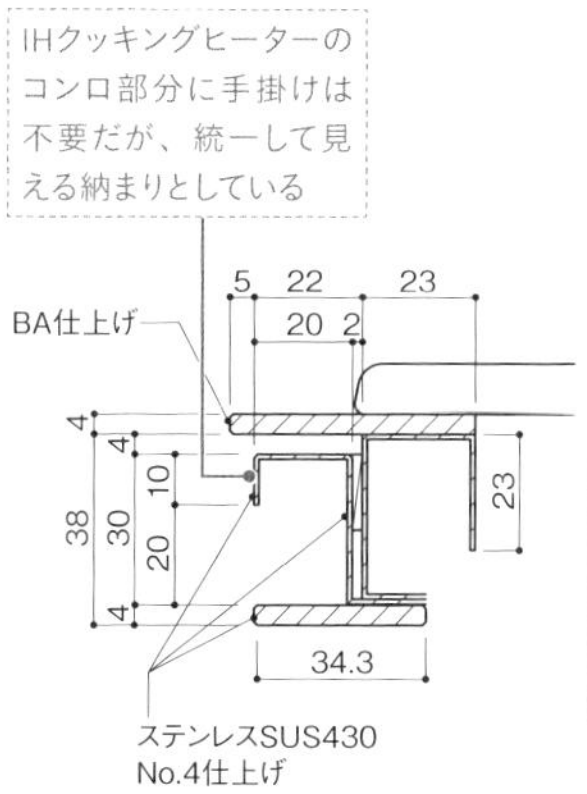

A:IHコンロ部分断面詳細図

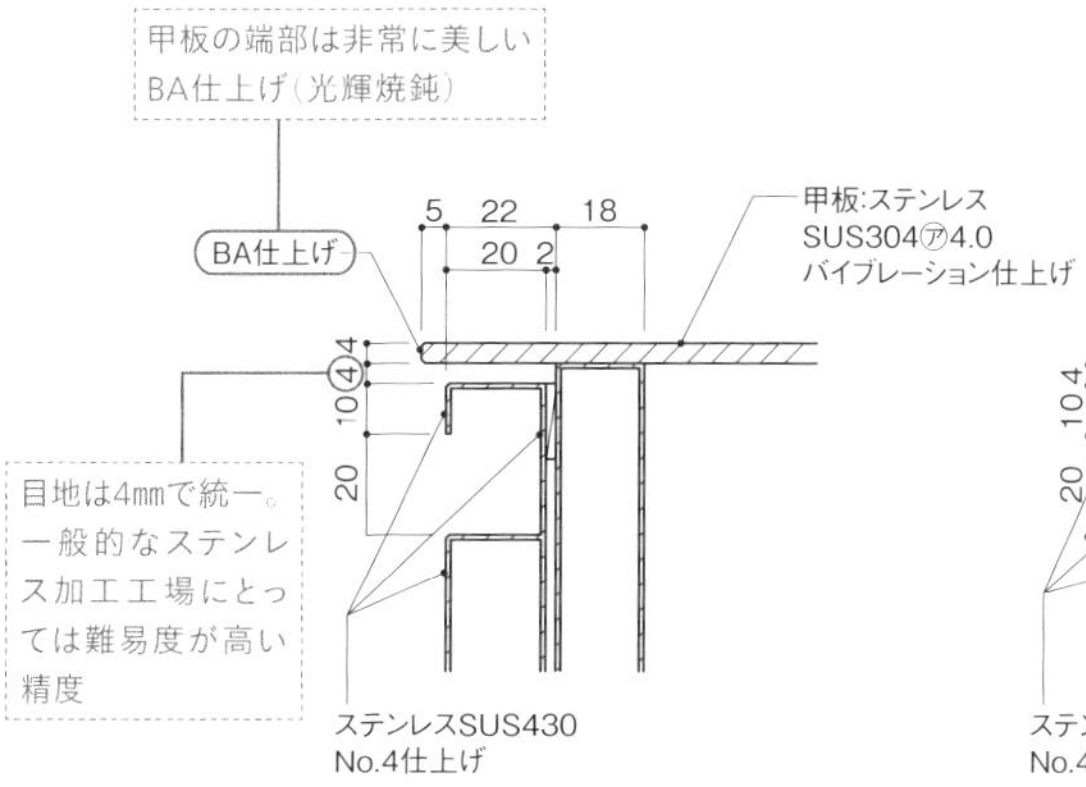

B:シンク部分断面詳細図

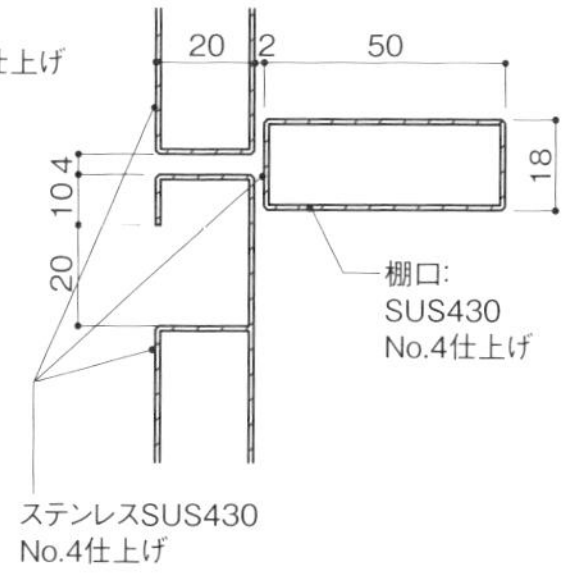

C:上下引出し部分断面詳細図

部分詳細図[S=1:3]

写真:STUDIO KAZ

キッチンの空気環境を高める換気計画

当たり前のことだが、炊事を行う際に生じる煙や臭い、水蒸気、また温度・湿度の上昇、炭酸ガスや有毒ガスの発生などによって、キッチンの空気は汚れ、粗悪な環境になってしまう。

戦後、日本の住宅が大きく変わったことの1つに、台所が住居の中心となり明るい場所に出てきたこと（たとえばオープンスタイルのキッチン）が挙げられる。また、単に炊事をするだけでなく、洗濯や家事などの活動も同時に行う多目的な場所としても変化してきた。

現在の台所には電化製品の普及により、冷蔵庫、炊飯器、電子レンジ、トースター、ポットなどの機器類も多く置かれるようになった。近年ではごみの分別化により生ごみを保管しなければならない日数も長くなった。

このような時代背景のもと、オープン化されたキッチンで正しい換気がなされていない住宅では、いろいろな弊害が生まれる。たとえば「夏、暑くてキッチンにいられない」「生ごみの臭いが消えない」「結露やカビが発生する」「肉や魚を焼いたら、煙や臭い、油などが居間にまで漂い、いつの間にか壁、家具、衣服にまで染み着いてしまう」。つまり、オープンキッチンで正しい換気が行われてない住宅の場合、影響はキッチン空間にとどまらず、住宅全体の空間にも及んでしまい、最終的には建物の寿命をも縮めてしまうおそれがあるのだ。このような事態になってしまっては、せっかくのオープンスタイルのキッチンにしたことを後悔する結果を招いてしまう。

ここでは、オープンキッチンが多い昨今の住宅で、換気計画のどのような点に気をつければ、より空間の質を高めることができ、快適な「生活領域」が実現できるかを考えてみたい。

正しい換気扇選びと正しい排気

キッチン空間での正しい換気を行うために、コンロ用換気扇の選び方と排気について触れたい。

1｜正しいコンロ用換気扇の選定方法

通常、換気扇（レンジフード）の選定は、必要風量（㎥／h）と必要静圧（Pa）により機種選定を行う。

キッチンの必要風量は最低基準として、建築基準法による「火気使用室の換気量基準」で定められている。これは開放型燃焼器具を使用した場合に、室内酸素濃度をおおむね20・5％以上に保つために必要となる換気量の計算基準であり、臭いや煙、水蒸気などほかの目的のための換気要素はまったく加味されていない。当然のことだが、この基準の風量のみで換気扇（レンジフード）を選定しても、十分な換気が行われているとは言い難い。

また、換気の目的は汚れた空気を新鮮な空気に入れ替えることなので、換気扇から吸い込まれた汚染空気が排気ダクトを通って外部に排出され、さらにキッチン付近の給気孔より新鮮空気がキッチンに取り込まれるまでに、空気の流れる抵抗が発生する。この抵抗値（圧力損失）を静圧という。つまり、建物の形状によって排気ダクトの長さ、給気孔の位置や大きさは異なるため、個々に計算し抵抗値を算出しなければ、必要な静圧能力を満たせず能力不足を招くこととなる。

メーカーのカタログに記載される換気風量表の数値のみで機種を選定し、静圧値を無視し機種を選定されているケースも少なくないようだ。カタログ

1 レンジフードと壁付プロペラ換気扇の能力比較

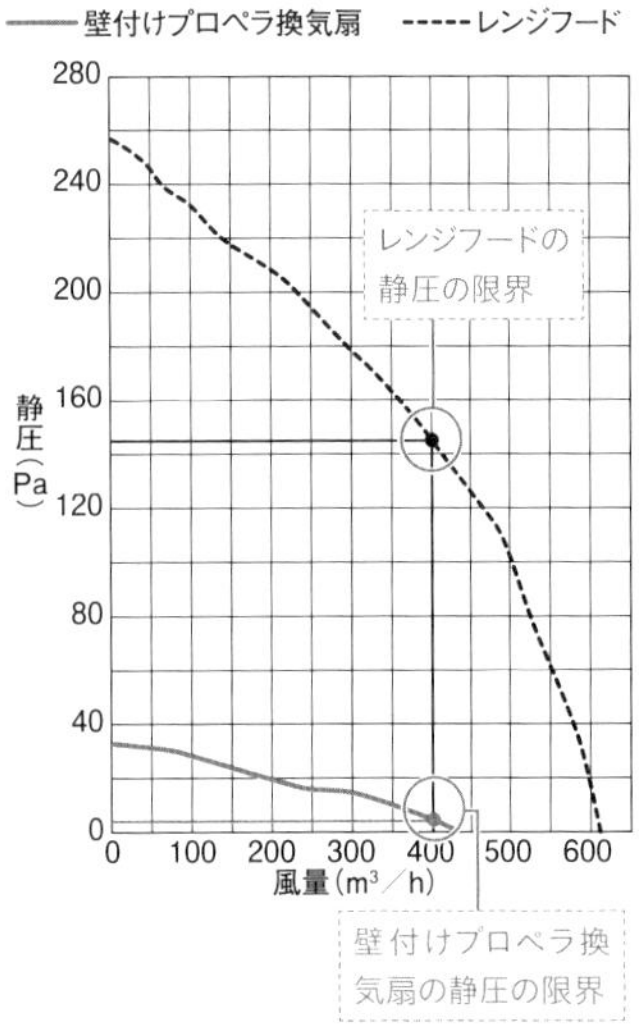

壁付けプロペラ換気扇
レンジフード
静圧（Pa）
280
240
200
160
120
80
40
0
0
100
200
300
400
500
600
風量（m³／h）
レンジフードの静圧の限界
壁付けプロペラ換気扇の静圧の限界

排気風量400㎥／h時の、壁付きプロペラ換気扇、レンジフードの静圧限界値をそれぞれ表す。この静圧が限界になると、必要換気量を満たせなくなる

内の表の数値は静圧値が0Pa時の風量なので注意が必要である。換気機種を選定する場合は必ず風量と静圧の能力線図により適切な機種の選定を行うべきである。

一例として、住宅の台所でよく見る壁付けのプロペラ式換気扇は、この静圧値が大きくなると著しく能力が低下し、必要換気量をまったく満たせなくなる特性がある［1］。一見、強力に排気しているように感じていても、必要な排気能力が満たされていないことが多いのである。この場合、特に給気孔の大きさや取入れ方法など空気の流れの抵抗を小さくすることに注意する必要があり、高気密性住宅にはどちらかというと不向きである。

また、レンジフードには捕集効率というものがあり、システムキッチンなどに組み込まれている一般的なレンジフードの場合は60％程度。すなわち、40％程度は捕集されずに漏れてほかの部屋に漂っていくと考えられる。近年のレンジフードは性能が向上し捕集効率が90％以上の機種も各メーカーより発売されているが、まだ一般的に使用されている例は少ない。

2｜効率のよいコンロの排気方法

また換気扇の設置方法によっても、この能力は左右される。理想的なコンロ排気を行うには、適切な排気風量の確保と捕集効率を上げる工夫が必要だ。それには大切な3つのポイントがある。まず1つ目は火元との距離である。本来「臭いは元から絶たなきゃだめ！」の言葉通り、レンジフードはコンロに極力近づけたほうが排気上効率的で有効である。しかし、消防法の規制により、限度は火源より80㎝とする。

2つ目は、排気フード面での吸込風速である。フードの大きさと排気風量とのバランスを考えフード面の風速を上げることで、より吸引力が増し、漏れを抑えることができる。油や煙の排気には、排気フード面での風速を0.3〜0.5m／sに設定することが理想とされているので、なるべく換気風量の大きい機種を選ぶ必要がある。例として60㎝幅のレンジフードで、面風速を0.3m／sとした場合、必要風量は約400㎥／hとなる。つまり、レンジフードの必要風量はフードの大きさによる面風速により決定することが望ましい。また、風量の切替えが3段階以上ある機種のほうが使い勝手がよい。

3つ目はコンロ周囲の開放面のあり方である。これは特にアイランド型レンジフードで気をつけたいのだが、コンロが壁面に1面ないし、2面囲まれている場合と比較し、アイランド型レンジフードは4面開放となるために、通常のレンジフードより排気面の風速を2割程度上げないと同様の捕集効率は見込めなくなる。耐熱ガラスなどでコンロ周囲を覆うなど工夫をすることも、アイランド型フードの短所を補うこととなる。また、フードの寸法についてはコンロと同じ寸法が一般的だが、コンロ寸法以上のフードを設けることも効率のよい換気を行ううえで大事なポイントとなってくる［2］。

ただし、以上の点に注意し、効率のよいコンロ換気を行ったとしても、レンジフードだけでは限界があり、一部の汚染空気は漏れてしまうと考えるべきだろう。また、コンロ上での煮炊き時に発生する煙や臭い、水蒸気がほとんど取り除かれたとしても、先に述べた電化製品の普及による排熱や生ごみの臭いなどはレンジフードで賄うことは不可能である。これらを目的とした換気は、以下のようにコンロ排気と別にキッチン全体、そして建物空間全体の換気計画のなかで処理を行う方法を考えたい。

住宅全体の計画で考える

元来の日本建築においてキッチンとは、どのようなあり方であったかを一

2 理想的なアイランド型フード

約60㎝のレンジフードで面風速0.3m／sとした場合、必要風量は約400㎥／hとなる。なお、コンロよりも幅・奥行寸法が大きいレンジフードを設けると、効率よく換気が行える

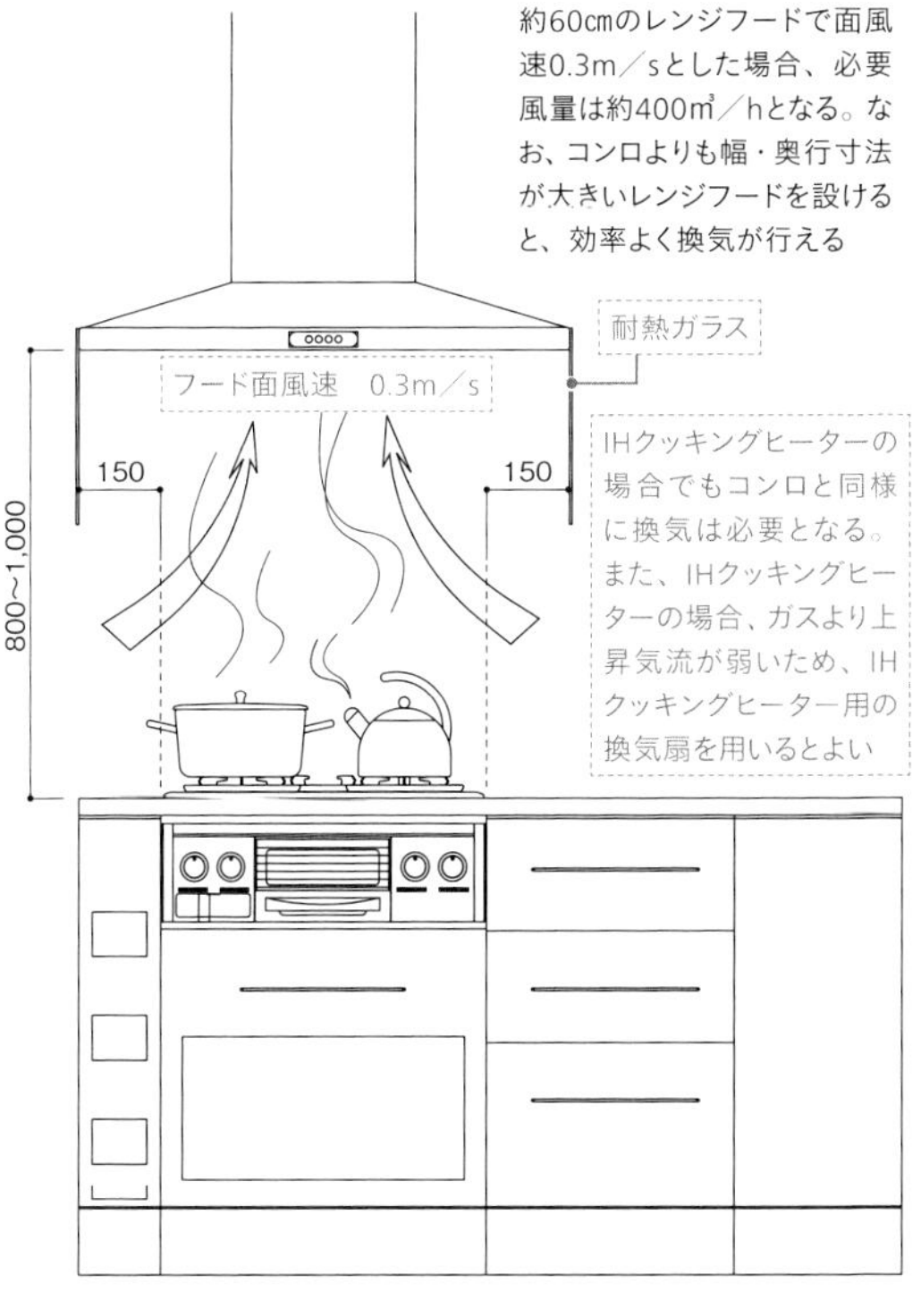
耐熱ガラス
フード面風速　0.3m／s
150
150
800〜1,000
IHクッキングヒーターの場合でもコンロと同様に換気は必要となる。また、IHクッキングヒーターの場合、ガスより上昇気流が弱いため、IHクッキングヒーター用の換気扇を用いるとよい

度振り返ってみたい。日本建築でのキッチンは土間（お勝手）といわれ、居間とは切り離されていた。一般に建物の北側に配置されることが多く、エアコンや機械換気などがない時代に、先人たちが日射熱による室内温度上昇や建物内の風の動きを考慮し、一番理想的な場所に計画的に配置されていた。また天井高を大きくとり、高い位置に煙抜き口を設けることによりドラフト（温度差）効果で空気の上昇気流を起こし、より強力な自然換気方式を用いていたのである。先人たちは、機械を使わずとも、自然の力を利用し熱や空気の動きを読み、建築計画の工夫で衛生的な空気環境をつくり出していたのだ。

しかし、現代の住宅は高気密化され、1年中エアコンや24時間換気に頼らないと快適な居住環境を保つことができないといった、窓を開けることのない高気密住宅での生活スタイルのなか、シックハウスなどのいろいろな弊害が数多く聞かれる。これは快適さを追求しすぎて間違った方向性によって導かれた結果ではないかと思う。

話を元に戻すが、オープンキッチン空間の質を高めるには、建物全体の空間の質を高める必要がある。つまり、キッチンを含めた建物空間全体の換気を考慮し、常に空気が少しずつ新鮮な空気に入れ替わっていることが理想的なのだ。

まず、基本形は自然換気で考えよう[3❶・4]。建物の配置や方位などから、全体の空気や熱の流れをチェックし、有効な個所に必要な寸法の新鮮空気の取入れ用の窓と最終の排気用の窓を計画する。

開口部の取り方は原則として、取り入れ側の窓を極力低い位置に、排気側の窓は建物最上階の人の居住域よりも上部に設ける。開口部の高低差を利用して、外が無風の条件でも自然対流で空気が動き、自然換気が行える工夫をするのだ。理想的には取り入れ側の窓は南面に、排気側の窓は北面に設ける。窓の形状は風の強い日、弱い日があるので、風量を調整するために、引違い戸やジャロジーなど開閉度が調整可能な窓にしたい。この空気の流れは、間仕切や建具などで工夫し、よどむところなくすべての部屋に空気が流れるように計画する必要がある。冷暖房が不要な中間期などは、この窓の開閉による自然換気方式だけで十分、空間の質を高めることが可能となってくる。また窓は、外部からの視界を遮りながら風を通す工夫なども大切である。

機械換気の場合も、空気や熱の流れ方は自然換気と同様に考える[3❷]。メインの給気口は、φ200またはφ150を2個以上として1階の低い部分に設け、建物最上階の人の居住域よりも上部に排気ファンを設置し、住宅全体にまんべんなく空気が流れるようにする（シックハウス対策による24時間換気設備を設ける場合は各室に給気口が必要となる）。排気ファンの風量は、1時間当たりの換気回数を0.5～1.0回程度とし、強弱切替機能付きとする（シックハウス対策では換気風量は1時間当たりの換気回数を0.5～0.7回と義務付けられている）。

あくまでも換気機器については、冬季の暖房時や夏季の冷房時に開口部を締め切ったときの補助用としたほうが、光熱費用などを考えた際に理想的だ。なお、給気口からは外気が入ってくるので、居住域に設けると隙間風を感じ不快に感じてしまう。そのため、給気口を設ける位置は十分に注意する必要がある。また、空調計画のなかで外気の熱処理を考えることも有効な方法である。

ここで、事例を挙げて換気計画の説明をする[4]。この住宅は、木造2階建てで、夫婦と3人の子どもたちの快適な住宅を実現するためのプロジェクトである。この住宅の大きな特徴は、南側に面した大開口面と、それと並列した吹抜け空間である。さらに、北側

3 自然換気と機械換気の概念

❶オープンキッチンでの「自然換気」概念図

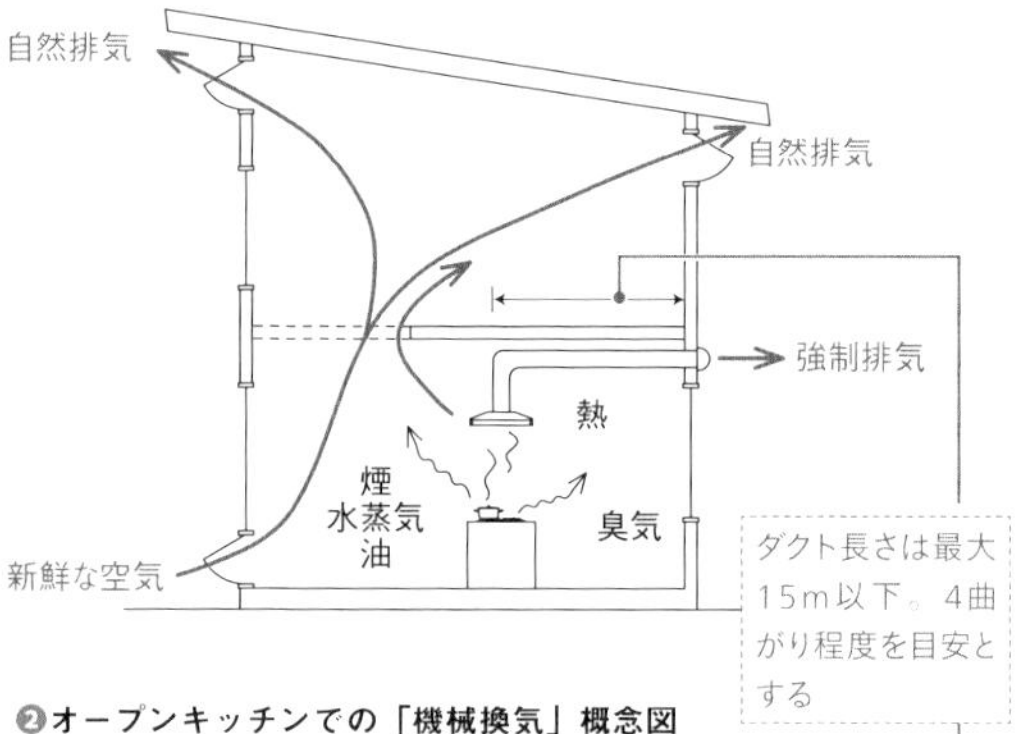

自然排気
自然排気
強制排気
熱
煙
水蒸気
油
臭気
新鮮な空気
ダクト長さは最大15m以下。4曲がり程度を目安とする

❷オープンキッチンでの「機械換気」概念図

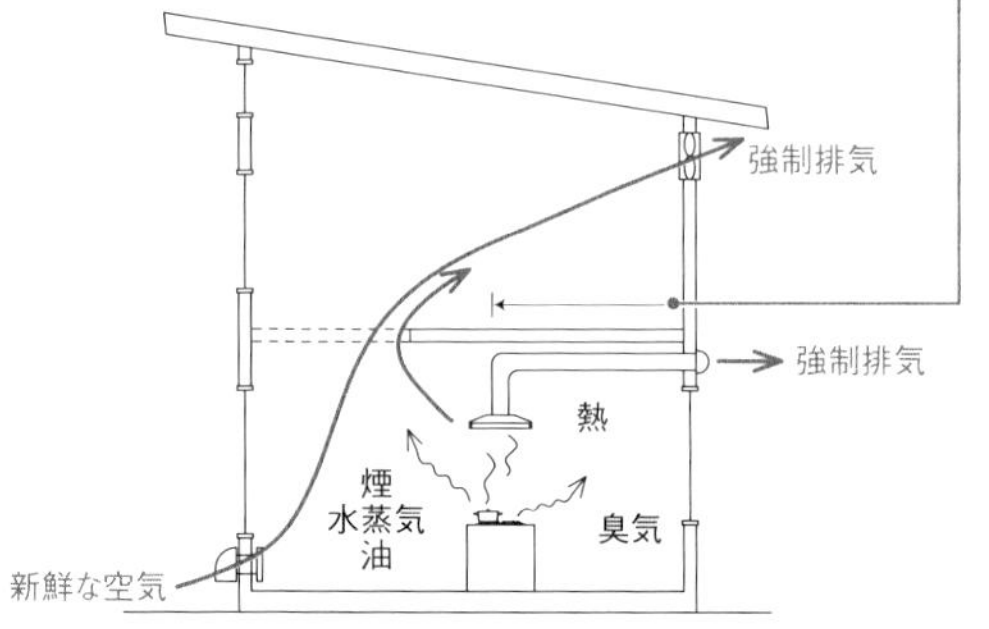

強制排気
強制排気
熱
煙
水蒸気
油
臭気
新鮮な空気

4 自然換気をメインに考えた換気計画

[S=1:200]

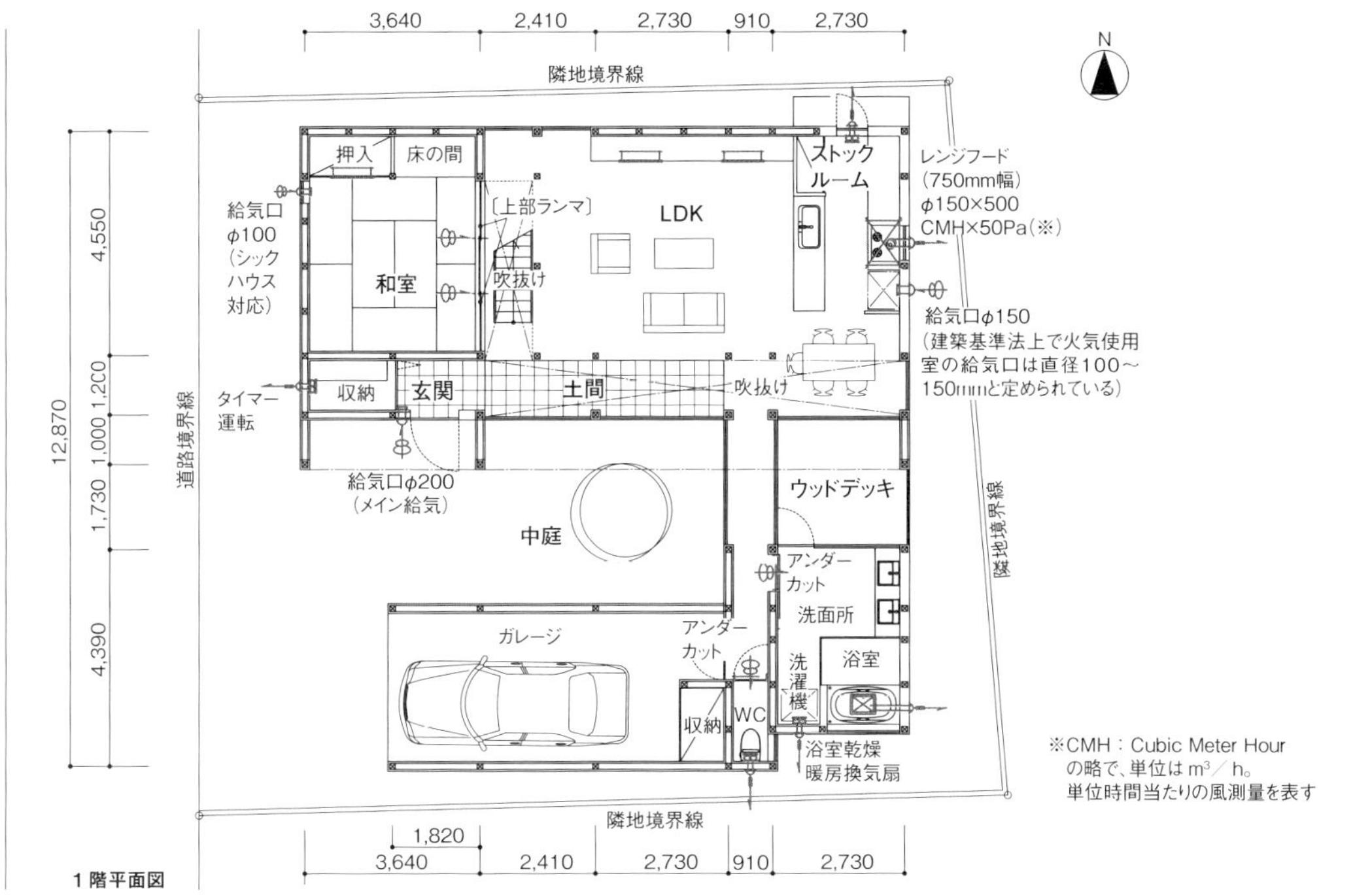

1階平面図

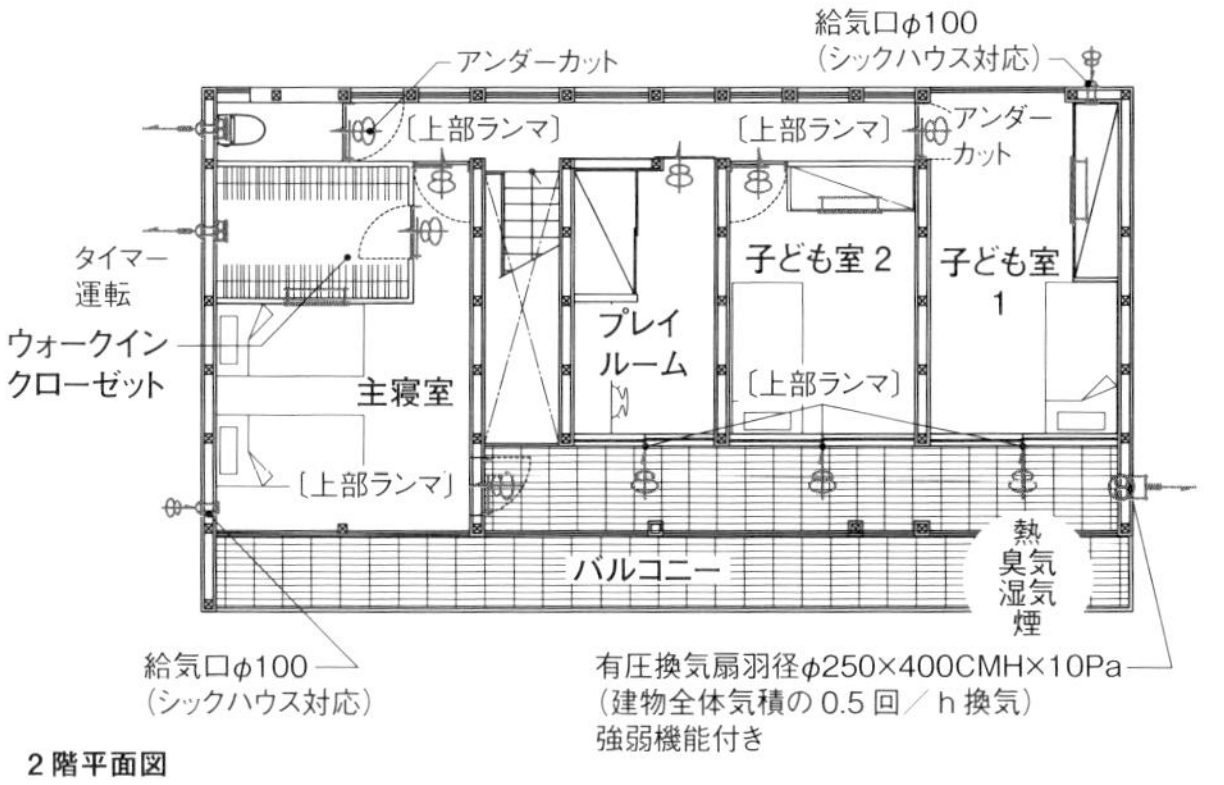

2階平面図

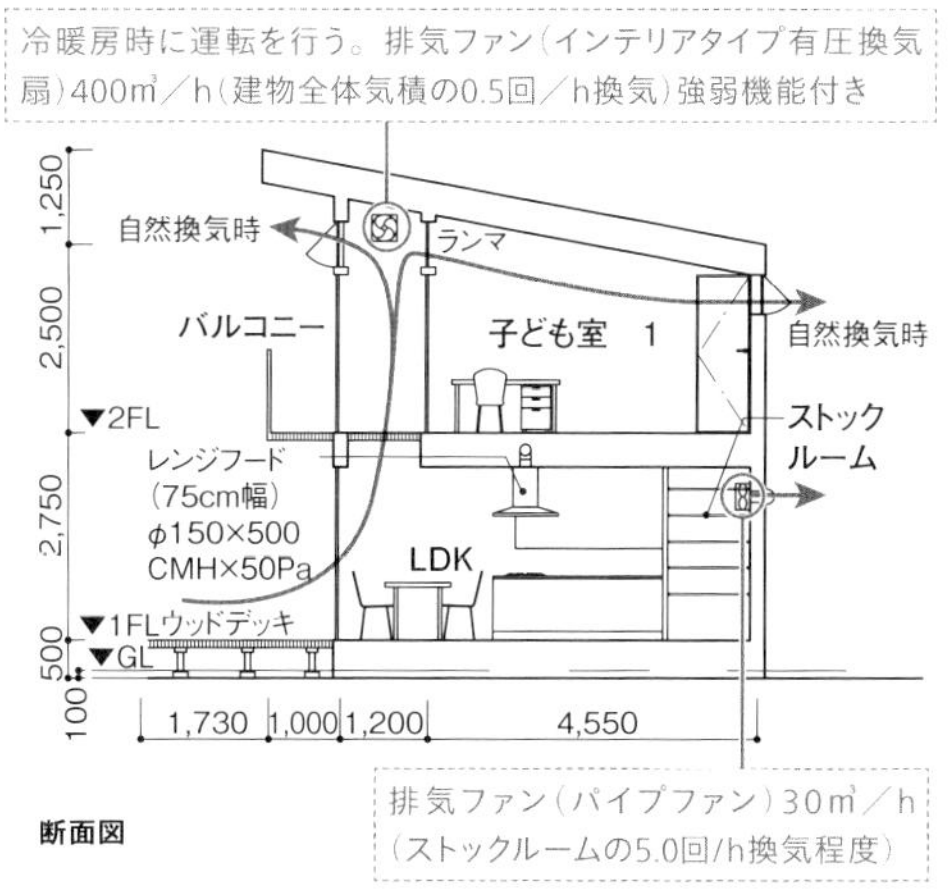

断面図

2階の外壁面が、ほぼ全域ハイサイドの開口となっている。1階部分にはキッチン（オープンキッチン）とリビングダイニング、客用の和室と離れた場所に風呂・洗面やトイレの水廻りを配置し、2階部分は夫婦の主寝室、2つの子ども室とプレイルームとした。

基本的には、南側開口からの外気取入れ口と吹抜けを介して、北側ハイサイド開口からの排気による自然換気を確保している。各部屋の建具には開閉可能な欄間を設けることで、すべての部屋の空気が淀むことなく自然通風により新鮮な空気が供給できるように計画している。離れにある水廻り部分も自然換気が行えるように外部への開口部を多く確保した。

キッチンには750㎜幅のレンジフードを設備しているが、ほかにストックルームに臭気抜き用の換気扇を設け、2階最上部には、建物全体の換気を行う目的のために有圧換気扇を設置した（この換気扇は主に冷暖房時に運転を行う）。また、1階玄関横の収納と2階クロゼット内にも湿気抜きなどを目的とした換気扇を設置し24時間タイマーによる自動運転を行う。なお、給気口は法的にはコンロ付近と各室に必要となるが、この建物の場合のメイン給気口は玄関横に設けている。〔山田浩幸〕

性能とスペースがせめぎあう設備の取合い

1 キッチンに必要な設備とその配置

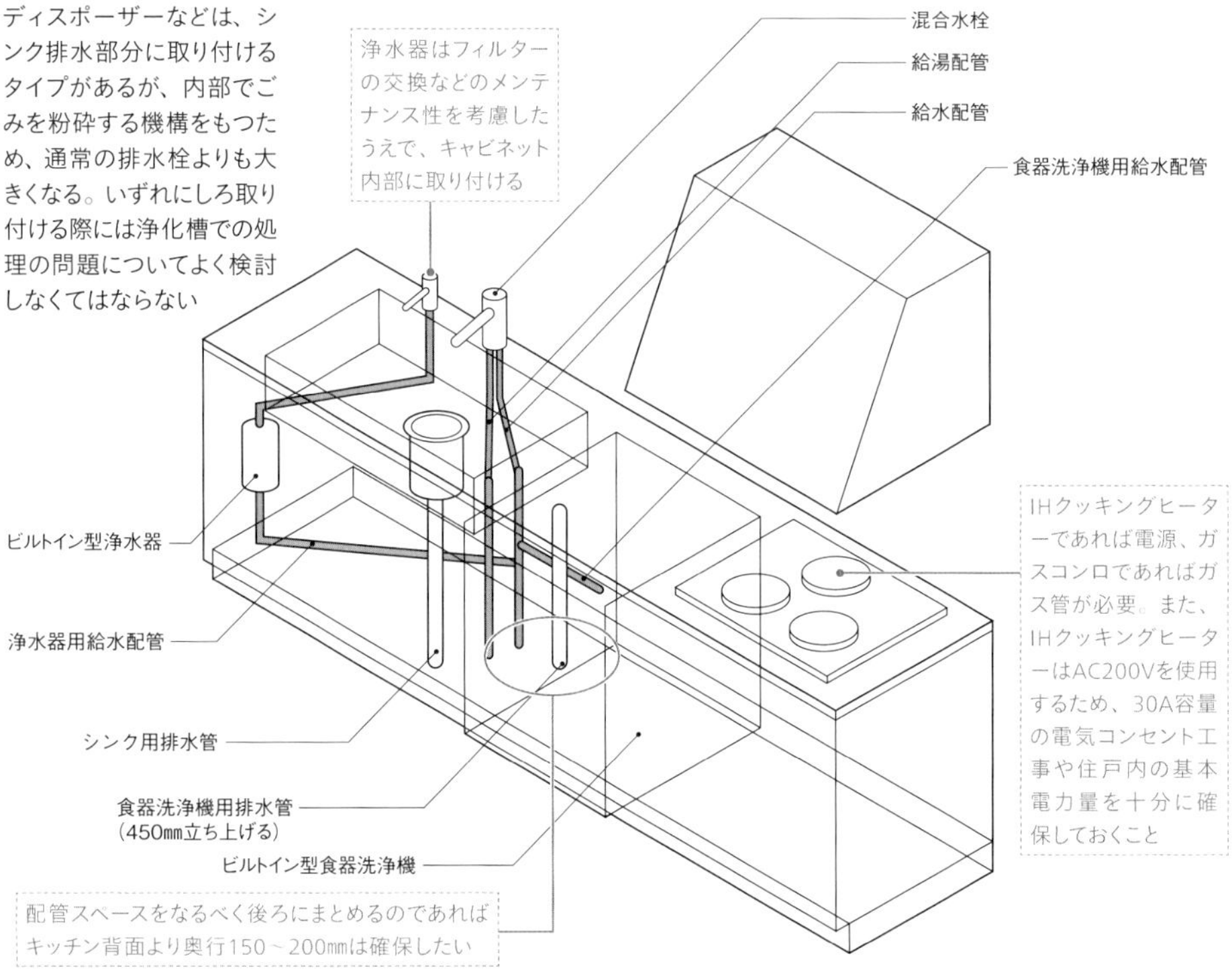
ディスポーザーなどは、シンク排水部分に取り付けるタイプがあるが、内部でごみを粉砕する機構をもつため、通常の排水栓よりも大きくなる。いずれにしろ取り付ける際には浄化槽での処理の問題についてよく検討しなくてはならない
浄水器はフィルターの交換などのメンテナンス性を考慮したうえで、キャビネット内部に取り付ける
混合水栓
給湯配管
給水配管
食器洗浄機用給水配管
IHクッキングヒーターであれば電源、ガスコンロであればガス管が必要。また、IHクッキングヒーターはAC200Vを使用するため、30A容量の電気コンセント工事や住戸内の基本電力量を十分に確保しておくこと
ビルトイン型浄水器
浄水器用給水配管
シンク用排水管
食器洗浄機用排水管
(450㎜立ち上げる)
ビルトイン型食器洗浄機
配管スペースをなるべく後ろにまとめるのであれば
キッチン背面より奥行150～200㎜は確保したい

2 それぞれの機器に必要な設備種類

機器類	設備
シンク、水洗器具	給排水、給湯
食器洗浄器	電源、給排水、給湯
ディスポーザー (生ごみ処理機)	電源、排水 (専用の廃水処理槽へ)
浄水器	給水
コンロ	給水
レンジフード	電源、排気ダクト

キッチンは給排水設備のほか、ガスや電気などさまざまな配管配線類と取り合うことになる［1、2］。キッチンキャビネットは、いってみれば家具のつくり方とまったく同じなのだが、そうした多数の設備機器との取合いをきっちり押さえなければならないことが、キッチン設計の難しいところと思われているかもしれない。しかし、こうした部分をしっかり設計することによって、安定感があり、また、使いやすく質の高いキッチンとなる。設備計画における注意点として挙げられるのは、以下のとおりである。

①設備機器のスペックに見合った設備計画をすること

②さまざまな設備機器がキッチンキャビネットにビルトインされることになるので、躯体での配管計画のほかに、キャビネット内での配管・配線位置などを細かく計画すること

③建築工事の工程も含めてキッチン全体の計画をすること

いずれも基本的な話ではある。しかし、マニュアルや教科書どおりにやっているだけでは、設備のためにスペースを無駄にすることも少なくない。一歩進んだ使い勝手を考えるのであれば、設備を配置する面積も省スペース化を図り、空間効率のよいキッチンの設計を試みたい。設計者だからこそ工夫ができるはずである。

3 シンク下の空間を活用する納まり

[S=1:12]

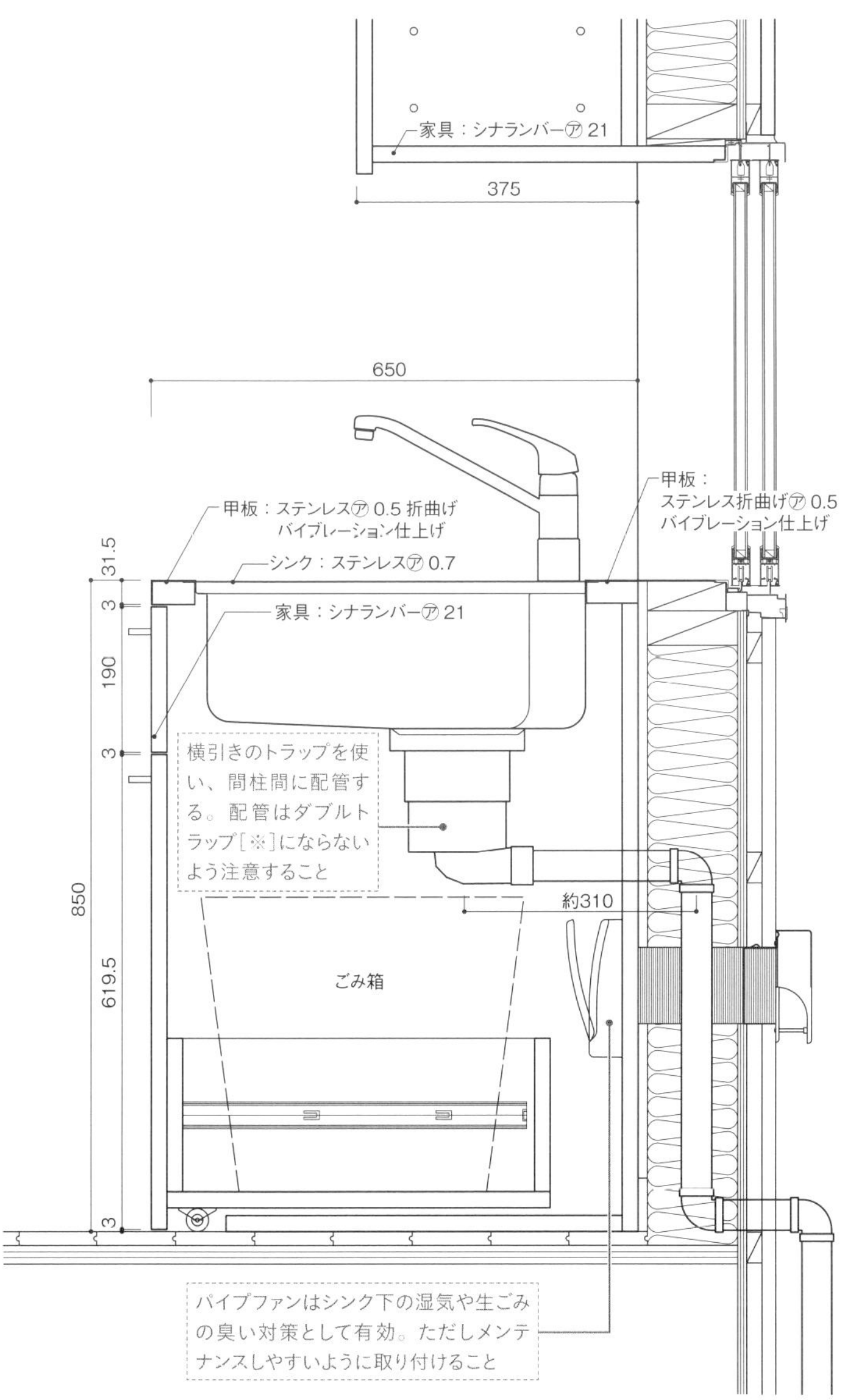
家具：シナランバー㋐21
375
650
甲板：ステンレス㋐0.5折曲げ
バイブレーション仕上げ
甲板：
ステンレス折曲げ㋐0.5
バイブレーション仕上げ
シンク：ステンレス㋐0.7
家具：シナランバー㋐21
31.5
3
190
3
850
619.5
3
横引きのトラップを使い、間柱間に配管する。配管はダブルトラップ[※]にならないよう注意すること
約310
ごみ箱
パイプファンはシンク下の湿気や生ごみの臭い対策として有効。ただしメンテナンスしやすいように取り付けること

1

木造住宅であれば、横引きのトラップを使い、配管を間柱の間に下ろしている

2

生ごみ、燃えないごみ、燃えるごみそれぞれのごみ箱をすっきりと引出しに収納できる

シンク下でも引出し収納がつくれる

1 シンク下の配管を工夫する

通常、シンクの下は配管がくるので棚板で仕切ることもできず、その空間を有効利用できていないことが多い。最近、鍋などの大きな調理器具を収納するのに、引出しが便利であるといって人気がある。しかし、前述のように配管があるために、シンク下には引出し式の収納をつくりにくい。

そこで、木造住宅の場合ではあるが、筆者が手掛けるキッチンでは、シンク下の配管をキッチン背面方向に横引きし、間柱の間に排水管を下ろすことによってシンク下のスペースを有効に使えるようにしている[3]。写真1・2は、このような納まりを実現することによって、キャスター付きのごみ箱収納をつくることができた例である。排水管を床に下ろす、壁にまわすかどうかなどは、通常、洗面所などでよく行われることであり、家具図面の中で配管位置を押さえていれば特に難しい仕事ではない。

2 ごみ箱を収納したときの臭い対策

また、シンク下などのスペースにごみ箱を収納したいという要望がある[写真2]。しかし、気になるのが生ごみの臭いである。その対策として、キャビネット背面に既製品のパイプファンを取り付けて常時換気することを提案したい[3]。シンク下は水廻りであり、湿気のこもりやすい場所なので、換気は有効である。ただし、電気製品であるためメンテナンスや、清掃などを容易にできるように、パイプファンを取り付ける位置には気をつけたい。

〔藤井徳昭〕

※ トラップが直列に並んでしまう配管のこと。トラップ間の配管は水が流れにくく、排水が詰まりやすくなる

キッチン廻りの照明計画

照明計画の考え方

キッチンには大きく分けて、クローズドキッチンとオープンキッチンの2つがある。どちらが使いやすいか、それは使う人の好みと暮らし方による。ただ最近では、オープンキッチンの方が好まれる傾向にある。

　クローズドキッチンの照明はまず、天井照明を中心として部屋全体を明るくする。そのうえで、シンク上の吊り戸棚の下に、作業スペースの手元を明るくするための照明が加えられる。また、レンジ廻りを明るくする照明は、既製品のフードならば照明器具が組み込まれている。ただし、造作の収納家具に合わせるために、フードを製作する場合があり、その場合は、フードに照明器具を内蔵させ、レンジ廻り全体を明るく照らす。つまり、部屋の明るさと作業廻りの明るさ、この2点に配慮して照明計画をすれば、まず問題は生じない。

　ただし、オープンキッチンの照明計画になると、クローズドキッチンの照明計画とは異なる難しさもでてくる。まず、キッチンと食堂が1つの生活空間になる。それは、キッチンだけで完結する照明計画を考えるのではなく、食堂と合わせて、複合的に考えることが求められる。今回はキッチンと食堂、それにプラスして家事書斎コーナーを含めた事例で、その考え方を説明する。

オープンキッチンの照明計画

ほぼ正方形の平面の中に、L型の形でキッチンと家事書斎コーナがあり、食堂はそのL型に囲われている。作業台の手元が食堂側から見えないように、キッチンの作業台前面は266㎜の小壁を立ち上げている。それにより、食事中に調理後のキッチンの状態を見せないで食事ができる。客人を呼んで食事をする場合は特に大切なことだ。ここでは調理台の高さを900㎜にしているので、食堂側の床から1千166㎜の高さのカウンターがあることになる。カウンターの高さにはいろいろな意見があるが、特別な場合を除き、私は1千200㎜の高さが上限で、1千150㎜が下限と考えている。このことを前提にして照明計画を考えてみる。

　天井の照明計画では、3つのブロック＋αに分けている。キッチンで3つのダウンライトと、冷蔵庫前に単独で1つのダウンライト。食堂に1つのペンダントライト。家事書斎コーナーには2つのダウンライト。この4カ所を折々の暮らしに合わせて、ONとOFFをしながら使い分けている。

照明器具の選定

今では、ほとんどすべてLEDの照明器具を使うことになる。器具にはLED電球とカバーが一体型となっているタイプ、LED電球を後々交換できるタイプ、この2つに分かれる。どちらを選択するかは、住む方の判断にもよるが、私は極力、後々交換できるタイプを選んでいる。一体型のタイプは値段が高い傾向にあり、一方、交換できるタイプはソケット部分の直径が同じであれば、多少LED電球の形状が違っていても問題なく取り付けられる。ソケットの直径は26㎜（E26）と17㎜（E17）が多く出回っている。

照明器具とスイッチとの関係

照明をON・OFFするスイッチの取り付け位置は、日常の暮らしのなかで、とても大切なことである。人の動きに対して最もふさわしい位置にスイッチを設置することは、暮らしにストレスを与えない要因にもなる。例えば、今回のキッチンや食堂は、2方向からアクセスできる。その場合、アクセスする2カ所の位置にスイッチが必要になる。

　また、スイッチの位置は、ある程度集約させることも大切で、スイッチの位置が散らばっていると、使い勝手が悪くなり見た目も美しくない。

〔本間至〕

1 プラン図例

オープンキッチンの場合、シンク前面の立ち上がりに照明器具を設置するのが難しいことが多い。天井面の照明器具からの光が、作業する人の手元に問題なく届かなければならない。そのため、調理する人の立ち位置を考慮し、照明器具の位置を決めることになる

レンジ上の照明器具は、飛び散る油や水分、煙を避けるため、照明器具にカバーを設置する。レンジフードに取り付けた照明器具の光が、フード前面の壁に反射してレンジ廻りをより明るくする

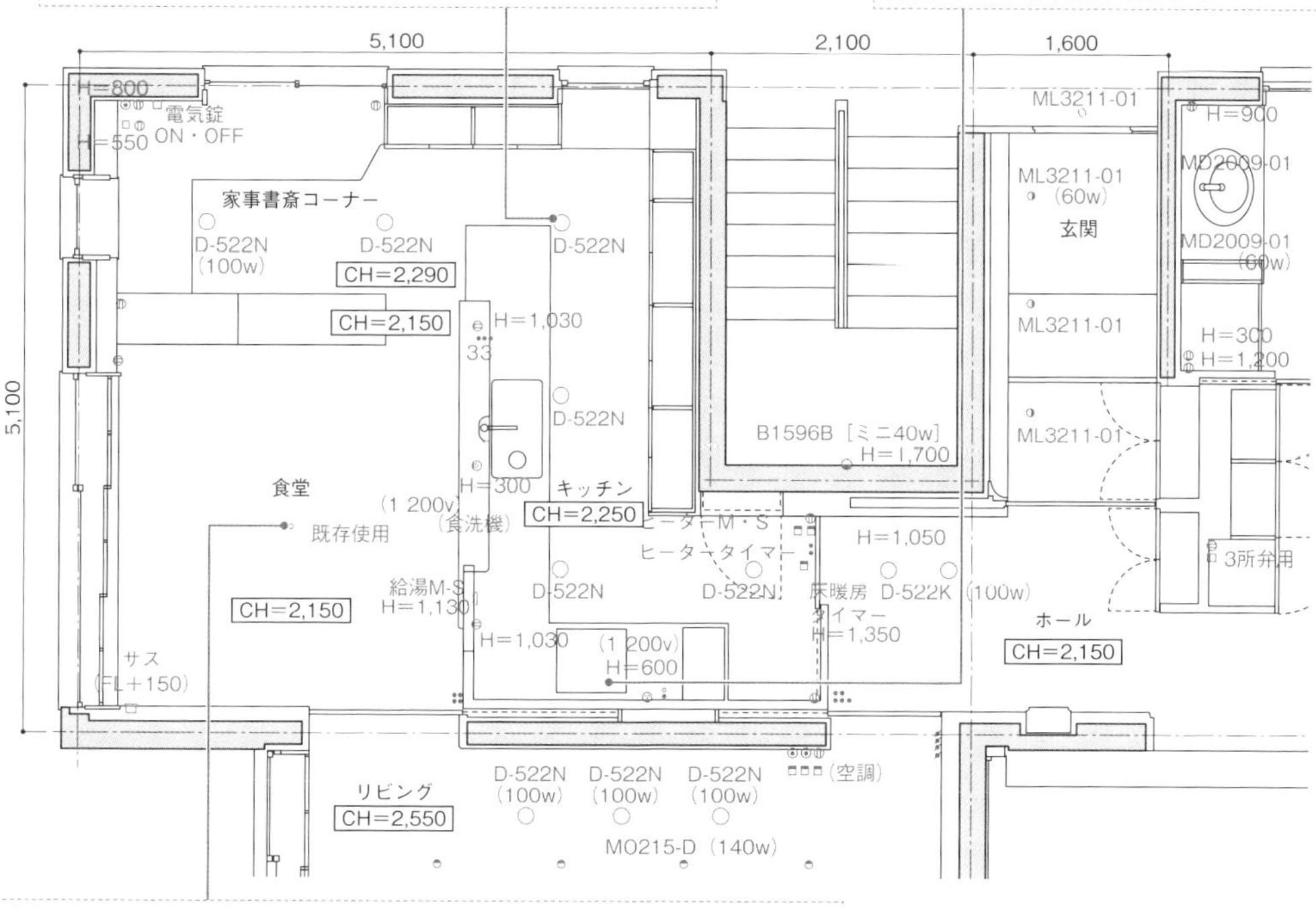

食堂の照明の基本は、食卓に並べた物をしっかりと見せ、その食卓廻りに求心性を与えることである。そのことを前提に、照明器具の選定と取り付け位置が決まる。例えば、器具にペンダントを使うのであれば、テーブル面から器具の下端までの寸法は、テーブル面の光を集約させるため、ここでは500mm前後としている

キッチン廻り配灯図[S=1:80]

レンジ廻りを全開放せず、レンジとフードの前に壁を設けている。調理の際、レンジ廻りに飛び散る油や水分、そして煙などが、食堂やそのほかのスペースに大きく飛び散ることを避けるためである

「三住奏」設計:プライシュティフト、写真:大沢誠一

フードを製作する場合、内部に既製の換気扇を取り付けることが難しいため、排気ダクトの中間に中間ダクトファンを取り付ける。ダクトの曲がりを少なくして直線にし、曲がり部分の空気抵抗を極力少なくすることが望ましい。中間ダクトファンは箱型のチャンバーの中に換気扇を入れており、そのチャンバーを天井裏に取り付ける。単純な構造なので原則メンテナンスは必要ないが、メンテナンスを考慮して天井に点検口を設けてもよい

キッチン廻りの造作と調和させるために、レンジフードを製作することがある。その場合の利点は、フードの外形寸法を自由に設定できること。素材は鉄板かステンレスになるが、ステンレスは高価なので、鉄板を加工してメラミン焼き付け塗装を施して製作することが多い

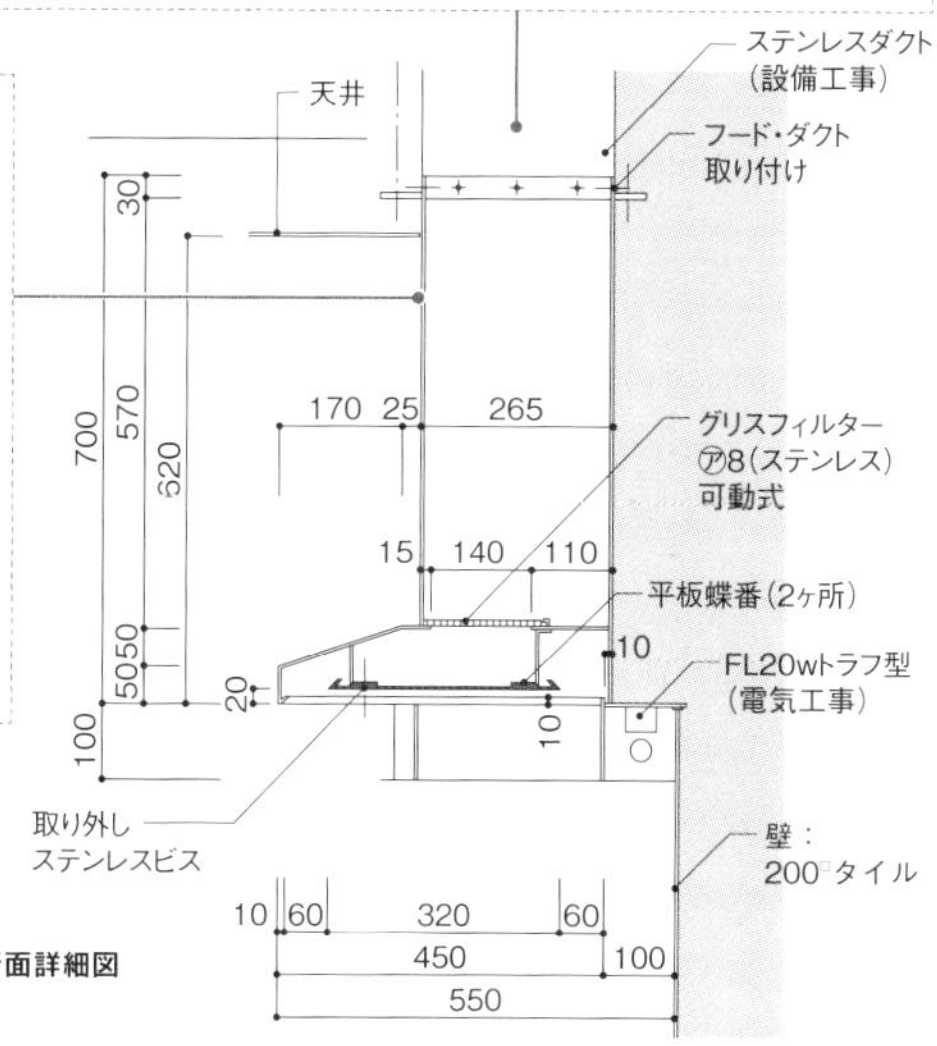

照明付きレンジフード断面詳細図
[S=1:20]

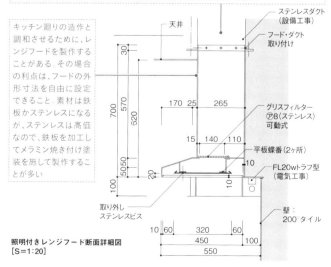

業者への発注方法も精度を左右する

1 オリジナルキッチン工事に関わるさまざまな業者とその部位

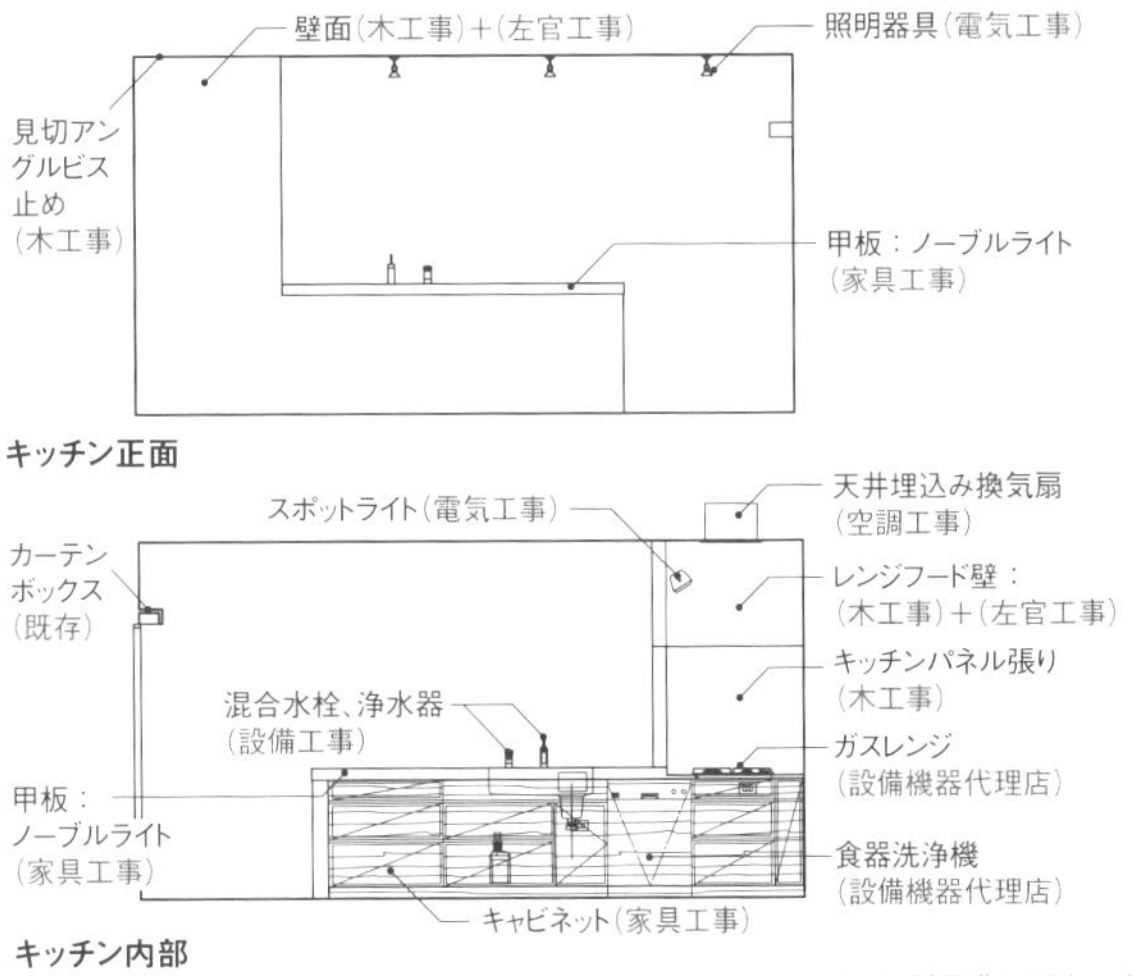
壁面（木工事）＋（左官工事）
照明器具（電気工事）
見切アングルビス止め（木工事）
甲板：ノーブルライト（家具工事）
キッチン正面
スポットライト（電気工事）
天井埋込み換気扇（空調工事）
カーテンボックス（既存）
レンジフード壁：（木工事）＋（左官工事）
キッチンパネル張り（木工事）
混合水栓、浄水器（設備工事）
ガスレンジ（設備機器代理店）
甲板：ノーブルライト（家具工事）
食器洗浄機（設備機器代理店）
キャビネット（家具工事）
キッチン内部

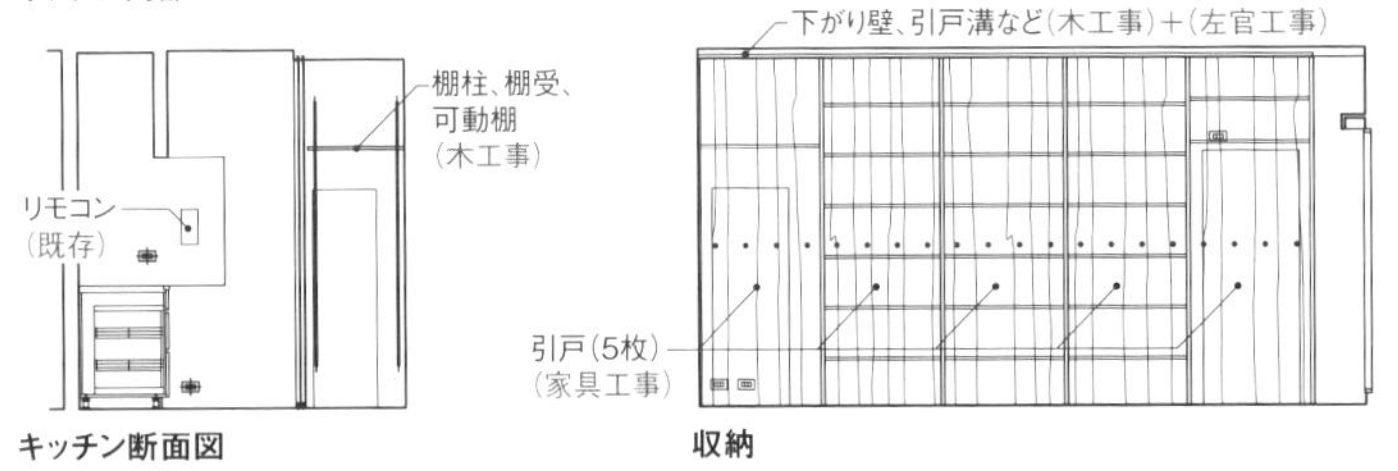
棚柱、棚受、可動棚（木工事）
リモコン（既存）
キッチン断面図
下がり壁、引戸溝など（木工事）＋（左官工事）
引戸（5枚）（家具工事）
収納

●キッチン工事に関わる業者一覧

①家具屋：各工程の製作、施工において、各工場および職人たちの統括的な管理を行う
②木工工場：木製キャビネット、扉、木製カウンターの製作など
③家具施工職人：現場にて、家具の施工を行う職人。家具屋や木工工場などが行うところもある
④金属加工工場：ステンレスカウンター、ステンレスシンクなどの製作
⑤設備機器類の代理店：食器洗浄機、加熱調理器などの機器類の設置
⑥大工：周囲の造作をつくる以外にも、棚やカウンター、収納部分などの現場での加工
⑦電気工事、ガス工事、水道工事、空調工事
⑧ガラス工事：カウンターや壁面にガラスを使う場合に現場での作業が発生する
⑨タイル工事：壁、床、ワークトップなどの施工

キッチン空間の施工には、住宅の施工に携わる業者の大半がかかわる［1］。そのため、新築工事であれば日程の調整がやりやすいが、キッチン空間のみのリフォームでは、狭い場所に複数の業者を同時に入れるわけにはいかず、日程の調整が重要になる。

では、どのように複数の業者を組み合わせ、発注の系統を立てればよいか。これは、各業者や設計者がどの程度までキッチンを理解しているかということや、建て主との契約、各業者との契約（取引）などにより、次の3つに大別される［2］。なお、大工や設備業者は工務店がまとめることが大半なので、ここではそのように考える。

❶―家具屋［※1］を工務店の下に付ける

これは最も一般的なやり方で、契約形態が最もシンプル、工程管理もスムーズである。また、責任の所在が1カ所に集中するというメリットもある。不安な点は、工務店の下請けの家具屋が家具製作を行うことが多いため、その技量が読めない場合があることだ。最近は減ってはいるが、通常の木工工場は「キッチン」をつくりたがらないところもあると聞く。筆者がよくお願いしている家具屋も、最初は「手間がかかるから」となかなか受けてもらえなかった。

❷―工務店と家具屋を同列にする

これは信頼のおける家具屋を指定する場合である。契約先が1つ増え、建て主にとって契約手続きや代金の支払いなどが煩わしくなるが、仕上がりを予想しやすく、設計者としては最も安心できる組合せといえる。ただし、工程管理を工務店まかせにせず、設計者も積極的に携わることが重要である。コストは1の場合とさほど変わらない。

❸―各業者を同列にする（分離発注）

設計者もしくは建て主自らが各業者を熟知して、工務店的な動きをすることになる。その覚悟があれば、もっともローコストに仕上げることも可能である。

※1　ここでいう家具屋とは後述する木工メーカー、金属加工工場、施工職人などを統括できる会社を指す

2 業者への発注系統

❶家具屋を工務店の下に付ける

建て主 → 工務店／設計事務所

工務店	
大工 →［※2］	木工工場（メーカー）
家具工事	家具施工職人
電気工事　ガス工事	金属加工工場
水道工事　空調工事	ガラス屋
ガラス工事	設備機器類の代理店
タイル工事	

最もシンプルでオーソドックスな組合せ。現場がスムーズに進むことが多い

❷工務店と家具屋を同列にする

建て主 → 工務店／家具屋／設計事務所

工務店	家具屋
大工	木工工場（メーカー）
家具工事	家具施工職人
電気工事　ガス工事	金属加工工場
水道工事　空調工事	ガラス屋
ガラス工事	設備機器類の代理店
タイル工事	

家具屋が決まっているときに有効。家具のグレードは保証できる。ただし工程管理や搬入など、工務店とのコンセンサスを設計事務所がうまくまとめる必要がある

❸各業者を同列にする

建て主 → 工務店／各業者／設計事務所

工務店	
大工 →	木工工場（メーカー）
家具工事	家具施工職人
電気工事　ガス工事	金属加工工場
水道工事　空調工事	ガラス屋
ガラス工事	設備機器類の代理店
タイル工事	

あまり一般的ではないが、設計事務所の負担が大きいけれども安く仕上がる可能性をもつ組合せ

3 マンションリフォームでのキッチン工事工程例［※3］

M邸キッチンリフォーム工事工程表

	3/12 日	13 月	14 火	15 水	16 木	17 金	18 土	19 日	20 月	21 火	22 水	23 木	24 金	25 土	26 日	27 月	26 火	27 水	28 木
設計																図面作成			

	3/29 金	30 土	31 日	4/1 月	2 火	3 水	4 木	5 金	6 土	7 日	8 月	9 火	10 水	11 木	12 金	13 土	14 日	15 月	16 火
設計	図面 ↓図面渡し						図面	図面渡し											
家具工事	材料手配			製作															
設備機器類	在庫確認						発注												
工務店								材料手配〜下準備											

	4/17 水	18 木	19 金	20 土	21 日	22 月	23 火	24 水	25 木	26 金	27 土	28 日	29 月	30 火	5/1 水	2 木	3 金	4 土	5 日
仮設・雑工事			解体・養生																
木工事						墨出し・壁下地								防音マット					
電気設備工事						配線													
給排水・ガス工事			壊し 配管			配管													
左官工事																			
家具工事	製作									家具取り付け				家具取り付け					
タイル工事																床タイル			

	5/6 月	7 火	8 水	9 木	10 金	11 土	12 日	13 月	14 火	15 水
仮設・雑工事					養生外し クリーニング					
木工事		アイカセラール施工								
電気設備工事				器具付け						
給排水・ガス工事				器具付け						
左官工事			壁・天井仕上げ							
家具工事										
タイル工事										

設計・監理	ステュディオ・カズ	担当者名	00-0000-0000
木工事	△△工務店	担当者名	00-0000-0000
電気工事	○○電工	担当者名	00-0000-0000
タイル工事	△タイル	担当者名	00-0000-0000

キッチンは電気、ガス、水道などキャビネットの中に入れる設備が多い。特にシンク下はシンクの排水、混合水栓の給湯・給水、浄水器の給水（分岐水栓）・カートリッジ、食洗機の電源・給排水、場合によってはディスポーザーなどが絡む。最近はシンク下も引出し式が主流なので、各設備の立上げ位置の精度が重要になる。設備図を正確に描く、承認図を添付するなどし、現場の墨出しには立ち会うことが必要だ

特にキッチンリフォームの場合は新築よりも工期がタイトで空間も狭いため、工程管理が重要になる【3】。

各工程のなかで、一番時間がかかるのが家具の製作期間。仕上げやボリューム、また依頼する会社やその状況（忙しさの度合い）によって当然変わるが、通常で、キッチン製作には3〜6週間かかるといわれている。それに対して現場工事は2週間程度である。つまり、解体した状況やある程度壁ができた段階での現場寸法を実測することなく、解体前に家具製作を始めなければならないのだ。

リフォーム前の図面（竣工図）があれば大きく狂うことはないが、竣工図どおりに施工されているとは限らない。解体してから予期せぬ出来事が発生することもあり、現場での対応力が必要となる。

また、コストの関係で、収納の内部を大工工事で、扉を家具工事で行うことがある。その場合は寸法精度や製作工程上で問題が発生する可能性があるので、工程や寸法の「逃げ」など、両者の間を設計者が上手に取りまとめる必要がある。扉を引戸にして、収納の内部と完全に施工を分けてしまうことも一つの有効な手であり、筆者もよく使う手段である。［和田浩一］

※2 工務店がすべての材料を取りまとめ、各職人が現場で作業を行う形式もある。現場がスムーズに進むかどうかは工務店の進め方次第で決まる
※3 ❷❸の組合せで、工務店+家具屋+設備機器業者を筆者が取りまとめた例。マンションリフォームのため、基本的に土・日・祝日は工事を行わないスケジュール

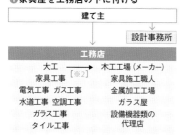

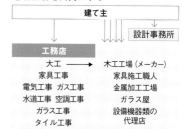

伝わる図面が工期短縮やコスト削減に直結

ここで改めて言うまでもないのだが、キッチンや家具だけでなく、すべての図面を描く意味は「自分（設計者）の意図を相手（建て主、製作者、施工者）に伝えること」である。そのため、相手に応じた図面を描く必要がある。

キッチン工事は次の4つの工程に分けることができる。**①建て主に説明する、②現場に伝える、③家具をつくる、④家具を取り付ける（施工する）**、となる。

建て主と現場に「伝える」図面

まず、①で使う図面、これをプラン図と呼んでいるが、一般的に1/20か1/30の縮尺で描いている［1］。ここでは、全体の構成がどうなっているのか、どんな機器類、パーツなどをどこに使っているのか、各作業領域の寸法、仕上げの種類などを表す。基本的には平面図、展開図だが、引出しの有効寸法や棚板の大きさ、棚ダボのピッチを描き入れ、天板や扉のディテールを1/2程度の縮尺で入れることで、より正確に伝わる。

建て主にとっても、全体の収納量を把握し、どこに何を収納するか、設計された収納場所に実際にものが収納できるかどうかなどの検討ができるため、クレームを未然に防ぐことにも役立つ。

また、この段階で工務店や家具屋に見積りをとるため、細かく指定すれば、より正確なものとなる。もちろん必要に応じてパースを描いたり模型をつくったりすることもある。

②では①と同様にプラン図を使う。全体寸法や建物との取合いの納まり、キッチン工事以外のものとの関係（たとえば扉の開き勝手、通路の幅など）も記入すると、施工時のトラブルが少なくなる。たとえば、キャビネットをどのような分割で製作するのかということも、この段階で検討しておくと、搬入時期や搬入経路（クレーンなどを使う必要があるのかなど）の打合わせをすることができる。そのため、この段階での表現の細かさが、実は建て主に説明するだけでなく、現場をスムーズに納めるために重要になってくる。そして、このプラン図に併せて、水道、ガス、電気の設備配管図、下地指示図をそろえておく。

家具製作の場で必要な図面

③で使う図面は製作図と呼んでいるが、これは1/10の縮尺を基本に描く［180・181頁］。この図面を使う人は木工工場なので、各キャビネットの大きさ、部材の大きさ、素材、仕上げ、それらのつながりを細かく描き入れる。たとえば「重量物を載せるので棚板をベタ芯にする」、「扉と扉のチリを何㎜とる」、「壁とのチリを何㎜とる」などのほか、天板と扉の関係、部材と金物の関係などもここで指示する。

また、必要に応じて、縮尺1/2、1/3、1/5などでディテールを描いていくことでより正確に意図を伝える。要は、設計者がどういう意図でこのようなデザインにしているかということが製作サイドに伝わればよいのである。「いつもの家具屋」であれば、それほど細かく描く必要はないのだが、工場によってその「いつもの方法」は違ってくるものだ。たとえば糸面の取り方1つをとってもまったく異なり、場合によっては、そのことによって出来上がるものの印象がまったく変わってくることもあるので注意が必要だ。

さらに、キッチン工事でもすべてを家具工事で行うのではなく、一部を大工工事とすることがある。大工工事はほとんどが現場で加工することが原則であるから、それが可能となるような納まりを指示しなければならない。また家具工事と大工工事の区分を明確にしておくことにより、責任の所在をはっきりさせることも重要だ。

［1］・［2］で示す、外L型レイウトのコンパクトなダイニングスペース兼用のアイランドキッチン。コンロ背面にはビルトインオーブンを配置した食器収納や、シンク背面にはオープン棚を有する

写真：山本まりこ

1 プラン図例

[平面図S＝1：60、展開図S＝1：50（元図S=1：20）]

プラン図では、キッチン全体の構成、床、壁、天井、幅木、建具などの建物との取合いが分かるようにする。そのなかでも仕様書は、各部材の素材、仕上げ、メーカー、品番、工事区分をはっきりさせておくことが重要である。使用するパーツ類までできるだけ細かく記入するようにしたい。それにより、建て主との打合せから見積り、施工まで通して使える図面となる

仕様		
甲板	silestone／ADEN BLUE（polished） t12	cosentino
シンク	N760ZWDL	トヨウラ
扉	KOTO Dgray／SP-2970（2020.05.18）クリアウレタン	安多化粧合板
ハンドル	110.29.206	HAFELE
内部	ポリ合板／IC-255ーエンボス	伊千呂
引出システム	ノヴァプロスカラ／ストーン色 プッシュオープンソフトクローズ機構付	HAFELE
スライドヒンジ	クリップトップ（厚扉用）オニキスブラック チップオンブルモーション	blum
耐震ラッチ	KSL-HD4	石橋金物
使用機器類		
混合水栓	No.72800004	hansgrohe
浄水器	（A）OAS8S-U-1	KITZ
ガスコンロ	DC3020SSEL	HARMAN
レンジフード	CBARL-952 S	arietta
ダクトカバー	CDCA-209S	
電子レンジ付オーブン	H7440BM	Miele
食器洗浄機	SMV46TX016	BOSCH
蒸気排出ユニット	KSV-B075DKR（ブラック）	金澤工業
家具コンセント	KAG2501 x2set	JIMBO
冷凍冷蔵庫	NR-F556WPX-H	Panasonic

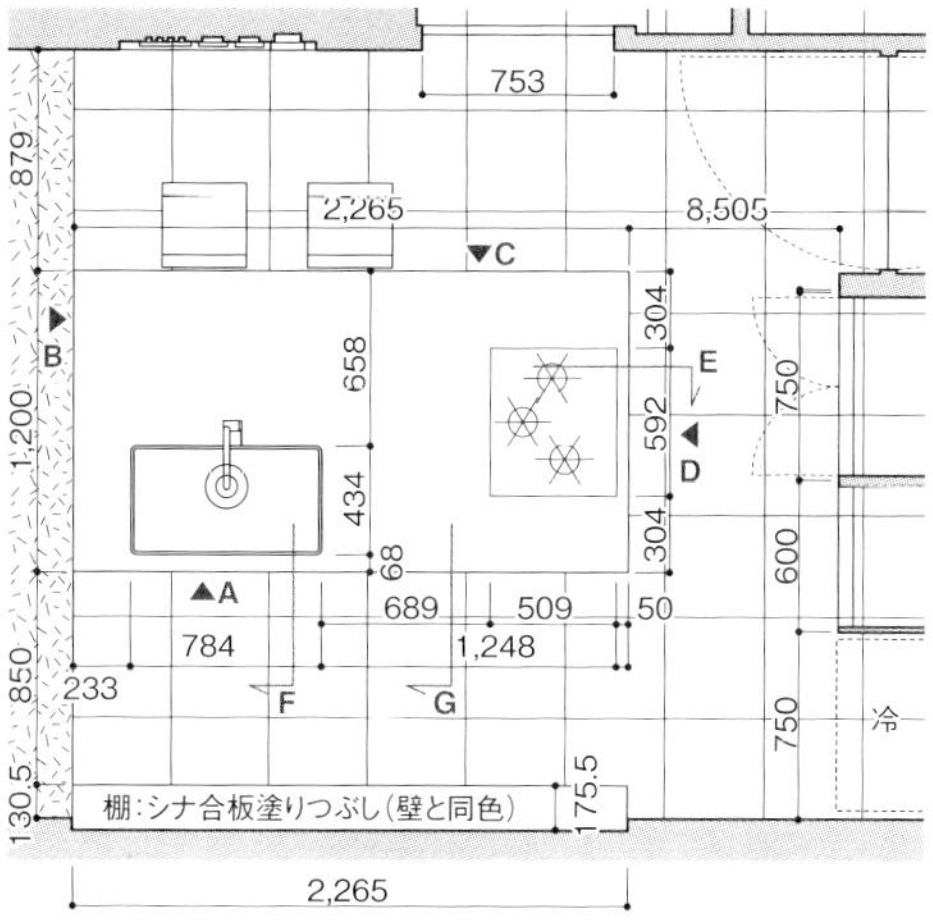
753
2,265
8,505
879
1,200
850
130.5
304
658
592
434
304
68
750
600
750
689
509
50
784
1,248
233
175.5
棚：シナ合板塗りつぶし（壁と同色）
冷
2,265

平面図[S=1:60]

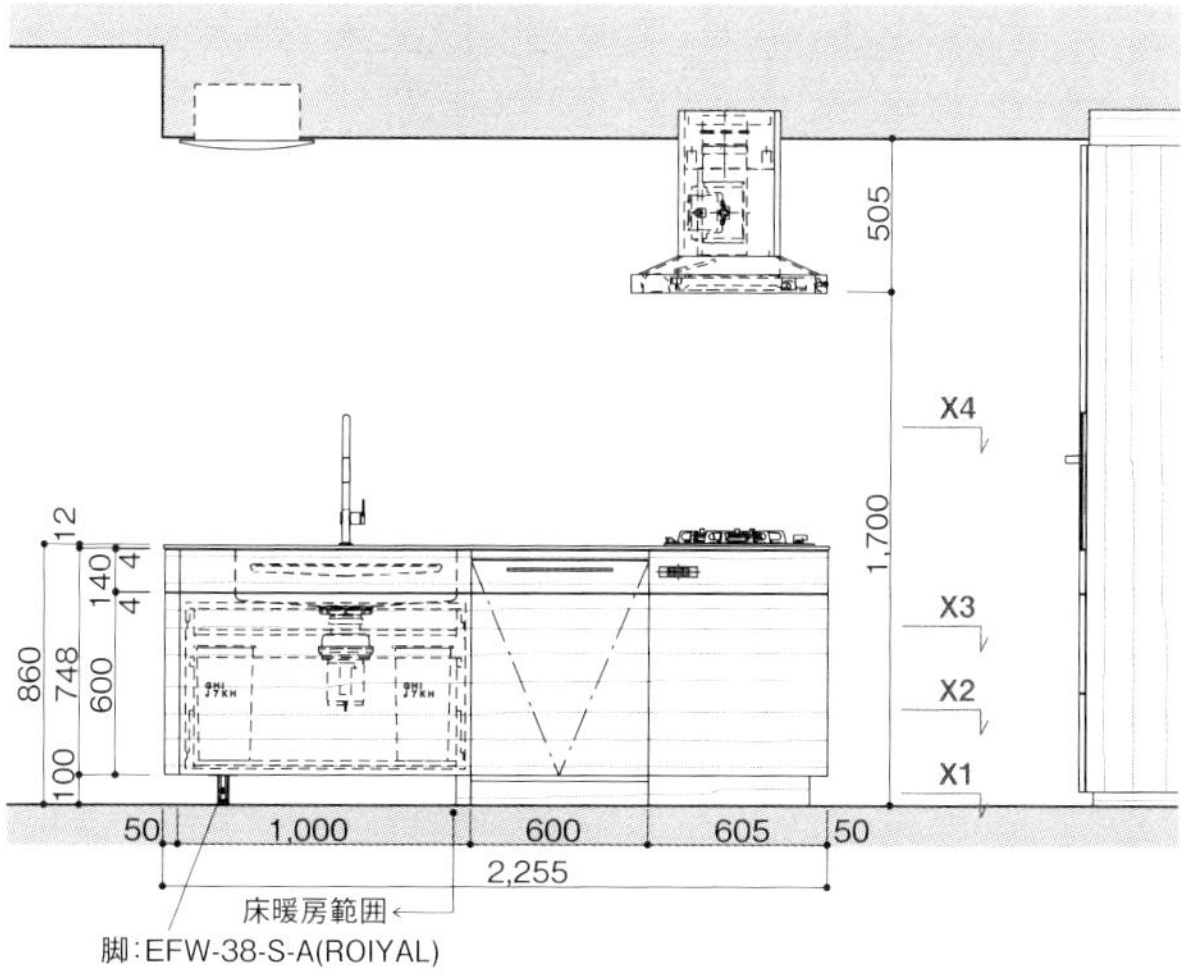
505
1,700
X4
X3
X2
X1
12
140
4
4
860
748
600
100
50
1,000
600
605
50
2,255
床暖房範囲
脚：EFW-38-S-A(ROIYAL)

A展開図[S=1:50]

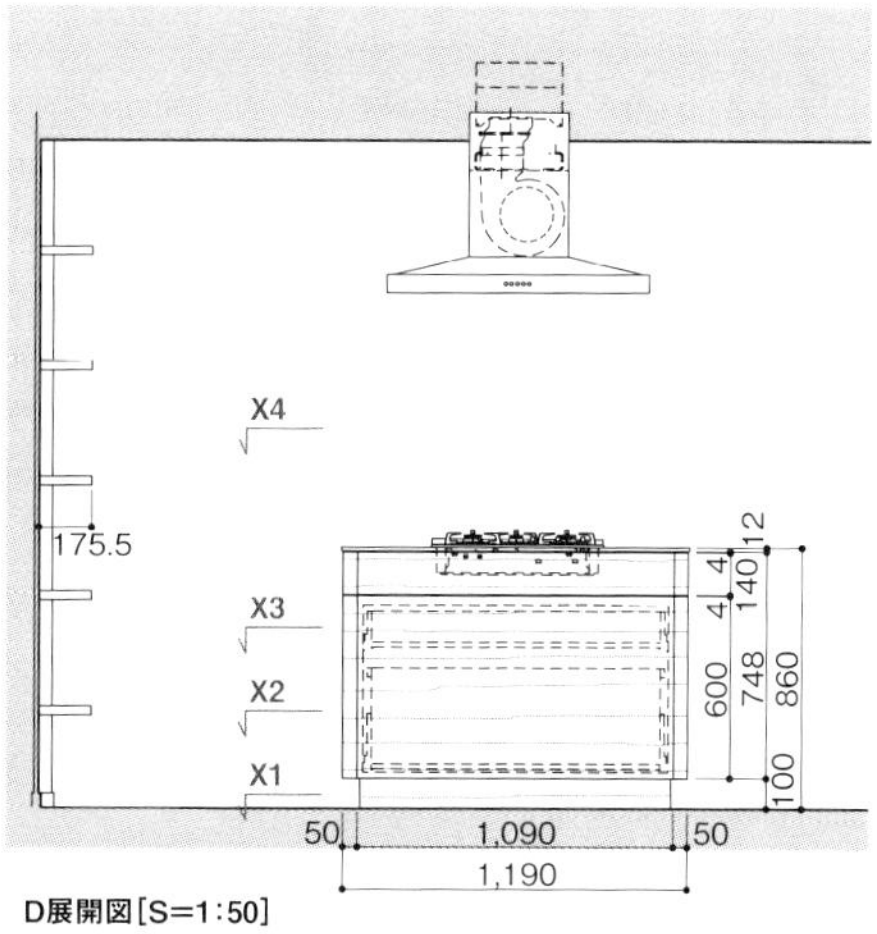
X4
175.5
X3
X2
X1
12
4
140
4
600
748
860
100
50
1,090
50
1,190

D展開図[S=1:50]

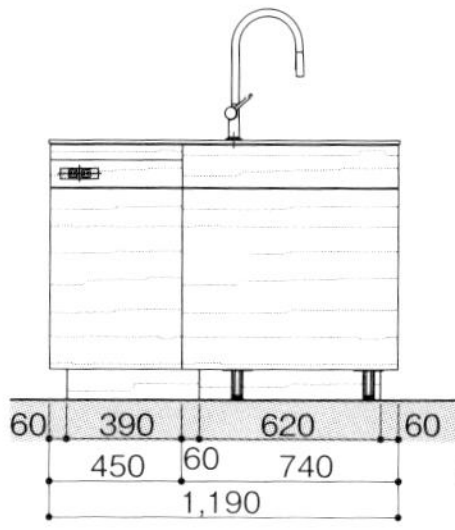
60
390
620
60
450
60
740
1,190

B展開図[S=1:50]

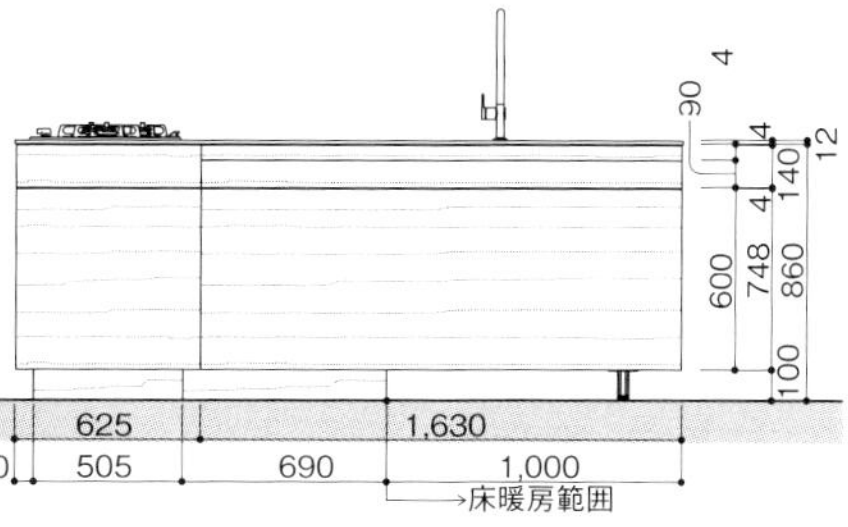
90
4
4
12
140
4
600
748
860
100
625
1,630
60
505
690
1,000
床暖房範囲

C展開図[S=1:50]

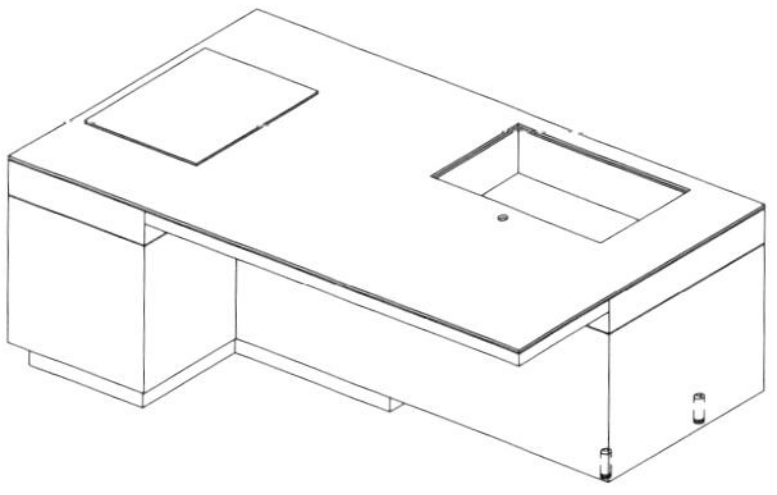

アイソメ図

注 X1〜X4の断面は180頁と連動

2 プラン図［179頁］の製作図例

［S=1:30（元図 S=1:10）］

❶ X4 レベル［179 頁］

平面図で伝えたいこと

ワークトップの加工図。全体の大きさだけでなく、穴あけの位置や大きさ、角のR、下地の位置と大きさなどを明記する。できればディテールも描いて、正確に指示したい

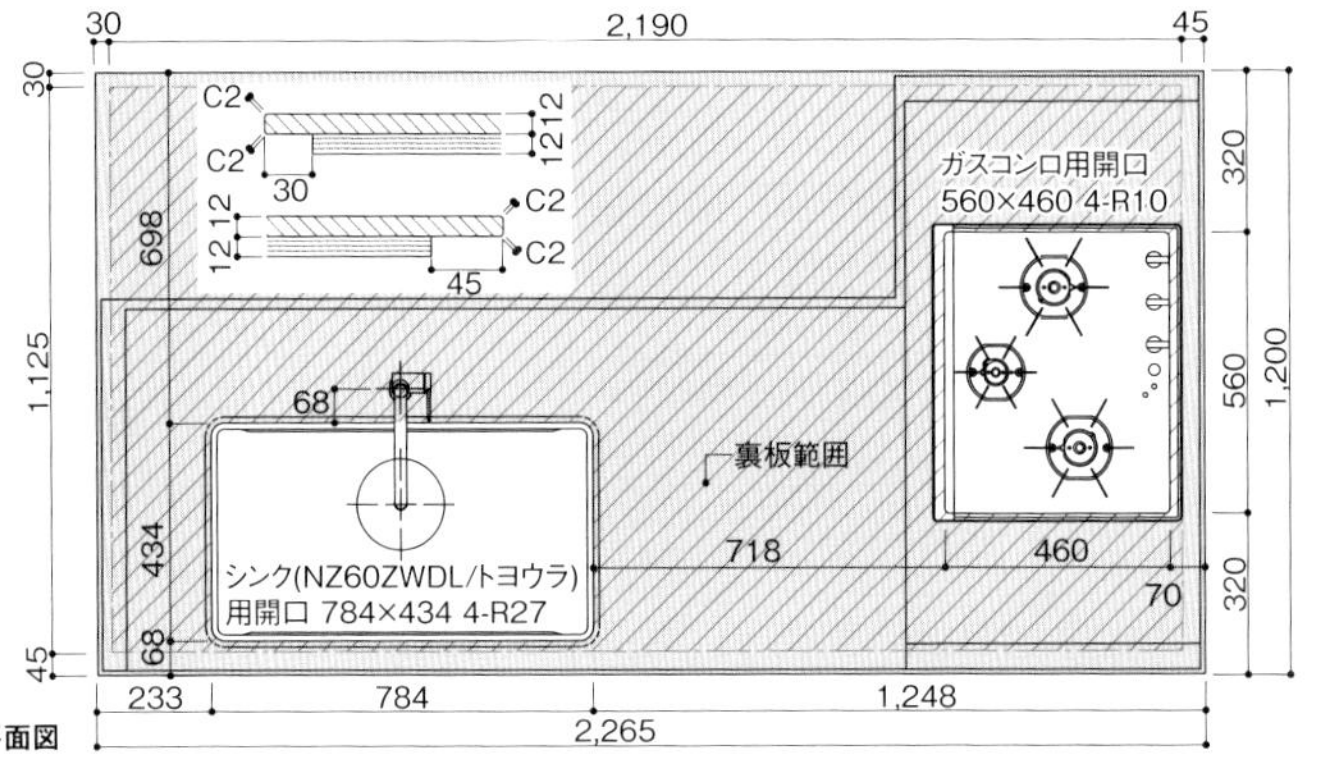

2,190
ガスコンロ用開口
560×460 4-R10
裏板範囲
シンク(NZ60ZWDL/トヨウラ)
用開口 784×434 4-R27
2,265

X4レベル平面図

❷ X3 レベル［179 頁］

平面図で伝えたいこと

キャビネットの平断面図。キャビネットの分割、各パーツの作り方や組み方、板材の勝ち負け、引出しの作り方などを明記する

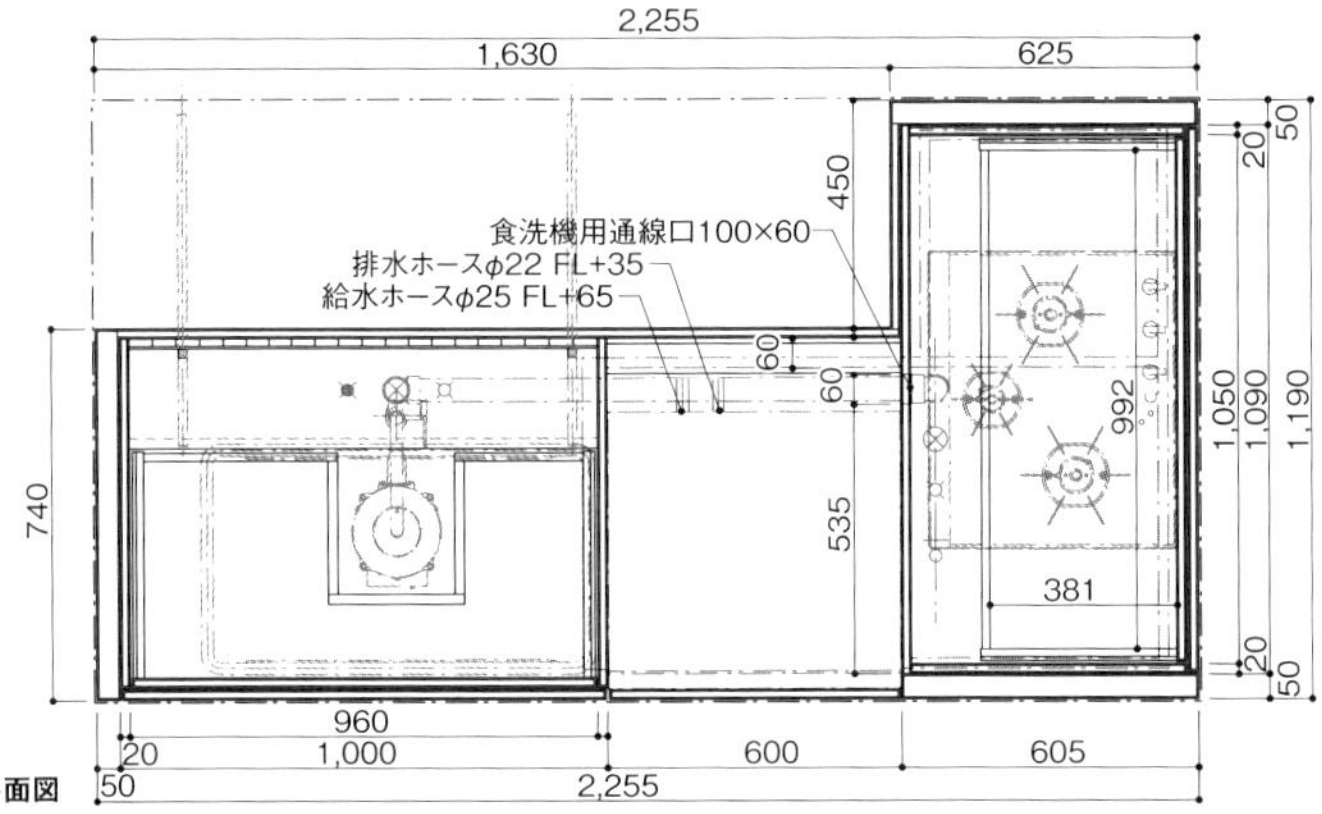

食洗機用通線口100×60
排水ホースφ22 FL+35
給水ホースφ25 FL+65

X3レベル平面図

❸ X2 レベル［179 頁］

平面図で伝えたいこと

キャビネットの平断面図。❷と似ているが、形状や寸法、構成が変わるたびに描いている。ディスポーザーや配管なども記入することで、引出しの形状も細かく設計できる

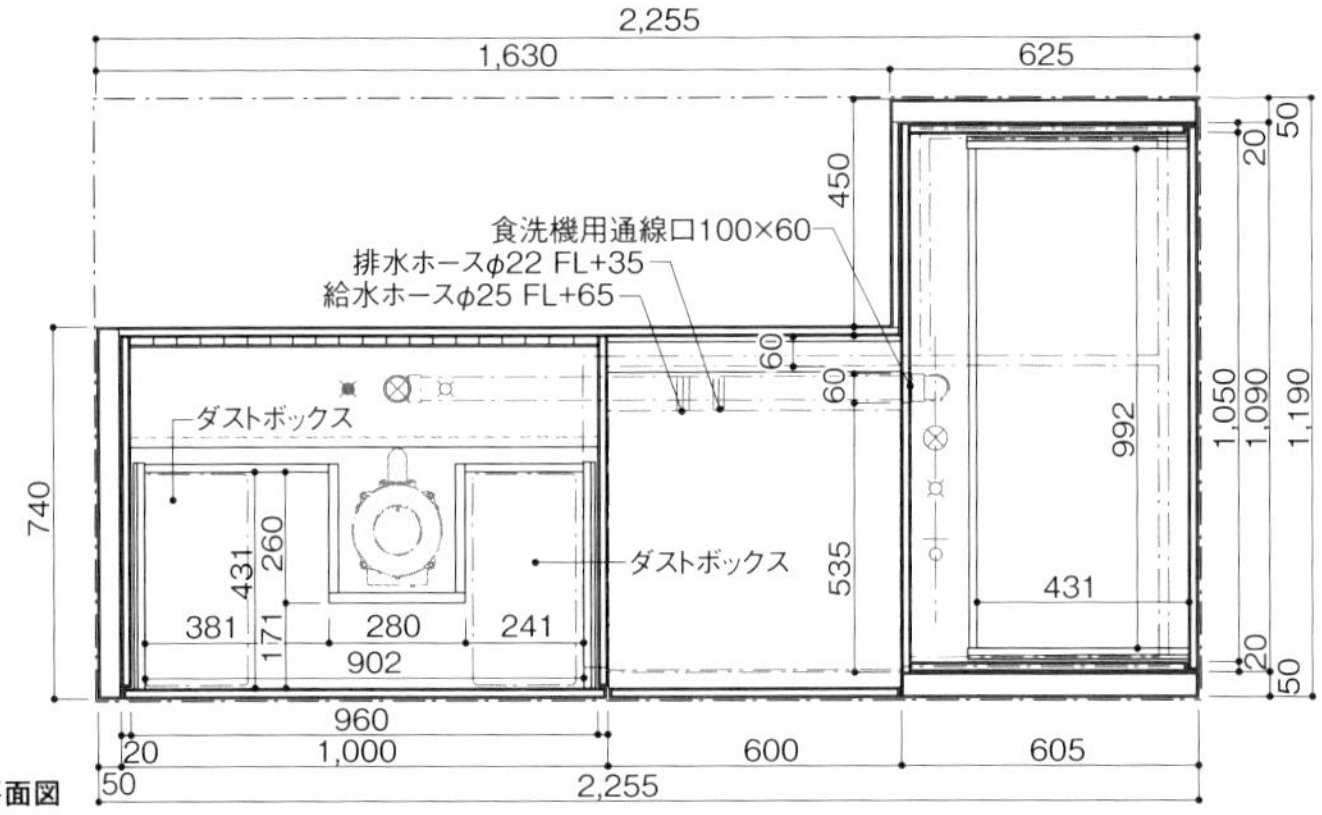

食洗機用通線口100×60
排水ホースφ22 FL+35
給水ホースφ25 FL+65
ダストボックス
ダストボックス

X2レベル平面図

❹ X1 レベル［179 頁］

平面図で伝えたいこと

台輪の加工図。通常はここまで描くことは少ないが、この案件の場合は、台輪の一部をつけずに宙に浮かせたように見せるデザインであり、さらに食器洗浄機の納まりなどが複雑になるため、製作の間違いをなくすために描いた

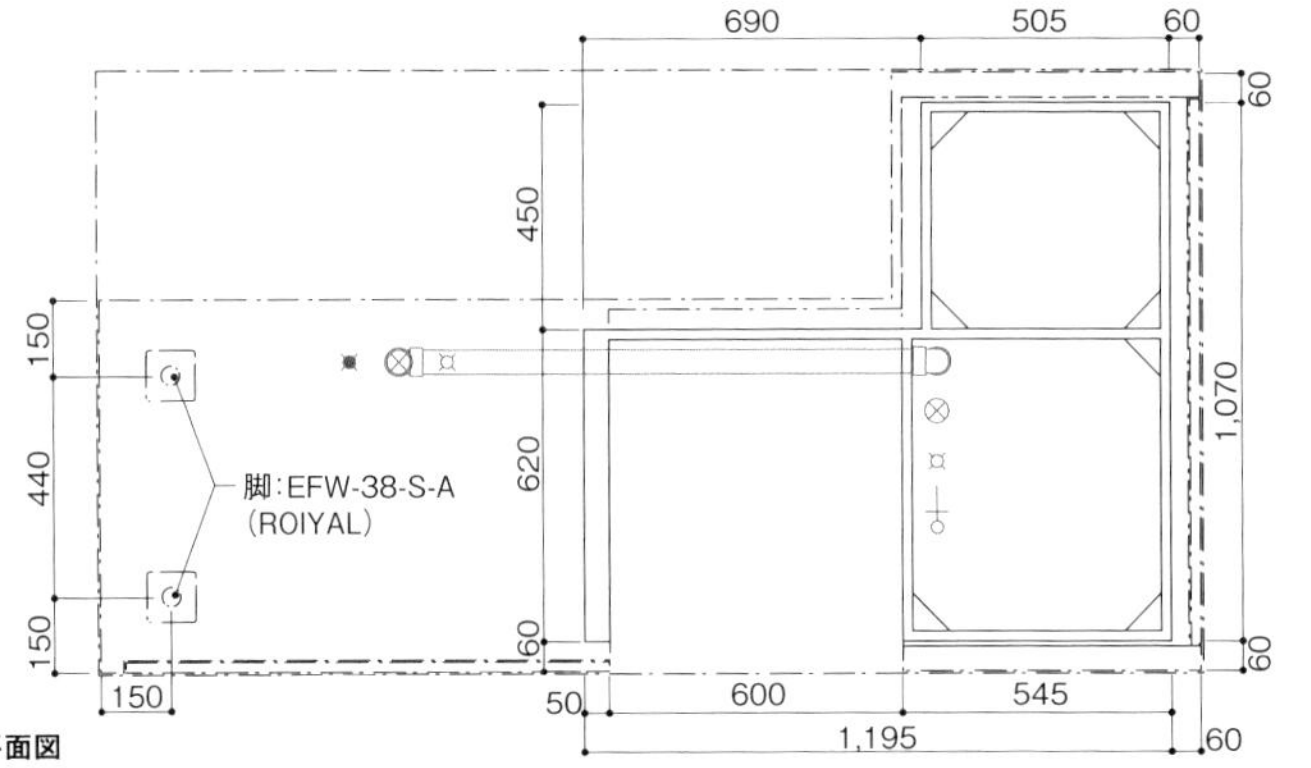

脚:EFW-38-S-A
(ROIYAL)

X1レベル平面図

施工現場で必要な図面

最後の④［178頁］で使う図面だが、本来は製作図をもとに施工してもらうのが最も正確である。しかし製作図は当然ながらかなりの枚数になり、それを見ながらの施工は手間がかかる。そこで、プラン図と製作図の両方を渡すようにしている。現場では、職人がプラン図を壁に張り、それを見ながら施工している場面をよく見かける。そのうえで、どうしても1／20の縮尺で表現できない部分は製作図を見てもらうということになる。

そのようなわけで、現場施工時に渡す図面としては、プラン図→設備図→下地指示図→製作図という順番で製本してあると便利である。〔和田浩一〕

❺ A［179 頁］展開図で伝えたいこと

キャビネットの展開図。各面材の形状と大きさ、目地の幅、木目の方向、手掛けの形状、ハンドルの位置、扉や引出しの開き勝手などを明記する。さらに扉や引出しの内部も陰線で表記すると間違いが減る

❻ E［179 頁］断面図で伝えたいこと

キャビネットの展開図と縦断面図。❺に加え、引出しの高さ、各パーツの構成、組み方などを明記することで、機器類やパーツの納まりなどを確認することもできる

❼ B［179 頁］展開図で伝えたいこと

キャビネットの展開図。❺と同様。他の展開との整合性を確認しながら進める

❽ F［179 頁］断面図（右図）で伝えたいこと

キャビネットの断面図。ディスポーザーの大きさや形状を入れて、引出しの形状や配管の位置なども細かく確認することができる。また、持ち出しのカウンターを支えるための特注の金属部材なども明記する

❾ G［179 頁］断面図（左図）で伝えたいこと

❻や❽と同様に細かく描くことで間違いをなくす

❿ H 断面詳細図（右図）で伝えたいこと

食器洗浄機の台輪部分の納まり詳細図。ドアパネルの軌跡を記入することで幅機材の位置や高さをシミュレーションしておくことで、現場での作業を極力減らすことを心掛ける

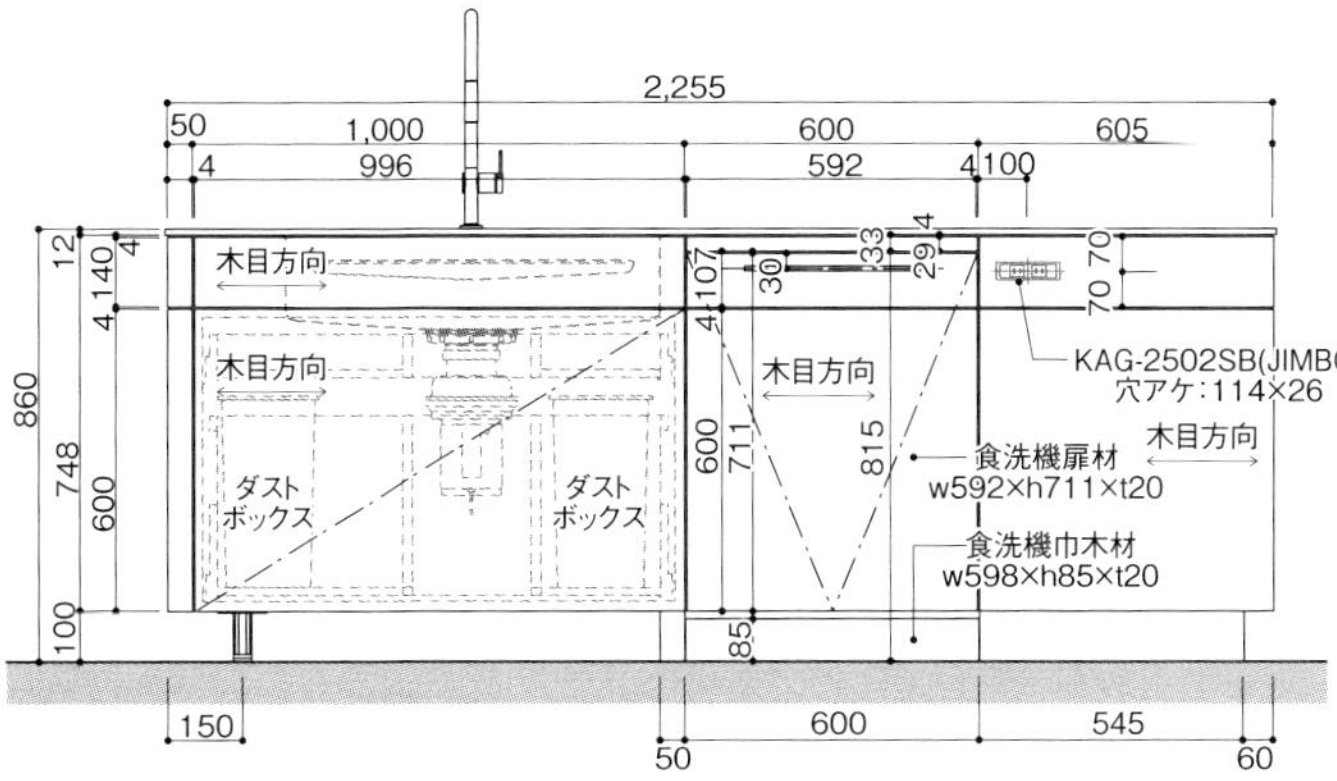

A展開図

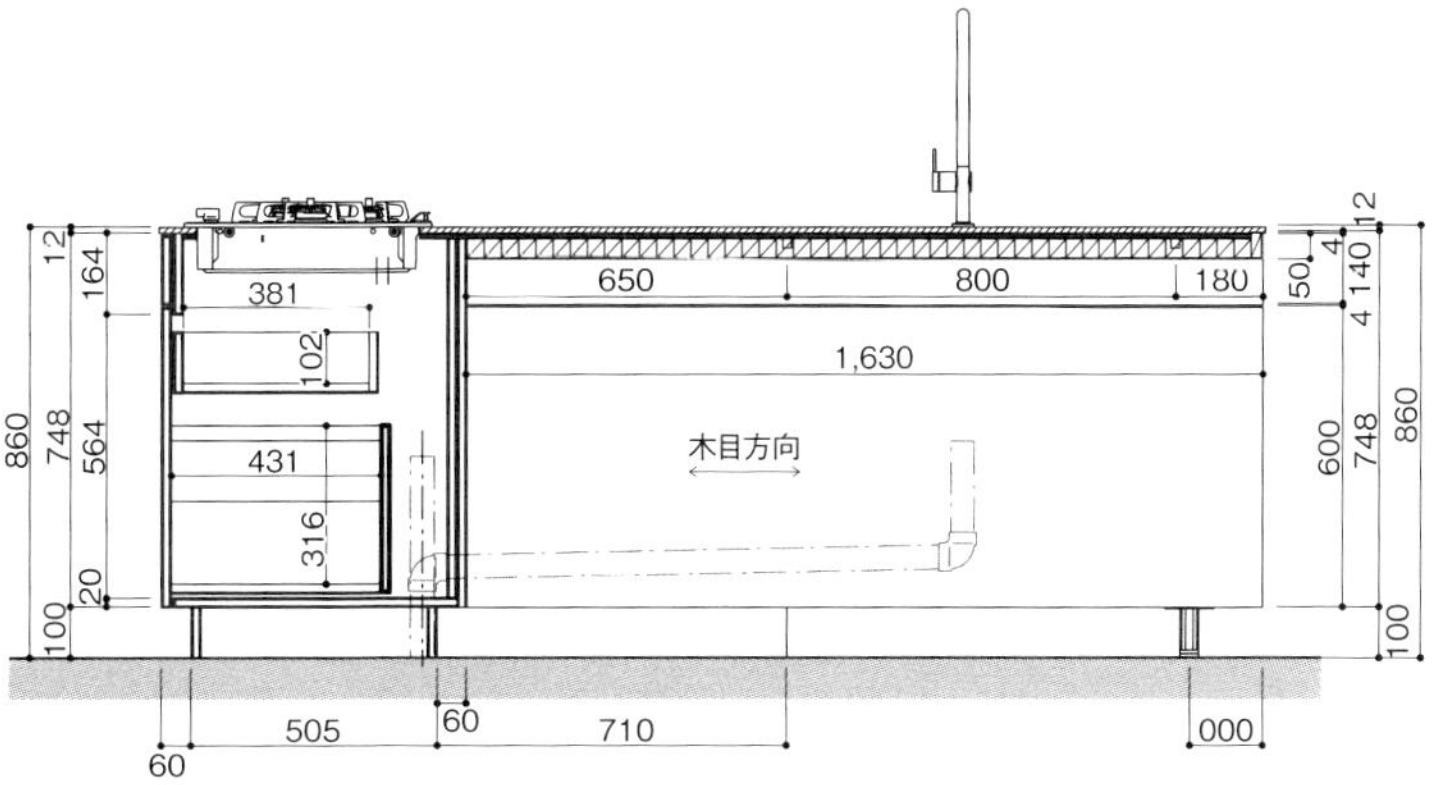

E断面図

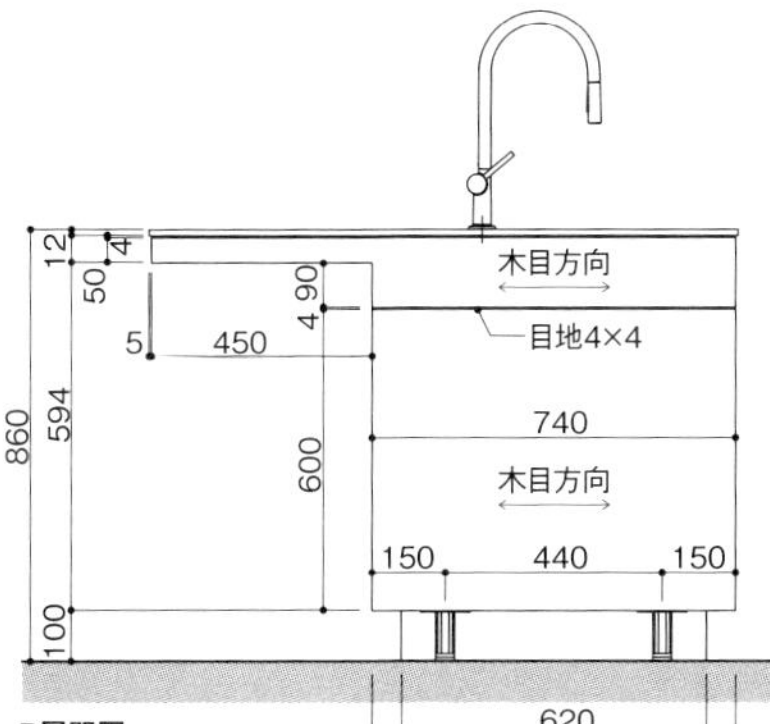

B展開図

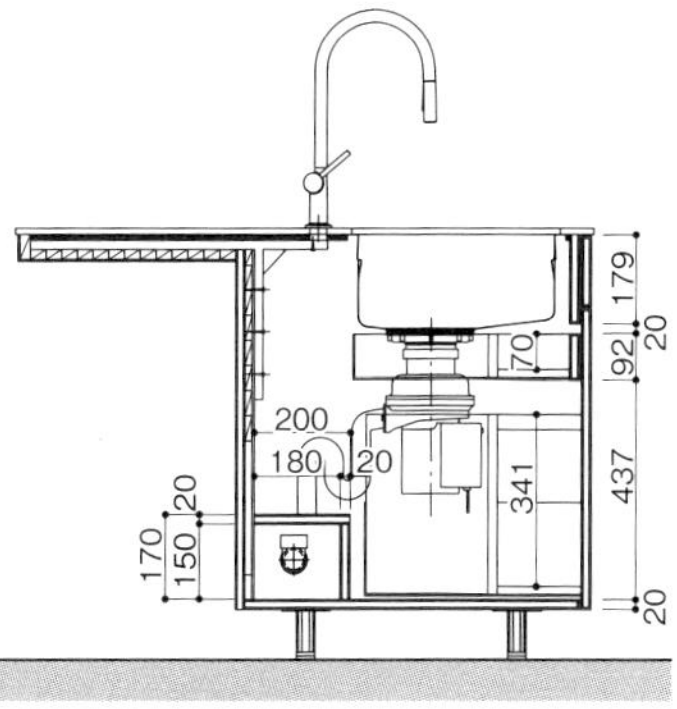

F断面図

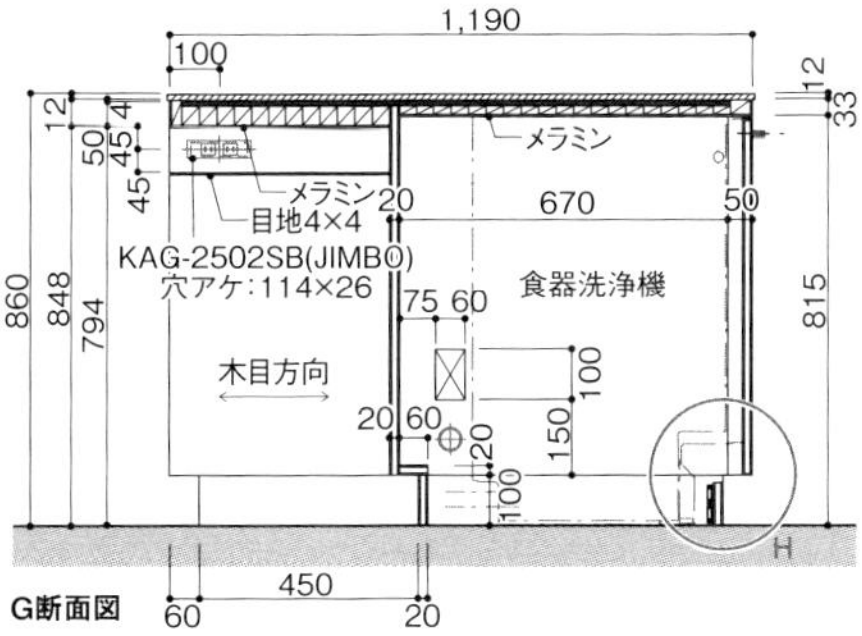

G断面図

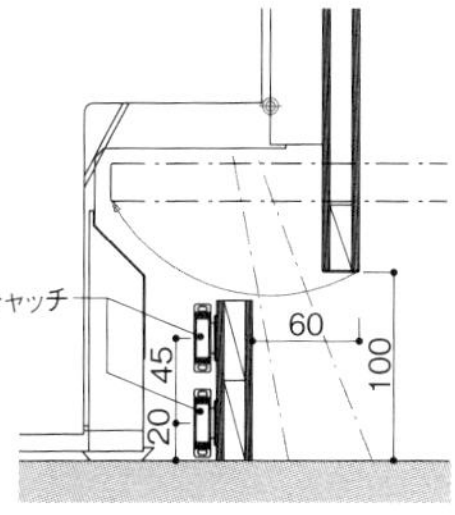

H断面詳細図

見積り落ちをなくす！図面のまとめ方

1 通し番号付きの家具リストを作成する

造作家具および建具リスト

工事種別	家具番号	名称	扉	金物	内部	棚板	甲板	引出し	金物	備考
大工工事	⑦	階段収納	建具表による		B-1	—	—	—		
	⑧	1階納戸棚-1	—		—	C-1	—	—		
	⑨	1階納戸棚-2	—		—	—	—	—		SUSパイプφ24（固定）4本
	⑩	1階納戸棚-3	—		—	C-1	—	—		SUSパイプφ24（固定）7本
	⑪	1階廊下雑収納	建具表による		B-1	C-1	—	—		
	⑫	1階子ども室雑収納	建具表による		B-1	C-1	—	—		
	⑬	1階子ども室吊収納	—		B-1	C-1	—	—		×2個ずつ
	⑭	1階子ども室カウンター	—		—	—	T-1	—		
家具工事	①	下足入	—	—	B-2	C-2	—	—		
	②	玄関雑収納	—	—	B-2	C-2	—	—		SUSパイプφ24（固定）
	③	1階寝室TVカウンター	D-6	ガラスレール	B-1	C-1	T-1	—		
	④	1階寝室書斎カウンター	D-5	—	B-1	C-1	T-1	○	完全スライドレール	配線孔あけ
	⑤	1階寝室吊本棚	D-5	家具用スライド蝶番	B-1	C-1	—	—		
	⑥	1階寝室雑収納	D-5	家具用スライド蝶番	B-1	C-1	—	—		
	⑮	1階洗面カウンター	—	—	—	—	T-2	—		洗面器
	⑯	1階洗面ミラーキャビネット	D-5 鏡㋐5	家具用スライド蝶番	B-2	C-2	—	—		
	⑰	中止	—	—	—	—	—	—		
	⑱	中止	—	—	—	—	—	—		

凡例

扉仕上げ	D-1	ナラ合板フラッシュ㋐21（木材保護塗料）
	D-2	ナラ合板㋐6（引違い戸、引手:ナラ）（木材保護塗料）
	D-3	栓練付合板（柾目）フラッシュ㋐21（木材保護塗料）
	D-4	栓練付合板（柾目）㋐6（引違い戸、引手:ナラ）（木材保護塗料）
	D-5	シナ合板フラッシュ㋐21（木材保護塗料またはOP）
	D-6	ナラ合板㋐6（引違い戸、引手:ナラ）（木材保護塗料またはOP）
内部仕上げ	B-1	シナ合板張り（木材保護塗料）
	B-2	ポリ合板張り
棚板仕上げ	C-1	シナランバーコアまたはフラッシュ（木材保護塗料）
	C-2	ポリランバーコアまたはフラッシュ ※厚さ 特記なきものは㋐18
甲板仕上げ	T-1	ナラ集成材㋐30（木材保護塗料）
	T-2	人工大理石㋐13
	T-3	ステンレス張り（SUS304）HL

引違い戸

特記事項
ポリ合板は、F☆☆☆☆規格品とする
家具扉の塗装は、現場にて決定（EPまたは木材保護塗料）
扉のスライド蝶番はキャッチ付き
可動棚はダボまたはダボレールを使用（家具工事のみ、棚にはダボ溝を入れる）
製作は1/50または1/20、1/10、1/5の詳細図をもとに現場実測し、問題点のある工事は設計者と十分検討のこと
練付け合板の場合は、尺度見本を提出のこと
引手がないときは、原則、扉の下端に引手溝を入れる
扉の引手金物は、取り付ける場合のみ特記する

→設計者より、設計図として提出するものもある

見積り調整のなかで取り止めになった家具がある場合、家具番号を振り直すのではなく「中止」と書いておくと把握しやすい

同じ形状の家具がある場合は番号をまとめ、数量を記入しておく

細かい仕様は凡例にまとめておく

項目の落ちを防ぐ方法

見積りや見積り調整では、①各業者がそれぞれの持ち分を落とすことなく見積る、②工務店がそれらをダブることなくまとめる、③設計者が間違いを見落とさない、この3つを押さえれば、項目の「落ち・ダブり」を防ぐことができる。見積り調整時には設計者と工務店との間に認識のブレが生じていないか注意を払い、設計図に記載されたものが、見積書にどう計上されているかを正しく把握することが基本だ。そのため、分かりやすく整理した「伝わる」図面の作成が非常に重要になる。

図面一式で見積る訳じゃない

家具は、大まかにいうと「箱」「棚板」「扉」「塗装」の要素で構成される。それらを「家具工事」[※]か「大工＋建具＋塗装工事」のいずれかの組み合わせで製作する。各業者が自分の担当範囲を見積る際に、見積図一式を見

※ 現場塗装の場合はプラス塗装工事

2 見積図・見積書は把握しやすくする

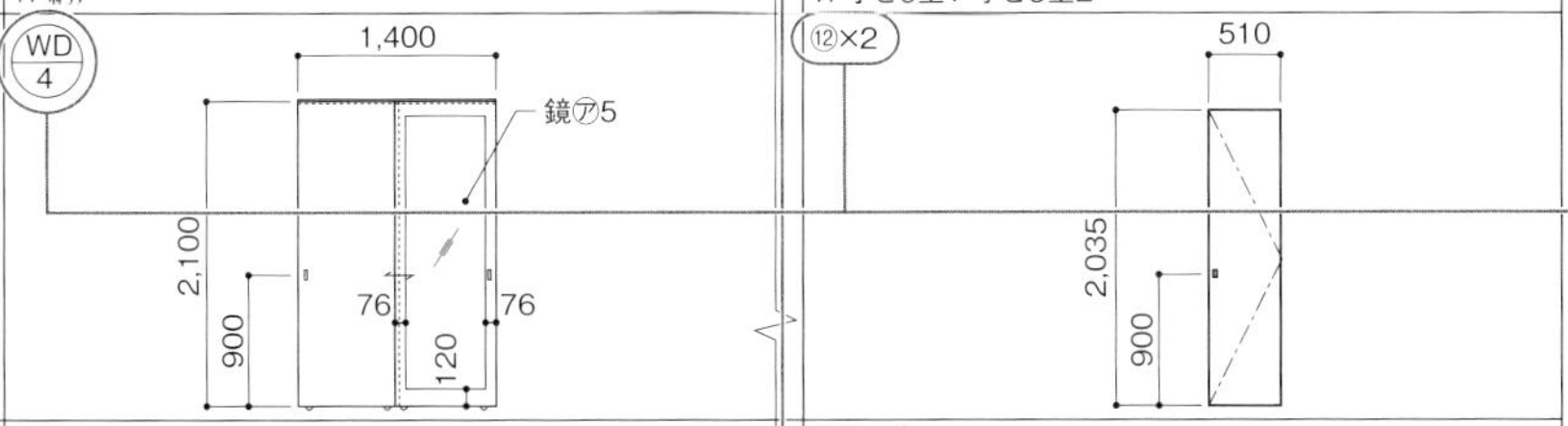

場所	1F納戸	1F子ども室1・子ども室2
寸法	見込み 36mm	見込み24mm
型式	引違いフラッシュ戸	片開きフラッシュ戸
材料	シナ合板㋐4(木材保護塗料) 納戸側 鏡㋐5張り 引手:Aタイプ	シナ合板㋐4(木材保護塗料 または OP)
金物	フラットレール:真ちゅう 戸車:MBS φ33(〇〇)	家具用スライド蝶番
施錠		
備考	箱型半回転取手 NO.〇〇(〇〇)	引手 No.〇〇(〇〇)

建具表

大工工事の家具は建具を建具表で拾う。キープランは一般の建具と同じものではなく、家具番号にしておく

見積り時に建具職には平面図と建具表のみ手渡す場合が多い。展開図がなくても見積りができるよう、寸法や開き勝手などの「漏れ」に注意

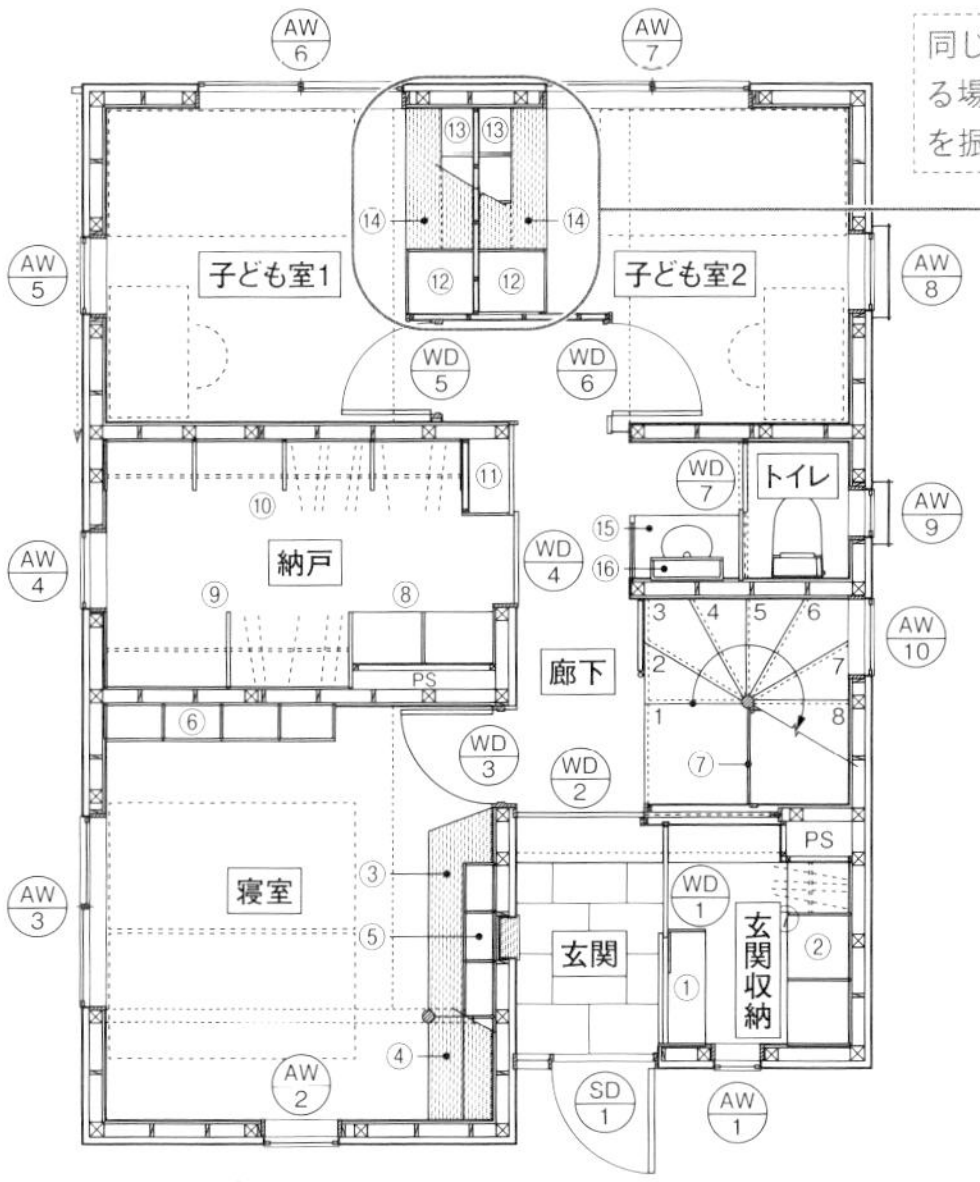

同じ形状の家具が複数ある場合は、同じ家具番号を振ると把握しやすい

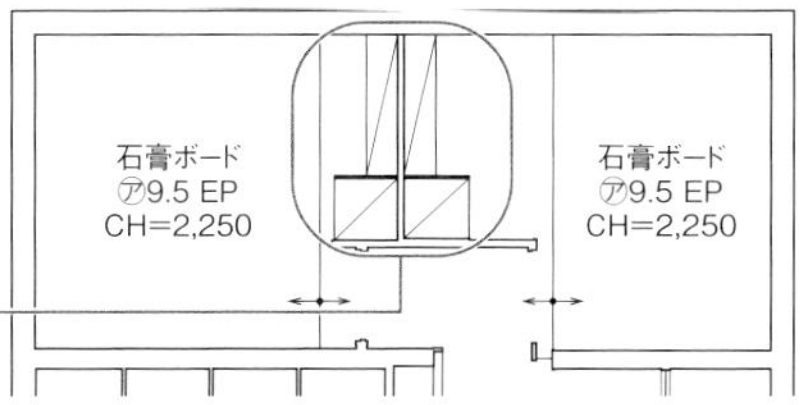

天井までの家具がある場合、天井仕上げが不要なので伏図で示す

平面図・天井伏図(一部)

大工工事					
大工施工費	造作家具費込み	坪	33.8	9,500	
建具工事					
家具—12	片開き戸	シナフラッシュ	2本	18,500	
家具工事					
家具—1	下足入れ	900×300×2,250	1台	102,000	
塗装工事					
木製建具	OP	m^2	7.4	2,200	

見積書

平面図のほか展開図にも家具番号を振っておく。その場合、図中でスムーズに目で追えるように振るとよい

番号を振っておくと見積りにも反映され、チェックもしやすい

大工工事で家具をつくる場合は3つの工事で見積られる

ないと項目を拾えない描き方では、①の各業者の見積り段階で「落ち・ダブり」が生じる危険性が高まる。下請け各業者に渡される見積り用の図面は一部分であることが多い。各業者が限られた図面のなかで見積れるよう、十分に工夫をこらして図面を描きたい。

家具図面作成時の工夫

1｜家具リストをつくる

家具についての詳しい指示をあちらこちらに描き込むのではなく、ひと目で分かる家具リストをつくる［1］。大工工事か家具工事かを大別し、仕様（扉材・仕上げ材・内部材・塗装・引出しの有無・金物など）は、凡例を用いて整理すると全体像をつかみやすい。特記事項（水栓がかかわる場合など）は、備考欄に記入し「落ち」を防ぐ。

2｜家具に番号をふる

家具ごとに番号をふり、イメージしやすい名称を付ける。同じ形状の家具は、同じ番号にすると把握しやすい。

3｜家具番号は全図面中で共通に

家具リスト・平面図・展開図・建具表・見積書のすべては、番号で把握できるようにする。番号は、工事が終わるまで変更せず、取り止めた場合も欠番としておく［2］。〔齋藤文子〕

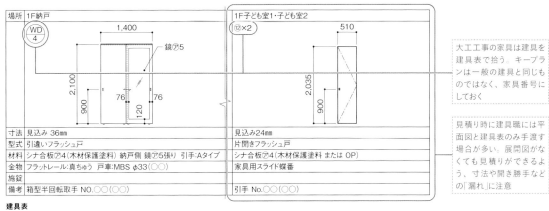

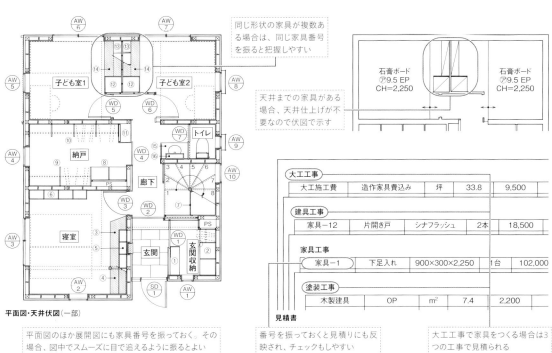

PROFILE
執筆者プロフィール(50音順)

青木律典［あおき・のりふみ］
デザインライフ設計室
1973年神奈川県生まれ。日比生寛史建築計画研究所、田井勝馬建築設計工房勤務を経て、2010年青木律典建築設計スタジオ設立。'15年デザインライフ設計室に改組

飯塚豊［いいづか・ゆたか］
i＋i設計事務所
1966年東京生まれ。'90年早稲田大学理工学部建築学科卒業。都市設計研究所、大高建築設計事務所を経て、2004年i＋i設計事務所設立。'11年～法政大学デザイン工学部兼任講師

石井秀樹［いしい・ひでき］
石井秀樹建築設計事務所
1971年千葉県生まれ。'95年東京理科大学理工学部建築学科卒業。'97年東京理科大学大学院理工学研究科建築学専攻修了。'97 architect team archum設立。2001年石井秀樹建築設計事務所設立。'12年～社団法人建築家住宅の会理事

各務謙司［かがみ・けんじ］
カガミ建築計画
1966年生まれ。早稲田大学理工学部建築学科卒業。'93年ハーバード大学デザイン大学院。'94～'95年ニューヨークの設計事務所CKAに勤務、'95年カガミ建築計画を設立。現在はマンションリノベに特化

片岡大［かたおか・ひろし］
青
1976年東京都生まれ。一級建築施工管理技士。2001年早稲田大学芸術学校建築設計科卒業。建設会社勤務を経て、'05年に工務店「青」を設立。アトリエ系の設計事務所からの案件を主な業務とする

河合孝［かわあい・たかし］
河合建築
日本大学法学部卒業。武蔵野美術大学建築学科卒業。現在、河合建築代表取締役。一級建築士・建築大工二級技能士・宅地建物取引主任者・一級建築施工管理技士

近藤洋行［こんどう・ひろゆき］
参創ハウテック
大学卒業後、国内キッチンメーカー、海外システムキッチンの営業・プランニング・施工管理を経て、現在、オーダーキッチンメーカー「ekrea」キッチンプランナー。プランニングから現場施工まで幅広い業務に従事している

定方三将［さだかたみつまさ］
上町研究所
1970年山口県生まれ。'92年神戸大学工学部建築学科卒業。'92～'98株式会社昭和設計勤務。'98年上町研究所設立。2014年株式会社上町研究所に改称

齋藤文子［さいとう・ふみこ］
サイトーアーキテクツ一級建築士事務所
1974年生まれ。日本大学理工学部建築学科卒業。2000～'08年本間至／ブライシュティフト勤務。現在、サイトーアーキテクツ一級建築士事務所を主宰

田中健司［たなか・けんじ］
田中工務店
1960年生まれ。東京近郊の都市部で創業80年、木造住宅の設計・施工を手掛ける田中工務店の3代目社長。OMソーラーの住宅を中心に自然素材、ムクの木を使った家づくりが得意。住環境価値向上事業協同組合（SAREX）理事

戸山顕司［とやま・けんじ］
戸山家具製作所
私立浅野学園高等部卒。本邦椅子製造元祖「古家製作所」5代目を襲名。洋家具塗装の第一人者、斎宮武勒氏に10年間師事。戸山家具製作所代表取締役。職業能力大学校・ものづくり大学校非常勤講師、技能五輪審査員

直井克敏［なおい・かつとし］
直井建築設計事務所
1973年茨城県生まれ。'96年東洋大学工学部建築学科卒業後、藤澤陽一朗建築設計事務所、R&K partners、奥村和幸建築設計室での勤務を経て、2002年直井徳子氏とともに、直井建築設計事務所を設立。東洋大学非常勤講師

直井徳子［なおい・のりこ］
直井建築設計事務所
1972年東京都生まれ。'94年東京家政学院大学家政学部住居学科卒業後、スタジオ4設計、インターデザインアソシエイツでの勤務を経て、2002年直井克敏氏とともに直井建築設計事務所を設立

西崎克治［にしざき・かつじ］
ニシザキ工芸
1959年東京都深川生まれ。早稲田大学卒業。家具金物メーカーを経て、'84年ニシザキ工芸入社。現在、代表取締役。住宅・商業・公共施設

の特注家具を手がける。東京都家具工業組合理事。木材塗装研究会運営委員。自社工場にて実演・実習中心の「設計者のための家具塗装セミナー」も開催

藤井徳昭［ふじい・のりあき］
アイガー産業
1960年生まれ。専修大学経済学部経済学科卒業後、3年間の商社勤務を経て、'86年アイガー産業設立、現在に至る

藤吉秀樹［ふじよし・ひでき］
藤吉秀樹建築計画事務所
1953年生まれ。東京農業大学地域環境学部造園学科卒業。アーネスト空間工房を経て、2001年藤吉秀樹建築計画事務所設立。現在に至る

本間 至［ほんま・いたる］
ブライシュティフト
1956年東京都生まれ。'79年日本大学理工学部建築学科卒業。'79年林寛治設計事務所入所。'86年本間至建築設計室開設。'94年本間至／ブライシュティフトに改称

間中治行［まなか・はるゆき］
間中木工所
1968年生まれ。日本大学生産工学部建築工学科卒業。TLヤマギワ研究所を経て、'92年間中木工所入社、現在代表取締役

三澤文子［みさわ・ふみこ］
Ms建築設計事務所主宰、(一社)住宅医協会代表理事、岐阜県立森林文化アカデミー客員教授、地域木材を使用する木造建築の設計と木造建築病理学を踏まえた住宅改修設計を実践

山田浩幸［やまだ・ひろゆき］
ymo
1963年生まれ。'85年東京読売理工専門学校建築設備学科卒業、同年日本設備計画入所。'90年郷設計研究所入所。2002年yamada machinery office（ymo）設立。現在に至る

宮木克典［みやき・かつのり］
クレド
1969年埼玉県生まれ。家具・キッチン・建具のメーカーを経て、'96年クレド入社。2012年より代表取締役。個人住宅から集合住宅の家具・キッチンなどのデザイン・設計を手がける。造作家具のプロ向けセミナーなどを開催

村田淳［むらた・じゅん］
村田淳建築研究室
1971年東京都生まれ。'95年東京工業大学工学部建築学科卒業。'97年東京工業大学大学院建築学専攻修士課程修了後、建築研究所アーキヴィジョン入社。2007年村田靖夫建築研究室代表に。'09年村田淳建築研究室に改称。NPO法人家づくりの会設計会員

森政巳［もり・まさみ］
ファロ・デザイン一級建築士事務所
1974年佐賀県生まれ。'98年多摩美術大学美術学部建築学科卒業。2000年芝浦工業大学大学院修士課程修了。'03年ファロ・デザイン一級建築士事務所共同設立

山下和希［やました・かずき］
アトリエ・アースワーク
1959年和歌山県生まれ。'82年早稲田大学専門学校産業技術専門課程建築設計科卒業。'82年～96年富松建築設計事務所勤務。'97年アトリエ・アースワーク設立（和歌山office）。2011年安曇野office開設。NPO法人家づくりの会理事

横田典雄［よこた・のりお］
CASE DESIGN STUDIO
1967年大阪府生まれ。'89年武蔵野美術大学造形学部建築学科卒業。'89年～'98年槇文彦氏主宰の槇総合計画事務所勤務。'98年CASE DESIGN STUDIO設立。2007年「軽井沢離山の家」でINAXデザインコンテスト銀賞、中部建築賞最高賞受賞。'10年「富士桜の家」でINAXデザインコンテスト入賞

和田浩一［わだ・こういち］
STUDIO KAZ
1965年福岡県生まれ。九州芸術工科大学芸術工学部工業設計学科卒業。'94年STUDIO KAZ設立。著書に「キッチンをつくるKITCHENING」（彰国社）、「世界で一番やさしい家具設計」「世界で一番やさしいインテリア」（エクスナレッジ）など

rengoDMS／連合設計社市谷建築事務所
1957年㈱連合設計社設立。'91年第16回吉田五十八賞特別賞、'92年日本建築学会賞作品賞、'96年第5回公共建築賞最優秀賞受賞。2004年㈱連合設計社市谷建築事務所に改組。'07年社屋リニューアルデザイン、㈱rengoDMS設立。'07、'08、'09年GOOD DESIGN AWARD受賞

最高の家具をつくる方法

2023年3月31日　初版第1刷発行
2024年2月15日　　　第2刷発行

発行者　三輪浩之

発行所　株式会社エクスナレッジ
〒106-0032
東京都港区六本木7-2-26
https://www.xknowledge.co.jp/

問合せ先　編集　Tel　：03-3403-1381
Fax　：03-3403-1345
info@xknowledge.co.jp
販売　Tel　：03-3403-1321
Fax　：03-3403-1829